LA PROXIMITÉ
EN DROIT INTERNATIONAL PRIVÉ
DE LA FAMILLE

Logiques Juridiques
Collection dirigée par Gérard Marcou

Le droit n'est pas seulement un savoir, il est d'abord un ensemble de rapports et pratiques que l'on rencontre dans presque toutes les formes de sociétés. C'est pourquoi il a toujours donné lieu à la fois à une littérature de juristes professionnels, produisant le savoir juridique, et à une littérature sur le droit, produite par des philosophes, des sociologues ou des économistes notamment.

Parce que le domaine du droit s'étend sans cesse et rend de plus en plus souvent nécessaire le recours au savoir juridique spécialisé, même dans des matières où il n'avait jadis qu'une importance secondaire, les ouvrages juridiques à caractère professionnel ou pédagogique dominent l'édition, et ils tendent à réduire la recherche en droit à sa seule dimension positive. À l'inverse de cette tendance, la collection « Logiques juridiques » des éditions L'Harmattan est ouverte à toutes les approches du droit. Tout en publiant aussi des ouvrages à vocation professionnelle ou pédagogique, elle se fixe avant tout pour but de contribuer à la publication et à la diffusion des recherches en droit, ainsi qu'au dialogue scientifique sur le droit. Comme son nom l'indique, elle se veut plurielle.

Dernières parutions

Caroline LECLERC, *Le renouvellement de l'office du juge administratif français*, 2015.
Franck LUDWICZAK, *Les procédures alternatives aux poursuites : une autre justice pénale*, 2015.
Jean-Pierre FOFÉ DJOFIA MALEWA, *L'Administration de la preuve devant la Cour pénale internationale. Règles procédurales et méthodologiques*, 2015.
Elena-Alina OPREA, *Droit de l'Union européenne et lois de police*, 2015.
Daniel LEVY, *Les abus de l'arbitrage commercial international*, 2015.
Boris BARRAUD, *L'État. Entre fait et droit*, 2015.
Panagiota PERRAKI, *La protection de la vie personnelle du salarié en droit comparé et européen. Étude comparative des droits français, hellénique, britannique et européen*, 2015.
Hatem M'RAD, *La gouvernance : entre le citoyen et le politique*, 2015.

Sabrine Maya BOUYAHIA

La proximité en droit international privé de la famille

Préface de Lotfi CHEDLY et Marie GORÉ

L'HARMATTAN

5-7, rue de l'École-Polytechnique ; 75005 Paris

www.harmattan.fr
diffusion.harmattan@wanadoo.fr
harmattan1@wanadoo.fr

ISBN : 978-2-343-05464-3
EAN : 9782343054643

PREFACE

Il nous est agréable de préfacer la thèse de Mademoiselle Sabrine Maya Bouyahia intitulée : *La proximité en Droit international privé de la famille français et tunisien : Actualité et perspectives (étude de conflits de lois).*
Cette thèse préparée dans le cadre d'une cotutelle de la Faculté des sciences juridiques, politiques et sociales de Tunis avec l'Université de Paris II, Panthéon Assas sous la codirection de Mme le Professeur Marie Gore, Professeur à l'Université de Paris II, Panthéon Assas et du soussigné de cette préface.
Elle porte sur un sujet bien difficile et bien délimité : La proximité en Droit international privé de la famille sous l'angle des conflits de lois, dans une approche comparative des droits français et tunisien, et de manière qui dépasse l'étude de ce qui est, pour envisager ce qui devrait être…envisager des perspectives futures…
Le choix du sujet pourrait légitimement porter à discussion, car le droit tunisien est un droit a priori hostile et imperméable au principe de proximité, principe reposant sur une démarche *in concreto* et le droit français ne consacre que de manière très limitée ce principe dans les règles de conflits en matière familiale, règles essentiellement fondées sur l'abstraction…Aussi, il était à craindre que l'étude comparative ne débouche sur un constat de défaillance.
Mademoiselle Bouyahia a eu raison d'insister sur ce sujet, car elle a pu à notre avis surmonter cette difficulté originelle, en retenant une définition large de la proximité, différente de ce que les internationalistes dénomment habituellement comme « le principe de proximité », en ce sens qu'elle intègre l'idée de la «proximité abstraite » consacrée dans la règle de conflit à travers des éléments de rattachement abstraits et prédéterminés, mais ayant pour objectif d'aboutir à la désignation de la loi entretenant les liens les plus étroits . Cette approche lui a permis de consacrer une première partie intéressante, intitulée « La proximité inspirant la règle de conflit » à l'étude de manière approfondie des principaux critères de rattachement consacrés en matière familiale en droit tunisien (nationalité et domicile) et en droit français (notamment le critère de la résidence habituelle). Elle a démontré que ces rattachements matérialisent en fonction du système dans lequel ils sont intégrés tant un rattachement de proximité que de souveraineté. Les règles de conflit, savigniennes dans les deux systèmes, cherchent en utilisant des critères différents à réaliser la proximité. Les deux systèmes ont même affiné ces

règles dans le but de les adapter à la spécificité des relations juridiques. L'auteur estime que « la proximité est présente dans chaque règle de conflits avec des degrés plus ou moins différents ».

Cela l'a amenée à consacrer sa seconde partie à « La proximité corrigeant la règle de conflit », car cette proximité abstraitement recherchée peut ne pas se réaliser de manière concrète lorsqu'on applique la règle de conflit au cas d'espèce : « toutes les prévisions préconçues peuvent être détrompées ». Ce qui justifie l'intervention de la proximité comme correctif au rattachement par le biais de ce que les internationalistes dénomment « la clause d'exception », qui permet de corriger le résultat conflictuel d'une règle de conflit qui a désigné une loi dont les attaches avec la relation de droit sont très faibles.

L'auteur mène sur ce point une critique soutenue des systèmes tunisien et français, hostiles aux clauses d'exception en matière familiale. Elle a argué que la clause d'exception n'allait pas nécessairement à l'encontre de la sécurité juridique des relations familiales présentant un élément d'extranéité, ni à l'encontre de la prévisibilité juridique. Elle soutient qu'accorder un tel pouvoir de correction au juge n'amènera pas nécessairement au « gouvernement des juges », mais à condition que la clause d'exception soit bien encadrée et soit limitée à l'hypothèse où la règle de conflit désigne un Droit qui n'entretient que des liens très faibles avec la relation de droit et n'aura pour effet que de lui substituer la loi qui présente les liens les plus étroits.

Outre l'intervention de la proximité dans la correction du résultat conflictuel de la règle de conflit Melle Bouyahia envisage aussi l'intervention de la proximité dans le cadre du mécanisme corrigeant le résultat matériel de la règle de conflit lorsqu'elle désigne un droit étranger dont les dispositions sont contraires à l'ordre public.

Et c'est là que la thèse critique à la fois les systèmes français et tunisien, qu'elle considère comme excessifs, contradictoirement excessifs : par sa consécration de l'ordre public de proximité de manière généralisée, le droit français est critiqué pour son indifférence à l'atteinte aux valeurs fondamentales du moment qu'elle ne touche que les autres… En revanche, en rejetant de manière absolue l'ordre public de proximité, le législateur tunisien parait excessivement intransigeant, rigide et intolérant. L'auteur propose une solution médiane qui se fonde sur une hiérarchisation des valeurs à protéger. Seules les valeurs vraiment universelles (les droits fondamentaux) échapperont à la condition de la proximité. Pour les valeurs fondamentales spécifiques au for, elles ne seront mises en œuvre que sous condition de proximité.

En définitive, nous estimons que l'auteur soutient dans ce travail une véritable thèse. Elle défend souvent des positions qui lui sont propres et qui peuvent être discutées et contredites, mais qui ont le mérite à notre sens d'inciter à la réflexion et de voir le rôle de la proximité sous un autre angle que celui qui est classiquement retenu. Nous ne sommes pas toujours d'accord avec les conclusions de l'auteur, mais nous avons apprécié son courage intellectuel et l'argumentation qu'elle a menée : nous avons en particulier apprécié qu'elle ne se limite pas aux positions classiques soutenues par la doctrine française ou tunisienne de Droit international privé, mais soutient des positions personnelles, essaye d'argumenter et arrive souvent à convaincre …

Cette thèse a aussi le mérite de reposer sur un appareil bibliographique fourni, en droit français et tunisien et d'être rédigée dans un style souvent élégant et précis. Elle a été appréciée à sa juste valeur par le jury qui n'a pas tari d'éloges ; nous sommes certains qu'elle recevra l'accueil qu'elle mérite par les lecteurs…

Pr. Lotfi Chedly,
Doyen de la Faculté des Sciences Juridiques, Politiques & Sociales de Tunis

Pr. Marie Goré
Professeur à l'université Panthéon-Assas (Paris II)

PRINCIPALES ABREVIATIONS

A.J.T.	Actualités juridiques tunisiennes
aff.	Affaire
AJ fam.	Actualité juridique Famille
al.	Alinéa
Art.	Article
ASJ	Annales des sciences juridiques
Ass. Plén.	Assemblée plénière
Bull.	Bulletin
CDIP	Code de droit international privé tunisien
CE	Communautés européennes
CEDH	Convention européenne des droits de l'homme
CIJ	Cour internationale de justice
CJCE	Cour de justice de la communauté européenne
CJUE	Cour de justice de l'Union européenne
CPC	Code de procédure civile français
CPCC	Code de procédure civile et commerciale tunisien
CSP	Code du statut personnel tunisien
Civ.	Cour de cassation chambre civile
Cf.	Conférer
chron.	Chronique
Com.	Arrêt de la chambre commerciale de la cour de cassation
comm.	Commentaire
concl.	Conclusions
Crim.	Cassation, chambre criminelle
D.	Recueil Dalloz
D.P.	Dalloz périodique (dans le Recueil Dalloz), a disparu depuis 1941
Dr. fam.	*Droit de la famille*
éd.	Edition
fasc.	Fascicule
G.A.J.F.D.I.P.	Grands arrêts de la Jurisprudence française de droit international privé
Gaz.Pal.	Gazette du palais

Ibid.	Au même endroit
id.	Idem
Infra.	ci-dessous
IR	Informations rapides du recueil Dalloz
J.C.P.	Semaine juridique
J.-Cl.	JurisClasseur
J.D.I.	Journal du droit international (Clunet)
J.O.	Journal officiel de la République française
J.O.R.T.	Journal officiel de la République tunisienne
L.D.I.P.	Loi de droit international privé suisse
obs.	Observations
Op. cit.	*opere. citato* (dans l'ouvrage cité)
panor.	Panorama
précit.	Précité
R.C.A.D.I.	Recueil des cours de l'Académie de droit international
R.I.D.C	Revue internationale de droit comparé
R.J.L.	Revue de la Jurisprudence et de la Législation
RTD civ.	Revue trimestrielle de droit civil
RTD com.	Revue trimestrielle de droit commercial
rapp.	Rapport
*Rec.*C.I.J.	Recueil des arrêts, avis consultatifs et ordonnances de la Cour internationale de justice
Rép.civ.Dalloz	Répertoire Dalloz de droit civil
Rép.internat.Dalloz	Répertoire de droit international Dalloz
Req.	Arrêt de la chambre des requêtes de la Cour de cassation
Rev.crit.DIP.	Revue critique de droit international
Rev. suisse dr. int. eur.	Revue suisse de droit international et européen
S.	Sirey
Soc	arrêt de la chambre sociale de la Cour de cassation
somm.	Sommaire
spéc.	Spécialement
supra.	ci-dessus

T.G.I.	Tribunal de grande instance
t.	Tome
Trav. Comité. fr. DIP	Travaux du Comité français de droit international privé
V°	*Verbo*
vol.	Volume

OUVRAGES CITES SOUS LE SEUL NOM DE LEUR(S) AUTEUR(S)

AUDIT (B.) et AVOUT (L. D')

- *Droit international privé*, 7e éd, Economica, 2013

BARTIN (E.)

- *Principes de droit International Privé selon la loi et la jurisprudence française*, Domat-Montchrestien, 1932 (2 volumes)

BATIFFOL (H.) et LAGARDE (P.)

- *Droit international privé*, 7e éd, L.G.D.J., 1983

BUREAU (D.) et MUIR WATT (H.)

- *Droit international privé*, 2e éd, t. I et II, PUF, 2010

CHEDLY (L.) et GHAZOUANI (M.)

- *Code de droit international privé annoté*, Tunis 2008

HACHEM (M.-A)

- *Leçons de droit international privé, Livre II : Les conflits de lois (droit applicable à une relation transfrontalière)*, CPU, 1997

HEUZE (V.) et MAYER (P.)

- *Droit international privé*, 11e éd, Montchrestien, 2014

HOLLEAUX (D.), FOYER (J.), et GEOUFFRE DE LA PRADELLE (G. DE)

- *Droit international Privé*, Masson, 1987

LOUSSOUARN (Y.), BOUREL (P.) et VAREILLES-SOMMIERE (P. DE)

- *Droit international privé*, 10e éd, Dalloz, 2013.

MEZGHANI (A.)

- *Commentaires du Code de Droit International Privé*, CPU, 1999

NIBOYET (M.-L.) et GEOUFFRE DE LA PRADELLE (G. DE)

- *Droit international privé*, 4e éd, L.G.D.J., 2013

SOMMAIRE

SOMMAIRE

INTRODUCTION

1. Vingt neuf ans après le cours de M. LAGARDE à l'Académie de droit international de La Haye sur « le principe de proximité dans le droit international privé contemporain »[1], la résolution des litiges internationaux par référence à ce fondement tient toujours une place considérable. Bien qu'entreprendre une nouvelle étude sur le même thème semble *a priori* surabondant, celle-ci se révèle au contraire toujours d'actualité et justifie que des études récentes s'y intéressent directement ou indirectement. La doctrine n'a cessé de concentrer son attention sur la question, soit de façon spontanée[2], soit à la suite d'une intervention législative[3] ou jurisprudentielle[4]. En effet, la proximité est inhérente à toute étude de droit international privé, en raison de la particularité de

---

[1] P. LAGARDE, « Le principe de proximité dans le droit international privé contemporain », RCADI, 1986-I, t. 196, p. 9-238.

[2] Notamment, D. KOKKINI-IATRIDOU, « Les clauses d'exception en matière de conflits de lois et de conflits de juridictions », in *Les clauses d'exception en matière de Conflits de Lois et de Conflits de Juridictions –ou le principe de proximité*, XIVe Congrès International de droit comparé, Martinus Nijhoff Publisher, 1994, p. 3 ; P. REMY-CORLAY, *Etude critique de la clause d'exception dans les conflits de lois (Application en droit des contrats et des délits)*, Thèse, Poitiers, 1997 ; T. BALLARINO et G.-P. ROMANO, « Le principe de proximité chez Paul LAGARDE », in *Le droit international privé : esprit et méthodes*, Mélanges en l'honneur de Paul Lagarde, Dalloz, 2005, p. 37 ; L. CHEDLY, « Le principe de proximité dans le code tunisien du droit international privé », in *Mouvements du droit contemporain*, Mélanges offerts au Professeur Sassi Ben Halima, CPU, 2005, p. 325 ; P. COURBE, « L'ordre public de proximité », in *Le droit international privé : esprit et méthodes*, Mélanges en l'honneur de Paul Lagarde, Dalloz, 2005, p. 227 ; M. FALLON, « Le principe de proximité dans le droit de l'Union européenne », in *Le droit international privé : esprit et méthodes* », Mélanges en l'honneur de Paul Lagarde, Dalloz, 2005, p. 241 ; C. KESSEDJIAN, « Le principe de proximité vingt ans après », in *Le droit international privé : esprit et méthodes*, Mélanges en l'honneur de Paul Lagarde, Dalloz, 2005, p. 507 ; N. JOUBERT, *La notion de liens suffisants avec l'ordre juridique (Inlandsbeziehung)*, Préface de P. LAGARDE, Litec 2007.

[3] L. BARNICH, « La clause d'exception dans la proposition de loi portant le code de droit international privé », Mélanges John KIRKPATRIK, Bruylant, 2004, p. 59 ; L. CHEDLY, « Le principe de proximité dans le code tunisien du droit international privé », in *Mouvements du droit contemporain*, Mélanges offerts au Professeur Sassi Ben Halima, CPU, 2005, p. 325 et s.

[4] J. FOYER, note sous Civ. 1re, 10 février 1993, *Rev. crit. DIP.*, 1993, p. 620.

cette branche. Souvent assimilé à un droit de rattachement[5], le droit international privé tend à relier une relation donnée à un ordre juridique. L'opération nécessite l'existence préalable de liens entre eux. Cependant, une relation privée internationale présente des liens avec au moins deux ordres juridiques différents. La question est donc de savoir à quel ordre devrait être soumis chaque rapport de droit et, par conséquent, comment départager les ordres juridiques en conflit.

2. Pour ce faire, SAVIGNY[6] s'est démarqué des doctrines qui le précédaient et qui concevaient aussi bien les conflits de lois que les conflits de juridictions comme étant un conflit de souverainetés. L'auteur s'est tout particulièrement intéressé au conflit de lois, pour lequel il a adopté une approche d'inspiration privatiste tendant à soumettre le rapport de droit aux dispositions internes du pays avec lequel il a des contacts. Puisqu'une relation internationale a des contacts avec plus d'un pays, il faut donc déterminer la loi du pays le plus apte à régir la situation. Il préconisa alors une analyse préalable de la relation juridique afin de déterminer à quel domaine le rapport de droit appartient de par sa nature, et « où ce rapport de droit a son siège »[7], pour le soumettre à la loi de ce dernier. Le siège doit être identifié à partir de l'élément le plus caractéristique de la relation de droit. De ce fait, la relation en question sera soumise à l'ordre juridique où se localise son élément déterminant. Ainsi, les grandes lignes du principe du rattachement de la relation de droit à l'ordre législatif qui lui est proche ont été tracées par la méthode de localisation de SAVIGNY. Ce procédé conduit tout au moins en théorie à la localisation de la situation juridique internationale dans l'ordre qui lui est le plus étroitement lié et induit donc sa soumission à ce dernier. Cependant, cette méthode a montré ses limites sur le plan pratique en raison de la complexité des relations privées, qui ne peuvent reposer sur la seule analyse abstraite des questions de droit et encore moins sur une détermination du siège du rapport de droit à partir de la nature du rapport auquel il appartient. Concrètement, le résultat de la méthode savignienne s'éloigne parfois du rattachement du rapport juridique à l'ordre qui lui est le plus proche. Pour y remédier, des méthodes différentes, même si elles ont pour base l'approche savignienne, ont été proposées. Les plus importantes proviennent de la

---

[5] P. LAGARDE, Cours *précit.*, p. 26, n° 3.
[6] Voir, P. MAYER et V. HEUZE, p. 63-64, n° 71.
[7] F.-C. VON SAVIGNY, *Traité de droit romain*, éd., Panthéon-Assas, Paris 2002, p. 109.

doctrine américaine[8], qui a appelé à soutenir l'application concrète de l'ordre juridique le plus proche de la relation de droit.

3. La méthode de réglementation des litiges présentant un élément d'extranéité, fondée sur le principe de proximité, a par conséquent vu le jour. Elle exige en matière de compétence législative, le « rattachement d'un rapport de droit à l'ordre juridique avec lequel il présente les liens les plus étroits » [9]. Elle exprime en matière de compétence juridictionnelle, d'une part le « rattachement d'un litige aux tribunaux d'un Etat avec lequel il présente, sinon le lien le plus étroit, du moins un lien étroit »[10], et d'autre part « la subordination de l'efficacité d'une décision à l'étroitesse des liens qui la rattachent à l'autorité qui l'a prise »[11]. La philosophie de ce principe est de procéder à une localisation concrète et non abstraite de la relation de droit, qui invite à se débarrasser de tout postulat préétabli. L'identification de la loi applicable ne s'opère plus à partir d'une analyse abstraite remontant à la nature de la situation, mais plutôt à partir d'une analyse concrète des faits de l'espèce. Cela conduit forcément à ne plus tenir compte uniquement de l'élément prépondérant pour la localisation de la relation, mais de tous ses points de contact avec les différents ordres juridiques mis en cause. La solution dépendra des faits de l'espèce et non pas de critères préétablis, garantissant ainsi l'application de la loi de l'ordre juridique le plus étroitement lié à la question de droit dans tous les cas.

4. Il s'est avéré que ce moyen de réglementation des relations privées internationales présentait des avantages, tant à l'égard des justiciables qu'à l'égard des différents Etats concernés par le rapport de droit. Pour les justiciables, la soumission du litige qui les concerne à l'ordre juridique le plus proche est conforme à la fois à leurs attentes légitimes, aux besoins de la commodité judiciaire et à ce qu'ils espèrent de la justice, à savoir un traitement équitable de ce litige. Pour les Etats concernés, le procédé a l'avantage d'assurer l'harmonie internationale des solutions et de respecter réellement la compétence de l'Etat « le plus intimement lié à la situation et aux parties »[12].

---

[8] P. LAGARDE, Cours *précit.*, p. 27, n° 3.
[9] P. LAGARDE, Cours *précit.* p. 25 et 26, n° 2.
[10] *Ibid.*
[11] *Ibid.*
[12] B. HANOTIAU, *Le droit international privé américain. Du premier au second Restatement of the Law, Conflict of Laws*, L.G.D.J., et Bruylant, 1979, p. 74, n° 100.

5. Pourtant, poussé à l'extrême, le principe de proximité n'aura pas uniquement des effets avantageux, mais au contraire ses conséquences seront parfois néfastes tant pour les parties que pour les Etats. L'appréciation concrète et illimitée des faits d'espèce débouchera sur une imprévisibilité totale des solutions pour les justiciables, ainsi que sur une cacophonie dans les solutions rendues par les différents ordres juridiques. Respecter à la lettre ce principe, en garantissant pour toute relation de droit l'application de l'ordre juridique qui lui est le plus proche, revient à se livrer à un raisonnement casuistique sans limite, anéantissant toute tentative de réglementation préétablie des relations privées internationales. Pareille méthode se concilie très mal avec la prévisibilité ou même l'uniformisation des solutions puisque même si les situations se ressemblent, aucune n'est vraiment identique à une autre. Il serait donc recommandé de renoncer dans certains cas à rechercher à tout prix d'atteindre la perfection, et de se contenter de respecter la proximité sans en faire un principe applicable systématiquement. Il ne faudrait donc pas exiger que soit appliqué dans toutes les hypothèses, l'ordre juridique le plus proche. Ainsi perçue, la proximité serait aussi respectée par l'application de l'ordre juridique qui a des liens étroits avec la relation de droit, même si ce dernier n'est pas celui qui lui est le plus proche. Ce procédé est considéré par MM. BALLARINO et ROMANO comme un avatar du principe de la proximité, qu'ils dénomment la « proximité suffisante »[13], et qu'ils distinguent de « la plus grande proximité »[14]. La plus grande proximité est, selon ces auteurs, fondée sur l'application de l'ordre juridique qui a les liens les plus étroits avec le rapport juridique. Cet ordre juridique est soit abstraitement, soit concrètement identifié. Il serait abstraitement identifié s'il résulte d'une détermination préalable de l'ordre estimé le plus proche en général par une analyse du rapport de droit. Par contre, il serait concrètement identifié s'il découle d'une évaluation selon chaque cas d'espèce de l'ordre le plus proche. A l'inverse, la proximité suffisante se contente d'un lien étroit avec l'ordre applicable et elle est toujours prédéterminée de manière abstraite. Tant dans la grande proximité abstraite que dans la proximité suffisante, les liens initialement considérés comme étroits peuvent se révéler concrètement ténus. Il y a risque, dans ce cas, de se retrouver face à une situation de faible proximité. Or, d'une part, il est

---

[13] T. BALLARINO et G.-P. ROMANO, « Le principe de proximité chez Paul Lagarde : quelques précisions et développements récents », in Mélanges en l'honneur de Paul Lagarde *précit.*, p. 42, n° 5.

[14] *Ibid.*

insignifiant de parler d'une proximité « faible » ou « insuffisante », et d'autre part, il est inutile d'œuvrer pour aboutir à la proximité abstraitement, s'il est admis qu'elle soit par la suite faussée concrètement. La réglementation des relations familiales internationales par la localisation du rapport de droit à l'ordre juridique qui lui est le plus proche ne servirait les objectifs qui lui sont attribués que si la proximité concrète est réalisée. Afin de concilier les besoins de la proximité avec ceux de la sécurité juridique et la prévisibilité des solutions, l'objectif privilégié serait de préconiser des règles de conflits préétablies incorporant la plus grande proximité abstraite et de prévoir exceptionnellement la correction du résultat concret de son application s'il donne compétence à un ordre juridique éloigné de la relation de droit. C'est sur ce type de proximité, assurant concrètement la soumission d'un rapport déterminé à l'ordre juridique des liens les plus étroits sinon exceptionnellement des liens étroits, que portera cette étude.

6. Cela nécessite que l'autorité compétente mais aussi le droit appliqué soient ceux présentant les liens étroits avec la situation. Cependant, la compétence fondée sur la proximité, bien qu'elle soit également souhaitée dans les règles de compétence juridictionnelle, elle n'est pas aussi recommandée qu'en matière de compétence législative. En effet, contraindre les plaideurs à ne saisir une autorité qu'au cas où elle présente les liens les plus proches avec le litige paraît excessif. Indéniablement, la proximité juridictionnelle est tout aussi motivée par des intérêts privés que par des intérêts étatiques. Les Etats ont à la fois intérêt à ce que les litiges qui leur sont étroitement liés ne leur échappent pas, mais également à ce que leurs juges rendent une décision aussi irréprochable que possible, ce qui nécessite que le juge compétent puisse facilement accéder aux informations et preuves nécessaires pour mener à bien sa mission. Les parties ont aussi intérêt à ce que leur affaire soit soumise à une autorité qui leur est proche notamment pour éviter les abus de la part du demandeur. Les deux intérêts se complètent dans la commodité sollicitée aussi bien par le juge que par les parties, à laquelle s'ajoute une part d'exercice de la souveraineté par l'Etat le plus concerné par la relation. Toutefois, l'identification de l'autorité compétente reposant sur la seule existence de liens très étroits n'est pas non plus sans inconvénients, sans pour autant être efficace.

7. Exiger que la compétence du juge saisi soit fondée sur les liens les plus étroits entre la relation et le juge conduit, simultanément, à limiter la compétence du juge du for selon les règles de compétences de principe

et à l'étendre selon les règles d'attribution exceptionnelles. En pratique, retenir cette solution signifie que le juge ne doit statuer que sur les litiges présentant des liens étroits avec son for. Or, dès lors que les règles de conflit de juridictions sont des règles unilatérales, il n'appartient pas à un Etat de régler la compétence juridictionnelle des autres Etats[15]. Si le juge du for ne se déclarait pas compétent en raison de l'existence de liens plus étroits avec un Etat étranger, rien ne garantirait donc que le juge de cet Etat étranger accepterait sa compétence. Afin d'éviter ces situations, les Etats élargissent très souvent leur compétence juridictionnelle et admettent en même temps que des autorités autres que celles des liens étroits, se déclarent compétentes. L'extension de la compétence des autorités étatiques et le libéralisme dans la reconnaissance des décisions étrangères connaissent toutefois quelques limites, dont notamment l'empiètement sur la compétence exclusive qu'un Etat se réserve dans un domaine particulier. Cette méthode élargit considérablement le champ d'intervention des juridictions du for sans limiter celle que des autorités étrangères, au risque de soumettre le litige à un ordre qui ne lui est que faiblement rattaché. Pour remédier à ces inconvénients, les systèmes de *common law* recourent à des mécanismes correcteurs de la compétence juridictionnelle, à savoir le *forum non conveniens* ou le *forum conveniens*, pour assurer autant que possible la compétence du juge pour lequel les liens sont étroits. Le premier mode de régulation de la compétence directe consiste pour le défendeur à demander le dessaisissement d'un tribunal compétent s'il s'avère inapproprié pour connaître du litige tandis qu'un autre pourrait nettement s'avérer l'être[16]. Ce mécanisme limite certes la compétence du juge du for quand il n'est pas le plus adapté pour trancher le litige, mais il ne garantit pas la compétence du juge le plus approprié. Rien n'empêche le demandeur de saisir encore une autre autorité inadéquate. Le second mode de régulation de la compétence du juge du for par le *forum conveniens* suppose, quant à lui, que les autorités du for se saisissent d'un litige pour lequel elles ne sont normalement pas compétentes, lorsque le demandeur démontre qu'aucun Etat étranger n'est mieux approprié que l'Etat du for pour trancher le litige[17]. Ce chef

---

[15] L. CHEDLY, « Droit d'accès à la justice tunisienne dans les relations internationales de la famille et for de nationalité », Mélanges en hommage à Dali Jazi, CPU, 2010, p. 257.

[16] L. USUNIER, *La régulation de la compétence juridictionnelle en droit international privé*, Préface de H. MUIR WATT, Economica, 2008, p. 119, n° 144 et 145.

[17] L. USUNIER, *op.cit.*, p. 123, n° 151.

de compétence « extraordinaire »[18] tend par une multitude de facteurs[19], à élargir la compétence du juge du for afin d'éviter des situations injustes. Aucune de ces deux exceptions ne permet dans tous les cas de garantir la compétence du juge des liens étroits. Par conséquent, il serait préférable d'étendre normalement le champ de compétence du juge du for pour les situations litigieuses qui lui sont raisonnablement rattachées, tout en posant des réserves contre les éventuels abus et fraudes. Ne pas exiger la proximité au stade de la compétence juridictionnelle ne veut pas pour autant dire que cet objectif sera écarté définitivement. En effet, la proximité sert à rattacher une relation donnée à l'ordre juridique qui lui est le plus proche, afin de la régir selon les règles adéquates en lui attribuant la solution matérielle prévue par l'ordre juridique des liens les plus étroits. De ce fait, même si par « ordre juridique », il faut comprendre aussi bien l'ordre judiciaire que l'ordre législatif, dans le cadre de la recherche de la proximité rien ne sert de rattacher une relation de droit à la compétence du juge qui lui est le plus proche sans s'assurer d'abord que ce juge appliquera effectivement la loi la plus proche. A l'inverse, dans l'hypothèse où le juge compétent n'est pas celui le plus proche de la situation, l'application par ce dernier de la loi des liens les plus étroits satisferait en définitive les exigences de la proximité. Voilà bien la raison pour laquelle, dans la conception savignienne, la place la plus importante dans la réglementation des litiges internationaux était accordée aux conflits de lois et non pas aux conflits de juridictions[20], puisque seule la solution matérielle donnée par l'ordre juridique le plus étroit importe, nonobstant l'autorité qui l'a prononcée. Bien que la proximité ne soit pas toujours évaluée de la même manière d'un système à l'autre, ces divergences concrètes ne peuvent esquiver cet objectif. Au vu de ce qui précède, cette étude ne s'intéressera qu'à la proximité en rapport avec la compétence législative. Les éventuelles références à la compétence juridictionnelle serviront principalement d'illustration, à l'exception des cas où elles s'imposeront par leur apport concret à certains développements, ou bien par l'influence manifeste qu'elles exercent sur certaines règles de conflits de lois.

8. Etudier les manifestations de la proximité dans tout le droit international privé semble une tâche lourde et risque d'être peu

---

[18] Voir pour ce qui est de l'origine de cette qualification, L. USUNIER, *op. cit.*, p. 123, n° 152.

[19] L. USUNIER, *op. cit.*, p. 123, n° 152.

[20] *Cf.* Y. LEQUETTE, « Le droit international privé de la famille à l'épreuve des conventions internationales », *RCADI*, 1994-II, t. 246, p. 60, n° 50.

fructueuse dans le cadre d'une étude comparative. Le choix ne portera donc que sur le droit international privé de la famille, et plus précisément sur le droit familial extra-patrimonial. L'idée d'accorder une attention toute particulière à cette discipline tient à sa grande sensibilité face aux diverses considérations socio-culturelles, voire aux aspects religieux qui peuvent influencer les Etats dans la réglementation de leur droit de la famille interne et qui va donc s'étendre au niveau international. Différentes considérations entrent en jeu dans cette matière bien particulière, au point d'en faire un domaine qui apparaît à première vue comme peu sensible à la notion de proximité. Pourtant, en ce qui concerne les conflits de lois, le rattachement de proximité de la relation familiale s'avère tout aussi primordial que pour les autres branches du droit, nonobstant les clivages qui existent entre les systèmes juridiques. L'application d'un rattachement de proximité dans cette matière mettant en cause des parties qui ignorent très souvent les méthodes de droit international privé, a pour avantage de réduire considérablement les inconvénients de la méconnaissance des règles de conflit de lois et de ce fait les risques d'imprévisibilité des résultats pour les plaideurs[21]. La méthode de la résolution des relations familiales internationales fondée sur la proximité aide aussi à rapprocher les solutions entre Etats[22], en dépit des divergences entre les ordres juridiques internes concernés, favorisant par conséquent, la circulation des décisions[23]. C'est la raison pour laquelle le choix portera sur deux systèmes de droit international privé de la famille relativement différents : le système français et le système tunisien. Les spécificités et l'originalité de chaque système par rapport à l'autre prouvent la nécessité et la richesse d'une telle étude comparative.

9. Tout d'abord, la différence porte sur la nature du droit interne de la famille français et tunisien. Alors qu'en France, ce droit reflète l'aspiration laïque du système français, le droit de la famille tunisien reste sous l'influence de la tradition arabo-musulmane par bien des aspects.

---

[21] Voir *infra*, n° 557-580.
[22] Voir *infra*, n° 598 et n° 599.
[23] Voir *infra*, n° 602-605.

Inspiré de la religion musulmane pour une grande partie de ses dispositions[24], le droit de la famille en Tunisie est très attaché à « la

---

[24] Voir en ce qui concerne l'évolution du droit de la famille tunisien K. MEZIOU, « Approche critique du Code de statut personnel », Mélanges offerts au Doyen Abdelfattah Amor, CPU, 2005, p. 815 et s., spéc., p. 822 et s ; K. MEZIOU, « Droit civil. – Droit de la famille », *J.-Cl. Droit comparé*, 2012, fasc. 60. Ainsi, on retrouve des traces du droit musulman dans le Code du statut personnel, telles qu'en matière de conditions du mariage où la dot est une condition de fond. De même les empêchements au mariage prévus en droit tunisien sont pour la plupart ceux prévus par la *Charia*, comme la colactation, le triple divorce, ou encore, la disparité des cultes pour la Tunisienne de confession musulmane, même en dépit des décisions jurisprudentielles contradictoires en la matière, en raison de la diversité des positions législatives. La jurisprudence et le législateur ont parfois considéré la disparité des cultes comme un empêchement au mariage (arrêt *Houria*, Civ. n° 3384, du 31 janvier 1966, *R.J.L.*, 1967, p. 37, *Revue Tunisienne de Droit*, 1968, p. 115, note G. DE LAGRANGE et les circulaires du Secrétaire d'Etat à l'Intérieur datant du 17 mars 1962, du Secrétaire d'Etat à la justice du 5 novembre 1973 et celle du ministre de l'Intérieur du 23 novembre 2004, adressées aux officiers de l'état civil et aux magistrats, interdisant la célébration des mariages d'une musulmane avec un non-musulman), et d'autres fois soutenu la liberté matrimoniale et la non-discrimination en la matière en raison du sexe ou de la religion (tribunal de première instance de Tunis, jugement civil n° 26855, du 29 juin 1999, *Revue Tunisienne de Droit*, 2000, p. 403, note S. BEN ACHOUR, ainsi que la Déclaration universelle des droits de l'homme de 1948, la Convention de New York du 10 décembre 1962 sur le consentement au mariage, l'âge minimum du mariage et l'enregistrement des mariages ratifiée par la Tunisie et publiée au *J.O.R.T.* du 7-10 mai 1968, qui édicte le principe de liberté de la femme de se marier avec l'homme de son choix quelle que soit, notamment, sa religion, et celle de Copenhague du 18 décembre 1979 relative à l'élimination de toutes sortes de discrimination à l'égard des femmes, toutes ratifiées par la Tunisie).

C'est essentiellement en matière successorale que le législateur s'est beaucoup inspiré des dispositions du droit musulman. Ainsi, dans l'arrêt *Houria*, (Civ. 31 janvier 1966) la Cour de cassation avait interprété l'article 88 du Code du statut personnel relatif aux indignités successorales, et l'article 5 du même Code relatif à la nullité du mariage par référence au droit musulman. A cela s'ajoute l'attitude des juges tunisiens qui très souvent, en cas de lacunes ou de silence de la loi, se tournent vers le droit musulman afin d'interpréter la loi ou de combler ses lacunes, même lorsque les dispositions de la loi sont incompatibles avec les exigences du droit musulman. Cette attitude a été vivement critiquée par la doctrine (A. MEZGHANI, « Réflexions sur les relations du code de statut personnel avec le droit musulman classique », *Revue Tunisienne de Droit*, 1975, p. 53 et s), surtout lorsque les juges se réfèrent au droit musulman pour justifier une décision relative à une question interdite en Islam. Ainsi, en matière d'adoption le Tribunal de justice cantonale de Tunis dans une décision du 26 décembre 1974 (*Revue Tunisienne de Droit*, 1975, note K. MEZIOU), relative à la validité d'une adoption d'un enfant tunisien par des époux français, a fait de l'islamisation du couple une condition pour l'acceptation de l'adoption alors même que le droit musulman ne reconnaît pas une telle institution.

référence constante aux sources coraniques dans l'exégèse officielle ou officieuse des nouveaux textes »[25], tout en s'inscrivant dans une lecture nouvelle évolutive[26] « rompant souvent avec les règles traditionnelles du droit musulman »[27].

Or, les orientations internes de la réglementation du droit de la famille ont des répercussions sur les règles de droit international privé.

10. Ensuite, même si les législateurs français et tunisien se sont orientés vers une réglementation du droit international privé de la famille, le processus s'est fait différemment. En droit français, la réglementation a été introduite ponctuellement, soit à la suite de réformes internes, soit à travers l'entrée en vigueur d'une convention internationale ou bien d'un règlement européen, au point que des règles autres que jurisprudentielles ont envahi presque tous les domaines du droit international privé de la famille français. Le législateur tunisien a, quant à lui, décidé depuis 1956 de s'emparer des relations familiales internationales[28]. Son travail a été couronné en 1998 par la promulgation d'un Code de droit international privé[29], qui, lui, consacre tout un chapitre au droit de la famille.

Par conséquent, si les règles relatives au droit international privé de la famille sont pour l'essentiel regroupées dans un même instrument

---

Cependant, la référence traditionnelle de la jurisprudence tunisienne au droit musulman est parfois contredite par une référence à des valeurs dont les exigences s'opposent totalement aux principes du droit musulman. Voir en ce sens, M. BOUGUERRA, « Le juge tunisien et le droit du statut personnel », *A.J.T.*, 2000, n° 14, p. 21 et s. S. BOSTANJI, « Turbulences dans l'application judiciaire du code tunisien du statut personnel : le conflit de référentiel dans l'œuvre prétorienne », *RIDC*, 1-2009, p. 7 et s ; S. BOSTANJI, « Les survivances du communautarisme dans l'application judiciaire du droit international privé tunisien », *Rev. crit. DIP.*, 2009, p. 251 ; M. DOUCHY-OUDOT, « Les enfants et la séparation des parents », *RIDC*, 2010-2, p. 625 et s., spéc., p. 627-628, n° 9.

[25] E. DE LAGRANGE, « Le législateur tunisien et ses interprètes », *Revue Tunisienne de Droit,* 1968, p. 11 et s., spéc. p. 20.

[26] K. MEZIOU, « Approche critique du Code de statut personnel », Mélanges offerts au Doyen Abdelfattah Amor, CPU, 2005, p. 815 et s., spéc. p. 816.

[27] F. MECHRI, « La famille et la justice », in *Droits et Culture*, Mélanges en l'honneur du Doyen Yadh Ben Achour, p. 319 et s., spéc. p. 322. Voir aussi A. MEZGHANI, « Le juge français et les institutions du droit musulman », *J.D.I.,* 2003, p. 721 et s., spéc. p. 732.

[28] Depuis la promulgation du décret beylical du 12 juillet 1956, qui a été modifié par le décret du 24 décembre 1957 puis par la loi du 27 septembre 1957.

[29] Loi n° 98-98 du 27 novembre 1998, portant promulgation du Code de droit international privé tunisien.

d'origine interne en droit tunisien, elles ont des origines diverses dans le système français.

11. Enfin, la nature et la composition sociale de chacun de ces deux systèmes diffèrent. La France est un pays d'immigration qui accueille sans cesse des étrangers venus de part et d'autre du monde, alors que la Tunisie est un pays d'émigration dont le nombre d'étrangers bien établis sur son territoire reste très réduit. Cela est d'une grande influence sur la réglementation des relations familiales internationales.

12. Ces trois caractéristiques divergentes ne vont pourtant pas à l'encontre d'une étude comparative des deux systèmes. Au contraire, afin de justifier l'utilité de la proximité en droit international privé de la famille, il est primordial de démontrer qu'elle n'est pas exclusive à un système de droit bien déterminé, mais qu'elle s'étend bien à tous les systèmes quelle que soit sa spécificité. Il paraît également essentiel de démontrer que les règles de conflit abstraitement préétablies prenant leur origine dans un texte, quel qu'il soit, ne s'opposent pas à une recherche du rattachement de la relation de droit à l'ordre juridique avec lequel elle entretient des liens très étroits en amont, et que cet objectif est, au stade de l'élaboration de la règle de conflit, différemment réalisable d'un système à l'autre. Enfin il est nécessaire de démontrer que toutes les prévisions abstraites nécessitent d'être complétées, voire corrigées concrètement au cas où elles dévieraient de la réalité de la situation juridique. Ce travail en aval reposant sur une évaluation concrète du résultat des règles préétablies, ne peut être confié qu'au juge, seul garant de la bonne application de la règle de droit. Toutefois, les deux systèmes étudiés, appréhendent l'éventuelle évaluation par le juge de la proximité de la loi désignée par la règle de conflit prédéterminée en matière familiale.

13. La question est alors de savoir quelle place doit occuper la proximité en droit international privé de la famille français et tunisien au vu des recommandations actuelles des deux systèmes ? Pour cela, il faut étudier l'articulation des besoins de la proximité avec les règles préétablies dans deux systèmes d'apparence opposés. Il faut s'intéresser à la fois à la place de la proximité dans les règles de conflit de lois françaises et tunisiennes actuelles, ainsi qu'aux éventuelles améliorations qui devraient leur être apportées. La première partie de cette étude sera focalisée sur la place qu'occupe actuellement la proximité dans le droit international privé de la famille français et tunisien. Elle portera sur la

proximité inspirant les règles de conflit de lois. La seconde partie s'attachera essentiellement à proposer des méthodes de correction du résultat de la règle de conflit compatibles avec les exigences des relations familiales dans les deux systèmes.

Première Partie : La proximité inspirant la règle de conflit de lois

Seconde Partie : La proximité corrigeant la règle de conflit de lois

PREMIERE PARTIE
LA PROXIMITE INSPIRANT LA REGLE DE CONFLIT DE LOIS

14. « Tout système, même le mieux conçu, n'est qu'un instrument, utile au moment où il apparaît, mais précaire et caduc, parce qu'il est simple et stable en face de la vie complexe et changeante » écrivait Eugène GAUDEMET[30]. Il n'en reste pas moins que si la perfection est difficilement réalisable, tenter de s'en approcher n'est pas impossible. En droit international privé cet objectif n'est atteint que par le rattachement de la relation de droit à l'ordre le plus approprié. Cet ordre peut signifier l'ordre le plus proche, l'ordre choisi par les parties, ou encore l'ordre apte à réaliser un résultat donné, et parfois l'ordre ayant une emprise sur le rapport de droit. Dans toutes les situations, il s'agit d'une localisation de la relation juridique[31]. Une localisation que SAVIGNY préconisait par la méthode de la recherche du siège du rapport de droit après une analyse de sa nature. Démarche qui écarte de l'identification du critère de rattachement toute justification du règlement de la relation privée internationale par des motifs autres que les liens existants entre l'ordre compétent et la situation juridique. Celle-ci se trouve par conséquent dépourvue de toute autre considération que la localisation spatiale du rapport de droit au stade de l'élaboration de la règle de conflit. Cela aboutit à la justice de droit international privé en soumettant la relation à l'ordre dans lequel elle s'intègre. L'ordre juridique d'intégration correspond dans l'absolu à l'ordre juridique dont les liens sont les plus proches de la relation. De là apparaît la coïncidence entre les liens qualificatifs du rapport de droit et l'ordre juridique. C'est donc bien la proximité qualitative que dégageait SAVIGNY. Cette proximité repose

---

30 E. GAUDEMET, « La théorie des conflits de lois dans l'œuvre d'Antoine Pillet et la doctrine de Savigny », Mélanges Antoine Pillet, Sirey, 1929, p. 90 et s., spéc. p. 102.

31 Selon BATIFFOL, « la question essentielle du conflit des lois consiste à « localiser » les relations juridiques », H. BATIFFOL, *Aspects philosophiques du droit international privé*, Préface de Y. LEQUETTE, Dalloz, 2002, p. 12 et 13, n° 3.

sur une présomption « irréfragable »[32] établie après une analyse abstraite du rapport de droit. La rigidité de la présomption apparaît actuellement critiquable. En effet, l'application de cette méthode ne conduit pas forcément au rattachement de la relation de droit à l'ordre qui lui est le plus proche concrètement. Cependant, certains auteurs ont constaté que si ce procédé ne rejette pas la recherche de la proximité[33], il s'en inspire[34] en dépit de ses insuffisances[35]. Voilà pourquoi le rattachement abstraitement identifié devrait *en principe* refléter la proximité, à moins que des cas particuliers ne s'y opposent.

15. A travers la réglementation des relations privées familiales, les systèmes français et tunisien ont tenté tant bien que mal d'identifier de façon abstraite l'élément de rattachement prépondérant, qui reflète les liens les plus pertinents en la matière (Titre I). Cependant, les insuffisances de la méthode classique ayant inspiré les deux systèmes juridiques ainsi que les dérogations qui lui sont apportées, s'éloignent parfois d'un tel résultat (Titre II).

---

[32] Voir P. REMY-CORLAY, *Etude critique de la clause d'exception dans les conflits de lois* (*Application en droit des contrats et des délits*), Thèse, Poitiers, 1997, p. 163 et 164, n° 260.

[33] P. LAGARDE, Cours *précit.*, p. 31, n° 4.

[34] « Il est certes admis que la démarche savignienne ne permet pas toujours d'aboutir à la loi du lien le plus étroit, mais il s'agit alors d'exceptions qui ne mettent pas en cause l'adhésion aux fondements de la méthode attribuée à SAVIGNY », estime M. BUCHER. A. BUCHER, « Vers l'adoption de la méthode des intérêts ? Réflexions à la lumière des codifications récentes », *Trav. Comité. fr. DIP.*, 1995, p. 209 et s., spéc. p. 211.

[35] P. LAGARDE, Cours *précit.*, p. 31, n° 4.

TITRE I
LA PRISE EN CONSIDERATION DES BESOINS DE LA PROXIMITE

16. L'analyse de la réglementation des relations familiales internationales en France comme en Tunisie montre que parmi les objectifs des règles de conflit adoptées, figure la recherche du rattachement de la relation de droit à l'ordre juridique qui lui est étroitement lié. Cette orientation générale apparaît essentiellement à travers la prise en compte des prescriptions de la proximité dès l'élaboration de la règle de conflit de lois (Chapitre premier). Elle est aussi renforcée par l'adoption de certaines méthodes favorisant la localisation du rapport familial à l'ordre le plus proche (Chapitre second).

CHAPITRE PREMIER

LA PRISE EN CONSIDERATION DES BESOINS DE LA PROXIMITE LORS DE L'ELABORATION DE LA REGLE DE CONFLIT DE LOIS

17. Faute de résoudre « *de manière concrète* la question de la loi applicable »[36], il semble difficile d'admettre que dans une règle de conflit « désignant *de manière générale* la loi du pays où est censé se trouver le centre de gravité d'un type déterminé de rapports de droit »[37], le principe de proximité puisse trouver une place. Pourtant, nonobstant son caractère prédéterminé, la règle de conflit pourrait s'inspirer de ce principe et tendre à réaliser les objectifs précités. Pour cela, il suffit de prévoir un rattachement qui exprime dans sa généralité de telles attentes (Section I), quitte à envisager des atténuations à la généralité de la règle de droit chaque fois qu'il est nécessaire (Section I).

Section I : Le choix du critère de rattachement

18. La prise en considération des besoins de la proximité dans un système de droit international privé passe essentiellement par le choix du critère de rattachement. Ce choix est soit prévu au sein d'une règle de conflit de lois préétablie, soit déterminé selon les circonstances. Dans les deux hypothèses, l'objet est la recherche du rattachement du rapport de droit à l'ordre juridique le plus proche. Etant donné que « dans la vie internationale la répartition des individus se fait en fonction de deux

---

[36] E. VASSILAKAKIS, *Orientations méthodologiques dans les codifications récentes du droit international privé en Europe*, Préface de P. LAGARDE, L.G.D.J., 1987, p. 203, n° 215.
[37] E. VASSILAKAKIS, *op. cit.*, p. 203, n° 215.

éléments : la nationalité et le domicile »[38], il est primordial de déterminer lequel des deux rattachements est le plus approprié afin de réaliser cet objectif. L'importance de la fonction « proximiste »[39] de l'un et de l'autre des deux rattachements, est variable. Certes, « la proximité la plus évidente est celle qui s'inscrit dans l'espace »[40], mais il n'en demeure pas moins qu'elle ne lui est pas exclusive. Une proximité affective s'y ajouterait en droit de la famille. Les deux critères – nationalité et domicile ou résidence habituelle – pourraient *a priori* et selon les cas, concrétiser ou réfuter le rattachement des relations familiales à l'ordre juridique le plus étroit (Paragraphe I). Compte tenu de la spécificité du système de droit et selon la nature de la catégorie de droit (Paragraphe II), il est possible de parvenir à la prépondérance de l'un des deux rattachements.

Paragraphe I : La variabilité de l'importance des rattachements en matière de conflit de lois

19. Dans les systèmes où le droit de la famille est unifié, jusqu'à récemment il était difficile de concevoir des rattachements autres que la nationalité ou le domicile. De ce fait, l'adoption de l'un sous-entendait l'exclusion de l'autre. Désormais, il est plus facilement admis que ces rattachements soient combinés au sein d'une même règle de conflit, concurrencés ou encore renforcés par un autre facteur de rattachement, à savoir la volonté des parties. Aux rattachements classiques, s'ajoute un rattachement dont l'application est en étroite liaison avec les critères préalablement cités. Cette faveur pour le principe d'une option dans les relations privées familiales n'est que la résultante d'une équivalence des deux principaux rattachements pour la réalisation des objectifs du droit international privé[41] dans lesquels s'inscrit la localisation la plus étroite de

---

[38] J.-P. NIBOYET « *Traité de droit international privé français* », Sirey, 1938, p. 552, n° 507 ; A. MEZGHANI, « Le juge français et les institutions du droit musulman », *J.D.I.*, 2003, p. 721 et s., spéc. p. 734.

[39] Ce terme est emprunté de l'ouvrage de M. D. BUREAU et Mme H. MUIR WATT, *Droit international privé*, t. I, PUF, 2007, p. 126, n° 115, (n'apparaît que dans la première édition).

[40] R. MARTIN, « Vous avez dit proximité ? », *D.*, 2004, p. 507.

[41] Comme l'avait indiqué BATIFFOL, « tout cela fait que les arguments restent très partagés pour et contre la nationalité ou le domicile. Je suis de ceux qui pensent que le choix est vraiment difficile et que le réalisme est plutôt en faveur d'une combinaison des deux critères. Je crois que la préférence radical, pure et simple pour l'un ou l'autre est mal fondée, car elle ne tient pas assez compte des avantages respectifs de l'un ou de

la situation juridique (A). La volonté des parties serait parfois même le meilleur arbitre permettant de trancher en faveur de l'un ou l'autre des rattachements (B).

A. La nature mixte des principaux rattachements du droit international privé de la famille

20. Comme l'a constaté M. GANNAGE, « sur le terrain des conflits de lois, la nationalité et le domicile sont à pied d'égalité, la préférence donnée par les autorités d'un pays à l'un ou à l'autre ne pouvant être considérée comme internationalement abusive »[42]. Pour les relations familiales à caractère international, deux principaux critères de rattachement se partagent traditionnellement la matière : le rattachement personnel et le rattachement territorial[43]. Les deux, « présentent des titres sérieux à être retenus »[44]. A la lumière des vertus et des difficultés pratiques rencontrées lors de l'adoption de ces rattachements, il n'est pas évident de trancher en faveur de l'un ou de l'autre[45]. Etant donné qu'à travers la règle de conflit, ses auteurs visent généralement à appliquer la loi avec laquelle l'affaire a les liens les plus étroits et qu'en matière familiale, le choix est tantôt fait en faveur de la loi nationale, tantôt en

---

l'autre », H. BATIFFOL, « La loi personnelle », Cours de l'Institut des Hautes Etudes Internationales 1966-1967, p. 80.

[42] P. GANNAGE réponse au rapport de Y. LOUSSOUARN, « La dualité des principes de nationalité et de domicile en droit international privé », *Annuaire de l'institut de droit international privé*, Pedone, 1987, p. 363.

[43] Y. LOUSSOUARN, rapport *précit.*, p. 295 et s., spéc. p. 296 ; A. E. VON OVERBECK, « La *professio juris* comme moyen de rapprocher les principes du domicile et de la nationalité en droit international privé », *Liber amicorum Baron Louis Fredericq*, 1965, p. 1099 ; Selon, Niboyet, « l'individu a donc deux éléments de rattachement dans le monde : d'abord vis-à-vis de l'Etat dont il est citoyen et vis-à-vis ensuite des autorités du lieu où il a fixé son habitation, son domicile », J.-P. NIBOYET, « *Cours de droit international privé français* », Sirey 2e éd., 1949, p. 204, n° 220.

[44] B. AUDIT, « Le caractère fonctionnel de la règle de conflit », *RCADI*, 1984-III, t. 186, p. 334.

[45] Cette solution a été prévue par M. LOUSSOUARN, qui après avoir exposé les mérites et les faiblesses aussi bien de la nationalité que du domicile, affirmait qu'« il est impensable de préconiser une solution consistant en l'adoption d'une règle de conflit de lois fondée exclusivement soit sur le domicile, soit sur la nationalité », Y. LOUSSOUARN, « La dualité des principes de nationalité et de domicile en droit international privé » *précit.*, p. 333.

faveur de la loi du domicile, il serait donc difficile, après une analyse des deux rattachements, de favoriser l'un par rapport à l'autre. La règle prévoyant l'application de la loi nationale et celle prévoyant l'application de la loi du domicile ont toutes deux « prétention à traduire le lien le plus étroit entre la personne et la loi ainsi désignée »[46]. Ainsi, la nationalité (1) tout comme le domicile (2), apparaissent comme deux critères de nature souvent équivalente[47]. Aucun des deux critères, ne peut prétendre à lui seul et dans toutes les hypothèses illustrer le rattachement des relations familiales à l'ordre le plus étroit.

1. Le rattachement à la nationalité

21. S'il n'est pas aisé d'établir un lien entre le choix du rattachement du statut familial à la nationalité d'une part et le principe de proximité d'autre part, les arguments en faveur du rattachement à la loi nationale sont quant à eux nombreux. Le fait qu'un grand nombre de systèmes de droit international privé de la famille ait opté pour un tel rattachement du statut personnel et familial témoigne d'une forte attraction en faveur de la nationalité[48]. En effet, l'attirance est due à la stabilité de ce rattachement qui assure la sécurité juridique par la permanence du statut[49], principale préoccupation du droit international privé de la

---

[46] J.-Y. CARLIER, *Autonomie de la volonté et statut personnel*, Bruylant, 1992, p. 13, n° 1.

[47] Voir J.-Y. CARLIER *op.cit.*, p. 249, n° 229.

[48] Il importe d'observer qu'actuellement ce rattachement perd de plus en plus de sa notoriété. Les difficultés rencontrées lors de l'application de ce facteur ont conduit à la recherche d'un rattachement subsidiaire afin de faire face aux lacunes du rattachement à la nationalité. Voir en ce sens H. BATIFFOL, « Une évolution possible de la conception du statut personnel dans l'Europe continentale », in *Choix d'articles*, L.G.D.J., 1976, p. 213 et s ; Mme LABRUSSE parle de « discrédit de la compétence de la loi nationale », C. LBRUSSE, « La compétence et l'application des lois nationales face au phénomène de l'immigration étrangère », *Trav. Comité. fr. DIP.*, 1975-1977, p. 111 et s., spéc. p.113.

[49] H. BATIFFOL, *Aspects philosophiques du droit international privé*, Dalloz, 1956, p. 282 ; H. GAUDEMET-TALLON, « La désunion du couple en droit international privé », *RCADI*, 1991-I, t. 226, p. 80, n° 48 ; E. PATAUT, *Principe de souveraineté et conflit de juridiction. Etude de droit international privé*, L.G.D.J., 1999, p. 197, n° 291 ; Dans son rapport sur « La dualité des principes de nationalité et de domicile en droit international privé » *précit.*, LOUSSOUARN avait émis une opinion plus nuancée sur la permanence qu'assure la loi nationale. Voir en ce qui concerne la critique de la permanence, J.-P. NIBOYET, « *Cours de droit international privé français* », Sirey 2e éd., 1949, p. 432, n° 459.

famille[50]. Cette permanence du rattachement révèle à la fois une conception proximiste et une nature souverainiste de la nationalité. La permanence peut conduire à la soumission de l'individu à sa loi nationale alors que ce dernier a perdu tout lien avec son milieu d'origine. La permanence peut aussi exprimer le rattachement de l'individu à son milieu social et culturel originel, en raison des liens affectifs qu'il a pu nouer avec cet environnement[51].

22. Bien que le rôle attribué au critère de la nationalité oscille entre la fonction souverainiste et la fonction proximiste, une grande partie de la doctrine contemporaine le considère comme l'illustration du fondement souverainiste de la règle de conflit qui le retient comme principal élément de rattachement[52].

23. Selon M. MEZGHANI, la nationalité est le « lien de fait que vient consacrer le droit, qui attribue à l'individu la qualité de membre d'une collectivité organisée en Etat »[53]. Cette définition regroupe non seulement l'acception stricte de *la nationalité de droit* exprimant « le lien qui unit l'individu et l'Etat »[54], mais aussi *la nationalité de fait* : expression de l'existence d' « un groupe d'individus unis par la similitude des goûts, des usages, des intérêts, des sympathies, si bien qu'il règne entre eux une cohésion intime, une puissante solidarité qui leur fait souhaiter de vivre

---

50 D'ailleurs, la permanence du statut est aussi défendue dans les systèmes de *common law* qui ont opté pour le rattachement au domicile d'origine dont la définition du *domicil of origin* s'apparente à la nationalité essentiellement en raison de la stabilité et la permanence qu'elle attribue à ce domicile.

51 Voir, B. ANCEL, compte rendu à la *Rev. crit. DIP.*, 2006, « *Le conflit mobile* », M. SOULEAU-BERTRAND, p. 452 et s., spéc. p. 455.

52 Voir notamment, R. CASSIN, « La nouvelle conception du domicile dans le règlement des conflits de lois », *RCADI*, 1930-IV, t. 34, p. 659 et s., spéc. n° 51 ; P. LAGARDE « Le principe de proximité dans le droit international privé contemporain », *RCADI*, 1986-I., p. 9 et s ; E. PATAUT, *Principe de souveraineté et conflit de juridiction. Etude de droit international privé*, L.G.D.J., 1999 ; M. FARGE, *Le statut familial des étranger en France : de la loi nationale à la loi de la résidence habituelle*, Paris l'Harmattan, 2003 ; L. D'AVOUT, note sous l'arrêt *Hadadi* de la CJCE du 16 juillet 2009. aff. C-168/08, *J.D.I.*, 2010, p. 157 et s., spéc. p. 179.

53 A. MEZGHANI, *Droit International Privé. Etats Nouveaux et Relations Privées Internationales : Système de Droit Applicable et Droit Judiciaire International*, Cérès, 1991, p. 48.

54 G. COGORDAN, « *La nationalité du point de vue des rapports internationaux* », Larose 1879, cité par E. PATAUT, « L'article 3 al.3 : approche historique du rattachement à la nationalité », in *Le titre préliminaire du code civil*, (dir de), G. FAURE et G. KOUBI, Economica, 2003, p. 197.

sous les mêmes lois, et de marcher aux mêmes destinées »[55]. Ainsi, cette notion rassemble à la fois des concepts de droit public et de droit privé[56]. Elle exprime conjointement l'attraction des liens personnels du national à sa loi d'origine qui justifie par ailleurs la nature proximiste de ce critère, et la soumission du national à la souveraineté de son Etat national en raison des liens d'allégeance existants[57] qui justifie dans ce cas sa nature souverainiste[58]. La nationalité au-delà de sa dimension publiciste qui consiste en l'identification du statut politique du national, elle touche le droit privé à travers la détermination de son statut civil. La nature proximiste du rattachement à la nationalité pourrait alors s'exprimer à travers la dimension privatiste de ce facteur.

24. Les hésitations affectant la nature de la nationalité nécessitent l'étude de ce rattachement dans ses deux traits dominants, souverainiste (a) et proximiste (b).

---

55 G. COGORDAN, « *La nationalité du point de vue des rapports internationaux* », Paris, Larose 1879, cité par E. PATAUT, « L'article 3 al.3 : approche historique du rattachement à la nationalité », in *Le titre préliminaire du code civil*, Economica, 2003, p. 197.

56 La Cour Internationale de Justice dans l'arrêt *Nottebohm* définit la nationalité comme étant « un lien juridique ayant à sa base un fait social de rattachement, une solidarité effective d'existence, d'intérêts, de sentiments jointe à une réciprocité de droits et de devoirs », CIJ, 5 avril 1955, CIJ Recueil, 1955, p. 4. Ainsi, la Cour retient une définition complète de la nationalité recommandant une juxtaposition de notions de droit privé et de droit public.

57 M. VERWILGHEN dans son Cours sur les « Conflits de nationalités », *RCADI*, 1999, t. 277 p. 50 *précit.,* mentionne que l'allégeance était à l'origine due à une personne physique (le roi) et non à une personne morale, puis cette allégeance à évolué pour comprendre toujours une allégeance au roi mais qui découle de sa puissance politique et non pas de son pouvoir personnel. Une telle allégeance avait pour résultat la rigidité du principe de la perpétuité de l'obligation de fidélité et d'obéissance et dont la sanction de leur violation furent d'une extrême sévérité. C'est en effet le rapport hiérarchique entre le monarque et le sujet qui fondait cette idée.

58 Une vision souverainiste de la nationalité a été adoptée par les juridictions tunisiennes. Ainsi, la nationalité a non seulement été considérée comme étant un lien d'allégeance dans un arrêt de la cour d'appel de Tunis du 4 novembre 1954 (*Revue Tunisienne de Droit,* 1-1955, p. 79), concrétisé dans l'arrêt de la cour d'appel de Tunis arrêt n° 59437 du 30 janvier 1967 (*R.J.L.*, 5-1967, p. 69) par le lien entre l'individu et l'Etat, mais de plus, dans un arrêt de la Cour de cassation n° 1320 du 23 décembre 1963 (*Revue Tunisienne de Droit,* 1965-1967, p. 277, *R.J.L.*, 2-1964, p. 50), la nationalité a d'une part été rattachée au droit public, et d'autre part considérée comme faisant partie de l'ordre public international.

a. La tendance souverainiste du rattachement du statut familial à la loi nationale

25. Avant de présenter les arguments en faveur de la nature souverainiste du rattachement du statut familial à la nationalité, il est nécessaire de revenir sur les origines d'un tel lien de rattachement dans les systèmes de droit international privé de la famille français et tunisien.

26. Le principe de souveraineté fut à l'origine perçu comme « un empire exclusif exercé par le souverain local sur les actes dont son territoire est le théâtre »[59]. L'époque féodale donna naissance au principe de la prééminence du droit du sol et fit de la souveraineté le corollaire de la territorialité. Quant à la souveraineté personnelle[60], dont les origines remontent à la doctrine statutiste du XIIIe siècle, elle ne fut mise en évidence en France qu'avec l'article 3 alinéa 3 du Code civil[61]. C'est ainsi que la souveraineté s'est associée au rattachement à la nationalité[62]. C'est précisément l'alinéa 3 de l'article 3 du Code civil relatif au statut personnel et étendu à tout le droit de la famille[63], qui atteste du caractère souverainiste de ce rattachement. Si l'on s'en tient à l'historique de ces dispositions du Code civil, on peut dire que le choix du rattachement à la loi nationale était motivé essentiellement par des considérations de jouissance de droits dont le législateur voulait faire bénéficier les nationaux[64]. Les partisans de l'approche souverainiste du rattachement

---

59 A. BONNICHON, « La notion de conflit de souverainetés dans la science des conflits de lois », *Rev. crit. DIP.*, 1949, (Première Partie), p. 615 et s., spéc. p. 629.

60 La souveraineté personnelle reflète le lien personnel qui unit l'individu à la nation dont il fait partie, et dont on oppose la souveraineté territoriale qui vient délimiter le domaine de la première.

61 L'article 3 alinéa 3 du Code civil prévoit que « les lois concernant l'état et la capacité des personnes régissent les Français, même résidant en pays étranger ».

62 M. MAYER va même jusqu'à faire le rapprochement entre le rattachement à la nationalité et les lois de police, « Le mouvement des idées en droit international privé », *Droits*, n° 2, 1985, p. 129, n° 508 ; T. VIGNAL, p. 128, n° 205.

63 L'extension du rattachement de tout le statut familial à la loi nationale a été au départ l'œuvre de la jurisprudence, puis repris par le législateur dans certains domaines du droit de la famille. Voir en ce sens, G. DROZ, « Regards sur le droit international privé comparé », *RCADI*, 1991-IV, t. 229, p. 113, n° 110.

64 E. PATAUT, « L'article 3 al.3 : approche historique du rattachement à la nationalité », in *Le titre préliminaire du code civil*, Economica 2003, p. 174. L'auteur, après avoir rappelé que le rattachement du statut personnel avant 1804 en France n'était pas la nationalité mais plutôt le domicile, note que ce passage d'un rattachement à un autre est motivé par des considérations de jouissance de droit et non pas de conflit de lois. Il soutient

du statut personnel à la nationalité ne peuvent que découvrir dans ces justifications du choix du rattachement une assise à leurs conclusions[65]. Le bénéfice des droits est la conséquence d'obligations réciproques – jouissance et obéissance –[66] entre le souverain et le national. A cela s'ajoute la place qu'occupe l'alinéa 3 de ce même article. Les deux alinéas qui le précèdent illustrent indéniablement l'exercice de la souveraineté. Le premier d'entre eux consacre la souveraineté motivée par des considérations de sécurité ; quant au deuxième, il consacre la souveraineté sur les immeubles du territoire français. Dans le sillage des deux alinéas qui le précèdent, le troisième ne peut normalement qu'incarner la souveraineté. Ce même article réglemente par conséquent la souveraineté exercée sur les personnes. Cette nature souverainiste de l'article 3, alinéa 3 est affirmée par l'unilatéralisme originaire de cet article[67].

27. L'origine du rattachement du droit international privé tunisien de la famille à la nationalité, a quant à lui des assisses différentes. En effet, le rattachement de la personne à une communauté, a des provenances lointaines qui remontent à l'islamisation de la Tunisie au VIIe siècle. Toutefois à cette époque, la nationalité telle qu'elle est prévue par le droit contemporain n'existait pas en droit tunisien. Seul le critère religieux pouvait distinguer les personnes[68]. La nationalité était étrangère à la

---

son idée par des considérations de non distinction entre conflit de lois et jouissance des droits dans les différentes discussions se rapportant au champ d'application de la loi française.

65 En effet, selon M. PATAUT, « lorsqu'on fait référence aux origines de l'art 3 al 3 : il s'agit ici pour l'Etat d'imposer sa compétence législative, d'exiger qu'un français soit soumis à la loi française, *ceci pour rendre compte de l'existence d'un lien particulièrement intense entre l'Etat et son national.* Pour l'article 3, il n'est question ni d'harmonie internationale ni d'application quasi-générale de la loi du for, bien au contraire, mais d'affirmation martiale d'une emprise juridique sur un nombre limité de situations que l'État n'entend pas voir régies par d'autres loi », E. PATAUT, *Le principe de souveraineté et conflit de juridiction. Etude de droit international privé*, *op. cit.*, p. 46, n° 69.

66 Voir aussi, A. PILLET, *Traité pratique de droit international privé*, t. I, Sirey, 1923, p. 107, n° 33.

67 Selon M. PATAUT, « l'origine unilatéraliste de l'article 3 al. 3, quoique abandonnée aujourd'hui, semble donc avoir une réelle influence sur l'analyse du rattachement à la nationalité », E. PATAUT, *Principe de souveraineté et conflits de juridictions. Etudes de droit international privé*, L.G.D.J., 1999, p. 45, n° 66.

68 M. CHARFI, « L'influence de la religion dans le droit international privé des pays musulmans », *RCADI*, 1987-III, t. 203, p. 321 et s., spéc. p. 350.

tradition de ces pays, elle n'est apparue que tardivement avec l'intervention des puissances occidentales[69].

28. C'est le régime capitulaire qui a instauré pour la première fois en Tunisie, le rattachement à la nationalité afin de déterminer la compétence juridictionnelle[70]. Il avait pour objet de donner compétence aux consuls des Etats souverains ayant conclu avec la Tunisie des pactes ou des traités pour trancher les litiges opposants leurs ressortissants. En ce qui concerne le règlement des différends entre étrangers de nationalités différentes, il relève de la compétence du consul de la nationalité du défendeur[71]. Pour les litiges entre Tunisiens et étrangers, les tribunaux tunisiens devaient être compétents. Cependant, en raison de la résistance des puissances coloniales, ce principe a été « progressivement érodé »[72] au profit de certains consuls étrangers dont leur ressortissant était partie au litige. Les capitulations étaient donc liées à la protection des nationaux et à l'exercice de la souveraineté. De ce fait, le rattachement à la nationalité, qui est apparu avec ce régime, s'associait lui aussi à la notion de souveraineté.

29. Ensuite, sous le protectorat français, s'est posée pour la première fois en Tunisie la question du règlement des conflits de lois. A cette époque, deux systèmes de règlement des litiges coexistaient[73] : le système originel tunisien de droit musulman et le nouveau système de l'ordre juridique colonial français. Le premier se limitait aux questions de compétence juridictionnelle des rapports entre communautés religieuses, tout en ignorant le système du conflit de lois[74]. Le second système avait

---

[69] A. MEZGHANI, *Droit International Privé, Etats Nouveaux et Relations Privées Internationales*, Cérès, 1991, p. 46 et 47 ; et pour ce qui est de la naissance de la nationalité en Tunisie, *ibid.*, p. 48 et s.

[70] L'autorité compétente appliquait sa propre loi.

[71] A. MEZGHANI, *op. cit.*, p. 63, n° 154.

[72] A. MEZGHANI, *op. cit.*, p. 64, n° 155.

[73] On ne s'intéressera qu'aux litiges se rapportant aux droits de la famille.

[74] Système fondé sur le pluralisme des ordres juridiques dont seules les questions relatives aux conflits de juridictions pouvaient surgir et devaient être résolues par attribution de la compétence aux juridictions religieuses existantes à l'époque qui étaient soit les juridictions musulmanes, soit rabbiniques, soit chrétiennes. Chaque communauté religieuse était soumise à sa propre juridiction et l'identification de l'ordre judiciaire compétent présumait la reconnaissance de la compétence législative du même ordre juridique. Voir, K. MEZIOU, « Le droit international privé tunisien en matière de statut personnel », in *Le statut personnel des musulmans : droit comparé et droit international privé*, (sous la dir. de) J.-Y. CARLIER et M. VERWILGHEN, Bruylant, 1992, p. 275 et

le mérite d'instaurer le mécanisme des conflits de lois. Ce dernier fut étendu à tout litige à caractère international. Contrairement au régime de droit musulman et au régime capitulaire, le système adopté par l'ordre juridique français détachait la question de la compétence législative de celle de la compétence juridictionnelle. Les règles de conflit de lois françaises furent appliquées[75] après l'adaptation de certaines d'entre elles avec les spécificités de l'époque coloniale[76]. A l'indépendance de la Tunisie, l'unification de la justice fut établie en deux étapes. Au départ fut visée l'unification des juridictions étatiques, résultat de la suppression des juridictions religieuses et des juridictions étrangères[77]. Ensuite, l'unification de la législation et ce, même en matière de statut personnel[78]. Dès lors, pour les litiges relevant du droit interne, la nationalité s'est substituée à la religion. Cette réforme portée sur le plan interne a été suivie par une réglementation des litiges présentant un caractère international. Le décret du 12 juillet 1956, qui au départ devait régir le statut personnel des Tunisiens non-musulmans et non-israélites, soumettait le statut personnel de ces derniers au droit français avant que le Code du statut personnel ne soit étendu à tous les Tunisiens par la loi du 27 septembre 1957. Il n'était plus nécessaire de prévoir des règles propres aux Tunisiens de communautés différentes. Ainsi, la modification de 1957 a non seulement ajouté au décret de 1956 un article relatif au conflit de lois, mais a également supprimé le régime particulier des Tunisiens non-musulmans et non-israélites. La nationalité a été adoptée pour la première fois par le législateur tunisien en tant que critère de rattachement en matière de statut personnel et familial par la

---

s., spéc., p. 276 ; K. MEZIOU, « Droit civil. – Droit de la famille », *J.-Cl. Droit comparé*, 2012, fasc. 60, n° 2 ; M. BOUGUERRA, « Le juge tunisien et le droit du statut personnel », *A.J.T*, 2000, n° 14, p. 7 et s., spéc. p. 15.

75 Les tribunaux français appliquèrent alors les règles de conflit de lois françaises d'origine législative et jurisprudentielle.

76 Notamment pour les règles qui retiennent comme critère de rattachement le « domicile » et ce en raison de l'inexistence même du concept de domicile et de loi du domicile. Voir, A. MEZGHANI, *op. cit.*, n° 162.

77 Voir, K. MEZIOU, « Pérennité de l'islam dans le droit tunisien de la famille », in *Le statut personnel des musulmans : droit comparé et droit international privé*, (sous la dir. de) J.-Y. CARLIER et M. VERWILGHEN, Bruylant, 1992, p. 247 et s., spéc., p. 249.

78 Le Code du statut personnel tunisien était au départ destiné à régir le statut personnel des seuls Tunisiens musulmans, puis le législateur a préféré l'étendre à tous les Tunisiens. Le Code a par conséquent été l'occasion d'unifier le droit se rapportant au statut personnel et familial. Comme l'a souligné M. MEZGHANI, *op. cit.*, p. 80, n° 202, le Code du statut personnel « n'est donc pas un code religieux applicable comme le fut le droit musulman aux seuls membres de la communauté religieuse, il s'agit d'un corps de droit étatique et laïc qui régit le statut personnel de tous les nationaux ».

loi du 24 juin 1957 rajoutant l'article 1er au décret de 1956 qui prévoit que « les étrangers sont régis en ce qui concerne leur statut personnel par leur loi nationale ». Cependant, s'agissant des relations familiales impliquant des personnes de nationalités différentes, une primauté fut accordée à la nationalité de l'une des parties. Ce fût en faveur de l'homme, en raison de son statut de chef de famille qu'il occupait à l'époque de l'élaboration de la règle de conflit prévue par le décret beylical[79]. Cette prédominance de l'homme pouvait aussi trouver sa justification dans la localisation objective du rapport de droit selon des principes conformes à celui de la proximité, dès lors que le centre du rapport de droit se rattachait au chef de famille[80].

30. Une trentaine d'années après l'adoption du décret beylical, le Code de droit international privé a été promulgué en Tunisie[81]. Si le rattachement à la nationalité demeure le rattachement de principe en droit de la famille, il a toutefois perdu avec le Code de droit international privé sa vocation universelle. En effet, l'évolution de la législation tunisienne interne en faveur d'une égalité entre l'homme et la femme a fait perdre à l'homme l'exclusivité qu'il avait en tant que chef de famille. Ce changement sur le plan interne s'est accompagné d'une réglementation internationale des relations familiales dépourvue de la prédominance d'une partie par rapport à l'autre. Ce qui a conduit à l'apparition de rattachements subsidiaires à la nationalité en cas de défaut de la nationalité commune des parties.

31. Il est clair qu'à travers l'historique du rattachement du statut familial à la nationalité, ce sont les raisons souverainistes qui ont motivé le choix de ce critère dans les systèmes français et tunisien de conflit de

---

[79] S. BOSTANJI, « L'incidence de la constitution sur les nouvelles solutions de conflits de lois (Etude de droit international privé de la famille) », in *Mouvements du droit contemporain*, Mélanges Sassi Ben Halima, CPU, 2005, p. 281 et s., spéc. p. 289.

[80] La prépondérance du rattachement à la nationalité qui était, comme l'avait exprimé A. E. VON OVERBECK, « censée exprimer le lien le plus étroit » avec une application de la loi du mari en cas de divergence des nationalités au sein d'un couple, fut aussi la règle retenue dans les pays européens au début du siècle dernier. A. E. VON OVERBECK, « Les questions générales du droit international privé à la lumière des codifications et projets récents », *RCADI*, 1982-III, t. 176, p. 74, n° 155.

[81] La loi n° 98-97 du 27 novembre 1998 portant promulgation du Code de droit international privé *J.O.R.T.* du 1er décembre 1998, a abrogé le décret du 12 juillet 1956. M. E. HACHEM, « Le code tunisien de droit international privé », *Rev. crit. DIP.*, 1999, p. 227 ; K. MEZIOU, « Droit civil. – Droit de la famille », *J.-Cl. Droit comparé*, 2012, fasc. 60.

lois. Cependant, reconnaître les origines souverainistes de la nationalité ne justifie en aucun cas sa classification actuelle dans la même catégorie que dans le passé[82].

32. La prévalence de la nature souverainiste sur la nature proximiste du rattachement du statut personnel à la loi nationale est toujours soutenue par la doctrine contemporaine. Et si les origines du choix du rattachement constituent un argument en faveur d'une telle position, leurs développements dépassent le cadre historique du choix du rattachement. Les liens d'allégeance et de sujétion entre le souverain et le national ainsi que l'intérêt de l'Etat recommandant l'application de la loi nationale[83], sont vivement présents dans les arguments de différents auteurs. Par conséquent, il serait utile d'envisager les deux principales doctrines françaises qui soutiennent la nature souverainiste du rattachement à la nationalité, à savoir celles de MM. LAGARDE et PATAUT.

33. Dans son Cours de La Haye relatif au principe de proximité dans le droit international privé, M. LAGARDE retient que l'assise souverainiste d'un système de droit international privé de la famille est plus évidente lorsque le rattachement retenu est la nationalité[84]. Par ce choix, le système vise à soumettre le statut personnel et familial de l'individu[85] sous l'empire de la loi nationale, non en raison de l'effectivité des liens entre cette loi et l'individu, mais plutôt des liens d'allégeance et de sujétion de la personne envers son Etat national. Le principal argument avancé par l'auteur en faveur de la nature souverainiste du rattachement à la nationalité est son mode de détermination. En effet, l'auteur met l'accent sur la détermination de ce critère, c'est-à-dire l'attribution, l'acquisition et la perte de la nationalité, qui relève de la compétence exclusive de l'Etat de la nationalité, « qui définit le champ d'application personnel de sa souveraineté »[86]. Cela coïncide, en outre,

---

[82] Bien que les origines souverainistes du rattachement du statut familial à la loi nationale alimentent les débats des partisans de cette thèse.

[83] P. MAYER, « L'Etat et le droit international privé », *Droits*, n° 16, 1993, p. 39.

[84] Cours *précit.*, p. 66, n° 53.

[85] Sans distinction entre les nationaux qui ont des attaches avec leur Etat national et les nationaux qui ont perdu tous liens avec cet Etat.

[86] P. LAGARDE, Cours *précit.*, p. 68, n° 56 ; Voir aussi J.-P. NIBOYET, « *Cours de droit international privé* », Sirey, 2e éd., 1946, p. 204-206, n° 221 ; En ce qui concerne les origines de cette souveraineté, conséquence de la compétence exclusive des Etats dans la détermination de leurs nationaux, voir M. VERWILGHEN, « Conflits de nationalités », *RCADI*, 1999, t. 277, p. 122 et s.

avec le caractère abstrait de la nationalité, caractère qui obéit au fondement de souveraineté [87] beaucoup plus qu'au fondement de proximité.

34. M. LAGARDE s'appuie aussi sur la pratique souvent adoptée par les Etats rattachant le droit de la famille à la nationalité en cas de conflit de nationalités pour le qualifier de critère souverainiste. Dans un premier temps, lorsque la nationalité du for est en conflit avec une nationalité étrangère, les exigences de la souveraineté recommandent la reconnaissance de la nationalité du for uniquement. Aucune prise en considération de la nationalité étrangère n'est alors envisageable. Précisément en cas de conflit mobile, la nationalité du for prévaut, bien qu'elle n'ait aucune attache avec la situation au moment de l'évaluation des liens temporels entre le rapport de droit et le choix du rattachement. Il suffit que la nationalité du for soit établie avant ou après l'existence même du rapport de droit, pour qu'elle prime sur la nationalité étrangère. Dans un second temps, lorsque deux nationalités étrangères sont en conflit, la résolution du conflit de nationalités se fait toujours par référence au principe de souveraineté, bien que dans pareille hypothèse, la prise en compte de la nationalité la plus effective soit souvent admise sans aucune difficulté. Sauf que cette dernière est aussi évaluée selon M. LAGARDE suivant des données de souveraineté[88], autrement dit : les liens d'allégeance et de sujétion.

35. Quant à M. PATAUT, il reprend dans sa thèse[89] les idées déjà développées par M. LAGARDE afin de justifier la nature souverainiste

---

87 M. VERWILGHEN dans son Cours *précit.*, p. 127, affirme que « les législations contemporaines sur l'acquisition et la perte de la nationalité témoignent de la tendance de l'Etat à s'emparer des individus quand il les juges politiquement utilisables, à les abandonner sans protection aucune dans le cas contraire ».

88 Tout en reconnaissant les liens forts qui pourraient exister entre le national et son Etat d'origine, M. LAGARDE fait la distinction entre cette notion et celle des « liens étroits ». Selon lui, les deux notions ne sont pas synonymes : elles peuvent toutes les deux exprimer la nationalité la plus effective, sauf que la méthode de recherche est différente. Alors que selon la notion des liens forts c'est la recherche des liens de sujétion et d'allégeance qui prévaut, par conséquent, la nationalité en tant que lien fort entre le national et son Etat d'origine coïncidait avec le principe de souveraineté, la notion de lien étroit peut elle aussi être un moyen de recherche de la nationalité effective, mais selon une assise cette fois-ci proximiste et non souverainiste. Cours *précit.*, p. 87 et 88, n° 79.

89 E. PATAUT, *Principes de souveraineté et conflits de juridictions. Etudes de droit international privé* », L.G.D.J., 1999.

du rattachement du statut familial à la nationalité par l'idée de l'allégeance et de sujétion du national envers son Etat d'origine. Il appuie sa position par le rapprochement entre les notions de « souveraineté » et d'« intérêt de l'Etat », qui « regroupent [tous les deux] une même réalité : [...] le rattachement à la nationalité »[90]. Cependant, il considère que la notion de souveraineté exprime mieux « l'implication de l'Etat »[91], que celle de l'intérêt de l'Etat, pour conclure qu'en matière de statut personnel, la souveraineté se matérialise par la permanence de l'emprise de l'Etat sur le statut de ses sujets, assurée par le rattachement à la nationalité[92]. De là, l'auteur exclut tout fondement autre que souverainiste du rattachement à la nationalité[93]. Il constate que la nature souverainiste de la compétence législative s'accompagne souvent d'une compétence juridictionnelle fondée sur le même principe[94]. Un parallélisme entre les deux compétences est nécessaire selon M. PATAUT. Dans ses travaux, il justifie le fondement de certaines règles de compétences juridictionnelles en matière de droit des personnes et de la famille par le principe de souveraineté établi par la compétence législative en ce domaine[95] et par l'implication des intérêts de l'Etat dans de tels litiges internationaux[96]. Selon lui, une influence est exercée par les règles de conflit de lois ayant pour fondement le principe de souveraineté sur les règles de *compétences* juridictionnelles[97].

36. Une fois la nature souverainiste du rattachement du statut familial à la loi nationale établie, il est presque unanimement admis que le fondement souverainiste d'une règle de conflit qui a opté pour un tel rattachement se matérialise par des exigences difficilement contournables. L'unilatéralité de la règle de conflit est primordiale. Au cas contraire, l'admissibilité du renvoi en cas de bilatéralisation de la

90 E. PATAUT, *op. cit.*, p. 33, n° 48.

91 E. PATAUT, *op. cit.*, p. 33, n° 48.

92 E. PATAUT, *op. cit.*, p. 43, n° 64.

93 L'auteur conclut que, « force est cependant de constater que le choix de l'ordre juridique français en faveur de nationalité, désormais conscient et assumé, fait pencher la balance vers le principe de souveraineté en raison de la nature du rattachement qui lui est accolé », E. PATAUT, *op. cit.*, p. 42, n° 64.

94 Voir E. PATAUT, *op. cit.*, p. 104, n° 155.

95 Qui conduit au rattachement à la nationalité.

96 *Op. cit.*, p. 47, n° 70.

97 *Op. cit.*, p. 63, n° 96.

règle[98], l'exigence de la réciprocité[99], la résolution spécifique du conflit de nationalités, l'admission de la fraude à la loi étrangère sous la seule condition de sa condamnation par l'ordre juridique éludé, l'adoption de règles de conflit rigides, le contrôle de la loi applicable[100] et enfin, le règlement spécifique du conflit de nationalités [101], corollaires du fondement souverainiste de la règle de conflit bilatérale doivent être vérifiés.

37. Il paraît donc excessif de se prononcer d'emblée sur le fondement souverainiste d'une règle de conflit de lois qui a pour rattachement au statut familial la loi nationale, sans observer les impératifs d'un tel principe [102]. L'association entre les conséquences du choix du rattachement et les conséquences du principe de souveraineté présente ici un grand intérêt. Il faudra par conséquent tenir compte des conséquences du rattachement souverainiste pour déterminer le fondement du choix de la nationalité en matière de conflit de lois dans les deux systèmes étudiés. En effet, le rattachement des relations familiales à la loi nationale et le principe de souveraineté ne sont pas rigoureusement liés[103]. La nature proximiste peut elle aussi concurrencer la nature souverainiste du rattachement à la nationalité. Cette dernière ne

---

98 P. LAGARDE, Cours *précit.*, p. 53, n° 34, qui reprend l'idée de WESTLAKE affirmant que le renvoi « apparaît ainsi comme le complément nécessaire d'une règle de conflit bilatérale fondée sur le principe de souveraineté » ; A. BUCHER, *Trav. Comité fr. DIP.*, 1995 p. 222 ; E. PATAUT, *op. cit.*, p. 44 et 45, n° 66.

99 Par « condition de réciprocité » il est entendu ici, « l'application réciproque par [l'] Etat étranger [qui s'est vu appliqué sa loi par le juge du for] de la loi du for dans une hypothèse symétrique », P. LAGARDE, Cours *précit.*, p. 53, n° 33.

100 P. LAGARDE, Cours *précit.*, p. 183, n° 195 ; E. PATAUT, *op. cit.*, p. 420, n° 630.

101 P. MAYER et V. HEUZE, p. 530, n° 530.

102 Comme l'a souligné Mme. BODENES-CONSTANTIN dans son ouvrage sur *La codification du droit international privé français* (Préface, de I. FADLALLAH, *Defrénois*, 2005, p. 306, n° 434), « la simple apparence des rattachements ne permet pas, cependant, de dresser de conclusions définitives et il est primordial de rechercher le fondement même des règles de conflit ».

103 Voir E. RALSER, *La célébration du mariage en droit international privé*, Thèse, Paris II, 1998, p. 332. Dans ses développements, l'auteur tout en admettant que le rattachement à la nationalité avait des assises souverainistes, remarque que désormais d'autres méthodes existent pour affirmer la souveraineté étatique. Le maintient de ce rattachement afin d'assurer le principe de souveraineté, en dépit de l'existence dans ses systèmes de droit international privé de nouvelles méthodes favorisant l'idée de souveraineté et d'allégeance, n'aurait plus aucun sens. Par ailleurs, si le rattachement à la nationalité est toujours prévu dans les règles de conflit, il serait utile de ne plus lui attribuer la même fonction traditionnellement admise, et de chercher un fondement nouveau à un tel choix.

prévaut que si les impératifs déjà mentionnés sont prévus dans le système de droit international privé, ce qui devrait permettre de relativiser cette approche souverainiste de la nationalité pour lui conférer une autre assise. La non réalisation des corollaires du principe de souveraineté renversera la nature souverainiste du rattachement à la nationalité. Subséquemment, un autre principe prendra la relève. Etant donné que, ni le principe de la faveur pour le résultat matériel, ni celui de l'autonomie de la volonté ne peuvent suppléer le principe de souveraineté dans le cas du rattachement à la nationalité du statut familial, seul le principe de proximité serait susceptible de justifier un tel choix. L'identification de la nature du rattachement à la nationalité s'effectue donc par différents indices susceptibles de nous éclairer quant au fondement du choix de ce critère.

b. La tendance proximiste du rattachement du statut familial à la nationalité

38. Une assise proximiste peut aussi être à l'origine des motivations du choix du rattachement du statut familial à la nationalité. Si quelques auteurs penchent plutôt vers la nature proximiste et non pas souverainiste de ce choix, il faut toutefois reconnaître, qu'ils sont peu nombreux. Au demeurant, même la partie de la doctrine désapprouvant le fondement proximiste du rattachement du statut familial à la nationalité, exclut l'approche souverainiste de la règle de conflit retenant ce critère lorsque son application est tributaire de la volonté des parties ou du juge. Car si la nationalité est un rattachement exclusivement souverainiste, il serait difficile dans ce cas de l'écarter par la simple volonté des parties ou du juge. Par conséquent il est possible de classer ce critère dans la catégorie des rattachements de proximité, lorsque ce dernier est la conséquence d'une option de législation faite par les intéressés.

39. La nature proximiste du rattachement à la nationalité trouve également appui dans les règles de droit international privé comparé. On relève que ce critère a été adopté dans des domaines du droit familial, en tant que rattachement de principe ou subsidiaire, dans les systèmes de droit international privé où le principe de proximité est le principal fondement de la règle de conflit de lois. Parmi ces systèmes, on peut citer

le droit belge. Ce dernier est gouverné par le principe de proximité[104], de par la clause d'exception générale prévue par le code de droit international privé[105]. Cette clause présume le fondement proximiste de la règle de conflit qu'elle est susceptible de corriger. Les règles de conflit de lois belges relatives à l'adoption[106] prévoyant un rattachement principal à la loi nationale, sont la meilleure illustration de la nature proximiste d'un tel rattachement en ce domaine. La nationalité est ici perçue comme reflétant *a priori* les liens étroits entre le litige et l'ordre juridique national, car dans le cas contraire, elle serait régulièrement écartée par le juge par l'application de la clause d'exception. On peut donc affirmer que le rattachement de la relation familiale à loi nationale n'est pas systématiquement dépourvu de la recherche de la proximité.

40. Ainsi, la nationalité en tant que rattachement de la règle de conflit de lois en droit de la famille peut avoir un fondement autre que souverainiste[107]. C'est l'acception privatiste de la nationalité qui consacre cette nature. La nationalité reflète le lien étroit entre l'individu et son Etat national[108]. Il s'agit d'un lien immatériel concrétisé généralement par « une attraction particulière du fait qu'il réunit souvent les origines familiales, ethniques, culturelles et religieuses de la personne »[109]. Parant, la proximité exprimée par le rattachement à la nationalité est différente de la proximité matérielle géographique[110]. C'est la proximité psychologique, qui se matérialise par les liens entre l'individu et sa loi

---

104 Voir, M. FALLON, « La loi belge de droit international privé, pour un bicentenaire », *Trav. Comité. fr. DIP.*, 2004-2006, p. 90 et s., spéc. p. 101 et s.

105 Article 19 du Code de droit international privé belge.

106 Article 67 du même Code.

107 Voir, B. ANCEL, « Destinées de l'article 3 du Code civil », in *Le droit international privé : esprit et méthodes*, Mélanges en l'honneur de Paul Lagarde, Dalloz 2005 p. 1 et s., spéc. p. 14.

108 A. BUCHER, *Le couple en droit international privé*, Helbing & Lichtenhahn Bâle, Genève, Munich et L.G.D.J., 2004, p. 26 et 27, n° 65.

109 A. BUCHER, « La famille en droit international privé », *RCADI*, 2000, t. 283, p. 32, n° 14. Il est à mentionner que l'auteur note l'affaiblissement du rattachement à la loi nationale principalement en raison d'un « relâchement constant et certain des liens entre l'Etat et ses citoyens établis à l'étranger », A. BUCHER, *RCADI*, 2000, t. 283, p.52.

110 En effet, la proximité n'est pas exclusivement géographique. Voir en ce sens, M-C. NAJM, *Principes directeurs du droit international privé et conflit de civilisations (Relations entre systèmes laïques et systèmes religieux)*, Préface de Y. LEQUETTE, Dalloz, 2005, p. 92, note de bas de page, n° 224.

personnelle. Ces liens sont essentiellement affectifs, culturels[111] et identitaires[112]. Ils reflètent l'appartenance d'une personne à une communauté particulière[113], où les nationaux ont contribué à l'élaboration des règles de droit. Appliquer aux étrangers leur loi nationale revient à reconnaître que ces derniers gardent des liens forts avec leur Etat national[114]. Il est évident que le droit du statut personnel en général, et le droit de la famille plus particulièrement, est le « domaine par excellence où s'affirme la spécificité de chaque peuple ou de toute autre communauté »[115]. Or, la nationalité pour l'individu « est un élément de son identité [elle] s'inscrit dans une histoire, celle d'une famille, celle d'un pays »[116] que le national a contribué directement ou indirectement à sa formation. Lorsque la nationalité est attribuée à l'individu à la naissance, elle reflète normalement sa tradition, sa mentalité[117], son

---

111 Comme l'a souligné, M. ARNAUD, « rien n'est plus culturel que la famille », A.-J. ARNAUD, « Philosophie des droits de l'homme » in *Internationalisation des droits de l'homme et évolution du droit de la famille*, L.G.D.J., 1996, p. 421 ; Voir aussi B. AUDIT, Cours *précit.*, p. 335.

112 Il convient de noter que le sentiment identitaire peut se matérialiser soit par le respect des origines de la personne et dans ce cas, la nationalité est par excellence le rattachement qui l'incarne le mieux, soit par le respect du milieu de vie et de la culture actuelle de la personne qui est accompli par le rattachement au domicile ou à la résidence habituelle. Voir en ce sens : A. BORRAS et J.-D. GONZALEZ CAMPOS, « La loi nationale à l'heure de la réforme du droit international privé espagnol », in *Le droit international privé : esprit et méthodes*, Mélanges en l'honneur de Paul Lagarde, p. 137 et s., spéc. p.141 ; D. GUTMANN, *Le sentiment d'identité. Etude de droit des personnes et de la famille*, Préface de F. TERRE, L.G.D.J., 2000, p. 386, n° 463 ; P. HAMMJE, « L'intérêt de l'enfant face aux sources internationales du droit international privé », in *Le droit international privé : esprit et méthodes*, Mélanges en l'honneur de Paul Lagarde, p. 369.

113 Voir notamment H. FULCHIRON « La place de la volonté individuelle dans le droit français de la nationalité », *Trav. Comité. fr. DIP.*, 1999-2000, p. 177 ; Y. LOUSSOUARN, P. BOUREL et P. DE VAREILLES-SOMMIERE, p. 212 et 213, n° 222.

114 G. SALAME, *Le devenir de la famille en droit international privé. Une perspective postmoderne*, PUAM, 2006, Préface de H. MUIR WATT, p. 392, n° 635.

115 J. DEPREZ, « Droit international privé et conflits de civilisations, aspects méthodologiques. Les relations entre systèmes d'Europe occidentale et systèmes islamiques en matière de statut personnel », *RCADI*, 1988-IV, t. 211, p. 9 et s., spéc. p. 212, n° 99.

116 Extrait de la définition donnée à la nationalité par V. TCHEN et F. RENAULT-MALIGNAC, *Code de l'entrée et du séjour des étrangers en France*, Litec 2005, p. 453.

117 A. MEZGHANI, *Droit International Privé. Etats Nouveaux et Relations Privées Internationales : Système de Droit Applicable et Droit Judiciaire International*, Cérès, 1991, p. 203, n° 548.

tempérament[118], ses mœurs, sa coutume, sa culture[119] et parfois même sa religion. Lorsque la nationalité est acquise par naturalisation, elle reflète très souvent le nouvel environnement et les nouvelles valeurs auxquels l'individu a adhéré[120]. Or, le droit familial est imprégné de ces valeurs et la loi nationale est celle qui s'en rapproche le plus.

41. Parmi les partisans de la nature proximiste du rattachement du statut personnel et familial à la nationalité, on peut citer M. RAJCEVIC. Dans sa thèse[121], l'auteur insiste sur l'étroitesse des liens qualitatifs entre le rattachement à la nationalité et le statut familial, qui s'affirme à travers les liens de la personne avec sa loi nationale. A ces liens qualitatifs se juxtaposent des liens quantitatifs en cas de convergence des nationalités de toutes les personnes impliquées dans le rapport de droit de la famille [122]. La nationalité « constituée par la puissante double appartenance horizontale et verticale », tire selon l'auteur des liens d'allégeance et d'appartenance de sa nature proximiste[123], essentiellement dans les matières où la personne est « l'élément caractéristique »[124] du rapport de droit, comme le droit de la famille. Les liens d'appartenance apparaissent au moment de la détermination de la nationalité.

42. Ainsi, dans le cadre de la recherche de la nature proximiste de la nationalité, les arguments invoqués par les partisans du fondement souverainiste des règles de conflits ayant opté pour un tel critère de rattachement, sont susceptibles d'être repris. Le mode de détermination de ce facteur de rattachement ainsi que son caractère permanent qui sont

---

118 A. MEZGHANI, *op.cit.*, p. 204, n° 550.

119 Voir, M. KARI, « Autonomie constitutionnelle et droit de la famille », Mélanges offerts au Doyen Abdelfattah Amor, CPU, 2005, p. 603 et s., spéc. p. 605.

120 Les personnes qui veulent devenir nationaux doivent adhérer au *corpus republicain minimum*. Voir M. HUNTER-HENIN, *Pour une redéfinition du statut personnel*, Préface de H. MUIR WATT, PUAM, 2004, p. 347-349, n° 463.

121 T. RAJCEVIC, *L'autorité du principe de nationalité dans le droit international privé des pays de l'Europe centrale et orientale*, Thèse, Paris II, 2002.

122 *Op. cit.*, p. 71.

123 *Op. cit.*, p. 80 et s. Bien que dans ce cas, on a du mal à concevoir une vocation proximiste d'un rattachement par des liens d'allégeances qui, comme il a déjà été prévu (*supra*, n° 26), reflètent la nature exclusivement souverainiste du rattachement. En effet, l'auteur après avoir évoqué la proximité de la nationalité selon deux critères qui sont l'allégeance et l'appartenance, il affirme que le lien d'allégeance est le complément du sentiment d'identité. Tous les deux réunis, attestent du caractère proximiste de la nationalité.

124 *Op. cit.*, p. 81.

à l'origine de sa classification dans la catégorie des rattachements de souveraineté, peuvent être revus avec une nouvelle vision qui permettra de considérer la nationalité comme reflétant aussi un rattachement de proximité en matière familiale.

α. La tendance proximiste dans la détermination de la nationalité

43. Le principal argument évoqué par les partisans de la nature souverainiste du rattachement à la loi nationale, concerne le mode de détermination de la nationalité qui relève de la compétence exclusive de l'Etat de la nationalité. Cependant, cette référence est sujette à quelques atténuations. On peut invoquer, tout en reconnaissant que l'Etat national est le seul compétent pour distinguer ses nationaux des étrangers[125], que cette souveraineté étatique n'est pas illimitée[126]. Elle est en réalité encadrée par les liens entre l'Etat et son ressortissant et concrétisée par l'effectivité de la nationalité[127]. Ainsi concernant l'attribution, l'acquisition et la perte de la nationalité, chaque Etat impose ses propres règles. Ces dernières essayent généralement de coordonner la nationalité de droit ou de souveraineté avec la nationalité de fait ou de proximité[128]. Elles excluent les cas où la nationalité du for est attribuée à des individus dépourvus de tout lien avec l'Etat[129]. Les attaches entre l'Etat et le

---

125 Voir l'arrêt de la cour d'appel de Tunis n°19077 du 7 juillet 1961, *R.J.L.*, 9-1961, p. 36, qui prévoit qu'en matière de nationalité, le juge n'applique que sa propre loi lorsque l'une des nationalités est la sienne. Ceci a été confirmé par l'arrêt de la Cour de cassation arrêt n° 1320 du 23 décembre 1963 (*Revue Tunisienne de Droit*, 1965-1967, p. 277 ; *R.J.L.*, 2-1964, p. 50). De même, la Cour de cassation tunisienne a prévu dans son arrêt n° 1390 du 23 décembre 1963 (*Bull.*, 1964, p. 9) que la preuve de la nationalité étrangère doit se faire selon le droit de la nationalité en cause.

126 *Cf.* concernant le contrôle de la CJUE sur la perte de la nationalité, CJUE, 2 mars 2010, aff. C-135/08, *Rottmann*, *Rev. crit. DIP.*, 2010, p. 540, note P. LAGARDE, *D.*, 2010, p. 2870, *obs*, O. BOSKOVIC.

127 En effet, comme l'a souligné H. FULCHIRON, en France on perçoit une évolution « vers une nationalité de « proximité » » où la détermination de la nationalité se fait selon les liens de proximité objectifs entre l'Etat et l'individu, ce qui risquerait de porter atteinte à la souveraineté de l'Etat en la matière. Communication *précit.*, p.191.

128 Voir en ce sens Y. LEQUETTE, « La nationalité française dévaluée », in *L'avenir du droit*, Mélanges en l'honneur de François Terré, Dalloz, 1999, p. 349 et s., spéc., p. 384, qui constate que la nationalité de proximité s'est substituée dans le système français à la nationalité de souveraineté.

129 Comme l'a souligné M. FULCHIRON, dans sa communication *précit.*, p. 178, « dès lors que l'on abandonne l'idée selon laquelle la nationalité serait un contrat entre

national varient selon les cas, allant de liens particulièrement forts à des liens très forts[130]. Dans les deux systèmes français et tunisien, l'accès à la nationalité de l'Etat s'effectue par des liens entre la personne et l'Etat[131]. Ces liens sont soit familiaux (i), soit territoriaux (ii).

i. Les liens familiaux

44. On y distingue les liens de filiation et ceux d'alliance, dont l'importance est considérable en droit de la famille. Ils reflètent en effet les liens familiaux et les liens d'appartenance et par conséquent les attaches intellectuelles que peut avoir l'individu avec sa loi nationale en matière familiale.

- *Les liens de filiation*

45. C'est ce mode d'attribution de la nationalité qui a pu faire douter de la fonction proximiste du rattachement à la nationalité du droit de la famille. Certes, les conditions d'attribution de la nationalité selon le *ius sanguinis* « sont définies en fonction de liens de descendance et d'ascendance remontant à la population d'origine, sans égard aux liens effectifs de son titulaire avec la nation »[132], toutefois, la transmission de la nationalité par la filiation ne prive pas l'individu de tout lien avec son Etat d'origine. En outre, le lien de filiation est en lui-même un lien considérable, estimé comme particulièrement fort. C'est ce qui justifie la possibilité pour le national de répudier sa nationalité dans des cas d'acquisition de la nationalité par filiation, toutes les fois qu'il estime qu'elle ne représente pas de liens effectifs. Cette faculté est un correctif à l'insuffisance de l'intensité des liens entre l'individu et le for. Cela n'est que le reflet de l'atténuation des liens d'allégeance en faveur des liens

---

l'individu et l'Etat, on constate que l'attribution de la nationalité dépend étroitement d'un ensemble de données qui témoignent de liens objectifs entre l'individu et l'Etat ».

130 *Ibid.*, p. 179.

131 Il est vrai que l'établissement des liens entre le national et son Etat, dans les deux systèmes étudiés ne vaut pas une reconnaissance des liens entre la détermination de la nationalité et l'Etat dans tous les systèmes de droit comparé. Cela justifie au moins que vis-à-vis de l'ordre français et tunisien, un lien entre le national et son Etat existe. Pour le cas des nationalités étrangères, la détermination de la nationalité dépend certes de l'Etat national, mais la pratique a montré que l'effectivité de la nationalité étrangère peut aussi être vérifiée par l'Etat du for.

132 A. BUCHER, *RCADI*, 2000, p. 32, n° 14.

sociaux effectifs qui suggèrent qu'une personne est en droit de renoncer à une nationalité qui ne correspond pas à ses liens effectifs.

46. Sur cette question relative à la détermination de la nationalité, les droits français et tunisien se rapprochent. Ce mode de transmission de la nationalité a évolué pour concrétiser de plus en plus les attaches entre le ressortissant et son Etat national.

47. La transmission de la nationalité par la filiation en droit français, s'est non seulement débarrassée de toute inégalité entre le père et la mère depuis la réforme du 9 janvier 1973, mais tend également à perdre de sa prédominance, pour être concurrencée par d'autres moyens d'attribution de la nationalité qui reflètent aussi les liens entre le Français et la France[133].

Ainsi, la loi française, prévoit non seulement la possibilité pour le Français de répudier sa nationalité lorsque le lien avec la France est ténu[134], mais aussi l'existence d'un minimum de liens avec la France pour que l'individu bénéficie de ce mode de transmission de la nationalité[135]. Il est donc nécessaire pour attribuer la nationalité française qu'une double appréciation des liens entre cette dernière et la France soit réalisée : le lien du sang et l'ininterruption de tout lien avec la France. Des liens entre la France et le Français sont par conséquent exigés au moment de l'attribution de la nationalité par la filiation et recommandés après son attribution.

48. La législation tunisienne a évolué en matière d'attribution de la nationalité en raison de la filiation depuis l'amendement apporté au Code de la nationalité tunisienne en date du 26 juillet 2010[136]. L'article 6 du Code établit désormais une égalité totale entre les enfants nés d'un père tunisien et ceux nés d'une mère tunisienne pour l'attribution de la nationalité. Ces enfants sont tunisiens à la naissance, sans aucune

---

133 V. TCHEN et F. RENAULT-MALIGNAC, *Code de l'entrée et du séjour des étrangers en France*, Litec 2006, p. 449.

134 L'article 18-1 du Code civil prévoit la possibilité de répudier la nationalité française en cas de défaut de liens intenses d'une personne née à l'étranger d'un seul parent français. Cette faculté se perd une fois que le parent étranger a acquis la nationalité française durant la minorité de l'enfant et donc que les liens avec la France se sont intensifiés par la nationalité commune des deux parents.

135 La perte de la nationalité française par désuétude a été prévue par l'article 23-6 et 30-3 du Code civil en cas d'expatriation dépassant cinquante ans sans possession d'état.

136 La loi n° 39-2010, du 26 juillet 2010.

condition supplémentaire discriminatoire envers l'un ou l'autre. L'attribution de la nationalité en raison de filiation repose sur l'établissement du lien entre l'un des parents tunisien et l'enfant.

49. Il ressort que pour la transmission de la nationalité par la filiation, les liens de parenté avec un national sont exigés par les deux systèmes français et tunisien. Ces liens de parenté reflètent normalement des attaches familiales affectives et intellectuelles avec l'Etat national qui sont présents même lorsque la nationalité est acquise en raison des liens d'alliance.

- *Le lien d'alliance*

50. C'est le lien entre l'Etat et le futur national qui est retenu dans ce cas. Il s'agit d'un lien indirect, concrétisé par le mariage d'un national avec le futur naturalisé[137]. Il est permis de penser ici que, puisque les attaches avec l'Etat de la nationalité du naturalisé sont indirectes, la nationalité acquise à travers le mariage avec un national est dépourvue de toute effectivité . De plus, les liens forts supposés exister entre l'Etat et le naturalisé, à travers l'attraction de l'appartenance d'une personne à une communauté particulière, font défaut. Cependant, il s'avère au contraire que ce mode d'attribution de la nationalité consacre les liens de l'individu avec l'Etat de la nationalité tout aussi bien que les autres cas de naturalisation. En réalité, l'acquisition de la nationalité dans ce cas est fondée sur les liens entre le futur national et l'Etat. Ces liens sont concrétisés par l'intégration de la personne dans son nouveau milieu familial, à travers notamment son alliance avec un national ainsi que par sa volonté d'intégrer la nouvelle communauté, puisque aussi bien en droit français qu'en droit tunisien, la naturalisation ne se fait dans cette situation qu'en cas de demande expresse de l'intéressé[138].

51. Si les liens entre le national et son Etat d'origine sont essentiellement subjectifs lorsque la nationalité est transmise en raison de

---

[137] Les deux systèmes, français et tunisien, prévoient une telle méthode d'acquisition de la nationalité avec toujours quelques différences concernant la condition de la résidence sur le territoire. Le législateur tunisien exige en plus que le ménage réside en Tunisie pour que le conjoint étranger d'un Tunisien acquiert la nationalité tunisienne selon les articles 14 et 21 du Code de la nationalité.

[138] Par rapport à la réglementation française en la matière, le Code de la nationalité tunisienne exige en plus de la condition d'un mariage à un national, la résidence du ménage en Tunisie pour l'acquisition de la nationalité tunisienne par alliance (articles 14 et 21).

la parenté avec un national, ces liens sont principalement objectifs lorsqu'il s'agit d'une acquisition de la nationalité en raison des liens territoriaux.

ii. Les liens territoriaux

52. A l'inverse du *ius sanguinis*, on reconnaît plus d'effectivité à la nationalité acquise par le *ius soli*. Cette effectivité reproduit d'une part, les liens entre l'Etat et la personne et d'autre part, l'intégration de l'individu dans ce milieu sociologique. En effet, des liens objectifs sont exigés pour l'acquisition de la nationalité dans les deux systèmes étudiés. Elle est le résultat de la sédentarisation de l'étranger dans son nouveau milieu social. En droit français comme en droit tunisien, outre la manifestation de la volonté de l'intéressé en faveur de l'acquisition de la nationalité, qui est désormais une condition *sine qua non*, pour l'attribution de la nationalité à un individu de parents étrangers[139], d'autres attaches avec l'Etat sont exigées. Ces attaches sont généralement la naissance sur le territoire accompagnée d'une certaine durée de la résidence[140] ou tout simplement la résidence sur le territoire. La naissance et la résidence dans le pays, sont une manifestation d'un lien entre l'Etat et le futur national. Dans le premier cas, le lien est présumé. La naissance d'un enfant sur le territoire présume que les parents y ont vécu et y vivront peut être aussi avec l'enfant. Dans le second cas, la résidence dans le pays est elle-même

---

[139] Selon M. LEQUETTE, « l'acquisition automatique de la nationalité française à la suite de la naissance en France apparaissant de plus en plus, en raison des dysfonctionnements précédemment relevés, comme un « *pari sur l'assimilation* », il était raisonnable de renforcer ces indices en s'assurant que l'intéressé pariait dans le même sens que la société », Y. LEQUETTE, article *précit.*, p. 381.

[140] Bien que la seule naissance en France fut proposée dans le premier projet de Code civil discuté en 1801, en raison de l'absence totale d'attaches entre l'enfant né sur le territoire et la France, ce mode d'attribution de la nationalité a été exclu par le Code civil de 1804. Voir concernant les justifications du rejet de cette proposition P.-A. FENET, *Recueil complet des travaux préparatoires du Code civil*, Paris, Videcoq, 1836, t. VII, p. 592 et 593. Aujourd'hui, la seule naissance en France n'est suffisante pour l'attribution de la nationalité française que dans les cas où l'enfant né sur le territoire risque l'apatridie : articles 19 et 19-1 du Code civil. Dans les autres cas, l'acquisition de la nationalité dans les deux systèmes étudiés est la conséquence de l'« intégration de fait » de la personne dans l'Etat de sa future nationalité. Voir en ce sens, J. COSTA-LASCOUS « L'acquisition de la nationalité française, une condition d'intégration », in *Questions de nationalité, Histoire et enjeux d'un code*, CIEMI L'Harmattan, 1987, p. 83 ; Y. LEQUETTE, « La nationalité française dévaluée », in *L'avenir du droit*, Mélanges en hommage à François Terré, p. 349 et s., spéc. p. 372.

l'indice du lien entre le futur national et l'Etat de par son insertion dans cette société. L'intégration dans la société du futur national est une condition vérifiée aussi bien en droit français que tunisien de la nationalité. Ainsi, des liens plus effectifs que pour le *ius sanguinis* sont exigés, s'agissant du droit du sol[141]. La volonté d'intégration associée à des liens objectifs est nécessaire pour l'acquisition par une personne de parents étrangers de la nationalité de l'Etat[142]. Même en cas d'attribution de la nationalité par la double[143] ou la triple[144] naissance sur le territoire, cette condition assure que « le sol concrétise aussi bien l'installation durable, l'intégration dans la société d'accueil, que des preuves intangibles, matérielles d'une nationalité effective »[145]. En conséquence, ce mode d'acquisition de la nationalité, en conférant une part d'effectivité à la nationalité, appuie le fondement proximiste du rattachement à la loi nationale[146].

53. En conclusion, si la détermination de la nationalité relève de la compétence exclusive des Etats, son attribution est commandée par des liens entre l'individu et l'Etat national. L'étroitesse de ces liens, quant à elle, varie selon le mode de détermination de la nationalité ; on admet que pour l'attribution de la nationalité par le lien du sol, il y a vérification de l'étroitesse des liens entre l'individu et l'Etat. C'est donc la détermination de la nationalité par les liens familiaux qui pourrait faire douter de la nature proximiste du rattachement à la nationalité. En effet,

---

141 A. BUCHER, *RCADI*, 2000, p. 32, n° 14.

142 La volonté vient conforter les liens objectifs déjà présents lorsque ces derniers sont insuffisants. Voir, H. FULCHIRON, « La place de la volonté individuelle dans le droit français de la nationalité », *Trav. Comité fr. DIP.*, p. 179 ; P. LAGARDE, Audition du 18 septembre 1987, in *Etre français aujourd'hui et demain*, Rapport remis au Premier ministre par Marceau LONG président de la commission de la nationalité, t. 1, La Documentation française, 1988, p. 116 et s.

143 En droit français

144 Condition exigée en droit tunisien, avec toutefois une inégalité à l'encontre des enfants nés de mère étrangère, puisqu'ils ne peuvent bénéficier de ce mode d'acquisition de la nationalité tunisienne que les enfants nés de père et de grand-père nés en Tunisie.

145 J. COSTA-LASCOUS, article *précit.*, p. 88.

146 L'importance donnée aux liens territoriaux pour l'acquisition de la nationalité laisse croire à une « mutation » du concept de nationalité pour se séparer de la conception traditionnelle exclusivement souverainiste et se rapprocher d'une conception de la nationalité exprimant les liens que crée l'intégration effective d'un individu à une population donnée. Voir en ce sens H. MUIR WATT, « *Le domicile dans les rapports internationaux* », *J-Cl. Droit internat.*, 1994, fasc. 543-10, n° 59 ; F. TERRE, « Réflexions sur la notion de nationalité », *Rev. crit. DIP.*, 1975, p. 197.

le seul élément déterminant pour l'attribution de la nationalité dans ce cas est un lien familial qui, à première vue, pourrait paraître faible. Cependant, cette étude ne s'intéresse qu'à la proximité en droit de la famille. Dans ce cas précisément, « le lien familial » qui s'avère ténu pour l'attribution de la nationalité, devient un lien fort quand il régit indirectement les relations familiales elles-mêmes. Par conséquent, la nationalité acquise par les liens familiaux reflète au moins pour cette catégorie de droit : le droit familial, un rattachement étroit qui se vérifie aussi par le caractère permanent de ce critère.

β. La tendance proximiste de la permanence de la nationalité

54. Une approche proximiste peut également être attribuée à la permanence du critère de la nationalité. La continuité devient un signe d'intégration stable[147], qui tout en représentant les liens d'allégeance, consacre l'adhésion à une communauté juridique et le lien entre l'individu et sa loi nationale.

Cette idée d'intégration stable est toutefois remise en cause par la plurinationalité, qui se manifeste soit dans les rapports familiaux où les parties en cause ont des nationalités différentes, soit tout simplement dans le cas où l'une des parties a plus d'une nationalité[148]. L'intégration n'est certainement pas dans ces cas aussi évidente que dans les rapports familiaux où une seule nationalité existe. Elle dépend du mode de résolution de ces conflits.

55. S'agissant de la réglementation du conflit de nationalités d'un plurinational, deux méthodes sont envisageables. L'une met en exergue la nature souverainiste du choix en faveur de la nationalité, alors que l'autre n'est que l'illustration pure et simple du fondement de proximité de la règle qui l'a adoptée.

56. La résolution du conflit de nationalités peut refléter le fondement de proximité de la règle de conflit ayant retenu la nationalité comme critère de rattachement et ce, dans tous les cas où ce conflit est résolu par

---

147 T. RAJCEVIC, *op. cit.*, p 78.

148 Une telle hypothèse est de plus en plus fréquente avec les législations admettant la plurinationalité due à la multiplicité des moyens d'acquisition de la nationalité.

une prise en considération de la nationalité la plus effective[149], aussi bien dans l'hypothèse où les différentes nationalités en conflit sont des nationalités étrangères que dans les cas où la nationalité du for est en conflit avec une nationalité étrangère. Ainsi, les liens requis pour résoudre ce conflit sont soit des liens objectifs, à savoir temporels[150] ou territoriaux[151], soit des liens subjectifs résultant de l'option explicite ou implicite du plurinational.

57. La résolution du conflit de nationalités a été appréhendée dans les deux systèmes étudiés presque de la même façon. Les deux méthodes coexistent, celle de la primauté accordée à la nationalité la plus effective pour le conflit de nationalités étrangères et celle de la primauté accordée à la nationalité du for toutes les fois où elle se trouve concurrencée par une nationalité étrangère.

58. Pour résoudre le conflit de nationalités en présence de la nationalité du for, les deux systèmes français et tunisien, ont consacré la solution apportée par l'article 3 de la Convention de La Haye du 12 avril 1930 relative aux conflits de lois sur la nationalité, optant en faveur d'une primauté accordée à la nationalité du for[152]. Si le principe de la prise en

149 M. LAGARDE propose une approche fonctionnelle dans la résolution du conflit de nationalité (P. LAGARDE, « Vers une approche fonctionnelle du conflit positif de nationalités », *Rev. crit. DIP.*, 1988, p. 29). Cette solution a été adoptée par l'arrêt *Dujaque* de la Cour de cassation du 22 juillet 1987 en matière de compétence indirecte (*Rev. crit. DIP.*, 1988, p. 85) puis abandonnée par l'arrêt de la Cour de cassation du 3 juin 1998 (Civ. 1re, 3 juin 1998, *J.D.I.*, 1999, p. 781, note Y. LEQUETTE). Bien entendu la recherche de la nationalité la plus effective est exclue de toute approche fonctionnelle dont l'objectif n'est pas de chercher la nationalité la plus proche de l'individu, mais la prise en considération des seuls objectifs de la règle de conflit.

150 La proximité temporelle suppose le choix en faveur de l'une des nationalités en présence selon l'ordre temporel de leur acquisition. La majorité de la doctrine est favorable à ce que le choix se fasse en faveur de la dernière nationalité acquise, présumée exprimer la volonté de l'individu de s'insérer dans sa nouvelle communauté.

151 Les facteurs territoriaux de la proximité effective de la nationalité peuvent être par exemple la coïncidence entre l'une des nationalités et la résidence habituelle de l'intéressé. Dans ses observations suite au rapport de Y. LOUSSOUARN (rapport *précit.*, p. 374), M. JAYME s'est prononcé favorable à la prise en considération du domicile lorsqu'il coïncide avec l'une des nationalités en conflit puisqu'elle reflète la nationalité la plus effective.

152 Avec toutefois quelques tempéraments, prévus par les Conventions internationales, telle la Convention franco-polonaise du 20 juillet 1983 relative à la protection des mineurs qui prévoit dans son article 8 qu'en cas de conflit positif de nationalités, une primauté est accordée à la nationalité qui coïncide avec la résidence habituelle du mineur. Pour ce qui est de la critique d'un tel choix, voir les différentes thèses citées par

considération de la seule nationalité du for a été fermement réaffirmée par les juridictions françaises depuis l'arrêt *Kasapyan*[153] et par l'article 39 CDIP tunisien, il ne constitue pas pour autant une application pure et simple du principe de souveraineté. Les justifications d'un tel choix trouvent aussi appui dans le principe d'égalité entre les citoyens[154] qui risque d'être compromis[155] par la prise en considération de la nationalité étrangère, ainsi que dans une faveur pour une homogénéité des solutions internes. Pourtant, la primauté accordée à la nationalité du for peut aller à l'encontre du respect de la proximité, lorsque la nationalité est retenue comme critère de rattachement. Ainsi par exemple, dans un litige se rapportant au statut familial d'étrangers de même nationalité dont l'un d'eux seulement possède, outre la nationalité étrangère commune à toutes les parties la nationalité du for, la prise en considération de la nationalité du for ne favorise pas l'application du principe de proximité. La possession par l'une des parties au litige de la nationalité du for évince les liens quantitatifs (nationalité commune de toutes les parties) et par conséquent qualitatifs (intégration des parties dans la société étrangère) avec l'ordre juridique national étranger[156]. Toutefois, le principe de la primauté accordée à la nationalité du for perd de plus en plus de son importance. Dans les relations entre les Etats membres de l'Union européenne depuis les arrêts *Garcia Avello*[157] et *Hadadi*[158] de la CJCE, les

---

E. VASSILAKAKIS, *Orientations méthodologiques dans les codifications récentes du droit international privé en Europe*, L.G.D.J., 1987, p. 217-223.

[153] Civ. 1re, 17 juin 1968 (*Kasapyan c/ Dame Kasapyan*), *Rev. crit. DIP.*, 1969, p. 59, note H. BATIFFOL, *GAJFDIP*, n° 46 ; Civ. 1re, 27 janvier 1987, *Rev. crit. DIP.*, 1987, p. 605, note P. LAGARDE. La même position a été adoptée par la Cour de cassation dans un arrêt du 13 octobre 1992, concernant des époux sénégalais naturalisés français. Civ. 1re, 13 octobre 1992, *JCP,* éd. G, 1993.II. 22036, note M. BEHAR-TOUCHAIS, *D.*, 1993, p. 684, note P. COURBE, *Rev. crit. DIP.,* 1993, p. 41, note P. LAGARDE.

[154] *GAJFDIP*, 2006, n° 46, p. 419.

[155] Quoi que le règlement du conflit de nationalités par référence aux liens étroits ne va pas toujours à l'encontre du principe d'égalité, puisque le principe d'égalité entre citoyens suppose une généralisation du traitement à toutes les personnes se trouvant dans la même situation. Le fait que le plurinational possède une autre nationalité qui lui est plus étroitement lié que celle du for le différencie des autres nationaux.

[156] Cette solution a été retenue par la Cour de cassation française dans l'arrêt *Kasapyan* du 17 juin 1968. Dans cet arrêt, la Cour n'a retenu que la nationalité française de l'épouse (ayant à la fois la nationalité française et la nationalité turque), ce qui a conduit à écarter l'application de la loi turque commune aux époux.

[157] CJCE, 2 octobre 2003, Aff. C-148/02. *Garcia Avello, Rec.*, p. I-11613, *Standesamt Stadt Niebüll* CJCE, 27 avril 2006, Aff. C-96/04, *Rec.*, p. I-3561.

[158] CJCE. 3e ch.-16 juillet 2009. aff. C-168/08. *Hadadi. Europe* 2009, *comm.* 389, note L. IDOT ; *AJ fam.,* 2009, p. 348, note A. BOICHE ; *JCP,* éd. G, 2010.135, *chron.* E.

personnes disposant de deux nationalités ou plus, d'Etats membres peuvent désormais se prévaloir de l'une de leur nationalité même à l'égard de l'Etat de l'autre nationalité. L'atténuation de ce principe, même s'il n'a pas été fait en faveur de la nationalité effective dans le cadre de ces deux arrêts, atteste de l'affaiblissement de la nature souverainiste de ce critère, qui dépasse parfois les relations entre Etats de l'Union européenne. Ainsi dans un arrêt de la cour d'appel de Paris du 24 février 2011[159], la cour s'est appuyée sur la nationalité canadienne d'époux franco-canadien afin d'évaluer les liens suffisants avec le juge canadien. En plus de la résidence des époux au Canada, leur nationalité étrangère canadienne a été prise en considération même en présence de la nationalité du française des parties, pour constater le lien caractérisé entre le litige et l'Etat canadien. En droit tunisien, une exception à ce principe de la primauté accordée à la nationalité du for en faveur de la dernière nationalité acquise est prévue par l'article 44 du CDIP relatif aux conditions et aux effets de la disparition et de l'absence. Selon cet article, la dernière loi nationale du disparu ou de l'absent s'applique aux conditions et aux effets de la disparition et de l'absence. En cas de conflit de nationalités, même en présence de la nationalité du for, c'est la loi de la dernière nationalité qui s'appliquera. Il s'agit d'une règle spéciale qui déroge au principe posé par l'article 39 du CDIP accordant une primauté à la nationalité du for. La nationalité du for dans le cas où elle ne serait pas la dernière acquise, sera écartée au profit de la dernière nationalité de l'intéressé, qui coïncide le plus souvent avec la nationalité effective. La dérogation en faveur de la loi de la dernière nationalité du disparu ou de l'absent atténue le principe de la primauté accordée à la nationalité du for, l'un des arguments utilisés par les partisans du classement de la nationalité dans la catégorie des rattachements de souverainetés.

59. Il est possible de conclure que dans les deux systèmes français et tunisiens, en cas de conflit de nationalités, le principe serait la primauté de la nationalité du for sur les nationalités étrangères. Cependant, ce principe connaît quelques atténuations en faveur d'une nationalité étrangère. Cette exception va à l'encontre des thèses attribuant au rattachement à la nationalité la seule fonction de rattachement de

---

FONGARO, *J.D.I.*, 2010, p. 157, note L. D'AVOUT, *Rev. crit. DIP.*, 2010, p. 184, note C. BRIERE ; Civ. 1re, 17 février 2010, *JurisData* n° 2010-051607, *JCP,* éd. G, 2010.686, note F. BOULANGER.

[159] Paris, 24 février 2011, n° 10/08810, *inédit.*

souveraineté. Cela se confirme par la méthode de la résolution du conflit de nationalités étrangères.

60. Pour résoudre le conflit positif de nationalités étrangères, il est généralement admis que la nationalité la plus effective l'emporte. Cette solution est consacrée dans les deux systèmes étudiés. La jurisprudence française a retenu cette position dans l'arrêt *Martinelli* du 15 mai 1974[160]. De même, l'article 39 alinéa 2 du CDIP dispose que « si l'intéressé bénéficie de plusieurs nationalités, le juge retiendra la nationalité la plus effective ». Cette méthode atténue la nature souverainiste du rattachement à la nationalité. Même s'il n'est pas exclu que les liens d'allégeance soient pris en considérations lors de la détermination de la nationalité la plus effective, ce procédé reste toutefois rare. Le plus souvent l'identification de la nationalité effective se fait à partir de critères objectifs, reflétant « l'intégration de l'individu dans une communauté nationale »[161].

61. Le choix d'une seule nationalité à appliquer est plus compliqué lorsqu'il s'agit d'un rapport familial impliquant des parties de nationalités différentes. Dans cette hypothèse deux voies de résolution de ce différend s'offrent. La première fait prévaloir la nationalité de l'une des parties pour régir l'intégralité du rapport familial. Elle ne sert la localisation de proximité que si le choix est fait en faveur de la nationalité de la partie la plus significative dans la relation de droit. La seconde regroupe deux sous-méthodes. L'une consiste à chercher un rattachement subsidiaire, qui concrétise la localisation du rapport de droit selon la proximité avec tous les protagonistes du rapport de droit. Une nouvelle localisation est alors prévue selon les nouvelles données. A défaut de nationalité commune à toutes les parties au rapport de droit, un rattachement nouveau est dégagé. L'autre consiste à prendre en considération toutes les nationalités en présence, autrement dit, à rattacher chaque sujet à sa loi nationale et à appliquer cumulativement toutes les lois nationales en présence. Ces deux méthodes se soucient de la recherche de la proximité dans la localisation du rapport de droit. Le choix en faveur de l'une ou de l'autre des deux méthodes dépend de la nature de la relation familiale en cause[162]. Aucune d'elles ne peut

---

[160] Civ. 1re, 15 mai 1974, *Rev. crit. DIP.*, 1975. p. 260, note M. NISARD, *J.D.I.*, 1976, p. 298, note D. ALEXANDRE.
[161] A. MEZGHANI, p. 94.
[162] *Infra*, n° 169-170.

prétendre être pleinement efficace pour résoudre le conflit de nationalités de toutes les relations familiales.

62. A la suite de cette analyse de la nationalité en tant que critère de rattachement en matière de statut familial, il est encore difficile de prendre parti en faveur de son fondement proximiste ou souverainiste. Les arguments en faveur des deux thèses sont convaincants et sont par conséquent incapables de favoriser une position par rapport à l'autre. Divers autres facteurs font pencher la balance en faveur de l'un des deux fondements. Avant de les étudier, il convient de se pencher sur la nature du principal rattachement concurrent de la nationalité en matière familiale : le rattachement territorial.

2. Le rattachement territorial

63. Alors que le rattachement territorial n'est apparu dans le système tunisien que depuis la promulgation du Code de droit international privé, ce critère fut avant la promulgation du Code civil français, le principal rattachement en France[163]. Il a toutefois perdu de son exclusivité en droit français avec la promulgation du Code civil. Cependant, la crise qu'a connue le rattachement à la nationalité a concédé au rattachement territorial une place importante depuis la moitié du siècle dernier. Les difficultés, essentiellement d'ordre pratique, rencontrées lors de l'application du rattachement du statut familial à la nationalité, étaient à l'origine de la réapparition de ce critère, à travers la recherche d'un nouvel élément de localisation pouvant à la fois pallier les insuffisances et les impasses auxquelles conduit le critère de nationalité[164] et assurer l'égalité entre les différentes parties[165], ainsi qu'entre étrangers et nationaux[166].

64. Le rattachement territorial dans les systèmes de droit international privé français et tunisien ne cesse de gagner du terrain en matière de

163 Cela était dû à la nature du système de droit français qui n'était pas unifié ce qui rendait inévitable la soumission de l'individu à son domicile et non à sa nationalité.
164 Principalement les conflits positifs et négatifs de nationalités.
165 P. GANNAGE, *Le rôle de l'équité dans la solution des conflits de lois : en jurisprudence française et libano-syrienne*, Préface de J. VINCENT, L.G.D.J., 1949, p. 21, n° 10.
166 C. LABRUSSE, « La compétence et l'application des lois nationales face au phénomène de l'immigration étrangère », *Trav. Comité. fr. DIP.*, 1975-1977, p. 118 et 119.

conflit de lois. Le Code de droit international privé tunisien lui a aussi réservé une place, mais souvent secondaire. A l'inverse, ce critère a « reconquis »[167] le système de droit international privé français. Sa place a en effet évolué dans certaines règles de conflits concurrençant ainsi la nationalité.

65. Le nouveau critère retenu n'est autre que le rattachement prévu dans l'Ancien droit français. Au départ, le rattachement territorial a pris la forme du domicile. Ce dernier a été pour la première fois consacré après la promulgation du Code civil par la jurisprudence française dans l'arrêt *Rivière*[168] en tant que rattachement subsidiaire[169] des relations familiales impliquant des personnes de nationalités différentes, pour se métamorphoser occasionnellement en une résidence habituelle.

66. Le rattachement territorial est considéré par la majorité de la doctrine comme étant le critère reflétant les liens les plus étroits en droit de la famille, dès lors qu'il exprime un lien matériel géographique entre la personne et le territoire[170]. A chaque fois qu'une personne est installée dans un pays donné, elle est censée avoir des liens étroits qui l'unissent avec la société où elle a transféré son centre de vie. Ces liens se manifestent généralement par l'intégration supposée de l'étranger dans son milieu d'accueil.

67. Pourtant, en France, au XVIe siècle, le système territorialiste était avec la doctrine d'ARGENTRE l'expression de l'exercice de la souveraineté étatique[171], symbolisée par la soumission de toutes les

---

[167] H. MUIR WATT et A. RICHEZ-PONS, « Domicile et résidence habituelle dans les rapports internationaux », *J.-Cl. Droit int.*, 2008, fasc. 543-10, n° 2.

[168] Civ. 1re, 17 avril 1953, *Rev. crit. DIP.*, 1953, p.412, note BATIFFOL, *J.D.I.*, 1953, p. 860, note R. PLAISANT, *JCP*, 1953.II.7863, note J. BUCHET, *GAJFDIP*, 2006, n° 26. La jurisprudence *Rivière* a été confirmée deux années plus tard par l'arrêt *Lewandowski*, Civ. 1re, 15 mars 1955, *Rev. crit. DIP.*, 1955, p. 320, note H. BATIFFOL, *J.D.I.*, 1956, p. 860, note R. PLAISANT, *J.D.I.*, 1956, p. 146, note B. GOLDMAN, *D.*, 1955, p. 540, note CHAVRIER, *JCP*, 1955.II.8771, note A. PONSARD.

[169] Evitant ainsi toute discrimination en raison du sexe lors de la détermination du critère de rattachement. Voir en ce sens A. BORRAS, « Non discrimination à raison du sexe et modification du droit international privé espagnol », *Rev. crit. DIP.*, 1991, p. 626 et s., spéc. p. 629.

[170] Il est question ici d'une localisation « purement matérielle », selon H. BATIFFOL, *Aspects philosophiques du droit international privé*, Dalloz, 2002, p. 13, n° 3.

[171] Voir Y. LOUSSOUARN, P. BOUREL et P. DE VAREILLES-SOMMIERES, p. 105-106, n° 125 ; A. RICHEZ-PONS, *La résidence en droit international privé (conflits de juridictions et conflits de lois)* », Thèse, Université Jean-Moulin, Lyon III, 2004, p. 51, n° 62.

personnes se trouvant sur le territoire à la loi du souverain. La territorialité a inspiré d'ARGENTRE pour préserver le système de droit interne des règles du droit étranger. Cette solution demeure celle requise lors de l'adoption du rattachement territorial – communément appelé « domicile » –, en fonction de la définition qui lui est attribuée. Ce n'est qu'en se détachant de toute idée d'allégeance, que le rattachement territorialiste est parvenu à accéder au rang des rattachements de proximité. Ainsi, plus on s'éloigne de la définition traditionnelle du domicile pour se rapprocher de celle de la résidence habituelle[172], plus la doctrine devient intransigeante sur le fondement proximiste de la règle de conflit qui retient ce critère territorial[173] (a). Pourtant, les fondements actuels des règles répartitrices prévoyant ce rattachement prêtent toujours à confusion (b).

a. L'évolution du fondement du rattachement territorial

68. L'évolution du rattachement territorial des relations familiales s'est suivie d'une révolution dans la nature de la règle de conflit. Alors que le critère du domicile incarne l'exercice de la souveraineté (α), la résidence habituelle reflète quant à elle le rattachement de proximité (β)

α. Les assises essentiellement souverainistes du rattachement territorial

69. Deux conceptions du domicile sont actuellement retenues : celle du droit anglais qui rapproche le domicile de la nationalité – domicile d'origine « imposé »[174] à l'enfant dès sa naissance[175] – et celle du domicile du droit continental.

70. La notion de domicile d'origine, bien qu'elle soit actuellement considérée comme exclusive au droit international privé des pays de

[172] Plus exactement, plus on s'éloigne de la fiction pour se rapprocher de la réalité plus la proximité devient évidente.
[173] E. RALSER, Thèse *précit.*, p. 340 ; P. LAGARDE, Cours *précit.*, p. 76, n° 70 ; A. RICHEZ-PONS, *La résidence en droit international privé (conflits de juridictions et conflits de lois)*, Thèse, Université Jean-Moulin, Lyon III, 2004, p. 21 et s.
[174] Ph. FRANCESCAKIS, « Les avatars du concept de domicile dans le droit international privé actuel », *Trav. Comité. fr. DIP.*, 1962-1964, p. 291 et s., spéc. p. 304.
[175] Ce domicile est soit celui des parents de l'enfant, soit celui de son lieu de naissance.

common law, elle fut consacrée en France à l'époque féodale. Comme l'avait souligné FRANCESCAKIS, le domicile d'origine « exprimait un lien entre un individu et un territoire pour indiquer la soumission de l'individu à la loi de ce territoire, essentiellement quant au statut personnel »[176]. De ce constat, il est tout à fait normal d'exclure toute conception proximiste de cette notion. C'est la fixation de la personne et non pas sa localisation qui importait[177].

71. Avec la promulgation du Code civil, c'est le domicile légal tributaire de l'autorisation du gouvernement qui fut retenu par le système français jusqu'en 1927 selon l'article 13 de ce Code. Lorsque la règle de conflit rattachait la relation à la loi du domicile et que le décret d'admission à domicile de l'intéressé faisait défaut, la loi nationale prenait la relève[178]. Depuis l'abrogation de cet article, la notion de domicile a évolué, d'une simple notion juridique, vers une concrétisation des attaches matérielles et intentionnelles d'une personne avec un lieu déterminé.

72. A première vue, le domicile a pour mérite de situer la personne en un lieu géographique matériel déterminé et donc d'assurer une localisation géographique du statut individuel et familial. Ainsi, contrairement à la nationalité, le domicile aurait la faculté de surmonter les impasses auxquelles pouvaient conduire la loi nationale en pratique (la segmentation du statut familial, les conflits de nationalité ainsi que les difficultés rencontrées en cas de référence à un système non unifié) tout en gardant ses avantages (la stabilité du rattachement et l'aisance de sa preuve). Le domicile a, de plus, le mérite de rattacher le statut personnel en général, et le statut familial en particulier, à l'ordre juridique le plus étroit identifié sur des assises matérielles réelles. Le fondement d'un tel rattachement dans les relations familiales serait *a priori* la proximité du domicile avec la situation juridique familiale. Toutefois, est-ce réellement la seule motivation des partisans du rattachement territorial ?

73. Dans la seconde moitié du siècle dernier, NIBOYET avait fait apparaître la nature souverainiste du domicile, pour parvenir à la

[176] Ph. FRANCESCAKIS communication *précit.*, p. 302.
[177] A. RICHEZ-PONS, Thèse, p. 26, n° 31.
[178] Arrêt *Forgo*, Civ., 5 mai 1875, *S.*, 1875.1. 429, *D.*, 1879, p. 56, *J.D.I.*, 1879, p. 285, *GAJFDIP*, n° 7-8.

nécessité de son adoption en tant que critère de rattachement[179]. Dans la définition même qu'il donne de ce concept, le rapport d'autorité entre l'individu et le lieu de son domicile est très évident. Selon l'auteur, le domicile international est « le lien juridique qui relie un individu à l'autorité qui exerce son pouvoir sur une circonscription territoriale déterminée »[180]. A travers cette définition, il ressort que le rapport d'autorité qui singularise le domicile ne serait autre qu'un concept de droit public assimilé à « une *vice-nationalité* »[181] et dont « l'intérêt de l'Etat »[182] justifierait son approbation. Si l'on considère les lois relatives au droit de la famille comme un moyen d'« organisation sociale »[183], il est alors clair que l'intérêt de l'Etat serait plus satisfait par la territorialité que par la personnalité des lois en la matière.

74. Actuellement, quoique le domicile ne soit plus associé de manière aussi évidente à la souveraineté, son assise reste imprécise par rapport à son principal concurrent, la nationalité. Alors qu'on reproche au rattachement à la nationalité son côté purement fictif, fondé sur une présomption d'existence d'un lien personnel affectif entre le national et sa patrie, il s'avère que comme elle, le domicile, bien que composé d'éléments factuels, repose aussi sur une fiction, à savoir : l'intention de s'établir en un lieu donné. La constatation qu'une personne est présente en un lieu est, à elle seule, insuffisante pour dire qu'elle a établi son domicile en ce lieu. A l'élément factuel (*factum*) doit s'associer un élément intentionnel (*animus*) qui est la volonté de l'intéressé de s'établir en ce lieu[184]. Cette volonté est soit clairement exprimée par l'intéressé, soit déduite de son attitude. Des indications objectives peuvent certes influer sur la détermination de l'élément intentionnel. Ces indications sont tout de même limitées, ce qui pourrait conduire à l'établissement du domicile d'une personne dans un lieu sans qu'elle n'y soit présente[185]. Cela signifie

---

179 Du moins dans le système de droit international privé français.

180 J.-P. NIBOYET, « *Cours de droit international privé* », Sirey 2e éd., 1949, p. 201, n° 219.

181 *Ibid.*, p. 204-206, n° 221.

182 Là on revient à la jonction faite entre intérêt de l'Etat et souveraineté.

183 Voir P. GANNAGE, *Le rôle de l'équité dans la solution des conflits de lois : en jurisprudence française et libano-syrienne*, L.G.D.J., 1949, p. 19 et 20, n° 9.

184 Ph. FRANCESCAKIS, communication *précit.*, p. 302 ; T. VIGNAL, *La part de la volonté dans les règles de conflit de lois hors des contrats*, Thèse, Paris II, 1993, p. 46, n° 74 ; B. AUDIT et L. D'AVOUT, p. 135, n° 140.

185 Ainsi comme le mentionne Mme RICHEZ-PONS, « l'étranger qui entretient toujours avec son pays d'origine des liens qui sont qualitativement importants ne peut en principe avoir son domicile en France, même s'il y est établi depuis plusieurs années

que les liens entre la personne et l'Etat de son domicile peuvent être fictif. Pourquoi alors, accepter pour le domicile ce que l'on a rejeté pour la nationalité ? La nationalité serait préférable au domicile non seulement parce qu'elle assure la stabilité et la permanence du statut, mais aussi parce qu'elle est facilement déterminable.

75. Tout comme la nationalité, le domicile vacille entre deux fonctions, du fait que l'établissement du domicile se fait par l'association d'éléments objectifs et subjectifs. Selon la réalisation de cette coïncidence, on aboutit soit à la consécration de la fonction proximiste du domicile, soit à la fonction souverainiste de ce dernier.

76. La fonction proximiste du domicile, si elle est retenue, s'explique par l'association d'un élément matériel (localisation de la vie familiale, professionnelle ou sociale)[186] renforcé par un lien intentionnel (la volonté de demeurer en un lieu). Dans ce cas, on voit mal comment le domicile serait un rattachement plus étroit que la nationalité, puisque ses assises proximistes sont les mêmes que pour la nationalité. Le domicile serait constitué par un lien « immatériel ». Prôner la substitution de la loi du domicile à celle de la loi nationale trouverait ses justifications en dehors du principe de proximité étant donné que les deux rattachements sont équivalents sur ce point. D'ailleurs, même le lien matériel réel qui aurait pu être déterminant dans le cadre de cette comparaison, n'est pas fondamental dans tous les cas lors de l'établissement du domicile. Ainsi, il existe des situations où le domicile de l'intéressé ne coïncide pas avec le lieu de sa présence effective. En effet, on distingue les domiciles réels des domiciles légaux qui reposent sur une fiction de la fixation de l'individu en un endroit[187] et dans lesquels l'élément matériel est absent. Comme il s'avère que les domiciles légaux qui « correspondent à une conception familiale du domicile »[188] existent toujours en droit de la famille[189],

; il n'y a pas forcément le centre de ses intérêts, son « principal établissement » », Thèse *précit.*, p. 48, n° 58.

186 H. MUIR WATT, article *précit.*, n° 9.

187 Voir en ce sens, Mme. RICHEZ-PONS qui relève que la détermination du domicile en droit interne repose sur une fiction, mais qui estime que son changement « ne peut se résumer à cette fiction ». Selon l'auteur, il faut que le changement soit constaté par des faits et renforcé par l'intention de l'individu. A. RICHEZ-PONS Thèse, n° 48.

188 P. LAGARDE, « *La nationalité française* », Dalloz, 3e éd., 1997, p. 102, n° 145.

189 En droit français, le domicile légal ne concerne plus que les mineurs et les majeurs placés sous tutelle selon l'article 108 du Code civil et le personnel qui demeure ans la même maison que chez qui il travaille selon l'article 109 du Code civil.

l'efficacité d'un tel rattachement quant à la consécration de la désignation de l'ordre juridique des liens les plus étroits reste relative. Bien que le domaine du domicile légal soit de plus en plus restreint, soit par l'effet du législateur soit par la jurisprudence, l'existence d'un tel domicile dépouille la notion de toute son effectivité. Comme l'a noté Mme RICHEZ-PONS, « le réalisme, l'effectivité des solutions, essentiels en droit international privé, étaient difficiles à trouver dans le critère du domicile, lequel peut présenter un caractère fictif »[190]. Dès lors que l'ineffectivité ne peut coïncider avec la proximité, le caractère abstrait du domicile l'éloigne du rattachement proximiste. En revanche, de part son effectivité, la résidence habituelle incarne mieux le fondement de proximité de la règle de conflit qui l'adopte.

β. Les assises proximistes du rattachement à la résidence habituelle

77. Les partisans du rattachement du statut familial à la loi de la résidence habituelle sont nombreux. Les motivations d'un tel choix sont quant à elles divergentes. La principale raison qui incite à l'adoption d'un tel critère est l'application pure et simple du principe de proximité. Alors que pour certains auteurs, la notion des liens les plus étroits est différente de celle des liens territoriaux les plus étroits[191], pour une grande partie de la doctrine[192], il y a coïncidence entre ces deux notions en droit de la famille. Afin d'aboutir à la localisation de la relation familiale à l'ordre juridique le plus étroit, il faut non seulement opter pour un rattachement territorial (ii), mais aussi que ce dernier soit assimilé à la résidence habituelle (i).

---

190 A. RICHEZ-PONS, Thèse *précit.*, p. 79.

191 C.-E. DUBLER, *Les clauses d'exception en droit international privé*, GEORG - Librairie de l'Université - Genève, p. 92, n° 101.

192 Voir notamment P. LAGARDE, Cours *précit.*, p. 75 et 76, n° 65 ; E. RALSER, Thèse, p. 340 ; A. RICHEZ-PONS, *La résidence en droit international privé (conflits de juridictions et conflits de lois)*, Thèse, Université Jean-Moulin Lyon III 2004 ; A. RICHEZ-PONS « La notion de "résidence" », in *Le nouveau droit communautaire du divorce et de la responsabilité parentale*, (sous la dir. de) H. FULCHIRON et C. NOURISSAT, Dalloz, 2005, p. 149 et s., spéc. p. 155.

i. Le rattachement du statut familial à la résidence habituelle : expression du principe de proximité

78. La résidence habituelle désignée comme le « centre de vie »[193], « centre de gravité »[194] ou encore « centre des intérêts » de la personne, renvoie à la présence réelle de l'individu dans un lieu donné. Elle localise un individu dans l'espace. Elle correspond pour les relations individuelles et familiales au lieu où se concentrent les différentes attaches de l'individu[195]. Composée essentiellement d'éléments factuels, elle exclut toute fiction ou supposition quant à l'existence de liens entre la relation de droit et l'ordre juridique désigné. C'est parce que la personne est présente effectivement en un lieu, qu'elle a pu nouer des liens avec celui dans lequel elle vit. A l'effectivité de la résidence habituelle, vient s'ajouter la stabilité de ce rattachement qui assure sa permanence. A vrai dire, c'est de l'effectivité et de la permanence que la nature proximiste de la résidence habituelle se déduit. La notion de « résidence habituelle » est, en effet, composée de deux éléments : « résidence » et « habituelle ». Si l'effectivité est consacrée par « la résidence », l' « habitude » consacre quant à elle la permanence de la notion.

- *L'effectivité de la résidence habituelle*

79. Les règles de conflit d'origine conventionnelle ont été la terre d'élection du rattachement des relations familiales à la résidence habituelle[196]. Aujourd'hui, cette notion se voit accorder dans les systèmes de droit international privé une place de plus en plus importante. La popularité de la résidence ne lui a été d'aucun effet quant à l'établissement de sa définition. Il se peut même que ce soit l'inverse qui s'est produit. Comme cette notion est indéfinissable, elle est apparue plus efficace. Son caractère essentiellement factuel[197] s'oppose à ce qu'une

---

193 M. FARGE, *op. cit.*, p. 719, n° 829.

194 E. GALLANT, *Responsabilité parentale et protection des enfants en droit international privé*, Préface de P. LAGARDE, *Defrénois*, 2004, p. 236, n° 384.

195 H. BATIFFOL, « *La loi personnelle* », Cours de l'Institut des Hautes Etudes Internationales, 1966-1967, p. 75.

196 Selon M. LAGARDE, lorsque ce terme a été utilisé par la Conférence de La Haye, ce n'était que dans le but de substituer aux rattachements traditionnels abstraits (nationalité et domicile), un rattachement plus concret. Cours *précit.*, p. 76, n° 65.

197 Si certains auteurs considèrent que la résidence habituelle est une notion de fait (Y. LEQUETTE, *Recherche sur le mode de protection des incapables en droit international privé*,

« définition abstraite et générale »[198] lui soit préétablie, et que des problèmes de conflits de qualification lui soient rattachés[199].

80. Contrairement à ses principaux concurrents – la nationalité et le domicile – qui reposent sur des attaches juridiques entre l'individu et l'ordre juridique, la résidence habituelle assure quant à elle un lien réel. Cette dernière n'est en principe établie, que si l'on constate la présence physique de l'individu dans un Etat. Il est primordial que l'intéressé habite réellement dans le pays de sa résidence[200]. L'intention de résider n'intervient que de manière résiduelle[201] et ce, afin d'éclairer le juge lorsque des doutes subsistent quant à l'existence ou non d'une résidence[202]. Quoique l'importance des éléments factuels composant la résidence puisse varier d'un rapport de droit à un autre, et d'un objectif à

Préface de H. BATIFFOL, Dalloz, 1976, p. 134 ; F. MONEGER, « Le droit international privé des relations familiales », in *Droit de l'enfant et de la famille*, Hommage à M. J. GEBLER, Presse universitaire de Nancy, 1999, p. 169), d'autres considèrent que la résidence habituelle est une notion juridique établie par des éléments de fait. Voir en ce sens, E. PATAUT, Compte rendu de l'ouvrage de BEAUMONT et MCELEAVY, *Rev. crit. DIP.*, 2000, p. 937 et s ; A. RICHEZ-PONS, Thèse, p. 96, n° 127.

198 E. PATAUT, *Rev. crit. DIP.*, 2000, p. 938.

199 Actes et documents de la VIIe Session de la Conférence de La Haye, 1951, p. 232.

200 *Contra*, Civ. 1re, 26 octobre 2011, *JCP*, éd. G, 2011. act., 1236. L'affaire concernait un couple franco-américain. L'épouse de nationalité française et l'époux de nationalité américaine vivaient aux Etats-Unis où leur premier enfant est né. La mère enceinte d'un deuxième enfant rejoint la France, s'y installe avec son premier enfant où elle accouche du second. Le père saisit les autorités américaines d'une demande de retour des enfants. Les juges du fond français ont ordonné le retour des enfants aux Etats-Unis. La Cour de cassation avait confirmé cette décision de la cour d'appel de Lyon en se référant à l'article 3 de la Convention de La Haye du 25 octobre 1980 sur les aspects civils de l'enlèvement international de l'enfant. Selon les dispositions de cet article, le non-retour de l'enfant est considéré illicite s'il a eu lieu en violation d'un droit de garde attribué par le droit de l'Etat dans lequel l'enfant avait sa résidence habituelle immédiatement avant son déplacement ou non-retour. Cela sous-entend donc, que la Cour de cassation avait estimé que le second enfant né en France avait une résidence habituelle aux Etats-Unis alors même qu'il ne s'est jamais rendu dans ce pays.

201 A. RICHEZ-PONS « La notion de "résidence" », article *précit.*, p. 156, n° 17 et 18.

202 La volonté de l'intéressé peut jouer un rôle secondaire dans la détermination de la résidence habituelle. L'intention de s'établir en un pays donné peut affirmer l'existence d'une résidence habituelle en cas de doutes quant à l'évaluation des éléments factuels de la détermination du domicile. La volonté de l'individu peut aussi intervenir pour infirmer l'existence d'une résidence en un pays donné, et ce lorsque la présence de l'individu en ce lieu a été faite contre son gré. Mme RICHEZ-PONS a bien analysé l'attitude des tribunaux non pas face au défaut de l'intention de résider en un lieu, mais plutôt dans le cas où une personne serait contrainte de résider ou de ne pas résider en un lieu. Voir A. RICHEZ-PONS, Thèse, p. 248 et s.

un autre, ces éléments restent toujours identifiables à partir d'éléments matériels concrets. Il n'existe pas de résidence fictive assimilée au domicile légal ou de dépendance. De même, la résidence habituelle ne peut en aucun cas résulter d'une présomption d'une présence en un endroit. Il ne suffit pas d'une volonté de s'établir en un pays pour que la résidence en ce lieu soit acquise. La vérification de l'effectivité de la présence est incontestable pour la résidence. Si l'habitation en ce lieu est primordiale, elle est parfois insuffisante. D'autres composants peuvent renforcer ce caractère concret de la résidence, tels que le lieu de l'activité professionnelle pour les adultes ou le lieu de la scolarisation des mineurs, etc. Selon la nature du rapport de droit ou les destinataires du rapport, les éléments constitutifs de la résidence changent. En effet, cette dernière, comme le domicile, a un caractère fonctionnel[203], qui lui permet de muer selon les besoins. C'est de là qu'elle tire son effectivité. Elle n'est pas dépendante des éléments préétablis qui peuvent l'éloigner de la réalité.

81. La variabilité de la définition de la résidence habituelle[204] a suscité de vives critiques doctrinales quant à son adoption en tant que critère de rattachement en matière de statut personnel. En effet, la fonctionnalité engendre une incertitude et une imprévisibilité des solutions. A la fonctionnalité, s'ajoute la non-définition de la notion, qui laisse aux juges une marge d'appréciation de ces contours. La notion est donc aisément malléable par les juges[205] et contournable par les parties. Comme la résidence relève de l'évaluation des faits, cela implique d'une part que les juges du fond disposent d'un grand office puisque le contrôle de la Cour de cassation est exceptionnel, et d'autre part que son évaluation dépend

---

203 A. BUCHER, *RCADI*, 2000, t. 283, p. 39 et 40, n° 17.

204 D'ailleurs la CJCE dans sa décision du 2 avril 2009, (CJCE, 2 avril 2009. aff. C-523/07, *Europe* 2009, Com. 265, note L. IDOT, *JCP,* éd. G, 2009, 33 (316), *obs.* F. BOULANGER, *Gaz. Pal.*, 27-27 nov. 2009, p. 15, note P. GUEZ, *Rev. crit. DIP.*, 2009, p. 791, note E. GALLANT) répondant à la question relative à l'interprétation qu'il convient de donner de la notion de résidence habituelle au sens de l'article 8 paragraphe 1 du règlement Bruxelles I, avait précisé que « la jurisprudence de la Cour relative à la notion de résidence habituelle dans d'autres domaines du droit de l'Union européenne ne saurait être directement transposée dans le cadre de l'appréciation de la résidence habituelle des enfants » au sens du règlement. Cette notion varie en fonction de la matière et probablement en fonction « de l'objectif poursuivi » (Formule de l'arrêt *Eurocontrol* citée par M. BOULANGER dans ses observations sous CJCE, 2 avril 2009, *JCP,* éd. G. 2009, (316) p. 37.

205 Son établissement variera non seulement d'un système de droit à un autre (comme pour le domicile), mais en plus d'un juge à un autre, ce qui est une source d'insécurité.

des éléments que le plaideur rapportera au tribunal. D'où le danger de l'élément factuel de cette notion puisqu'il devient un rattachement au service des fraudeurs.

82. Pourtant, il ne faut pas exagérer les craintes des conséquences de l'adoption d'un tel rattachement. Certes, la résidence repose essentiellement sur des éléments factuels, mais dont les contours sont indirectement tracés selon les exigences de chaque rapport de droit. Les juges du fond ne bénéficient pas d'une liberté totale quant à l'évaluation de ses éléments constitutifs. Leur marge d'appréciation est encadrée par les besoins de la relation de droit[206]. Pour ce qui est des risques de fraude, contrairement à ce qu'il pourrait se révéler, le caractère factuel de la résidence serait une panacée pour la fraude, sans même avoir à la prouver. Dans ce cas, il suffit pour le juge de constater l'ineffectivité des faits, sans même invoquer la fraude pour neutraliser l'intention trompeuse en n'établissant pas la résidence.

83. A l'effectivité de la résidence vient s'ajouter la permanence de ce rattachement, qui tout en renforçant l'effectivité du critère, explique sa classification dans les rattachements exprimant la proximité.

• *La permanence de la résidence habituelle*

84. La résidence habituelle ne s'établit pas du simple constat que la personne est présente en un lieu. Contrairement à ce que l'on aurait pu penser, la résidence habituelle assure une certaine permanence. Il est évident qu'il est plus facile de changer de résidence que de nationalité, mais cela ne signifie pas pour autant que la résidence habituelle est dépourvue de toute continuité. La permanence de la résidence diffère de celle de la nationalité. Elle est pour la nationalité généralement constante, alors qu'elle est pour la résidence habituelle ponctuelle. Il n'est d'aucun doute qu'elle soit présente dans l'un et l'autre des rattachements.

85. Concernant la résidence habituelle, le terme « résidence » lui-même commande la présence plus ou moins prolongée dans le temps. Alors que dire d'une résidence habituelle ? L'adjectif « habituelle » rajouté à la notion de résidence lui confère plus de précision lorsque la personne est présente dans différents endroits[207]. Il lui confère aussi plus de

---

[206] Voir CJCE, 2 avril 2009. aff. C-523/07 *précit.*

[207] Voir H. MUIR WATT et A. RICHEZ-PONS, « Domicile et résidence habituelle dans les rapports internationaux », *J.-Cl. Droit int.*, 2008, fasc. 543-10, n° 7. Selon ces auteurs, « la résidence n'étant pas nécessairement unique, le qualificatif « habituelle » est

stabilité[208] et par conséquent, un minimum de permanence. Ainsi, est exclue de la notion toute résidence fortuite passagère[209]. Sont aussi écartées toutes manœuvres frauduleuses dues au changement irréel de la résidence. De la sorte, la présence en un Etat doit être renforcée par un facteur temporel. A l'élément qualitatif de la résidence habituelle s'ajoute un élément quantitatif, la permanence. La présence permanente ne signifie cependant pas qu'elle doit être ininterrompue. Selon les situations, la non-continuité peut influer sur l'acquisition de la résidence.

Comme pour l'évaluation de l'importance des éléments factuels, l'évaluation de l'élément temporel revêt un caractère fonctionnel. La résidence habituelle peut être établie selon les cas après la constatation d'une durée de présence plus ou moins longue[210]. C'est là que la part de fiction est susceptible d'intervenir pour la détermination de la résidence habituelle. En effet, si une présence durant un certain temps est exigée pour la résidence habituelle, le facteur temps peut être réel ou supposé. L'élément temporel est établi de deux façons : il est soit constaté par la durée de présence dans le pays, soit présumé pour l'avenir. Dans les deux cas, la résidence habituelle est subordonnée à une durée de présence, passée ou future[211].

86. L'établissement de la résidence habituelle suite à une durée de présence passée en un pays est le cas le plus classique de l'établissement de la résidence habituelle. Il suffit de constater qu'une personne se tient « corporellement et le plus généralement »[212] ou « séjourne le plus

---

fréquemment utilisé afin de départager les séjours successifs voire simultanés mais discontinus dans différents pays ».

[208] Selon B. AUDIT, « l'approche quantitative est soulignée par l'adjonction de l'adjectif « habituel », qui constitue un pléonasme si l'on considère que la notion de résidence implique nécessairement l'habitude », B. AUDIT, note sous Civ. 1re, 16 décembre 1975, *Rev. crit. DIP.*, 1976, p. 553 et s., spéc. p. 558.

[209] J.-P. NIBOYET, Cours *précit.*, p. 223, n° 245.

[210] Voir A. RICHEZ-PONS, Thèse, p.159 et s.

[211] Certains systèmes de droit imposent une présence passée dans le pays pour qu'il puisse y avoir une résidence. Or, une telle pratique bien qu'elle soit avantageuse en matière de certitude, a ses limites. En effet, elle conduit à des divergences pour la limitation de la durée d'un pays à un autre et donc on revient ici aux mêmes conflits que pour la détermination du domicile. En plus, la fixation de la durée peut dans certains conduire à l'éloignement de la réalité. La résidence habituelle peut s'acquérir peu de temps après l'établissement en un lieu lorsque l'intention de l'intéressé et les faits convergent en ce sens. Voir, F. JAULT-SESEKE, *Le regroupement familial en droit comparé français et allemand*, Préface de P. LAGARDE, L.G.D.J., 1996, p. 373 et s.

[212] J.-P. NIBOYET, Cours *précit.*, p. 222, n° 245.

fréquemment »[213] en un endroit, pour constater qu'elle y réside. Dans pareilles situations, la durée de l'établissement peut varier d'un cas à un autre. Plus le temps passé en un endroit est long, moins il est nécessaire de recourir à d'autres éléments pour s'assurer de l'existence d'une résidence. A l'inverse, lorsque la présence de l'individu a été faite depuis un bref délai, il est normal de s'assurer qu'il y a réellement une résidence (ou plus précisément un changement de résidence), qui ne peut se constater qu'en faisant appel à d'autres éléments.

La présomption de l'établissement durable dans un pays se constate d'une présence brève dans un Etat. Mme RICHEZ-PONS[214] a relevé des cas où les tribunaux, ainsi qu'une partie de la doctrine, ont conclu à une possible acquisition d'une résidence habituelle des parties alors que la durée de la présence dans le pays de la nouvelle résidence est considérablement brève, ne dépassant pas dans certains cas une journée [215]. Dans ces rares situations, il ressort des différentes circonstances que la présence durable sera future. Il est donc admis que lorsque le temps passé dans un pays est insuffisant pour établir l'existence d'une résidence habituelle en ce lieu, il est fait appel à une présomption de l'écoulement futur du temps nécessaire pour la constitution de la résidence. Le facteur temps, qui reste toujours indispensable, n'est plus décompté du passé de l'intéressé mais présumé de son comportement. Il est nécessaire dans ce cas de recourir à un élément subjectif tel que l'intention de l'intéressé de résider en ce lieu, et par conséquent « la volonté de conférer [à la résidence habituelle] un caractère stable pour une certaine période »[216]. Néanmoins, cet élément doit être renforcé par des éléments objectifs. L'intention à elle seule est insuffisante pour établir la résidence habituelle. Elle permet certes de trancher quand des doutes persistent après l'évaluation des faits, mais ne peut suppléer ces derniers.

87. Après avoir relevé que le facteur temps est indispensable à l'établissement de la résidence habituelle, il convient de démontrer comment ce dernier peut servir la fonction proximiste de ce rattachement.

---

213 B. AUDIT, note sous Civ. 1re, 16 décembre 1975, *Rev. crit. DIP.*, 1976, p. 551 et s., spéc. p. 558.

214 A. RICHEZ-PONS, Thèse, p. 184 et s.

215 A. RICHEZ-PONS, Thèse, p. 188.

216 F. BOULANGER, *obs.* sous, CJCE, 2 avril, *JCP*, éd. G. 2009, 33 (316).

88. Le lien temporel entre le résident et le pays d'accueil n'est pas en lui-même l'expression de la proximité du rattachement à la résidence habituelle. Ce sont plutôt les conséquences du temps passé en un endroit qui justifient un tel fondement. Il est clair que plus la personne passe du temps en un endroit, plus elle y noue des liens. C'est ainsi, que la notion d'intégration – quoique non indispensable pour la résidence habituelle – devient indirectement un élément important. Elle consacre le lien qualitatif créé par le lien quantitatif.

89. L'intégration dans ce milieu est le résultat de l'établissement durable, et effectif[217]. La personne qui a établi son centre de vie et ses attaches familiales dans un pays donné, adopte par habitude les lois de la communauté dans laquelle elle vit. L'intégration dans le milieu de la résidence habituelle, associée à la présence effective, suppose que la résidence habituelle soit le reflet des attaches matérielles et affectives qui existent entre l'individu et son lieu de résidence.

90. On note que dans les conventions internationales, il est fait référence à cette notion d'intégration pour constater l'existence ou non d'une résidence habituelle. Afin de s'assurer que l'enfant ne soit pas déplacé du pays de sa résidence habituelle, les rédacteurs de la Convention de La Haye du 25 octobre 1980 sur les aspects civils d'enlèvement international d'enfant ont posé comme condition du retour de l'enfant illicitement déplacé que ce dernier ne soit pas établi pour une durée supérieure à un an tout en étant intégré dans son nouvel environnement[218]. En effet, le temps passé dans le pays du déplacement et l'intégration dans ce nouvel Etat suppose l'acquisition d'une nouvelle résidence habituelle[219] et la perte de la première, d'où l'inutilité de demander le retour de l'enfant à l'Etat de son ancienne résidence habituelle. Il ressort que l'intégration est une condition pour les rédacteurs de la Convention pour le changement de résidence, et le facteur temps est un ustensile de l'intégration. En raison de l'aptitude du mineur à s'adapter facilement à son nouveau milieu contrairement à l'adulte, la Convention propose un délai d'intégration de l'enfant assez

---

217 L'association entre l'établissement effectif et l'intégration dans le milieu local a été dégagée par la Cour de cassation dans l'arrêt *Tarwid précit.*

218 Article 12 de la Convention de La Haye du 25 octobre 1980 ; *Cf.* l'article 7 de la Convention de la Haye du 19 octobre 1996 relative à la compétence, la loi applicable, la reconnaissance, l'exécution et la coopération en matière de responsabilité parentale et de mesures de protections des enfants.

219 M. HUNTER-HENIN, Thèse, p. 364, n° 489.

court[220]. Le rattachement à la résidence habituelle reste toutefois subordonné à l'intégration en un milieu qui exige une présence durable dans un lieu.

91. Une partie de la doctrine défend l'idée que le rattachement du statut personnel et familial à la résidence habituelle serait le rattachement adéquat car il exprime les liens matériels et sociaux entre la personne et son environnement[221]. Cependant, si le lien matériel est constaté dès la présence physique de l'intéressé, le lien social nécessite une durée d'établissement dans le pays d'accueil[222]. La résidence habituelle reflète dans ce cas les liens étroits entre l'individu et le lieu où il s'est effectivement établi pour une durée suffisante. Le rattachement à la loi de la résidence dépend par conséquent du facteur temps qui lui confère un minimum de stabilité. Avant l'écoulement de la période fixée pour l'établissement des liens sociaux, le statut familial devrait être régi par la loi nationale qui, jusqu'à preuve du contraire, est celle qui concrétise les liens étroits, si ce n'est les liens les plus étroits. Cependant, pour la fixation de la durée, et par conséquent la substitution de la loi de la résidence à la loi nationale, les avis divergent[223] et les délais proposés sont plus ou moins longs. Néanmoins, quel que soit le temps fixé, le changement de résidence habituelle se fait brusquement et artificiellement[224] et la rigidité des délais sera en contradiction avec le principe de proximité. Par conséquent, il serait préférable que les délais de l'acquisition de la résidence habituelle ne soient pas prédéterminés. La durée exigée de l'établissement dans le pays dépendra de la relation

---

220 Cette période peut se limiter à une année.

221 Notamment, E. JAYME, « Identité culturelle et intégration : le droit international privé postmoderne », *RCADI*, 1995-I, t. 251, p. 9 et s., spéc. p. 206 ; M. FARGE, *op. cit.*, p. 31 et s.

222 Le lien social repose sur la présomption que « si l'étranger vit dans le pays d'accueil depuis plus de cinq ou dix ans, il s'y est progressivement enraciné et il est légitime que la loi de ce pays appréhende son statut personnel. La soumission de cet étranger à la loi de son domicile présente alors l'avantage de faciliter son assimilation en supprimant le particularisme de son statut », Y. LOUSSOUARN, « La dualité des principes de nationalité et de domicile en droit international privé », *Annuaire de l'Institut de Droit International*, 1987, p. 338 et 339.

223 Voir, A. E. VON OVERBECK, *Rapport explicatif* : Actes et documents de la XIIIe session de la Conférence de La Haye, 1976, t. 2, *Régimes matrimoniaux*, p. 329 et s., spéc. p. 346, n° 79.

224 F. JAULT-SESEKE, *Le regroupement familial en droit comparé français et allemand*, L.G.D.J., 1996 p. 371, n° 768.

familiale en question et des différents indices reflétant l'intégration et par là même, l'établissement des liens sociaux dans le pays d'accueil.

92. Reconnaître la nature proximiste du rattachement du statut familial à la résidence habituelle est important, mais encore faut-il aussi s'assurer que les systèmes étudiés ont opté pour un tel critère, afin de conclure qu'ils tentent de favoriser la promotion du critère de proximité dans leur réglementation des relations familiales à caractère international.

ii. L'adoption du rattachement à la résidence habituelle en droit international privé de la famille français et tunisien

93. Si l'on considère que la promotion du principe de proximité en droit international privé de la famille passe par le choix du rattachement de la matière à la résidence habituelle, avant d'affirmer que sur ce fondement repose un système donné, il faut vérifier deux conditions. D'une part que le rattachement territorial a été retenu par les règles de conflit et d'autre part que ce rattachement coïncide dans ses éléments avec eux de la résidence habituelle et ce, en dépit de la nomenclature qui lui est accordée par l'auteur de la règle de conflit.

94. Tout d'abord, concernant l'assimilation de la résidence habituelle au rattachement territorial dans les relations privées familiales présentant un élément d'extranéité, il est à noter qu'il n'est pas obligatoire que la notion de résidence habituelle soit explicitement prévue en tant que critère de rattachement du statut familial pour que l'objectif souhaité par le choix de la résidence soit atteint. Le rattachement territorial comme il a déjà été mentionné, peut en effet désigner soit le domicile soit la résidence habituelle. Le domicile se démarque de toute approche souverainiste quand il se désintéresse de tout aspect fictif et est assimilé de ce fait à la résidence habituelle.

95. En droit international privé tunisien, avant la promulgation du CDIP, le domicile n'était prévu que pour définir le chef de compétence des juridictions tunisiennes selon les règles de droit commun prévues par le Code de procédure civile et commerciale. La position de la jurisprudence n'était pas claire quant à la définition de cette notion. Pour

le même objet, mais à l'occasion de deux affaires différentes, le tribunal de première instance de Tunis a donné deux définitions contradictoires du domicile. Dans le jugement du 5 février 1960[225], il avait retenu la définition du domicile réel[226]. La position du juge était ferme quant à l'exclusion d'une définition en droit tunisien fondée sur une fiction légale telle que prévue par l'article 108 du Code civil pour la femme mariée. Dans un jugement du 6 juillet 1976[227], le même tribunal s'est prononcé en faveur de la compétence des juridictions tunisiennes alors même que le domicile de fait de l'épouse française défenderesse se trouvait en France[228], au motif « que lorsqu'une femme mariée quitte provisoirement le domicile conjugal, avec l'accord de son mari, pour des nécessités de soins et de repos, elle doit, selon l'usage et le droit reprendre la cohabitation avec lui, au domicile conjugal ». Qu'il s'agisse dans ce cas d'une application du domicile légal de la femme mariée[229], ou bien d'une simple confusion entre le devoir de cohabitation mis à la charge de l'épouse et le domicile[230], la position du tribunal penchait plutôt vers la consécration d'un domicile légal.

96. Dans le Code de droit international privé, le seul rattachement territorial prévu est le « domicile », dont la définition n'a pas été prévue par ce dernier. Ainsi, la seule référence possible serait celle donnée par le droit interne dans le Code de procédure civile et commerciale, où la notion de domicile renvoie automatiquement à celle de résidence

---

225 Tribunal de première instance de Tunis du 5 février 1960, *Revue Tunisienne de Droit,* 1962, p. 85, note J.-M. VERDIER.

226 Selon ce jugement, « la notion de « résidence » au sens des règles tunisiennes de compétence ne correspond pas à la notion de domicile du droit français. En effet le droit français distingue le « domicile » qui est le lieu où la personne est toujours censée être présente aux yeux de la loi, encore qu'elle ne s'y trouve pas effectivement, de la simple résidence ou domicile de fait de la personne. Par contre, en droit tunisien la « résidence est le lieu où la personne habite effectivement à un instant donné ». Donc la notion tunisienne de « résidence » correspond à la notion française de « domicile de fait ». Le caractère fictif du domicile en droit français est étranger au concept de résidence du droit tunisien. Corrélativement, les principes de la fixité relative et de l'unité du domicile retenus en droit français sont inconnus du droit tunisien ; de même, le concept de « domicile légal » est étranger à la notion tunisienne de résidence ».

227 Tribunal de première instance de Tunis, 6 juillet 1976, *Revue Tunisienne de Droit,* 1978, p. 71, note A. MEZGHANI, *J.D.I.,* 1979, p. 654, *obs.* M. CHARFI.

228 L'épouse vivait depuis plus de deux ans en France.

229 M. CHARFI, *obs.* sous tribunal de première instance de Tunis, 6 juillet 1976 *précit.*

230 A. MEZGHANI, note sous tribunal de première instance de Tunis, 6 juillet 1976, *Revue Tunisienne de Droit,* 1978, p. 71.

habituelle[231]. Il est donc exclu du domicile toute part de fiction. De ce fait, on peut conclure que les deux notions « domicile » et « résidence habituelle » sont en droit tunisien équivalentes[232]. Ce qui confirme l'analyse en faveur de la similitude entre les deux notions en droit tunisien, c'est l'emploi dans la version arabe de l'article 3 du CDIP[233] du terme « résidence » contrairement au texte en langue française qui fait référence au « domicile ».

97. Pour ce qui est du système de droit international privé français, la solution ne paraît pas aussi évidente qu'en droit tunisien. Les deux notions coexistent, du moins au niveau de la terminologie. Cela sous-entend-il qu'en droit français, il existe deux rattachements territoriaux distincts à savoir, le domicile et la résidence habituelle, dont la définition de l'une est différente de l'autre ? Une analyse de la jurisprudence en la matière conduit à relativiser cette distinction.

98. Avant l'abolition du domicile légal de la femme mariée en droit interne français, les tribunaux français dans les arrêts *Rivière* et *Lewandowski* ont rattaché le divorce des époux de nationalités différentes à la loi du domicile. Ce critère n'était pas assimilé à une notion juridique dont les faits pouvaient donner compétence à un domicile fictif. Le domicile prévu était bel et bien le « domicile commun des époux » consacré par leur établissement effectif dans le même pays. La suppression du domicile légal par le législateur, a été en faveur du rapprochement entre le domicile et la résidence habituelle. Lorsqu'une dépendance persiste en droit interne, tel est le cas pour le domicile des

---

231 Selon l'article 7 du Code de procédure civile et commerciale tunisien « le domicile réel d'une personne physique est le lieu où elle réside habituellement ».

232 Alors que le législateur tunisien ne fait aucune distinction entre la notion de domicile et celle de résidence habituelle, M. MEZGHANI (A. MEZGHANI, p. 114 et 115), commentant l'article 47 du CDIP donnant compétence pour le rattachement des effets du mariage à la loi du domicile commun des époux, suggère pour réduire la compétence de la loi du for – compétente en cas de défaut de domicile commun – qu'il soit possible de considérer que les époux ont un domicile commun dans le pays « où l'un des époux réside alors que l'autre sans y résider habituellement, y a ses centres d'intérêts ». Le domicile commun peut ne pas coïncider selon l'auteur avec la réalité matérielle de la relation. Faute d'une jurisprudence tunisienne ralliée à cette idée, il est à notre sens difficile de déduire qu'il soit possible de reposer en droit tunisien le domicile sur une telle interprétation.

233 Même si cet article est relatif à la compétence juridictionnelle des tribunaux tunisiens et non à la compétence législative, il est intéressant de s'y référer dans le cadre de l'étude du rapprochement entre les deux notions voire leur identité.

mineurs ou bien des adultes sous tutelle, cette dépendance disparaît en droit international privé, étant donné qu'une référence explicite au rattachement à la résidence habituelle est prévue par les règles de conflit gouvernant la situation de ces derniers. Même si le terme domicile est employé par le législateur[234] ou la jurisprudence, cette notion s'est peu à peu rapprochée de la notion de résidence habituelle. En effet, l'élément intentionnel, principal élément de distinction entre les deux notions, s'est vu objectivé et n'a plus le rôle qui lui était dévolu.

99. Le rapprochement fait entre la notion de résidence habituelle et de domicile en droit tunisien est aussi vérifié en droit français. Pour se prononcer sur la compétence des juridictions françaises, les juges de la cour d'appel de Lyon dans un arrêt du 29 juin 2004[235], emploient pour désigner la même notion, tantôt « résidence » tantôt « domicile ». Les juges du fond dans cette affaire devaient, par une transposition de l'article 1070 du CPC[236] sur le plan international, rechercher si la famille avait au moment de l'introduction de l'instance une résidence habituelle en France pour déclarer le juge français compétent. La cour d'appel, tout en affirmant qu'il fallait chercher la « résidence familiale » soulevée par les parties, a considéré que le « domicile familial » se trouvait bien en France. Dans cette affaire, il est à exclure que la cour ait pu faire une confusion entre les deux notions. Ce qui est plus évident est que la cour d'appel ne fait aucune distinction entre « résidence familiale » et « domicile familial ». Cette assimilation entre les deux notions affecte même les faits sur lesquels s'est fondée la cour d'appel. En effet, les juges ont surtout relevé l'existence en France d'un « domicile familial » évalué selon des indices factuels, essentiellement matériels. La volonté n'avait qu'un rôle secondaire, de renforcement et de confirmation des éléments objectifs.

100. Tout cela nous amène à croire qu'il est désormais constant, tout du moins en droit international privé de la famille, que le domicile en France et en Tunisie est synonyme de résidence habituelle. Il est désormais admis que toutes les fois que le domicile est prévu en tant que rattachement en droit de la famille, cette notion renvoie à celle de la résidence habituelle. Si l'on considère que le principe de proximité est

---

[234] Voir par exemple l'article 311-14 du Code civil.

[235] Lyon, 24 Juin 2004, *inédit*.

[236] L'article 1070 prévoit que « Le juge des affaires familiales territorialement compétent est : le juge du lieu où se trouve la résidence de la famille [...] ».

satisfait par le rattachement à la résidence habituelle, il convient alors de s'assurer que ce critère est adopté dans les systèmes de droit international privé de la famille français et tunisien en ses différentes terminologies.

101. Avant l'unification du droit familial en Tunisie, aucune référence n'était faite au rattachement territorial en raison de la nature du système confessionnel tunisien, qui était incompatible avec un tel rattachement[237]. Avant la promulgation du Code de droit international privé tunisien et ce même après l'unification de la matière, le décret beylical de 1956 régissant les relations familiales internationales ne prévoyait aucune place pour le rattachement au domicile. Le seul rattachement retenu, était la nationalité. A défaut de nationalité commune des parties, c'est la loi d'une seule partie qui prévalait. Ce n'est qu'avec la loi n°98-99 du 27 novembre 1998 portant promulgation du Code de droit international privé que le domicile a été prévu comme critère de rattachement en matière de droit de la famille. Dans certaines règles de conflit, inspirées de la jurisprudence française, le domicile a été adopté comme un critère palliatif à la disparité des nationalités des parties. Ainsi l'article 47 CDIP prévoit que « les obligations respectives des époux sont régies par leur loi nationale commune. Si les deux époux n'ont pas la même nationalité, la loi applicable est celle de leur dernier domicile commun ou, à défaut, de celui-ci, la loi du for ». Il en est de même en matière de divorce. L'article 49 CDIP soumet le divorce et la séparation de corps à « la loi nationale commune des époux, en vigueur au moment où l'instance est introduite ». A défaut de nationalité commune, c'est la loi du dernier domicile commun des époux s'il y en a qui s'applique. Au cas où les époux non ni nationalité commune ni domicile commun, leur divorce sera régi par la loi du for. Le rattachement territorial demeure secondaire en droit international privé tunisien de la famille, même si dans les règles à coloration matérielle

---

[237] Y. LOUSSOUARN, « La dualité des principes de nationalité et de domicile en droit international privé », *Annuaire de l'institut de droit international privé*, Pedone, 1987, p. 332 ; P. GANNAGE, Réponse au questionnaire du projet de résolution, in *La dualité des principes de nationalité et de domicile en droit international privé*, *Annuaire de l'Institut de Droit International*, Pedone, 1987, p. 363 et 364 ; P. GANNAGE, « L'influence du pluralisme des statuts personnels dans les droits internes des pays du Proche-Orient sur les règles de droit international privé », in *Le pluralisme des statuts personnels dans les Etats multicommunautaires : Droit libanais et droits proche-orientaux*, Bruylant, 2001, p. 227.

prévues en matière de garde[238], d'obligation alimentaire[239] et de filiation[240], il est mis sur un pied d'égalité avec la nationalité.

102. Certes, le rattachement territorial occupe une place subsidiaire en droit tunisien, toutefois même dans ce cas, M. LAGARDE[241] voit dans cette règle de conflit une altération du principe de souveraineté par le principe de proximité. Profitant de la faiblesse du facteur de rattachement souverainiste, la résidence habituelle, facteur de proximité, se substitue à la nationalité. Par conséquent, la règle de conflit subsidiaire aura pour fondement la désignation de l'ordre juridique le plus proche.

103. Contrairement au système tunisien, le système de droit international privé français consacre une place de plus en plus importante au rattachement à la résidence habituelle[242]. Alors qu'à l'origine, suite à la promulgation de l'article 3 du Code civil et son extension par les tribunaux au droit familial extrapatrimonial, le rattachement territorial n'était qu'un rattachement jurisprudentiel secondaire « fondé en priorité sur le principe d'égalité entre homme et femme »[243], les dérogations apportées à la règle générale du rattachement à la nationalité ont été réalisées en faveur du critère territorial. Bien que le rattachement à la loi nationale soit maintenu en son principe dans quelques règles législatives d'origine interne, les exceptions à ce rattachement édictées par le législateur[244], sinon décidées par les juges, sont de plus en plus nombreuses.

---

238 L'article 50 du CDIP prévoit que « la garde est soumise, soit à la loi en vertu de laquelle le lien matrimonial a été dissous, soit à la loi nationale de l'enfant ou de son domicile. Le juge appliquera la loi la plus favorable à l'enfant ».

239 Selon l'article 51 du CDIP, « l'obligation alimentaire est régie par la loi nationale du créancier ou celle de son domicile, ou bien par la loi nationale du débiteur ou celle de son domicile. Le juge appliquera la loi la plus favorable au créancier [...] ».

240 L'article 52 du CDIP prévoit que « le juge appliquera la loi la plus favorable à l'établissement de la filiation de l'enfant, entre : la loi nationale du défendeur ou celle de son domicile, la loi nationale de l'enfant ou celle de son domicile, [...]».

241 Cours *précit.*, p. 104-113.

242 A. RICHEZ-PONS, « La notion de "résidence" », in *Le nouveau droit communautaire du divorce et de la responsabilité parentale*, (sous la dir. de) H. FULCHIRON et C. NOURISSAT, Dalloz, 2005, p. 149 et s.

243 A. BUCHER, *Le couple en droit international privé*, L.G.D.J., 2004, p. 3 et 4.

244 On note que le domaine de l'article 3 alinéa 3 du Code civil ne cesse de rétrécir avec les différentes règles spéciales écrites organisant le droit familial. Ainsi, les conditions de fond du mariage, le divorce, la filiation, l'adoption et l'autorité parentale échappent depuis quelques années aux dispositions de l'article 3 alinéa 3 du Code civil. Dans les nouvelles règles régissant ces matières, même si la nationalité tient parfois une place

104. En matière de filiation, la réforme de 1972 a maintenu la compétence de la loi nationale pour l'établissement de la filiation naturelle. La compétence de la loi nationale de la mère s'est substituée dans l'article 311-14 du Code civil à la loi nationale de l'enfant établie par la jurisprudence antérieure à 1972. Alors que la jurisprudence donnait compétence à la loi nationale commune des auteurs et, en cas de défaut de nationalité commune, à la loi du domicile commun en matière de filiation légitime, la loi de 1972 donne une compétence de principe à la loi nationale de la mère. Le travail de la jurisprudence française a permis tout de même dans certains cas le retour à la compétence de loi du domicile en la matière par la mise en œuvre de certains mécanismes de droit international privé[245].

105. Plusieurs conventions internationales et règlements européens relatifs à la loi applicable à certaines relations familiales s'imposant à la France, étendent de plus en plus le domaine de la loi de la résidence habituelle aux dépens de celui de la nationalité. Cela a déjà été le cas dans la Convention de La Haye du 2 octobre 1973, relative à la loi applicable aux obligations alimentaires. La compétence de principe de la loi de la résidence habituelle du créancier d'aliments prévue par la Convention de 1973, a été maintenue dans l'article 3 du Protocole de La Haye du 23 novembre 2007 sur la loi applicable aux obligations alimentaires[246] auquel renvoi le règlement (CE) n° 4/2009 du Conseil du 18 décembre 2008 relatif à la compétence, la loi applicable, la reconnaissance et l'exécution des décisions et la coopération en matière d'obligations alimentaires, pour l'identification de la loi applicable aux obligations alimentaires. Le critère de la résidence habituelle gagne encore plus du

principale, les différentes exceptions qui leurs sont apportées laissent des doutes quant au maintien de la nationalité comme rattachement de principe en droit familial français. En effet, chaque fois que la nationalité est retenue en tant que critère de rattachement, le domicile ou la résidence habituelle viennent non pas suppléer son défaut mais plutôt s'y substituer dans des règles dérogatoires dont l'importance soulève des doutes sur son caractère exceptionnel. On note des dérogations en faveur de la loi de la résidence (quoique dans ces deux matières seule la résidence en France est retenue) dans l'article 311-15 en matière de filiation, l'article 370-3 alinéa 2 en matière d'adoption internationale.

[245] *Infra*, n° 333.

[246] Le Protocole de La Haye du 23 novembre 2007 relatif à la loi applicable aux obligations alimentaires est entré en vigueur en France le 18 juin 2011.

terrain avec la mise en application du règlement Rome III[247], relatif à la loi applicable au divorce et à la séparation de corps. En effet, la résidence habituelle des époux devient le principal critère de rattachement objectif en la matière selon l'article 8 du règlement[248]. Cette innovation en matière de divorce est une avancée, même par rapport au régime jurisprudentiel antérieur à la loi de 1975, puisque la résidence habituelle devient le principal rattachement objectif contrairement au régime jurisprudentiel antérieur à 1975.

106. Mais au delà de ces différentes références expresses en faveur de la compétence de la loi de la résidence habituelle, des consécrations implicites de ce rattachement sont dégagées des conventions internationales liant la compétence législative et la compétence juridictionnelle. Toutes les fois que ces dernières accordent une compétence de principe aux autorités de la résidence habituelle, il s'en suit normalement automatiquement une compétence de principe de la loi de cet Etat[249].

107. Même s'il est encore trop tôt pour penser que l'ère du rattachement principal à la loi nationale en France sera bientôt révolue, le « déclin »[250] de la compétence de la loi nationale en droit international privé de la famille est incontestable[251]. La place accordée au rattachement territorial ne cesse de proliférer, aussi bien dans le système de droit international privé familial français que tunisien. Mais doit-on pour autant reconnaître que la recherche de la proximité serait la seule motivation d'un tel choix ? Rien n'est moins sûr. Cette dernière ne saurait être qu'une motivation parmi d'autres.

---

247 Le règlement n° 1259/2010 du Conseil du 20 décembre 2010 mettant en œuvre une coopération renforcée dans le domaine de la loi applicable au divorce et à la séparation de corps. Le règlement est applicable depuis le 21 juin 2012.

248 P. HAMMJE, « Le nouveau règlement (UE) n° 1259/2010 du Conseil du 20 décembre 2010 mettant en œuvre une coopération renforcée dans le domaine de la loi applicable au divorce et à la séparation de corps », *Rev. crit. DIP.*, 2011, p. 291 et s., spéc. p. 326.

249 *Infra*, n° 273-279.

250 M. FARGE, *op. cit.*, p. 23 et s.

251 Voir, F. MONEGER, « Les musulmans devant le juge français », *J.D.I.*, 1994, p. 345 et s., spéc. p.362.

b. Les motivations complémentaires du choix du rattachement territorial

108. Au-delà de la promotion du principe de proximité, d'autres motivations contribuent au choix du rattachement à la résidence habituelle. En effet, les avantages de ce rattachement de par les commodités de son application (α) ainsi que sa contribution à l'exercice de la souveraineté territoriale (β), influent beaucoup plus que la proximité de ce critère, lors de son adoption dans les règles de conflit.

α. Les commodités du choix du rattachement à la loi de la résidence habituelle

109. Le choix en faveur de la résidence habituelle peut masquer une recherche d'une simplification[252] de la réglementation des litiges familiaux internationaux. La simplification se vérifie tant par la cohérence des relations familiales assurée par le rattachement territorial (i), que par les avantages que procure ce critère en droit de la famille (ii).

i. La recherche de la cohérence dans le statut familial

110. Le rattachement au domicile ou à la résidence habituelle semble être le critère le plus adapté pour répondre aux besoins de l'unité du statut en raison de l'accroissement du nombre de familles dont les membres sont de nationalités différentes. Des partisans du rattachement territorial évoquent cet avantage[253], étant donné que les membres d'une famille résident généralement dans un même pays. Cependant, cette affirmation n'est pas sans exceptions. Il arrive en effet que les membres d'une même famille résident dans des Etats différents. A supposer que cette dernière hypothèse soit rare, et que dans la majorité des cas toute la famille se trouve dans le même pays justifiant ainsi le rattachement à la

---

[252] M. FARGE, *op. cit.*, p. 83, n° 78.
[253] M. FARGE, *op. cit.*, p. 12, n° 6 ; M. HUNTER-HENIN, *op. cit.*, p. 382-383, n° 513.

résidence habituelle par l'argument de l'unité, pour soutenir cette thèse, il faudrait que l'unité du statut familial soit la principale préoccupation du droit international privé de la famille pour privilégier ce critère. Or, cette supposition ne saurait être étendue à tous les domaines des relations familiales. En effet, il existe des matières où l'unité de la loi applicable au statut familial n'est ni une évidence ni une priorité. Ainsi, il est inutile de chercher l'unité en matière de divorce alors qu'il est question dans ce cas principalement d'une désunion. Cette solution vaudrait seulement si l'on considère que seul le présent est important dans les relations familiales, ce qui n'est pas le cas en matière de mariage. D'ailleurs c'est précisément dans ce cas que la famille a besoin de s'unir et pourtant, il est difficile de soumettre les conditions de la validité du mariage à la loi de la résidence habituelle[254].

L'unité du statut familial ne saurait à elle seule justifier le recours à la loi de la résidence, puisque l'unité n'est ni décisive ni garantie par l'adoption de ce critère de rattachement. Se sont essentiellement les avantages de la résidence habituelle qui expliquent son expansion.

ii. Les avantages du rattachement à la loi de la résidence habituelle

111. Il est admis que la loi de la résidence est généralement la loi la mieux connue par les parties[255]. Elle présente donc des avantages pratiques. Généralement, les parties ne sont pas surprises par son application contrairement à la loi nationale et sa preuve, est également, facilement établie.

D'une façon générale, la faveur pour le rattachement à la loi de la résidence est encouragée par les conséquences d'un tel choix, qui généralement privilégie l'application de la loi du for.

112. C'est parce que la compétence judiciaire est généralement attribuée aux autorités de la résidence habituelle que certains auteurs ont préféré étendre l'application de ce critère à la compétence législative[256].

---

[254] *Infra*, n° 168-175.

[255] F. JAULT-SESEKE, *Le regroupement familial en droit comparé français et allemand*, L.G.D.J., 1996, p. 355, n° 718.

[256] M. FARGE, *op. cit.*, p. 82, n° 77.

La principale justification serait la coïncidence des compétences[257] et, par conséquent, une application presque systématique pour les relations familiales de la loi du for. Cette position trouve son écho dans la thèse de M. FARGE[258], le principal défenseur du rattachement à la résidence habituelle des étrangers résidents en France. Son choix est principalement justifié par une volonté de soumettre les relations familiales des étrangers établis en France à la loi française. Le principe de l'application de la loi des liens les plus étroits par l'adoption de ce critère, prend tout de même une place dans l'analyse de M. FARGE, cependant elle n'est que secondaire. L'auteur s'en sert essentiellement pour appuyer la compétence d'un rattachement favorisant l'application de la loi du for[259].

113. Mises à part les commodités engendrées par le rattachement des relations familiales à la résidence habituelle, ce critère permet d'étendre l'emprise de l'Etat d'accueil sur les personnes qui s'établissent sur son territoire.

β. L'exercice de la souveraineté étatique par la soumission des étrangers à la loi de la résidence habituelle

114. Afin de justifier la préférence de la loi territoriale, il est souvent fait appel à la notion d'intégration des étrangers établis dans le pays d'accueil. Or, l'idée même d'intégration qui a parfois été à l'appui de la fonction proximiste du rattachement territorial peut avoir comme assise l'exercice de la souveraineté étatique sur les étrangers suffisamment intégrés (i) ou ceux qui ne le sont pas afin de les intégrer (ii).

---

257 P. LAGARDE, « Développements futurs du droit international privé dans une Europe en voie d'unification : quelques conjonctures », *RabelsZ*. 2004, p. 225 et s., spéc. p. 238.
258 M. FARGE, *op. cit.*
259 M. FARGE, Thèse *précit.*, p. 683-691.

i. L'exercice de la souveraineté sur les étrangers suffisamment intégrés

115. Bien que la résidence habituelle n'implique pas dans tous les cas une intégration de l'étranger, ce dernier peut bien évidemment, en raison du nombre d'années passées dans un pays être assimilé à ses nationaux. A force de côtoyer les habitants de l'Etat d'accueil, l'individu adopte leurs habitudes, s'adapte à leur législation et rejoint aussi les nationaux dans son comportement. Il devrait par conséquent, tout comme eux, se soumettre à la loi de cet Etat[260]. L'Etat exercera sa souveraineté aussi bien sur les nationaux que sur les étrangers qui se considèrent comme tels. L'intégration devient alors une sorte d'allégeance au pays d'accueil. D'ailleurs, cette idée peut être justifiée par la volonté que le rattachement à la résidence habituelle se substitue à celui de la nationalité toutes les fois que l'intéressé a résidé un temps plus ou moins long dans le pays d'accueil. L'intégration supposée de l'étranger dont la conséquence serait l'application de la loi de la résidence habituelle a toutefois été critiquée par M. GANNAGE. L'auteur remarque que « cette solution qui a été parfois préconisée est difficile à concrétiser et manque souvent de réalisme. Elle est fondée sur la présomption que les immigrants, à l'expiration d'un certain nombre d'années difficiles à déterminer, finissent par acquérir la mentalité du pays d'accueil et doivent donc être assimilés aux nationaux. Or, [...], cette présomption est souvent démentie par les faits, lorsque les immigrants appartiennent à une civilisation trop éloignée de celle de l'Etat qui les reçoit »[261]. Dans ce cas, à supposer que le résident ne soit pas intégré dans le pays d'accueil, l'application de la loi de sa résidence serait alors une occasion pour aboutir à un tel résultat par l'intégration forcée de l'étranger.

---

[260] Voir, P. LOUIS-LUCAS, qui considère que la loi territoriale « réalise dans chaque pays l'assimilation de principe de l'étranger et du national », P. LOUIS-LUCAS, « L'impérieuse territorialité du Droit », *Rev. crit. DIP.*, 1935, p. 642 et 643.

[261] P. GANNAGE réponse au rapport de Y. LOUSSOUARN, « La dualité des principes de nationalité et de domicile », p. 367.

ii. L'exercice de la souveraineté par l'intégration forcée des étrangers

116. Pour que les étrangers présents sur le territoire d'accueil soient intégrés dans ce dernier et pour qu'ils ne se sentent pas en marge de la société, certains auteurs ont été favorables à l'application de la loi de leur résidence, au statut familial. Cela est justifié par une volonté d'intégration des étrangers et peut même être, une obligation pour ces derniers de s'intégrer[262]. Dans ce cas, la notion de souveraineté est apparente. Afin d'assurer une homogénéité dans sa population, chaque Etat a intérêt à ne pas laisser sur son territoire se former des relations familiales dont les origines étrangères sont totalement différentes des conceptions nationales[263]. Le droit international privé de la famille sera donc au service d'une politique étatique en matière d'immigration[264]. Le choix du rattachement à la résidence aura pour principal objectif la réalisation de cette politique. Il est beaucoup moins question dans ce cas d'une recherche de la localisation effective de la relation familiale qu'une volonté de maîtriser et de contrôler les immigrés établis sur le territoire.

117. C'est donc avec un certain recul qu'il faut voir dans l'esprit des partisans du rattachement à la loi de la résidence ou au domicile, une faveur au rattachement aux liens les plus étroits. Cette idée est aussi vérifiée quant au rattachement à la nationalité, où différentes motivations peuvent expliquer un tel choix. Afin d'écarter les doutes qui peuvent surgir quant au fondement de la règle de conflit dont le rattachement est l'un des deux critères qui viennent d'être traités, il a été suggéré de laisser

---

262 M. FARGE, *op. cit.*, p. 39, n° 39. Cette idée n'est toutefois pas nouvelle, G. VAREILLES-SOMMIERE avait déjà noté en 1898 dans son ouvrage « *La synthèse du droit international privé* » n° 24, que « l'étranger, puisqu'il fait partie de la société civile sur le territoire de laquelle il réside, relève de l'autorité législative qui la dirige : il est sujet du souverain de cet Etat », cité par P. ARMINJON, « La notion des droits acquis en droit international privé », *RCADI*, 1933-II, t. 44, p. 5 et s., spéc. p. 16-21.

263 J. DEPREZ, « Droit international privé et conflits de civilisations. Aspect méthodologique (Les relations entre systèmes d'Europe occidentale et systèmes islamiques en matière de statut personne) », *RCADI*, 1988-IV, t. 211, n° 97 ; F. JAULT-SESEKE, qui, en énumérant les avantages la loi du domicile évoque son aptitude à permettre la défense des intérêts de l'Etat d'immigration à travers l'intégration des étrangers. *Op. cit.*, p. 355, n° 718 ; D. GUTMANN, *op. cit.*, p. 384, n° 461 ; M. FARGE, *op. cit.*, p. 40 et s.

264 *Cf.* K. MEZIOU, « Migrations et relations familiales », *RCADI*, 2009, t. 345, p. 9 et s., spéc. p. 286-289.

aux parties le soin de choisir le critère qui leur est le plus proche. L'option de législation serait par conséquent, le remède à cette incertitude.

B. Le rôle de la volonté dans le choix du rattachement le plus proche

118. Dans « l'impossibilité de dégager un rattachement objectif réellement satisfaisant »[265], au point de rendre difficile le choix du législateur en faveur de la nationalité ou la résidence habituelle, il a été proposé d'abandonner cette tâche aux parties[266]. Le choix des parties valorisera un rattachement par rapport à un autre, en permettant « de prendre en compte la plus grande proximité, au moins "psychologique" de la loi choisie par rapport à la loi délassée »[267]. Les intéressés sont donc considérés comme les mieux placés pour déterminer lequel de l'ordre juridique national ou domiciliaire leur est le plus proche. Le choix du rattachement le plus étroit ne relèvera plus du rôle du législateur mais sera attribué aux parties[268].

119. Certes, une influence réciproque existe entre le principe de proximité et le principe de l'autonomie de la volonté (1), mais il faut toutefois relativiser le rôle de la *professio juris* en matière familiale, où généralement les intérêts des parties commandent le choix en faveur d'une loi déterminée (2).

---

265 T. VIGNAL, Thèse *précit.*, p. 269, n° 377.

266 P. COURBE, « Le divorce international : Premier bilan d'application de l'article 310 du Code civil », *Trav. Comité fr. DIP.*, 1988-1990, p. 123 et s., spéc. p. 131 ; J.-Y. CARLIER, *Autonomie de la volonté et statut personnel*, Bruylant, 1992, p. 253, n° 234.

267 T. VIGNAL, Thèse *précit.*, p. 210, n° 303.

268 Tout en émettant des réserves quant au rôle absolu de la volonté pour la promotion du principe de proximité, M. BUREAU note que « la volonté des parties pourrait ainsi avoir une fonction purement désignatrice, pour remédier aux insuffisances de règles de conflit risquant de conduire à la désignation d'une loi n'entretenant que peu de relation objective avec les circonstances de l'espèce considérée : en rétablissant ce lien, elle corrigerait de la sorte une règle de conflit trop rigide tout en assurant la prévisibilité des solutions inhérentes à celle-ci ; pour dépasser également l'opposition entre rattachements estimés d'égale valeur, tels le domicile et la nationalité en matière de statut personnel, en laissant la solution entre les mains des parties plutôt que tributaire d'une règle de conflit estimée relative ». D. BUREAU, « L'influence de la volonté sur les conflits de lois », in *L'avenir du droit*, Mélanges en l'honneur de François Terré, Dalloz, 1999, n° 22.

1. L'influence réciproque entre le principe de proximité et la *professio juris*

120. Aussi bien en droit interne qu'en droit international privé de la famille, il était traditionnellement exclu, sinon très limité, du domaine de cette discipline toute intervention de la volonté des intéressés. L'organisation familiale a des impacts sur l'organisation de la société, ce qui impose à l'Etat une réglementation stricte et impérative de la matière, qui ne peut être tributaire de la volonté des parties. Pourtant, la part accordée à la volonté des parties dans la réglementation des relations familiales en droit interne français et tunisien ne cesse de s'affirmer. Toutefois, si tel est le cas en droit interne, qu'en est-il pour les relations familiales internationales ? Y a-t-il une analogie entre les solutions du droit interne et celles du droit international privé ? La situation a elle aussi nettement évolué en droit international privé comparé[269], pour laisser une place principale[270] ou subsidiaire à la volonté dans le choix de la loi applicable aux relations familiales. Son évolution dans les pays étudiés reste inégalitaire. Dans le but de promouvoir le rattachement à l'ordre juridique le plus étroit (a) l'option de législation limitée à des lois supposées refléter la proximité (b) ne cesse de gagner du terrain en droit international privé de la famille français.

---

269 Voir, P. GANNAGE, « La pénétration de l'autonomie de la volonté dans le droit international privé de la famille », *Rev. crit. DIP.*, 1992, p. 425 et s ; A. E. VON OVERBECK, « L'irrésistible extension de l'autonomie en droit international privé », in *Nouveaux itinéraires en droit*, Hommage à François RIGAUX. Bruylant, 1993, p. 619 et s., spéc. p. 635 ; D. BUREAU, « L'influence de la volonté sur les conflits de lois », in *L'avenir du droit*, Mélanges en l'honneur de François Terré, Dalloz, 1999, n° 5 ; M. FARGE, *Le statut familial des étrangers en France : de la loi nationale à la loi de la résidence habituelle*, L'Harmattan, 2003, p. 606 et s.

270 Essentiellement dans les systèmes de droits multiconfessionnels. Voir, P. GANNAGE, « L'influence du pluralisme des statuts personnels dans les droits internes des pays du Proche-Orient sur les règles de droit international privé », in *Le pluralisme des statuts personnels dans les Etats multicommunautaires : Droit libanais et droits proche-orientaux*, Bruylant, 2001, p. 227.

a. La *professio juris* comme moyen de promouvoir le principe de proximité en droit international privé de la famille

121. En droit français, les premières matières familiales influencées par la loi d'autonomie ont été celles relatives au droit familial patrimonial. Depuis le XVIe siècle, DUMOULIN avait consacré en matière de régimes matrimoniaux la compétence de la loi choisie par les parties[271]. Cette solution a été réduite par la Convention de La Haye du 14 mars 1978 relative à la loi applicable aux régimes matrimoniaux[272] à un choix limité à des lois ayant des liens avec la relation en question. Il en est de même dans la Convention de La Haye du 1er août 1989 sur la loi applicable aux successions à cause de la mort[273]. Les deux conventions ont opté pour le rattachement de principe de la relation juridique à la loi choisie par les parties, dans la limite des ordres ayant des liens significatifs avec la relation de droit. L'option de législation en droit international privé de la famille français extra-patrimonial gagne du terrain grâce aux règles d'origines internationale et européennes. Le règlement Aliments du 18 décembre 2008[274], en incorporant le Protocole de La Haye de 2007 relatif à la loi applicable en la matière, introduit le système d'une option de législation bien encadré. L'article 8 du Protocole Aliments auquel renvoie le règlement permet aux parties, en dehors du mineur de moins de 18 ans et du majeur inapte à pourvoir à ses intérêts en raison d'une altération ou une insuffisance de ses facultés personnelles, de désigner la loi applicable qui régira l'obligation alimentaire. Le choix peut être fait entre « la loi de l'Etat dont l'une des parties a la nationalité au moment de la désignation ; la loi de l'Etat de la résidence habituelle de l'une des parties au moment de la désignation ; la loi désignée par les parties pour régir leurs relations patrimoniales ou celle effectivement appliquée à ces relations ; la loi désignée par les

---

271 Que cette volonté soit exprimée explicitement ou bien présumée dans le cas des régimes matrimoniaux par un choix en faveur de la loi du premier domicile commun des époux.

272 La Convention est entrée en vigueur en France le 1er septembre 1992.

273 Article 5 de la Convention qui prévoit qu'« une personne peut désigner la loi d'un Etat déterminé pour régir l'ensemble de sa succession. La désignation ne prend effet que si cette personne, au moment de la désignation ou au moment du décès, possédait la nationalité de cet Etat ou y avait sa résidence habituelle ».

274 Règlement (CE) n° 4/2009 du conseil du 18 décembre 2008 relatif à la compétence, la loi applicable, la reconnaissance et l'exécution des décisions et la coopération en matière d'obligations alimentaires.

parties pour régir leur divorce ou leur séparation de corps ou celle effectivement appliquée à ce divorce ou cette séparation ». A cela, s'ajoute la possibilité pour les parties d'opter pour l'application de la loi du for, par un accord procédural[275]. De même, le règlement Rome III relatif à la loi applicable au divorce étend le champ d'application de la volonté dans la méthode de résolution des divorces internationaux. L'article 5 du règlement offre aux époux la possibilité de choisir parmi quatre lois prédéterminées, celle qui sera applicable à la dissolution volontaire de leur lien conjugal[276]. L'une des préoccupations des rédacteurs de ce règlement serait d'offrir « aux époux la liberté de désigner une loi applicable avec laquelle ils ont des liens étroits »[277]. L'option aura pour objectif la localisation du rapport de droit dans l'ordre juridique qui lui est proche, en départageant des rattachements d'égale valeur en faveur de celui qui serait considéré comme le plus proche par l'intéressé lui-même.

122. En choisissant la loi applicable à leur statut familial, les parties indiquent la loi qui leur est plus proche (α) et écartent par la même occasion toute assise souverainiste du rattachement retenu (β).

α. La consolidation de la nature proximiste d'un rattachement par le choix des parties

123. Face à la difficulté de trouver lequel des deux critères concurrents en droit de la famille est celui qui exprime le mieux le rattachement à l'ordre juridique le plus étroit, la tendance serait de laisser aux parties la liberté de trancher en faveur du rattachement qui leur est le plus proche. Le rattachement choisi sera supposé présenter des liens étroits. Ainsi selon M. GUTMANN, « en permettant au sujet de droit de choisir entre loi nationale et loi du domicile, on lui donnera l'occasion de voir reconnue ce qu'il considère comme sa véritable appartenance sociale, et

---

275 Article 7 du Protocole.

276 Article 5 du règlement.

277 Considérant 14 du règlement Rome III.

non celle que le droit lui prête de façon plus ou moins imaginaire »[278]. Cette idée a séduit une partie de la doctrine[279].

124. L'option de droit permet de promouvoir la proximité, précisément lorsqu'un rattachement s'avère faible[280]. Le choix exercé en l'absence de tout rattachement « pertinent » [281] consolidera le rattachement ténu. Cette solution pourrait aussi s'étendre aux cas où les deux rattachements sont pertinents, au point où une difficulté surgit pour les départager. C'est l'hypothèse du choix entre le rattachement à la nationalité ou à la résidence habituelle en droit familial. Dans ce contexte, la volonté aura pour principale fonction de départager les deux critères en soutenant l'un des éléments forts, par rapport à son homologue. Elle permettra de déterminer lequel des facteurs de rattachement concurrents est le plus approprié.

125. De ce fait, lorsqu'un choix est fait par le(s) intéressé(s) en faveur de la loi de la résidence habituelle, cela suppose qu'il(s) a (ont) intégré ou a (ont) voulu intégrer leur nouveau milieu d'accueil. La proximité du rattachement territorial évaluée objectivement sera renforcée par un critère subjectif qui est la volonté des parties. Dans le cas contraire, lorsque les parties refoulent la loi de leur résidence et lorsqu'elles manifestent leur préférence pour la loi nationale, il s'en déduit qu'elles ont gardé des attaches avec leur milieu d'origine sans nouer de nouveaux liens avec le milieu d'accueil. L'élément ainsi retenu sera, non seulement objectivement, mais également subjectivement, celui présentant des liens étroits avec la situation en cause.

126. Si les rattachements à la nationalité ou au domicile sont tous les deux satisfaisants du point de vue de la proximité, le choix des parties en faveur de l'un d'eux ne fera que consolider sa nature proximiste. Un ordre juridique désigné objectivement comme le plus proche par le législateur sera affirmé en tant que tel par l'option des parties. Ainsi, lorsque les parties optent pour le rattachement territorial, au lien

---

278 D. GUTMANN, *op. cit.*, p. 396, n° 479.

279 Notamment, C. LABRUSSE, « La compétence et l'application des lois nationales face au phénomène de l'immigration étrangère » *Trav. Comité fr. DIP.*, 1975-1977, p. 111 et s., spéc. p. 132 ; P. LAGARDE, Cours *précit.*, p. 64, n° 51 ; J.-Y CARLIER, *Autonomie de la volonté et statut personnel*, p. 249 *précit.* n° 230 et 231 ; D. GUTMANN, *Le sentiment d'identité. Etude de droit des personnes et de la famille*, L.G.D.J., 2000, p. 395 et 396, n° 479.

280 F. RIGAUX, *Annuaire de l'institut de droit international*, 1987, p. 151 et s.

281 Selon les termes de T. VIGNAL, Thèse *précit.*, p. 207, n° 298.

géographique s'associe un lien immatériel qui est la volonté des parties. Pour le lien spirituel présumé dans le rattachement à la nationalité, la volonté des parties ne fera que le mettre davantage en exergue. Certains auteurs ont étendu le domaine de l'option à des domaines visant la souveraineté, pour en atténuer la portée. Ainsi M. GUTMANN[282], dans ses propositions en faveur de l'option, va jusqu'à recommander que la volonté soit étendue aux cas de conflit positif de nationalités, en présence de la nationalité du for. Afin de résoudre un tel conflit, il suggère qu'il y ait recours à la volonté de l'intéressé, étant donné qu'il est le plus habilité à savoir quelle nationalité lui est la plus effective. Cette solution permet non seulement d'affirmer laquelle des nationalités est la plus effective pour l'intéressé, mais aussi d'atténuer la nature souverainiste de la nationalité. L'atténuation de la nature souverainiste du rattachement préétabli par la règle de conflit est aussi valable lors du choix entre la nationalité et le domicile ou la résidence habituelle.

β. L'atténuation de la nature souverainiste du rattachement par le choix des parties

127. Accorder aux parties la liberté de choisir l'ordre juridique qui régira leurs relations familiales écarte forcément tout fondement souverainiste de la règle de conflit. Comme il a déjà été démontré, l'exercice de la souveraineté étatique peut motiver le choix du législateur de soumettre les relations familiales aussi bien à la nationalité qu'à la résidence habituelle. L'option accordée aux parties permet d'atténuer, sinon d'écarter toute justification souverainiste dans le choix d'un tel rattachement. L'atténuation de la nature souverainiste du rattachement se conçoit lors de l'assouplissement de la règle de conflit dans laquelle il s'insère. Etant donné que le meilleur instrument pour la réalisation du principe de souveraineté est sans doute la règle de conflit rigide, la liberté accordée aux parties et par conséquent la flexibilité de la règle de conflit, est incompatible avec un tel principe.

128. Concernant le rattachement à la nationalité, c'est l'idée d'allégeance du national au souverain et l'exercice de la souveraineté étatique sur les nationaux qui explique la classification du rattachement

---

282 D. GUTMANN, *op. cit.*, p. 413 *précit.* n° 503.

dans la catégorie de souveraineté. Or, il est exclu que l'exercice de la souveraineté découle du choix des parties, qui lui confèrent un caractère aléatoire. La souveraineté, là où elle est prévue, ne doit dépendre d'aucune volonté pour être exercée. De plus, elle ne doit pas être exclue par le choix des particuliers.

129. Pour ce qui est du rattachement au domicile ou à la résidence habituelle, il est incontestable que parler de souveraineté lors du rattachement à la loi territoriale est généralement la conséquence de l'intégration forcée ou constatée des étrangers établis dans la société d'accueil. Dans l'un ou l'autre des cas, il s'agit d'une soumission des étrangers suffisamment établis dans le pays de la résidence, aux mêmes règles que les nationaux. Cette directive reflète la volonté étatique d'exercer une emprise sur tous les résidents sur le territoire. Bien évidemment, un Etat ne peut prétendre exercer sa souveraineté sur ses résidents en soumettant leur statut familial à la loi de la résidence, s'il accepte par la suite que la volonté des parties puisse contredire cette exigence. Le choix laissé aux parties pour décider de l'application ou non de la loi de la résidence à leurs relations familiales n'est que la conséquence du désintérêt de l'Etat quant à son emprise sur les étrangers domiciliés sur son territoire. Or, il est communément admis que le « désintérêt » est incompatible avec le principe de la souveraineté.

<u>b. La proximité : une limite à la liberté accordée aux parties</u>

130. Afin que la volonté des parties concrétise réellement le rattachement le plus proche, il est nécessaire qu'elle soit encadrée. Ainsi, comme le prévoit M. CARLIER, « la limitation de l'autonomie de la volonté à une option de droit assure déjà sa conformité au principe de proximité »[283]. La liberté des parties n'est donc pas totale, elle est encadrée par le respect de la proximité. Il ne s'agit donc pas d'une autonomie de la volonté, mais d'une option de droit. Le choix se fait entre des lois qui présentent déjà des liens avec la situation en cause[284]. Une influence réciproque d'un principe sur l'autre est donc exercée[285].

---

283 J.-Y. CARLIER, *op. cit.*, p. 251, n° 232.

284 T. VIGNAL, Thèse, p. 262, n° 366.

285 Mme MUIR WATT constate que « si l'autonomie des parties sert de contrepoids dans beaucoup de systèmes à cette judiciarisation des conflits de lois, il arrive tout aussi bien que la *professio juris* soit elle-même soumise à un contrôle mené au nom de la

131. Pour les relations familiales, le choix qui se fera normalement entre la loi nationale et celle de la résidence habituelle, respectera les exigences de la proximité. Les deux lois, sans même l'intervention de la volonté des parties, ont vocation à exprimer les liens de proximité entre le rapport de droit familial et l'ordre législatif désigné. La volonté ne peut que renforcer la proximité. L'option ne concerne donc pas une infinité de lois. D'ailleurs, il est difficile d'admettre qu'une troisième loi soit celle choisie par les parties à l'exception de celle du for. Or, là encore, en raison des règles de compétences juridictionnelles, il est rare que la loi du for ne coïncide ni avec le domicile ni avec la nationalité d'au moins de l'une des parties. Si tel est le cas, la loi du for n'ayant aucune attache avec le litige, elle n'a alors aucune vocation à être appliquée et devra par conséquent être écartée. M. CARLIER[286] justifie cette exclusion par la crainte de fraude lors du choix de la loi du for dépourvue de tout lien avec la situation pour régir la relation en question, dans le seul but de satisfaire un résultat matériel espéré.

2. L'apport nuancé de la *professio juris* généralement commandé par l'intérêt des parties

132. Considérer que les intéressés sont les plus habilités à désigner l'ordre juridique qui leur est le plus étroit, parait quelquefois, une proposition purement théorique. D'ailleurs, la liberté accordée aux parties pour choisir lequel de l'ordre national ou domiciliaire qui leur est le plus proche n'est pas bien accueillie par une partie de la doctrine[287]. Il convient donc de présenter les arguments adressés à l'encontre de la *professio juris* en un premier temps (a) et les évaluer dans un second temps (b).

---

proximité », H. MUIR WATT, compte rendu sur recueil de l'académie de droit international dans son XIVe Congrès international sur « *Les clauses d'exception en matière de conflits de lois et de conflits de juridictions – ou le principe de proximité* », *Rev. crit. DIP.*, 1995, p. 631.

286 J.-Y. CARLIER, *op. cit.*, p. 262, n° 246.

287 Notamment, F. JAULT-SESEKE, *op. cit.*, p. 367, n° 753 ; M. FARGE, *Le statut familial des étrangers en France : de la loi nationale à la loi de la résidence habituelle*, l'Harmattan, p. 594 et s ; V. HEUZE, « La volonté en droit international privé », *Droits*, n° 28, 1998, p. 113 et s.

a. Les critiques adressées à la *professio juris*

133. Il est fréquent qu'en optant pour l'une des lois en concurrence, les intéressés ne songent pas à la recherche de l'étroitesse des liens avec la relation en cause, mais que bien au contraire, ce soit leur intérêt particulier qui motive leur choix[288] (α). Ce qui explique que dans certaines situations où les intérêts des parties sont en contradiction, l'option ne peut s'effectuer (β). Il devient alors impossible de compter à la seule volonté des parties pour identifier la loi applicable.

α. Le choix de la loi la plus favorable

134. L'option de législation se matérialise en droit international privé par une règle alternative. Tout comme celle imposant un choix pour le juge en faveur de la loi promouvant un résultat bien défini[289], la règle alternative proposant une option pour les parties, a généralement pour principal objectif la concrétisation d'un résultat matériel[290]. Cela est d'autant plus clair dans les règles où le choix est inégalitaire, c'est-à-dire qu'il n'est ouvert qu'à une seule partie de la relation de droit. Dans ce

---

[288] Selon M. SOIRAT, « l'option spatialement illimitée de législation ne participe [...] pas de la règlementation conflictuelle, mais de la réglementation matérielle des relations privées internationales », F. SOIRAT, *Les règles de rattachement à caractère substantiel*, Thèse, Paris I, 1995, p. 165, n° 332.

[289] Telles les règles prévues par l'article 311-17 du Code civil. Dans ces cas, même si un choix est offert au juge, le résultat espéré commande l'option. En droit tunisien, l'application de la loi la plus favorable est expressément prévue dans les articles 51 (relatif à l'obligation alimentaire) et 52 (relatif à l'établissement de la filiation) du CDIP.

[290] M. HEUZE considère que la règle de conflit prévoyant une *professio juris* ne peut être considérée comme une règle neutre, mais plutôt comme une règle qui « traduit une prise de position idéologique en faveur d'une solution donnée », V. HEUZE, « La volonté en droit international privé », *Droits,* 1998, n° 28 p. 123 ; T. BALLARINO et G.-P. ROMANO, « Le principe de proximité chez Paul LAGARDE », in *Le droit international privé : esprit et méthodes*, Mélanges en l'honneur de Paul Lagarde, Dalloz, 2005, note de bas de page n° 41 ; M. BUCHER, qui assimile le choix du droit applicable par les parties à « un rattachement alternatif très ouvert, avec la différence que la loi la plus favorable n'est pas définie dans la règle de conflit mais par un acte de volonté des parties, qui choisiront, idéalement, la loi qui leur offre les solutions les mieux adaptées à leur relation », A. BUCHER, « La dimension sociale du droit international privé », *RCADI*, 2009, t. 341, p. 84, n° 43.

cas, il est incontestable que par la faveur accordée à une seule partie, le législateur entende la privilégier par rapport à l'autre partie[291].

135. A supposer maintenant que le système de l'option de droit a été inséré dans une règle de conflit neutre et égalitaire afin de laisser aux intéressés le soin de résoudre le problème de l'identification du rattachement le plus proche, ce résultat n'est atteint que si les parties y songent aussi. A vrai dire, par l'option de droit qui leur est accordée, il est rare que les parties cherchent à appliquer la loi qui leur est la plus proche[292]. Des considérations matérielles motivent régulièrement leur choix[293]. Le plus souvent, la recherche de la proximité quand elle n'est pas ignorée par les intéressés, elle est délaissée au profit de la loi qui leur est la plus avantageuse. C'est pourquoi la règle de conflit prévoyant un choix de lois est le plus souvent assimilée à une règle de conflit à coloration matérielle[294]. L'option est souvent considérée comme un moyen de promouvoir le principe de la faveur d'un résultat matériel beaucoup plus que le principe de proximité[295]. Il n'est donc pas certain

---

291 T. VIGNAL relève que « lorsque le choix est réservé à une partie, cette partie fait l'objet des « attentions particulières » ou de la « bonté » du législateur », Thèse, p. 157, n° 232.

292 Dans sa thèse, M. VIGNAL affirme que « dans les rattachements alternatifs, ne sont retenues que des lois qui entretiennent des liens avec le litige, mais dont l'intérêt réside dans leur contenu matériel. Par hypothèse, plusieurs lois ne peuvent pas entretenir « les liens les plus étroits » avec un même rapport. Elles peuvent avoir des titres égaux d'application ; ou même, l'une d'entre elles peut avoir des titres moindres que les autres ; et, malgré ce, elle sera choisie en raison de son contenu plus favorable », T. VIGNAL, Thèse *précit.*, p. 168, n° 245.

293 A. E. VON OVERBECK, « *La professio juris comme moyen de rapprocher les principes du domicile et de la nationalité en droit international privé* », Liber amicorum Baron Louis FREDERICQ, 1965, p. 1097 ; D. BUREAU, « L'influence de la volonté sur les conflits de lois », in *L'avenir du droit*, Mélanges en l'honneur de François Terré, Dalloz, 1999, p. 303, n° 28 ;

294 P.-M. PATOCCHI, *Règles de rattachement localisatrices et règles de rattachement à caractère substantiel*, Georg. Librairie de l'Université - Genève.1985, p. 121 ;

295 VON. OVERBECK estime qu'« à première vue, on s'étonnera de voir figurer la loi d'autonomie parmi les règles de conflit à caractère matériel. Cependant, il en est bien ainsi. Il est artificiel d'assimiler, de façon générale, comme le font certains auteurs, la loi d'autonomie à la loi qui présente les liens les plus étroits avec une affaire. Le législateur ou le juge qui établit des règles de rattachement objectives s'efforce de trouver le critère qui, selon l'expérience générale, désigne la loi présentant les rapports les plus étroits avec l'affaire. Au contraire, une personne (par exemple un testateur ou une partie à un contrat) qui a la faculté de désigner elle-même la loi applicable choisira la loi qui correspond le mieux à ses intérêts. Ce sont donc bien des considérations matérielles qui

que le système de l'option soit réellement le meilleur mode de promotion du principe de proximité. Bien au contraire, au cas où une *professio juris* s'exercerait, il n'est pas étonnant qu'elle « échappe[rait] [...] complètement à la méthode de "proximité" »[296].

β. Le défaut de choix

136. Même si la règle de conflit accepte dans son principe le choix de lois, cette technique s'avère parfois inefficace. En effet, nonobstant l'hypothèse de la neutralisation du choix fait en faveur d'une loi étrangère dont les dispositions sont contraires à l'ordre public du for, l'option de droit applicable paraît parfois inapte à esquiver les difficultés de choix entre les rattachements concurrents. Il s'avère parfois impossible de faire profiter directement toutes les parties à une relation familiale du droit d'option. Cela concerne un nombre non négligeable de rapports familiaux dont un incapable mineur ou majeur est partie. Bien que cette difficulté peut être surmontée en laissant aux représentants de l'incapable le soin de choisir à sa place, il n'est pas certain que dans tous les cas les parties ayant la possibilité d'exercer un choix, opteront délibérément pour l'application de l'une des lois en conflit. Les obstacles à ce système sont soit la divergence des intérêts des parties en cas de contentieux (i), soit l'influence de divers facteurs sur le choix des parties au point de douter de son existence (ii).

i. La divergence des intérêts des parties

137. Le principal obstacle à la *professio juris* serait le conflit d'intérêt des parties appelées à choisir laquelle de la loi nationale ou du domicile leur convient le mieux. En effet, toutes les fois où les dispositions de ces deux lois ont des conséquences préjudiciables sur les droits d'une seule partie, cette dernière ne peut que s'opposer au choix. L'option n'est envisageable qu'en cas d'accord de toutes les parties. Ainsi, si le choix n'est pas fait avant la survenance du litige, il devient difficile pour les parties dont les intérêts divergent après naissance du litige de se mettre d'accord sur une loi applicable, sauf si parmi les lois potentiellement

---

interviennent dans la désignation de la loi applicable », *RCADI*, 1982-III, t. 176, p. 87, n° 194.

296 A. BUCHER, Cours *précit.*, *RCADI*, 2009, p. 84, n° 43.

compétentes, l'une d'elles respecte les intérêts des différentes parties. En plus, les droits intégrés dans la matière familiale s'inscrivent généralement dans la catégorie des droits indisponibles, écartant toute intervention de la volonté. Même si cela n'a pas empêché d'autoriser, dans des domaines très limités, des accords entre les parties en droit interne français et tunisien[297], la liberté accordée en droit interne n'a trouvé écho qu'en droit international privé français. L'efficacité de l'option reste toutefois à prouver.

138. Le choix de loi applicable trouve sa justification dans la prévention contre l'imprévisibilité des solutions. Contrairement à la matière contractuelle où les parties anticipent un litige futur, cette probabilité est très faible en droit de la famille. Pourtant, certaines règles de conflit de lois françaises offrent aux parties la possibilité de choisir la loi applicable à leur relation familiale. Le règlement Rome III pose comme principe une possibilité de choisir une loi applicable au divorce au moment du mariage et ce, jusqu'à la saisine des autorités appelées à le prononcer. La solution est critiquable, en raison de l'essence même de l'institution du mariage. A vrai dire, les obstacles à cette idée de choix de loi applicable au divorce au moment du mariage sont d'ordres sociologique et juridique. L'obstacle sociologique s'attache à l'organisation par les parties de leur divorce et donc les éventuelles prévisions au moment du mariage qu'une séparation par divorce pourrait avoir lieu, chose à laquelle les époux pensent rarement au moment du mariage. Quant à l'obstacle juridique, il réside dans l'incompatibilité de l'accord au moment du mariage sur la loi qui régira le divorce – la loi qui mettra fin au mariage en cours de vie des époux – avec l'institution « mariage » elle-même, qui est généralement une institution appelée à durer, du moins, lors de sa conclusion. Mais c'est essentiellement l'anachronisme de la loi choisie au moment du mariage avec la situation des époux au moment du divorce qui est sujette à critiques.

139. En effet, il est fort possible que le choix opéré au moment du mariage ne soit d'aucun lien avec la situation des parties au moment de la survenance du litige. Pour cela, l'article 5, paragraphe 2 du règlement a prévu un changement volontaire de loi applicable qui s'opère au plus tard

297 Tel qu'en matière de divorce par consentement mutuel et parfois même en matière de garde d'enfant.

au moment de la saisine de la juridiction[298]. En revanche, le paragraphe 3 du même article n'autorise les époux à modifier la loi applicable en cours de procédure, que si la loi du for le permet. Cependant, cette hypothèse de changement volontaire de loi applicable n'est en principe envisageable qu'en cas d'altération de la vie du couple. Il est en effet aberrant d'imaginer que des époux n'ayant aucun souci et ayant déjà pensé une première fois à la loi qui régira leur éventuel divorce, songent une seconde fois à cette hypothèse et décident de changer la loi applicable. Cela suppose que la rupture par divorce du lien conjugal hante la vie du couple au point d'y penser plus d'une fois, ce qui est invraisemblable en l'absence de conflit. A l'inverse, en cas de litige, l'intention de choisir une loi pourrait surgir et resurgir. Cependant, dans ce cas, l'option ne se trouvera-t-elle pas confrontée à la divergence des intérêts, ce qui l'anéantira ? D'ailleurs le fait que le règlement Rome III limite la mutabilité volontaire de la loi applicable à des cas très réduits (article 5 paragraphe 3), ne serait-il donc pas le signe d'une anticipation d'une absence d'accord après la survenance du litige ?

140. De plus, en dehors du cas du divorce où les parties pourraient préalablement se mettre d'accord sur une loi compétente, il est difficile d'imaginer une place à l'option de droit avant la naissance d'un conflit d'intérêts entre les parties. Si le Protocole Aliments de 2007 prévoit dans son article 8 le choix de lois par le créancier et le débiteur d'aliments de plus de 18 ans et en pleines facultés mentales, il est très peu probable que les parties pensent à choisir la loi applicable à une éventuelle obligation alimentaire avant même sa naissance. D'ailleurs, l'article 8 fait référence à la notion de « créancier » ainsi que celle du « débiteur », deux qualifications qui ne sont susceptibles d'intervenir que s'il y a créance et donc que si l'obligation est née. Or, la naissance de ce droit entraîne automatiquement un conflit d'intérêts, notamment lorsque sa résolution nécessite l'intervention d'une autorité judiciaire. Comment les parties peuvent-elles se mettre d'accord sur une loi applicable et par conséquent sur le droit substantiel qui régira le rapport de droit alors que leurs intérêts s'opposent ? Le choix se fera donc dans la plupart des cas après la survenance d'un conflit d'intérêts[299], à un moment où les intérêts des

[298] L. IDOT, « Le divorce international, première utilisation du mécanisme des coopérations renforcées », Europe, 2011, p. 2.

[299] D'ailleurs une telle solution serait préférable non seulement dans le but d'éviter les inconvénients que pourrait susciter l'écoulement du temps (cas du conflit mobile et de la cristallisation du rattachement), mais aussi pour faire coïncider le choix aux différents moments de la réalisation du rapport de droit, afin que les parties, au moment où elles

parties divergent bien souvent. Il est donc difficile de croire qu'une entente sur le choix de la loi applicable serait possible.

ii. L'impossibilité de choisir

141. Même si les parties parviennent à dépasser l'obstacle de la divergence de leurs intérêts, il est aussi nécessaire qu'elles puissent réellement et en toute liberté bénéficier du droit d'option qui leur est proposé. En effet, les auteurs hostiles au choix de lois opposent l'impossibilité dans certains cas de réaliser en pratique ce choix. L'inégalité des droits en conflit, de même que les inégalités des rapports entre les parties, constitueraient incontestablement des obstacles à l'accomplissement du droit d'option.

- *L'inégalité des droits en conflits*

142. Mme JAULT-SESEKE ainsi que M. FARGE relèvent que l'option de législation en droit de la famille est purement théorique. Les deux auteurs doutent de la liberté accordée aux parties, précisément en cas de conflit entre une loi laïque et une loi religieuse. Pour les croyants, la primauté de la loi religieuse sur la loi laïque est incontestable. Mme JAULT-SESEKE, tout en ne s'opposant pas au système d'option dans son intégralité, souligne que « baser la règle de conflit sur l'autonomie de la volonté peut être une solution satisfaisante lorsque les différents droits en présence sont des droits d'aspiration laïque »[300]. Elle estime toutefois que « lorsque la religion s'en mêle, il devient plus difficile pour la personne croyante de renoncer à l'application des principes traditionnels »[301]. Dans le même ordre d'idées, M. FARGE[302] s'oppose à la technique de l'option entre la loi nationale et la loi de la résidence des étrangers en France, par souci d'exclure les étrangers de statut personnel religieux du système de choix. L'auteur remarque que pour une catégorie d'étrangers établis en France – principalement les étrangers de confession musulmane –, le choix n'existe pas. Ces derniers sont contraints par les exigences de leur religion de se plier aux règles de droit musulman pour tout ce qui concerne leurs relations personnelles et

---

s'expriment, tiennent compte des liens passés et présents entre la situation et la loi applicable.

300 F. JAULT-SESEKE, *op. cit.*, p. 365, n° 750.

301 *Ibid.*

302 M. FARGE, *op. cit.*, p. 598, n° 668.

familiales. Si par conséquent ils font le choix de soumettre leur statut familial à la loi nationale, ce n'est que par obligation et non pas de plein gré. De plus, étant donné que le système de droit familial français est intolérant quant à l'insertion de certaines dispositions de droit religieux contraires à l'ordre public du for, la loi nationale confessionnelle désignée par les individus, sera dans la majorité des hypothèses évincée par l'exception d'ordre public[303]. Le choix pour les musulmans établis en France serait par conséquent, soit inopérant, soit inutile. Afin que les immigrés musulmans ne soient pas discriminés par rapport aux autres personnes résidant sur le territoire français, l'option devrait être exclue en matière familiale. D'ailleurs, l'article 10 du règlement Rome III fait indirectement référence au choix par les époux d'une loi prévoyant une discrimination en raison du sexe pour l'accès au divorce, pour l'écarter et lui substituer la loi du for. Il est évident que la répudiation musulmane est en particulier visée par ces dispositions. De ce fait, comme le prévoit M. FARGE, une grande partie des étrangers se trouvant sur le territoire français n'aura en fin de compte pas la possibilité d'exercer un choix, alors même qu'elle adhère à cette discrimination.

- *L'inégalité des rapports entre les parties*

143. Il s'agit dans ce cas des rapports de forces qui pourraient exister entre les différentes parties. M. FARGE[304] insiste sur le fait que le choix est parfois imposé à l'une des parties et fait douter de l'équilibre qui devrait exister entre les bénéficiaires de l'option. Il remet aussi en cause le système de l'option dans les relations matrimoniales entre époux ressortissants de pays musulmans, toutes les fois que la femme qui a choisi la loi nationale, n'avait pas connaissance des effets de cette dernière. Selon l'auteur, les immigrés durablement installés dans le pays d'accueil et ayant rompu les liens avec leur pays d'origine, maîtrisent mal les dispositions de leur loi nationale. Ce qui ne permet pas d'affirmer que le choix a bien été consenti. Ces différentes critiques dressées au système d'option sont toutefois surmontables.

---

303 *Ibid.*, p. 598, n° 669.

304 *Op. cit.*, p. 600 et 601, n° 671.

b. Regards sur les critiques adressées à la *professio juris* en droit de la famille

144. Une analyse approfondie des différentes critiques adressées à la *professio juris*, permet d'apaiser les inquiétudes des auteurs doutant de la contribution de l'option de législation à la promotion du rattachement du statut familial à la loi qui lui est proche.

α. *Appréciation des critiques adressées à la professio juris*

145. Le principal reproche adressé à la *professio juris* consiste en la liberté accordée aux parties, qui peuvent déjouer le rôle du choix de la localisation du rapport de droit à la faveur d'un résultat matériel déterminé. Il est vrai qu'une telle attitude de la part des intéressés n'est pas à exclure. Mais, il ne faut toutefois pas exagérer cette crainte. En réalité, pour qu'un tel résultat soit réalisable, il faut la jonction de deux conditions ; non seulement que les différentes parties aient les mêmes intérêts, mais en plus, que seule la loi des liens les moins forts envisage leurs attentes. Or, à supposer que la seconde condition soit fréquente, la première est, quant à elle, rarement vérifiée. Si en droit familial, comme l'a indiqué M. CARBONNIER, « *le non-droit est l'essence, le droit est l'accident* »[305], le recours à la volonté en l'absence de conflit d'intérêts des parties serait bien souvent inévitable. On relève que dans la plupart des matières régies par le droit de la famille où l'intervention d'une autorité est indispensable – exceptés les cas de la formation du mariage et de l'adoption –, rares sont les cas où les intérêts des différentes parties convergent, sauf peut être en matière de divorce par consentement mutuel. Le choix en faveur de la loi la plus favorable est susceptible de se réaliser précisément lorsque parmi les lois en conflit, existent des lois prohibitives ou bien restrictives pour que les deux époux la fuient en exerçant leur droit d'option. Or, il est à signaler que si tel était le cas dans certains pays de droit canonique prohibant le divorce[306] ou le limitant à des cas très exceptionnels, il est de plus en plus rare que des systèmes de droits prévoient toujours des dispositions draconiennes en matière de désunion du mariage alors que les deux parties sont d'accord sur le

---

305 J. CARBONNIER, *Flexible droit. Pour une sociologie du droit sans rigueur*, L.G.D.J., 10e éd., 2001, p. 34.

306 Il est à noter que Malte, le dernier pays interdisant le divorce, a fini par l'autoriser.

divorce. Les cas où les parties songeront principalement à la loi la plus laxiste deviennent donc rarissimes. L'entente sur la loi applicable, au cas où elle aurait donc lieu, serait normalement justifiée par son accommodation avec leur milieu familial. De plus, l'expérience des Etats dont le système de droit familial n'a pas été unifié réfute de telles préoccupations. Il apparaît dans ces Etats, où il est habituellement prévu que les parties bénéficient d'une liberté pour le choix de la loi applicable à leur statut personnel et familial, que ce choix se fait selon des convictions personnelles et non pas matérielles. Dans ces systèmes, il est incontestable qu'il y ait souvent une opposition entre les dispositions des différentes lois en conflit. Cela n'empêche toutefois pas les parties de se mettre d'accord sur la désignation d'un ordre juridique compétent, alors même que les conséquences d'une telle option seraient nuisibles aux intérêts d'au moins une partie. Ce choix est donc généralement fait sans même tenir compte des conséquences de la loi désignée. Comme l'ont mentionné M. FARGE et Mme JAULT-SESEKE, les parties ne bénéficient pas réellement d'un choix en raison de la présence de lois confessionnelles, elles sont obligées de choisir la loi de leur confession. Toutefois, à partir du moment où il est vérifié que le choix des parties n'est pas vicié, le fait qu'elles soient moralement obligées d'opter pour la loi confessionnelle en raison de leur croyance ne peut être considéré comme un défaut de choix. Il est fait dans tous les cas, sans contrainte, et même s'il est réalisé en faveur de la loi personnelle, ce choix n'est que le reflet de l'appartenance religieuse des acteurs. Ce qui signifie que pour les parties, la loi la plus proche est leur loi confessionnelle. Par ailleurs, même si la loi pour laquelle a opté une partie lui serait préjudiciable, il suffit de s'assurer que son choix a été fait en connaissance de cause pour le respecter. Cette position a été adoptée dans le Protocole Aliments qui a prévu dans l'article 8 paragraphe 5 l'hypothèse du choix d'une loi dont l'application « entraînerait des conséquences manifestement inéquitables ou déraisonnables pour l'une ou l'autre des parties ». Dans ce cas, la loi choisie s'appliquera s'il est vérifié que les parties ont « été pleinement informées et conscientes des conséquences de leur choix au moment de la désignation ».

146. Evidemment, transposer ces instructions aux relations internationales de systèmes de droit familial étatique unifié et « laïque »[307]

[307] M. BUCHER note que l'autonomie de la volonté, bien qu'elle révèle une certaine liberté laissée aux parties, est parfois difficile à mettre en œuvre dans un système de droit laïque. Si cette autonomie de volonté présente l'avantage de permettre

ou a tendance laïque – tel que les droits de la famille français[308] et tunisien[309] – paraît beaucoup moins évident. Importer les règles d'un système confessionnel égalitaire vis-à-vis des différentes règles de droits en concurrence à des systèmes de droit international privé où la loi étrangère est de qualité moins importante que celle du for, n'est pas une tâche aisée. Ce qui vaut dans les systèmes de droit familial interpersonnel ne vaut pas toujours dans les systèmes de droit étatique. Aussi, figer tout le statut familial à la loi choisie au moment de la célébration du mariage tel qu'il est prévu dans les systèmes de droit confessionnel se trouve incompatible avec la flexibilité recommandée par le principe de proximité. La transposition dans ce cas doit être faite avec prudence. Dans ce type de systèmes, les hypothèses de défaut de choix ou de prise en considération d'un résultat matériel sont certainement beaucoup plus envisageables que dans les systèmes confessionnels. Néanmoins, ces critiques ne paraissent pas constituer des raisons plausibles pour la prohibition de l'option. Différentes méthodes permettent ainsi la coordination entre le système de la *professio juris* et celui de la proximité.

---

l'identification de la communauté confessionnelle à laquelle appartient la famille, la politique législative de l'Etat laïque qui « tend à intégrer le droit de la famille dans l'intérêt général propre à la communauté » va à l'encontre d'un choix du rattachement. A. BUCHER, *RCADI*, 2000, p. 91, n° 54.

308 La France a connu le système de l'option de lois dans les colonies françaises, où les intéressés pouvaient opter en faveur de la loi française au lieu de leur loi personnelle. Cette solution demeure dans l'Outre-mer français tel qu'à Mayotte et la Nouvelle Calédonie. Voir V. PARISOT, *Les conflits internes de lois*, Préface de Paul LAGARDE, Bibliothèque de l'IRJS-André Tunc, 2013, volume 1, p. 917 et 918, n° 613.

309 Le droit de la famille tunisien, quoique paraissant détaché du système musulman pour certaines de ses dispositions, demeure toutefois un droit inspiré de la religion musulmane. Et ce, même si le système de droit de la famille tunisien fut avant la promulgation du Code du statut personnel celui de la personnalité des lois accordant par conséquent un rôle important à la volonté. Cette méthode de réglementation des conflits a été abolie par le Code. Voir en ce sens, K. MEZIOU, « Droit civil. – Droit de la famille », *J.-Cl. Droit comparé*, 2012, fasc. 60.

β. Les moyens de coordination de la *professio juris* et du principe de proximité

147. Présenté à la fois comme un principe concurrent au principe de proximité[310], et comme son « complément rationnel »[311], le choix de loi par les parties est susceptible de jouer ce double rôle. En effet, alors que le principal souci du premier principe est le rattachement de la relation de droit à l'ordre juridique le plus proche, l'objectif principal du second est la prévisibilité des solutions par les parties. Comment une coopération ou bien même une conciliation pourrait avoir lieu entre un principe fondé sur le changement systématique du rattachement – lorsqu'il s'avère qu'un autre critère apparaît plus habilité à désigner l'ordre juridique le plus proche –, et un principe qui laisse aux parties le soin de désigner l'ordre qui leur convient le mieux, soit en raison des attaches personnelles avec l'ordre juridique, soit en raison de ses dispositions favorables à l'intéressé ? Le principe de proximité, de par la correction qu'il apporte au rattachement inadéquat ne remettrait-il pas en cause la volonté des parties chaque fois qu'un critère de localisation, s'avère plus proche de la relation que celui élu par les parties ? Il convient de trouver comment articuler les deux modes de règlement des litiges internationaux, au service d'un même objectif qui est le rattachement de la relation familiale à un ordre juridique proche.

148. La coopération entre ces deux principes n'est réellement satisfaite que si les parties désignent l'ordre le plus proche alors qu'il était difficile de l'identifier objectivement. Pour cela, il faut préalablement encadrer le choix des parties en établissant une liste exhaustive des rattachements pouvant être choisis. Il ne sera plus question d'un choix de loi mais d'une option en faveur d'une loi. Une *professio juris* limitée à un choix entre la loi nationale et la loi de la résidence contribue à la promotion du principe de proximité en droit de la famille en laissant aux parties le soin de départager des rattachements à valeurs égales. Cette possibilité est prévue par le règlement Rome III. Les époux pourront choisir parmi une liste exhaustive, la loi applicable à leur divorce. Néanmoins, le règlement ne limite pas le choix à la loi de la nationalité commune ou à celle de la résidence habituelle commune des époux, mais l'étend aussi à la loi du

---

310 P. LAGARDE, Cours *précit.*, p. 48, n° 27.
311 P. LAGARDE, Cours *précit.*, p. 64, n° 52.

for. Dans ce cas, si la loi du for ne coïncide pas avec la loi nationale ou celle du domicile commun des époux, par application des règles de compétences juridictionnelles la loi du for ne pourra être que celle de la loi nationale ou celle du domicile de l'un d'eux[312]. Le choix des deux époux d'une loi ayant des liens avec une seule des parties, alors même qu'elles ont une nationalité commune ou bien une résidence habituelle commune, sert-il vraiment la proximité ? Excepté le cas exceptionnel où le rattachement commun aux deux époux s'avère d'un lien ténu, notamment pour la situation future des époux divorcés pour qu'ils l'écartent en optant pour un rattachement proche d'une seule partie, l'option en faveur de la loi nationale ou bien de celle du domicile de l'un d'entre eux ne peut être motivée que par les dispositions substantielles de cette loi. La loi choisie ne sera pas forcément celle présentant attaches les plus étroites objectivement, mais dans ce cas, le lien objectif faible est renforcé par un lien subjectif.

149. Le choix par les intéressés de la loi applicable aide certainement à renforcer un rattachement de proximité, quand il est exercé par les parties en présence de deux rattachements d'égale valeur. Cependant, il n'est pas évident que l'option de droit par des parties soit dans tous les cas dépourvue de considérations matérielles. Il n'est pas non plus, possible de sanctionner le choix fait en faveur d'une loi en raison de ses dispositions avantageuses. Par conséquent, le choix direct de la loi applicable est incapable d'éviter que les parties optent pour la loi qui leur est favorable et non pas celle qui leur est la plus proche. Le meilleur moyen de coordination entre la proximité et la *professio juris* serait une autorisation indirecte du choix. Elle se réalise par la libéralisation de la reconnaissance des décisions, après vérification de l'intention des parties lors de la saisine des autorités étrangères. Cette méthode s'adapte bien avec la réglementation tunisienne du droit international privé tunisien de la famille[313] alors même que le choix direct de loi applicable est exclu.

150. Le contrôle de l'intention des parties, inadmissible en cas d'option de législation, interviendra au stade de la compétence indirecte. Il est clair que les effets de ce dernier mécanisme sont incompatibles avec le système de choix direct de la loi applicable. En réalité, il est

---

312 Selon l'article 3 du règlement Bruxelles II bis.

313 Voir *infra*, n° 263-271 ; S. BOSTANJI, « Les survivances du communautarisme dans l'application judiciaire du droit international privé tunisien », *Rev. crit. DIP.*, 2009, p. 252 et s., spéc. p. 255.

absurde de laisser aux parties le soin de choisir entre des lois potentiellement compétentes, et de leur reprocher par la suite le choix d'une loi n'ayant pas des liens étroits avec la relation ou bien la fraude à la loi lorsqu'il s'avère qu'elles ont choisi la loi qui satisfait le plus leurs attentes et non pas celle qui est très proche de leur situation. Le meilleur moyen de concilier les exigences de la proximité par l'option de droit se fait par une introduction indirecte du choix, permettant la vérification de l'intention des parties. Il s'agit donc d'un choix de loi qui sera autorisé implicitement par la reconnaissance de la décision étrangère, dont les limites seront l'application par les autorités étrangères d'une loi n'ayant pas de liens avec la situation.

151. Seulement dans ce cas, l'option est conditionnée par la règle de conflit de l'Etat d'origine de la décision. Il faut nécessairement que, pour la réglementation de la situation, un rattachement différent de celui désigné par la règle de conflit du for soit prévu pour qu'un choix puisse s'exercer par la simple saisine des parties de cette autorité étrangère. Il suffit d'un assouplissement de la reconnaissance des décisions étrangères pour que la *professio juris* soit admise, et qu'elle agisse en faveur de la désignation de la loi qui a des liens étroits avec la relation de droit.

152. A défaut de choix de lois autorisé par la règle de conflit ou bien exercé par les parties, une règle de répartition des lois désigner le droit compétent. Cette dernière doit forcément trancher en faveur soit de la nationalité, soit de la résidence habituelle. Divers éléments penchent vers la prépondérance de la nature proximiste de l'un ou de l'autre des deux critères en matière de droit de la famille. Ainsi, la nature des droits en conflit et la politique étatique en matière d'immigration conduit au choix de principe de l'un des deux rattachements.

Paragraphe II : La faveur à l'égard de l'un des principaux critères en concurrence

153. De manière générale, il ne peut être considéré qu'un seul des facteurs de rattachement en concurrence puisse conduire de façon abstraite à la localisation de toutes les relations familiales à l'ordre juridique qui lui est le plus proche. En effet, la règle de conflit générale et abstraite pourrait conduire dans des cas concrets à la désignation d'un ordre juridique présentant des liens ténus avec le rapport de droit. Est-il par conséquent plus judicieux d'éviter toutes les règles préétablies et se

livrer à l'imprévisibilité totale afin de garantir dans toutes les hypothèses que la loi désignée soit celle présentant les liens les plus proches avec la situation ?

154. Le choix des législateurs français et tunisien en faveur de la réglementation des relations familiales à caractère international laisse penser que dans les deux systèmes, la prévisibilité des solutions tient une place principale. En revanche, la prévisibilité n'exclut pas dans tous les cas la prise en compte de la proximité. En effet, il n'est pas rare qu'une règle de conflit préétablie abrite le rattachement présumé refléter les liens les plus proches, entre la relation de droit et l'ordre juridique désigné. Une analyse prédéterminée d'éléments objectifs peut orienter le choix de l'auteur de la règle de conflit vers l'adoption d'un critère reflétant dans la majorité des situations les attaches les plus significatives entre le droit désigné et la relation familiale en cause. La politique de chaque système en matière d'immigration (A), ainsi que la spécificité du rapport de droit (B) privilégient le choix d'un rattachement au détriment de l'autre.

A. La suprématie d'un critère en fonction de la politique du pays en matière d'immigration

155. Pour le choix du critère de rattachement en droit familial, il a souvent été affirmé que le rattachement à la résidence habituelle s'accommode plus avec les pays d'immigration[314], alors que les pays d'émigration s'adaptent mieux au rattachement à la nationalité[315]. Les raisons généralement évoquées reposent sur l'intérêt de l'Etat, soit à maintenir sous son empire ses ressortissants même lorsqu'ils se trouvent à l'étranger, soit à étendre son pouvoir sur les étrangers installés sur son

[314] B. ANCEL et Y. LEQUETTE, note sous Civ. 1re, 25 novembre 1986, *Rev. crit. DIP.*, 1987, p. 383 et s., spéc. p. 395 ; P. PICONE, « Les méthodes de coordination entre ordres juridiques en droit international privé », *RCADI*, 1999, t. 276, p. 9 et s., spéc. p. 65 et 66, n° 15 ; M.-C. NAJM, *Principes directeurs du droit international privé et conflit de civilisations. Relations entre systèmes laïques et systèmes religieux*, Dalloz, 2005, p. 99, n° 102.
[315] Intervention de CASSIN à la suite de la communication de Ph. FRANCESCAKIS, aux travaux du comité français de droit international privé. *Trav. Comité. fr. DIP.*,1962-1964, p. 319.

territoire[316]. Ainsi, dans la plupart des cas les buts recherchés sont le respect de « la cohésion sociale »[317] et l'intérêt politique de l'Etat[318], garantis par l'application de la loi du for. Pourtant, d'autres motivations se rapportant au rattachement du statut familial à l'ordre supposé le plus proche selon chaque système peuvent aussi être retenues. Comme il sera démontré, la proximité se trouve *a priori* satisfaite en droit international privé de la famille français par le rattachement à la résidence habituelle, alors qu'elle se vérifie beaucoup plus en droit tunisien à travers le rattachement à la nationalité.

156. Etant donné qu'« en droit international privé, les corps de règles répondent à des systèmes juridiques différents, qui sont eux-mêmes en principe l'expression de sociétés politiques différentes »[319], l'auteur de la règle de conflit doit avoir une vision de l'ensemble des destinataires de cette règle, à savoir ses nationaux, ainsi que tous ceux qui habitent sur son territoire. C'est en fonction des rapports qu'entretient l'Etat, aussi bien avec les étrangers sur son territoire qu'avec ses nationaux à l'étranger, que le choix doit être effectué. Ce sont les liens essentiellement affectifs qui seront mis en exergue à ce stade. Il sera alors indispensable d'aborder les questions liées à la condition des étrangers dans chacun des Etats étudiés (1), avant d'examiner les liens que chaque Etat tend à maintenir avec ses ressortissants à l'étranger (2). Cela permettra de conclure que les solutions données par chacun des deux législateurs paraissent souvent les plus appropriées au regard des liens qu'ils entretiennent avec les différents destinataires de la règle de conflit.

---

316 J.-P. NIBOYET, « *Traité de droit international privé* », t. III, Sirey, p.152, n° 901 ; F. JAULT-SESEKE, *Le regroupement familial en droit comparé français et allemand*, L.G.D.J., 1996, p. 354 et s.

317 K. MEZIOU, « Migrations et relations familiales », *RCADI*, 2009, t. 345, p. 282.

318 W. WENGLER, « Les principes généraux du droit international privé et leurs conflits », *Rev. crit. DIP.*, 1952, p. 595 et s., spéc. p. 614 et 615, n° 23.

319 P. GOTHOT et P. LAGARDE « Conflits de lois (principes généraux) », *Rép. internat. Dalloz*, 2006, n° 2.

1. L'influence de la condition des étrangers sur le choix du critère de rattachement présumé le plus proche

157. La condition des étrangers dans les deux pays étudiés est d'une grande influence sur le choix du critère de rattachement en matière familiale. Or, il s'avère que leurs orientations diffèrent sur divers points.

158. En France, contrairement à la Tunisie, l'immigration étrangère est un phénomène ancien qui existe depuis le XIX Siècle et qui ne cesse d'augmenter. Cette immigration tend de plus en plus à être une immigration de peuplement plutôt qu'une immigration de main-d'œuvre. Au départ, l'immigration était individuelle et temporaire, obéissant à des nécessités principalement économiques. Aujourd'hui il s'agit plutôt d'une immigration familiale, durable, imposée par des données démographiques [320]. Certainement cette forte présence d'étrangers solidement établis sur le territoire français imposera au législateur une attitude d'intégration à l'égard des immigrés présents. L'intégration des étrangers s'exprime en droit français par une tendance à leur accorder la quasi-totalité des droits dont jouissent les nationaux[321], afin de les accoutumer avec leur nouvel environnement social et faciliter au fur et à mesure leur intégration dans la communauté nationale pour aboutir à leur naturalisation. De la sorte, de l'atténuation des altérités entre le domicilié en France et le ressortissant français ainsi que de la suppression des privilèges qui devraient en principe être accordés aux nationaux par rapport aux étrangers[322], la résidence en France se rapproche d'une *quasi-citoyenneté française*[323]. Elle est vouée à se transformer en une citoyenneté

---

[320] J. BAROU, *Europe, terre d'immigration : Flux migratoires et intégration*, PUG 2001, p. 40 et 41.

[321] Voir Y. LEQUETTE, « La nationalité française dévaluée », in *L'avenir du droit*, Mélanges en l'honneur de François Terré, Dalloz, 1999, p. 349 et s.

[322] Même le droit de participer à la vie politique, naguère réservé aux seuls nationaux est aujourd'hui parfois remis en cause par le droit de vote accordé à certains étrangers. *Cf.* D. CHAGNOLLAUD, « Brèves remarques sur le droit de la nationalité. Ou du « retard français » en droit (constitutionnel) », in *Justice et droit du procès. Du légalisme procédural à l'humanisme processuel*, Mélanges en l'honneur de Serge Guinchard, Dalloz, 2010, p. 1025 et s., spéc. p. 1029.

[323] M. LAGARDE constate que « l'extension aux étrangers domiciliés en France, d'un certain nombre de droits jusqu'ici réservés aux nationaux, vide peu à peu de son contenu le concept de nationalité », P. LAGARDE, « *La nationalité française* », Dalloz, 3e

française. La résidence en France est très souvent un pas vers l'acquisition de la nationalité française[324]. De ce fait, tout porte à croire que l'immigré installé en France, au regard des avantages et les facilités qui lui sont accordés, fera de ce pays son nouvel Etat. C'est essentiellement le droit au regroupement familial dont bénéficie l'étranger qui paraît dans le cadre de cette étude l'élément le plus pertinent quant à l'identification du rattachement le plus adéquat aux relations familiales[325]. Ce droit permet le transfert de la cellule familiale de l'Etat national vers l'Etat de la résidence et l'implantation des immigrés en France. L'arrivée du conjoint et des enfants mineurs de l'immigré contribuent à l'installation durable de ces familles, dont les enfants scolarisés dans les écoles publiques et donc imprégnés du modèle éducatif français auront du mal à s'adapter à un autre modèle. Enfin, la prise en charge par la société française de ces nouveaux venus toutes les fois qu'ils ont besoin d'aide, renforce les liens entre ces étrangers et la société française et les incite à y demeurer[326].

159. Tout est donc fait pour encourager l'immigré et sa famille arrivés en France à y rester. La cellule familiale de l'étranger est transférée de l'Etat national vers l'Etat français d'accueil[327]. De plus, même les nouvelles réformes en matière d'immigration paraissant *a priori* décourageantes pour les nouveaux prétendants au statut de résidant en France, elles ne font que renforcer l'idée que l'immigration en France est une immigration familiale en vue d'une installation définitive.

éd., 1997, p. 6, n° 4 ; Selon M. LEQUETTE, « le démantèlement progressif de la « clôture » existant entre français et étranger » rendrait la notion de nationalité « une coquille vide », Y. LEQUETTE, « La nationalité française dévaluée », in *L'avenir du droit*, Mélanges en l'honneur de François Terré, Dalloz, 1999, p. 352. Il est à noter que le déclin de la notion de citoyenneté française est encore plus accentué face à l'émergence de la notion de citoyenneté européenne en raison de l'extension des prérogatives dont bénéficient les ressortissants européens et de leur assimilation aux nationaux. Voir en ce sens M.-P. PULJAK, *Le droit international privé à l'épreuve du principe communautaire de non-discrimination en raison de la nationalité*, Préface de Y. LEQUETTE, PUAM, 2003.

324 J. COSTA-LACROUS, *De l'immigré au citoyen*, Documentation française, 1989, p. 121 ; D. SCHNAPPER, *La France de l'intégration*, Gallimard, 1991, p. 56.

325 Voir C. COURNIL, *Le statut interne de l'étranger et les normes supranationales*, l'Harmattan 2005, p. 382 et s.

326 Essentiellement à travers l'accès aux droits sociaux et économiques, au même titre que les nationaux.

327 Voir, J.-Y. CARLIER, préface de l'ouvrage de M. NYS, *L'immigration familiale à l'épreuve du droit : le droit de l'étranger à mener une vie familiale normale*, Bruylant, 2002, p. 9.

160. Tout porte à croire que le législateur français estime que l'étranger résidant sur son territoire noue des liens très étroits avec la société d'accueil, et qu'il devra s'intégrer dans la société française et s'assimiler aux nationaux. C'est pourquoi le rattachement à la résidence habituelle est *a priori* en parfaite harmonie avec le respect des liens que le résidant en France entretient avec son Etat d'accueil. Le rattachement à la résidence habituelle sera pour la France un facteur d'intégration et d'assimilation de l'étranger dans le *futur*, mais il sera le plus souvent le corollaire d'une intégration déjà établie dans le *passé* et qui se poursuivra. Dans ce dernier cas, les liens géographiques entre le résident et l'Etat de sa résidence sont incontestables. Etablis par la présence sur le territoire, les liens géographiques sont renforcés par des liens affectifs que le résident en France est censé éprouver envers l'Etat français. Le rattachement à la résidence habituelle s'adapterait mieux au tempérament des immigrés, contrairement au rattachement à la nationalité qui pourrait sembler discriminatoire pour les étrangers durablement établis[328] et parfaitement intégrés dans la société française[329]. Pour les étrangers durablement installés en France ou aspirant à l'être, la loi française est supposée être celle qui exprime les liens les plus proches. Par conséquent, les règles françaises de droit de la famille ne devraient *a priori* ni s'étendre aux étrangers supposés séjourner temporairement en France, tels que les étudiants, ni aux étrangers ne pouvant se détacher des liens qu'ils ont avec leur pays d'origine, tels que les représentants des Etats étrangers installés en France dans le cadre d'une mission diplomatique.

161. En revanche, la situation se présente autrement dans le système tunisien. N'étant pas encore prêt à accueillir durablement des étrangers sur son territoire, notamment en raison de son histoire de pays colonisé[330], l'Etat tunisien n'encourage pas les potentiels prétendants à ce

---

328 Il est à noter que le rattachement à la nationalité prévu par l'article 3 alinéa 3 du Code civil date de 1804, donc d'une époque où l'immigration n'était pas durable.

329 Selon BATIFFOL, « maintenir les immigrés sous l'empire de la loi nationale ne contribue pas à leur donner le sentiment qu'ils sont chez eux et qu'ils ont le même statut que les autres », H. BATIFFOL, « *La loi personnelle* », Cours à l'Institut des Hautes Etudes internationales, 1966-1967, p. 77 ; F. JAULT-SESEKE, *op. cit.*, p. 355, n° 718 ; J.-Y. CARLIER, préface de l'ouvrage de M. NYS, *L'immigration familiale à l'épreuve du droit : le droit de l'étranger à mener une vie familiale normale*, Bruylant, 2002, p. 3.

330 L. CHEDLY, « Droit international privé et droits de l'Homme », Mélanges offerts au Doyen Abdelfattah Amor, CPU, 2005, p. 353 et s., spéc. p. 386 et s ; L. CHEDLY, « Rapport introductif : Le Code de Droit international privé et les Droits de l'Homme », in *Le code tunisien de droit international privé dix ans après*, Première journée Mohamed Charfi de droit international privé, Tunis le 21 et 22 novembre 2008, p. 7.

droit à y accéder. D'ailleurs, même pour les quelques étrangers qui comptent s'installer pour une période courte, rares sont les facilités qui leur sont octroyées[331]. Bien au contraire, les conditions de leurs séjours sont réglementées de manière stricte, et les droits dont ils bénéficient sont très limités. En effet, rien n'encourage les étrangers, n'ayant aucune attache familiale avec la Tunisie établie avant leur arrivée, à venir s'y installer durablement. Ils ne peuvent prétendre aux droits et avantages dont bénéficient les nationaux se trouvant dans la même situation qu'eux, ni même accéder aisément à certaines fonctions auxquelles ils aspirent[332]. L'étranger, livré à lui-même dès son arrivée, ne sera pas *a priori* tenté d'envisager de faire de la Tunisie sa nouvelle résidence, à l'exception des hypothèses où ses conditions pécuniaires le lui permettent. Or, même dans le cas où la situation financière de l'étranger en Tunisie paraît favorable à son établissement, le fait de limiter l'accès au droit de propriété immobilière[333], principal élément attrayant à la

---

331 A l'exception de certains étrangers (algériens, marocains, nigériens et libyens) dont des Conventions internationales conclues entre la Tunisie et leurs pays d'origine leur ont octroyé un traitement préférentiel par rapport aux autres étrangers. Ses préséances sont toutefois limitées aux droits couverts par ces textes internationaux et ne s'étendent pas à tous les droits des nationaux.

332 Tel que le droit au travail en raison des restrictions apportées à la liberté de ce droit pour la grande majorité des étrangers en Tunisie de par la soumission du travailleur étranger à un visa préalable du ministre de l'emploi limitée en principe dans le temps (une année renouvelable une fois) et dans l'espace (dans la limite d'un gouvernorat prédéterminé) pour l'exercice de son activité. Seule une catégorie de travailleurs étrangers est dispensée de ces formalités restrictives. Voir en ce sens M. TARCHOUNA, « Le travailleur étranger », in *L'étranger dans sous états*, DRIMAN 2005, p. 57 et s.

333 Le décret du 4 juin 1957 a en effet instauré une autorisation préalable du gouverneur, pour toute personne désirant l'acquisition et l'exploitation d'un immeuble en Tunisie. Cette autorisation n'est plus nécessaire pour les Tunisiens depuis le décret-loi du 21 septembre 1977. Seuls les étrangers seront désormais soumis à cette autorisation, aussi bien pour la cession que pour l'acquisition d'un immeuble situé en Tunisie, sous peine de nullité de l'acte. De plus, la loi n° 83-61 du 27 juin 1983 exige non seulement l'autorisation du gouverneur mais en plus celle du ministre de l'habitat (désormais ministre du domaine de l'Etat et des affaires foncières) pour les mêmes actes lorsque l'immeuble appartient à des étrangers et construit ou acquis avant 1956. Ainsi, des restrictions sont apportées au droit de la propriété immobilière des étrangers aussi bien pour l'acquisition que pour la cession des biens. Seuls les ressortissants algériens, libyens et marocains en raison de Conventions bilatérales ont pu bénéficier jusqu'en 1994 (pour les algériens et libyens) et 1995 (pour les marocains), date des circulaires ministérielles constatant la non réciprocité dans l'application des Conventions bilatérales et par conséquent l'application de ces Conventions d'établissement ont été suspendues. Voir M.-K. CHARFEDDINE, « L'étranger,

sédentarisation des familles étrangères, décourage l'étranger de construire une nouvelle vie familiale en ce pays[334]. D'ailleurs, les étrangers se trouvant en Tunisie même pour une longue période ont tout à fait conscience de la faiblesse des liens qui les unissent avec cet Etat. On relève en effet que la majorité de ses familles étrangères s'assimilent difficilement à la société tunisienne. La scolarisation de leurs enfants dans des établissements étrangers, par exemple, témoigne de leur non accommodation à l'enseignement de cette société et qu'ils envisagent à court ou à long terme de quitter ce territoire.

162. Ainsi, pour le législateur tunisien, l'étranger sur son territoire est destiné à repartir. L'absence de liens affectifs entre l'étranger et le pays de sa résidence est quasiment certaine. Seuls les liens géographiques seront établis pour l'étranger en Tunisie. Or, ces derniers paraîtront insuffisants pour le législateur tunisien en vue de conclure au rattachement du statut familial des étrangers établis sur son territoire à la loi du domicile. A cela s'ajoute l'incompatibilité des dispositions du droit familial tunisien au tempérament des résidents étrangers. Si le droit familial tunisien[335] est un droit atypique, « moderne sous bien des aspects [...] il garde cependant des aspects traditionnels »[336]. Ainsi, pour les ressortissants étrangers de pays non-musulmans résidents en Tunisie, les dispositions du droit musulman transcrites dans le Code du statut personnel sont inconciliables avec leurs valeurs. De même, les étrangers ressortissants de pays musulmans, la lecture moderne apportée par le Code du statut personnel à la loi religieuse leur semble souvent trop éloignée des

---

propriétaire d'immeubles en Tunisie », in *L'étranger dans tous ses états*, DRIMAN 2005, p. 28 et s.

[334] En réalité, ce droit de propriété n'est largement ouvert que pour certaines catégories d'étrangers (essentiellement les investisseurs) et sous réserve du respect d'une réglementation sévère, se rapportant à l'usage du bien acquis. Par contre l'étranger non investisseur ne bénéficie des formalités simplifiées que pour l'acquisition d'un bien immeuble dans les zones touristes. L'ouverture n'est donc faite que pour les touristes, qui par définition ne sont pas appelés à se fixer dans le pays où ils sont considérés comme tels.

[335] Le droit positif tunisien englobe non seulement les dispositions du Code du statut personnel, mais aussi des différentes lois qui lui sont annexées. Voir en ce sens, K. MEZIOU, « Approche critique du Code de statut personnel », Mélanges offerts au Doyen Abdelfattah Amor, CPU, 2005, p. 815 et s., spéc. p. 818-821.

[336] M. KARI, « Autonomie constitutionnelle en droit de la famille », Mélanges offerts au Doyen Abdelfattah Amor, CPU, 2005, p. 603 et s., spéc. p. 603.

recommandations de la *Charia*[337]. De ce fait, il n'est pas étonnant que pour les différentes familles étrangères installées en Tunisie, la législation du pays semble très éloignée de leurs conceptions et, par conséquent, difficilement acceptable.

163. Il ressort de ce qui précède qu'*a priori*, l'étranger établi en Tunisie, contrairement à celui qui réside en France, ne présente pas de liens affectifs étroits avec l'Etat de sa résidence. Son établissement est présumé être temporaire et son adaptation aux lois du statut familial tunisien paraît ardue. Seule la proximité géographique est constatée. Cette dernière semble insuffisante, essentiellement en matière familiale. Il est donc évident que sur le fondement de la faiblesse des liens entre l'étranger résidant et la Tunisie – un des destinataires de la règle de conflit –, il est difficile de soumettre son statut familial à la loi de sa résidence, la loi tunisienne. En revanche, il s'avère plus aisé de maintenir son statut familial sous l'empire de sa loi nationale, seule susceptible d'être considérée de manière objective comme celle avec laquelle l'étranger a des attaches. En plus, les liens qu'entretient chaque Etat avec ses ressortissants confortent les orientations de chacun des systèmes étudiés.

2. L'influence des liens qu'entretient chaque Etat avec ses ressortissants à l'étranger sur le choix du critère de rattachement

164. Les liens que les différents pays essayent de conserver avec leurs nationaux séjournant à l'étranger sont aussi différents sur ce point. Généralement, les attaches entre la France et les familles françaises installées à l'étranger s'expriment par des liens de souveraineté, qui dans la majorité des cas se limitent à la protection diplomatique. Partant, il n'est pas nécessaire de soumettre le statut familial des Français à l'étranger à la loi française qui ne semble plus correspondre à la réalité de

337 Ainsi en est-il pour ce qui concerne : l'interdiction de la polygamie et de la répudiation, l'autorisation de la femme à demander le divorce, la suppression de l'obligation d'obéissance pour la femme (loi n° 93-74 du 12 juillet 1993, *J.O.* 20 juillet 1993, p.1004), la reconnaissance des enfants naturels et surtout l'admission de l'adoption.

leur situation. A l'inverse, l'Etat Tunisien tente de garder des liens très forts avec les tunisiens à l'étranger quelle que soit la durée de leur installation. La communauté tunisienne à l'étranger, bénéficie d'une attention particulière et d'un suivi continu, de la part de divers organes publics et de différentes associations. Tout cet encadrement a pour objectif de conserver un contact entre le Tunisien et son pays d'origine. Les divers moyens de rapprochement avec la Tunisie, mis au service de ses ressortissants par l'Etat contribuent à la familiarisation du Tunisien avec son système national, et par la même occasion au maintien des attaches avec la Tunisie. De plus, en raison des nombreuses facilités accordées à ces émigrés et des privilèges encourageant le retour au pays d'origine, de nombreux Tunisiens finissent par le réintégrer. Dans les rares hypothèses où les Tunisiens immigrés et leurs familles ont décidé de faire de l'Etat d'immigration leur résidence définitive, leurs liens avec la Tunisie ne sont pas pour autant définitivement rompus. Bien au contraire, on constate que l'immigré tunisien garde souvent des attaches fortes avec son Etat d'origine. Elles visent essentiellement le domaine familial. Or, dans la culture du Tunisien, la famille a une conception large qui englobe non seulement ascendants et descendants, mais aussi les collatéraux. Cependant dans plusieurs cas, des membres de cette famille demeurent souvent en Tunisie, ce qui signifie que des attaches familiales persistent pour le Tunisien avec son pays d'origine. Les liens entre la Tunisie et ses ressortissants à l'étranger étant maintenus soit par la volonté des immigrés eux-mêmes, soit par les efforts de l'Etat, il serait alors tout à fait logique que le législateur prévoie le rattachement de leur statut familial à leur loi nationale tunisienne. Là encore, la proximité sentimentale prévaut sur la proximité géographique.

165. En définitive, on peut estimer que le choix du système français en faveur du rattachement territorial correspond effectivement à la proximité géographique et intellectuelle qu'il constate au sein de ses ressortissants et ses résidents. Cependant, pour le législateur tunisien, la proximité géographique paraît ténue. Elle s'efface face à la proximité affective, ce qui rendrait le choix en faveur du rattachement à la nationalité plus adapté à la réalité de la société tunisienne et à sa conception de la proximité. Ainsi, puisque « autant la loi nationale peut revendiquer des avantages précis quand l'intéressé n'a quitté son pays d'origine que pour une durée limitée, autant son application paraît contraire au réalisme s'il s'agit d'un immigré qui a perdu tout esprit de

retour dans sa famille »[338], il semble qu'aux yeux du législateur français, les étrangers résidant en France s'y installeront définitivement. A l'inverse, le législateur tunisien estime que ses ressortissants à l'étranger ne s'y trouveront dans ces pays que pour une durée déterminée, et qu'à court ou à long terme ils retourneront dans leur pays d'origine.

166. De manière générale, le choix opéré pour le rattachement du statut familial à la résidence habituelle en France et à la nationalité en Tunisie correspond à une vision de la proximité telle que perçue par chaque système en raison des spécificités de chaque société. La proximité se caractérise donc par une certaine relativité appréhendée de manière différente d'un système à un autre. Toutefois, la relation de droit impose parfois un rattachement déterminé, qui va à l'encontre des principes généraux régissant le statut familial.

B. La suprématie d'un critère en raison de la spécificité de la situation juridique

167. Tout autre est la situation de certaines relations de droit qui imposent par leur spécificité un rattachement différent de celui supposé consacrer proximité en raison de la nature du système juridique en question. La localisation dépendra dans ces cas non pas de la nature du système, mais de la spécificité de la relation en question. La détermination du facteur de rattachement pourrait ne pas coïncider avec le critère principal. Ainsi, abstraction faite de la disparité des politiques des systèmes, des solutions communes aux deux systèmes sont envisageables pour certaines relations familiales, du moins en ce qui concerne le choix du rattachement le plus proche. Des rattachements indépendants sont donc à proscrire quelque soit le type de l'Etat en question. La spécificité de la relation de droit privilégie selon les cas soit le rattachement à la nationalité (1), soit le rattachement territorial (2).

---

[338] H. BATIFFOL, « Principes de droit international privé », *RCADI*, 1959-II, t. 97, p. 433 et s., spéc. p. 515 ; Voir dans le même sens J.-P. NIBOYET, « *Traité de droit international privé* », t. III, Sirey, 1944, p. 218, n° 925.

1. L'accommodation des conditions de fond du mariage avec le rattachement à la nationalité

168. En dépit des règles territoriales d'application nécessaire imposées par chaque législateur en matière de condition de fond du mariage, il paraît plus raisonnable d'opter pour le rattachement de cette question à la loi nationale plutôt qu'à celle de la résidence habituelle. Plusieurs indices excluant le rattachement des conditions de fond du mariage à la loi de la résidence habituelle militent en faveur de leur soumission à la loi nationale des intéressés, et rendent même la loi nationale, la plus apte à exprimer la proximité, que toute autre loi potentiellement compétente.

169. Il en est ainsi pour les empêchements au mariage qu'ils soient unilatéraux ou bilatéraux. Les empêchements unilatéraux, ou encore les empêchements individuels, sont ceux qui se rapportent au seul candidat au mariage, telle que la condition d'âge, de consentement, ou encore du mode de comparution des époux en droit français[339] et au respect des délais de viduité pour le système tunisien. Quant aux empêchements bilatéraux, ils sont exigés pour les futurs époux simultanément et concernent essentiellement leurs liens de parenté et l'existence d'un mariage non dissous pour l'un des candidats. Le non-respect des dispositions prohibitives lors de la conclusion du mariage est sanctionné en fonction de l'importance de la condition violée. A quel ordre juridique faut-il se référer afin de déterminer les conditions nécessaires à la validité du mariage ? Abstraction faite de l'opportunité du choix en faveur de la loi de la résidence habituelle, souvent proclamée dans le seul but de faire face à certaines unions interdites et parfois même à des empêchements intolérables vis-à-vis des ordres juridiques du for, seule nous intéresse ici la fonction localisatrice selon les liens étroits entre la relation de droit et l'ordre juridique compétent. C'est en raison de l'inaptitude du rattachement territorial à concrétiser abstraitement la plus proche localisation des conditions de fond du mariage que la loi nationale s'impose comme seul rattachement dans cette catégorie de droit. La spécificité de cette dernière exige la vérification de la proximité entre la

[339] Voir, TGI Paris 28 novembre 1995, *JCP*, éd. G. 1996.I.3946, *obs.* M. FARGE ; Civ. 1re, 15 juillet 1999, *D.*, 2000, *somm.* 414, *obs.* LEMOULAND, *Defrénois,* 2000, p. 103, *obs.* J. MASSIP, *Rev. crit. DIP.*, 2000, p. 207, note L. GANNAGE ; Civ. 1re, 28 mars 2006, *Defrénois*, 2006, p. 1317, *obs.* J. MASSIP.

relation de droit et la loi applicable à deux périodes : au moment même de la célébration du mariage, et tout au long de sa durée. Le rattachement choisi devrait satisfaire les exigences de la proximité au moment de la célébration du mariage, puisque dans la logique même des choses, c'est au moment de la création du rapport de droit que les conditions de sa validité devraient être vérifiées. Mais aussi en raison de la nature du rapport de droit, ce dernier est en principe créé pour perdurer dans le futur. Le rattachement choisi devrait par conséquent concrétiser les liens les plus étroits entre la relation de droit et la loi applicable dans le présent et dans le futur.

170. Le rattachement national semble donc l'emporter sur le rattachement territorial, étant donné que la validité des conditions de fond du mariage sont nécessaires pour la formation du lien conjugal et donc sa création. De plus, la contestation de la validité de ces conditions est normalement invoquée après le mariage, le rattachement qui devrait être retenu doit tenir compte du moment de l'évocation de la non conformité aux conditions de fond du mariage. Pour cela, au moins deux arguments sont en faveur du rattachement personnel. Le premier et principal argument en faveur du rattachement à la loi nationale serait en étroite liaison avec le moment de la réalisation des conséquences du respect des règles imposées. Le deuxième concerne essentiellement l'atténuation des cas de manœuvres frauduleuses de la part des époux.

171. A supposer que la loi de la résidence habituelle serait la plus apte à régir les conditions de fond du mariage, pour quelle résidence doit-on opter, surtout que celle-ci est souvent modifiable dans les mariages à caractère international ? On pourrait dans un premier temps songer à appliquer la loi de la résidence au moment du mariage lorsqu'elle est commune aux futurs époux, puisque dans ces cas, cette dernière coïncide le plus souvent avec la résidence future des époux. Cependant, rien ne garantit que les époux résideront après le mariage dans ce même Etat. Cette solution n'est efficace que pour une catégorie de couples bien déterminée (ceux ayant une résidence commune au moment de la célébration du mariage) et ne peut être généralisée à tous les mariages internationaux. De ce fait, l'application de la loi de la résidence au moment du mariage devient inopérable pour au moins deux raisons. La première concerne la disparité de cette résidence dans le présent pour le cas des futurs époux résidant dans des pays différents. Cette hypothèse engendrera par la force des choses le changement de résidence d'au moins l'un des époux dans le futur, ce qui conduira à appliquer une loi

qui ne coïncidera plus avec la réalité de sa situation future. La seconde concerne l'éventuelle modification de la résidence commune des époux après le mariage, situation fort probable dans les rapports internationaux. En conclusion, la loi de la résidence habituelle des futurs époux ne peut résoudre le problème de l'identification de l'ordre juridique le plus proche, qu'au moment du mariage. Or, il est nécessaire de ne pas se limiter à cet instant, qui ne correspond en général qu'au passé des époux et non pas à leur présent et futur. Ainsi, on peut songer à appliquer aux conditions de fond du mariage, la « loi du domicile matrimonial présumé »[340]. Cette solution semble séduisante en théorie, et pourtant elle est difficilement applicable, puisque cette loi est ardûment identifiable au moment du mariage, parfois par les époux eux-mêmes.

172. La loi de la résidence habituelle paraît donc, pour les conditions de fond du mariage incapable de satisfaire les exigences de cette matière dont les effets s'étendent dans le futur. Le rattachement à la nationalité pourrait dans ce cas bien précis combler les insuffisances du rattachement territorial, et assurer par conséquent le rattachement de la matière à la loi qui présente des liens étroits au moment de sa création et tout au long de son existence. Il semble donc qu'au moment de la conclusion du mariage, la loi nationale de chacun des époux est seule présumée apte à faire coïncider la localisation actuelle et future du rapport de droit à l'ordre juridique qui lui est proche. Si la loi de la résidence habituelle peut selon les cas fausser ces prévisions en raison de la particularité des faits, cette hypothèse ne concernerait que des cas particuliers dont des solutions adaptées doivent leur être retenues[341].

173. La loi de la résidence habituelle étant inapte à matérialiser le rattachement le plus étroit de façon abstraite, la recherche d'un facteur de substitution est nécessaire. On peut déjà exclure la solution prévue par certains systèmes de droit comparé (systèmes de *common law*) soumettant les conditions de fond à la loi du lieu de célébration du mariage, sauf à les conditionner, comme l'a prévu l'article 3 de la Convention de La Haye du 14 mars 1978 sur la célébration et la reconnaissance de la validité des mariages, à l'existence de liens entre ce

---

[340] B. AUDIT, « Le caractère fonctionnel de la règle de conflit », *RCADI*, 1984, t. 186, p. 347.

[341] Voir deuxième partie.

lieu et les parties par la nationalité ou la résidence[342]. Autant cette solution paraît satisfaisante pour ce qui concerne les conditions de forme du mariage par application de la règle *locus regit actum*[343], autant elle s'avère beaucoup moins concevable en matière de conditions de fond. Il n'est en effet pas rare que le lieu de la célébration du mariage soit le fruit d'un pur hasard[344], à la suite de la rencontre ou du déplacement des époux dans un pays étranger qui ne leur est d'aucun lien[345]. De plus, ce qui est à craindre d'une telle solution est l'incitation de certains candidats au mariage, dont les lois nationales prohibent la création de leur mariage, à se soustraire à ces règles à travers le choix de célébrer leur mariage dans un Etat dont les lois sont moins restrictives. Ainsi, les conditions de fond du mariage dépendront du seul fait de la volonté des parties. Evidemment, les mécanismes de correction de la règle de conflit, tels que la fraude à la loi ainsi que l'exception d'ordre public sont des armes contre de telles manœuvres frauduleuses de la part des époux, mais la fréquence estimée de tels actes laisse croire que ces mécanismes n'auront plus à fonctionner de manière exceptionnelle. Il serait par conséquent plus opportun de renoncer à une telle règle de conflit.

---

342 Voir G. A.-L. DROZ, « Regards sur le droit international privé comparé », *RCADI*, 1991, t. 229, p. 155, n° 151.

343 Cette solution est prévue en droit français, avec toutefois quelques exceptions. En droit tunisien avant la promulgation du CDIP, la question était soumise à l'article 4 du Code du statut personnel qui prévoyait que la preuve du mariage célébré à l'étranger est rapportée conformément aux lois du pays où le mariage a été conclu (Voir tribunal de première instance de Tunis, jugement du 4 mars 1959, *Revue Tunisienne de Droit*, 1962, p. 65 ; Tribunal de première instance de Tunis, jugement n° 29446 du 18 octobre 1999, M. GHAZOUANI, « Sommaire de jurisprudence de droit international privé », *Unité de recherche relations privées internationales*, 2006 ; M. CHARFI, « Les conditions de forme de mariage en droit tunisien », *Revue Tunisienne de Droit*, 1969-1970, p. 11 ; K. MEZIOU, « Le droit international privé tunisien en matière de statut personnel », in *Le statut personnel des musulmans : droit comparé et droit international privé* (sous la dir. de) J.-Y. CARLIER et M. VERWILGHEN, Bruylant, 1992, p. 291). Dans un souci de *favor validitatis,* le législateur de 1998 soumet dans l'article 46 du CDIP les conditions de forme du mariage à la loi qui permet sa validité entre celle du lieu de sa célébration ou bien à la loi nationale commune des époux.

344 Voir E. RASLER qui relève que le lieu de la célébration pourrait concrétiser le centre d'intérêt des parties, sauf que ce centre d'intérêt est toutefois strictement limité aux besoins ponctuels de la cérémonie de mariage : la présence des amis, de la famille, etc.

345 G. KEGEL, « La réforme du droit international du mariage en Allemagne », *Rev. crit. DIP.*, 1962, p. 641 et s., spéc. p. 643.

174. La loi nationale des futurs époux[346] conjuguerait bien les besoins de la localisation du rapport de droit à l'ordre juridique qui lui est le plus proche avec les besoins de la spécificité de la validité des conditions de fond du mariage, qui nécessitent au moment même de la célébration du mariage une projection de ses exigences dans l'avenir. Ainsi, la loi nationale de chacun des époux serait apte à réaliser cet objectif. Si l'on prend l'institution du mariage à diverses périodes de son existence, alors la loi nationale semble seule pouvoir assurer l'identification dans le présent tout en se projetant dans l'avenir de la localisation des conditions de fond du mariage selon les besoins de la proximité. Evidemment, rien ne présume que la nationalité des époux ne changera pas tout comme la résidence. Toutefois, ce qui est très peu probable, est la perte de la nationalité d'origine. A l'inverse, l'acquisition d'une nouvelle résidence habituelle implique automatiquement la perte de l'ancienne.

175. Pour le système tunisien, le rattachement des conditions de fond du mariage à la loi nationale de chacun des époux ne sera pas une exception au rattachement de proximité principal, bien au contraire il coïncidera avec ce dernier. D'ailleurs, la compétence de la loi personnelle respective de chacun des époux pour régir les conditions de fond du mariage a été prévue par le décret beylical de 1956[347] et maintenue au sein du CDIP tunisien. L'article 45 du Code prévoit expressément que « les conditions de fond du mariage sont régies, séparément, par la loi nationale de chacun des époux »[348]. En revanche, en droit international privé français le rattachement à la nationalité des conditions de fond du mariage sera une exception par rapport au rattachement principal de proximité. Il est pourtant consacré, avec quelques atténuations. Le rattachement des conditions de fond du mariage à la nationalité n'était pas réglé dans un texte spécial en droit français. Il avait été dégagé par la jurisprudence française après la combinaison des articles 3 alinéa 3 et 171-5 du Code civil[349]. Cette solution avait été affirmée par l'arrêt de la Cour de cassation du 9 novembre 1993[350], relatif à la validité d'un

346 Qu'elle soit la loi nationale commune des époux ou la loi nationale de chacun d'eux pris séparément.

347 Selon l'article l'article 4 alinéa 1 du décret. Voir cour d'appel de Tunis, arrêt n° 20191 du 24 mai 1995, *Revue Tunisienne de Droit,* 1997, partie en langue arabe, p. 381, note N. GARA ; M.-A. HACHEM, p. 189.

348 Voir, cour d'appel de Tunis, arrêt n° 120 du 6 janvier 2004, *J.D.I.,* 2005, p. 1193, note S. BEN ACHOUR.

349 Ancien article 170-1 alinéa 1er du Code civil.

350 Civ. 1re, 9 novembre 1993, *Rev. crit. DIP.*, 1994, p. 644, note E. KERCKHOVE.

mariage contracté en Algérie par un franco-algérien selon les dispositions de la loi algérienne. La Cour avait rappelé, qu'il résultait des articles 3 et 170 du Code civil que les conditions de fond du mariage sont soumises à la loi nationale et que seule la nationalité du for pouvait être retenue devant les juridictions françaises. Cette solution est, depuis la réforme du 17 mai 2013, consacrée par le législateur français dans l'article 202-1 du Code civil. La compétence de la loi nationale est ainsi retenue en tant que rattachement principal, pour régir les conditions de fond du mariage. Les dispositions spéciales insérées dans des conventions internationales, ne font que confirmer cette orientation en droit français. Ainsi, la Convention franco-marocaine de 1981 dans son article 5 soumet ces conditions à la loi nationale de chacun des époux. Toutefois, en dépit de l'accommodation des conditions de fond du mariage avec le rattachement à la nationalité, deux exceptions à ce principe sont prévues en France. La première, serait en faveur de la loi française de la résidence habituelle des époux sans que l'ordre public n'en soit la cause. C'est ainsi que « le mariage des étrangers peut être célébré en France, à leurs risques, aux conditions de la loi française », comme l'a rappelé M. LAGARDE[351]. Dans ce cas, la loi nationale est écartée au profit de la loi du for qui coïncide le plus souvent avec la résidence habituelle des époux. La seconde quant à elle, serait en faveur des couples de même sexe lorsque l'une des parties a la nationalité d'un Etat interdisant le mariage homosexuel[352]. L'alinéa second de l'article 202-1 du Code civil autorise les personnes de même sexe de contracter mariage lorsque, pour au moins l'une d'elles, soit sa loi personnelle, soit la loi de l'Etat sur le territoire duquel elle a son domicile ou sa résidence le permet.

176. Mises à part les conditions de fond du mariage qui proclament un rattachement particulier, tout ce qui est en rapport avec la protection des personnes nécessite aussi une réglementation spéciale différente de la réglementation générale du droit de la famille.

---

351 P. LAGARDE, « Développements futurs du droit international privé dans une Europe en voie d'unification : quelques conjonctures », *RabelsZ*. 2004, pp 225 et s., spéc. p. 239.

352 *Cf.* S. GODECHOT-PATRIS et J. GUILLAUME « La loi n° 2013-404 du 17 mai 2013 ouvrant le mariage aux couples de personnes de même sexe. Perspectives de droit international privé ». *D*., 2013, p. 1756 ; *D*., 2013, p. 1756 ; V. LEGRAND, « Les implications de la loi autorisant le mariage pour tous en droit international privé », Petites affiches, 21 août 2013 n° 167, p. 6.

2. Les difficultés quant à l'identification du rattachement en matière de protection des personnes

177. Il s'agit cette fois-ci, d'une faveur pour le rattachement territorial plutôt que pour le rattachement personnel. En matière de protection civile des personnes, la loi de la résidence habituelle semble avoir plus de vocation à exprimer le rattachement le plus adéquat que la loi nationale. La protection est soit individuelle, soit sociale. Si la protection sociale fonctionne toutes les fois que la protection individuelle fait défaut, elle peut également fonctionner directement lorsque « l'intérêt étatique est [...] directement engagé et mis en cause »[353]. Les lois qui la règlementent sont d'application immédiate. Elles sont appliquées toutes les fois que la société est menacée par un danger à court ou à long terme. La société la plus exposée aux menaces potentielles de la non protection de la personne est généralement celle où se trouve cette dernière, et par conséquent là où elle réside. Ces lois seront donc principalement territoriales, leur fondement sera souverainiste, mettant ainsi en avant la protection étatique par la prise des mesures adéquates en cas de danger susceptible de perturber la stabilité de la société[354]. Ce principe a été dégagé par la CIJ dans la célèbre affaire *Boll*[355], dans laquelle la Cour fut appelée à se prononcer sur l'application de la Convention de La Haye de 1902 pour régler la tutelle des mineurs. En l'espèce, il s'agissait d'une enfant néerlandaise orpheline de mère, née et vivant en Suède. La mineure avait été placée sous le régime de l'éducation protectrice par les autorités suédoises, conformément aux dispositions de la loi suédoise. Le juge néerlandais saisi a nommé le père comme tuteur de plein droit en vertu des dispositions de la loi néerlandaise. Toutefois, devant les autorités suédoises, les mesures d'éducation protectrices déjà prises par l'Office des mineurs suédois ont été maintenues. Les juridictions néerlandaises saisies une deuxième fois par l'Office des mineurs néerlandais a nommé à la place du père, après son consentement, une tutrice à qui il a ordonné que l'enfant lui soit remise. Là encore, les juridictions suédoises ont maintenu le régime de protection prévu par la

---

353 Y. LEQUETTE, « *Recherches sur les modes de protection des incapables en droit international privé* », Dalloz, 1976, p. 7, n° 7.

354 V. HEUZE et P. MAYER, *Droit international privé*, L.G.D.J., 10é éd., p. 403, n° 539.

355 Arrêt *Boll* de la Cour internationale de justice du 28 novembre 1958 ; *Rec.* CIJ., 1958, p. 55 et 146, note Offerhaus, *Rev. crit. DIP.*, 1958, p. 713.

loi suédoise. La CIJ fut saisie afin d'évaluer la compatibilité des mesures de protection prises par les autorités suédoises selon leur propre loi avec les dispositions de la Convention de 1902. La Cour considéra que « les rédacteurs de la Convention de La Haye n'ont pas entendu régler de manière générale le problème de la protection de la personne du mineur [,] ils n'ont entendu régler que les conflits de lois en la matière »[356]. Elle estima que « les Etats liés par la Convention de La Haye ne sont pas engagés à faire prévaloir la Convention sur celles de leurs lois dont l'application ne donne pas lieu à des conflits de lois, en ce sens que ces lois sont applicables d'emblée, à l'exclusion de toute loi étrangère »[357]. L'application fréquente de la loi du lieu où se trouve la personne à protéger est immédiate, et n'a aucun rapport avec les conflits de lois[358]. Les autorités de cet Etat seront compétentes pour prendre les mesures de protection nécessaires selon leur propre droit[359], quelle que soit la nationalité de l'enfant[360]. Cette hypothèse a été retenue par l'article 41 alinéa 2 du CDIP tunisien. Le législateur après avoir posé le principe de la soumission de la tutelle à la loi nationale du mineur ou de l'interdit dans l'alinéa premier de l'article 41, a apporté une exception à cette règle. Les mesures provisoires et urgentes seront régies, selon l'alinéa 2 de cet article, par la loi tunisienne toutes les fois que le mineur se trouve en Tunisie. En revanche, la protection individuelle supporte la concurrence d'une loi étrangère et donc elle peut faire l'objet d'un règlement conflictuel.

178. Seule la protection individuelle nécessitant la mise en œuvre d'une règle de conflit sera traitée dans cette partie. Cette protection sera prise au sens large des termes. Elle comprendra la protection des

---

356 H. BATIFFOL et Ph. FRANCESCAKIS, « L'arrêt Boll de la Cour internationale de justice et sa contribution à la théorie du droit international privé », *Rev. crit. DIP.*, 1959, p. 259 *précit.*, p. 270, n° 10.

357 *Ibid.*

358 Paris, 20 février 1964, *Rev. crit. DIP.*, 1965, p. 119 ; Crim. 4 novembre 1992, *D.*, 1994, p. 11, note F. BOULANGER ; Civ. 1re, 6 avril 1994, *Defrénois*, 1994, p. 1099, note J. MASSIP ; Civ. 1re, 16 janvier 1979, *J.D.I.*, 1981, p. 66, note J. FOYER.

359 Voir, J. FOYER « Les mesures d'assistance éducative en droit international privé », *Rev. crit. DIP.*, 1965, p. 39 et s ; H. ROSSI, « Vers une plénitude de compétence des lois françaises relatives à la protection de l'enfance », *JCP,* 1967. I. 2051.

360 Concernant les lois de police relatives à la protection des enfants en droit tunisien, voir S. BOSTANJI, « L'émergence d'un statut privilégié de l'enfant en droit international privé tunisien », in *L'enfant en droit privé*, Actes du colloque organisé par l'Association Tunisienne de Droit Privé. Tunis le 12, 13 et 14 décembre 2002. *A.J.T.*, 2003, n° 16, p. 134 et s., spéc. p. 146 et s.

incapables mineurs et majeurs. Elle concernera aussi la protection de certaines personnes qui, même si elles ne sont pas frappées d'incapacité, appellent, compte tenu de leur situation financière une protection pécuniaire particulière concrétisée par le droit à l'obligation alimentaire. Toutes les mesures prises dans le cadre de cette protection auront pour objet, soit de protéger un incapable mineur ou majeur dans sa personne ou ses biens, soit de subvenir aux besoins et donc aussi de protéger un majeur se trouvant dans la nécessité. De ce fait, il est possible de subdiviser la protection individuelle en deux catégories : une protection individuelle personnelle *stricto sensu* (a) et une protection individuelle pécuniaire (b).

a. La protection personnelle des individus

179. La protection individuelle des personnes est en étroite liaison avec l'organisation familiale puisqu'elle s'exerce normalement au sein de la famille, de façon presque automatique sans aucune intervention extérieure excepté les organes de contrôle et de surveillance. L'intervention judiciaire n'est qu'exceptionnelle. Il serait donc logique que les principes qui régissent le droit international privé de la famille en général s'étendent à un domaine tout particulier de cette matière. Le rattachement de proximité principal censé gérer les relations familiales, donnant compétence à la loi de la résidence habituelle en droit français et attribuant compétence à la loi nationale en droit tunisien, pourrait alors s'étendre à la situation particulière relative à la protection de la personne. Cependant une telle analyse suppose que le droit à la protection ne soit qu'un droit accessoire au droit de la famille, et par application de la maxime « l'accessoire suit le principal », le droit à la protection ne pourrait échapper aux règles générales régissant le statut familial. En réalité, le droit à la protection est un droit qui se trouve au carrefour du droit des personnes et celui de la famille. La classification est dans ce cas d'une grande importance pour le choix du critère de rattachement. Cette distinction entre droit des personnes et droit de la famille se vérifie en droit international privé français et tunisien, et a ses impacts sur l'identification du rattachement.

180. Lorsque le droit à défendre est qualifié de droit des personnes, le centre de gravité du rapport de droit ne serait autre que la personne à protéger et toute la relation tourne au tour de ce dernier. Dans pareille hypothèse, seule une localisation par rapport à la personne à protéger

devrait être envisageable. La protection de l'individu ne devrait pas être cantonnée au seul contexte familial. Attendu que le droit à la protection est un droit pour le bénéficiaire et non pas un droit pour celui qui l'exerce, une localisation de la protection par rapport au principal concerné semble la plus appropriée du point de vue de la proximité. Partant, seule la loi nationale ou domiciliaire de la personne à protéger serait la mieux placée pour assurer le rattachement le plus étroit. En droit tunisien, la tutelle, principale institution de protection des personnes, est classée dans le CDIP dans la catégorie des droits des personnes. Il est donc tout à fait normal que sa localisation se fasse par rapport à la personne à protéger. Ce sont par conséquent les règles relatives au droit des personnes qui la régiront. Dès lors que l'article 39 du CDIP soumet le droit des personnes à la loi nationale de l'intéressé[361], il est évident que la tutelle, qui n'est qu'une manifestation de ce droit, sera soumise dans l'article 41 du Code au même critère, à savoir « la loi nationale du mineur ou de l'interdit ». Il en est de même dans le système de droit commun français[362], qui reste fidèle à la loi personnelle de l'incapable pour organiser sa protection. Cette solution est due à une extension pour la protection des incapables de la règle prévue par l'article 3 alinéa 3 du Code civil applicable à la capacité. La loi qui déterminera l'incapacité de la personne sera celle qui déterminera par également, les mesures à prendre pour protéger l'incapable[363].

---

361 Article 39 du CDIP : « le statut personnel est régi par le droit national de l'intéressé. Si l'intéressé bénéficie de plusieurs nationalités, le juge retiendra la nationalité effective. Si le plurinational est également de nationalité tunisienne le droit applicable est le droit tunisien ».

362 Le domaine du doit commun est désormais résiduel depuis l'entrée en vigueur de la Convention de La Haye du 19 octobre 1996 relative à la compétence, la loi applicable, la reconnaissance, l'exécution et la coopération en matière de responsabilité parentale et de mesures de protection des enfants, ainsi que de la Convention de La Haye du 13 janvier 2000 relative à la protection des adultes.

363 Néanmoins, comme l'a constaté M. LEQUETTE (*op. cit.*, p. 95 et s), certaines juridictions françaises n'ont pas hésité à soumettre la tutelle des mineurs étrangers après le décès du père à la loi nationale des tutrices, qui étaient en l'espèce des mères françaises ayant retrouvé leur nationalité française (qu'elles avaient perdue dès lors qu'elles épousaient un étranger), en retournant en France après le décès du mari. M. LEQUETTE justifiait une telle attitude par l'étroitesse des liens qui existaient en droit français de l'époque de ces décisions entre la « tutelle légale » exercée par le conjoint survivant (faisant partie du droit des personne) et la « puissance paternelle » (faisant partie du droit de la famille). Ce lien a été de ce fait en faveur de l'extraction de la tutelle légale du conjoint survivant de la catégorie *droit des personnes* pour la rattacher à la catégorie des droits de la famille.

181. Par ailleurs, lorsque la protection est considérée comme faisant partie intégrante du droit familial, la règle de conflit applicable à ce dernier s'étendra à la protection des personnes. C'est à travers ce raisonnement que la jurisprudence française avait considéré que le problème de la garde des enfants légitimes après divorce devait être soumis à la loi du divorce. La garde des enfants légitimes était considérée comme une sous-catégorie des effets du mariage, ou plus précisément un litige découlant du divorce[364] et donc du droit familial, elle devait par conséquent être régie par les règles relatives à la matière. La réforme du droit interne français du 4 mars 2002[365], considérant l'enfant comme le centre de la relation, a eu ses répercussions sur le droit international privé. Le droit de garde est depuis considéré comme un droit principalement personnel même s'il s'exerce souvent dans un cadre familial, ce qui suppose un rattachement reflétant une telle évolution. Le rattachement du droit de garde doit donc tenir compte du principal intéressé de ce droit qui est l'enfant. Les hésitations quant à l'autonomie du droit de garde par rapport aux effets du mariage[366] maintenues sous les réformes de 1972 et 1975, devront donc disparaître. Une évolution pareille en droit français ne peut être qu'approuvée en raison du résultat de l'extraction du droit de garde du domaine du droit familial, qui ralliera ce droit à celui de la tutelle. La même loi s'appliquera pour les deux rapports de droit[367] qui sont généralement en pratique étroitement liés. Cette évolution s'est confirmée en droit international privé conventionnel français, avec l'entrée en vigueur de la Convention de La Haye du 5 octobre 1961 concernant la compétence des autorités et la loi applicable en matière de protection des mineurs. Depuis que le gouvernement français a retiré la réserve prévue dans l'article 15[368], le champ d'application de la Convention s'est étendu à un large domaine de

---

[364] Paris, 25 juin 1986, *D.*, 1987, *somm.* 349, *obs.* B. AUDIT.

[365] Loi n° 2002-305 du 4 mars 2002 relative à l'autorité parentale (*J.O.* n° 54 du 4 mars 2002).

[366] La position de la jurisprudence n'a pas été claire. Les tribunaux français ont dans certaines décisions soumis la garde à la loi du divorce (Paris, 25 juin 1986, *D.*, 1987, *somm.* 349, *obs.* B. AUBIT), et dans d'autres à la loi nationale de l'enfant (TGI de Dunkerque 28 octobre 1987, *J.D.I.,* 1988, p. 766, note A. MEZGHANI) et ce, même pour modifier des mesures prises dans la décision de divorce (voir TGI de Dunkerque 29 mars 1984, *Gaz. Pal.,* 1984, *somm.* 284).

[367] B. AUDIT et L. D'AVOUT, p. 643, n° 742.

[368] Le gouvernement français a notifié le retrait de la réserve le 28 février 1984 qui a pris effet le 28 avril 1984.

la protection du mineur[369]. Ce droit constitue un droit principalement individuel de l'enfant, et les rattachements qui lui sont prévus ne sont que la conséquence de cette qualification. Dans la Convention de La Haye de 1961 de même que dans celle du 19 octobre 1996 relative à la compétence, l'exécution et la coopération en matière de responsabilité parentale et de mesures de protection des enfants[370], l'enfant devient le centre d'intérêt des différentes questions relatives à sa protection. La localisation se fait ainsi principalement par rapport à l'enfant et accessoirement par rapport à la famille à laquelle il appartient. Etant donné que la Convention aura un champ d'application large[371], le régime de droit commun qui existait sous l'empire de la Convention de 1961 devrait être restreint même s'il ne disparaîtra pas pour autant[372]. La résidence habituelle de l'enfant est par conséquent, le principal critère applicable en la matière en France.

182. L'attitude du législateur tunisien est, quant à elle, plus complexe. En matière de protection des enfants, le législateur distingue la protection individuelle concrétisée par la tutelle et la protection familiale qui vise la garde des enfants. De plus, tout en optant pour la réglementation de la garde dans le chapitre relatif au droit de la famille[373], il ne se contente pas de rattacher la garde à la loi familiale, mais prévoit un rattachement alternatif laissant comprendre que la garde en droit tunisien fait aussi partie des droits des personnes et qu'elle n'est pas l'apanage du droit de la famille. La règle de conflit prévue par l'article 50 du CDIP donne compétence aussi bien à la loi en vertu de laquelle le lien matrimonial a été dissous[374], qu'à la loi nationale ou domiciliaire de

---

369 *Cf.* E. GALLANT, *Responsabilité parentale et protection des enfants en droit international privé*, *Defrénois*, 2004, p. 15-18.

370 La Convention est entrée en vigueur en France le 1er février 2011.

371 E. GALLANT, *op.cit.*, p. 34, n° 54.

372 Etant donné que la Convention de 1961 demeurera applicable dans les rapports entre la France et les Etats parties à cette Convention mais qui n'ont pas adhéré à la Convention de 1996.

373 Chapitre III du Titre V du CDIP.

374 La garde n'étant pas expressément réglementée par le Décret de 1956, la jurisprudence tunisienne de l'époque soumettait cette institution à la loi qui régissait le divorce, donc à la loi nationale de l'époux (sauf en cas de contrariété de la loi à l'ordre public du for qui coïncide depuis la réforme de la garde en juin 1966 avec l'intérêt supérieur de l'enfant). *Cf.* K. MEZIOU, « Le droit international privé tunisien en matière de statut personnel », in *Le statut personnel des musulmans : droit comparé et droit international privé*, (sous la dir. de) J.-Y. CARLIER et M. VERWILGHEN, Bruylant, 1992, p. 296.

l'enfant[375]. Le choix du juge se fera selon les dispositions des différentes lois en concurrence, en faveur de la loi la plus avantageuse pour l'enfant. La référence à la loi de la dissolution du lien conjugal et à la loi de l'enfant trouve sa justification en droit tunisien par la nouvelle conception que le législateur retient de la famille. Alors que cette dernière reposait sur la seule famille légitime composée du mari, de la femme et des enfants[376], la réforme du 28 octobre 1998[377] suivie de celle du 7 juillet 2003[378] élargit cette notion même en dehors du cadre d'un mariage. L'évolution du système de droit interne tunisien a permis que le droit de garde concerne à la fois les enfants légitimes nés d'un mariage, et ceux qui sont nés hors mariage. Il serait alors judicieux de leur trouver un rattachement qui coïncide avec les différentes réalités de ces enfants, principaux acteurs de la relation de droit. La localisation par rapport au seul concerné de la garde serait alors envisageable sans pour autant exclure l'insertion de ce droit dans la catégorie de la famille légitime. Cependant, il est clair que lorsque le législateur prévoit l'applicabilité de la loi qui régit la dissolution du lien matrimonial en matière de garde, cette disposition ne concerne que les enfants légitimes. Etant donné que le législateur cherche par sa règle de conflit à assurer la meilleure protection de l'enfant en matière de garde, il n'a pas hésité à faire profiter les enfants légitimes de la protection qu'il assure aux enfants naturels. De plus, il a opté pour une pluralité de rattachements (nationalité et domicile de l'enfant) dans le seul but de protéger l'intérêt de l'enfant en soumettant la garde à la loi qui lui serait la plus favorable. Trois rattachements sont donc prévus par le CDIP, le juge appliquera le rattachement qui respectera le mieux l'intérêt de l'enfant.

---

375 Si le rattachement de la garde des enfants à la loi en vertu de laquelle le lien matrimonial a été dissous est acceptable pour des raisons de connexité des deux relations de droit lorsque la garde est attribuée dans le cadre de la procédure de divorce entre les époux, il est difficile d'admettre que cette loi régisse aussi toutes les questions postérieures même celles relatives à la révision de la garde. En effet, faire dépendre la garde de la loi du divorce revient à rattacher cette relation de droit à un ordre juridique qui n'a plus aucun lien avec le for du divorce lors de sa révision. Voir I. FADLALLAH, *La famille légitime en droit international privé* (*Le domaine de la loi applicable aux effets du mariage*), Préface de H. BATIFFOL, Dalloz, 1977, p. 323-325, n° 361.

376 Voir, M. KARI, « Autonomie constitutionnelle et droit de la famille », Mélanges offerts au Doyen Abdelfattah Amor, CPU, 2005, p. 603 et s., spéc. p. 603 et 604.

377 La loi n° 98-75 du 28 octobre 1998 relative à l'attribution d'un nom patronymique aux enfants abandonnés ou de filiation inconnue.

378 Loi n° 2003-51 du 7 juillet 2003, modifiant et complétant la loi n° 98-75 du 28 octobre 1998.

183. Dans l'un et l'autre des systèmes, le rattachement à la nationalité n'a pas totalement disparu en la matière. Si ce critère s'avère parfois compatible avec le système de droit international privé tunisien, il l'est alors beaucoup moins en ce qui concerne son adoption par le système français en raison de l'inadaptation de ce critère avec la réalité de l'organisation de la société française. La place qui lui est réservée en France a été maintenue avec certaines atténuations dans la Convention de La Haye de 1961, et elle est devenue très exceptionnelle avec l'entrée en vigueur de la Convention du 19 octobre 1996. Cet instrument réduit encore plus le domaine du droit commun et écarte la compétence de la loi nationale pour les rapports d'autorité de plein droit. La compétence de principe en faveur des autorités de la résidence habituelle du mineur en vue de prendre les mesures appropriées pour sa protection[379] selon leurs propres règles de droit interne[380], conduit à soumettre la matière à la loi de la résidence habituelle du mineur. Cependant, l'articulation de la Convention de 1996 avec le règlement Bruxelles II bis relatif à la compétence, la reconnaissance et l'exécution des décisions en matière matrimoniale et en matière de responsabilité parentale n'est pas si évidente que celle prévue avec la Convention de 1961. En effet, l'article 60 (a) du règlement prévoit que ce dernier prévaut sur la Convention de 1961 dans les matières qui sont réglées par lui. Dès lors que le règlement, à l'inverse de la Convention de 1961, s'intéresse aux seules autorités compétentes pour prendre les mesures de protection et non pas à la loi applicable par ces dernières, il est évident que le juge français, une fois reconnu compétent selon les règles de Bruxelles II bis, appliquera pour les règles de la compétence législative les dispositions de la Convention de 1961. La solution n'est cependant pas aussi claire dans le contexte de la Convention de 1996. Selon l'article 61 (a) du règlement, ce dernier s'applique lorsque « l'enfant concerné a sa résidence habituelle sur le territoire d'un Etat membre ». Aucune restriction quant à l'application du règlement aux seules matières réglées par lui tel qu'il est mentionné dans l'article 60 (a) organisant les relations du règlement avec la Convention de 1961 n'est prévue. Ceci n'empêche toutefois pas l'autorité de la résidence de l'enfant compétente selon le règlement, de se retourner vers la Convention qui prévoit le principe de la jonction des deux compétences, pour déterminer la loi applicable. Cela conduit à l'application par les autorités de la résidence habituelle de l'enfant de leur loi, donc de la loi de la résidence habituelle de l'enfant. Cependant, si le

379 Article 5 de la Convention de La Haye de 1996.
380 Article 15 de la même Convention.

règlement ne s'oppose pas à cette extension de la compétence de la Convention aux règles de conflit de lois lorsque celui-ci s'applique, il n'est pas certain que la Convention admette sa compétence. L'article 15 de la Convention de 1996 prévoit que « dans l'exercice de la compétence qui leur est attribuée par les dispositions du chapitre II, les autorités des Etats contractants appliquent leur loi ». Les dispositions de cet article conditionnent l'application de la loi du for par l'autorité compétente au cas où cette dernière est compétente selon le « **chapitre II de la Convention** » et non pas selon un autre instrument. Dans ce cas, si une autorité est compétente selon le règlement Bruxelles II bis, même si elle est identique à celle désignée par le chapitre II de la Convention, dès lors qu'elle ne résulte pas d'une application de ce chapitre de la Convention, les règles de compétence législatives de cette dernière ne s'appliquent pas. En raison du silence du règlement sur la question de la loi applicable, il faudrait dans ce cas revenir aux règles de droit commun pour déterminer la loi compétente. Cependant, cette interprétation stricte de l'article 15 de la Convention serait incompatible avec l'adhésion de la France à cette dernière. Une extension de la compétence des dispositions de la Convention aux cas de compétences prévues serait logiquement possible. Sinon, quelle serait l'utilité de ce dernier instrument qui vient d'entrer en vigueur en France, étant donné qu'il sera absorbé par le règlement Bruxelles II bis en matière de compétence juridictionnelle et inapplicable en matière de compétence législative, si celle-ci n'est pas désignée par le chapitre II de la Convention ? Plus encore, dès lors que la Convention a inspiré les travaux de l'Union dans l'élaboration du règlement, il est recommandé d'étendre les dispositions de l'article 15, même lorsque la compétence juridictionnelle est fondée sur un critère non retenu par la Convention de 1996. D'ailleurs, Mme GALLANT propose d'étendre l'application de l'article 15 alinéa 1er même lorsque l'autorité compétente selon Bruxelles II bis ne coïncide pas avec celle de la Convention[381]. Cela concerne précisément le juge du divorce dont les hypothèses de compétence au sein du règlement sont moins conditionnées que dans la Convention. Pourtant, Mme GALLANT propose que le juge du divorce saisi par application du règlement Bruxelles II bis, alors même qu'il ne satisfait pas les conditions de la Convention, applique sa propre loi comme il est prévu dans l'article 15 de la Convention. Afin de donner un sens à l'entrée en vigueur en France de la Convention de La Haye, il est essentiel de résoudre le problème de

---

381 E. GALLANT, « REGLEMENT BRUXELLES II BIS (Matières matrimoniale et responsabilité parentale) », *Rép. internat. Dalloz*, 2010, n° 88.

la compétence législative par référence aux dispositions de la Convention, même si c'est le règlement qui régit la compétence juridictionnelle. Par conséquent, la protection individuelle ou bien même familiale de l'enfant en France est désormais soumise principalement à la loi de la résidence habituelle de l'enfant[382]. Il est clair que la volonté des rédacteurs de la Convention de 1996 s'est orientée vers une valorisation de la place accordée à la loi de la résidence habituelle du mineur à travers un renforcement du rôle des autorités de cette résidence, même si la compétence de la loi de la nationalité n'a pas complètement disparu. Le principal avantage d'un tel choix est d'éviter les difficultés que le rattachement à la loi nationale pourrait susciter en matière de protection. Les difficultés liées à l'application de la loi nationale lorsqu'elle ne coïncide pas avec le lieu de la résidence du mineur, font que le rattachement à la nationalité est critiqué du point de vue de son opportunité (α) ainsi que de son efficacité (β) en matière de protection des personnes.

α. Les inconvenances du rattachement de la protection des personnes à la loi nationale

184. La question de l'opportunité du rattachement de la protection à la loi nationale se pose essentiellement en matière de protection des mineurs. On peut déjà douter de la véracité de la proximité affective justifiant ce choix en droit familial en général. Bien qu'il ne soit pas tout à fait exclu, il est très difficile de s'appuyer sur la présomption du lien affectif entre l'enfant et son pays d'origine pour justifier un tel rattachement. Le bas âge du mineur ne lui permet pas normalement de nouer des liens affectifs avec son pays d'origine. C'est surtout les conséquences du rattachement à la nationalité de l'enfant qui risquent de poser des problèmes d'adaptation lorsque l'un des parents ou les deux sont appelés à assurer la protection de plusieurs de leurs enfants de nationalités différentes. Le rattachement à la nationalité conduit à la soumission des enfants nés du ou (des) même(s) parent(s) et habitant le même toit à des lois différentes[383].

---

[382] Selon les articles 16 et 17 de la Convention de La Haye de 1996.
[383] Y. LEQUETTE, *op. cit.*, p. 60, n° 82.

β. L'inefficacité du rattachement de la protection des personnes à la loi nationale

185. Le rattachement de la protection des personnes à la nationalité pose le problème de la protection à distance tant critiquée en raison de son inefficacité[384]. Tout d'abord, on pourrait s'interroger sur l'efficacité de la compétence de la loi nationale lorsque la personne à protéger se trouve loin de son Etat national et que l'organisation de la protection des personnes dans ces deux pays est très différente. Les difficultés de preuve de la loi nationale ne seront pas facilement résolues, étant donné que pour des raisons de commodité, les autorités généralement compétentes sont celles de la résidence de la personne. Les pertes de temps et d'argent sont forcément le risque à prendre lors de ce choix, et la personne à protéger serait par conséquent forcément lésée[385] lorsque des mesures d'urgence sont à prendre.

186. Le législateur tunisien, conscient de cette difficulté, a prévu en matière de tutelle une exception à la règle de conflit générale donnant compétence à la loi nationale de la personne à protéger, au profit de la loi tunisienne lorsque l'intéressé se trouve sur le territoire tunisien. La loi tunisienne ne s'applique, dans ce cas, que lorsque des mesures d'urgence sont à prendre. Certes l'exception est prévue au sein d'une règle unilatérale, mais rien ne s'oppose à sa bilatéralisation, pour conclure à la compétence de la loi où se trouve l'enfant ou l'incapable en matière de tutelle toutes les fois que des mesures d'urgence sont à préconiser. Dans les autres cas où il n'y a pas urgence, seules les potentielles pertes d'argent sont à prendre en compte lors de la recherche de la preuve de la loi nationale. Cette difficulté est surmontable en droit international privé tunisien. En effet, l'article 32 du CDIP prévoit que la charge de la preuve de la loi étrangère incombe principalement au juge avec le concours des

---

[384] E. GALLANT, *Responsabilité parentale et protection des enfants en droit international privé*, *Defrénois*, 2004, p. 112, n° 187.

[385] « Puisque la vie de l'intéressé se déroule dans le pays de son domicile, il est infiniment plus facile et plus pratique pour lui que l'organisation de sa tutelle y soit établie, plutôt que dans son pays national où il ne vit pas, qui peut être plus ou moins loin. Cela entraîne des lenteurs, des complications, des frais pour les actes de la vie courante et, en définitive, une protection infiniment moins efficace que celle qui peut être instituée dans le pays du domicile avec les rouages qui y fonctionnent », J.-P NIBOYET, *Traité de droit international privé*, t. VI, Sirey, p. 133, n° 1621.

parties, dans une limite de temps raisonnable. La preuve de la loi étrangère incombe principalement au juge, ce qui exclut *a priori* la perte d'argent pour les plaideurs. Mais aussi cet article prévient contre la perte de temps dans la recherche de la teneur de cette loi puisque la preuve doit être rapportée dans un temps raisonnable.

De même en droit français, l'article 20 du règlement Bruxelles II bis prévoit une exception à la compétence ordinaire des tribunaux de la résidence habituelle de l'enfant en faveur de ceux de l'Etat où se trouve la personne à protéger, ou ses biens pour prendre des mesures provisoires en cas d'urgence. Là encore, sauf exception, l'autorité compétente applique sa propre loi selon l'article 15 de la Convention de La Haye de 1996.

187. Au-delà des situations d'urgence, l'application de la loi nationale pose des problèmes dans le cas où elle devrait être assurée par les autorités publiques ou judiciaires. Les mesures adéquates sont normalement prises dans l'Etat où se trouve la personne à protéger, qui est très souvent l'Etat de la résidence de l'individu. Or, des difficultés apparaissent lorsqu'une loi nationale étrangère est appelée à commander les services de l'Etat étranger de la résidence de la personne. L'efficacité d'une telle décision dépendra du degré de coopération entre l'Etat d'origine de la décision et l'Etat de la résidence de l'enfant, mais aussi de la compatibilité de la loi nationale avec la loi des autorités devant prendre les différentes mesures. Pour faire face à ce dilemme, certains auteurs ont proposé l'absorption de la compétence législative par la compétence juridictionnelle[386]. Les autorités de la résidence de l'incapable étant les plus habilitées à mener à bien un tel objectif en raison de leur proximité avec la personne à protéger[387], la coïncidence des compétences conduira au rattachement législatif des mesures de protection à la loi de la résidence. La compétence législative de la résidence de la personne à protéger éviterait certainement le problème de l'adaptation des dispositions de la loi étrangère compétente avec celles de l'Etat qui ordonnera les mesures de protection. De ce fait, la loi de l'autorité qui devrait exécuter la décision serait applicable, quelle soit désignée par un juge étranger ou bien par le juge du for. Son application ne soulèverait donc aucun problème. L'autorité judiciaire ou administrative de la

[386] P. LEREBOURS-PIGEONNIERE, *Droit international privé*, 4e éd, Dalloz, 1962, p. 575 et s.

[387] Y. LEQUETTE, *op. cit.*, p. 132-134, n° 168; P. LAGARDE, « La nouvelle Convention de La Haye sur la protection des mineurs », *Rev. crit. DIP.*, 1997, p. 217 et s., spéc. p. 224.

résidence n'aura à appliquer que sa propre loi, même si les recommandations viennent d'une autorité étrangère. L'efficacité de la décision ne devrait en principe poser aucun problème.

188. Le Code de droit international privé tunisien ne prévoit pas cette hypothèse. De toute manière, la dissociation entre les compétences trouvera certainement ses limites dans certains cas où la compétence législative revient à la loi nationale de la personne et que les dispositions de cette loi sont incompatibles avec le système d'organisation judiciaire et administrative tunisiennes. L'éviction de toutes ou certaines dispositions de la loi étrangère en faveur de la loi tunisienne, loi de la résidence de la personne, semble par conséquent inévitable.

189. Ce problème est atténué en France depuis l'entrée en vigueur des Conventions de La Haye de 1961 et de 1996. L'unicité des compétences est consacrée en principe par le droit conventionnel. L'alignement des compétences juridictionnelles et législatives, ainsi que la primauté accordée au rattachement de la résidence habituelle, sont maintenus et renforcés[388] depuis l'entrée en vigueur en France de la Convention de La Haye du 19 octobre de 1996[389], et ce, même si la compétence ne résulte pas de l'application de cette dernière mais du règlement Bruxelles II bis. La dérogation à la compétence du juge de la résidence habituelle de l'enfant, et par conséquent à la loi de la résidence habituelle, n'est qu'exceptionnelle. Dans l'intérêt de l'enfant, elle se fait provisoirement[390] et sous conditions en faveur du juge du divorce[391], sinon en cas d'urgence au profit des autorités sur le territoire duquel se trouve la personne à protéger. Excepté ces cas, la prorogation juridictionnelle

---

388 La Convention de 1961 prévoit en effet une compétence des autorités de la résidence habituelle du mineur fortement concurrencée par les autorités de la nationalité de l'enfant.

389 P. LAGARDE, « La nouvelle convention de La Haye sur la protection des mineurs », *Rev. crit. DIP.*, 1997, p. 217 et s.

390 Voir, E. GALLANT, « REGLEMENT BRUXELLES II BIS (Matières matrimoniale et responsabilité parentale) », *Rép. internat. Dalloz*, 2010, n° 128.

391 L'article 10 de la Convention de La Haye de 1996, prévoit des cas de compétence du juge saisi de la demande de dissolution du mariage et par conséquent l'application d'une loi autre que celle de la résidence du mineur. Cette compétence est justifiée par les liens qui existent entre le divorce et la prise de mesure concernant les enfants du couple. D'ailleurs, cette exception à la compétence des autorités de la résidence de l'enfant cesse dès que la décision sur la rupture du lien conjugal est prononcée. Voir P. LAGARDE, « La nouvelle convention de La Haye sur la protection des mineurs », *Rev. crit. DIP.*, 1997, p. 229.

selon les deux instruments applicables en la matière[392] est tributaire d'une coopération entre l'Etat normalement compétent et un autre Etat concerné, soit par un renvoi de compétence de la part de l'Etat normalement compétent à un autre, soit à la demande d'un Etat et après que l'Etat compétent ait été avisé. Dans ce cas, la coopération entre l'Etat compétent et l'Etat de la résidence du mineur est assurée par l'accord donné. La Convention de La Haye du 13 janvier 2000 sur la protection internationale des adultes[393] va presque dans le même sens. Elle rallie la compétence juridictionnelle sur la compétence législative, excepté le cas prévu par l'article 13 où la protection de l'adulte recommande l'application d'une autre loi qui présenterait des liens plus étroits avec la situation. De même, une primauté est accordée aux autorités de la résidence habituelle de l'adulte même si cette compétence peut être concurrencée en raison de la particularité de la protection des adultes[394], par celle des autorités de sa nationalité[395], par les autorités de l'Etat où il se trouve ou encore par les autorités de l'Etat où se trouvent ses biens[396]. Ces deux instruments simplifient la résolution des litiges à caractère international en matière de protection des adultes et des mineurs tout en promouvant la proximité.

b. La protection pécuniaire des individus

190. A chaque fois que la protection touche le domaine de l'évaluation des besoins financiers de l'individu, il est difficile voire inefficace de se référer à une loi autre que celle de la résidence de la personne à protéger pour identifier ses nécessités. Puisque ce droit est institué pour faire face à la vulnérabilité financière de l'ayant droit, et que la somme versée sert à assurer ses besoins vitaux, la loi de la résidence serait seule capable d'évaluer les besoins de la personne à protéger. L'appréciation des nécessités du titulaire du droit à l'obligation alimentaire devrait tenir compte de l'environnement dans lequel vit ce dernier. On ne peut décider des besoins pécuniaires d'une personne sans se référer au lieu où elle vit habituellement. C'est après une prise en considération du

---

392 Selon le règlement Bruxelles II bis et la Convention de La Haye de 1996.

393 Signée par la France le 13 juillet 2001, mais pas encore ratifiée.

394 Contrairement à l'enfant, l'adulte a certainement noué des liens affectifs avec son Etat d'origine, et donc la proximité affective joue un rôle important en matière de protection des adultes.

395 Article 7 de la Convention.

396 Article 9 de la Convention.

quotidien de la vie de la personne qu'une idée sur ses nécessités pourrait être évaluée et qu'il devient possible de faire coïncider le montant de l'obligation avec la réalité des besoins de la personne. Dans le cas contraire, l'évaluation se fera selon des données différentes de la réalité de l'individu et la protection voulue par ce droit ne pourrait être réalisée dans tous les cas.

191. Ainsi en est-il de l'obligation alimentaire, quelle que soit la qualification qui lui est attribuée dans un système de droit : protection individuelle ou protection familiale. Sa qualification ne sert qu'à identifier les protagonistes de l'obligation et son étendue. Il reviendra à la loi de la résidence du créancier de fixer les besoins du créancier. A supposer qu'une loi autre que celle de la résidence du créancier d'aliments puisse être compétente pour déterminer l'obligation, il sera indispensable de revenir à la loi de la résidence du créancier pour établir son montant. Le domaine de la loi désignée sera donc forcément limité à la détermination des conditions de réclamation de cette obligation, à chaque fois qu'elle ne coïncide pas avec la loi de la résidence du créancier. Il en est ainsi lors de l'application de l'article 51 du CDIP tunisien relatif à l'obligation alimentaire. Lorsque l'obligation concerne les époux, le législateur impose au juge l'application de la loi en vertu de laquelle le lien matrimonial a été dissous. Pour toutes les autres obligations alimentaires, le juge est appelé à choisir parmi la loi nationale sinon domiciliaire du créancier ou du débiteur, la loi la plus favorable au créancier et l'appliquer. Seulement, afin de déterminer les besoins concrets du créancier, il est indispensable de se référer à l'environnement dans lequel il vit et par conséquent à la loi de sa résidence habituelle[397]. D'ailleurs, la prise en considération des besoins du créancier et même du débiteur n'a pas échappé aux rédacteurs de la Convention de La Haye du 2 octobre 1973 sur la loi applicable aux obligations alimentaires, qui est remplacée en France par le Protocole de La Haye de 2007. Des rattachements multiples à l'obligation alimentaire ont été adoptés. Ces critères vont selon le résultat espéré, de la loi de la résidence habituelle du créancier[398], à la loi du divorce[399] tout en passant par la loi de la nationalité commune[400] et celle du for ou de l'institution publique réclamant le

---

397 A. BONOMI, « Rapport explicatif du protocole du 23 novembre 2007 sur la loi applicable aux obligations alimentaires », Conférence de La Haye de Droit International Privé., Octobre 2009, p. 14.

398 Article 4.

399 Article 8.

400 Article 5.

remboursement d'une prestation fournie[401]. Et quelque soit la loi applicable, l'article 11 de la Convention prévoit qu'« il doit être tenu compte des besoins du créancier et des ressources du débiteur dans la détermination du montant de la prestation alimentaire ». Or, les besoins du créancier ne peuvent s'apprécier que selon son mode de vie et par conséquent par rapport au milieu dans lequel il vit. Ces recommandations figurent aussi dans l'article 14 du Protocole Aliments de 2007.

192. De ce fait, il s'avère que même si un critère est considéré en principe comme étant celui des liens les plus étroits, rien n'empêche que des dérogations lui soient apportées, afin d'affiner la recherche et ce, dans le but d'identifier le rattachement le plus satisfaisant. La flexibilité de la règle de conflit paraît donc un complément nécessaire au choix de l'élément concrétisant la proximité.

Section II : La flexibilité de la règle de conflit

193. Dans sa thèse, M. CORNUT recense deux types de flexibilités[402] : la flexibilité subjective et la flexibilité objective. Alors que la première résulte selon l'auteur de la place accordée à la volonté pour l'identification du critère de rattachement, la seconde « découle de l'affirmation du principe de proximité »[403]. C'est la flexibilité concrète et abstraite, servant la proximité, qu'il convient de mettre en relief.

194. La flexibilité concrète s'entend d'une étude casuistique de chaque rapport de droit après la naissance du litige. Elle est prévue toutes les fois que le système juridique entend donner une grande liberté au juge pour régler les litiges à caractère international. Lorsque ce procédé est prévu, c'est au juge de décider en fonction de chaque cas d'espèce, lequel des rattachements est le meilleur à adopter du point de vue de la proximité. Certes, cette méthode a l'avantage de satisfaire au mieux le principe de

---

401 Article 9.

402 E. CORNUT, *Théorie critique de la fraude à la loi : Etude de droit international privé de la famille*, Préface de H. FULCHIRON, *Defrénois*, 2006, p. 142, n° 237.

403 E. CORNUT, *op. cit.*, p. 141, n° 236.

proximité, mais son principal inconvénient est l'imprévisibilité des solutions. D'autres méthodes parviennent à concilier les objectifs de la proximité et les besoins de prévisibilité. La fonction de la recherche de la proximité est confiée au législateur, qui en assouplissant autant que possible la règle de conflit générale et abstraite, se rapproche de la proximité concrète assurée par les juges. La flexibilité abstraite s'affirme par un affinement de la règle de conflit (Paragraphe I) ainsi que par une prise en considération des différentes situations susceptibles de se présenter (Paragraphe II). Il convient d'étudier les impacts de cette méthode sur la réalisation du rattachement le plus proche dans les règles de conflit de lois françaises et tunisiennes.

Paragraphe I : L'affinement de la règle de conflit

195. Si « la détermination de la loi applicable par le biais d'une règle de conflit a assez souvent fait l'objet de critiques, dans la mesure où le caractère abstrait de la règle de conflit risque de contribuer à ce que la spécificité du cas concret soit méconnue »[404], dans ces conditions, l'affinement de la règle de conflit permet de réduire les inconvénients d'un tel processus. L'affinement de la règle de conflit par la spécialisation de la matière (A) et (ou) par la prise en considération des liens avec les ordres juridiques qu'entretiennent toutes les parties d'un rapport de droit (B), permet d'atteindre cet objectif.

A. La spécialisation du droit international privé de la famille

196. Les systèmes de droit international privé n'ont pas hésité à adopter cette nouvelle méthode pour la réglementation de leurs litiges privés à caractère international. Ils ont divisé les rapports de droits en différentes catégories auxquelles ils ont opté pour un rattachement prédéterminé censé être celui qui localise le mieux la relation en question. La bilatéralisation des règles de rattachement et la division des relations familiales en plusieurs catégories juridiques se sont vite répandues. Actuellement, la tendance est en faveur du maintien de la méthode abstraite de la résolution des conflits, tout en y incorporant une plus

[404] E. VASSILAKAKIS, *Orientations méthodologiques dans les codifications récentes du droit international privé en Europe*, L.G.D.J., 1987, p. 133, n° 137.

grande spécialisation afin de l'adapter aux différentes situations nouvelles[405]. Cela se fait grâce à une subdivision des catégories de droit en sous-catégories[406]. En raison de la complexité des rapports de droits actuels et de leur enchevêtrement, la méthode classique n'apparaît plus apte à réglementer de manière satisfaisante les situations nouvellement apparues[407]. De ce fait, des règles de conflit spéciales qui ont vocation à régir des relations bien spécifiques, ont vu le jour.

197. La spécialisation permet une meilleure localisation du rapport de droit[408], dans l'optique de réaliser deux objectifs. Le premier est la recherche d'une réglementation spécifique d'une relation juridique afin de favoriser un résultat souhaité : c'est la localisation *la plus favorable* qui est dans ce cas espérée de la spécialisation[409]. Ainsi, les questions particulières auxquelles le législateur entend donner des solutions particulières seront extraites de la règle générale et neutre afin d'être traitées à part. Le second objectif justifiant la spécialisation de la règle de conflit est, la recherche de la localisation la plus proche du rapport de droit[410]. Dans ce cas, même si l'on est toujours dans un raisonnement abstrait et neutre, on passe d'une règle générale à une règle spéciale, qui prend plus en compte les besoins de la situation litigieuse. Ceci conduit au détachement de certains rapports de la règle mère pour être réglés de façon autonome, par le biais de règles spéciales[411]. Une nouvelle règle de conflit *ad hoc* à la relation de droit est créée pour des situations particulières que le système de droit entend différencier de la règle principale. La nouvelle règle requiert une nouvelle localisation et, de ce

---

405 J. FOYER, « Problèmes de conflits de lois en matière de filiation », *RCADI*, 1985, t.193, p. 57, n° 103.

406 J.-D. GONZALEZ CAMPOS, « Diversification, spécialisation, flexibilisation et matérialisation des règles de droit international privé », *RCADI*, 2000, t. 287, p. 158, n° 106.

407 *Ibid.*, p. 162.

408 P.-M. PATOCCHI, *Règles de rattachement localisatrices et règles de rattachement à caractère substantiel. De quelques aspects récents de la diversification de la méthode conflictuelle en Europe*, GEORG -Librairie de l'Université - Genève, 1985, p. 230, n° 467.

409 Sp. VRELLIS, « La justice "matérielle" dans une codification du droit international privé », in *Sur l'unification progressive du droit international privé*, Mélanges Georges A.-L. Droz, Martinus Nihoff Publishers, 1996, p. 541 et s., spéc. p. 558.

410 J.-D. GONZALEZ CAMPOS, « Efforts concentrés d'unification et coexistence de règles de droit international privé dans le système étatique », Mélanges Georges A.-L. Droz, Martinus Nijhoff Publishers, 1996, p. 105 et s., spéc. p. 119, n° 75.

411 G. DROZ, « Regards sur le droit international privé comparé », *RCADI*, 1991-IV, t. 229, p. 338 et 339, n° 360.

fait, une révision de la règle générale pour le cas particulier. Bien évidemment, cela ne signifie pas que la règle spéciale soit forcément contraire à la règle générale. Des rattachements spécifiques à la relation seront proposés, et deux hypothèses se présentent alors. Soit la nouvelle règle dans sa résolution du conflit suit les stipulations prévues par la règle générale, et dans ce cas la spécialisation ne fera que confirmer que le rattachement principal est valable aussi bien pour toute la catégorie de droit que pour le cas particulier. Soit, en raison de la spécificité du rapport de droit, qui nécessite des rectifications ou bien des corrections, la nouvelle règle prévoit des solutions différentes de la règle principale[412]. Dans ce cas il s'agit d'une application à des situations différentes, des règles différentes[413]. En tout état de cause, cette méthode implique la recherche de solutions particulières à des relations spécifiques, au sein même d'une catégorie juridique générale de référence. Dans cette méthode, on passe de la règle générale à la règle spéciale[414]. La neutralité ainsi que l'abstraction de la règle demeurent le principe, mais leur intensité est amoindrie. En réalité, la réponse à la nouvelle sous-catégorie sera plus adéquate[415] étant donné qu'elle résulte d'une analyse plus ciblée de la relation.

198. En droit de la famille, la spécialisation de la règle de conflit implique la recherche de solutions particulières à des rapports de droit qui, tout en se rattachant à la catégorie de droit de la famille, nécessitent une solution qui leur soit propre. Cette méthode s'est réalisée dans les systèmes français et tunisien à travers deux processus cumulatifs. Le premier conduit à un détachement de la catégorie « droit de la famille », du statut individuel (1). Le second aboutit à une indépendance au sein même de la catégorie du droit de la famille, de certaines de ses sous-catégories (2).

---

412 J.-D. GONZALEZ CAMPOS, « Diversification, spécialisation, flexibilisation et matérialisation des règles de droit international privé », *RCADI*, 2000, t. 287, p. 196 et 197, n° 142.

413 H. BATIFFOL, intervention qui a suivi la communication de J. FOYER « La réforme du droit de la filiation et le droit international privé », *Trav. Comité. fr. DIP.*, 1969-1971, p. 129.

414 E. VASSILAKAKIS, *Orientations méthodologiques dans les codifications récentes du droit international privé en Europe*, L.G.D.J., 1987, p. 142 et 143, n° 150.

415 J.-D. GONZALEZ CAMPOS, *Ibid.*

1. L'indépendance du droit de la famille par rapport au statut individuel

199. Conscient de l'indépendance du droit familial par rapport au droit des personnes *stricto sensu*, le législateur tunisien a prévu des règles propres à chacune de ces matières[416], même si des similitudes quant aux solutions données remettent en cause la réalité de l'autonomie du droit de la famille. Le simple fait que le CDIP tunisien réserve un chapitre spécifique aux relations familiales atteste de l'attention particulière que le législateur a prêté à cette matière. Cette séparation entre statut individuel et statut familial au sein du CDIP présente une avancée par rapport au système antérieur. Le décret du 12 juillet 1956, applicable avant l'entrée en vigueur du CDIP, ne faisait aucune distinction entre ces deux statuts. L'article 2 du décret ne prévoyait que la catégorie « statut personnel »[417] pour y inclure le droit des personnes ainsi que les relations familiales patrimoniales et extrapatrimoniales. L'article 1er du décret rattachait toute la matière à la loi nationale[418]. Un seul critère de rattachement pour tout le statut personnel était donc prévu. Depuis l'entrée en vigueur du CDIP, le droit tunisien s'est doté de règles de droit international privé de la famille distinctes du droit des personnes, même si elles font partie intégrante du statut personnel. Le simple fait que les relations familiales engagent plus qu'une personne à la différence du droit des personnes appelle à les distinguer de ce dernier.

200. La même solution vaut en droit international privé français. A la date de la promulgation du Code civil, l'article 3 alinéa 3 était l'unique référence en droit international privé de la famille. Au fil du temps, on a assisté à une hypertrophie de son domaine d'application. Les différentes

---

416 Le Chapitre II pour ce qui est du droit des personnes, et le Chapitre III pour le droit de la famille.

417 Article 2 du décret prévoit que « le statut personnel comprend les contestations relatives à l'état et à la capacité des personnes, au mariage, aux régimes matrimoniaux, aux droits et devoirs réciproques des époux, au divorce, à la répudiation, à la séparation, à la filiation, à la reconnaissance et au désaveu de paternité, aux relations entre ascendants et descendants, à l'obligation alimentaire entre parents et autres alliés, à la légitimation, à l'adoption, à la tutelle, à la curatelle, à l'interdiction, à l'émancipation, aux donations, aux successions, au testament et autres dispositions à cause de mort, à l'absence et à la présomption de décès ».

418 Selon l'article 1er du décret du 12 juillet 1956 tel que remplacé par le décret du 24 juin 1957, « les étrangers sont régis, en ce qui concerne leur statut personnel, par leur loi nationale ».

règles de droit international privé de la famille d'origine interne, internationales ou unionistes participent à l'extraction du champ d'application de l'article 3 alinéa 3 du Code civil, des matières familiales qui autrefois relevaient de sa compétence.

201. Toutefois, l'autonomie des relations familiales par rapport au statut personnel ne semble pas suffisante. On assiste désormais à une spécialisation de certaines relations de droit au sein même de cette catégorie.

2. L'autonomie des sous-catégories du droit de la famille

202. Afin de respecter la spécificité du rapport de droit abordé, il semble nécessaire que toute relation familiale présentant une dissemblance par rapport à la règle générale, ou bien ne pouvant suivre les règles spéciales, soit traitée de manière autonome. Dans ce cas, même si le règlement ne se fait pas toujours de manière *casuistique* afin d'assurer le rattachement à la loi des liens les plus étroits dans toute hypothèse, on se rapproche de plus en plus de cette méthode tout en maintenant le raisonnement abstrait. La méthode consiste à subdiviser la catégorie du droit familial en plusieurs sous-catégories et à régler indépendamment et parfois même différemment, les sous-catégories qui présentent des spécificités par rapport à la catégorie mère. Ce procédé présente l'avantage d'atténuer les inconvénients de la généralité et de prendre en considération le cas particulier. La question de droit étant « mieux cernée »[419], la solution donnée sera « pointilliste »[420], moins générale et partant moins abstraite que la règle de principe prévue pour tout le droit de la famille. La solution se rapprochera plus de la situation concrète du rapport de droit. C'est une nouvelle forme de *casuistique* qui est par conséquent consacrée : la *casuistique-apriorique.* Une casuistique par rapport à la sous-catégorie est prise en compte, mais qui se fait préalablement à la naissance du litige. Cette méthode a aussi le mérite de garantir à la fois la sécurité juridique, assurée par la prévisibilité des

---

[419] P. REMY-CORLAY, *Etude critique de la clause d'exception dans les conflits de lois* (*Application en droit des contrats et des délits*), Thèse, Poitiers, 1997, p. 128, n° 191.

[420] R. BOUKHARI, *Le statut personnel à l'épreuve de la codification de droit international prié (Etude de conflit de lois)*, Thèse, Université de Tunis-El Manar, 2007-2008, p. 36, n° 41.

solutions dans la règle préalablement établie, et la précision dans la localisation, conséquence d'une étude plus ciblée du rapport de droit.

203. Force est de constater que les règles de conflit spéciales sont en nette augmentation dans les deux systèmes étudiés. En droit français, depuis l'arrêt *Rivière* et avant les réformes de 1972 et 1975, la jurisprudence avait dégagé deux règles en matière familiale. L'une est applicable en présence d'un mariage et l'autre en cas d'absence de lien matrimonial. La première règle accaparait presque tout le statut familial et concernait les effets du mariage, c'est-à-dire le divorce, l'établissement et les effets de la filiation légitime[421], les conditions de légitimation et ses effets, les conditions de fond de l'adoption lorsque celle-ci est demandée par les deux époux[422], l'obligation alimentaire ainsi que les donations entre époux[423]. Toutes ces matières étaient soumises à la loi des effets du mariage. La deuxième règle, quant à elle, ne s'appliquait qu'à la filiation naturelle (établissement et effet) pour la rattacher à la loi nationale de l'enfant. Nul ne peut contester l'évolution législative et jurisprudentielle en la matière. Les règles ne cessent de se multiplier pour régir des questions particulières. Ainsi, l'établissement de la filiation s'est détaché des effets du mariage pour atteindre une indépendance qui laisse croire que cette catégorie doit être appréhendée de façon autonome. En abolissant toute distinction entre filiation légitime et filiation naturelle, le législateur français a dégagé une règle de conflit propre à la matière. Une subdivision au sein même de la sous-catégorie filiation a été consacrée, distinguant la filiation par le sang de la filiation adoptive. On constate même que des règles propres à la reconnaissance volontaire de parenté[424] ont été élaborées par le législateur. Les conventions internationales ainsi que les règlements européens ont contribué à la spécialisation d'autres matières familiales en France. La responsabilité parentale a ainsi été touchée par la vague de spécialisation. Ce droit a acquis une *quasi* autonomie. L'autorité parentale est désormais traitée comme un droit relatif à la protection du mineur et non comme un droit pour celui qui l'exerce. Bien évidemment, ce passage d'un droit à un autre ne peut qu'affecter les règles régissant la

---

[421] Paris, 21 juin 1955, *Rev. crit. DIP.*, 1955, p. 529, note H. BATIFFOL.

[422] Paris, 8 décembre 1977, *Rev. crit. DIP.*, 1978, p. 684, note J. FOYER, *D.*, 1978, p. 235, note E. POISSON.

[423] Civ. 1re, 15 février 1966, *Rev. crit. DIP.*, 1966, p. 273, note H. BATIFFOL, *J.D.I.*, 1967, p. 95, note B. GOLDMAN, *D.*, 1966, p. 370, note Ph. MALAURIE, *GAJFDIP*, n° 42.

[424] Article 311-17 du Code civil.

matière. L'importance de cette autonomie serait d'une grande envergure. Considérer la responsabilité parentale comme étant une partie intégrante des effets du mariage laisse penser que les finalités auxquelles elles conduisent suivent la même logique : l'autorité parentale est par conséquent considérée comme étant beaucoup plus un droit principalement octroyé aux parents, qu'un droit de l'enfant. L'insertion de cette matière dans la catégorie de la protection du mineur présente l'avantage de reconnaître sa spécificité et permet déjà d'orienter son processus de réglementation vers le choix d'un critère qui doit logiquement être protecteur de l'enfant. Alors que sous la méthode de droit commun[425] la responsabilité parentale était localisée indirectement par rapport aux effets du mariage, c'est la *responsabilité* même qui est visée par la règle spéciale. Classer la responsabilité parentale dans la catégorie de la protection des mineurs laisse prédire que c'est sous l'angle de la protection, et donc de l'intérêt de l'enfant, que la matière sera traitée. En définitive, c'est la « protection de l'enfant » qui sera le centre de la localisation, et non les effets du mariage.

204. La catégorie « effet du mariage » se vide donc de plus en plus des matières qui lui étaient affectées autrefois par le système français. D'ailleurs, Mme MUIR WATT et M. BUREAU constatent « une certaine déperdition naturelle » de cette catégorie[426]. Il est à relever que les matières qui font toujours partie intégrante des effets du mariage sont très réduites et se limitent aux donations entre époux, à la transmission du nom aux enfants légitimes et aux conditions de l'adoption[427]. D'ailleurs, après un examen de plus près des matières qui sont à ce jour encore soumises à la loi des effets du mariage, on se demande si ces dernières font toujours partie de cette catégorie.

205. Nonobstant les donations entre époux qui, depuis l'arrêt *Campbell-Johnston*[428] demeurent à ce jour incontestablement assimilées aux effets du mariage, il est difficile d'affirmer qu'il en est de même pour les autres matières. Dans le cas de la transmission du nom, des auteurs

---

425 Il est à signaler que le système de droit commun est toujours applicable dans les rares cas n'entrant pas dans le champ d'application de la Convention de La Haye du 25 octobre 1961 concernant la compétence des autorités et la loi applicable en matière de protection des mineurs et le Règlement Bruxelles II bis.

426 D. BUREAU et H. MUIR WATT, t. II, p. 114, n° 731.

427 Article 370-3 du Code civil.

428 Civ. 1re, 15 février 1966, *D.*, 1966, p. 370, note MALAURIE, *Rev. crit. DIP.*, 1966, p. 273, note H. BATIFFOL, *J.D.I.*, 1967, p. 95, note B. GOLDMAN, *GAJFDIP*, n° 42.

prédisent un détachement de cette catégorie des effets du mariage au profit de la loi personnelle[429] en raison de l'évolution des droits internes en la matière[430], principalement concernant le nom de la femme après le mariage. Quant à la capacité à adopter, l'article 370-3 du Code civil la soumet en cas d'adoption par les deux époux à la loi qui régit les effets de leur union. Néanmoins, les dispositions de cet article ne certifient tout de même pas à elles seules, de sa classification dans la catégorie des effets du mariage. La dérogation apportée par cet article à la compétence de la loi des effets du mariage autorisant l'adoption lorsque les lois nationales des deux époux sont prohibitives, témoigne de la ponctualité de l'adjonction.

206. Les exceptions auxquelles est confronté le principe de la compétence de la loi des effets du mariage laissent douter de la viabilité de cette catégorie dans le futur. La complexité des relations familiales plaide en faveur de l'indépendance de ses sous-catégories. L'un des facteurs accélérant cette extraction des catégories traditionnelles de la catégorie originelle, est certainement la prolifération des règles d'origine internationale auxquelles la France a adhéré. L'organisation internationale des solutions de conflits de lois et de compétences en matière familiales soutient la spécialisation des matières et s'oriente effectivement vers une réglementation ponctuelle des problèmes familiaux à caractère international.

207. Bien que les règles de conflit régissant les rapports familiaux en droit tunisien soient d'origine interne, le législateur, dans la réglementation de la matière, ne s'est pas lassé d'affiner sa réglementation des relations familiales internationales. Des articles distincts régissent les sous-catégories du droit de la famille. Cela atteste de l'attention particulière que le législateur a prêtée à chacun de ces droits, en prévoyant des rattachements différents d'une relation à une autre, qui tiennent compte de la spécificité de chaque matière. Il est fait appel tantôt à la loi nationale de chacune des parties, tantôt à la loi nationale commune des parties, celle de leur domicile commun ou bien même celle de leur dernier domicile commun. Des règles plus spécifiques que la règle générale sont alors adoptées. Ainsi, le mariage est réglé par

[429] H. MUIR WATT et D. BUREAU, t. II, p. 116, n° 732.

[430] F. MONEGER, « Actualité du nom de famille en droit international privé », *Trav. Comité fr. DIP.*, 2004-2005 p. 7 et s.

deux articles, un relatif à ses conditions de forme[431] et l'autre à ses conditions de fond[432]. Au sein de la catégorie « mariage », le législateur tunisien ne se contente pas dans le CDIP de distinguer les conditions de fond de celles de forme, mais va même jusqu'à appréhender indirectement les potentiels mariages polygamiques. Pour cela, et afin d'empêcher la célébration d'un mariage polygamique sur le territoire tunisien, l'article 46 du CDIP prévoit que « lorsque l'un des époux est ressortissant d'un pays qui autorise la polygamie, l'officier d'état civil ou les notaires ne peuvent conclure le mariage qu'au vu d'un certificat officiel attestant que ledit époux est libre de tout autre lien conjugal ». Certes, cette disposition spéciale ne va pas jusqu'à une réglementation autonome en droit tunisien du mariage polygamique telle que désirée par certains auteurs[433], mais elle reflète l'attention particulière que lui prête le législateur au moment de sa création sur le territoire tunisien. La spécialisation s'est poursuivie pour les obligations respectives des époux et le divorce. Bien que les dispositions des règles de conflit de lois qui les régissent se rapprochent, chacune des deux catégories de droit bénéficie désormais de sa propre règle de conflit[434]. Il en est de même en matière de garde, de filiation et d'adoption qui sont soumises à des règles spéciales différentes, nonobstant les ressemblances ou les liens qui les unissent. Quant à l'obligation alimentaire, elle a été réglementée par un texte spécifique qui prévoit, en plus des règles générales à toute obligation alimentaire, une solution particulière aux obligations alimentaires entre époux[435].

208. La spécialisation dans les deux systèmes ne s'est pas uniquement limitée à favoriser un résultat matériel espéré. Elle s'est aussi étendue aux règles de conflit neutres. Il est indéniable que les législateurs français et

---

431 Article 46 du CDIP.

432 Article 45 du CDIP.

433 M. CADET propose que la spécialisation s'étende au mariage polygamique, et que ce dernier soit traité par une règle de conflit autonome par rapport à celle prévue pour le mariage monogamique, afin de limiter l'intervention d'exception de l'ordre public. Voir, F. CADET, *L'ordre public en droit international de la famille : Etude comparée France/Espagne*, Préface de S. POILLOT PERUZETTO, L'Harmattan 2005, p. 163 et 164, n° 230.

434 Article 47 du CDIP pour les obligations des époux et article 49 du même Code pour le divorce.

435 L'article 51 du CDIP prévoit que « l'obligation alimentaire est régie par la loi nationale du créancier ou celle de son domicile, ou bien par la loi nationale du débiteur ou celle de son domicile. Le juge appliquera la loi la plus favorable au créancier. Toutefois l'obligation alimentaire entre époux, est régie par la loi en vertu de laquelle le lien matrimonial a été dissous ».

tunisien ont cherché par certaines règles de conflit à parvenir à un résultat substantiel déterminé. Cependant, les différentes règles particulières n'ont pas toutes pour objectif de favoriser une solution précise, certaines gardent leur neutralité. Dans ces dernières, la spécialisation sert exclusivement à apporter une solution précise et plus ciblée à la sous-catégorie.

209. Les mérites de la spécialisation cachent cependant des difficultés de coordination entre les systèmes juridiques étrangers susceptibles de s'appliquer simultanément à différentes sous-catégories de droit étroitement liées les unes aux autres, lorsque les recommandations de leurs lois sont contradictoires. La complication qu'engendre la spécialisation se rapporte sans doute à la préservation de la cohérence des solutions en raison de l'articulation des différentes dispositions de règles de conflit qui peuvent s'entremêler. L'enchevêtrement des diverses catégories de droit de la famille ne condamne en principe pas le dépeçage de la matière. Alors que la soumission de tout le droit familial à une seule loi (loi des effets du mariage) garantissait l'unité de la famille[436], la spécialisation engendre parfois des contradictions dans les solutions proposées. C'est la principale faiblesse de cette méthode[437]. Afin de remédier à ces inconvénients, différents modes de réglementation du dépeçage ont été proposées par la doctrine[438]. L'adaptation de la règle de conflit, et par là même des lois applicables, est dans ce cas essentielle pour trouver une solution adéquate au morcellement des relations familiales à caractère international. Toutefois, son mode d'application suscite des interrogations. L'adaptation est aisée lorsque les différentes règles de conflit ont le même fondement, mais l'est beaucoup moins, lorsqu'elles ont des objectifs distincts. Comment parvenir à concilier, en matière d'obligations alimentaires, une loi favorable à son attribution selon la règle de conflit applicable au droit aux aliments à partir du moment où un lien de filiation (légitime ou naturelle) est constaté, avec la règle de droit d'un autre Etat applicable à la question préalable à savoir, l'établissement de la filiation dont les dispositions écartent tout droit à la reconnaissance d'une filiation naturelle, surtout que l'octroi du droit aux

---

436 L. GANNAGE, *La hiérarchie des normes et les méthodes de droit international privé : Etude de droit international privé de la famille*, L.G.D.J., 2001, p. 45, n° 58.

437 J.-D. GONZALEZ CAMPOS, Cours *précit.*, p. 168 et 169, n° 114 ; R. BOUKHARI, *Le statut personnel à l'épreuve de la codification de droit international privé (Etude de conflit de lois)*, Thèse, Université de Tunis-El Manar, 2007-2008, p. 71 et 72, n° 89.

438 D. COCTEAU-SENN, *Dépeçage et coordination dans le règlement des conflits de lois*, Thèse, Paris I, 2001.

aliments aux enfants est précédé par l'établissement de la filiation ? Attendu qu'en droit de la famille différentes catégories coexistent – dont celle relative aux droits alimentaires et celle relative à l'établissement de la filiation –, il n'est pas rare que les dispositions des règles de conflit applicables à chaque catégorie soient péniblement conciliables. La loi applicable selon la règle de conflit relative à l'établissement de la filiation dans notre exemple, bloquera les dispositions favorables à l'octroi d'une obligation alimentaire selon la règle de conflit qui lui est applicable. Diverses méthodes ont été établies pour faire face à ces craintes. La principale s'articule autour de l'absorption de l'une des questions posées (la question principale ou préalable) par l'autre. L'absorption sera menée soit par l'extension de l'une des règles de conflit à toutes les questions qui lui sont liées, soit par l'extension de la loi applicable à une question à toute la relation. Bien évidemment, l'absorption réduira les effets de la spécialisation, et par conséquent la recherche de la proximité lorsque celle-ci est la principale raison de cette méthode. Toutefois, cette solution n'est qu'une échappatoire à une difficulté occasionnelle, qui ne peut remettre en cause l'optique générale de la spécialisation. D'ailleurs, à l'heure actuelle, il n'existe pas de réglementation précise des cas de dépeçage dans les systèmes étudiés. La méthode fonctionnelle de la résolution des problèmes de dépeçage paraît acceptable aussi bien dans le système français que tunisien. Selon les besoins et l'objectif de la spécialisation il faut orienter le choix. Il faut que la méthode réglant le dépeçage ne soit pas contraire à l'orientation générale de la législation en la matière. Si l'esprit de la spécialisation traduit la recherche de la proximité, alors l'adaptation devrait aussi aller dans ce sens, c'est-à-dire le choix de la méthode qui réalise cette directive.

210. Cependant, ce type d'adaptation paraît d'autant plus contraignant lorsque l'une des questions – principale ou préalable – est orientée vers la recherche de la proximité, alors que l'autre privilégie davantage la faveur pour un résultat matériel. Lequel des deux choix faut-il privilégier dans pareille hypothèse, est-ce la recherche de la proximité ou le résultat espéré ? Logiquement étant donné qu'en droit international privé la recherche de l'obtention d'un résultat espéré n'est qu'une exception à la recherche de la proximité, il est tout à fait normal de privilégier lors de l'adaptation des solutions les règles exceptionnelles qui favorisent un résultat matériel à celles qui conduisent à la proximité, puisque le but de ces dernières est de déroger à la règle principale. Les règles de conflits matérielles l'emporteraient ainsi sans difficultés sur les règles de conflit de proximité. Cette dernière méthode de coordination entre les

différentes règles de conflit ne bouleversera pas de façon ostentatoire l'objectif principal de l'affinement de la règle, à savoir, le rattachement à l'ordre juridique le plus proche, puisqu'elle reste exceptionnelle dans un système qui œuvre de plus en plus à l'affinement de sa réglementation. Or, l'affinement de la règle de conflit dépasse parfois le cadre de la spécialisation, en prêtant une attention particulière à toutes les parties de la relation juridique.

B. La prise en considération séparément des liens avec les différents ordres juridiques concernés par la relation familiale en cas de pluralité des parties

211. Etant donné que dans un rapport de droit familial au moins deux personnes sont parties à la relation, il est assez fréquent que le rattachement prévu pour régir une question de droit de la famille donne compétence à des ordres juridiques différents selon la situation de chaque partie au rapport. Il en est ainsi des relations familiales faisant intervenir des personnes déterminantes dans la question posée, de nationalités ou de résidences habituelles différentes, et dont le recours à un rattachement subsidiaire n'est pas possible en raison de l'importance d'un critère particulier pour la localisation de la matière. Dans pareille hypothèse deux solutions sont envisageables. Soit l'une des parties au rapport de droit absorbe toute la relation, et dans ce cas il n'est retenu que l'ordre juridique désigné par le rattachement d'une seule partie choisie. Cette solution prédominait en droit français et tunisien, mais actuellement son domaine ne cesse de rétrécir. Soit sont pris en considération tous les ordres juridiques désignés par la règle de conflit afin de respecter tous les systèmes ayant un lien avec la relation. Cette démarche traduit bien le respect des liens que la relation entretient avec tous les ordres juridiques puisqu'aucun système de droit en étroite relation avec le rapport ne sera éludé, essentiellement dans les matières de droit familial favorisant la création d'un droit comme celui en matière de condition de fond de l'adoption et du mariage. Si en matière de mariage, l'application distributive des lois nationales des époux est

admise sans difficultés dans les deux systèmes[439], tout autre est le cas de l'adoption.

212. En matière d'adoption internationale, où adoptant(s) et adopté sont incontestablement sur un pied d'égalité quant à leur qualité au sein de cette relation, une application cumulative des lois nationales du ou des adoptants ainsi que celle de l'adopté est recommandée afin de tenir compte de tous les liens de la relation en question. La position du législateur tunisien en faveur de l'application des lois des principaux intéressés à une adoption a été ferme et claire. En revanche, la prise en considération des lois nationales de l'adoptant et de l'adopté en droit international privé français n'est pas aussi certaine, bien qu'une avancée soit entreprise dans ce sens par la loi du 6 février 2001 relative à l'adoption internationale[440].

213. Dans le système tunisien, l'article 4 du décret de 1956 avait déjà instauré une règle de conflit en matière de conditions de l'adoption[441], donnant compétence à la fois à la loi de l'adoptant et de l'adopté. Cette règle a bien été respectée par les tribunaux tunisiens[442]. Avec la promulgation du CDIP, le législateur a repris les dispositions du décret en la matière au sein de l'article 53 du CDIP, tout en précisant que « les conditions de l'adoption sont soumises à la loi de l'adoptant et à celle de l'adopté, chacune en ce qui le concerne ». Sont par conséquent prises en compte, en droit international privé tunisien, les lois nationales de toutes les parties concernées par l'adoption[443].

214. Tout autre est l'attitude du système de droit international privé français en la matière. En réalité, la jurisprudence française n'était pas claire quant au rattachement des conditions de l'adoption[444], essentiellement pour ce qui est de l'application cumulative des lois des

---

439 Voir *Supra*, n° 175.

440 Loi n° 2001-111 du 6 février 2001, *J.O.* du 8 février 2001, p. 2136.

441 Ces règles régissent aussi bien la *Kafala* que l'adoption.

442 Voir, le jugement du tribunal de Première Instance de Tunis, 28 janvier 1959, *Revue Tunisienne de Droit,* 1962, p.73 ; Civ. arrêt n° 4063 du 11 novembre 1965. *Bull.*, 1965, p. 59, *R.J.L.*, 3-1966, p. 34, *Revue Tunisienne de Droit,* 1963-1965, sommaires de jurisprudence, p. 268, *J.D.I.,* 1968, p. 125, *chron.* M. CHARFI.

443 M. GHAZOUANI, « Cent jugements d'adoption sinternationales », in *La diversité dans le droit*, Mélanges offerts à la Doyenne Kalthoum MEZIOU-DOURAI, CPU 2013, p. 389 et s, spéc., p. 404 et 406.

444 Voir, P. BOUREL « Adoption », *J-Cl. Droit internat.*, fasc. 584.

principales parties à une adoption. Même si certaines décisions faisaient référence à la fois aux lois des adoptants et de l'adopté en matière d'adoption, il n'en ressortait pas de manière évidente une faveur pour la consultation des différentes lois pour régir la question. La position de la jurisprudence française n'était pas stable quant au rattachement des conditions de l'adoption. Il s'avère que dans certaines décisions les juges ne se sont pas lassés de soumettre l'adoption à la seule loi nationale de l'adopté ou de l'adoptant, considéré en l'espèce comme étant le principal intéressé de cette institution[445]. Bien que dans d'autres décisions, il a été fait référence à la loi nationale de l'adoptant et de l'adopté, il est difficile de déduire de ces décisions une évolution vers le rattachement des conditions de l'adoption à la loi nationale de l'adoptant et de l'adopté. En effet, dans un jugement du tribunal de grande instance de Nice datant du 3 juillet 1963[446], alors même qu'il a été fait appel à la fois à la loi de l'adoptant et de l'adopté pour refuser une adoption, aucune prise de position des juges du fond quant à l'application cumulative de ces différentes lois ne ressort de ce jugement. La référence aux différentes parties à l'adoption, n'a été faite que parce que ces dernières sont toutes de la même nationalité. Il n'est pas sûr que le tribunal aurait renvoyé à la loi de l'adoptant et de l'adopté si ces derniers avaient été de nationalités différentes. C'est probablement la convergence vers la même nationalité qui a conduit le tribunal à citer la nationalité de l'adoptant et de l'adopté. L'affirmation jurisprudentielle de la compétence distributive de la loi personnelle de l'adoptant et de l'adopté a été établie dans un arrêt de la cour d'appel de Paris datant du 11 juillet 1975[447], et a aussitôt été remise en cause par l'arrêt de la cour d'appel de Paris du 8 décembre 1977 soumettant les conditions de l'adoption à la loi des adoptants[448]. D'ailleurs, vingt ans plus tard, la Cour de cassation, dans l'arrêt *Torlet*[449],

[445] Tribunal civil de Lyon, 24 avril 1951, où le tribunal avait considéré « qu'en matière d'adoption, l'intéressé est moins l'adoptant que l'adopté dont l'état va se trouver modifié », *J.D.I.*, 1952, p. 198, note, P. TAGER.

[446] TGI de Nice, 3 juillet 1963, *J.D.I.*, 1964, p. 563, note A. PONSARD, *JCP*, éd. G, 1984.II.13830, note M. SIMON-DEPITRE, *D.*, 1964, p. 347, note J.-L. DELVOLVE, *Rev. crit. DIP.*, 1966, p. 424, note J. FOYER.

[447] Paris, 11 juillet 1975, *Gaz. Pal.*, 1975.2.761, note J. VIATTE, *Rev. crit. DIP.*, 1976, p. 695, note J. FOYER, *D.*, 1976, p. 682, note E. POISSON.

[448] Paris, 8 décembre 1977, *Rev. crit. DIP.*, 1978, p. 684, note J. FOYER, *D.*, 1978, p. 235, note E. POISSON.

[449] Civ. 1re, 7 novembre 1984, *Defrénois*, 1984, art. 33781, n° 80, note J. MASSIP, *J.D.I.*, 1985, p. 434, note H. GAUDEMET-TALLON, *Rev. crit. DIP.*, 1985, p. 533, note M. SIMON-DEPITRE, *D.*, 1985, p. 459, note E. POISSON-DROCOURT, *GAJFDIP*, n° 67, p. 609.

avait pris position en faveur de la soumission des conditions et des effets de l'adoption à la loi nationale de l'adoptant. La compétence de la loi de l'adopté se limitait selon cet arrêt à la détermination des « conditions du consentement ou de la représentation de l'adopté ». Dans ce sens, lorsque l'adoption est prononcée en faveur d'un couple, c'est à la loi nationale commune des adoptants[450], et à défaut, celle de leur résidence habituelle sinon celle du for qui s'appliquait en la matière.

215. Il est difficile de dégager de cette jurisprudence une volonté d'établir une règle de conflit en matière de conditions de l'adoption fondée sur la proximité, à partir du moment où il n'y a pas de prise en compte des rattachement des différentes parties et « des intérêts contradictoires qui s'opposent dans les adoptions internationales »[451]. Dans ce cas, les liens d'une partie caractéristique du rapport de droit ont été occultés [452]. Cette jurisprudence permettait l'adoption d'enfants étrangers de statut personnel prohibitif par un ou des adoptants dont la loi nationale accepte l'adoption et même par deux requérants de statuts personnels prohibitif lorsque les adoptants sont de nationalités différentes mais résident dans un pays qui autorise l'adoption. Dans ce dernier cas, la création d'un lien de filiation adoptive entre les adoptants et l'adopté est permis en dépit des dispositions prohibitives de toutes les lois personnelles des intéressés. Trouvant appui dans la circulaire du 8 juillet 1976 autorisant l'adoption en France d'enfant dont le statut personnel prohibe ou ignore cette institution, les juridictions françaises n'avaient pas hésité à prononcer des adoptions alors même que la loi de l'adopté la prohibe, à partir du moment où le représentant de l'enfant y consent, abstraction faite de la loi de l'adopté même pour l'appréciation du contenu du consentement[453]. La Cour de cassation française dans son arrêt du 3 octobre 2000[454], ainsi que les juridictions du fond[455], avaient

---

450 Paris, 8 décembre 1977 *précit.*

451 J. FOYER, note sous Paris, 8 décembre 1977, *Rev. crit. DIP.*, 1978, p.684 et s., spéc. p. 686.

452 T. RAJCEVIC, *L'autorité du principe de nationalité dans le droit international privé des pays de l'Europe centrale et orientale*, Thèse, Paris II, 2002, p.106.

453 Arrêt *Pistre*. Civ. 1re, 31 janvier 1990, *Defrénois*, 1990, art. 34826. n° 92, note J. MASSIP, *Rev. crit. DIP.*, 1990, p. 519, note E. POISSON-DROCOURT, *D.*, 1991, p. 105, note F. BOULANGER, *JCP*, éd. G, 1991.II.21635, note H. MUIR WATT, *Gaz. Pal.*, 1990, *somm.* 483, *obs.* J. MASSIP, *GAJFDIP*, n° 67-69.

454 Civ. 1re, 3 octobre 2000. *D.*, 2000. *IR.* 265.

455 Aix-en-Provence, 25 mars 1999. *D.*, 2000, p. 45, note J.-B. DONNIER. Dans cet arrêt, la cour d'appel a accepté le prononcé d'une adoption plénière d'un enfant algérien

continué à soutenir qu'il était possible de prononcer une adoption plénière alors que celle-ci est ignorée par la loi nationale de l'enfant, à condition que le consentement des représentants de l'enfant ait été donné en sa faveur. Ces adoptions ont été prononcées en dépit des dispositions de la circulaire du 16 février 1999[456] recommandant le respect des lois nationales des intéressés et s'opposant au prononcé d'adoptions non reconnues par les pays d'origine des parties[457]. On ne sait si la Cour de cassation dans l'arrêt de 2000 voulait maintenir le régime antérieur et faire obstacle à l'application d'une circulaire à qui il n'appartient pas d'énoncer des règles de droit[458], ou bien si cette attitude n'est que l'effet d'une continuation de l'application du régime jurisprudentiel à une affaire pendante des tribunaux bien avant la circulaire de 1999. De toute évidence, l'application de la seule loi des adoptants, qu'elle soit la loi nationale (en cas d'adoption par une partie ou de personnes de même nationalité), ou encore la loi de la résidence en cas de nationalités différentes des adoptants, risque d'encourager les personnes désireuses d'adopter des enfants à contourner les lois nationales étrangères de l'enfant prohibant une telle institution. Les candidats à l'adoption, essentiellement lorsque ces derniers sont tous deux de nationalité française, n'auront qu'à recueillir le consentement du représentant de l'enfant avant de demander l'établissement de la filiation adoptive devant les tribunaux français. L'arrêt *Fanthou*[459] de la Cour de cassation est allé dans ce sens, en affirmant que « deux époux français peuvent procéder à l'adoption d'un enfant dont la loi personnelle ne connaît pas, ou prohibe, cette institution, à la condition qu'indépendamment des dispositions de cette loi, le représentant du mineur ait donné son consentement en pleine connaissance des effets attachés par la loi française à l'adoption ». La possibilité pour les époux français d'adopter un enfant dont la loi personnelle n'autorise pas cette

---

vivant en France et confié par les autorités algériennes à un couple franco-algérien en vue d'une *Kafala*.

456 La circulaire du 16 février 1993 relative à l'adoption internationale abrogeant la circulaire du 6 juillet 1979 relative à l'adoption en France d'enfants étrangers. *Rev. crit. DIP.*, 1999, p. 586.

457 La circulaire va dans le sens de la Convention de La Haye du 29 mai 1993 sur la protection des enfants et la coopération en matière d'adoption internationale entrée en vigueur en France le 1er octobre 1998.

458 F. MONEGER, « Mise au point du ministère de la justice en matière d'adoption internationale », *JCP*, éd. G, 1999, act., p. 837.

459 Civ. 1re, 10 mai 1995, *Bull.* civ. I. n° 309, p. 261, *Rev. crit. DIP.*, 1995, p. 548, note H. MUIR WATT, *J.D.I.*, 1995, p. 625, note F. MONEGER, *D.*, 1995, p. 544, note V. LARRIBAU-TERNEYRE, *Defrénois*, 1991, p.331, *obs.* J. MASSIP, *GAJFDIP*, n° 67-69.

institution a été confirmée dans l'arrêt *Lorre*[460] dont les faits sont similaires à ceux de l'arrêt *Fanthou*, bien que dans cet arrêt le prononcé de l'adoption fut rejeté en raison d'une présomption du défaut de consentement du représentant légal de l'enfant en faveur d'une adoption plénière. La Cour de cassation autorisait donc l'adoption d'un enfant dont la loi personnelle prohibait cette institution lorsque les adoptants sont français et l'interdisait lorsque la loi nationale des adoptants ne l'admettait pas[461]. Néanmoins, de toute cette jurisprudence française antérieure à la loi du 6 février 2001, rien ne montrait un choix ferme en faveur du rattachement des conditions de l'adoption à la loi des adoptants comprise au sens large, c'est-à-dire à la loi nationale commune et à défaut de nationalité commune, à la loi du domicile commun des adoptants. En effet, si l'arrêt de la cour d'appel d'Aix-en-Provence[462] avait autorisé le prononcé d'une adoption d'un enfant algérien par un couple franco-algérien résidant en France, aucune allusion à la loi française de la résidence des époux n'avait été faite en l'espèce, mais plutôt, à l'intérêt supérieur de l'enfant et son rattachement à la France, pour justifier le prononcé de l'adoption. Il est donc difficile de conclure de cet arrêt que les conditions de l'adoption étaient soumises aux effets du mariage, même si tout porte à le croire.

216. Fort heureusement, la loi du 6 février 2001 [463] relative à l'adoption internationale a mis fin à une jurisprudence hésitante en la matière. Elle a établi une règle de conflit levant tout doute quant au rattachement de cette catégorie de droit[464]. La compétence de la loi des adoptants, à savoir, loi nationale commune et à défaut loi des effets du mariage, est admise comme règle principale. La prise en considération des différentes parties à l'adoption a aussi été introduite par la loi de 2001 dans le système français. Même si cette dernière n'énonce pas le rattachement des conditions de l'adoption à la loi des différentes parties

---

460 Civ. 1re, 1er juillet 1997, *J.D.I.*, 1997, p. 971, note F. MONEGER.

461 Civ. 1re, 19 octobre 1999, *J.D.I.*, 2000. 737, note F. MONEGER. Les juridictions du fond avaient aussi refusé l'adoption d'un enfant marocain par des époux marocains. Voir Dijon, 12 mars 1993, *Rev. crit. DIP.*, 1994, p. 251, note H. MUIR WATT.

462 Arrêt *précit.*

463 Applicable en dehors de l'existence de Conventions internationales multilatérales ou bilatérales, auxquelles la France a adhéré.

464 A. BODENES-CONSTANTIN, *La codification du droit international privé français*, *Defrénois*, 2005, p. 61, n° 91.

(adoptant(s) et adopté), mais plutôt à la loi des adoptants[465], elle n'ignore pas pour autant la loi de l'adopté, notamment lorsqu'elle interdit ou ignore cette institution. L'alinéa 2 de l'article 370-3 du Code civil précise que « l'adoption d'un mineur étranger ne peut être prononcée si sa loi personnelle prohibe cette institution, sauf si ce mineur est né et réside habituellement en France ». Contrairement au droit tunisien, il est possible de dégager de l'article 370-3 alinéas 1 et 2, deux conditions pour l'adoption. La première condition, est relative à l'admission même de cette institution. Elle est soumise à la loi nationale de l'adopté et d'au moins un adoptant. La seconde condition englobe les autres conditions de fond qui relèveraient de la loi nationale de l'adoptant ou des effets du mariage lorsque les adoptants sont mariés. L'adoption internationale ne peut plus être prononcée en France que si au moins la loi nationale d'un adoptant, ainsi que celle de l'adopté mineur l'admettent. Néanmoins, afin de favoriser l'adoption de certains enfants originaires de pays de droit musulman, les tribunaux français[466] ont maladroitement assimilé la *Kafala* à une adoption simple[467] étant donné que selon ces décisions, les effets de la première institution se rapprochent de l'adoption simple du droit français, même si elle ne crée pas de lien de filiation. A partir de là, il suffit de constater que l'adoption ou une institution comparable est autorisée par le droit national de l'adopté, pour régir ses conditions par la loi des adoptants (loi française) et par conséquent la convertir, le plus souvent en une adoption simple[468]. Finalement, la Cour de cassation dans deux arrêts du 10 octobre 2006[469], suivis d'autres arrêts tels que ceux datant du 25 février 2009[470] et du 15 décembre 2010[471], a pris une position ferme en refusant la conversion de la *Kafala* en adoption – même simple – d'enfants originaires de pays de droit musulman prohibant l'adoption.

465 Selon l'article 370-3 alinéa 1er « les conditions de l'adoption sont soumises à la loi nationale de l'adoptant ou, en cas d'adoption par deux époux, par la loi qui régit les effets de leur union ».

466 Toulouse, 15 février 2005. *JurisData* n° 2005-272818 et Reims, 2 décembre 2004. *JurisData* n° 2004-264675.

467 Pourtant, des différences incontestables existent entre les deux institutions, notamment s'agissant des liens de filiation. Voir, C. NEIRINCK, « Adoption simple », *J.-Cl.* Civil 2003, fasc. 30, n° 72 et s.

468 Même si la *Kafala* n'est qu'une tutelle officieuse et est très distincte de l'adoption, essentiellement en matière d'établissement des liens de parenté.

469 Civ. 1re, 10 octobre 2006, *J.D.I.*, 2007, p. 567, note C. BRIERE.

470 Civ. 1re, 25 février 2009, n° 08-11.033, *JCP*, éd. G, 2009.II.10072, note A. GOUTTENOIRE.

471 Civ. 1re, 15 décembre 2010, *J.DI.*, 2011, p. 263, *comm*, C. CHALAS.

217. Quoi qu'il en soit, à travers la loi du 6 février 2001, le législateur français reconnaît partiellement l'importance de la prise en compte des lois des différentes parties[472], principalement lorsqu'elles prohibent l'adoption. Cette attention particulière aux différentes parties à la relation de droit, essentiellement pour la création d'un lien de filiation adoptive, ne peut qu'être félicitée[473]. Elle permet de limiter les solutions boiteuses en la matière[474], puisque au moins la loi de l'adopté et un adoptant reconnaîtra l'institution, si elle est appelée à être méconnue par la loi du deuxième adoptant. Ses conséquences ne sont pas aussi néfastes pour l'enfant comme lorsque sa loi nationale ou celles de ces adoptants l'ignorent, puisque le lien entre l'adopté et au moins un adoptant sera maintenu, alors que dans l'hypothèse où toutes les lois n'admettent pas l'adoption, les chances qu'elle soit reconnue hors de l'Etat qui l'a prononcée sont minimes, surtout en cas de retour au pays d'origine de l'une des parties.

218. Ce qu'une partie de la doctrine reproche à la loi de 2001, c'est en effet de ne pas avoir parachevé son respect des différentes lois en présence pour les autres conditions de l'adoption, à l'exception de l'admissibilité de cette institution. L'application de la loi de l'adoptant ou des effets du mariage en cas d'adoption par des époux de nationalités différentes semble inefficace pour éviter la non-reconnaissance de cette adoption par l'Etat d'origine de la partie dont la loi n'a pas été respectée[475]. Cette solution entraîne dans certains cas, le rejet de la

---

[472] Etant donné que mis à part la non application distributive des lois des adoptants lorsque ces derniers sont de nationalités différentes, l'article 370-3 alinéa 2 précise que « l'adoption d'un mineur étranger ne peut être prononcée si sa loi personnelle prohibe cette institution ». Cela a amené la cour d'appel d'Amiens le 5 mai 2004 (*JurisData* n° 2004-261641), à prononcer l'adoption simple d'un Algérien majeur, confié par *Kafala* à un couple français depuis l'âge d'un mois. De ce fait, la loi de l'adopté n'est prise en considération que lorsque ce dernier est mineur et les lois des deux adoptants ne sont respectées que si elles sont toutes les deux prohibitives.

[473] F. BOULANGER, « Une réforme médiatique mais porteuse de controverses : la codification de l'adoption internationale (loi du 6 février 2001) », *D.*, 2001, Point de vue, p. 708.

[474] B. BOURDELOIS, « L'adoption internationale », *Trav. Comité fr. DIP.*, 2000-2002, p. 139 et s., spéc. p. 149.

[475] Notamment lorsque la loi de l'adopté ne prévoit qu'une adoption simple et que la loi des adoptant conduit à une adoption plénière. Il suffit de s'assurer que le consentement du représentant légal de l'enfant ait été donné à cette fin (article 370-3 alinéa 3 du Code civil) pour qu'une adoption plénière soit prononcée, nonobstant la loi nationale prohibitive.

demande de l'adoption faite devant le juge français[476] même si les différentes lois nationales l'autorisent du simple fait que la loi du domicile commun prévoit le contraire. Cette règle de conflit conduit à des résultats contraires à l'esprit de la loi de 2001, qui semble privilégier le prononcé des adoptions chaque fois que les lois nationales de l'adoptant et de l'adopté le permettent. Le prononcé de l'adoption est aussi favorisé par la loi de 2001 lorsque la loi de l'adopté ne l'autorise pas, mais uniquement lorsque l'enfant est né et réside en France[477]. Cette exception faite au profit de ces enfants est justifiée, comme l'a noté M. LAGARDE, par les lois relatives à l'acquisition de la nationalité française et qui permettent à l'enfant né et résidant en France de devenir français[478]. Les dispositions de l'article 370-3 du Code civil, ne sont donc qu'une anticipation de l'application de la future loi nationale (française) de l'enfant.

219. L'importante innovation de la loi de 2001 réside dans l'interdiction du prononcé de l'adoption toutes les fois que l'adopté est de statut prohibitif, alors même qu'il réside en France. Cette interdiction, qui paraît gênante en droit français en raison de ses effets très restrictifs aux prononcés des adoptions par rapport au système jurisprudentiel[479] est justifiée par la délicate nécessité d'éviter tout trafic d'enfants en vue de l'adoption. Quant aux critiques apportées à la stigmatisation de la loi française, alors même qu'elle est à la fois la plus proche de l'enfant mais en plus servant son intérêt à être adopté, M. LAGARDE parvient à en atténuer les conséquences en mettant l'accent sur la possibilité pour ces derniers de devenir français et par conséquent adoptables[480]. Les restrictions sont le meilleur remède contre les déplacements frauduleux d'enfants de statut personnel prohibitif dans le seul but de les adopter,

---

476 En raison de la nationalité d'un adoptant ou de l'adopté.

477 Selon l'alinéa 2 de l'article 370-3 du Code civil.

478 P. LAGARDE, « La loi du 6 février 2001 relative à l'adoption internationale : une opportune clarification », *Rev. crit. DIP.*, 2001, p. 275 et s., spéc. p. 284.

479 Les tribunaux avaient parfois eu recours à l'ordre public de proximité (lorsque l'enfant vit en France et est élevé par un couple dont l'un des époux est français) pour contrecarrer les lois nationales prohibitives de l'adoption, en s'appuyant sur l'intérêt de l'enfant. Or, l'intérêt de l'enfant n'est pas toujours tributaire du prononcé de l'adoption. Lorsque des institutions protectrices sont prévues par l'Etat d'origine de l'enfant, il est difficile de soutenir une telle idée, sauf si l'on considère que l'adoption est le seul mode de protection de l'enfant sans famille. *Cf.* Civ. 1re, 25 févier 2009 n° 08-11.033, *JCP,* éd. G, 2009.II.10072, note A. GOUTTENOIRE.

480 P. LAGARDE, intervention suivant la communication de B. BOURDELOIS aux *Trav. Comité fr. DIP.*, 2000-2002 *précit.*, p. 168.

une fois que la résidence habituelle de l'enfant est établie en France[481]. La crainte de la fraude est renforcée par l'aisance dans la transformation des faits établissant l'acquisition d'une résidence habituelle en France et l'intégration de l'enfant dans son nouveau milieu. Il suffit de reprendre les termes de l'un des partisans de l'admission de l'adoptabilité d'un enfant résidant en France[482], argumentant son raisonnement par le fait que « dès lors en effet que l'enfant a été pris en charge à l'étranger par un tiers – qu'il soit nourricier ou adoptant – la vocation de la loi nationale à conserver son empire est d'autant plus discutable que le milieu d'accueil est appelé sinon à effacer le passé, du moins à jouer un rôle prépondérant dans le développement de la relation nouvelle et à façonner les repères affectifs et culturels de l'enfant pour l'avenir »[483], pour conclure à la souplesse par laquelle l'enfant est intégré dans son nouveau milieu. Quoi de plus simple que de déplacer un enfant et de le prendre en charge le temps nécessaire pour rompre les anciens liens avec l'Etat d'origine en vue de l'adopter plus tard, abstraction faite de sa loi nationale prohibitive[484]. Evidemment, la seule arme disponible pour faire face à ces fraudes serait l'interdiction du prononcé de l'adoption en cas de déplacement de l'adopté pour cette fin. Or, l'intention frauduleuse est très difficile à établir, notamment lorsque l'enfant est originaire d'un pays en guerre ou en pauvreté, étant donné que c'est le côté humanitaire qui prévaudra généralement lors de l'identification des fins du déplacement. De plus, la notion « de l'intérêt de l'enfant à avoir une famille » justifiera dans la plupart des hypothèses les intentions, même frauduleuses, de ceux qui ont déplacé l'enfant.

220. Il ressort de ce qui précède que l'application cumulative des différentes lois en présence s'avère conforme à la recherche du rattachement le plus étroit avant la création de la situation juridique. Il n'est cependant pas opportun d'évaluer dans tous les cas les liens de chaque partie séparément. Il est bien souvent recommandé de chercher les liens des parties par rapport à la nouvelle relation créée.

---

481 E. POISSON-DROCOURT, note sous TGI de Paris, 5 février 1992, *Rev. crit. DIP.*, 1993, p. 251 et s., spéc. p. 259.

482 H. MUIR WATT, note sous Dijon 12 mars 1993, *Rev. crit. DIP.*, 1994, p. 82 ; La proposition a été faite bien avant la Convention de La Haye de 1993. Voir, H. MUIR WATT, *obs.* sous, Civ. 1re, 31 janvier 1990, *JCP*, éd. G, 1991.II.21635.

483 H. MUIR WATT, « La loi nationale de l'enfant comme métaphore : le nouveau régime législatif de l'adoption internationale », *J.D.I.*, 2001, p. 995 et s., spéc. p. 1007, n° 9.

484 M. FARGE, *op. cit.*, p. 194, n° 196.

Paragraphe II : L'adoption de règles de conflit hiérarchisées

221. Les nouveaux moyens de déplacement, ainsi que les nouvelles législations en matière de nationalité, sont des facteurs favorisant la constitution de familles dont les membres sont de nationalités différentes et (ou) de domiciles différents. Ainsi, il est fréquent de ne plus trouver une loi nationale ou une loi domiciliaire commune à toutes les parties à l'affaire. Alors qu'avant la naissance de la relation familiale, il est recommandé de tenir compte des rattachements des différentes parties – étant donné que rien ne lie encore les parties –, dès lors que le rapport de droit est constitué, la localisation ne devrait plus s'effectuer par rapport à chaque partie de la relation de façon individuelle, mais par rapport au lien qui s'est noué. Afin d'éviter toute « situation absurde »[485] engendrée par l'application distributive des lois nationales ou domiciliaires des différentes parties, il serait préférable de localiser la relation par rapport à son objet et tous ses protagonistes notamment, lorsque toutes les parties sont à pied d'égalité dans le rapport familial, en les rassemblant sous l'égide d'une même loi.

222. Une évolution dans la manière d'appréhender cette question est perçue en France et en Tunisie. Au départ, la résolution de ce problème consistait à rattacher tout le rapport de droit à l'une des parties, abstraction faite du reste des membres caractéristiques de la relation. Par la suite, une nouvelle localisation du rapport de droit qui tient compte de la spécificité des faits de l'espèce, a été dégagée dans la plupart des matières. Aussi bien dans le système de droit international privé français que tunisien, la première méthode a été appliquée dans toutes les situations où un seul rattachement a été prévu pour régir la relation familiale, alors que ce dernier s'est avéré différent d'une partie à l'autre.

223. Ainsi, en droit français, jusqu'à la moitié du XXe siècle, la première méthode fut la règle en matière de divorce d'époux de nationalités différentes. Elle l'était aussi en droit tunisien et elle n'a disparu qu'avec la promulgation du CDIP[486]. En raison d'une conception patriarcale de la famille qui régnait dans les deux systèmes

---

485 B. ANCEL et Y. LEQUETTE, *GAJFDIP*, n° 26, p. 234, note sous l'arrêt *Rivière*, Civ. 1re, 17 avril 1953.

486 Voir L. CHEDLY, « Le statut personnel des étrangers (Etude en matière de conflits de lois) », in *L'étranger dans tous ses états*, DRIMAN 2005, p.

sinon d'un nationalisme imposant la prise en considération de la nationalité du seul national[487], le rattachement de la relation familiale ne se faisait que par rapport à une seule partie selon sa qualité de national ou de chef de famille[488]. Une hiérarchie entre les moyens de cette méthode est généralement opérée par les tribunaux français et tunisiens et la conception patriarcale de la famille cédait parfois au profit du nationalisme.

224. L'inégalité des sexes ayant disparue dans les deux systèmes et le privilège de nationalité reculant face aux besoins d'une justice conflictuelle, une telle réglementation des relations familiales n'est alors plus concevable, même si elle n'a pas totalement disparu[489]. C'est vers une nouvelle localisation du rapport de droit – tenant compte de toutes les parties – qu'il faut se tourner.

225. La nouvelle méthode a été adoptée par la jurisprudence en France en 1953 avec l'arrêt *Rivière* de la Cour de cassation, puis poursuivie par les arrêts *Lewandowski*[490] et *Tarwid*[491]. Cette jurisprudence

---

[487] Le nationalisme est apparu en droit français avec l'arrêt *Ferrari*, Civ. 6 juillet 1922, *Rev. crit. DIP.*, 1922, p. 444, note A. PILLET, *J.D.I.*, 1922, p. 714, *D. P.* 1922, p. 137, *S.*, 1923, p. 5, note G. LYON-CAEN, *GAJFDIP*, n° 12. En droit tunisien c'est parfois par une interprétation de l'article 4 du décret de 1956, disposant que ce dernier s'applique aux étrangers, que certains tribunaux tunisiens ont conclu qu'en présence d'une partie tunisienne au procès c'est le Code du Statut Personnel qui devait s'appliquer, (*cf.* arrêt *Zacco* de la cour d'appel de Tunis, arrêt n° 56468 du 25 décembre 1963, *R.J.L.*, 4-1964, p. 66, *J.D.I.*, 1968, p. 123, *chron.* M. CHARFI ; Cour d'appel de Tunis, arrêt n° 59942 du 27 juillet 1967, *R.J.L.*, 2-1968, p. 60. Voir en sens contraire l'arrêt de la cour d'appel de Tunis, du 2 novembre 1960, *Revue Tunisienne de Droit,* 1962, p. 25, note J.-M. VERDIER qui retient que les dispositions du décret du 12 juillet 1956 s'appliquent même lorsqu'une partie au litige est de nationalité tunisienne). Dans d'autres affaires, c'est tout simplement à un privilège de nationalité que les tribunaux tunisiens font référence. Voir tribunal de première instance de Tunis, jugement n° 26855, du 29 juin 1999, *R.J.L.*, 10-2002, p. 113, *Revue Tunisienne de Droit,* 2000, p. 403, *obs.* S. BEN ACHOUR. Voir en ce sens, L. CHEDLY, « Droit international privé et droits de l'Homme », Mélanges offerts au Doyen Abdelfattah Amor, p. 365 et s.

[488] S. BOSTANJI, « L'incidence de la constitution sur les nouvelles solutions de conflit de lois (Etude de droit international privé de la famille) », Mélanges Sassi Ben Halima, p. 281 et s., spéc. p. 289.

[489] Voir l'article 311-14 du Code civil.

[490] Civ. 15 mars 1955, *Rev. crit. DIP.*, 1955, p. 320, note H. BATIFFOL, *J.D.I.*, 1956, p. 146, note B. GOLDMAN, *D.*, 1955, p. 540, note CHARVIER, *JCP*, 1955.II.8771, note A. PONSARD.

fut une avancée pour la recherche de la localisation du rapport familial à l'ordre juridique qui lui est le plus proche. L'idée d'un quelconque privilège de nationalité ou de sexe est d'abord écartée. En plus, les juges français ne se sont pas précipités pour déclarer la loi du for applicable dès lors qu'ils sont en présence d'époux de nationalités différentes. Ce n'est qu'après avoir vérifié le défaut de nationalité commune et de domicile commun, que la loi du for a été déclarée compétente[492]. La compétence de la loi du for n'est de ce fait opérante qu'après le constat du défaut d'une loi du lien conjugal. Ce sont des rattachements hiérarchisés ou encore en cascade que la jurisprudence française a dégagé pour faire face aux défaillances d'un ou plusieurs rattachements.

226. Cette jurisprudence a été étendue à presque tout le domaine du statut familial, jusqu'aux réformes législatives des années soixante-dix. Son domaine s'est remarquablement restreint, suite aux différentes interventions du législateur français. Cette méthode réapparaît toutefois en matière de divorces internationaux avec la mise en application du règlement Rome III. L'article 8 du règlement prévoit en l'absence de choix par les parties d'une loi applicable à leur divorce et séparation de corps, une règle de conflit objective à rattachements hiérarchisés. La loi de la résidence habituelle commune des époux sera le rattachement principalement applicable. A défaut de résidence habituelle commune, c'est la loi de la nationalité commune des époux qui s'applique, et à défaut, le juge appliquera la loi du for.

227. Le législateur tunisien s'est quant à lui inspiré de la jurisprudence *Rivière*, *Lewandowski* et *Tarwid* et n'a pas hésité à introduire dans le CDIP des règles de conflit à rattachements hiérarchisés en bien des domaines de droit de la famille[493]. Un critère principal est adopté. En cas de défaillance de ce critère, des rattachements subsidiaires sont prévus comme échappatoire à cette difficulté. Tout comme le rattachement principal, le critère alternatif est préétabli. Les rattachements sont ordonnés et appliqués successivement « en fonction des liens de la

491 Arrêt *Tarwid*, Civ. 1re, 15 mai 1961, *Rev. crit. DIP.*, 1961, p. 547, note H. BATIFFOL, *J.D.I.*, 1961, p. 734, note B. GOLDMAN

492 Arrêt *Tarwid*, Civ. 1re, 15 mai 1961, *Rev. crit. DIP.*, 1961, p. 547, note H. BATIFFOL, *J.D.I.*, 1961, p. 734, note B. GOLDMAN.

493 A. MEZGHANI, p. 114.

situation en cause avec un milieu social donné »[494]. Ainsi l'article 49 du CDIP soumet principalement le divorce et la séparation de corps à la loi nationale commune des époux. Le facteur de rattachement coïncide avec le critère de proximité identifié abstraitement en droit tunisien. Cependant, ce même article prévoit un élément de localisation subsidiaire en faveur du dernier domicile commun des époux, à défaut de nationalité commune. Le critère secondaire est *a priori* le plus proche dans une telle situation des époux. En dernier recours et seulement en l'absence d'une nationalité et d'un domicile communs, la loi du for s'applique. Cette même solution s'étend aux obligations alimentaires entre époux puisque l'article 51 du CDIP les soumet à la loi applicable au divorce. Une réglementation similaire est prévue pour les obligations entre époux. L'article 47 du CDIP prévoit que « les obligations respectives des époux sont régies par leur lois nationales communes. Si les deux époux n'ont pas la même nationalité, la loi applicable est celle de leur dernier domicile commun, ou, à défaut, de celui-ci, la loi du for ». Dans ces différentes règles de conflit en cascade fondées sur la justice conflictuelle, un catalogue de lois classées selon leur importance de proximité est dressé. Une loi d'une proximité moindre n'est appliquée que si celle qui présente plus de lien qu'elle, fait défaut. Le législateur part de ce fait d'une présomption que la loi nationale des époux est celle qui à première vue semble la plus proche de la situation. En cas de défaut d'une nationalité commune, une nouvelle recherche de la loi reflétant le rattachement de la situation à l'ordre juridique le plus proche en l'espèce donne compétence à la loi du domicile commun des époux. Ce n'est qu'après la constatation de l'inexistence d'une nationalité commune ainsi que d'un domicile commun, que la loi du for est reconnue compétente. C'est à travers une échelle de graduation décroissante de la proximité que le choix est opéré. Le législateur choisit en première ligne le rattachement qui lui semble le plus proche de la situation, et au fur et à mesure des circonstances de l'espèce, des critères d'une moindre proximité sont appelés à régir la situation afin de faire face à la défaillance du critère principal.

---

[494] J.-D. GONZALEZ CAMPOS, « Diversification, spécialisation, flexibilisation et matérialisation des règles de droit international privé », *RCADI*, 2000, t. 287, p. 229, n° 167.

CONCLUSION DU CHAPITRE PREMIER

228. La recherche de la proximité n'est pas forcément incompatible avec la mise en place de règles de conflit de lois préétablies. Elle peut y être directement consacrée en dépit de la réglementation abstraite de la matière. Il suffit de trouver la règle de conflit adéquate à cette exigence. Le choix du critère de rattachement est primordial. Il n'est cependant pas évident de trouver le critère parfait qui satisfait en toutes circonstances, en toute matière familiale et en tout Etat le rattachement de la relation de droit à un ordre juridique qui lui est étroitement lié. Il a été démontré que les différents rattachements en matière familiale assurent plusieurs fonctions à la fois. La nationalité et le domicile ou la résidence habituelle oscillent tous deux entre le fondement de proximité et celui de souveraineté. Même l'option de droit appelée à les départager assure souvent une autre fonction que la proximité, à savoir la promotion d'un résultat matériel.

229. L'étude du droit international privé de la famille de deux systèmes différents, tant sur le plan politique que législatif, révèle qu'il ne peut exister un rattachement de proximité universel en la matière, mais plutôt un rattachement qui s'accommoderait plus que l'autre avec les perceptions de la notion par chaque système. C'est ainsi, qu'il s'est avéré d'une manière générale, que le critère de la nationalité pour lequel a opté le législateur tunisien afin de réglementer son droit international privé de la famille reflète la recherche de la proximité comme elle est perçue dans ce pays. A l'inverse, la conjoncture législative et politique du système français privilégie le rattachement à la résidence habituelle : critère qui tend au fur et à mesure à conquérir les règles de conflit de lois françaises. Toutefois, le principe général n'est pas exempt d'exceptions dues à la particularité de certaines relations familiales. L'affinement de la règle de conflit prenant en considération les données particulières de chaque matière contribue à donner une solution ciblant plus les nécessités de chaque rapport de droit. Les deux systèmes français et tunisien n'ont pas hésité à multiplier les règles de conflit spéciales afin de tenir compte de la spécificité des besoins de la proximité dans chaque catégorie de droit.

230. Ces procédés, sont parfois renforcés par certaines méthodes adoptées par les deux systèmes, favorisant ainsi la soumission de la relation familiale à la loi qui lui est étroitement liée.

CHAPITRE SECOND

LA PRISE EN CONSIDERATION DES BESOINS DE LA PROXIMITE PAR LES METHODES ADOPTEES

231. Les principaux rattachements adoptés en droit de la famille, ainsi que les plus importantes démarches poursuivies pour la résolution des litiges familiaux internationaux, peuvent exprimer plus d'un objectif. Divers fondements se rapportent à un même critère et par conséquent à la même règle de conflit. D'autres indices sont susceptibles de favoriser un objectif par rapport à un autre. C'est ainsi qu'à travers l'articulation des compétences législative et juridictionnelle (Section I) et l'exploitation de certains mécanismes de droit international (Section II), le fondement de proximité a proliféré dans les systèmes de droit international privé de la famille français et tunisien.

Section I : L'influence de l'articulation des compétences juridictionnelle et législative sur le fondement de la règle de conflit

232. Il a souvent été opposé à la compétence juridictionnelle son caractère souverainiste en raison des liens étroits que la matière entretient avec le droit public[495]. Ainsi, par respect des souverainetés étrangères, chaque système devrait se soucier uniquement des situations dans lesquelles ses propres tribunaux peuvent être saisis. La question de la compétence des juridictions étrangères ne devrait se poser, en principe, qu'au moment de la reconnaissance d'un jugement étranger. Toutefois, l'exercice de cette souveraineté n'est pas exempt des liens que le for saisi entretient avec la relation juridique. A la conception publiciste des

495 H. BATIFFOL et P. LAGARDE, t. 2, p. 441, n° 667.

conflits de juridictions s'ajoutent des considérations privatistes[496]. La souveraineté ne s'exerce donc que dans le cadre du respect d'un minimum de proximité.

233. Une telle approche signifie que le juge compétent ne doit pas être dépourvu de tout lien avec la relation. La proximité juridictionnelle doit aussi être respectée afin d'éviter tout abus procédural de la part du demandeur. Cette éventualité est généralement atténuée par des règles de compétences juridictionnelles raisonnables et soucieuses de la commodité procédurale. Or, l'orientation de la compétence juridictionnelle de l'Etat aura une influence sur celle des règles de conflit de lois. L'inspiration proximiste de certaines règles de droit international privé de la famille françaises et tunisiennes s'affirme tantôt à travers la combinaison des deux compétences (Paragraphe I), tantôt lors de leur coïncidence et ce, en cas de convergences des nécessités de la proximité législative avec la proximité juridictionnelle (Paragraphe II).

Paragraphe I : L'inspiration proximiste des règles de conflit de lois déduite de la combinaison des règles de compétences juridictionnelle et législative

234. La corrélation entre la compétence juridictionnelle et la compétence législative entraîne une influence mutuelle entre les deux. Pourtant, dans le cadre de la recherche de la proximité juridictionnelle objective, il serait judicieux de ne pas transposer en la matière, les règles prévues pour la compétence législative. La preuve en est que, contrairement à la compétence législative qui tolère que des éléments psychologiques et affectifs soient pris en considération, la compétence juridictionnelle est loin de pouvoir se référer à ces seules considérations. Le rôle du juge en droit international privé n'est pas de donner directement une solution matérielle au problème posé, mais plutôt, de résoudre une difficulté de conflit de lois susceptible d'aboutir à un résultat autre que celui espéré. Le rattachement sentimental et, par conséquent, le fondement d'une compétence juridictionnelle sur la proximité affective, n'est pas aussi soutenu que dans les règles de conflit

[496] B. AUDIT, « Vers la consécration du caractère facultatif du for de la nationalité française du demandeur (article 14 du code civil) », *D.*, 2007, *chron.* p. 2548, n° 9.

de lois[497]. Même en matière familiale, la saisine du juge ne doit pas reposer exclusivement sur des affinités sentimentales. Autant le rattachement à la nationalité des parties correspondrait en matière de conflit de lois à une proximité immatérielle pouvant être retenue et défendue, autant un tel parallélisme semble à première vue insoutenable en matière de conflit de juridictions. La compétence du juge national trouve des justifications dans l'idée du *juge naturel*[498], protecteur naturel[499] des nationaux, tant défendue en théorie par les juristes[500] qu'en pratique par les tribunaux, et que cette idée découle du constat que les juridictions du for sont principalement instituées pour se prononcer sur les litiges entre nationaux. Cependant, cette conception de la compétence dominée par des considérations publicistes souverainistes se trouve aujourd'hui affaiblie par des considérations de commodité.

235. La nationalité en matière de conflit de juridictions est susceptible d'être admise comme critère de rattachement en droit international privé de la famille, mais avec quelques réserves, afin qu'elle ne devienne pas exorbitante. Le for de la nationalité d'un plaideur ne doit être retenu comme seul chef de compétence des tribunaux que dans le cas où cette règle est susceptible d'être corrigée par la théorie du *forum non conveniens*, afin de s'assurer que le juge n'exerce sa compétence « que lorsque cela s'avérait "convenient" »[501] concrètement. Par conséquent, seule une compétence raisonnable résultant des liens entre le ou les nationaux et le for saisi est admise. Serait donc critiquable, la compétence exclusive des juridictions du for fondée sur la nationalité d'un seul plaideur[502]. Le lien est dans ce cas évalué par rapport à un seul plaideur, et ne peut par conséquent être raisonnable. Il ne se justifierait que par la crainte d'un déni de justice.

---

497 Même s'il ne devrait pas être exclu de façon catégorique, puisqu'il y a souvent un sentiment que le juge applique sa propre loi, donc la loi nationale.

498 La notion de juge naturel doit toutefois être employée avec une certaine méfiance, puisqu'elle n'est pas exclusive au juge national mais s'étend à d'autres juges, notamment celui du domicile. *Cf.* H. GAUDEMET-TALLON, « Nationalisme et compétence judiciaire : Déclin ou renouveau ? », *Trav. Comité fr. DIP.*,1986-1988, p. 172.

499 J. HUDAULT, « Sens et portée de la compétence du juge naturel dans l'ancien droit français », *Rev. crit. DIP.*, 1972, p. 27 et s.

500 Voir la doctrine citée par J. HUDAULT, article *précit.*, p. 28.

501 C. CHALAS, *L'exercice discrétionnaire de la compétence juridictionnelle en droit international privé*, Préface de H. MUIR WATT, PUAM, 2000, t. 1, p. 146, n° 145.

502 H. GAUDEMET-TALLON, « La désunion du couple en droit international privé », *RCADI*, 1991-I, t. 226, p. 60-63, n° 24.

236. Le législateur tunisien, dans le Code de droit international privé, n'a accordé qu'une place « marginalisée »[503] à la compétence fondée sur la nationalité [504]. La nationalité tunisienne en tant que chef de compétence des tribunaux tunisiens, n'a même pas été retenue par le législateur en cas de déni de justice. C'est la jurisprudence qui a prévu cette hypothèse de compétence exceptionnelle des juridictions tunisiennes[505].

237. A l'inverse, en droit français la compétence prévue par les articles 14 et 15 du Code civil, associée à l'exclusivité qui leur était réservée par la jurisprudence, avaient fait de l'aptitude des juridictions françaises à se saisir des litiges internationaux en présence d'un national, une compétence exorbitante et déraisonnable. Cette compétence conférait au Français le droit d'attraire son adversaire devant les juridictions françaises alors même que ces dernières n'avaient aucun autre lien avec le litige excepté la nationalité d'un plaideur selon l'article 14 du Code civil[506] et ce, en dépit de l'existence d'un for étranger présentant des liens très étroits avec la relation. L'article 15 du Code civil tel qu'il avait été interprété par la Cour de cassation, faisait bénéficier le Français d'un droit d'opposition à toute décision étrangère rendue contre lui dès lors qu'il n'avait pas renoncé à ce privilège. Si dans certaines décisions, les juges du fond avaient tenté d'atténuer ce privilège en rendant la

---

503 L. CHEDLY, « Droit d'accès à la justice tunisienne dans les relations internationales de la famille et for de nationalité », Mélanges en hommage à Dali Jazi, CPU, 2010, p. 258.

504 Il est à signaler qu'un projet de loi complétant le CDIP avait pour objet de rajouter un article 5 bis au CDIP autorisant le juge à se déclarer compétent en matière de divorce d'époux tunisiens et au moins l'un d'eux réside en Tunisie. Cependant, cette loi n'a pas abouti.

505 La compétence des tribunaux tunisiens en raison de la nationalité tunisienne de l'une des parties a été retenue par la jurisprudence en cas de déni de justice. Ainsi en est-il dans le jugement du tribunal de première instance de Tunis n° 75154 en date du 25 janvier 2010 (décision *inédite*). L'affaire concernait une demande de divorce introduite par l'époux tunisien résident en Tunisie, contre son épouse résidente en Allemagne. Les juges après avoir soulevé l'incompétence des juridictions selon les dispositions du CDIP, se sont saisis du litige en motivant leur compétence par l'existence d'un déni de justice. Voir dans le même sens, Tribunal de première instance de Tunis, jugement n° 73184, du 13 juillet 2009 (*inédit*).

506 Civ. 1re, 19 novembre 1985, *Rev. crit. DIP.*, 1986, p. 712, note Y. LEQUETTE, *J.D.I.*, 1986, p. 719, note A. HUET, *D.*, 1986, p. 362, note PREVAULT et *somm. com*, p. 268, *obs.* B. AUDIT, *GAJFDIP*, n° 71.

compétence des juridictions françaises prévue par les articles 14[507] et 15[508] facultative, ils s'étaient au départ confrontés à l'immuabilité de l'interprétation donnée par la Cour de cassation à ces articles, rappelant qu'il ne pouvait être dérogé à la compétence exclusive dégagée. Cette interprétation a cependant été atténuée par les tribunaux français. La jurisprudence a tout d'abord consacré la présomption de la renonciation implicite par le Français à son privilège, afin de limiter les effets du privilège consacré lorsque la décision étrangère a respecté toutes les conditions de reconnaissance à l'exception de la compétence exclusive de l'article 15. Par la suite, la Cour de cassation a mis fin à cette « anomalie jurisprudentielle »[509] dans l'arrêt *Prieur*[510]. L'affaire était relative à une demande d'exequatur d'un jugement rendu par le tribunal de première instance de la République et du canton de Genève. L'action a été introduite par Mme de *Montenach*. La décision étrangère avait pour objet l'annulation de son mariage avec M. *Prieur* de nationalité française. Le plaideur français avait reproché aux juges du fond de n'avoir pas respecté l'article 15 du Code civil en refusant de tenir compte de l'exclusivité des tribunaux français alors que le défendeur français n'avait pas renoncé au privilège de juridiction dans une matière qui n'est exclue de cette compétence exclusive ni par des traités internationaux ni par son domaine[511]. La Cour a rejeté son pourvoi en indiquant que « l'article 15

---

507 Dans une matière opposant une société française à une autre sénégalaise, la cour d'appel de Paris avait déclaré dans un arrêt du 11 janvier 1989 que l'article 14 du Code civil n'édicte pas au profit du demandeur français une règle de compétence exclusive de nature à interdire au juge français de rechercher à quelle juridiction le litige doit être rattaché (*D.*, 1989, *somm.* p. 256, *obs.* B. AUDIT). Cependant, cet arrêt a été censuré par la Cour de cassation du 18 décembre 1990, *Rev. crit. DIP.*, 1991, p. 759, note B. ANCEL.

508 Il faut noter que même dans les rares cas où certaines juridictions de fond ont tenté d'atténuer le privilège de l'article 15, tel que l'arrêt de la cour d'appel de Paris du 16 novembre 1989 (*J.D.I.*, 1990, p. 127, note A. HUET), la Cour de cassation rappelait à chaque fois que la compétence des tribunaux français est exclusive toutes les fois que le plaideur français n'y a pas renoncé. Ainsi, l'arrêt du 21 janvier 1992 (Civ. 1re, 21 janvier 1992. *D.*, 1993, *somm.* p. 351, *obs.* B. AUDIT), avait annulé l'arrêt de la cour d'appel de Paris pour ne pas avoir respecté l'exclusivité de l'article 15 du Code civil.

509 B. AUDIT, « *La fin d'une anomalie jurisprudentielle : retour à la lettre de l'article 15 du code civil* », *D.*, 2006, *chron.* p. 1846.

510 Civ. 1re, 23 mai 2006, *D.*, 2006, p. 1880, *chron.* B. AUDIT, *GAJFDIP*, n° 87.

511 Dans un arrêt datant du 27 mai 1970 (*Rev. crit. DIP.*, 1971, p. 113 note H. BATIFFOL, *GAJFDIP*, n° 49) la Cour de cassation avait admis que l'article 14 avait une portée générale et s'étendait à toutes les matières à l'exclusion des actions réelles immobilières et demandes en partage portant sur des immeubles situés à l'étranger, ainsi que des demandes relatives à des voies d'exécution pratiquées hors de France. Quoique

du code civil ne consacre qu'une compétence facultative de la juridiction française, impropre à exclure la compétence indirecte d'un tribunal étranger, dès lors que le litige se rattache de manière caractérisée à l'Etat dont la juridiction est saisie et que le choix de la juridiction n'est pas frauduleux ». Or, ce litige se rattachait de manière évidente à la Suisse, où les parties sont nées, s'étaient mariées et avaient résidé, sans qu'aucune fraude n'ait été établie. Ce revirement jurisprudentiel, se concilie fort bien avec des décisions antérieures où les tribunaux français avaient refusé l'exequatur de jugements étrangers provenant du pays de la nationalité commune des parties sur le fondement de l'insuffisance des liens[512] entre le juge de l'Etat d'origine de la décision et le litige en plus de la saisine frauduleuse des juridictions étrangères. Si la nationalité commune des parties n'est pas considérée comme un lien suffisamment étroit pour accepter la compétence du juge étranger, comment est-il possible se contenter de la nationalité française d'une partie pour fonder une compétence exclusive des tribunaux du for ? Il n'y a aucune raison de « refuser aux autres ce qu'on se permet soi-même »[513].

238. Les nécessités de commodité procédurale, une des recommandations de la proximité juridictionnelle, se concilient mal avec la compétence du for de la nationalité. En revanche, elles s'adaptent bien avec la compétence du juge de la résidence. Par un consensus rarement contesté, le for de la résidence habituelle est considéré comme un for raisonnable, respectant la proximité en ce domaine[514]. Il est fondé sur la simple facilité d'accès à la justice aussi bien pour les parties que pour le juge. Toutefois, la coïncidence des différentes résidences habituelles n'est pas forcément vérifiée. Par conséquent, il convient de choisir entre le domicile du demandeur ou du défendeur pour régler la question de la compétence juridictionnelle. Il est difficile dans ce cas de favoriser les liens avec une partie, sans sacrifier les liens avec l'autre. Il faut donc trouver la solution la plus convenable et la plus raisonnable. Fonder la

---

cet arrêt ne soit pas relatif au droit de la famille, il consacrait une règle générale étendant le privilège de l'article 14 à toutes les matières, et par conséquent aux relations familiales.

512 Dans deux arrêts, la cour d'appel de Paris avait considéré que la nationalité commune n'était pas un rattachement suffisant pour justifier la compétence des tribunaux d'origine. Paris, 15 novembre 1988. *D.*, 1989, *somm.* p. 257, *obs.* B. AUDIT et Paris, 15 mars 1990, *D.*, 1990, *somm.* p. 263, *obs.* B. AUDIT.

513 D. HOLLEAUX, *Compétence du juge étranger et reconnaissance des jugements*, Dalloz, 1970, p. 377, n° 398.

514 P. LAGARDE, Cours *précit.*, p. 132, n° 126.

compétence du juge sur des liens entretenus uniquement avec le demandeur, paraît souvent excessive et nuisible aux droits du défendeur. A l'inverse lorsque les liens sont exclusifs au défendeur, la solution est moins critiquable. Dans le même sens que la compétence territoriale en droit interne élaborée en fonction de l'intérêt des parties et de la bonne administration de la justice et donnant par conséquent compétence au juge de la résidence du défendeur, la transposition de ces règles sur le plan international conduit à donner compétence au même juge en présence d'un élément d'extranéité. De plus, le demandeur est généralement considéré comme celui qui apporte un trouble à l'ordre social par l'action qu'il intente. Il n'est donc pas abusif qu'il lui revienne de supporter les conséquences de son action. Toutefois, le trouble peut aussi être provoqué par le comportement du défendeur. Afin de rétablir l'équilibre entre les parties, ce sont les liens avec le demandeur qui doivent être pris en considération dans ce cas. En droit de la famille, cette hypothèse est fort fréquente en matière d'obligations alimentaires, lorsque le débiteur n'exécute pas spontanément son obligation. Ce qui conduit, comme l'indique Mme USUNIER[515], à accepter de ne retenir que les liens entre le demandeur et la juridiction compétente. Cette exception s'explique soit en raison du trouble causé par le débiteur d'aliments qui n'a pas respecté sans recours aux tribunaux un droit vital pour le débiteur, soit pour une raison tenant simplement à l'acceptation de la compétence d'un juge afin d'éviter un déni de justice dû à la rigidité de la règle *actor sequitur forum rei* pouvant empêcher la saisine d'un juge en la matière. Même si dans ce dernier cas, il existe un juge habilité à rendre une décision reconnue dans le for, excluant donc par principe tout déni de justice, il est difficile, voire impossible pour le créancier impécunieux [516] de saisir le juge de la résidence du débiteur. Normalement, en raison de la spécificité du droit à protéger, il est admis de faciliter au créancier l'accès à la justice et d'assouplir les règles de compétences juridictionnelles.

239. Or, une orientation souverainiste de la compétence législative ne peut reposer sur des règles de compétences juridictionnelles souples. En effet, les règles de compétences juridictionnelles flexibles qu'elles soient objectives (A) ou subjectives (B) écartent tout fondement souverainiste de la règle de conflit de lois.

---

515 L. USUNIER, *La régulation de la compétence juridictionnelle en droit international privé*, Economica, 2008, p. 258 et 259, n° 314.

516 *Ibid.*

A. La proximité législative déduite des règles de compétences juridictionnelles objectives

240. Dans le cadre des règles de conflit de lois classiques, ce sont celles qui retiennent la nationalité comme rattachement principal qui sont difficilement classées dans la catégorie des règles fondées sur la proximité. Ce critère paraît, à première vue, comme le moyen le plus efficace pour la mise en œuvre du principe de souveraineté. Cependant, même parmi les auteurs qui soutiennent une classification souverainiste du rattachement à la nationalité, il y a ceux qui exigent que pour aboutir à un tel résultat, des recommandations juridictionnelles doivent précéder le choix législatif[517]. La mise en œuvre du principe de souveraineté prévu dans la règle de conflit de lois dépend en effet de l'application de cette dernière. Par conséquent, « la revendication de la compétence législative [s'accompagne souvent] d'une revendication correspondante de compétence juridictionnelle »[518]. Afin de mettre en œuvre une politique législative souverainiste, un bouclier juridictionnel doit précéder toute sauvegarde des intérêts étatiques. C'est par la compétence juridictionnelle que la souveraineté législative est assurée. Ainsi, si le législateur par sa règle de conflit législative entend exercer sa souveraineté sur ses nationaux en leur imposant leur loi nationale, il faudrait aussi que les juridictions étatiques soient compétentes toutes les fois qu'un national est partie à une relation familiale.

241. Dans le CDIP tunisien, on distingue deux hypothèses de compétence des juridictions tunisiennes. L'une est exclusive et l'autre est relative. La compétence exclusive des autorités tunisiennes prévue par l'article 8 du CDIP ne concerne que les matières qui touchent à la souveraineté étatique[519]. Ce qui a amené le législateur à les règlementer

---

517 E. PATAUT, *Principe de souveraineté et conflit de juridictions. Etude de droit international privé*, L.G.D.J., 1999, p. 104, n° 155.

518 P. LAGARDE, Cours *précit.*, p. 51, n° 31.

519 Selon l'article 8 du CDIP « Les juridictions tunisiennes ont l'exclusivité de compétence :

1 - Si l'action a pour objet l'attribution, l'acquisition, la perte, le retrait ou la déchéance de la nationalité tunisienne.

2- Si elle est relative à un immeuble situé en Tunisie.

3- Si elle est relative à une procédure collective ouverte en Tunisie telle que le redressement des entreprises ou la faillite.

de façon à ce que la solution donnée au fond soit toujours dépendante du juge tunisien et, par conséquent, de la réglementation législative tunisienne même si elle ne concerne que le domaine conflictuel. Il est à signaler que l'article 8 n'englobe pas en son domaine des dispositions relatives au droit de la famille[520]. Ce qui laisse comprendre que sur le terrain de la compétence juridictionnelle, du moins, la matière échappe *en principe* au domaine de la souveraineté de l'Etat. Outre la compétence exclusive des tribunaux tunisiens, une compétence objective est aussi prévue par le titre II du Code. On ne s'intéressera à ce stade qu'à la compétence relative de principe et non à la compétence exceptionnelle des juridictions tunisiennes, afin de déterminer l'orientation générale de la réglementation de la matière. L'article 3 du CDIP dispose que « les juridictions tunisiennes connaissent de toute contestation, civile et commerciale entre toutes personnes quelque soit leur nationalité, lorsque le défendeur a son domicile en Tunisie ». Sans faire de distinction entre les matières familiales et les matières extra-familiales, le Code de droit international privé tunisien pose le principe de la compétence des juridictions du for toutes les fois que le défendeur est domicilié en Tunisie et ce, quelle que soit la nationalité des plaideurs. Il n'est pas possible de déduire de l'article 3 que le législateur a exclu la compétence des tribunaux du for fondée sur la seule nationalité tunisienne de(s) partie(s). L'incompétence des tribunaux tunisiens est déduite de l'association de l'article 3 et de l'article 4 du CDIP relatifs à la compétence ordinaire des juridictions tunisiennes. De ces deux articles, il est possible de dégager les cas de compétences possibles des juridictions tunisiennes. Il ressort de leur combinaison que la nationalité tunisienne d'un plaideur comme chef de compétence en matière familiale est exclue si elle n'est pas accompagnée de l'accord d'une volonté des parties[521].

4- Si elle a pour objet la demande d'une mesure conservatoire ou d'exécution sur le territoire tunisien et portant sur des biens qui y sont situés.

5- Dans tous les cas où la compétence leur est attribuée en vertu d'un texte spécial. ».

520 M. BEN JEMIA, « L'exequatur des décisions étrangères en matière de statut personnel », *Revue Tunisienne de Droit,* 2000, p. 139 et s., spéc. p. 150.

521 Il est à noter que la jurisprudence a parfois étendu la compétence des juridictions tunisiennes en raison de la nationalité tunisienne des plaideurs. Extension qui est tantôt justifiée par « l'ancrage prononcé de la relation en cause dans l'ordre juridique tunisien », (S. BOSTANJI, « Les survivances du communautarisme dans l'application judiciaire du droit international privé tunisien », *Rev. crit. DIP.*, 2009, p. 268), - en raison notamment de la nationalité des plaideurs associée à d'autres éléments tels que le lieu de la célébration du mariage, la nationalité de l'enfant, selon l'arrêt de cour d'appel de Tunis, n° 36946, du 4 novembre 2006- et tantôt justifiée par la règle de conflit de lois

Or, la compétence juridictionnelle fondée sur la nationalité en droit de la famille s'explique par la revendication souverainiste de la règle de conflit législative[522]. L'exercice de la souveraineté s'accomplit par la garantie de l'application de la loi nationale telle qu'établie par la règle de conflit de lois. C'est en effet la règle de conflit de lois souverainiste qui exige une règle de compétence de même nature. La compétence juridictionnelle fondée sur la nationalité viendrait donc au secours de la compétence législative souverainiste fondée sur le même rattachement.

242. Etant donné qu'en droit tunisien, le législateur n'a pas fondé la compétence des juridictions du for sur la nationalité tunisienne des plaideurs[523], le rattachement législatif à la loi nationale ne peut être compris comme une manifestation de l'exercice de la souveraineté étatique sur les nationaux. Car incontestablement, si le législateur entendait par son choix législatif soumettre sous l'empire de sa loi nationale tous ses ressortissants, cela se traduirait sur le terrain de la compétence juridictionnelle par une extension de la compétence des tribunaux du for au cas où une ou toutes les parties au litige sont tunisiennes. De toute évidence tel n'est pas le cas au sein du CDIP, bien que dans certaines décisions l'attitude des juridictions tunisiennes ait été tout autre. En effet, la cour d'appel de Tunis, a par une confusion entre la compétence directe réglementée par le CDIP et la compétence indirecte prévue par l'article 16 d de la Convention franco-tunisienne d'entraide judiciaire[524], étendu la compétence des juridictions tunisiennes aux cas où le demandeur est tunisien. Dans cette affaire, l'époux tunisien a intenté une action en divorce devant le tribunal de première instance de Tunis contre sa femme française et résidant en France. Le tribunal de première instance de Tunis a prononcé le divorce. La femme a interjeté appel sur la base de l'incompétence des juridictions tunisiennes pour statuer sur le divorce étant donné que la défenderesse est domiciliée en

---

soumettant le statut personnel à la loi nationale (Arrêt de la Cour de cassation n° 3181 du 22 octobre 2004, L. CHEDLY et M. GHAZOUANI, p. 94).

522 E. PATAUT, *Principe de souveraineté et conflit de juridictions. Etude de droit international privé*, L.G.D.J., 1999, p. 104, n° 155.

523 M. GHAZOUANI, « Nationalité et compétence judiciaire internationale », in *Le code tunisien de droit international privé deux ans après*, CPU, 2003, p. 13 et s., spéc. p. 33 ; K. MEZIOU, « Migrations et relations internationales », *RCADI*, 2009, t. 345, p. 199.

524 Convention franco-tunisienne du 28 juin 1972, relative à l'entraide judiciaire en matière civile et commerciale et à la reconnaissance et à l'exécution des décisions judiciaires.

France. La cour d'appel de Tunis puis la Cour de cassation[525] avaient affirmé la compétence des tribunaux du for. Les juges se sont référés dans leurs décisions à l'article 16 d de la Convention franco-tunisienne, relatif à la reconnaissance des divorces prononcés par le juge de la nationalité et de la résidence du demandeur. Or, il ressort de l'intitulé de la Convention ainsi que de l'article invoqué par les juridictions tunisiennes que ce traité ne concerne que la reconnaissance des décisions étrangères et qu'il n'a nullement été dans l'intention de ses rédacteurs de régler les cas de compétence directe des juridictions du for. La référence à ce traité pour justifier la compétence des tribunaux tunisiens en raison de la nationalité tunisienne du demandeur n'aurait donc pas dû être acceptée par application du CDIP. Les juridictions tunisiennes auraient dû se déclarer incompétentes[526].

243. De cette affaire isolée, il n'est pas possible de conclure à une affirmation jurisprudentielle quant à la compétence des tribunaux tunisiens sur le fondement de la nationalité du demandeur. A supposer que ce soit le cas pour les affaires à venir, cette extension restera limitée aux seules relations franco-tunisiennes, en raison d'une mauvaise application d'une Convention et non pas le choix du législateur. Le principe reste donc l'incompétence des juridictions tunisiennes ayant pour seul fondement la nationalité tunisienne de l'un des plaideurs, comme l'a indirectement affirmé le tribunal de première instance de Tunis dans des affaires récentes[527]. Une des conditions requises pour conclure à la fonction souverainiste du rattachement à la nationalité fait ainsi défaut[528].

244. La même solution vaut pour le système français, bien que ce ne soit pas essentiellement à travers l'articulation des compétences qu'il

---

525 Cour d'appel de Tunis 23 juin 2004 et Civ. 23 décembre 2004 ; S. BOSTANJI, « Brefs propos sur un traité maltraité. Commentaire des décisions de la cour d'appel de Tunis du 23 janvier 2004 et de la Cour de cassation du 23 décembre 2004 », *Revue Tunisienne de Droit,* 2005, p. 337, *JCP,* éd. G, 2005.I.169, *chron.* S. BOSTANJI.

526 S. BOSTANJI, « Le droit international privé tunisien en quête de modernité », in *La diversité dans le droit*, Mélanges offerts à la Doyenne Kalthoum MEZIOU-DOURAI, CPU 2013, p. 131 et s, spéc., p. 164 et 165.

527 Tribunal de première instance de Tunis, jugement n° 73184, du 13 juillet 2009 (*inédit*).
Cf. Tribunal de première instance de Tunis, jugement n° 73184, du 13 juillet 2009 (*inédit*) et tribunal de première instance de Tunis n° 75154 du 25 janvier 2010, *inédit.*

528 *Supra*, n° 35.

faille écarter la nature souverainiste de la règle de conflit française, mais plutôt, par le choix d'un nouveau critère de rattachement qui reflète mieux la proximité à savoir, la résidence habituelle[529]. Cependant, les règles de compétences juridictionnelles complètent cette évolution. Toutes les fois que la nationalité des parties est retenue par la règle de conflit de lois, alors qu'elle n'est pas précédée d'une compétence exclusive des tribunaux français fondée sur la nationalité française de l'un des plaideurs, la nature souverainiste du rattachement en matière de compétence législative est à exclure. Or, bien avant l'arrêt *Prieur*[530] la compétence fondée sur la nationalité française était facultative pour la partie française et cet arrêt n'a fait que la généraliser. L'exclusivité de la compétence fondée sur la nationalité française étant écartée, la souveraineté comme fondement de la règle de conflit législative doit l'être aussi.

245. Bien que le caractère souverainiste des règles de conflit de lois retenant comme rattachement la nationalité est écarté, cela ne conduit pas à affirmer systématiquement que le fondement de la compétence législative serait la proximité. L'élimination de l'un ne signifie pas systématiquement l'adoption de l'autre. La souveraineté et la proximité ne sont pas les seuls principes de droit international privé. Deux autres principes existent : la faveur pour un résultat matériel et l'autonomie de la volonté. Il est nécessaire de vérifier que ces derniers ne sont pas aussi à l'origine de la règle de conflit, afin de conclure au caractère proximiste du rattachement à la loi nationale.

246. En principe, lorsque la règle de conflit de lois a pour but d'accorder une part à la volonté, ce fondement est clairement exprimé. L'article 5 du règlement Rome III[531] ainsi que l'article 8 paragraphe 1 du

529 *Supra*, n° 103-105.

530 Civ. 1re, 23 mai 2006, *D.*, 2006, *Jur.*, p. 1880, *GAJFDIP*, n° 87.

531 Selon l'article 5 du règlement Rome III « 1. Les époux peuvent convenir de désigner la loi applicable au divorce et à la séparation de corps, pour autant qu'il s'agisse de l'une des lois suivantes:

a) la loi de l'État de la résidence habituelle des époux au moment de la conclusion de la convention; ou

b) la loi de l'État de la dernière résidence habituelle des époux, pour autant que l'un d'eux y réside encore au moment de la conclusion de la convention; ou

c) la loi de l'État de la nationalité de l'un des époux au moment de la conclusion de la convention; ou

d) la loi du for.

Protocole Aliments[532] ne peuvent en ce sens prêter à confusion quant à la possibilité qu'ils offrent aux parties pour choisir la loi applicable en ces matières. Cependant, ce fondement n'exclut pas toute recherche de la proximité étant donné que le choix n'est pas illimité, mais cantonné à des lois ayant des liens avec la relation de droit concernée. Par conséquent, ce choix a aussi pour but de conduire les parties à désigner une loi applicable avec laquelle elles ont des liens étroits[533]. En revanche, lorsque la faveur d'un résultat motive la règle de conflit, il n'est pas évident que des considérations de proximité soient prises en compte. Même s'il arrive que les préoccupations de proximité soient mêlées à celles de la faveur espérée comme dans les règles de conflit alternatives hiérarchisées[534], le souci de faveur l'emporte sur la localisation de proximité en cas de conflit entre ces deux objectifs concurrents. En effet, l'approche finaliste qui règne en droit tunisien en matière de filiation et dans les deux systèmes étudiés en matière d'obligations alimentaires[535] et qui s'étend aux règles de conflit de juridictions, laisse peu d'espoir à la réalisation de la proximité. Les règles dérogatoires faisant bénéficier une seule partie d'une option en matière de compétence juridictionnelle, associées à des règles de conflit de lois exprimant clairement une faveur recherchée s'éloignent de la recherche de la proximité. Cependant, ces règles demeurent exceptionnelles tant en droit français qu'en droit tunisien.

247. En conclusion, l'approche souverainiste des règles de conflit de lois classiques prévoyant un rattachement à la nationalité en droit français et tunisien est exclue en raison du défaut de son soutien par les règles de conflit juridictionnelles. De plus, la part attribuée à la volonté

---

2. Sans préjudice du paragraphe 3, une convention désignant la loi applicable peut être conclue et modifiée à tout moment, mais au plus tard au moment de la saisine de la juridiction ».

532 L'article 8 § 1 du Protocole prévoit que « Nonobstant les articles 3 à 6, le créancier et le débiteur d'aliments peuvent, à tout moment, désigner l'une des lois suivantes pour régir une obligation alimentaire :
a) la loi d'un État dont l'une des parties a la nationalité au moment de la désignation ;
b) la loi de l'État de la résidence habituelle de l'une des parties au moment de la désignation ;
c) la loi désignée par les parties pour régir leurs relations patrimoniales ou celle effectivement appliquée à ces relations ;
d) la loi désignée par les parties pour régir leur divorce ou leur séparation de corps ou celle effectivement appliquée à ce divorce ou cette séparation »

533 *Cf.* le considérant 14 du règlement Rome III.

534 *Infra*, n° 346.

535 *Infra*, n° 348-358.

pour le choix de la loi applicable dans les règles de conflit de lois reste encadrée par les exigences de la proximité. Par conséquent, en dehors des règles de conflit à coloration matérielle, le rattachement à la nationalité prévu par les règles de conflit législatives reflète directement ou participe indirectement à la recherche de la proximité. Les règles de compétences juridictionnelles ont donc tranché en faveur de l'exclusion de la nature souverainiste du rattachement à la nationalité dans les règles de conflit de lois dépourvues de toute recherche d'une faveur. Tout comme le rattachement à la loi nationale commune, l'articulation de la compétence juridictionnelle avec la compétence législative en droit tunisien précisément, montre que le choix de ce critère coïncide avec les besoins de la proximité.

B. La proximité législative déduite des règles de compétences juridictionnelles subjectives

248. Dans le chapitre précédemment développé, il a été conclu que le choix contrôlé de loi applicable permet de satisfaire les exigences de la proximité. En revanche ce qui a été constaté, c'est que la liberté des parties dans la désignation de la loi applicable, n'est pas toujours prévue dans les systèmes étudiés. Il convient tout de même de vérifier si cette possibilité de laisser les parties choisir la loi applicable afin de favoriser la recherche de la proximité n'était pas admise implicitement, dans les cas où l'option de droit n'est pas permise expressément. Dans les hypothèses où la *professio juris* n'est pas autorisée de manière directe, cette dernière semble être accordée indirectement, à travers les règles de compétences juridictionnelles. En effet, comme l'affirme M. ANCEL, « choisir son juge c'est indirectement choisir son droit »[536]. Ainsi, en offrant aux parties la possibilité de désigner le juge compétent, le choix de la loi applicable leur est indirectement accordé[537]. Il suffit pour les parties de saisir le juge dont la règle de conflit désigne la loi souhaitée, pour que cette dernière soit appliquée à leurs relations familiales. Toutefois ce

536 B. ANCEL, « Loi appliquée et effets en France des décisions étrangères », *Trav. Comité fr. DIP.*, 1986-1987, p.37.

537 H. BATIFFOL et P. LAGARDE, t. 2, p. 75 et 76, n° 442 ; Y. LEQUETTE, « Le droit international privé de la famille à l'épreuve des conventions internationales », *RCADI*, 1994-II, t. 246, p. 57, n° 46 ; A. BUCHER, « La famille en droit international privé », *RCADI*, 2000, t. 283, p.107 ; M. FARGE, *op. cit.*, p. 618, n° 706.

choix est tributaire de l'acceptation de cette compétence, par le juge désigné et par le for de reconnaissance.

249. C'est dans ces conditions que le choix de la loi applicable retrouve sa place en droit international privé de la famille tunisien. La volonté des parties comme moyen d'affirmation du principe de proximité apparaît à travers l'articulation de la compétence législative et de la compétence juridictionnelle. Elle est consacrée aussi bien au stade de la compétence directe (1), qu'au stade de la compétence indirecte (2).

1. La liberté des parties au service de la proximité résultant de l'articulation des règles de compétence directe et des règles de conflit de lois

En droit tunisien, en matière de compétence directe relative, à côté de la compétence traditionnelle du tribunal du domicile du défendeur, il est fait appel à des chefs de compétences subsidiaires, comme la volonté des parties. C'est dans ce sens que l'article 4 du CDIP envisage une compétence fondée sur le choix des intéressés. Ainsi, cet article prévoit que « les juridictions tunisiennes sont compétentes si les parties au litige les désignent comme telles ou, si le défendeur accepte d'être jugé par elles [...] ». En choisissant de soumettre leur affaire au juge tunisien, les parties auront aussi opté pour une application de la règle de conflit de lois tunisienne imposée par le législateur à ce dernier. Indirectement, les parties auront donc choisi l'application de la loi désignée par la règle tunisienne ainsi que tous les mécanismes de correction et d'exception prévus dans le système de droit international privé tunisien[538]. L'arrêt de la cour d'appel de Tunis du 28 juin 2011 en est la meilleure illustration[539]. Il s'agissait d'une demande de divorce par consentement mutuel intentée devant les juridictions tunisiennes par un époux maltais résident en Tunisie contre son épouse maltaise résidente à Malte, à l'époque où le divorce était prohibé à Malte. D'une part, les juges tunisiens se sont reconnus compétents pour trancher le litige sur la base de l'article 4 du CDIP puisque la défenderesse résidente à Malte n'avait pas contesté la compétence des autorités tunisiennes. D'autre part, les juges après avoir

538 Exception d'ordre public, application des lois de police, exception de fraude, etc.
539 Cour d'appel de Tunis, arrêt n° 22033 du 28 juin 2011, inédit.

conclu à l'application de la loi maltaise de la nationalité commune des époux selon l'article 49 du CDIP, ils l'ont écartée en raison de la contrariété de ses dispositions aux choix fondamentaux de l'ordre juridique tunisien en matière de divorce. Ce qui avait entrainé l'application de l'article 31 du CSP tunisien relatif au divorce par consentement mutuel, tel que le désiraient les époux. Dans cette affaire, les époux avaient choisi de saisir les juridictions tunisiennes afin de profiter de tout le système de droit international privé tunisien qui leur permettait d'obtenir la dissolution de leur lien conjugal par consentement mutuel.

250. Ainsi, la nationalité retenue par la règle de conflit et estimée comme le critère de souveraineté par excellence, n'assure plus une telle fonction lorsqu'elle est désignée par les parties, même si la désignation est indirecte. Tributaire de la volonté des intéressés, ou plus précisément choisie par les parties, le rattachement à la nationalité ne peut plus incarner la souveraineté dans ce cas précis. Bien au contraire, le choix des parties renforce la tendance proximiste de ce rattachement[540].

251. Outre le cas de liberté conférée aux parties pour le choix de la loi applicable à travers le choix de la compétence des juridictions du for, l'option de législation s'offre aussi aux plaideurs à travers les règles de compétences indirectes.

2. La liberté des parties au service de la proximité résultant de l'articulation des règles de compétences indirectes et des règles de conflit de lois

252. Les restrictions à la *professio juris* mises en place par les règles de conflit de lois, sont atténuées par le libéralisme juridictionnel consacré. Ce libéralisme serait par conséquent le succédané du défaut de choix direct de loi. Il serait donc possible de contourner une règle de conflit de lois étatique par le choix de la soumission de la relation de droit à un for dont la règle de conflit appréhende la question de façon différente de celle du système où elle est appelée à produire effet. Pour cela, il suffit

---

540 *Supra*, n° 123-125.

d'assouplir les règles de compétence indirecte. Toutefois, comme l'ont signalé MM. MAYER et HEUZE, « le danger du libéralisme réside évidemment dans les facilités qu'il offre à la fraude »[541]. C'est pourquoi il est nécessaire d'« élaborer des règles spéciales de compétence internationale indirecte, sous le signe d'un libéralisme prudent »[542]. Par conséquent, l'assouplissement des règles de reconnaissance des décisions étrangères en matière familiale (a) encadré par un minimum de contrôle (b), serait un pas vers l'admission de l'autonomie de la volonté limitée aux besoins de la proximité en la matière.

a. Le libéralisme dans la reconnaissance des décisions étrangères

253. Bien que sa consécration soit différente d'un système à un autre, en droit français comme en droit tunisien, à peu de choses près, le libéralisme dans les règles de compétence juridictionnelle est admis. C'est à travers l'assouplissement des exigences de la compétence indirecte et l'inobservation de conditions trop strictes lors de la reconnaissance des décisions étrangères relatives aux relations familiales que le libéralisme est apprécié. L'élargissement de la reconnaissance de la compétence des autorités étrangères (α) et l'indépendance de l'efficacité des décisions étrangère de la loi applicable par le juge d'origine (β), seraient l'illustration du libéralisme juridictionnel.

α. *L'élargissement de la reconnaissance de la compétence des autorités étrangères*

254. C'est par un raisonnement inverse que l'extension de la reconnaissance de la compétence du juge étranger est observée. L'inobservation de règles trop restrictives à l'accueil des jugements étrangers, garantit une réception plus ou moins large des décisions étrangères. Plus les restrictions lors de l'appréciation de la compétence du juge étranger sont limitées, plus cette compétence est étendue. Des méthodes adoptées en matière de reconnaissance des décisions

541 P. MAYER et V. HEUZE, p. 270, n° 378.

542 *Ibid.*, n° 373.

étrangères[543], il est possible de soutenir que les systèmes français et tunisien tendent vers un libéralisme contrôlé.

255. La jurisprudence française a élaboré des conditions de reconnaissance des décisions étrangères, parmi lesquelles, figure le contrôle de la compétence du juge étranger. Des règles propres à la compétence indirecte distinctes de la compétence directe ont été adoptées. De l'arrêt *Parker* à l'arrêt *Cornelissen*[544], en passant par les arrêts *Munzer*[545] et *Simitch*[546], la jurisprudence française n'a cessé d'évoluer vers un libéralisme rendant de plus en plus souples les conditions d'accueil des décisions étrangères[547]. Le libéralisme n'a cependant pas été mis en place sans un minimum de contrôle de la saisine du juge étranger, à savoir « le rattachement du litige au juge saisi »[548].

256. De même en droit tunisien, l'incompétence des tribunaux étrangers empiétant sur des domaines relevant de la compétence exclusive des juridictions du for est explicitement prévue par l'article 11 du CDIP. Or, il faut souligner qu'aucune matière relevant du droit de la famille n'a été spécifiquement mentionnée par l'article 8 CDIP, qui énumère les cas de compétence exclusive des tribunaux tunisiens.

257. Une fois que la compétence exclusive des tribunaux du for est écartée, la compétence concurrente des tribunaux étrangers s'impose. La limitation du domaine de la compétence exclusive des juridictions du for aura pour conséquence l'extension du champ de compétence des fors étrangers. Cette ouverture à l'accueil des décisions étrangères ne signifie pas pour autant l'absence de tout contrôle. La vérification d'un minimum de conditions en vue de son accueil est nécessaire. Pour cela, chaque

---

543 D. HOLLEAUX, *op. cit.*

544 Civ. 1re, 20 février 2007, *D.*, 19 avril 2007, p. 1115, note L. D'AVOUT et S. BOLLEE, *Rev. crit. DIP.*, 2007, p. 420, note B. ANCEL et H. MUIR WATT, *J.D.I.*, 2007, p. 1194, *comm.* F.-X. TRAIN.

545 Civ. 1re, 7 janvier 1964, *Rev. crit. DIP.*, 1964, p. 344, note H. BATIFFOL, *J.D.I.*, 1964, p. 302, note B. GOLDMAN, *JCP*, 1964.II.13590, note B. ANCEL, *GAJFDP.*, n° 41.

546 Civ. 1re, 6 février 1985, *Rev. crit. DIP.*, 1985, p. 369, *J.D.I.*, 1985, p. 460, note A. HUET, *D.*, 1985, p. 469, note J. MASSIP et *IR* 497, *obs.* B. AUDIT, *chron.* Ph. FRANCESCAKIS, *Rev. crit. DIP.*, 1985, p. 243.

547 *Cf.*, P. CHEVALIER « La nouvelle cartographie des voies ouvertes pour la reconnaissance ou l'exécution en France des décisions étrangères. L'office du juge de l'*exequatur*, l'ordre public et le portulan », *Rev. crit. DIP.*, p. 1 et s, spéc., p. 10 et 11.

548 Arrêt *Cornelissen précit.*

système pose ses propres règles[549]. Les systèmes étudiés ne divergent que sur deux conditions : la condition de la réciprocité exigée par l'article 11 du CDIP, et l'existence d'un lien caractérisé entre le juge d'origine de la décision[550] et le litige, condition requise dans le système français.

258. En effet, la réciprocité qui *jadis* se justifiait par une approche erronée de la nature publiciste et, partant, souverainiste du droit international privé[551], semble aujourd'hui en inadéquation avec les nouvelles solutions du code à tendance libérale. Portant elle a été maintenue dans l'article 11 du CDIP[552]. Si cette condition trouve son fondement, comme le signale M. KINSCH, dans la volonté de l'Etat du for d'« amener les autres Etats à reconnaître les jugements émanant de ses tribunaux »[553], elle ne peut justifier selon cet auteur « le sacrifice [par l'Etat d'accueil] des intérêts des individus qui invoquent un jugement étranger »[554]. Pendant des années, les conditions d'intervention de la réciprocité sont passées en droit tunisien d'une obligation de preuve de la part du demandeur d'exequatur, à une présomption en faveur de ce dernier[555]. Cette attitude excluait en principe l'approche souverainiste

549 Concernant les différentes méthodes possibles, voir D. HOLLEAUX, *op. cit.*

550 Condition nécessaire pour que « la situation créée s'impose aux autres Etats » selon M. LAGARDE, « Développements futurs du droit international privé dans une Europe en voie d'unification : quelques conjonctures », *RabelsZ*. 2004, p. 225 et s., spéc. p. 233.

551 Selon J.-D. GONZALEZ CAMPOS, « Diversification, spécialisation, flexibilisation et matérialisation des règles de droit international privé », *RCADI*, 2000, t. 287 p .183, n° 130, « le principe de réciprocité, largement accepté au XIXe siècle, agit conformément à l'idée que la reconnaissance dans le for d'un jugement étranger impliquait la reconnaissance d'un acte de souveraineté étranger et qu'on ne doit pas, en conséquence, faire à l'Etat étranger une concession qu'il refuse aux jugements du for. Ce qui conduit à une fragmentation des solutions en fonction de l'attitude, envers les jugements du for, des Etats d'origine des décisions soumises à l'exequatur » ; S. BOSTANJI, « La notion de réciprocité dans les relations privées internationales », in *Le code tunisien de droit international privé deux ans après*, CPU, 2003, p. 69 et s., spéc. p. 87.

552 Exigée même avant le CDIP par l'article 319 du Code de procédure civile et commerciale qui disposait qu' « outre les conditions énumérées à l'article précédent, et qui sont obligatoires dans tous les cas, les jugements rendus dans un pays étranger ne peuvent obtenir l'exequatur qu'aux conditions exigées par les lois de ce pays pour l'exécution des jugements rendus en Tunisie ».

553 P. KINSCH, « Droits de l'homme, droits fondamentaux et droit international privé », *RCADI*, 2005, t. 318, p. 9 et s., spéc. p. 105 et 106, n° 72.

554 P. KINSCH, « Droits de l'homme, droits fondamentaux et droit international privé », *RCADI*, 2005, t. 318, p. 106, n° 72.

555 Dans une décision récente, la cour d'appel de Tunis dans son arrêt n°37565 du 31 janvier 2013, a exigé qu'il incombe au demandeur de ramener la preuve du respect de la condition de réciprocité par les juridictions étrangères. Un pourvoi en cassation a été

puisque que le respect de la réciprocité dépendra de la volonté des plaideurs. Il n'en demeure pas moins que la condition de réciprocité était une présomption simple que le défendeur, ou bien même une tierce personne intéressée par la neutralisation de la décision, pouvait renverser par la preuve du contraire. Cette exigence est loin de justifier actuellement une vision souverainiste dans le choix du législateur tunisien, puisque la réciprocité s'étend à toutes les décisions étrangères même celles relatives à des matières imprégnées de règles à coloration matérielle excluant toute approche souverainiste.

259. A l'exception de la condition de réciprocité, lors de la reconnaissance des décisions étrangères le législateur tunisien s'intéresse principalement à la décision elle-même plus qu'à son origine. Le tout doit satisfaire certaines recommandations, qui indirectement pourraient conduire au contrôle de la compétence du juge.

260. Mais ce qui distingue bien plus les deux systèmes et qui a trait au respect d'un minimum de proximité entre le juge étranger saisi et le litige, est relatif au contrôle de la compétence des juridictions d'origine. Le juge d'origine selon la jurisprudence française[556] devrait avoir des liens caractérisés avec le litige et sa saisine ne devrait pas être frauduleuse[557]. Cette condition relative au contrôle de la compétence étrangère n'existe pas dans le CDIP, bien qu'elles figurait dans l'article 318 du CPCC applicable en matière de reconnaissance des jugements étrangers avant l'entrée en vigueur du Code de droit international privé.

261. Tant dans le système français que dans le système tunisien, les restrictions à la reconnaissance de la compétence du juge étranger restent très limitées. Il suffit pour les parties de saisir le juge dont la règle de conflit désigne la loi voulue, pour que cette dernière soit compétente[558].

---

formé contre cette décision et il est fort probable que la Haute Cour casse cette décision.

556 Depuis l'arrêt *Mack Trucks* de la cour d'appel de Paris du 10 novembre 1971 (*J.D.I.*, 1973, p. 239, note HUET) jusqu'à l'arrêt *Cornelissen.*

557 Il est à noter qu'au niveau communautaire, l'article 24 du règlement Bruxelles II bis interdit le contrôle de la compétence de la juridiction d'origine.

558 Comme l'a souligné M. CORNUT, « la saisine d'une autorité étatique par l'exploitation d'une option de compétence est en effet un moyen à part entière d'instrumentalisation du droit international privé. Le choix de l'autorité étatique appelée à statuer sur une question de droit peut se révéler déterminant quant à l'issue du litige ». E. CORNUT, « Forum shopping et abus du choix de for en droit en droit international privé », Revue trimestrielle lexisNexis *JurisClasseur* 2007, p. 28.

Cependant, cela nécessite que l'extension de la compétence du juge étranger soit également accompagnée d'une tolérance de la part de l'Etat d'accueil vis-à-vis de la règle de conflit appliquée par le juge étranger.

β. L'absence de contrôle de la loi appliquée par le juge étranger

262. Le contrôle de la loi appliquée par le juge étranger, longtemps vérifiée en droit français[559], a été abandonné par l'arrêt *Cornelissen* du 20 février 2007 [560], ralliant ainsi la jurisprudence à « une tendance dominante »[561] en droit comparé. Cette condition n'a pas été non plus prévue par le CDIP tunisien, ce qui revient à l'exclure de tout contrôle de la reconnaissance des décisions étrangères[562]. En droit tunisien, il est donc possible d'affirmer que le non contrôle de la loi appliquée est une évidence, même pour le droit familial, étant donné qu'aucune disposition spécifique à la matière familiale n'a été précisée dans le CDIP. En revanche le doute quant à l'extension de la jurisprudence *Cornelissen* aux relations familiales n'a été levé en droit français, que depuis l'arrêt du 8 juillet 2010[563]. L'affaire était relative à la reconnaissance d'une décision d'adoption américaine qui avait été reconnue en France en dépit de la non application par l'Etat d'origine de la loi désignée par la règle de conflit française. La conformité du jugement étranger au règlement

559 *Cf.* B. ANCEL et H. MUIR WATT, « Les jugements étrangers et la règle de conflit de lois : chronique d'une séparation », in *Vers de nouveaux équilibres entre ordres juridiques*, Mélanges en l'honneur de Hélène Gaudemet-Tallon, p. 133 et s., spéc. p. 136 et s. Voir aussi P. DE VAREILLES-SOMMIERES, « Jugements étrangers », *Rép. internat, Dolloz*, 2011, n° 143.

560 Arrêt *précit.*

561 P. LAGARDE, « Développements futurs du droit international privé dans une Europe en voie d'unification : quelques conjonctures », *RabelsZ.* 2004, p. 225 et s., spéc. p. 232.

562 Le contrôle de la loi appliquée est généralement accueilli pour une mise en œuvre du principe de souveraineté dans le cas où la loi du for devrait être applicable ou lorsque la décision émane d'un for tiers « à celui désigné par le principe de souveraineté » afin de s'assurer que les exigences de ce principe ont été respectées. Voir, E. PATAUT, *op. cit.*, p. 428-433.

563 Civ. 1re, 8 juillet 2010, *AJ fam.*, 2010, p. 2, *obs.* A. MIRKOVIC, *id.* p. 3, *obs.* B. HAFTEL, *id.* p. 4, interview, C. MECARY, *D.*, 2010. 1787, *obs.* I. GALLMEISTER, *Dr. Famille* 2010, *comm.*. 156, note M. FARGE, *RDT civ.* 2010, p. 547, *obs.* J. HAUSSER, *JCP,* éd. G, 2010.II.1173, note H. FULCHIRON, *J.D.I.*, 2011, p. 119, *comm.* S. BOLLEE, *Rev. crit. DIP.*, 2011, p. 747, note P. HAMMJE.

français de conflit de lois étant abolie, il est par conséquent possible d'affirmer que les systèmes français et tunisien permettent indirectement aux parties de choisir la loi applicable en simplifiant les règles de la reconnaissance des décisions étrangères. Afin d'éviter que le choix indirect de la loi applicable ne dévie en un choix purement et simplement matériel[564], le libéralisme ne doit pas être dépourvu de tout contrôle.

b. Le libéralisme contrôlé par la vérification de l'intention des parties

263. La contrepartie de l'extension du champ d'intervention du juge étranger ainsi que de l'indifférence vis-à-vis de l'identité conflictuelle de la décision étrangère avec la solution qu'aurait donnée le juge du for, appelle à vérifier leur corollaire : l'intention des parties. Afin d'identifier l'intention des parties quant aux motivations du choix de la juridiction compétente deux critères sont à suggérer : le premier critère est objectif (α) alors que le second est subjectif (β).

α. Le critère objectif de la vérification de l'intention des parties : les liens entre le juge saisi et le rapport de droit

264. Lorsqu'aucune liste déterminant les tribunaux potentiellement compétents n'a été établie en matière de compétence indirecte, il n'est pas pour autant admis de reconnaître toute décision émanant de n'importe quel juge. Ainsi, la jurisprudence française limite la reconnaissance aux cas où « le tribunal étranger [...] se rattache d'une manière caractérisée au pays dont le juge a été saisi »[565]. Partant, l'existence de liens entre l'ordre juridique d'origine et le litige serait une condition primordiale à l'accueil des décisions étrangères. Cette condition nécessaire pour que « la situation créée s'impose aux autres

564 C. WILLEMS, *Les nouvelles conceptions de la fraude en droit international privé de la famille*, Thèse, Rouen, 2000, citée par S. VIGAND, *La construction de l'espace de liberté, de sécurité et de justice : vers un droit international privé communautaire de la famille*, Thèse, Paris II, 2005, t.1, p. 99, n° 142.
565 Arrêt *Simitch précit.*

Etats »[566], témoigne d'une méfiance quant à un *forum shopping* employé « dans le seul but d'échapper aux conséquences d'un jugement »[567]. La saisine d'un juge ayant des liens caractérisés avec le litige serait un indice que le(s) plaideur(s) ne cherche(nt) pas à se soumettre à un ordre juridique qui n'a que de faibles attaches avec le litige. Même si la proximité avec l'ordre judiciaire vient au premier plan des décisions de rejet d'exequatur, la proximité législative influe également sur la décision du juge d'accueil. L'arrêt de la cour d'appel de Versailles du 18 novembre 1986[568] le démontre bien. L'affaire était relative à la reconnaissance d'un jugement en matière de divorce prononcé par un tribunal bulgare de la nationalité de la femme à la demande du mari de nationalité française ayant séjourné en Bulgarie le temps nécessaire pour faire aboutir sa demande de divorce devant les juridictions de cet Etat. La cour avait rejeté la demande de reconnaissance de la décision bulgare sur le fondement de la prépondérance des rattachements aux juridictions françaises et de la fraude de la part de l'époux. La référence à la loi écartée par la saisine du tribunal étranger à savoir, loi française de la résidence des époux et de leurs enfants mineurs, et donc celle des liens les plus étroits en l'espèce, n'a pas échappé à la cour et a été l'une des motivations du rejet de la décision étrangère. Les juges y avaient fait référence avant même d'aborder la question relative à la reconnaissance. Et s'ils ne se sont pas attardés sur ce point, c'est probablement parce que le refus de la reconnaissance se justifiait plus facilement par le défaut de liens prépondérants avec les juridictions étrangères et la fraude, qu'en raison de l'étroitesse des liens avec la loi française qui n'a pas été appliquée.

265. Même si le contrôle de l'intention des parties par des éléments objectifs est inexistante en droit tunisien, il serait tout de même possible de rejeter une décision étrangère toutes les fois qu'elle émanerait non seulement d'un juge n'ayant pas de liens caractérisés avec la situation mais qui en plus, consacrerait une solution de fond sans rapport avec les recommandations de proximité. Et c'est sur le terrain de la vérification subjective de l'intention des parties que le juge de l'exequatur trouvera son arme.

---

566 P. LAGARDE, « Développements futurs du droit international privé dans une Europe en voie d'unification : quelques conjonctures », *RabelsZ*. 2004, p. 225 et s., spéc. p. 233.

567 Civ. 1re, 1er mars 1988. *D.*, 1988, p. 486, note J. MASSIP, *Rev. crit. DIP.*, 1989, p. 721, note A. SINAY-CYTERMANN.

568 Versailles, 18 novembre 1986, *D.*, 1987, *somm.* 346, *obs.* B. AUDIT.

β. *Le critère subjectif de la vérification de l'intention des parties : la fraude*

266. Dans l'arrêt *Mack Trucks*[569] la cour d'appel de Paris avait posé comme règle pour que la décision soit reconnue, que « le litige se rattache d'une manière suffisante au pays dont le juge a été saisi, c'est-à-dire que le choix de la juridiction ne soit ni arbitraire, ni artificiel, ni frauduleux ». L'assimilation par la cour d'appel de l'absence de liens suffisants avec le juge d'origine à une fraude bien que abandonnée par la jurisprudence *Simitch*, témoigne de la forte influence du critère objectif de la fraude sur son critère subjectif et *vice versa*[570].

267. La saisine d'un juge en l'absence de liens suffisants entre ce dernier et le litige démontre généralement une manœuvre dilatoire d'au moins une partie au procès. Ce comportement traduit soit une intention abusive d'une seule partie « dans le but d'obtenir, au détriment de [l'autre partie], des avantages illégitimes et manifestement étrangers à l'objectif de ladite disposition »[571], soit une intention frauduleuse d'au moins l'une des parties dans le but que soit appliquée une loi donnée et d'échapper à l'application d'une autre[572]. La fraude dont l'objectif est d'échapper à la loi normalement applicable se réalise aussi par la saisine d'un juge qui appliquerait une règle de conflit différente de celle du juge normalement compétent. Le résultat est le même, mais la qualification diffère. Alors que dans un cas il s'agit d'une fraude à la décision[573] où la fraude à la loi

---

569 Arrêt *précit.*

570 E. CORNUT, *op. cit.*, p. 154, n° 261, « l'arrêt Simitch prévoit trois conditions pour que la compétence internationale indirecte du juge étranger soit reconnue : les juridictions françaises ne doivent pas être exclusivement compétentes ; le litige doit se rattacher d'une manière caractérisée avec le juge saisi ; la saisine ne doit pas procéder d'un choix frauduleux. Si ces deux dernières conditions ne sont pas synonymes, elles sont toutefois très complémentaires, l'absence de liens caractérisés permettant souvent de démontrer la fraude ».

571 CJCE 12 mai 1998, aff. C-367/96, *Alexadros Kefalas* : Rec. CJCE, 1998, I, p. 2843, concl. G. TESAURO, *RTD com.*, 1998, p. 1000, *obs.* LUBY, *Rev. Sociétés*, 1998, p. 794, note S. DANA-DEMARET, *Europe*, 1998, n° 225 et 247, *obs.* F. LAGONDET, pt. 28.

572 B. AUDIT et L. D'AVOUT, p. 213, n° 237.

573 P. MAYER, *La distinction entre règles et décisions et le droit international privé*, Préface de H. BATIFFOL, Dalloz, 1973, p. 183, n° 242.

est indirectement réalisée[574], dans l'autre cas il est question directement d'une fraude à la loi par la modification du critère de rattachement.

268. C'est en effet sur ce point que pourraient miser les juges de l'Etat d'accueil pour rejeter le choix de la loi applicable indirectement consacré par le choix du juge pour des raisons autres que la recherche de la soumission de la relation familiale à l'ordre juridique législatif le plus proche. Dans ce cas, la décision de la juridiction retenue par au moins l'une des parties en raison de la loi désignée par la règle de conflit applicable, au détriment de celle du juge qui aurait appliqué la loi des liens étroits, pourra être écartée par l'exception de fraude au sens large du terme. L'élément intentionnel de la fraude sera aussi caractérisé par le choix d'une juridiction dont la règle de conflit prévoit un rattachement éloigné, sauf si le juge saisi a des liens étroits avec l'affaire.

269. L'exception de fraude pourrait limiter le choix indirect de lois par les parties, à un ordre juridique qui a des liens étroits avec la situation. Le système de droit international privé français consacre explicitement la condition du défaut de fraude pour la reconnaissance des décisions étrangères. En revanche, le CDIP tunisien ne prévoit que la fraude à la loi, dont la définition donnée par l'article 30 du CDIP[575] n'est pas susceptible d'englober la fraude à la juridiction. Mais comme l'a mentionné M. MEZGHANI, « le silence de l'article 11 du code sur cette condition ne peut à lui seul faire obstacle à son application. La fraude est un principe général de droit qui a vocation à s'appliquer à une diversité de situations »[576]. Le législateur l'a réglementée en matière de conflit de lois, et la jurisprudence l'a étendue aux conflits de juridictions. Dans son arrêt du 22 mai 2006[577], la cour d'appel de Tunis a clairement pris en considération la fraude au jugement pour rejeter une demande de reconnaissance d'un jugement étranger. Rien n'interdit d'invoquer la

---

574 Selon E. CORNUT, « toute fraude au jugement est une fraude à la loi », *op. cit.*, p.110, n° 185.

575 Selon l'article 30 du CDIP « la fraude à la loi est constituée par le changement artificiel de l'un des éléments de rattachement relatif à la situation juridique réelle dans l'intention d'éluder l'application du droit tunisien ou étranger désigné par la règle de conflit applicable. Lorsque les conditions de la fraude à la loi sont réunies, il ne sera pas tenu compte du changement de l'élément de rattachement. »

576 A. MEZGHANI, p. 199.

577 Tunis, 22 mai 2006, n° 2275, *inédit*, cité par L. CHEDLY et M. GHAZOUANI, p. 263.

fraude lorsqu'elle « est faite au prétoire ou au jugement »[578] et à plus forte raison lorsque la fraude au jugement est motivée par une fraude à la loi, puisque « la fraude à la compétence judiciaire est [...], le plus souvent, liée à une fraude à la loi *lato sensu* »[579].

270. Le libéralisme contrôlé laisse donc une place au choix de lois par les parties, encadré par la proximité. Les parties peuvent choisir de soumettre la relation familiale à un juge dont la règle de conflit donne compétence à un ordre juridique plus étroitement lié que celui qu'aurait appliqué le juge du for. Dans ce cas, la décision étrangère reconnue aura pour effet de trancher en faveur du rattachement de proximité établi après l'exercice indirect du choix de la loi applicable. Au cas où le choix n'a pas été fait en faveur de l'ordre juridique présentant des liens étroits, intentionnellement, il est possible de combattre une telle attitude en opposant la fraude, lors de la reconnaissance de la décision.

271. Ainsi, le fondement de proximité de certaines règles de conflit de lois françaises et tunisiennes peut être déduit de la combinaison des règles de compétence juridictionnelles et législatives. Ce même constat est perceptible en cas d'alignement de la compétence législative sur la compétence judiciaire, prévu en droit international privé français.

Paragraphe II : L'alignement de la compétence législative sur la compétence juridictionnelle dans le système de droit international privé français

272. Le droit international privé de la famille français se singularise par rapport au système tunisien par l'unité de certaines de ses règles de compétence juridictionnelles et législatives. Cela découle de l'adhésion de la France à certaines conventions internationales prévoyant la coïncidence des compétences. Cette particularité favorise, certes, l'extension du domaine de la loi du for, mais ne saurait dans tous les cas exclure la contribution au rattachement de la relation de droit à l'ordre juridique qui lui est étroitement lié. L'alignement de la compétence législative sur la compétence judiciaire conduit également à la réalisation

---

578 A. MEZGHANI, p. 199 ; *Cf.* P. HAMMJE, *La Contribution des Principes Généraux du Droit à la Formation du Droit International Privé*, Thèse, Paris I, 1994, p. 687, n° 1112.

579 H. GAUDEMET-TALLON, « La désunion du couple en droit international privé », *RCADI*, 1991, t. 226, t1, p. 136, n° 116.

d'une résolution fondée sur la proximité des relations familiales, toutes les fois qu'il y a coïncidence entre les exigences de la proximité législative et de la proximité juridictionnelle. L'alignement des compétences prévu dans les Conventions de La Haye en matière de protection des personnes, serait en fin de compte en parfaite harmonie avec la recherche de la proximité en droit international privé français. La similitude des besoins de la proximité juridictionnelle et ceux de la proximité législative du système de droit international privé français de la famille, permet d'atteindre le rattachement de toute la relation à l'ordre qui lui est le plus proche, sans même qu'il y ait besoin de distinguer entre la règle de conflit de juridictions et celle de conflit de lois. Ainsi la proximité législative sera absorbée par la proximité juridictionnelle toutes les fois qu'il y a coïncidence entre les deux objectifs (A), sans pour autant que cette méthode s'étende aux cas où les recommandations de la proximité de chacune des compétences divergent (B).

A. Le principe de la coïncidence entre les deux compétences

273. Système de prédilection de la Conférence de La Haye en matière de protection des personnes, le principe de la coïncidence des deux compétences a été prévu tout d'abord par la Convention de La Haye du 5 octobre 1961 relative à la protection des mineurs, puis réajusté dans celle du 19 octobre 1996, et a enfin été réaffirmé dans la Convention de La Haye du 13 janvier 2000 sur la protection internationale des adultes. Ces différentes Conventions étant applicables en France, la méthode de l'unité des deux compétences dans le domaine de la protection des personnes est bien intégrée en droit international privé français.

274. Comme il a été préalablement démontré, le rattachement à la résidence habituelle s'inscrit dans une approche de proximité en droit international privé de la famille français en général et en droit international privé de la protection des personnes plus particulièrement. Parant, l'interdépendance des deux compétences aboutit à la promotion du rattachement à la loi la plus proche toutes les fois qu'il y a convergence entre les revendications de la proximité des deux compétences, à savoir le rattachement à la résidence habituelle.

275. De la Convention de La Haye de 1961 à celle de 2000, en passant par celle de 1996, le choix du législateur international en matière de protection des personnes s'est orienté vers le principe de l'absorption des règles de compétence législative par les règles de compétence juridictionnelle. L'article 2 de la Convention de 1961, l'article 15 de la Convention de 1996 et l'article 13 de la Convention de 2000 prévoient le principe de l'application de la loi interne des autorités compétentes dans toutes les mesures à prendre. Dans ces trois textes internationaux, la primauté est accordée aux autorités de la résidence habituelle de la personne à protéger (enfant[580] ou adulte). Dans cette perspective, le rattachement à la résidence habituelle est de plus en plus consacré tant pour la compétence juridictionnelle, que pour la compétence législative. Dans la mesure du possible, les compétences concurrentes sont restreintes pour ne plus servir que l'objectif affiché des différentes Conventions, à savoir l'efficacité de la protection de la personne. Cela se réalise par le choix de l'attribution de la charge de la protection à l'ordre juridique le plus proche de l'intéressé. Le choix de cette compétence est fondé sur les liens de proximité entre la personne à protéger et l'Etat sur le territoire duquel elle se trouve[581]. L'esprit des diverses Conventions précitées s'oriente vers la recherche de la meilleure protection des personnes. Un objectif atteint par le développement du principe de proximité[582]. Toutefois, le respect de ce principe s'adapte et s'affine dans chaque Convention en fonction des particularités de la personne à protéger, selon qu'il s'agisse d'un enfant (1) ou d'un adulte (2).

1. Les Conventions relatives à la protection des mineurs

276. Depuis la Convention de 1961 relative à la protection des mineurs, la proximité s'est vue accorder une place significative dans les règles d'origine conventionnelle. Par le choix de la soumission de la

---

[580] La compétence des autorités de la résidence habituelle de l'enfant a été retenue dans l'article 8 du règlement Bruxelles II bis. Ces autorités appliqueront aussi leurs lois. Voir, *Supra*, n° 183.

[581] P. LAGARDE, « La nouvelle Convention de La Haye sur la protection des mineurs », *Rev. crit. DIP.*, 1997, p. 217, n° 10.

[582] Comme l'avait noté Mme GALLANT concernant la protection des mineurs et dont on pourrait étendre les effets à la protection des adultes, « la protection de proximité constitue désormais l'idée maîtresse de la matière », E. GALLANT, *Responsabilité parentale et protection des enfants en droit international privé*, *Defrénois*, 2004, p. 107, n° 180.

protection des mineurs à l'autorité de sa résidence habituelle, la Convention avait commencé à intégrer la « protection de proximité »[583]. Ce rattachement permet de mieux apprécier les besoins et les intérêts du mineur[584], tout en maintenant dans l'article 4 une compétence exceptionnelle en faveur des autorités de la nationalité de l'enfant lorsque l'intérêt de ce dernier l'exige. Cette compétence de principe accordée aux autorités de la résidence de l'enfant a été maintenue dans la Convention de La Haye de 1996, ainsi que dans le règlement Bruxelles II bis dans ses dispositions relatives à la responsabilité parentale. A travers les relations entre les compétences législative et juridictionnelle prévues dans ces instruments, le rattachement à l'ordre juridique le plus proche en la matière est consacré dans l'ordre juridique français non seulement par la primauté accordée aux autorités de la résidence habituelle du mineur (a), mais aussi par les exceptions qui lui sont apportées (b).

a. La primauté accordée au rattachement à la résidence habituelle du mineur

277. Dans le but de rendre efficace la protection de l'enfant, les différents instruments traitant cette question et auxquels est liée la France ont confié à l'autorité la plus proche de l'enfant le soin de prendre les mesures appropriées. La compétence de principe est celle des autorités de la résidence de l'enfant et ce, aussi bien dans la Convention de La Haye de 1996 relative à la protection des enfants et l'attribution de la responsabilité parentale révisant celle de 1961, que dans le règlement Bruxelles II bis dans ses dispositions se rapportant à la responsabilité parentale. Ces autorités qui reflètent la proximité géographique, ont un domaine d'intervention très large. Il ne se trouve concurrencé qu'en cas de besoin[585], par la compétence des autorités disposant de la proximité temporelle – autorité de l'Etat où l'enfant se trouve en cas d'urgence –, ou bien par celle des autorités saisies d'une affaire connexe. Dans les autres cas où une autorité différente de celle de la résidence habituelle de l'enfant est compétente, elle ne peut intervenir qu'après accord des autorités de la résidence de l'enfant.

583 E. GALLANT, *op. cit.*, p. 107, n° 180.

584 W. DE STEIGER, « Rapport explicatif de la Convention de La Haye du 5 octobre 1961 », Actes et documents de la neuvième session, Conférence de La Haye de droit international privé, 1960, t. 4. Protection des mineurs, p. 219 et s., spéc. p. 221.

585 *Infra*, n° 280-285.

278. Une fois reconnues compétentes, les autorités de la résidence habituelle appliqueront en principe leur propre loi interne pour les différentes mesures à prendre[586]. Ainsi, l'unification des compétences en la matière conduit indirectement au rattachement de la protection à l'ordre juridique de la résidence du mineur aussi bien sur le plan juridictionnel que législatif. Bien évidemment l'appréciation du fondement de proximité de la compétence juridictionnelle ne suffit pas à l'étendre aux règles de compétence législative. Il faudrait aussi que les exigences de la proximité législative coïncident avec celles qui régissent la compétence directe. Or, il ne fait aucun doute que le rattachement à la résidence habituelle présente en matière de protection des mineurs le rattachement qui reflète les liens les plus étroits en droit français[587]. La coïncidence des deux compétences prévue par la Convention conduit à l'émergence du principe de proximité directement en matière de conflit d'autorités et indirectement en matière de conflit de lois, dès lors que la loi de la résidence habituelle est appliquée. Or, cette loi est celle qui présente les liens les plus étroits avec la relation de droit dans le système français.

279. Les autorités de la résidence de l'enfant doivent cependant céder leur compétence aux autorités d'un autre Etat, dès lors qu'elles l'estiment nécessaire, afin de mieux apprécier l'intérêt de l'enfant. Les exceptions à la compétence du juge de la résidence habituelle du mineur ne vont pas non plus à l'encontre de la proximité judiciaire et législative.

b. Les exceptions au rattachement à la résidence habituelle

280. Prévues par les articles 8, 9, 10 et 11 de la Convention de 1996, les exceptions à la compétence des autorités de la résidence habituelle sont destinées à renforcer l'objectif principal de la Convention, qui est de servir l'intérêt de l'enfant. Cet objectif principal se conjuguerait parfaitement avec les liens particuliers que l'intérêt de l'enfant aurait avec un autre ordre juridique. Il s'ensuit, l'effacement de la compétence des autorités de la résidence habituelle en faveur de celles considérées mieux à même de bien mener l'objectif recherché. Les exceptions à la compétence des autorités de la résidence habituelle sont encadrées par

586 *Supra*, n° 183.
587 *Supra*, n° 160.

une double nécessité : celle de l'appréciation de l'intérêt de l'enfant d'une part et de l'aval des autorités de renvoi et celle d'accueil d'autre part[588]. Ces exceptions se rapprochent de la théorie du *forum non conveniens* ou encore de celle du *forum conveniens*, de par la formulation des articles 8 et 9. En effet, l'article 8 permet de façon exceptionnelle à un for compétent en principe de renvoyer la charge de la protection de l'enfant lorsqu'il estime qu'une autre juridiction serait mieux à même d'apprécier l'intérêt du mineur. Il est également possible selon l'article 9 de la Convention pour un for incompétent, de demander aux autorités normalement compétentes de se dessaisir de l'affaire en sa faveur, s'il se considère comme plus apte à réaliser la meilleure protection du mineur.

281. Prise dans sa globalité, la matière de la protection des enfants tourne autour de sa personne. Il est par conséquent juste de se focaliser sur le principal intéressé de la protection, à savoir l'enfant, et de chercher pour sa protection l'ordre juridique qui lui est le plus proche physiquement, qui n'est autre que celui de sa résidence habituelle. Toutefois, la question de la protection du mineur est plus compliquée qu'elle n'y paraît. Elle dépasse le cadre de la protection de sa personne pour s'étendre à d'autres domaines qui, en raison de leur particularité et de leur spécificité, appellent à ce qu'ils soient pris en considération de manière différente de la protection physique de l'enfant. C'est pourquoi d'autres fors seront dans ces hypothèses mieux placés pour assurer la protection du mineur. La proximité, n'étant pas ici physique mais matérielle dans certains cas et culturelle dans d'autres, elle rendrait plus appropriée la compétence d'un autre for, considéré en l'espèce mieux à même à apprécier ses intérêts.

282. L'appréciation par les différentes autorités en cause de l'intérêt de porter le litige devant un autre juge que celui de la résidence habituelle, prouve que les autorités les plus proches physiquement de l'enfant ne sont pas systématiquement celles les plus proches de ses intérêts.

283. Ainsi d'autres fors sont susceptibles d'être plus proches de la question à trancher. C'est le cas du for de la nationalité[589] pour les questions touchant à un aspect de l'identité de l'enfant[590], du for dans

---

[588] Le transfert de compétence n'est envisagé que dans le cercle des Etats contractants.

[589] Article 8 § 2. a.

[590] Le respect du droit de l'enfant à préserver son identité est prévu par l'article 8 de la Convention de New York de 1989 relative aux droits de l'enfant.

lequel sont situés ses biens[591] pour les domaines concernant leur protection, du for de dissolution du lien conjugal[592] pour la préservation de la vie familiale et même du for ayant des liens étroits avec l'enfant[593] pour les questions ponctuelles autres que celles envisagées. Leur proximité avec la question soulevée en matière de protection, ainsi que l'intérêt du mineur à ce que sa protection soit appréciée par ces autorités nécessite parfois qu'elles interviennent à la place de l'autorité de la résidence. C'est en ce sens que les articles 10, 11 et 12 de la Convention de 1996 et les articles 12 et 13 du règlement prévoient des exceptions ponctuelles à la compétence des autorités de la résidence habituelle en faveur d'autres autorités.

284. L'article 11 paragraphe 1 de la Convention de La Haye prévoit que, « dans tous les cas d'urgence, les autorités de chaque Etat contractant sur le territoire duquel se trouve l'enfant ou des biens lui appartenant sont compétentes pour prendre les mesures de protection nécessaires ». La dérogation à la compétence des autorités principalement considérées comme les plus proches de la protection visée se justifie par une coïncidence entre la proximité ponctuelle *géographico-temporelle* avec le territoire sur lequel se trouve l'enfant ou ses biens[594]. L'urgence rend nécessaire une protection provisoire, efficace à un moment précis. La ponctualité de cette exception prévue par l'article 11 paragraphes 2 et 3[595] n'est que le complément de la dérogation. Il est en outre possible de rapprocher de ses mesures, les mesures provisoires prévues par l'article 12. Quoique l'urgence ne soit pas expressément mentionnée par cet article, elle l'est en principe pour toute mesure provisoire, sinon pourquoi prendre des mesures provisoires qui sont susceptibles d'être anéanties par une autre autorité ultérieurement.

---

591 Article 8 § 2. b.

592 Article 8 § 2. c.

593 Article 8 § 2. d.

594 Dans ce cadre, M. LAGARDE parle de « *la proximité immédiate* », P. LAGARDE, « *La nouvelle Convention de La Haye sur la protection des mineurs* », *Rev. crit. DIP.*, 1997, p. 217, n° 10.

595 L'article 11 § 2 et § 3 prévoit que « 2. Les mesures prises en application du paragraphe précédent à l'égard d'un enfant ayant sa résidence habituelle dans un Etat contractant cessent d'avoir effet dès que les autorités compétentes en vertu des articles 5 à 10 ont pris les mesures exigées par la situation.
3. Les mesures prises en application du paragraphe premier à l'égard d'un enfant ayant sa résidence habituelle dans un Etat non contractant cessent d'avoir effet dans chaque Etat contractant dès qu'y sont reconnues les mesures exigées par la situation prises par les autres Etats ».

En revanche, les articles 10 de la Convention et 12 du règlement prévoient une exception provisoire non motivée par l'urgence. En raison de l'intérêt de l'enfant et après accord des parents et de toute personne ayant la responsabilité parentale, la compétence du juge du divorce, de séparation de corps ou d'annulation du mariage est reconnue dans les deux instruments. Cependant, cette autorité ne peut être saisie que si sa loi l'autorise à prendre des mesures de protection de la personne ou des biens de l'enfant. Cette compétence n'est toutefois possible que, lorsqu'au commencement de la procédure l'un des parents réside habituellement dans l'Etat de ce juge et que l'un d'eux exerce la responsabilité parentale à l'égard de l'enfant. Cette exception à la compétence fondée sur la proximité[596] s'explique par le fait que ces nouvelles autorités sont considérées comme les « mieux placée[s] pour appréhender la situation dans sa globalité »[597] en attendant le prononcé du sort du lien conjugal par le juge saisi. Mais c'est surtout l'exigence que le juge du divorce ne soit compétent que si l'un des parents a la responsabilité parentale à l'égard de l'enfant qui explique ce lien indirect entre le juge du divorce et l'enfant. Dans ce cas, même si le lien avec l'enfant n'est pas le plus étroit, il n'en est pas moins inexistant. La concentration du contentieux ne s'est donc pas faite en toute méconnaissance de la proximité[598].

285. Pour toutes ces dérogations, l'article 15 de la Convention de 1996 consacrant l'application de la loi du for saisi, s'applique aux compétences de fors exceptionnels prévus par la Convention et le règlement Bruxelles II bis. Le principe selon lequel la proximité législative suit la proximité judiciaire en matière de protection des mineurs est ainsi préservé en son principe, même si des dérogations sont prévues lorsque de telles prévisions s'avèrent erronées en pratique.

286. La recherche de la protection de proximité par le biais d'une interdépendance de principe entre les deux compétences est aussi assurée par la Convention de La Haye du 13 janvier 2000 relative à la protection des adultes.

---

596 E. GALLANT, *op. cit.*, p. 134-135, n° 229.
597 E. GALLANT, *op. cit.*, p. 136, n° 231.
598 *Ibid.*, n° 241.

2. La Convention relative à la protection des adultes

287. A l'instar de la Convention de 1996 en matière de protection des mineurs, la Convention de 2000 relative à la protection des adultes retient le principe de coïncidence des deux compétences. Une compétence de principe est accordée par l'article 5 aux autorités de la résidence habituelle de l'adulte. Pour les adultes réfugiés ou ceux dont la résidence habituelle n'a pu être établie, l'article 6 de la Convention prévoit la compétence provisoire des autorités de l'Etat contractant sur le territoire duquel l'adulte est présent. La compétence des autorités de la proximité temporelle est aussi requise en cas d'urgence en faveur de l'Etat de la présence de l'adulte. Des autorités concurrentes ont toutefois été préconisées même en dehors de toute urgence afin de mener à bien la protection des adultes. Tout comme en matière de protection des mineurs, l'article 7 de la Convention de 2000 prévoit la compétence subsidiaire des autorités de la nationalité de l'adulte[599] et du lieu de la situation de leurs biens lorsque ces dernières sont considérées comme les mieux à même d'apprécier l'intérêt de ce dernier. L'article 8 confirme cette aptitude, en permettant aux autorités de la résidence ou de la présence de l'adulte de requérir les Etats suscités pour prendre des mesures pour la protection de l'intéressé. La compétence subsidiaire ne se limite pas selon le paragraphe 2 du même article au for de la nationalité ou du lieu de la situation des biens de l'adulte. Elle concerne aussi l'Etat de son ancienne résidence habituelle, l'Etat choisi par écrit par l'adulte pour prendre des mesures de protection le concernant, et celui de la résidence habituelle d'une personne proche de l'adulte disposée à prendre en charge sa protection. Tous ces fors concurrents touchent de près certaines questions précises de la protection de l'adulte. En effet, l'Etat de la situation des biens du protégé tient une place importante pour la protection de son capital. L'Etat de la nationalité, de l'ancienne résidence habituelle ou encore l'Etat choisi par la personne elle-même sont aussi importants lorsqu'il s'agit de la protection qui se rapporte notamment aux convictions culturelles, coutumières, religieuses

599 Sous réserve de l'information et de l'accord de l'Etat de la résidence habituelle de l'adulte (article 7 § 2), et seulement lorsqu'aucune mesure n'a été entreprise par les autorités de ce dernier. D'ailleurs, les mesures prises par l'Etat de la nationalité cessent d'avoir effet dès que les autorités de la résidence habituelle ou du lieu de présence de l'adulte réfugié ou sans résidence prennent ou décident de prendre les mesures adéquates.

de l'adulte lorsque ces questions sont étroitement liées à ces fors. Il en est de même pour l'Etat de la résidence d'un proche de l'adulte, lorsque le proche est disposé à prendre en charge l'adulte[600]. Enfin l'Etat sur le territoire duquel l'adulte est présent est bien placé pour assurer la protection de sa personne.

288. Hormis le cas de la compétence de l'Etat de la résidence habituelle du proche disposé à prendre en charge l'adule dont les liens avec ce derniers sont indirects, les autres fors ont certainement des liens directs et parfois des liens plus étroits que ceux de l'autorité de la résidence avec la protection requise. Leur compétence est doublement justifiée. Elle est motivée par les liens entre ces autorités et la protection recommandée, mais surtout par son aptitude à promouvoir l'intérêt de l'adulte, objet de la Convention.

289. L'absorption de la compétence législative par la compétence juridictionnelle n'est susceptible de soumettre le litige à l'ordre législatif le plus étroit que si les nécessités de la proximité des deux règles convergent. Or, tel n'est pas forcement le cas pour toutes les situations qui se présentent. En matière de protection des personnes, même si la loi de la résidence habituelle s'avère de principe être celle des liens les plus étroits, ce principe pourrait en pratique connaître des exceptions. En affirmant que la loi de la résidence habituelle est généralement celle des liens les plus proches, les exceptions apportées à la compétence des autorités de la résidence, et donc à la loi de la résidence[601] conduiraient à s'éloigner dans diverses hypothèses de la protection législative proximiste. C'est pourquoi des exceptions à l'application de la loi du for, en faveur de la loi des liens étroits, ont été prévues afin de faire face à certains inconvénients de la coïncidence des compétences.

---

[600] Même si ce for est indirectement lié à l'adulte par le biais de la personne qui le prend en charge, il est parfois utile de renvoyer la charge de la protection à cette autorité pour des besoins de commodité procédurale beaucoup plus que de proximité.

[601] En raison de la soumission de la protection par les différentes Conventions à la loi interne de l'autorité compétente.

B. Les recommandations de la proximité : exception au principe de la confusion des compétences juridictionnelles et législatives

290. Il est prévu une exception à la compétence de la loi du for en faveur de la loi de l'Etat avec lequel la situation présente un lien étroit au cas où la protection le requiert, aussi bien dans la Convention de 1996 relative à la protection des mineurs[602] que dans la Convention de 2000 relative à la protection des adultes[603]. L'application de la loi du for n'est donc pas sans exception. Elle pourrait alors être écartée au profit d'une loi ayant des liens étroits avec la protection sous réserve qu'elle soit recommandée pour la mesure de protection. Cette exception rappelle le mécanisme de la clause échappatoire qui a pour but dans le cadre de ces deux Conventions, non seulement d'assurer la proximité, mais aussi la meilleure protection de l'intéressé.

291. De toute évidence, l'exception à la compétence de la loi du for au profit de celle des liens étroits servira la promotion du principe de proximité lorsque la loi du for présente des liens moins étroits que la nouvelle loi requise. Elle serait en parfaite harmonie avec l'esprit des Conventions qui est la recherche de la protection de proximité, et apporte une réponse aux cas de compétence de fors autres que ceux de la résidence de la personne à protéger. En principe, la loi de la résidence habituelle est celle qui incarne le mieux le principe de proximité en ce domaine. Cependant, les exceptions à la compétence des autorités de la résidence et, partant, à la compétence des lois de la résidence seraient fort probables. La dérogation à l'application de la loi du for serait par conséquent une correction en faveur de la proximité. Les fors reconnus compétents pourraient appliquer la loi d'un autre Etat ayant des liens étroits avec la protection. Même si les Conventions ne prévoient pas l'application de la loi des liens les plus étroits, les dérogations à une loi ayant déjà des liens étroits se feront rarement en faveur d'une loi ayant des liens moins étroits, sauf dans le cas où, exceptionnellement, la loi du for ayant des liens plus étroits que la loi requise ne parviendrait pas à assurer autant la protection de la personne qu'une autre loi ayant de

602 Article 8 de La Convention de 1996.
603 Article 13 de la Convention de 2000.

moindres liens. Les rares hypothèses où cette situation se présenterait seraient les cas où les dispositions d'une autre loi ayant des liens moins étroits seraient plus favorables à la protection de la personne. Dans ce cas, en écartant sa propre loi au profit d'une loi étrangère, l'autorité compétente serait amenée à reconnaître implicitement que sa loi est moins favorable à la protection, chose qui se présentera rarement en pratique. La déclinaison de la compétence de la loi du for ne se fera dans la plupart des cas qu'au profit d'une loi assurant mieux l'efficacité de la mesure requise et donc de la loi la plus proche de cette dernière.

292. L'articulation des deux compétences, juridictionnelle et législative, contribue dans certains domaines du droit de la famille à confirmer la proximité législative. Cette dernière est aussi soutenue par certains mécanismes de droit international privé que les deux systèmes ont réussi à adapter aux besoins de la proximité.

Section II : L'exploitation des mécanismes de droit international privé en faveur de la promotion de la proximité

293. Au regard des considérations relatives soit à la règle de conflit, soit aux dispositions de la loi désignée, soit encore au comportement des parties, la mise en œuvre du renvoi, de l'exception d'ordre public ou bien de la fraude devient un moyen au service de la soumission d'une relation familiale à une loi qui présente des liens étroits avec l'ordre juridique. Sans compromettre leurs objectifs, le renvoi ainsi que la fraude peuvent être utilisés dans ce sens pour favoriser la proximité (Paragraphe I). A l'inverse, l'exception d'ordre public a pour fonction de remédier au résultat matériel de l'application de la loi étrangère et non pas au résultat conflictuel, et son intervention au profit du rétablissement de la proximité ne se fait qu'à la suite d'une manipulation des objectifs de ce mécanisme (Paragraphe II).

Paragraphe I : La proximité révélée par le jeu du renvoi et de la fraude

294. De par son caractère prédéterminé, la règle de conflit savignienne ne permet pas d'aboutir dans tous les cas à l'application de l'ordre juridique le plus proche. Cependant, certains mécanismes de droit international privé parviennent dans des situations particulières à la correction concrète du résultat de la règle de conflit[604]. En fonction de leur mode d'intervention, le renvoi[605] (A) ainsi que la fraude à la loi (B) matérialisent parfois la soumission de la relation familiale à l'ordre juridique le plus proche. Ces mécanismes favorisent le rattachement de la relation familiale à l'ordre juridique le plus proche soit en appuyant l'approche générale de la règle de conflit, soit en corrigeant le résultat concret de la règle de conflit en cas de nécessité.

A. Le renvoi

295. Le débat qui avait alimenté les écrits des partisans[606] et des adversaires du renvoi[607] au cours du siècle dernier concernait à la fois son efficacité mais aussi les impacts de son admission sur le respect de la souveraineté étatique[608]. Le second souci a pu être surmonté par l'acceptation que l'admission du renvoi dans un système donné revient au bout du compte à se plier à la volonté du législateur du for et non pas à celle du législateur étranger[609]. A l'inverse, l'efficacité du renvoi dans la

604 Selon M. DUBLER, « la doctrine et la pratique traditionnelles disposaient d'une série de mécanismes, tels que le renvoi, la qualification etc., qui donnaient au juge la possibilité de corriger, plus ou moins *infra legem*, la rigidité de la règle de conflit. Il y avait également les clauses correctives classiques, telles que l'exception d'ordre et la théorie de la fraude à la loi, qui permettaient au juge d'évincer la loi normalement applicable », C.-E. DUBLER, *Les clauses d'exception en droit international privé*, GEORG - Librairie de l'Université - Genève, p. 22, n° 1.

605 Seul le renvoi issu d'une divergence de rattachement intéresse cette étude, c'est pourquoi le renvoi de qualification sera écarté.

606 H. BATIFFOL et P. LAGARDE, t. 1, p. 497 et 498, n° 304.

607 A. BONNICHON, *Rev. crit. DIP.*, 1950 p. 26 ; Voir aussi la liste des auteurs cités par D. BODEN, *L'ordre public : limite et condition de la tolérance. Recherche sur le pluralisme juridique*, Thèse, Paris I, 2002, volume 2, notes de bas de page, n° 1177, p. 533.

608 E. BARTIN, t. 1, p. 213, n° 213.

609 H. BATIFFOL et P. LAGARDE, t.1, p. 497, n° 304.

correction de la règle de conflit prédéterminée, demeure l'une des conditions de son acceptation ou de son rejet.

296. Mécanisme de droit international privé fondé à l'origine sur l'idée de souveraineté et de délégation de souveraineté, puis perçu comme le moyen par excellence de la coordination des systèmes[610], le renvoi est aussi aujourd'hui un mécanisme mis au service de la règle de conflit. Son admission ou son rejet résultera du rôle qu'il accomplira au sein d'une règle de conflit déterminée. Ainsi le renvoi serait, « à l'instar de la règle de conflit elle-même, un moyen ou un procédé de réglementation dont l'efficacité doit être contrôlée en relation avec les buts qu'on lui assigne »[611].

297. C'est dans cet ordre d'idées que MM. LAGARDE et PATAUT requièrent l'admission du renvoi toutes les fois que la règle de conflit bilatérale rattachant le statut personnel à la loi nationale aurait comme fondement le principe de souveraineté. Soutenir que cette règle aurait comme fondement le principe de souveraineté « conduit nécessairement à accepter le renvoi » selon M. PATAUT[612]. M. LAGARDE estime que ce mécanisme n'est que le « "complément nécessaire" d'une règle de conflit fondée sur le principe de souveraineté »[613]. Il aura ainsi pour rôle le rétablissement de l'unilatéralisme[614] requis pour toute règle de conflit souverainiste et l'affirmation que l'application de la loi étrangère est subordonnée à l'application par le juge étranger de la loi du for dans une hypothèse identique[615]. Suivant la logique souverainiste, le bilatéralisme menant à la soumission du statut des étrangers à leur loi nationale résulte d'une offre de la part de l'Etat d'origine de la règle de conflit à l'Etat national et non d'une obligation de ce dernier[616]. L'acceptation de cette

610 H. BATIFFOL, « Réflexion sur la coordination des systèmes nationaux », *RCADI*, 1967-I, t. 120, p. 165.
611 Ph. FRANCESCAKIS, *La théorie du renvoi et les conflits de systèmes en droit international privé*, Thèse, Paris, 1958, p. 261.
612 E. PATAUT, *op. cit.*, p. 44, n° 66.
613 P. LAGARDE, Cours *précit.*, p. 53, n° 34 ; E. PATAUT, *op. cit.*, p. 44, n° 66.
614 Selon VAN HECKE « dans un système de règles unilatérales la loi étrangère ne pourra être appliquée que dans la mesure où elle se reconnaît elle-même compétente ; c'est l'application systématique du renvoi généralisé » cité par P. GOTHOT, « Le renouveau de la tendance unilatéraliste en droit international privé » (Deuxième partie), *Rev. crit. DIP.*, 1971, p. 209 et s., spéc. p. 210.
615 C'est la condition de réciprocité obligatoire dans les règles de conflit souverainistes qui réapparaît sous l'angle du renvoi.
616 H. BATIFFOL et P. LAGARDE, t1, p. 507, n° 311.

compétence par l'Etat national serait le corollaire du respect du principe de souveraineté. Ainsi, admis en son principe dans une règle de conflit rattachant le statut personnel et familial à la nationalité, le renvoi aura pour rôle d'affirmer la nature souverainiste d'une pareille règle de conflit. Dans le cas contraire, dans un système tel que le système de droit international privé de la famille prévoyant le rattachement de la matière à la nationalité des intéressés sans prévoir une place au succédané de la règle unilatérale qui est le renvoi, le fondement souverainiste d'un tel rattachement doit tout simplement être écarté.

298. Pourtant, il est à noter que le renvoi peut aussi jouer le rôle de correctif en faveur d'une localisation de proximité d'un rapport familial. C'est à travers l'adoption d'une approche fonctionnelle[617] du renvoi, que la correction de la règle de conflit devient possible. Cela se traduit par une « application sélective du renvoi »[618], où ce mécanisme n'interviendrait que s'il sert un objectif bien déterminé.

299. A vrai dire, le renvoi ayant pour but la correction de la règle de conflit en faveur de la promotion de la proximité n'a pas de raison d'être toutes les fois que la règle de conflit du for recommande la libre intervention du juge lors de la détermination du rattachement le plus proche de la situation[619]. Dans ces hypothèses, il est inutile pour le juge ayant déterminé concrètement la loi ayant les liens les plus étroits avec le rapport de droit de fausser un tel résultat à travers le renvoi de la règle de conflit de l'ordre juridique désigné par le juge à un autre ordre juridique[620]. Dans ce cas, soit le nouvel ordre désigné est réellement le plus proche de la situation, et par conséquent c'était au juge du for de le déterminer conformément à sa règle de conflit sans avoir recours au mécanisme du renvoi, soit l'ordre désigné par la règle étrangère n'est pas le plus proche de la situation et de ce fait, le renvoi serait évidemment écarté d'office[621].

---

617 Y. LEQUETTE, « Renvoi », *Rép. internat. Dalloz*, 1998, n° 30 et s.

618 E. VASSILAKAKIS, *Orientations méthodologiques dans les codifications récentes du droit international privé en Europe*, L.G.D.J., 1987, p. 301, n° 318.

619 Y. LEQUETTE, « Renvoi », *Rép. internat. Dalloz*, 1998, n° 46 et n° 48.

620 R. SFEIR, *Aspects contemporains du renvoi en droit international comparé* (*conflit de lois et conflit de systèmes*), Préface de J. FOYER, Delta, Bruylant et L.G.D.J., 2009, p. 454, n° 396.

621 *Cf.* P. REMY-CORLAY, *Etude critique de la clause d'exception dans les conflits de lois* (*Application en droit des contrats et des délits*), Thèse, Poitiers, 1997, p. 193, n° 301.

300. Si le rejet du renvoi dans ce type de règles de conflit est communément admis, il ne concerne pas les localisations du rapport de droit à l'ordre juridique le plus proche abstraitement[622]. Même si le rattachement prévu est censé refléter un rattachement de proximité tel que perçu par le législateur, conduisant normalement à l'exclusion du renvoi en son principe, une correction du critère abstrait par un renvoi désignant un ordre juridique concrètement plus proche de la situation, ne pourrait que servir la proximité[623]. Le renvoi sélectif serait un moyen de concrétisation du litige, et s'accommoderait parfaitement avec la proximité recherchée dans une règle abstraite. Mais pour soutenir la proximité, le renvoi devrait être exceptionnel. Il ne devrait intervenir que dans les cas où le rattachement désigné par la règle de conflit du for s'avère plus éloigné que celui prévu par la règle de conflit étrangère.

301. Le rejet du renvoi[624] en son principe par l'article 35 du CDIP tunisien[625] avait surpris une partie de la doctrine tunisienne[626] en raison de son inopportune exclusion essentiellement en matière de statut personnel. En effet, si la majorité des pays arabes ont écarté ce mécanisme[627] c'est tout simplement parce que leur droit de statut personnel n'est qu'une application pure et simple d'un système confessionnel donné, où « l'admission du renvoi semble pratiquement impossible »[628]. Cependant, le Code du statut personnel penche vers la laïcisation de certains droits de la famille et consacre une unification du système du statut personnel tunisien[629]. Or, ces deux orientations

---

622 F. XAVIER-MORISSET, note sous Civ. 1re, 21 septembre 2005. *D*, 2006, n° 25, p.1727.

623 H. BATIFFOL et P. LAGARDE, t1, p. 508, n° 311.

624 Il est à signaler que le principe de l'admission du renvoi avait été prévu dans le projet du CDIP dans sa rédaction initiale mais a été supprimé dans la version finale du Code.

625 L'article 35 du CDIP prévoit que, « *Sauf dispositions contraires de la loi, le renvoi n'est pas admis, qu'il aboutisse à l'application de la loi tunisienne ou à celle d'un autre Etat.* »

626 Voir en ce sens, A. MEZGHANI, p. 65 et s ; L. CHEDLY, « Le rejet inopiné du renvoi par le Code de droit international privé », Mélanges offerts au Doyen Sadok Bélaïd CPU, 2004, p. 295 et s ; L. CHEDLY et M. GHAZOUANI, p. 474 et s.

627 M. A. HACHEM, « Le code tunisien de droit international privé », *Rev. crit. DIP.*, 1999, p. 238.

628 M. ISSAD, *Droit international privé*, éd publisud, 1986, p. 176.

629 Excepté en principe en matière successorale. Mais à vrai dire, l'imprégnation de ce droit du système des règles de droit musulman devrait être exclue du débat concernant les justifications du rejet du renvoi dans l'article 35 puisque la règle de conflit en matière successorale précise que c'est bien le droit interne qui est appliqué et donc le renvoi est rejeté en ce domaine bien précis.

s'accommodent parfaitement avec l'admission du renvoi en son principe[630]. Toutes les conditions sont donc favorables à l'introduction du renvoi dans le CDIP tunisien[631]. La tendance à la laïcisation et l'évolution de ce droit vers des valeurs communes incitent à la coordination entre les systèmes en conflit moyennant le renvoi[632]. A cela s'ajoute l'approche souverainiste que des auteurs attribuent au rattachement à la nationalité retenu en matière de statut personnel qui devrait s'accompagner par l'admission du renvoi[633]. Il est alors possible de se demander pourquoi il y a un rejet de ce mécanisme et pourquoi n'a-t-il pas été consacré là où la règle de confit semblait être souverainiste. Le rejet du renvoi au sein du CDIP ne serait-il pas un autre indice de l'exclusion de cette approche souverainiste de la règle de conflit ? De ce fait, des raisons se rapportant à une concordance entre le rejet de ce mécanisme et la vision d'ensemble qu'a le législateur des règles prescrites dans ce Code, s'inscriront dans la logique du rejet du renvoi par principe. Les éventuelles contradictions entre les conséquences du renvoi et le résultat espéré dans certaines règles à coloration matérielle prévues par le Code, ne permettent pas à elles seules de justifier l'exclusion du mécanisme dans sa globalité. Bien au contraire, selon M. MEZGHANI, « le renvoi peut être utile pour la réalisation de la justice matérielle qu'expriment les règles de conflit de lois alternatives »[634]. A supposer que le renvoi puisse aller contre l'objectif d'une règle à coloration matérielle, il suffira dans ce cas de prévoir une exception à ce principe s'étendant aux cas où les résultats du renvoi allaient à l'encontre de la volonté du législateur pour les règles alternatives favorisant un résultat matériel. Sinon, en dehors de toute référence à cette exception, le juge tenu de choisir la loi la plus favorable écartera par lui-même la loi renvoyant à une loi défavorable. Il serait par conséquent plus logique de justifier ce rejet par la certitude du législateur tunisien que sa localisation objective du rapport de droit à l'ordre juridique considéré est celle qui s'inscrit le mieux dans la concrétisation de l'objectif de ses règles. Cependant, l'article 35 ouvre la porte à l'acceptation exceptionnelle du

---

630 A. MEZGHANI, p. 66 ; L. CHEDLY et M. GHAZOUANI, p. 479 ; M.-C. NAJM, *Principes directeurs du droit international privé et conflit de civilisations. Relations entre systèmes laïques et systèmes religieux*, Dalloz, 2005, p. 204, n° 219.

631 A. MEZGHANI, p. 67 et 68 ;

632 A. MEZGHANI, p. 67 ; L. CHEDLY, article *précit.*, p. 309 et s.

633 L. CHEDLY, article *précit.*, p. 311.

634 A. MEZGHANI, « Faut-il déjà réformer le Code de droit international privé ? », in *Le Code tunisien de droit international privé deux ans après*, CPU, 2003, p. 163 et s., spéc. p. 169.

renvoi dans les cas prévus par la loi, même si jusqu'à présent aucun texte spécial n'a été prévu. Serait-il judicieux que le législateur tunisien intervienne dans le sens de l'adoption d'un renvoi correctif du résultat concret de la règle de conflit toutes les fois qu'il participerait à la promotion de ce principe afin de perfectionner une telle orientation ? Certaines décisions judiciaires, tant françaises que tunisiennes antérieures au CDIP, ont consacré le renvoi correctif en faveur de la soumission de la relation de droit à l'ordre juridique le plus proche. Ce type de correction s'est avéré fréquent dans les rapports familiaux dont la règle de conflit présentait ou présente toujours des imperfections quant à la localisation du rapport de droit.

302. Alors que des hésitations relatives à l'adoption ou au rejet du renvoi en droit tunisien régnaient sous le décret de 1956, en raison du silence de la loi sur cette question, le renvoi avait une place en matière successorale[635], là où il aurait en principe dû être exclu[636]. Ce mécanisme a également été admis en droit extra-patrimonial de la famille. Ainsi, dans le système de droit international privé tunisien antérieur au Code, le

[635] K. MEZIOU, « Le droit international privé tunisien en matière de statut personnel », in *Le statut personnel des musulmans : droit comparé et droit international privé*, (sous la dir. de) J.-Y. CARLIER et M. VERWILGHEN, Bruylant, 1992, p. 290.

[636] En effet, en matière successorale le renvoi aurait du être exclu étant donné que la loi successorale prévue par le Code du Statut Personnel tunisien demeure imprégnée par des dispositions de la loi coranique. Pourtant les tribunaux l'avaient parfois accepté. L'attitude de la jurisprudence face au renvoi était marquée par divers fondements tributaires des faits de chaque affaire. Ainsi, si le rejet du renvoi a été retenu dans certaines décisions pour des raisons de respect de la souveraineté étatique dues à l'impérativité de la règle de conflit du for (Civ., arrêt du 23 janvier 1964, *Revue Tunisienne de Droit*,1963-1965, p.106) ou de l'inspiration du Code du Statut personnel des dispositions de la loi coranique (cour d'appel de Monastir, arrêt n° 2859 du 3 mai 1990, *Revue Tunisienne de Droit,* 1991, partie en langue arabe, p. 525, note N. GARA. Cet arrêt a été cassé par l'arrêt de la Cour de cassation du 23 mars 1993, *Revue Tunisienne de Droit,* 1993, partie en langue arabe, p. 409, note N. GARA) ou même en raison de son éviction de la loi du for pour des considérations raciales ou religieuses ou d'appartenance (Civ., arrêt n° 60562 du 26 janvier 1999, *Revue Tunisienne de Droit,* 1999, partie en langue arabe, p. 227, note N. GARA), ce mécanisme a été validé dans d'autres décisions sans qu'il ne soit possible de trouver un fondement unique à son admission en matière successorale. Dans un arrêt de la cour d'appel de Tunis, il était possible de justifier l'attitude des juges en faveur du renvoi par le résultat auquel il conduisait. En effet, le renvoi rendait dans cette affaire l'Etat tunisien héritier des biens situés en Tunisie d'une Canadienne résidant en Tunisie et n'ayant comme parent qu'un neveu utérin non admis à la succession selon la loi tunisienne applicable après renvoi (Tunis 20 décembre 1974, *Revue Tunisienne de Droit,* 2-1977, partie en langue arabe, note M.-A. HACHEM, *J.D.I.,* 1979, p. 657, *chron.* M. CHARFI).

renvoi correctif de cette règle de conflit en faveur de l'ordre juridique du for quand il s'avérait le plus proche a bien été consacré. Dans deux jugements du tribunal de première instance de Tunis, datant du 29 avril et du 16 décembre 1960[637], le renvoi à la loi du for a été accepté et motivé par des raisons de proximité. Dans le premier arrêt, il était question d'un cas de divorce d'époux de nationalités différentes et domiciliés en Tunisie. En vertu du décret de 1956, le divorce était régi par la loi nationale du mari en l'espèce la loi française. Par ailleurs, selon la règle de conflit française de l'époque, le divorce d'époux de nationalités différentes était soumis à la loi de leur domicile commun, qui en l'espèce se trouvait en Tunisie. Le tribunal de première instance de Tunis avait appliqué le renvoi fait par la règle française à la loi tunisienne. Il est à noter que dans cette décision, les juges ne se sont pas contentés d'admettre le renvoi à la loi tunisienne, mais avaient souligné que cette loi est compétente pour régir le divorce des époux s'ils sont « mariés en Tunisie, y ont établi leur domicile, y ont leurs enfants et y ont vécu de façon permanente ». La référence à tous ces indices, qui penchent vers l'insertion de tout le rapport familial dans l'ordre juridique tunisien, semble être une justification de l'admission du renvoi corrigeant la règle de conflit du for, en rendant compétent l'ordre juridique le plus proche en l'espèce.

La deuxième affaire concernait une action en réclamation de filiation exercée par un prétendu père américain d'une enfant née à Tunis et inscrite à l'état civil comme née du requérant et de mère inconnue. La règle de conflit applicable à l'époque donnait compétence à la loi nationale du père, loi américaine, qui renvoyait en matière de statut personnel à la loi du domicile. Le tribunal de première instance de Tunis n'avait pas hésité à soumettre le litige à la règle de conflit américaine qui elle, désignait la loi tunisienne du lieu de naissance de l'enfant et du domicile commun des parties (père et fille). La loi tunisienne était dans cette affaire non seulement la loi la plus proche de la situation, mais aussi celle favorisant l'établissement de la filiation par l'aveu du père établi par l'acte de naissance de l'enfant dressé par l'officier de l'état civil à Tunis[638].

303. Dans ces deux décisions, certes le renvoi rendait compétent l'ordre le plus proche, mais cela coïncidait également avec l'ordre

---

637 Tribunal de première instance de Tunis, du 29 avril et 16 décembre1960, *Revue Tunisienne de Droit,* 1962, p. 103, note J.-M. VERDIER.
638 Article 68 du Code du Statut Personnel.

juridique du for. Il n'était pas garanti qu'un renvoi au second degré renvoyant à une loi étrangère aurait pu être admis même s'il ait donné compétence à l'ordre juridique le plus proche. C'est l'application de la loi du for qui a probablement motivé l'admission du renvoi, même si cela avait conduit à rétablir la proximité.

304. En France, le renvoi est un « principe de solution »[639] et « une règle d'application générale du droit international privé »[640]. Sauf que son domaine est de plus en plus rétréci, notamment en droit de la famille. L'objectif du renvoi serait-il absorbé par le perfectionnement fréquent des règles de conflit essentiellement législatives ?

305. Oscillant entre la correction d'un rattachement éloigné et la correction d'un rattachement inopportun, le renvoi en tant que « solution utile »[641], s'est bien affirmé par sa fonction régulatrice en droit international privé de la famille français[642]. L'imperfection du rattachement à la nationalité retenu dans certaines règles de conflit françaises rendait l'application du renvoi-correctif fréquente. Le renvoi majoritairement toléré en faveur de la loi du domicile s'explique par la volonté de corriger la règle de conflit, essentiellement lorsque l'ordre juridique le plus proche s'avère être celui du for[643]. Sans manifester explicitement une volonté de soumettre le litige à la loi des liens les plus étroits, certaines décisions des juridictions françaises sont parvenues par le biais de ce mécanisme à un tel résultat. Il en fut ainsi dans l'arrêt de la

---

639 J. DERRUPE, « Plaidoyer pour le renvoi », *Trav. Comité fr. DIP.*, 1964-1966, p. 181 et s., spéc. p. 186.

640 J. FOYER, « Requiem pour le renvoi ? », *Trav. Comité fr. DIP.*, 1980-1981, p. 105 et s., spéc. p. 107.

641 J. DERRUPE, « Plaidoyer pour le renvoi », *Trav. Comité fr. DIP.*, 1964-1966, p. 185.

642 Voir pour ce qui est du caractère fonctionnel du renvoi. R. SFEIR, *Aspects contemporains du renvoi en droit international comparé* (*conflit de lois et conflit de systèmes*), Préface de J. FOYER, Delta, Bruylant et L.G.D.J., 2009.

643 Dans l'arrêt *Soulié* (Req. 9 mars 1910. *J.D.I.*, 1910, p. 888, *Rev. crit. DIP.*, 1910, p. 870., *D.*, 1912. 1, p. 262, *rapp.* DENIS, *S.*, 1913. 1, p. 105, note E. A.), il avait été décidé que « la loi française de droit international privé ne souffre d'aucune manière du renvoi qui est fait à la loi interne française par la loi de droit international privé étranger, qu'il n'y a qu'avantage à ce que ce conflit se trouve ainsi supprimé et à ce que la loi française régisse d'après ses propres vues des intérêts qui naissent sur son territoire », la cour d'appel de Paris dans un arrêt datant du 19 juillet 1952, (arrêt *Romanin* c. *Ricard* cité par FRANCESCAKIS, *op. cit.*, p. 252, note n°1), avait rappelé les avantages du renvoi, permettant « de maintenir l'homogénéité du droit appliqué en France en soumettant à la loi française un litige où toutes les parties sont par leur domicile intégrées au milieu social et juridique français ».

cour d'appel de Paris du 9 novembre 1935[644] statuant sur une demande de dation de conseil judiciaire formée contre *Paul Carol Weil*, citoyen américain de l'Etat de Californie par ses enfants. Dans cette affaire, l'intimé résidait depuis une longue date en France où il s'était marié et avait établi le centre de ses intérêts. Dans un jugement du tribunal de grande instance de la Seine, datant du 11 janvier 1935, les juges avaient soumis le litige à la seule loi américaine (loi californienne) et avaient rejeté la demande en raison de la méconnaissance de la loi applicable à la capacité (loi nationale américaine) de cette institution. Le renvoi, admis par la cour d'appel de Paris, avait permis la soumission de la relation juridique en l'espèce à la loi de la résidence et par conséquent du centre des intérêts de l'intéressé. Récemment, dans l'arrêt *Kenny*[645], le renvoi a également permis le rattachement de la tutelle à la loi la plus proche. L'affaire concernait la tutelle d'une Canadienne domiciliée depuis plusieurs décennies en France. La Cour, a tout d'abord rappelé que la tutelle était soumise selon les règles de droit international privé françaises à la loi qui régit la capacité et partant à la loi personnelle. Elle a ensuite constaté que cette dernière coïncidait avec la loi canadienne qui soumettait la question « au concept de domicile ou de résidence avec une évolution vers celui de liens les plus étroits », pour justifier l'application de la loi française par le jugement attaqué[646]. Cet arrêt est un bon exemple de la mise en œuvre du principe de proximité par le renvoi. Il a permis de surmonter les imperfections de la règle de conflit du for soumettant la capacité à la loi nationale, loi qui en l'espèce n'avait aucun lien avec le rapport de droit. Il en était de même en matière de filiation et de divorce avant les réformes du Code civil de 1972 et 1975. Le renvoi de la loi nationale à la loi du domicile a bien été admis par la jurisprudence française. En matière de divorce, les exemples de renvoi de la loi nationale à la loi du domicile furent nombreux. L'arrêt de la cour d'appel de Paris du 24 décembre 1935[647] relatif au divorce d'époux anglais dont la loi nationale anglaise applicable selon la règle de conflit française de l'époque se déclarait « incompétente à l'égard de ceux qui sont établis en pays étranger et [tenait] pour valable leur divorce dès lors qu'il [avait] été obtenu des tribunaux du domicile et suivant la loi du domicile », avait admis le renvoi à la loi du domicile. Le renvoi était

---

644 Paris, 9 novembre 1935, *J.D.I.*, 1936, p. 893, note J. P.

645 Arrêt *Kenny*, Civ. 1re, 21 septembre 2005, *D.*, 2006, p.1726, note F.-X. MORISSET, *RJPF*, février 2006, p.10, note A. BOICHE, *Bull.* civ., septembre 2005, n° 335.

646 Tribunal de Grande Instance de Saint-Malo du 7 novembre 2003.

647 Paris, 24 décembre 1935, *Rev. crit. DIP.*, 1951, p. 493, note anonyme.

justifié en l'espèce notamment parce que la loi du domicile retenait des causes « plus large[s] pour les motifs de rupture du lien conjugal ». De même, dans l'arrêt *Birchall* de la chambre des requêtes du 10 mai 1939[648], les juridictions françaises avaient admis, pour le divorce, le renvoi fait de la règle de conflit étrangère à la loi française du domicile. Il convient de relever que le renvoi à la loi du domicile a parfois été mal appliqué par la jurisprudence française dans le seul but de soumettre les parties étrangères domiciliées en France et intégrées dans le milieu social et juridique français à la loi française. La cour d'appel de Paris dans l'arrêt *Michoud* du 20 octobre 1951[649], relatif au divorce d'époux suisses domiciliés en France, avait admis le renvoi, alors même que la loi suisse désignée ne refusait pas sa compétence, mais plutôt reconnaissait les divorces étrangers prononcés en application de la loi du domicile des époux. C'est dans le but de soumettre à la loi française « le litige né entre les parties étrangères domiciliées en France et intégrées dans le milieu social et juridique français » que le renvoi a été admis dans ce cas. Le renvoi de la loi nationale à la loi du domicile permettait de la sorte une régulation de la règle de conflit dans le sens de la consécration indirecte d'un rattachement de proximité[650].

306. Le renvoi est certes susceptible d'intervenir en tant que mécanisme correcteur de la règle de conflit, mais aussi bien son domaine d'intervention, que son efficacité sont limités, même dans le système français qui fait du renvoi un principe de résolution des situations internationales. En matière de divorce, l'article 309 du Code civil ne laissait guère de place à ce moyen. En effet, il s'inscrivait dans la perspective d'un « mélange d'unilatéralisme nationaliste et d'unilatéralisme internationaliste »[651], « excluant le renvoi sans discussion »[652]. Pourtant cette règle de conflit était loin d'être parfaite. Le nouveau règlement Rome III, exclut lui aussi le renvoi comme la plupart des règles de conflit prévues dans les conventions internationales et les règlements. Certes, dans ce règlement, l'option accordée aux parties

---

648 Req. 10 mai 1939, *J.D.I.*, 1940-1945, p.107, note R. TENGER, *S.*, 1942, 1, p. 73.

649 Arrêt *Michoud*, Paris, 20 octobre 1951, *Rev. crit. DIP.*, 1951, p.656, note G.H.

650 *Ibid.*, p. 248.

651 P. MAYER et V. HEUZE, *Droit international privé*, L.G.D.J., 2010, 10e éd., p. 439, n° 578.

652 J. FOYER, « Requiem pour le renvoi ? », *Trav. Comité fr. DIP.*, 1980-1981, p. 105 et s., spéc. p. 111.

est incompatible avec le renvoi. Néanmoins l'article 11[653] qui exclut le renvoi ne se limite pas au cas où les parties ont choisi la loi applicable à leur divorce, mais à toutes les hypothèses, même lorsqu'aucun choix n'a été opéré. Comparée à l'article 309 du Code civil, la nouvelle règle de conflit objective applicable au divorce tient plus compte des exigences de la proximité, ce qui va normalement à l'encontre d'une application du renvoi [654]. Cependant, cela n'empêche pas que les prévisions abstraitement préétablies soient détrompées concrètement. L'amélioration de la règle de conflit est incontestable, toutefois elle n'a pas atteint la perfection qui exclut toute correction concrète.

307. Moins claire est la position du législateur de 1972 suite à son intervention en matière de filiation[655]. En combinant au sein d'une même matière une règle de conflit classique mais atypique (article 311-14 du Code civil) avec une règle de conflit à rattachements alternatifs (articles 311-17 du Code civil), ainsi qu'une règle de conflit unilatérale (article 311-15), le législateur a semé le doute au sein de la doctrine quant à l'admission du renvoi en la matière.

308. La « singularité »[656] du rattachement retenu par le législateur français au sein de l'article 311-14 du Code civil prête à hésitation sur l'acceptation du renvoi préalablement admise sans difficulté avant la loi de 1972[657]. La doctrine est partagée entre les partisans[658] et les adversaires[659] de l'intervention de ce mécanisme. Certains auteurs

---

653 Selon l'article 11 du règlement Rome III, « Lorsque le présent règlement prescrit l'application de la loi d'un Etat, il entend les règles de droit en vigueur dans cet Etat à l'exclusion de ses règles de droit international privé ».

654 *Supra*, n° 300.

655 P. BOUREL et H. MUIR WATT, « Filiation. Etablissement de la filiation : Mise en œuvre des règles de conflit – Effets de la filiation », *J.-Cl. Droit int.*, fasc. 548-20, Refondu par E. GALLANT, n° 75-90.

656 B. AUDIT, et L. D'AVOUT, p. 703, n° 800.

657 Arrêt *Sommer*, Civ. 8 décembre 1953, *Rev. crit. DIP.*, 1953, p. 133, note H. MOTULSKY.

658 H. BATIFFOL et P. LAGARDE, t. 2, p. 104, n° 461 ; A. PONSARD, « La loi française du 3 janvier 1972 et les conflits de lois en matière de filiation », *J.D.I.*, 1972, p. 765 ; P. MAYER et V. HEUZE, p. 454, n° 642 ; I. FADLALLAH, *La famille légitime en droit international privé (Le domaine de la loi applicable au mariage)*, Dalloz, 1977, p. 278 et 279, n° 306 ; B. ANCEL, note sous Lyon, 31 octobre 1979, *Rev. crit. DIP.*, 1980, p. 558 et s., spéc. p. 564 ; Y. LOUSSOUARN, P. BOUREL et P. DE VAREILLES-SOMMIERES, p. 510 et 511, n° 536.

659 Notamment, J. MASSIP, G. MORIN et J.-L. AUBERT, *La réforme de la filiation : commentaire de la loi n° 72-3 du 3 janvier 1972*, Préface de J. CARBONNIER, *Defrénois*, 3e

excluent la possibilité d'une admission du renvoi de cette règle de conflit. Tout en n'adhérant pas complètement à la position de la cour d'appel de Paris qui avait retenu dans son arrêt du 11 mai 1976 que « l'article 311-14 ne laisse pas à la loi personnelle de la mère le soin de déterminer les règles de conflit applicables à la filiation, mais contient une désignation directe et impérative de la loi applicable »[660], ces auteurs affirment qu'un tel procédé viderait l'article 311-14 de sa « portée véritable »[661]. Etant donné que le choix du législateur français en faveur du rattachement de la filiation à la loi nationale de la mère au jour de la naissance de l'enfant n'a en principe pas son équivalent en droit comparé, il y aura renvoi toutes les fois qu'une loi étrangère sera désignée. S'il est admis, le renvoi ne sera alors plus une exception. En laissant intervenir le renvoi le législateur ne laissera qu'une place résiduelle à la mise en œuvre de sa propre règle de conflit. Cependant, encore une fois la particularité de l'article 311-14 laisse croire selon certains auteurs[662], que le législateur est parvenu à une règle parfaite en la matière excluant tout renvoi.

309. L'argument du *perfectionnement* de la règle de conflit a été repris par les partisans du renvoi en matière de filiation. Hostiles à la solution prévue par la règle de conflit française, certains auteurs ont en effet tenté d'y échapper, notamment à travers le renvoi[663]. Ce mécanisme serait l'un des moyens de correction de la règle de conflit, dont l'admission ne semble pas aller à l'encontre de la volonté du législateur, qui n'a pas désigné directement la loi interne de la nationalité de la mère. La

---

éd., 1976, n° 206, note n° 106, p. 186 ; M. SIMON-DEPITRE et J. FOYER, *Le nouveau droit international privé de la filiation*, 1973, p. 28 et 29, n° 25.

660 Paris, 11 mai 1976, *Rev. crit. DIP.*, 1977, p. 109, note I. FADLALLAH., *D.*, 1976, p. 633, note J. MASSIP, *J.D.I.*, 1977, p. 656, note J. FOYER ; Paris, 15 mars 1994. *D.*, 1994. IR, p. 122, *Rev. crit. DIP.*, 1995, p. 810 la cour avait estimé que « l'article 311-14 c. civ. de caractère général, contient une désignation directe et impérative de la loi applicable ».

661 Arrêt sus cité, *cf.* Y. LOUSSOUARN, reprenant l'idée des adversaires du renvoi lors de son intervention à la suite de la communication de J. FOYER aux *Trav. Comité fr. DIP. précit.*,

662 Voir, M. LAGARDE qui retient comme M. FOYER que « le perfectionnement progressif de la règle de conflit entraine une réduction du domaine du renvoi », P. LAGARDE, débat suivant la communication de J. FOYER aux *Trav. Comité fr. DIP. précit.*, p. 130.

663 Y. LOUSSOUARN, dans son intervention à la suite de la communication de J. FOYER constate que « les partisans du renvoi sont ceux qui sont hostiles à la solution française et qui cherchent un moyen de l'éviter, et qu'au contraire, ceux qui sont hostiles au renvoi sont ceux qui sont relativement favorables à cette solution », *Trav. Comité fr. DIP.*, 1980-1981, p. 125. *Cf.* P. MAYER et V. HEUZE, p. 454, n° 642.

neutralité de l'article 311-14 associée à la relativité de la perfection de ses dispositions, est un facteur incitant à l'admission du renvoi afin de remédier à certains résultats inadaptés de cette règle[664]. Le « rattachement abstraitement défini »[665] ne va normalement pas à l'encontre de l'admission du renvoi[666]. Seulement dans ce cas, l'intervention du renvoi ne sera forcément pas exceptionnelle. Serait-elle par conséquent si efficace qu'il faudrait la retenir comme le seul moyen de corriger la règle de conflit ?

310. Le renvoi a permis dans des cas bien particuliers de rattacher la relation familiale à un ordre juridique qui lui était plus proche que l'ordre désigné par la règle de conflit du for aussi bien en droit français qu'en droit tunisien. Toutefois, un tel résultat dépend de l'ordre juridique étranger. En effet, lorsque la règle de conflit étrangère ne va pas dans le sens du rattachement de la relation de l'espèce à l'ordre juridique des liens les plus étroits, le renvoi ne sera d'aucune utilité. Efficace dans certaines hypothèses, l'effet correctif de ce mécanisme demeure cependant incertain. Compter uniquement sur le renvoi ne permet donc pas d'assurer dans toutes les hypothèses la correction de la règle de conflit, sans oublier que son domaine d'intervention est à ce jour exclu en droit tunisien et se rétrécit de plus en plus en droit français. Son efficacité n'est pas dans tous les cas assurée. Si actuellement, le renvoi est considéré comme un moyen parmi d'autres permettant de remédier aux insuffisances de quelques règles de conflit françaises bien particulières, il ne peut fonctionner, ni assurer cet objectif dans tous les cas où la règle de conflit rattache la relation de droit à un ordre juridique qui ne lui est pas proche.

311. Tout comme le renvoi, la fraude à la loi constitue aussi un moyen de rétablir une localisation de proximité de la relation de droit, lorsque l'intéressé a tenté de détourner l'application d'une règle de conflit ayant ce fondement.

---

[664] M.-C. NAJM, *Principes directeurs du droit international privé et conflit de civilisations. Relations entre systèmes laïques et systèmes religieux*, Dalloz, 2005, p. 172, n° 179.

[665] B. ANCEL et Y. LEQUETTE, note sous arrêt *Leppert*, Civ. 1re, 3 mars 1987, *GAJFDIP*, n° 73, p. 667.

[666] P. REMY-CORLAY, *Etude critique de la clause d'exception dans les conflits de lois* (*Application en droit des contrats et des délits*), Thèse, Poitiers, 1997, p. 192 et 193, n° 300.

B. La fraude

312. L'exception de fraude à la loi suit comme objectif le rétablissement de la localisation réelle de la situation de droit. Elle intervient toutes les fois que « le sujet, par le biais d'un acte ou d'un fait juridique préparatoire générateur d'un conflit, parvient à provoquer l'application, par l'autorité étatique, d'une loi autre que celle qui aurait été normalement compétente, dans le dessein exclusif d'en revendiquer les effets dans un ressort différent de celui de la loi appliquée »[667]. Bien que sanctionnant une manipulation, l'exception de fraude à la loi reste tributaire du fondement choisi par la règle de conflit. Son intervention s'avère inutile dans les règles de conflit laissant un choix aux parties[668]. La fraude ne sanctionne que « le mépris de l'impératif »[669]. Or, aucun impératif n'existe dans les règles accordant une liberté aux parties. Son intervention s'avère aussi déraisonnable au cas où la fraude opérerait dans des règles de conflit cherchant un résultat déterminé[670]. Mais il est concevable que de telles règles consacrent une sanction de fraude à la loi. Cette hypothèse est envisageable lorsque la liberté accordée aux parties ou la faveur espérée dans la règle de conflit est encadrée par les liens qu'entretient l'ordre juridique choisi avec la relation de droit. Le défaut de liens entre le rattachement modifié et la relation de droit fonderaient la sanction de la manœuvre frauduleuse.

313. Au demeurant, seule la fraude esquivant une localisation souverainiste ou proximiste est sanctionnée. Dans le premier cas, le non-respect d'une localisation souverainiste ne suffit à lui seul pour sanctionner la fraude que lorsqu'il est question d'une fraude à la loi du for. La sanction de la fraude à la loi étrangère dépendrait de sa consécration dans l'ordre juridique éludé[671]. Seule la violation des recommandations d'une règle de proximité permet d'opposer l'exception

---

667 E. CORNUT, *Théorie critique de la fraude à la loi : Etude de droit international privé de la famille*, Préface H. FULCHIRON, *Defrénois*, 2006, p. 311, n° 560.

668 Puisque comme le note M. CORNUT, s'« il y a fraude à la loi, c'est parce qu´une règle a été appliquée en lieu et place d´une autre règle obligatoire, que le fraudeur avait le devoir de respecter ». E. CORNUT, *op. cit.*, p. 9, n° 16.

669 B. ANCEL, note sous Civ. 1re, 17 mai 1983, *Rev. crit. DIP.*, 1985, p. 349 et s., spéc. p. 356.

670 E. CORNUT, *Théorie critique de la fraude à la loi : Etude de droit international privé de la famille*, *Defrénois*, 2006, p. 121, n° 201.

671 P. LAGARDE, Cours *précit.*, p. 55, n° 37.

de fraude sans autres conditions, à la fois pour sanctionner la fraude à la loi du for et à la loi étrangère.

314. Le mode d'intervention de l'exception de la fraude à la loi (1), et l'indifférence des systèmes étudiés quant aux conséquences de la fraude (2), écartent donc l'approche souverainiste générale de toute la matière du droit de la famille afin de consolider l'approche proximiste.

1. Les cas d'intervention de la fraude à la loi

315. La réaction des deux systèmes français et tunisien, à l'égard de la fraude montre bien que l'objectif de ce mécanisme n'est autre que de rétablir la localisation réelle du rapport de droit. Non seulement aucune différence de traitement n'est opérée entre la sanction de la fraude à la loi du for et la fraude à la loi étrangère (a), mais en plus la sanction opposée à la manœuvre frauduleuse n'est conditionnée qu'à la constatation de la manipulation artificielle du rattachement (b). Cette réaction met fin aux hésitations quant au fondement du choix des règles de conflits de lois françaises et tunisiennes.

a. La sanction de la fraude indépendamment de l'origine de la loi éludée

316. Il est intéressant de noter que le législateur tunisien, dans sa réglementation de la fraude à la loi, n'a pas limité l'exception de fraude aux seuls cas où la loi du for est écartée par la manœuvre. L'article 30 du CDIP, sanctionnant la fraude, ne concerne pas les seules hypothèses de fraude à la loi du for. Au contraire, l'article précise bien que « la fraude à la loi est constituée par le changement artificiel de l'un des éléments de rattachement relatifs à la situation juridique réelle dans l'intention d'éluder l'application du droit tunisien ou étranger désigné par la règle de conflit applicable ». La fraude s'étend donc aux cas esquivant l'application de la loi du for, mais aussi la loi étrangère. Dans cette dernière hypothèse, aucune mention exigeant la consultation du droit étranger éludé avant de sanctionner la fraude n'est prévue dans le Code de droit international privé. Là encore, une condition de la mise en œuvre du principe de souveraineté fait défaut.

317. De même dans le système de droit international privé français, il « y a fraude à la loi en droit international privé lorsque les parties ont volontairement modifié le rapport de droit dans le seul but de le soustraire à la loi normalement compétente »[672]. A partir de cette définition, il est possible de constater que la fraude n'a pas été cantonnée à celle éludant la loi du for, mais s'étend aussi à la fraude à la loi étrangère. D'ailleurs l'affaire des époux *Gunzburg-Shrey*[673] l'illustre bien. La fraude à la loi étrangère, déduite d'une fraude à la compétence juridictionnelle, avait été opposée à l'époux lors de l'instance de l'exequatur du jugement étranger. Afin d'échapper à l'application de la loi de New York, les époux avaient porté leur action devant les juridictions mexicaines alors même qu'ils n'avaient aucun domicile réel selon le droit français dans cet Etat. Les juges du fond avaient motivé le refus de l'exequatur de la décision mexicaine de divorce, entre autres, en raison de la fraude à la loi étrangère, en affirmant qu' « il importe peu que la fraude ait été commise à l'égard d'une loi autre que la loi française »[674].

318. Bien que les décisions françaises faisant référence à la fraude à la loi étrangère soient rares, les juridictions françaises ne limitent pas la sanction au seul cas de fraude à la loi du for. Que la fraude à la loi soit la conséquence d'une fraude au jugement ou bien résulte directement d'une fraude à la loi, elle concerne la fraude à la loi du for et à la loi étrangère.

319. Alors même que la fraude à la loi française a été en premier consacrée par la jurisprudence française[675], celle relative à la loi étrangère n'a pas pour autant été ignorée par les juges. L'arrêt de la Cour de cassation du 17 mai 1983[676], conclut à l'existence d'une fraude à la loi en droit international privé « lorsque les parties ont volontairement modifié le rapport de droit dans le seul but de le soustraire à la loi normalement compétente ». Selon la Cour de cassation, aucune distinction n'est faite entre la fraude à la loi du for et la fraude à la loi étrangère. La fraude n'est plus limitée comme dans l'arrêt *Princesse de Beauffremont*, à un

---

672 Civ. 1re, 17 mai 1983, *Rev. crit. DIP.*, 1985, p. 346, note B. ANCEL.
673 Tribunal de grande instance de la Seine du 14 mai 1962. *D.*, 1962, p.653, note Ph. MALAURIE et Paris, 18 juin 1964, *J.D.I.*, 1964, p. 810, note J.D. BREDIN, *Rev. crit. DIP.*, 1967, p. 340, note J. DEPREZ.
674 Tribunal de grande instance de la Seine du 14 mai 1962. *D.*, 1962, p.653, note Ph. MALAURIE.
675 L'affaire de la *Princesse de Bauffremont*, Civ. 18 mars 1878. *S.*, 1878, 1, 193, note J.-E. LABBE, *D.*, 1878, 2, p. 1, note B. CAZALENS, *GAJFDIP*, n° 6.
676 Civ. 17 mai 1983, *Rev. crit. DIP.*, 1985, p. 346, note B. ANCEL.

changement volontaire du critère de rattachement « dans le seul but d'échapper aux prohibitions de la loi française ». La généralité des termes de l'arrêt de 1983 laisse envisager que la fraude en droit français s'étend à toute soustraction « *de la loi normalement compétente* », même lorsque cette dernière est une loi étrangère. D'ailleurs, une dizaine d'années plus tard, les juridictions françaises ont confirmé cette indifférence quant à la loi éludée et ont opposé la fraude à la loi étrangère dans l'affaire de l'enfant *Ange*. En raison d'une reconnaissance suspectée mensongère, faite par un père français d'un enfant brésilien afin de lui conférer la nationalité française et soumettre son adoption à la loi française et non à la loi brésilienne normalement compétente, les juges avaient ordonné un examen comparé des sangs du prétendu père et de l'enfant avant de prononcer l'adoption simple de l'enfant par l'épouse du père. Cet examen n'ayant pas été fourni, le tribunal de grande instance de Paris le 5 avril 1994[677] avait conclu que « l'abstention de la requérante ne permet pas au tribunal d'écarter la fraude à la loi étrangère et aux conditions qu'elle pose concernant l'adoption au Brésil d'un enfant brésilien, ne conférant à Ange, par une reconnaissance mensongère la nationalité française, ni la fraude à la loi française, au regard en particulier des dispositions de l'article 348-5 du Code civil, qui pourrait résulter d'une telle reconnaissance ». La cour d'appel de Paris, statuant dans la même affaire a confirmé le jugement du tribunal de grande instance de Paris par un arrêt du 19 septembre 1995[678], au motif que « l'abstention de la requérante ne [...] permettait pas d'écarter la fraude à la loi étrangère sur l'adoption ». Une dénonciation de la fraude à la loi étrangère est ainsi clairement prévue par les juridictions françaises.

320. Dans ces arrêts, en opposant la fraude à la loi étrangère, les juges n'ont fait aucune référence à la vérification de son admission par l'ordre juridique étranger éludé. Dès lors qu'elle est constatée, la fraude à la loi étrangère est sanctionnée. Par conséquent, elle n'est pas tributaire de son admission par l'ordre juridique étranger, même lorsqu'elle élude des rattachements qui semblent à première vue de nature souverainiste.

321. Non limitée à la sanction de la fraude à la loi du for, l'exception de fraude n'aura plus pour seul objet, comme le soutiennent certains

677 TGI de Paris 5 avril 1994, *Rev. crit. DIP.*, 1994, p. 529, note E. POISSON-DROCOURT et J. RANGEL.

678 Paris, 19 septembre 1995, *Rev. crit. DIP.*, 1996, p. 112, note H. MUIR WATT.

auteurs, d'éviter que le domaine de cette loi ne se rétrécisse[679]. Non conditionnée à son acceptation par l'ordre juridique étranger esquivé, la fraude à la loi n'a plus pour but le respect du principe de souveraineté. Par élimination, elle serait donc l'expression de la sauvegarde d'un rattachement de proximité.

b. Une indifférence quant à la nature du rattachement modifié

322. Le législateur tunisien a délaissé toute distinction entre les rattachements de souveraineté et les rattachements de proximité dans sa règlementation de la fraude à la loi. En effet, il sanctionne le résultat du comportement du fraudeur quels que soient la nature du rattachement esquivé et le fondement de la règle de conflit. De même en France, l'exception de fraude concerne tous les rattachements, aussi bien ceux supposés concrétiser la souveraineté que ceux considérés comme des critères de proximité.

323. Etendue à tous les cas de contournement de la compétence d'une loi applicable en raison de la manœuvre de l'intéressé, sans que la sanction ne soit prévue par l'ordre juridique étranger, l'exception de fraude à la loi n'aura plus pour objectif que de maintenir la localisation normalement retenue et de défendre l'approche que le système de droit international privé du for entend adopter. Autrement dit, cette dernière a pour unique but de préserver la proximité étant donné que tous les autres fondements de la sanction de la fraude sont écartés (autonomie de la volonté, faveur d'un résultat matériel et souveraineté).

324. Seules les règles de conflit ayant pour fondement la proximité, prescrivent la sanction systématique de l'acte du sujet qui provoque l'application d'une loi autre que celle normalement applicable. La proximité agit aussi sur les modes d'intervention de la fraude.

---

679 E. VASSILAKAKIS, *Orientations méthodologiques dans les codifications récentes du droit international privé en Europe*, L.G.D.J., 1987, p. 338, n° 360.

2. Les modes d'intervention de la fraude à la loi

325. L'examen du respect de la proximité entraîne dans son sillage le contrôle de la fraude. Le défaut de liens entre l'ordre juridique applicable et la situation en cause permet par conséquent de constater la fraude (a), dont la sanction n'est que le rétablissement de la localisation fondée sur la proximité (b).

a. Le défaut de proximité : moyen de preuve de la fraude

326. Dans l'article 30 du CDIP, le législateur tunisien retient pour la définition de la fraude, et par conséquent pour son identification, « le changement artificiel des éléments de rattachement ». De cette définition, il convient de déduire que le défaut d'effectivité du rattachement, c'est-à-dire l'irréalisme de la localisation de la situation juridique dans l'ordre juridique applicable à la suite de la fraude, serait le déclencheur de l'exception de fraude à la loi.

327. En tenant compte de cette définition, il est possible de constater la fraude de l'intéressé toutes les fois que les nouveaux liens entre la situation et la loi revendiquée sont artificiels. Il est clair que si ces liens sont artificiels, c'est qu'ils sont soit inexistants, soit faibles. Dans un cas comme dans l'autre, c'est la faiblesse des liens qui est l'élément révélateur de l'irréalité du rattachement et donc d'une éventuelle fraude[680]. L'élément matériel constituant la fraude est constaté par l'absence d'effectivité de l'élément de rattachement, et donc par l'absence d'attaches avec l'ordre juridique applicable. Ce dernier serait un indice de l'existence d'une fraude, de la même façon qu'en matière de fraude à la compétence juridictionnelle où l'absence de liens caractérisés avec l'ordre juridique compétent permet souvent de démontrer la fraude en droit français[681].

---

[680] En effet, selon M. AUDIT, « l'existence d'un lien objectif est peu compatible avec la constatation d'une fraude en matière internationale », B. AUDIT, « Vers la consécration du caractère facultatif du for de la nationalité française du demandeur », *D.*, 2007 *précit.*, n° 36.

[681] Voir, E. CORNUT, *op. cit.*, p. 154 et 155, n° 261.

Non seulement le défaut de liens entre la situation et l'ordre juridique applicable serait révèle l'existence d'une fraude[682], mais la fraude se prouve aussi difficilement lorsque la manipulation a conduit à une nouvelle localisation proximiste du rapport de droit. Bien évidemment, l'artificialité des liens en l'absence de manœuvres frauduleuses serait insuffisante pour parler d'une fraude. Pour cela, il faudrait qu'elle soit précédée par l'intention de la partie d'éluder par son comportement une loi normalement applicable. Dans le cas contraire, il serait plus adéquat de parler d'une exploitation d'une situation donnée ou d'un abus de droit. Et c'est l'absence de liens qui pousse l'autorité saisie à vérifier s'il existe une manœuvre et la sanctionner en appliquant le rattachement réel éludé.

b. L'exception de fraude à la loi : expression du rétablissement de la proximité

328. La sanction de la fraude à la loi est, le rétablissement de la loi éludée et l'éviction de la loi frauduleusement rendue applicable. Elle « doit permettre de replacer le fraudeur dans la situation qui était la sienne avant la réalisation de sa manœuvre, afin de rétablir dans sa compétence la loi à laquelle il tenta d'échapper »[683]. La loi artificiellement compétente devra être écartée par le juge pour lui substituer la loi normalement applicable en l'absence de fraude. Le rattachement artificiellement créé ne sera pas pris en considération. C'est l'élément réel qui le remplacera. Cela signifie un retour à la localisation réelle du rapport de droit, en raison des liens qu'elle entretient avec la situation.

329. Lorsque la fraude à la loi est prévue pour faire face à l'éviction d'une localisation de proximité[684], la sanction de l'agissement du fraudeur ne devrait être que le rétablissement de la localisation espérée par l'auteur de la règle de conflit. D'ailleurs, M. CORNUT a mis en évidence les liens

---

682 Selon M. CORNUT, « pour relever la fraude, le juge doit tout d'abord constater que la règle de conflit désigne une loi. S'il soupçonne une fraude, il devra montrer que la loi désignée n'est pas la loi normalement applicable, qu'elle ne l'est qu'à la suite d'une volonté frauduleuse. Il démontrera cette intention malicieuse en prouvant que le rattachement invoqué par le sujet n'a qu'un lien artificiel avec la situation, un lien réellement voulu, un lien très lâche qui ne tient qu'à une déclaration de volonté dénuée de toute pertinence », E. CORNUT, *Théorie critique de la fraude à la loi. Etude de droit international privé de la famille*, *Defrénois*, 2006, p. 159 et 160, n° 271.

683 E. CORNUT, *op. cit.*, p. 315, n° 564.

684 *Supra*, n° 326 et 327.

étroits qui existent entre la clause d'exception –mécanisme de correction du défaut de proximité – et l'exception de la fraude à la loi[685]. La sanction cessera donc d'être appliquée au cas où la proximité est rétablie, notamment lorsque la manœuvre frauduleuse se prolonge dans le temps et qu'elle conduit à l'insertion réelle de la relation de droit dans l'ordre juridique frauduleusement rendu applicable. Ainsi, concernant le changement frauduleux de la résidence des enfants en vue de les adopter dans un pays admettant l'adoption, Mme MUIR WATT remarque que « le passage du temps a généralement pour effet d'effacer la fraude initiale, lorsque la situation artificiellement créée à l'origine a acquis une effectivité sous la loi rendue applicable »[686]. La pérennisation de la situation frauduleuse sera non seulement difficilement remise en cause, mais surtout inutilement remise en cause. La situation sera difficilement remise en cause car elle aura très souvent développé des effets. Elle sera aussi inutilement remise en cause car la sanction conduit à remplacer un critère devenu effectif. Cette idée trouve son illustration dans la Convention de La Haye du 19 octobre 1996 relative à la compétence, la loi applicable, la reconnaissance, l'exécution et la coopération en matière de responsabilité parentale et de mesures de protection des enfants. La Convention prévoit au sein de l'article 5 le rattachement de la matière à l'Etat de la résidence de l'enfant et, en cas de changement, à celui de la nouvelle résidence. L'article 7 de la Convention envisage une exception à ce principe toutes les fois que le changement de la résidence est le fait d'un déplacement illicite de l'enfant[687]. Quand le changement de la résidence habituelle est illicite et donc le changement du critère de rattachement a été opéré dans le seul but d'échapper à l'ordre juridique normalement compétent, la nouvelle résidence ne sera pas prise en compte. L'ancienne résidence régira alors la relation de droit en raison d'une assimilation du déplacement illicite à une fraude à la loi. Néanmoins, une exception à l'exception est prévue à l'article 7 alinéa b, lorsque l'enfant a résidé dans l'Etat dans lequel il a été illicitement déplacé pour une période d'au moins un an et qu'il s'y est intégré. La pérennisation de la situation la rend réelle et écarte toute sanction de la fraude initiale. La proximité avec l'ancienne résidence écartée par la fraude initiale, s'est rétablie en faveur de la nouvelle résidence après

685 E. CORNUT, *op. cit.*, p. 159, n° 271.

686 H. MUIR WATT, « La loi nationale de l'enfant comme métaphore : le nouveau régime législatif de l'adoption internationale », *J.D.I.*, 2001, p. 995 et s., spéc. p. 1015, n° 17.

687 Evidemment, le déplacement illicite d'enfant ne veut pas forcément impliquer une fraude, mais cette dernière est incluse dans le cas d'un déplacement illicite.

l'écoulement du temps et l'intégration de l'enfant dans son nouvel environnement. L'exception de la fraude n'a plus aucune raison d'être.

330. Il en ressort que l'exception de fraude peut être considérée comme un mécanisme correcteur de la règle de conflit[688], qui intervient lorsque la règle de conflit est fondée sur la proximité, dans le but du rétablissement de la localisation effective. Cependant la sanction a aussi ses limites à savoir, la nouvelle localisation effective du rapport de droit dans l'ordre juridique initialement artificiel.

331. Sans aller jusqu'à assimiler l'exception de fraude à une clause d'exception, on peut conclure que leurs domaines d'intervention ainsi que leurs objectifs se rapprochent en droit international privé de la famille français et tunisien. En effet, les deux mécanismes n'interviennent que dans les cas où la relation de droit est soumise à un ordre qui ne lui est pas proche et tentent de rétablir la localisation internationale proximiste recherchée par la règle de conflit.

332. En considération de ce qui précède, la réglementation du renvoi et de l'exception de la fraude à la loi dans les systèmes étudiés participent à affirmer ou à rétablir le fondement de proximité de certaines règles de conflits.

Paragraphe II : La proximité rétablie par la manipulation de l'exception d'ordre public

333. Pour faire face au caractère inadapté de certains critères de rattachement, les juridictions françaises et même tunisiennes, n'ont pas hésité à mettre en œuvre l'exception d'ordre public toutes les fois que la situation était étroitement rattachée à l'ordre juridique du for. A l'origine conçue comme mécanisme d'éviction de la loi étrangère dont les dispositions sont contraires à l'ordre public international, l'exception d'ordre public a été maniée par les tribunaux afin de servir de

---

688 Mme REMY-CORLAY, souligne que « certes, fraude et clause d'exception peuvent en certains cas se recouper : on imagine le cas d'une situation purement interne, ou située pour l'essentiel en un même lieu, auquel, l'élément de rattachement "présomptif" ayant été manipulé, on applique une autre loi que la loi interne ; la clause d'exception pourra aussi bien que l'exception de fraude à la loi rétablir l'ordre des choses », P. REMY-CORLAY, *Etude critique de la clause d'exception dans les conflits de lois* (*Application en droit des contrats et des délits*), Thèse, Poitiers, 1997, p. 200, n° 310.

rattachement à l'ordre juridique du for en matière familiale. « L'ordre public de proximité »[689] a été utilisé en France et en Tunisie[690] comme un correctif à la localisation de la relation de droit lorsque cette dernière est intégrée dans l'ordre du for et que la règle de conflit désigne une loi étrangère comme applicable. Si le recours à l'exception d'ordre public dans le but de corriger la localisation du rapport de droit n'est plus autorisé par le Code de droit international privé en droit tunisien, ce procédé demeure très répandu en droit de la famille français[691]. Ce sont précisément les domaines régis par une règle de conflit inappropriée du point de vue de la proximité, qui ont poussé les juges à trouver dans l'ordre public de proximité des solutions adaptées aux faits d'espèce. Comme le disait COURBE, pour ces questions il aurait « suffit de changer de règle de conflit pour que l'ordre public de proximité devienne inutile »[692]. Si cette suggestion n'est pas vraie pour toutes les décisions mettant en œuvre l'ordre public de proximité, elle l'est du moins dans l'arrêt de *l'enfant Sarah* du 10 février 1993[693] relatif à l'établissement de la filiation. La règle de conflit prévue dans l'article 311-14 du Code civil désignait la loi nationale de la mère au jour de la naissance de l'enfant qui correspondait en l'espèce à la loi tunisienne prohibant l'établissement de la filiation naturelle. Cependant, le litige était entièrement localisé en France : non seulement toutes les parties (la mère, l'enfant et le prétendu père) résidaient en France, mais en plus l'enfant – le principal intéressé de la relation de droit – avait aussi la nationalité française. C'est la règle de conflit elle-même qui aurait dû désigner la loi française comme applicable en l'espèce. Faute d'avoir été déclarée compétente par la règle de conflit, la loi française retrouve sa place suite à l'intervention du juge, non pas en raison de la seule contrariété des dispositions de la loi étrangère aux principes du for, mais surtout en raison de la localisation de la situation dans l'Etat français.

---

689 J. FOYER, note sous Civ. 1re, 10 février 1993, *Rev. crit. DIP.*, 1993, p. 620.

690 Voir, Civ., arrêt n° 17297 du 16 juin 1987, *Bull.* civ., 1987, p. 223.

691 P. COURBE, « L'ordre public de proximité », Mélanges Paul Lagarde *précit.*, p. 231.

692 P. COURBE, article *précit.*, p. 236 ; *Cf.* D. Alexandre, « Les problèmes actuels posés par l'application des lois étrangères en droit international privé français », in *Les problèmes actuels posés par l'application des lois étrangères*, (Actes du colloque austro-franco-germano-suisse de droit international privé comparé des 22 et 23 mai 1986), L.G.D.J., 1988, p. 22 *précit.* « faisons jouer l'exception de l'ordre public lorsqu'il y a lieu de le faire, modifions le cas échéant les règles de conflit qui nous paraissent inopportunes, mais n'utilisons pas des voies détournées » estime cet auteur.

693 Civ. 1re, 10 février 1993, *Rev. crit. DIP.*, 1993, p. 620, note J. FOYER.

CONCLUSION DU CHAPITRE SECOND

334. Les différentes méthodes adoptées par les systèmes français et tunisien participent indirectement au rattachement de la plupart des relations familiales à l'ordre juridique qui leur est étroitement lié.

335. De prime abord, l'articulation des compétences législative et juridictionnelle sert à conforter le fondement de proximité de certaines règles de conflit législatives quand la nature du rattachement prête à confusion. Ensuite, l'alignement de la compétence législative sur la compétence juridictionnelle, prévu dans le système français, conduit au rattachement à l'ordre législatif le plus proche de la relation de droit. Au-delà de cette méthode de combinaison entre les deux compétences, des mécanismes de droit international privé comme le renvoi ou l'exception de fraude peuvent être exploités afin de servir à rétablir la proximité dans un cas concret dans les deux systèmes étudiés. En dernière issue, les juges ont parfois réussi à corriger la localisation abstraite de la règle de conflit, même si cela s'est réalisé par la manipulation de l'exception d'ordre public.

CONCLUSION DU TITRE I

336. Dans le cadre de la résolution des relations privées familiales, les systèmes français et tunisien ont opté principalement pour des rattachements différents, la résidence habituelle en France et la nationalité en Tunisie. Cependant, à la divergence dans les moyens correspond une convergence dans la finalité. Chacun de ces deux systèmes a réussi, en observant à la fois les besoins de la relation de droit et ceux de la composition de sa société, à dégager le critère qui correspond le plus souvent à la localisation de la relation familiale à l'ordre avec lequel elle entretient des liens très étroits. Cette orientation est en cas de nécessité, complétée ou renforcée par les méthodes et les mécanismes de droit international privé.

337. De manière plus précise, dans le cadre de la recherche de la proximité, les deux systèmes ne se sont pas contentés d'établir les grandes lignes des recommandations de la proximité en choisissant un seul critère de rattachement pour toutes les relations familiales. Ils ont tenté en plus d'affiner leurs règles de conflit pour tenir compte au maximum des spécificités de la matière et atténuer les inconvénients des présuppositions.

338. Cependant, le choix de la règle de conflit qui convient le mieux à la matière et au pays, associé à une méthode de réglementation favorisant la proximité dans les deux pays est concurrencé par différentes tendances qui perturbent parfois la réalisation de cet objectif.

TITRE II
L'INTEGRATION INSUFFISANTE DES CONSIDERATIONS DE LA PROXIMITE

339. En dépit des efforts favorisant le rattachement des relations familiales internationales à la loi qui leur est étroitement liée, le processus d'intégration de ce moyen de réglementation demeure insuffisant dans les systèmes français et tunisien. Ces insuffisances apparaissent tant à travers les diverses dérogations à la règle de conflit classique (Chapitre premier), qu'à travers la fixité du rattachement retenu (Chapitre second).

CHAPITRE PREMIER

UNE PROXIMITE MARGINALISEE PAR L'EXTENSION DES REGLES DEROGATOIRES A LA REGLE DE CONFLIT CLASSIQUE

340. Animés tantôt par la volonté d'étendre le champ d'application de la loi du for et tantôt par la volonté d'atteindre un résultat matériel déterminé, les législateurs français et tunisien ont procédé à l'introduction de règles de conflit dérogatoires à la règle savignienne classique. Improvisant parfois de nouvelles règles bilatérales (Section I) et dérogeant d'autres fois au caractère bilatéral de la règle de conflit (Section II), la nouvelle réglementation du droit international privé de la famille n'a plus comme principal objectif la recherche du rattachement de la relation de droit à l'ordre juridique qui lui est le plus proche.

Section I : Les règles bilatérales dérogatoires

341. Motivés par des préoccupations substantielles, les législateurs français et tunisien ont parfois édicté des règles de conflit dépourvues de neutralité. Les nouvelles règles favorisent un résultat matériel aux dépends de la proximité (Paragraphe I). D'un autre côté, tout en maintenant le modèle savignien, le législateur français en matière d'établissement de la filiation s'est éloigné de l'objectif des règles bilatérales en adoptant dans l'article 311-14 du Code civil un rattachement en inadéquation avec la recherche de la localisation du rapport de droit avec l'ordre juridique qui lui est étroit (Paragraphe II).

Paragraphe I : L'adoption de règles de conflit à coloration matérielle en droit international privé de la famille français et tunisien

342. Dans un souci de favoriser la réalisation d'un résultat matériel déterminé, des règles engagées ont été prévues par les législateurs français et tunisien dans différentes matières de droit international privé de la famille. Ces règles n'ont pas pour principal but de désigner l'ordre juridique applicable à une question de droit selon l'étroitesse des liens qu'elle entretient avec la relation de droit. Elles privilégient au contraire un résultat matériel déterminé. Or, l'extension du champ d'intervention des règles de conflit à caractère substantiel pour la résolution des litiges familiaux à caractère international dans les systèmes étudiés entraîne dans son sillage, un rétrécissement du domaine d'application des règles de conflit répartitrices fondées sur la proximité. L'objectif substantiel de ces règles (A) l'emporte très souvent sur la recherche de la proximité (B).

A. La concrétisation d'une justice matérielle : nouvel objectif de la règle de conflit en matière familiale

343. A la différence des règles de conflit classiques, soucieuses de la seule localisation du rapport de droit en fonction des liens qu'il entretient avec un ordre juridique, les règles de conflit à coloration matérielle, même si elles tiennent également compte de la localisation de la relation juridique, elles accordent une prééminence au résultat matériel recherché. C'est la neutralité de la règle de conflit qui est affectée[694]. L'engagement de la règle de conflit dans une justice matérielle se fait forcément au détriment de la justice conflictuelle. Sans complètement se désengager de la justice conflictuelle[695], l'auteur de la règle de conflit à finalité matérielle laisse cette dernière au second rang.

344. Dans ce contexte, contrairement aux règles classiques, les règles de conflit à finalité matérielle n'identifient pas un seul élément de

694 L. CHEDLY, « Droit international privé et droits de l'Homme », Mélanges offerts au Doyen Abdelfattah Amor, CPU, 2005, p. 353 et s., spéc. p. 360.
695 Etant donné qu'il n'est pas prévu directement une règle matérielle pour régir la relation de droit.

rattachement du rapport de droit. Un éventail de rattachements est prévu, au sein duquel le juge ou la partie protégée par l'auteur de la règle opère son choix. La sélection du critère applicable se fera obligatoirement en fonction de la teneur des lois compétentes et non en fonction des liens qu'entretient la relation avec l'ordre choisi. En somme, si la localisation demeure le critère de la détermination "des lois potentiellement applicables", elle n'est plus le critère de sélection de "la loi applicable". Ce n'est que suivant les dispositions des lois en conflit que le choix s'opérera. Par conséquent, ce n'est pas la proximité avec l'ordre juridique qui départagera les différentes lois en concurrence, mais le résultat matériel auquel aboutissent les différentes lois. Les nouvelles valeurs apparues en droit de la famille français et tunisien, telles que la protection de l'intérêt de l'enfant ou bien la protection du créancier d'aliments se sont étendues dans les relations internationales. Désormais, les règles de conflit en matière de filiation, de garde d'enfant, d'autorité parentale et d'obligations alimentaires, tant en droit tunisien qu'en droit français sont imprégnées de soucis de faveur envers un résultat espéré : la volonté de protéger l'enfant ou le créancier d'aliments en raison de sa vulnérabilité[696]. Dans ces différentes matières, la justice matérielle et la justice conflictuelle s'entremêlent, mais avec une prépondérance incontestée de la justice matérielle.

B. La prédominance de la justice matérielle sur la justice conflictuelle : moyen de matérialisation du résultat espéré

345. La démarche répartitrice de la règle de conflit classique n'étant plus en mesure de poursuivre sur le plan international les objectifs prescrits par l'ordre interne, de nouvelles règles non indifférentes au contenu de la solution de la loi applicable ont été prescrites[697]. Néanmoins, ces règles ne sont pas complètement exemptes de la

696 K. MEZIOU, « Les relations en DIP de la famille entre la Tunisie et les autres pays arabes », in *Le code tunisien de droit international privé dix ans après*, Première journée Mohamed Charfi de droit international privé, Tunis le 21 et 22 novembre 2008, p. 31 et s., spéc. p. 54 et 55.

697 P. PICONE, « La méthode de référence à l'ordre juridique compétent en droit international privé », *RCADI*, 1986-II, t.197, p. 229 et s., spéc. p. 239-241, n° 1.

fonction localisatrice. Selon M. CHEDLY, dans ces cas, « sans abandonner l'idée de localisation, la règle de conflit use de critères de rattachement multiples d'une manière alternative, afin de permettre la désignation de la loi la plus favorable »[698]. La justice matérielle est normalement encadrée par le lien entre l'ordre juridique applicable et la relation de droit. Les différents ordres juridiques potentiellement compétents s'attachent de près ou de loin à la situation juridique. Il y a en effet dans cette méthode une combinaison entre la justice conflictuelle et la justice matérielle[699], avec toutefois une prédominance de la dernière sur la première. Un lien ténu suffit parfois pour rendre la loi favorisant un résultat déterminé applicable au rapport de droit. La loi désignée n'est plus forcément celle des liens supposés être les plus étroits, mais celle présentant un simple lien avec la situation, même s'il s'avère en l'espèce le plus faible, pourvu qu'il favorise le résultat prédéterminé. Plusieurs rattachements sont donc prévus par la règle de conflit, dont le choix s'opérera en fonction du résultat matériel auquel conduisent les lois substantielles concurrentes. De ce fait, « plus l'éventail des lois indiquées est large, plus la localisation perd de sa valeur »[700]. Et c'est la raison pour laquelle, « certains auteurs trouvent que les règles à rattachements alternatifs, de structure bilatérale ne sont plus de "véritables règles de conflit" »[701]. Sans méconnaître la fonction répartitrices de ces règles de conflit, ces dernières s'éloignent doublement de la recherche de la proximité. En effet, la renonciation à la localisation de proximité n'est généralement pas cantonnée aux règles de compétence législatives (1) bien au contraire, elle est souvent précédée par le même sacrifice au moment de la détermination de la compétence juridictionnelle (2).

---

698 L. CHEDLY, « Droit international privé et droits de l'homme », Mélanges offerts au Doyen Abdelfattah Amor, CPU 2005, p. 353 et s., spéc. p. 361.

699 M. JORGE, *Les rattachements alternatifs en droit international privé*, Thèse, Paris 1988, p. 86, n° 86 ; S. BOSTANJI, *L'évolution du traitement réservé à la loi étrangère en matière de statut personnel*, Thèse, Dijon. 2000, p. 227.

700 M. JORGE, Thèse *précit.*, p. 88, n° 87.

701 M. JORGE, Thèse *précit.*, p. 88, n° 87 ; voir aussi, B. REMY, *Exception d'ordre public et mécanismes de lois de police en droit international privé*, Préface de P. MAYER, Dalloz, 2008, p. 63, n° 121.

1. La subsidiarité de la proximité législative dans les règles de conflit de lois engagées

346. Les législateurs français et tunisien ont accordé une certaine place à cette méthode concurrente à la règle de conflit classique. En droit de la famille, l'exception à la règle de conflit classique dans ces deux systèmes a été prévue en matière de protection de l'intérêt de l'enfant et du créancier d'aliments. Le souci de protection a été exprimé dans certaines règles par la prédominance de la justice matérielle sur la justice conflictuelle (a), et dans d'autres par le sacrifice même de la justice conflictuelle au profit d'un résultat espéré (b).

a. La prééminence de la justice matérielle sur la justice conflictuelle

347. Dans une perspective de concilier les deux justices matérielle et conflictuelle, des règles de conflit à coloration matérielle retenant des rattachements hiérarchisés ont été prévues par la Convention de La Haye du 2 octobre 1973 relative à la loi applicable aux obligations alimentaires[702] et le Protocole de La Haye de 2007 qui la remplace. La règle de conflit hybride prévue combine les objectifs d'une localisation de proximité et ceux d'une localisation substantielle, tout en attribuant un rôle subsidiaire à la proximité[703]. Des rattachements hiérarchiquement ordonnés, qui consacrent un résultat déterminé, ont été adoptés par la règle générale prévue par les articles 3 et 4 du Protocole. L'article 3 prévoit une règle de principe, rattachant le droit aux aliments à la loi de la résidence habituelle du créancier d'aliments. Afin de promouvoir l'application d'une loi permettant l'octroi de ce droit à certains bénéficiaires, l'article 4 du Protocole prévoit une règle spéciale en faveur de certains créanciers[704]. Selon l'alinéa 4 de cet article, lorsque la loi de la résidence habituelle du créancier ne permet pas d'obtenir aliments, la loi

702 En vigueur en France depuis le 1er juillet 1963.

703 P. REMY-CORLAY, *Etude critique de la clause d'exception dans les conflits de lois* (*Application en droit des contrats et des délits*), Thèse, Poitiers, 1997, p. 48, n° 66.

704 La règle spéciale ne concerne que les obligations des parents envers leurs enfants et celles des personnes autres que les parents envers des personnes âgées de moins de 18 ans.

du for s'applique et dans le cas où cette dernière ne permet pas l'obtention d'aliments, la loi nationale commune du créancier et du débiteur s'appliquera. Le Protocole reprend ainsi les rattachements prévus par la Convention de La Haye de 1973 tout en inversant le rang de la loi du for et de la loi nationale. Plusieurs lois sont donc susceptibles de régir la matière. Elles sont toutefois ordonnancées selon leur lien avec la relation de droit. A travers ces articles « le régime de faveur à l'octroi d'aliments […] mis en place n'est pas aussi généreux que la règle de conflit alternative [engagée non hiérarchisée] […] puisque le rattachement subsidiaire n'est mis en œuvre que si le rattachement principal prive le créancier de tout aliment ». Lors de l'identification de la loi applicable aux obligations alimentaires, « il faut commencer par la loi de la résidence habituelle [et] s'arrêter là si elle accorde une pension »[705]. Cependant, il n'en demeure pas moins que l'octroi d'aliments tient la place centrale dans ces règles de conflit, puisqu'il faut obligatoirement passer au rattachement suivant au cas où le précédent n'accorde aucun droit au créancier d'aliments.

348. A première vue, les rattachements retenus sont classés dans un ordre décroissant selon leur lien avec la relation en question, du rattachement le plus étroit au moins étroit. L'intervention d'un critère subsidiaire ne peut se réaliser que si celui qui le précède dans la hiérarchie des classements est inapte à octroyer des aliments à l'enfant[706]. Même si la primauté accordée à l'octroi des aliments se fait aux dépens de la proximité, cette dernière n'est pas absente dans ces règles de conflit. La recherche de la proximité trouverait d'ailleurs appui dans l'inversion des rattachements prévus dans le Protocole par rapport à ceux prévus dans la Convention. Le classement inverse de la loi nationale commune du créancier et du débiteur derrière la loi du for prévue par le Protocole de La Haye en comparaison avec la Convention de 1973 est le signe d'une reconnaissance indirecte de la faiblesse de ce rattachement en cette matière, qui n'a à intervenir qu'en cas d'impossibilité d'obtenir le droit préservé par l'application de la loi de la résidence habituelle ou bien la loi du for. Il reste toutefois que le rattachement censé être le plus proche peut être écarté en faveur même de celui le moins proche, si ni la loi de la résidence du créancier, ni celle du for ne permettent d'accorder des

---

[705] I. KISCH, « La loi la plus favorable. Réflexions à propos de l'article 9 (3), 2 de la loi uniforme Benelux », in *Ius et Lex*, Festgabe zum 70. Geburtstag VON MAX GUTZWILLER, p. 373 et s., spéc. p. 393.

[706] Voir F. SOIRAT, Thèse *précit.*, p. 47, n° 94.

aliments à la personne protégée. La faveur est beaucoup plus évidente dans l'article 4 alinéa 3 du Protocole. Ce dernier soumet l'obligation alimentaire à la loi du for lorsque le créancier saisit les autorités de la résidence habituelle du débiteur. Conditionner l'application d'une loi au seul choix du créancier de saisir des autorités de cet Etat, reviendrait à permettre au créancier de choisir l'application de cette loi. Or, un choix accordé à une seule partie reflète uniquement la faveur qui lui est accordée. D'ailleurs, comme le souligne le rapporteur du Protocole, cette solution « vise à assurer au créancier la possibilité d'obtenir une prestation alimentaire si celle-ci résulte de la loi de l'autorité saisie »[707]. Plus encore, ce même alinéa prévoit l'application de la loi de la résidence habituelle du créancier au cas où la loi du for ne lui accorde pas d'aliments. Dans cette hypothèse aussi, si la loi du for ne lui permet pas d'obtenir aliments, la loi de la nationalité commune s'applique selon l'article 4 alinéa 4.

349. Compte tenu de l'engagement des règles prévues par les articles précédemment cités, la prise en considération apparente de la proximité du rattachement déduite du cheminement conflictuel, serait clairement contournée en faveur d'un résultat matériel déterminé. D'ailleurs, dans pareils cas, l'altération à la réalisation de la localisation de proximité est très évidente, étant donné que le rattachement le plus étroit est préalablement déterminé et il est formellement écarté en raison de son inaptitude à satisfaire une justice matérielle. L'altération est d'autant plus flagrante lorsque ce n'est que l'ultime rattachement qui autorise le résultat attendu. Les lois les plus proches sont écartées une à une, pour ne retenir au bout du compte que la loi présentant les rattachements les moins étroits. Si certains auteurs ont pensé que la renonciation à la règle de conflit localisatrice au profit des règles de conflit à caractère substantiel n'est que la conséquence de l'« impossibilité de dégager un facteur de rattachement indiscutable »[708], les règles engagées hiérarchisées sont loin de s'appuyer sur une telle directive. Le rattachement le plus approprié du point de vue de la recherche de la proximité est dégagé, mais il n'est opérable que s'il permet d'atteindre un but déterminé, faute de quoi, il lui sera substitué un rattachement moins proche. La primauté est donc accordée au résultat, même si en apparence

---

[707] A. BONOMI, « Rapport explicatif du protocole du 23 novembre 2007 sur la loi applicable aux obligations alimentaires », Conférence de La Haye de Droit International Privé, Octobre 2009, p. 17.

[708] F. SOIRAT, Thèse *précit.*, p. 318, n° 635.

le souci d'une localisation de proximité n'est pas absent. La règle de conflit hiérarchisée à caractère substantiel, comme toutes les règles engagées « confie au juge le soin de déterminer, au sein d'un éventail défini et suivant une directive matérielle, la loi à laquelle sera empruntée la réponse à la question de droit »[709].

350. Tout bien considéré, même si les rattachements prévus par les articles 3 et 4 du Protocole de La Haye applicable aux obligations alimentaires sont d'apparence « composite[s], [...] [associant] des critères de référence et un élément matériel »[710], l'objectif matériel est capable de remettre en cause le critère de proximité.

351. Sans être totalement absente des règles de conflit engagées hiérarchisées, la proximité risque d'être délaissée au profit d'un résultat espéré. En revanche, elle peut être totalement sacrifiée au profit de la recherche de l'objectif matériel, lorsque les règles alternatives à finalité matérielle ne sont pas hiérarchisées.

b. Le sacrifice de la recherche de la proximité au profit de la recherche d'un résultat espéré

352. Ralliant une évolution du droit interne en faveur de l'établissement de la filiation[711] et de la défense des intérêts des enfants[712], les systèmes de droit international privé de la famille français et tunisien ont dû étendre le privilège prévu dans les relations internes aux rapports présentant un élément d'extranéité. Aussi bien dans le système français que dans le système tunisien, des règles de conflit alternatives à caractère substantiel ont été adoptées pour régir à titre principal ou subsidiaire la protection des enfants. Ces règles de conflit, qui mettent sur un pied d'égalité les différents ordres juridiques

---

[709] F. SOIRAT, Thèse *précit.*, p. 244, n° 493.

[710] Qualification donnée par M. SOIRAT aux règles alternatives hiérarchisées. F. SOIRAT, Thèse *précit.*, p. 16, n° 17.

[711] *Cf.* concernant l'évolution du droit tunisien en matière de filiation, S. BEN HALIMA, « La filiation en droit tunisien », in *L'enfant en droit privé*, Actes du colloque organisé par l'Association Tunisienne de Droit Privé Tunis le 12, 13 et 14 décembre 2002. *A.J.T.*, 2003, n°16, p. 19 et s ; N. BEN AMMOU « L'enfant en droit privé, Rapport de synthèse », in *L'enfant en droit privé*, *A.J.T.*, 2003, n°16, p. 213 et s.

[712] La loi tunisienne n° 66-42 du 3 juin 1966, *J.O.R.T.*, 3 juin 1966, n° 24, a fait de l'intérêt de l'enfant l'unique critère d'attribution de la garde lors de la dissolution du mariage en droit interne.

susceptibles de régir la relation de droit, se distinguent des règles précédemment envisagées par leur indifférence quant à la recherche d'une localisation de proximité. Un large éventail de lois se rattachant de près ou de loin à la relation juridique est mis à la disposition du juge ou/et des parties qui n'ont plus qu'à choisir parmi elles celle qui régira le rapport en question en fonction du résultat attendu. Ces règles de conflit, comme le souligne M. FARGE, « ne recherchent pas la loi ayant les liens les plus étroits avec la situation mais une loi permettant d'atteindre la solution la plus appropriée aux yeux de l'ordre juridique français »[713].

353. Le domaine d'intervention, ainsi que la place accordée à ces règles de conflit diffèrent entre les deux systèmes étudiés. Alors qu'on les recense dans toutes les matières envisageant la protection de l'enfant en droit tunisien, à savoir la garde, les obligations alimentaires et la filiation, ces règles se limitent en droit français à l'établissement de la filiation[714]. Si les règles alternatives à coloration matérielle sont le principe même de la localisation des rapports de droits sus visés en droit tunisien, elles ne sont que des règles spéciales régissant un domaine particulier de l'établissement de la filiation en droit français.

Quoiqu'il en soit, dans les deux systèmes étudiés, ces règles, lorsqu'elles sont prévues, écartent toute recherche de proximité au profit de la réalisation d'un résultat déterminé. Seule la justice matérielle, voire la meilleure justice matérielle, motive le choix de la loi applicable, peu importent les liens entre cette loi et la situation litigieuse.

354. Ainsi, en droit français, l'article 311-17 du Code civil prévoit que « la reconnaissance volontaire de paternité ou de maternité est valable si elle a été faite en conformité, soit de la loi personnelle de son auteur, soit de la loi personnelle de l'enfant ». Même si ce texte n'est qu'un texte spécial relatif à la reconnaissance volontaire de paternité ou de maternité, il n'en demeure pas moins que par ses dispositions, le législateur français entend assurer la plus grande validité à la reconnaissance des enfants et par conséquent assurer l'établissement de leur filiation. La loi choisie par le juge ne sera pas celle qui présente les liens les plus étroits avec la

---

713 M. FARGE, *op. cit.*, p. 154, n° 152.

714 Il est à noter que la règle de conflit de principe en la matière en droit français (art. 311-14 du Code civil) ne déroge pas à la règle de conflit classique par son caractère abstrait, unilatéral et indirect. C'est en effet une règle de conflit de type savignien, mais dont l'originalité se trouve dans sa localisation inaccoutumée, qui est loin d'être une localisation proximiste.

relation, mais celle qui admet la validité de la reconnaissance[715]. La faveur à l'égard de l'établissement de la filiation s'est renforcée en France par l'interprétation restrictive que la jurisprudence a donnée à l'article 311-17 du Code civil. En effet, les juges ont limité le choix dans un seul sens. La faveur que renferme la règle alternative pour la validité de la reconnaissance volontaire de maternité ou de paternité, a été soutenue par la règle jurisprudentielle en matière d'annulation d'une reconnaissance. Les tribunaux ont ainsi imposé des conditions cumulatives pour l'annulation d'une reconnaissance d'un enfant[716]. Elle n'est possible que si elle est admise par la loi personnelle de l'enfant ainsi que de son auteur. Il en ressort qu'« une référence alternative destinée à favoriser un certain résultat s'analyse nécessairement, en effet, en un rattachement cumulatif dès lors qu'il s'agit de produire le résultat inverse »[717]. La cour d'appel de Paris dans son arrêt du 11 mai 1976 avait consacré cette idée en prévoyant « qu'en application de l'article 311-17 du Code civil, la reconnaissance volontaire de paternité ou de maternité est valable si elle a été faite en conformité soit de la loi personnelle de son auteur, soit de la loi personnelle de l'enfant ; Qu'il suit de là que, pour pouvoir être déclarée non valable, une reconnaissance doit être entachée de nullité selon l'une et l'autre de ces lois »[718].

355. Cette faveur quant à l'établissement de la filiation est encore plus évidente en droit tunisien. Elle est régie par un seul article du Code de droit international privé, qui prévoit en la matière une règle de conflit alternative à coloration matérielle. L'article 52 du CDIP retient en la matière que « le juge appliquera la loi la plus favorable à l'établissement de la filiation de l'enfant, entre la loi nationale du défendeur ou celle de son domicile ; la loi nationale de l'enfant ou celle de son domicile. La contestation de la filiation est soumise à la loi en vertu de laquelle celle-ci

---

[715] Civ. 1re, 25 novembre 1986, *Rev. crit. DIP.*, 1987, p. 383 *précit.*, note B. ANCEL et Y. LEQUETTE. Dans cette affaire, alors que la mère et l'enfant sont français (aucune indication sur leur lieu de résidence n'a été faite par l'arrêt), la Cour de cassation reprochait aux juges de la cour d'appel de Versailles d'avoir appliqué la loi française sans rechercher si la légitimation pouvait être possible selon la loi tunisienne, loi nationale du père.

[716] J. FOYER, « Problèmes de conflits de lois en matière de filiation », *RCADI*, 1985, t. 19[illegible] p. 44 et 45, n° 73.

[717] P. BOUREL et H. MUIR WATT, « Filiation », *J-Cl. Droit internat.*, 1999, fasc. 548-10, n° 136.

[718] Paris, 11 mai 1976, *Rev. crit. DIP.*, 1977, p. 109, note I. FADLALLAH, *J.D.I.*, 1976, p. 656, note J. FOYER ; TGI de Paris 13 février 1979, *Rev. crit. DIP.*, 1980, p. 79, note M. SIMON-DEPITRE.

est établie ». Par application de ces dispositions, dans un jugement relatif à l'établissement de la filiation datant du 4 mars 2006, le tribunal de première instance de la Manouba[719], avait préféré l'application la loi tunisienne, loi nationale et loi du domicile du défendeur, à la loi libyenne, loi de la résidence de l'enfant, puisqu'il s'est avéré après comparaison de ces deux lois que la loi tunisienne était plus favorable à l'établissement de la filiation.

356. Il est clair que plus les alternatives sont élargies, plus les chances d'atteindre un résultat déterminé sont augmentées. Mais aussi, plus les alternatives sont élargies, plus on s'éloigne de la recherche de la proximité. Dans le cas de la filiation, en droit tunisien, quatre lois potentiellement applicables sont ici en concurrence et le choix ne se fera qu'en raison de leur aptitude à établir la filiation de l'enfant. Néanmoins, comme l'ont souligné certains auteurs, « une règle qui prévoit l'applicabilité de quatre lois différentes a-t-elle encore un sens »[720] ? Quelle autre loi pouvant avoir un lien quelconque avec la filiation pourrait encore intervenir, excepté la loi nationale de la mère ? Contrairement aux règles engagées hiérarchisées, pour les règles alternatives non classées, le juge devrait appliquer parmi ces différentes lois non seulement celle qui accepte l'établissement de la filiation mais aussi celle qui favorise le mieux le résultat attendu. Par ailleurs, si parmi les lois mentionnées il existe plus d'une loi permettant l'établissement de la filiation, le juge n'a pas l'obligation d'appliquer la première loi dans la hiérarchie d'une échelle bâtie sur des considérations de proximité. Son choix doit être guidé par la faveur de l'établissement de la filiation, mais aussi par le souci d'atteindre le meilleur résultat possible dans cet établissement. Ainsi, si les lois en concurrence admettent l'établissement de la filiation dans le cas d'espèce, mais que certaines admettent juste l'établissement d'une filiation naturelle et qu'une autre admet l'établissement d'une filiation légitime, c'est cette dernière qui sera retenue comme compétente. Aucun ordre chronologique localisateur n'est préétabli entre les lois en concurrence, mais c'est plutôt l'obligation préférentielle à l'égard de la filiation qui est seule passible de trancher le conflit entre les différentes lois en présence. Cette situation est surprenante en droit international privé tunisien, puisque même si depuis

---

719 Tribunal de première instance de la Manouba, jugement n° 1525 du 4 mars 2006, M. GHAZOUANI, « Sommaire… », *précit*, M. GHAZOUANI et L. CHEDLY, p. 641.

720 H. BATIFFOL et P. LAGARDE, « *L'improvisation de nouvelles règles de conflit de lois en matière de filiation.* », *Rev. crit. DIP.*, 1972, p. 22.

la loi de 28 octobre 1998, il est possible d'établir la paternité des enfants nés hors mariage, le statut de l'enfant naturel demeure malgré tout « embryonnaire et lacunaire »[721]. Le droit de la filiation demeure imparfait dans l'ordre interne tunisien en comparaison avec d'autres systèmes étrangers, qui sont allés jusqu'à supprimer toute distinction entre l'enfant naturel et l'enfant légitime même au niveau de la terminologie. Les règles de droit international privé législatives[722] et jurisprudentielles[723] sont donc allées plus loin que les règles de droit interne dans la protection de l'enfant[724]. Ainsi, il n'est pas étonnant que pour l'établissement de la filiation, la loi tunisienne figurant parmi la palette de propositions ne soit pas appliquée dès lors que les dispositions d'une loi étrangère prévoient des dispositions plus avantageuses en la matière que la loi du for[725]. Ce constat entraine de nombreuses questions. Que se passera-t-il si la loi tunisienne était en conflit avec une loi étrangère qui s'avère plus avantageuse à l'établissement de la filiation d'un enfant ? Le juge tunisien appliquera-t-il la loi étrangère ? Au cas où il opterait pour l'application de la loi étrangère alors que la loi du for est parmi celles désignées par l'article 52 du CDIP, motivera-t-il sa décision par une comparaison des dispositions de la loi du for avec la loi étrangère en concluant que cette dernière est plus favorable à l'établissement de la filiation que sa propre loi ? Et quelle sera la limite de la tolérance de la faveur par l'ordre juridique du for ?

357. Il est à noter qu'en droit international privé tunisien, les règles de conflit à finalité matérielle ne sont pas l'apanage de l'établissement de la filiation. Elles s'étendent en effet aux différentes règles touchant de près ou de loin la protection des enfants[726] et même au-delà pour s'étendre à

---

721 S. BOSTANJI, « L'incidence de la constitution sur les nouvelles solutions de conflit de lois (Etude de droit international privé de la famille) », Mélanges Sassi Ben Halima, p. 316.

722 Article 52 du CDIP ?

723 Dans un arrêt du 29 mai 2007 (arrêt n° 47138 du 29 mai 2007, L. CHEDLY et M. GHAZOUANI, p. 642), la cour d'appel de Tunis avait estimé que « l'article 52 du Code de droit international privé ne fait aucune distinction entre l'enfant légitime et l'enfant naturel ».

724 D. ALLANI, « La filiation hors mariage et le juge en droit international privé », in *Le code tunisien de droit international privé dix ans après*, Première journée Mohamed Charfi de droit international privé, Tunis le 21 et 22 novembre 2008, p. 79 et s., spéc. p. 84-85.

725 L. CHEDLY et M. GHAZOUANI, p. 640.

726 S. BOSTANJI, « L'émergence d'un statut privilégié de l'enfant en droit international privé tunisien », in *L'enfant en droit privé*, Actes du colloque organisé par l'Association Tunisienne de Droit Privé. *A.J.T.*, 2003, n° 16, p. 125 et s., spéc. p. 133.

la protection pécuniaire des créanciers d'aliments. A travers l'examen de la règle relative à la garde des enfants[727], ainsi que celle relative à l'obligation alimentaire[728], se confirme la préoccupation du législateur d'assurer la meilleure protection de l'enfant. En matière de garde, il est clair que la jurisprudence tunisienne a évolué et ne tient plus compte du seul milieu culturel et religieux dans lequel se développera l'enfant, pour apprécier son intérêt. Ainsi, une loi étrangère attribuant la garde au parent étranger et résidant dans un pays non-musulman n'est plus envisagée comme contraire à l'ordre public[729]. Nombreuses sont les

---

727 Article 50 du CDIP « *La garde est soumise, soit à la loi en vertu de laquelle le lien matrimonial a été dissous, soit à la nationale de l'enfant ou de son domicile ; Le juge appliquera la loi la plus favorable à l'enfant.* ».

728 L'article 51 du CDIP prévoit que « l'obligation alimentaire est régie par la loi nationale du créancier ou celle de son domicile, ou bien par la loi nationale du débiteur ou celle de son domicile. Le juge appliquera la loi la plus favorable au créancier. »

729 Civ., arrêt n° 2000 du 15 mai 1979, *Bull.* civ., 1-1979, p. 227, *R.J.L.*, 10-1980, p. 79 ; Civ., arrêt n° 7422 du 3 juin 1982, *Bull.* civ., 3-1982, p. 143, *R.J.L.*, 9-1983, p. 63 ; Civ., arrêt n° 14220 du 19 octobre 1985, *Bull.* civ., 2-1985, p. 61 ; La cour d'appel de Tunis, arrêt n° 33746 du 16 octobre 1996, (M. GHAZOUANI, « Sommaire…», *précit.*) avait prévu que « la jurisprudence est constante à considérer que le déracinement de l'enfant du milieu dans lequel il a grandi et dont il parle et écrit la langue et qui s'est imprégné de ses habitudes et traditions, de même que son détachement de son milieu social arabe et musulman sont de nature à faire de lui un exilé permanent coupé à la fois de sa religion et donc apostat, ainsi que de sa patrie, ce qui viole absolument l'ordre public du pays et s'oppose aux prescriptions de sa constitution » ; Selon le Tribunal de première instance de Sfax, jugement n° 38339 du 30 mai 1997, (M. GHAZOUANI, « Sommaire…» *précit.*,) « l'intérêt du mineur impose d'attribuer sa garde à son père par crainte que la mère, de nationalité roumaine, n'imprègne la personnalité de l'enfant par des idées non-islamiques » ; l'arrêt de la Cour de cassation n° 69523 du 4 janvier 1999, (*R.J.L.*, 1-2002, p. 167, *Revue Tunisienne de Droit,* 2001; partie en langue arabe, p. 201, note M. GHAZOUANI) estimait que « s'il s'avère que l'attribution de la garde à la mère présente le danger d'élever l'enfant dans un environnement autre que son environnement arabe et musulman, il devient alors nécessaire de faire prévaloir l'intérêt de l'enfant sur l'intérêt de sa mère viole l'ordre public international tunisien, le jugement belge qui attribue la garde à la mère étrangère alors que l'enfant est de nationalité tunisienne, de confession musulmane du fait qu'il descend d'un père tunisien musulman et qu'il a vécu une période en Tunisie où il s'est adapté aux spécificités de son environnement familial et national qu'il a assimilé spirituellement et en s'attachant à sa patrie. La non-contrariété à l'ordre public s'apprécie à la lumière de ce que pose la constitution de principes identitaires essentiels concernant la famille, la société, l'éducation, la religion, la langue et surtout l'amour de la patrie» ; Tribunal de première instance de Tunis, jugement n° 23843 du 20 avril 1999, M. GHAZOUANI, « Sommaire…», *précit.* ; Civ., arrêt n° 72212 du 22 septembre 1999, M. GHAZOUANI, « Sommaire…» *précit.* ; *Contra*, l'arrêt de la Cour d'appel de Tunis, arrêt n° 48765 du 11 juillet 1998, (M. GHAZOUANI, « Sommaire… » *précit.*) selon lequel « l'attribution de la garde des

décisions qui avaient refusé l'exequatur de jugements étrangers accordant la garde à un parent étranger et résidant dans un pays non-musulman pour contrariété à l'ordre public. Depuis l'arrêt de la Cour de cassation du 2 mars 2001[730], ayant reconnu une décision étrangère attribuant la garde d'un enfant tunisien à la mère belge, l'intérêt de l'enfant s'est détaché des seules considérations religieuses, même si ce facteur reste parfois examiné par les juges[731]. D'ailleurs, certaines dispositions des lois inspirées de la religion musulmane, ont même été écartée en raison de leurs dispositions moins favorables à l'intérêt de l'enfant en comparaison avec les dispositions du droit tunisien. En effet, lors du choix de la loi applicable à la garde d'enfants saoudiens résidents en Arabie Saoudite, où la loi tunisienne et la loi saoudienne étaient toutes les deux en concurrence, les juges du tribunal de première instance de Tunis, dans un jugement en date du 11 juillet 2000, ont préféré à la loi saoudienne « tirée de la *Charia* islamique », la loi tunisienne « qui se base en premier lieu sur l'intérêt de l'enfant lors de l'attribution de la garde »[732]. La religion musulmane, jadis critère d'attribution de garde et donc de l'évaluation de l'intérêt de l'enfant en droit international privé tunisien, n'a plus la même place en la matière.

---

enfants par le jugement belge à leur mère étrangère résidant en Belgique n'a rien de contraire à l'ordre public international tunisien ».

730 Civ., arrêt n° 7286 du 2 mars 2001, *R.J.L.*, 1-2002, p. 183, *Revue Tunisienne de Droit,* 2001, partie en langue arabe, p. 201, note M. GHAZOUANI (Pourvoi contre l'arrêt de la cour d'appel de Tunis n°62925 du 29 novembre 2000).

731 Civ., arrêt n° 18182 du 24 octobre 2002, M. GHAZOUANI, « Sommaire... », *précit.* ; Jugement du Tribunal de première instance de Tunis mentionnant qu'« il ressort de la décision attaquée que les juges du fond ont motivé leur décision d'attribuer la garde de l'enfant à son père par le fait que cet enfant préfère rester avec son père qui s'est converti à l'Islam et qui a à sa disposition une femme qui est sa seconde épouse de nationalité tunisienne pour assurer les charges de la garde, ce qui lui procure une vie stable matériellement et moralement. D'un autre coté l'enquête sociale a révélé que l'enfant est maltraité par sa mère » ; Jugement du Tribunal de première instance de Tunis n° 46026 du 8 décembre 2003 (M. GHAZOUANI, « Sommaire... » *précit.*) selon lequel « l'intérêt de l'enfant nécessite, vu son jeune âge, qu'il vit avec sa mère même si ça sera dans un pays étranger. La nationalité tunisienne de la mère et sa confession musulmane font qu'il n'est pas à craindre que l'enfant soit éloigné de l'environnement tunisien arabe musulman. L'ordre public tunisien n'est pas touché car l'intérêt de l'enfant est à prendre en considération en premier sans égard à toutes autres considérations ».

732 Tribunal de première instance de Tunis, jugement n° 32779 du 11 juillet 2000, M. GHAZOUANI, « Sommaire... », *précit.*, L. CHEDLY et M. GHAZOUANI, p. 627.

358. Dans toutes ces affaires, le juge ne se soucie guère de la recherche de la proximité, en raison du désintéressement des règles applicables de cet objectif. Dans l'arrêt de la Cour de cassation tunisienne de 2000, la situation était clairement insérée dans l'ordre juridique saoudien pourtant la loi saoudienne n'a pas été appliquée. De ce fait, si certains ont pu déceler dans les règles à coloration matérielle prévoyant des rattachements hiérarchisés des traces de la règle de conflit localisatrice[733], « la localisation perd de sa valeur »[734] dans les règles alternatives à coloration matérielle prévoyant un éventail de lois très large[735]. La proximité législative est par conséquent sacrifiée au profit du résultat espéré. A cet engagement législatif s'ajoute généralement un engagement juridictionnel, accentuant le désengagement quand à la localisation par rapport à un ordre juridique ayant des liens étroits avec la relation de droit.

2. La proximité législative délaissée par les règles de compétence juridictionnelle

359. Afin de concrétiser une politique législative déterminée, il ne suffit pas d'établir des règles législatives favorisant un résultat matériel, il est nécessaire de s'assurer que ces règles s'appliqueront. Or, qui est plus habilité que le juge du for pour assurer au mieux la mise en œuvre de ses règles orientées et concrétiser la faveur recommandée ? C'est pourquoi les alternatives législatives sont souvent précédées par des alternatives juridictionnelles garantissant dans un premier temps la compétence du juge du for qui se chargera ensuite de la mise en œuvre des règles de conflit législatives engagées.

360. Dans ce sens, le CDIP tunisien a prévu des règles de conflit de juridictions spéciales étendant la compétence du juge tunisien en dehors des hypothèses où le défendeur réside en Tunisie. L'article 6 du CDIP élargit le domaine de compétence des juridictions tunisiennes pour les actions relatives à la filiation ou à une mesure de protection d'un mineur résidant sur territoire tunisien, mais également pour les actions relatives à l'obligation alimentaire lorsque le créancier réside en Tunisie. S'il est vrai qu'en matière de protection des mineurs les autorités du lieu de la

733 *Cf.* S. BOSTANJI, Thèse *précit.*, p. 229.
734 M. JORGE, thèse, p. 88, n° 87.
735 *Ibid.*

résidence habituelle de l'enfant sont les plus proches de l'enfant à protéger[736], la recherche de la proximité s'atténue à partir du moment où la saisine des juridictions tunisiennes devient une faculté offerte au représentant de l'enfant. L'engagement des règles procédurales devient évident[737]. La recherche de la proximité et le souci de protéger l'enfant s'entremêlent au point que le second objectif l'emporte sur le premier. En élargissant le champ de compétence des juridictions tunisiennes, le législateur ne va tout de même pas jusqu'à prévoir des règles dépourvues de toute attache avec le système tunisien. Toutefois, la volonté de concrétiser un résultat matériel préétabli par les règles de compétence législative ne peut être masquée. En effet, si en matière de protection du mineur l'intervention des autorités les plus proches sont indispensables en raison d'une nécessaire rapidité du prononcé et de l'exécution des mesures de protection, tel n'est pas le cas en matière d'établissement de la filiation. Il est clair que la filiation s'intègre aussi dans les matières tendant à la protection du mineur. Néanmoins, elle ne nécessite pas autant de rapidité dans son établissement et son exécution que les autres mesures de protection. Reconnaître la compétence des juridictions du for alors même que l'enfant est demandeur, du seul fait qu'il réside sur le territoire tunisien, se justifie par la volonté de favoriser l'établissement de la filiation de l'enfant. Cet objectif est précisément assuré par la règle de conflit de lois tunisienne, dont l'application est tributaire de la compétence du juge tunisien. C'est pourquoi la compétence des juridictions tunisiennes est étendue dans les matières familiales régies par des règles de conflit de lois à colorations matérielles.

361. De même, en vue de garantir au créancier d'aliments l'obtention d'une décision qui lui octroie ce droit, le législateur européen dans le règlement Aliments[738] a cherché à faciliter et à assurer l'accès au juge.

L'accès aux juridictions d'un Etat membre est facilité en accordant plus de place à la volonté des parties dans la désignation des

---

[736] S. BOSTANJI, « L'émergence d'un statut privilégié de l'enfant en droit international privé tunisien », in *L'enfant en droit privé*, Actes du colloque organisé par l'Association Tunisienne de Droit Privé. *A.J.T.*, 2003, n° 16 p. 136 et s.

[737] A. MEZGHANI, p. 169. Concernant l'engagement des règles procédurales, voir, S. BOSTANJI, « L'émergence d'un statut privilégié de l'enfant en droit international privé tunisien », in *L'enfant en droit privé*. Actes du colloque organisé par l'Association Tunisienne de Droit Privé. *A.J.T.*, 2003, n° 16, p. 134 et s.

[738] Le règlement CE du 18 décembre 2008 relatif à la compétence, la loi applicable, la reconnaissance et l'exécution des décisions et la coopération en matière d'obligations alimentaires.

autorités compétentes. Tout d'abord, l'article 3 permet au demandeur de soumettre le litige soit aux autorités de l'Etat de la résidence habituelle du créancier ou du défendeur, soit aux autorités compétentes selon la loi du for pour connaître d'une action relative à l'état des personnes ou pour connaître d'une action relative à la responsabilité parentale si la demande relative à une obligation alimentaire est accessoire à ces actions et si leurs compétences ne pas sont fondées uniquement sur la nationalité d'une des parties. Ensuite, l'article 4 permet aux parties majeures d'élire le for compétent, tout en élargissant la liste des autorités compétentes. Ces dernières peuvent être celles de la nationalité de l'une des parties. S'il est question d'une obligation alimentaire entre époux, le couple peut même désigner les juridictions compétentes en matière matrimoniale ou bien celles de leur dernière résidence commune pendant au moins un an[739]. En dehors de ces hypothèses, la comparution du défendeur devant les juridictions d'un Etat membre sans contester sa compétence, rend cette dernière habilitée à se saisir du litige[740].

L'accès aux juridictions d'un Etat membre est également assuré par la compétence subsidiaire du for de la nationalité commune des parties prévue par l'article 6 et la compétence nécessaire en cas de liens suffisants entre le litige et un Etat membre réglementée par l'article 7.

362. Dans l'espoir de favoriser un résultat matériel déterminé, les législateurs français et tunisien ont dans certaines matières, clairement manifesté leur intérêt pour atteindre un objectif prédéterminé, qui se fait forcément au détriment de la justice conflictuelle. Cette même idée se perçoit indirectement à travers la réglementation de la filiation en droit international privé français.

Paragraphe II : L'adoption en France de règles de conflit inadéquates avec la localisation de la filiation

363. A l'occasion de la réforme de la filiation en droit interne, le législateur français est intervenu en réglementant la question sur le plan international. Cependant, il a conçu une nouvelle localisation atypique de la filiation, marquée par l'inopportunité de son rattachement principal (A) et l'imperfection de son rattachement subsidiaire (B).

739 Article 4 du règlement.
740 Article 5 du règlement.

A. L'inopportunité du rattachement à la loi personnelle de la mère

364. A travers son intervention le 3 janvier 1972, le législateur français a bouleversé le système jurisprudentiel antérieur. Afin d'abolir toute distinction entre les filiations naturelles et légitimes sur lesquelles reposaient les règles jurisprudentielles précédentes[741], un règlement original de la question a été adopté. De par ces dispositions, le rattachement de principe applicable à la filiation devient désormais « la loi personnelle de la mère au jour de la naissance de l'enfant »[742].

365. Rompant avec le système antérieur, la nouvelle règle de conflit énoncée par l'article 311-14 du Code civil n'a pas séduit la doctrine. Bien au contraire, elle n'a cessé d'être critiquée [743]. Qualifiée de « révolutionnaire »[744], « aberrante »[745], « artificielle »[746] et « irréaliste »[747], la réforme de 1972 a en effet érigé dans le système de droit international privé français « une règle de conflit de lois qui désigne la loi qui a, avec la relation, les liens les moins étroits »[748].

366. A l'aide de la règle de conflit législative qui vise à bannir toute distinction entre les enfants, la réforme substitue aux rattachements jurisprudentiels anciens ayant démontré leur efficacité à travers la prise en compte de la spécificité de chaque type de filiation, un rattachement unique ; ce qui a conduit à soumettre dans certains cas un rapport de droit mettant en cause trois personnes à la loi d'une seule personne – la

---

741 Cette tentative n'a été achevée qu'avec l'ordonnance n° 2005-759 du 4 juillet 2005.

742 Article 311-14 du Code civil.

743 Voir la liste des auteurs ayant critiqué cet article, établie par J. FOYER, « Filiation », *Rép. internat. Dolloz*, 1998, n° 13.

744 A. HUET, « Les conflits de lois en matière d'établissement de la filiation depuis la loi du 3 janvier 1972 », in *Les conflits de lois en matière de filiation en droit international privé français, allemand et suisse*, Travaux de l'institut de droit comparé de la faculté de droit de Strasbourg, L.G.D.J., 1973, p. 19 et s., spéc. p 19.

745 G. DROZ, « Regards sur le droit international privé comparé », *RCADI*, 1991, t. 229, p. 168, n° 169.

746 H. BATIFFOL et P. LAGARDE, « L'improvisation de nouvelles règles de conflit de lois en matière de filiation », *Rev. crit. DIP.*, 1972, p. 1 et s., spéc. p 6.

747 Y. LEQUETTE, note sous Civ. 1re, 6 juillet 1988, *Rev. crit. DIP.*, 1989, p. 71 et s., spéc. p.75.

748 Y. LEQUETTE, note sous Civ. 1re, 6 juillet 1988, *Rev. crit. DIP.*, 1989, p. 71 et s., spéc. p.75.

mère – sous couvert de la simplicité et de la prévisibilité[749]. Tel n'est cependant pas le principal reproche fait au rattachement prévu par l'article 311-14 du Code civil. Soumettre une relation de droit impliquant plusieurs personnes à la loi d'une seule d'entre elles ne semble pas être *a priori* aussi critiquable. Il suffit que la personne choisie soit le centre d'intérêt de ce rapport de droit pour admettre dans certains cas que des relations impliquant plusieurs personnes soient localisées par rapport à une seule d'entre elles. D'ailleurs, bien avant la réforme de 1972, des propositions en faveur de l'unification du rattachement en matière de filiation et sa soumission à la loi d'une seule partie ont été suggérées[750]. Fallait-il pour autant opter pour le rattachement à la loi personnelle de la mère ? La solution aurait été justifiée s'il était admis que la mère soit en matière de filiation le centre de gravité de la relation. Cependant, rien ne permet de privilégier une telle solution. La loi nationale de la mère au jour de la naissance de l'enfant ne semble en rien localiser le rapport de droit avec l'ordre juridique qui lui est le plus proche. L'enfant, principal intéressé par l'établissement de sa filiation, devrait être au centre de la localisation de sa filiation[751]. Par conséquent, même dans l'hypothèse où l'élimination de toute distinction entre les filiations est recherchée, l'enfant demeure toujours le centre d'inertie de la relation. Le rattachement à la loi personnelle de l'enfant aurait été mieux accepté que le rattachement à la loi personnelle de toute autre partie à la relation, voire celui de la mère. Cependant, il n'a été prévu par la réforme du 3 janvier 1972 que lorsque la mère est inconnue[752].

367. En dépit des défaillances de cette loi, il est possible de s'efforcer de trouver un fondement reposant sur la proximité du rattachement à la loi personnelle de la mère au jour de la naissance de l'enfant[753]. Une telle approche de la nouvelle règle de conflit ne pourrait être admise que si l'on accepte, que la mère soit le centre de gravité de la relation. Cela pourrait aussi l'être si l'objectif de la filiation en droit français était modifié, pour y voir non pas une institution tendant à l'établissement de la vérité biologique dans l'intérêt de l'enfant, mais plutôt, une institution

---

749 J. FOYER, « Filiation », *Rép. internat. Dalloz*, 1998, n° 28.
750 Ph. FRANCESCAKIS, « Une extension discutable de la jurisprudence Rivière : l'application de la loi du domicile commun à la filiation légitime », *J.D.I.*, 1956, p. 254.
751 Débat suivant la communication de M. A. BUCHER, « Vers l'adoption de la méthode des intérêts ? Réflexions à la lumière des codifications récentes », *communication précit.*, p.233 ; B. ANCEL et Y. LEQUETTE, *GAJFDIP*, n° 21 p. 191.
752 Selon l'article 311-14 du Code civil.
753 *Cf.* E. PATAUT, *op. cit.*, p. 109-111.

visant à protéger la mère. Il est possible de se demander si l'esprit général de la règlementation de la filiation en droits interne et international ne laisserait-il pas présager une telle orientation, justifiant le rattachement de toute la relation à la mère en présence d'un élément d'extranéité.

368. L'établissement de la filiation est ordinairement considéré comme un droit pour l'enfant et parfois même comme un droit fondamental puisant ses sources dans les conventions internationales[754]. Pourtant, une telle affirmation devrait être nuancée. Il est vrai que dans la majorité des situations, la filiation est établie en droit français par souci de protéger l'intérêt de l'enfant. Cependant, dans certains cas où les intérêts de l'enfant et ceux de la mère s'opposent, une prévalence est parfois accordée aux intérêts de la mère. Un tel droit fondamental de l'enfant ne serait-il pas aujourd'hui relativisé par les législations en faveur de la mère qui ont succédé à la loi de 1972[755] ?

369. Assurément, la loi du 3 janvier 1972 reflète une faveur à l'égard de l'établissement de la filiation biologique dans l'intérêt de l'enfant. Mais cette faveur connaît des limites. Ces limites tiennent parfois au respect d'une éthique imposée, comme pour ce qui est de l'interdiction de l'établissement de la filiation de l'enfant incestueux, mais le plus souvent elles concernent le « respect du secret », à savoir le secret de la mère lors d'un accouchement sous X[756]. Partant, le droit à l'établissement de la filiation biologique peut être remis en cause lorsque la mère le décide. Il semble donc, que dans le système juridique français la filiation paternelle est perçue comme un droit fondamental, alors que la filiation maternelle l'est beaucoup moins. Le législateur français admet que la mère prive l'enfant de toute action en faveur de l'établissement de sa filiation[757] sous

---

754 Voir la controverse doctrinale dans les développements de M. FARGE, *op. cit.*, p. 496 et s.

755 A travers la reconnaissance de la procréation médicalement assistée avec un tiers donneur et l'accouchement sous X (depuis la loi du 9 janvier 1993).

756 Le nouvel article 325 du Code civil ouvrant l'action en recherche de maternité à l'enfant n'est pas d'une grande avancée puisque cette action est conditionnée à la preuve par ce dernier qu'il est « celui dont la mère prétendue a accouché ». Dès lors que l'article 326 du Code civil maintient le droit à la mère de demander que le secret de son admission et de son identité soit préservé, les cas d'ouverture de telles actions deviennent très minimes, en raison des difficultés pour l'enfant en dehors d'une levée de ce secret de prouver la prétendue mère qui l'a mis au monde.

757 Même si depuis la loi de rectification du 16 janvier 2009, la fin de non-recevoir à l'action en recherche de maternité a été supprimée, le principe demeure que la mère peut s'opposer à l'établissement de la filiation de l'enfant.

prétexte d'assurer la protection du secret de la mère[758]. N'existe-t-il pas là une faveur à l'égard de la mère qui ne souhaite pas l'établissement de la filiation maternelle de son enfant, un droit dont elle seule peut en bénéficier ? Seule la mère peut décider si l'enfant peut établir sa filiation biologique à son égard ou non. Le droit à l'établissement de la filiation qui à l'origine avait pour objectif la protection de l'intérêt de l'enfant, ne s'est-il pas transformé en un droit de protection de la mère ? Soit le droit de l'enfant à une famille est un droit pour l'enfant, et donc ce droit s'exerce aussi bien à l'égard de la filiation paternelle qu'à l'égard de la filiation maternelle et ce, aux dépens du droit à l'accouchement anonyme, soit ce droit, qui demeure en apparence un droit pour l'enfant, ne peut s'exercer que dans le respect des intérêts de la mère, notamment lorsqu'elle manifeste au jour de la naissance de l'enfant le désir de ne pas dévoiler son identité. Dans cette dernière hypothèse, la primauté qui est accordée à la protection de la mère lors de l'établissement de la filiation, pourrait expliquer que le rattachement de principe soit un rattachement à la mère. Le fait que cette dernière ait besoin de cette protection au jour de l'accouchement, justifie que le rattachement retenu soit un rattachement à la mère au jour de la naissance de l'enfant. Le rattachement à la loi personnelle de la mère et plus précisément à sa loi nationale, abrite en effet une protection accordée à la mère de nationalité française qui bénéficiera des avantages que sa loi interne lui assure. Cela se vérifie en dépit des voix de certains politiciens affirmant que cette règle de conflit tend à faire bénéficier le plus grand nombre d'enfants se trouvant en France de la loi française favorable à l'établissement de la filiation[759]. Le rattachement à la loi nationale de la mère permet ainsi de

---

758 *Cf.* Y. LEQUETTE, « Recodification civile et prolifération des sources internationales », in *Le Code civil 1804-2004. Livre du Bicentenaire*, Dalloz, 2004, p. 171 et s., spéc. p189.

759 Parmi les arguments présentés à l'appui du rattachement de la filiation à la loi de la mère figurent la certitude quant à l'identité de la mère et la dépendance de la nationalité de l'enfant de la nationalité de sa mère essentiellement en matière de filiation naturelle, filiation absorbant la quasi-totalité des conflits en la matière (voir Jean FOYER, *J.O.* débat parlementaire. A. N., 7 octobre 1971, p. 4301.). A ces arguments (rejetés par une partie de la doctrine *cf.* H. BATIFFOL et P. LAGARDE, article *précit.*, p. 5), s'ajoutent d'autres d'ordre pratique, tenant essentiellement au rôle de la mère et sa loi nationale dans la protection de l'enfant lors de la recherche de l'établissement de sa filiation, ont aussi été invoqués. En premier lieu, la place accordée à la mère en la matière est indéniable étant donné qu'elle est le principal protecteur de l'enfant : c'est par elle que la protection est généralement assurée et c'est d'elle dont dépend surtout cette protection. En second lieu, le rattachement à la loi nationale de la mère assure indirectement une protection à l'enfant puisque dans la plupart des cas la mère est française, ce qui conduit à l'application de la loi française favorable à l'enfant.

faire bénéficier la mère française de la loi française. Cette règle de conflit ne prive pas la mère étrangère des dispositions avantageuses lorsqu'elle réside en France ou du moins lorsqu'elle met au monde son enfant en France, puisque les dispositions protectrices pour la mère s'appliquent à toutes celles qui accouchent en France. Les mères, aussi bien françaises qu'étrangères, pourraient ainsi se prévaloir et bénéficier des règles internes qui leurs sont protectrices, tant à l'égard du droit d'établissement de la filiation de son enfant lorsqu'elles le désirent, qu'à celui protégeant leur secret. De ce fait, seules les mères étrangères qui résident en France et qui mettent au monde leur enfant dans un pays ne prescrivant pas de tels avantages semblent être privées de cette protection[760]. L'article 311-14 du Code civil assure donc la protection espérée a un grand nombre de mères.

370. Dans l'étude qui précède, il est tenté de trouver une explication au rattachement de principe de la filiation à la loi nationale de la mère au jour de la naissance de l'enfant, qui dépendra de l'approche que se fait le législateur français de la filiation. Il n'en demeure pas moins, qu'une telle analyse en faveur de la protection de la mère ne semble pas être explicitement consacrée par la loi de 1972. L'intérêt de l'enfant est le principal objectif de la loi de 1972 selon ses rapporteurs. D'ailleurs, on peut effectivement constater que la protection de l'enfant resurgit à travers les articles 311-15 et 311-17, dérogeant à la règle de principe prévue par l'article 311-14 du Code civil. Dans ce cas, si la filiation est un droit accordé à l'enfant, le rattachement à la loi personnelle de la mère est loin d'être le rattachement de proximité, étant donné que ces liens par rapport au principal intéressé sont tout de même ténus. Si encore, la filiation est un mode de protection de l'enfant, le rattachement ayant peu d'attaches avec ce dernier est loin d'assurer cette protection. La pratique l'a pourtant bien montré. Conscients des insuffisances de l'article 311-14, le législateur de 1972 ainsi que la jurisprudence ont trouvé quelques remèdes aux rattachements qui y sont prévus[761], sans pour autant pallier toutes ses imperfections.

---

[760] Nonobstant la rareté de ces cas en pratique, il faut souligner que ces mères exclues des avantages de la loi française, peuvent exceptionnellement en bénéficier par le biais de la mise en œuvre de l'exception de l'ordre public.

[761] *Supra*, n° 333.

B. L'imperfection du rattachement subsidiaire de la filiation à la loi personnelle de l'enfant

371. L'article 311-14 du Code civil comporte un critère subsidiaire, rattachant l'établissement de la filiation à la loi nationale de l'enfant toutes les fois que la mère n'est pas connue. La mise en œuvre du rattachement auxiliaire dépend de l'impossibilité d'application du rattachement principal. Même si l'on pourrait regretter que ce critère ne figure pas en tête de liste en raison de la meilleure localisation qu'il assure en comparaison avec la loi nationale de la mère, le rattachement de la filiation à la loi nationale de l'enfant s'avère parfois insatisfaisant. Ce n'est pas la localisation par rapport à l'enfant qui paraît impropre dans ce cas, mais plutôt le choix de la loi nationale de ce dernier qui dans bon nombre de situations ne reflète pas une localisation de proximité temporelle de la relation de droit.

372. Conséquence de la suppression de toute distinction entre les deux types de filiations, nécessitant généralement le choix – essentiellement en matière de filiation légitime – d'un rattachement figé dans le temps au jour de la naissance de l'enfant, une autre distinction s'impose en matière d'établissement de la filiation, tenant compte du moment de la demande de l'établissement de la filiation. Le rattachement à la loi nationale de l'enfant est incontestablement le plus proche de l'enfant, principal intéressé de toute la relation de droit, dans la mesure où l'établissement de la filiation est requis peu de temps après la naissance de l'enfant (1). Par ailleurs, une telle position est beaucoup moins défendable lorsque, entre la date de la demande de l'établissement de la filiation et la date de la naissance de l'enfant, s'est écoulé un temps suffisant ayant pour effet l'acquisition de l'enfant d'une résidence habituelle dans un Etat déterminé (2). Cette distinction, même si elle instaure une pluralité de rattachements en matière de filiation, elle permet de maintenir l'unité des filiations tant voulue par le législateur, en prenant en considération tant la proximité matérielle que temporelle. Une hiérarchie due à la proximité temporelle entre les différents rattachements s'impose en fonction des liens de l'enfant avec un ordre juridique déterminé.

1. La justification du rattachement de l'établissement de la filiation juste après la naissance de l'enfant à la loi nationale de l'enfant

373. Alors qu'il a été soutenu dans le titre premier de cette étude que le rattachement à la résidence habituelle correspondait plus que le rattachement à la nationalité à une localisation de proximité en droit international privé de la famille français, il semble que ce principe connaisse des exceptions. Elles apparaissent notamment en matière d'établissement de la filiation, et plus précisément lorsque cette dernière est appelée à s'établir peu de temps après la naissance de l'enfant. « La faible épaisseur du critère de la résidence habituelle »[762] de l'enfant juste après sa naissance, plaide pour un tout autre rattachement. Au vu de la courte durée qui sépare la date de la naissance de l'enfant de la date de l'établissement de sa filiation, non seulement il est difficile d'établir une résidence habituelle du nouveau né, mais au cas où elle a été établie, en raison de sa courte durée et donc de sa fragilité, elle ne peut concrétiser le rattachement le plus étroit en la matière. Il a été proposé dans ce cas de rattacher la filiation à la loi de la résidence habituelle des parents ou au moins de la mère. Le choix de cet élément est justifié par sa capacité d'établir un critère de rattachement ayant un lien avec au moins deux parties à la relation de droit qui sont le ou les parents en plus de l'enfant, puisque ce dernier réside ou résidera normalement dans le même pays que l'un de ses parents[763]. Le principal souci est que, dans ce cas aussi, il est nécessaire de privilégier le rattachement à l'un des parents par rapport à l'autre en cas de résidences différentes des deux parents, excepté l'hypothèse où l'on opterait pour la résidence habituelle du parent avec lequel se trouve l'enfant. Cependant, là encore, le principal reproche que l'on opposerait à un tel choix est qu'il tient compte subsidiairement du principal intéressé du rapport de droit : l'enfant[764]. Le rattachement ne lui sera pas directement lié, mais plutôt indirectement, à travers d'hypothétiques attaches essentiellement futures.

---

762 M. FARGE, *op. cit.*, p. 726, n° 840.

763 M. FARGE, *op. cit.*, p. 725, n° 838.

764 Tout comme le rattachement à la loi nationale de la mère prévu par l'article 311-14 du Code civil.

De ce fait, la nationalité de l'enfant doit se substituer à la loi de la résidence habituelle en tant que rattachement de proximité lors de l'établissement de la filiation de l'enfant juste après sa naissance. Le facteur temps agit à l'encontre de la résidence habituelle en tant que rattachement de proximité pour lui privilégier la nationalité de l'enfant. En effet, le rattachement à la nationalité de l'enfant est le seul critère effectif qui existe au moment de sa naissance. Cependant, ce critère ne sera plus celui le plus proche de l'enfant lorsque ce dernier possèdera une résidence habituelle. Ces nouveaux liens avec sa résidence nécessitent de soumettre sa filiation à cet ordre juridique.

2. L'inadéquation du rattachement à la loi nationale de l'enfant pour l'établissement de la filiation lorsque l'enfant a acquis une résidence habituelle

374. S'agissant de l'établissement de la filiation alors que l'enfant a acquis une résidence habituelle et par conséquent, un certain temps après la naissance, le rattachement à la loi nationale de ce dernier ne semble plus être le rattachement de proximité. Le nouveau critère apparu, la résidence habituelle, devrait se substituer à la nationalité de l'enfant étant donné que cette dernière n'est en principe plus celle des liens les plus étroits avec l'enfant. L'élément affectif n'étant pas encore constitué pour justifier le maintien du rattachement à la loi nationale en dépit de l'apparition d'un élément nouveau résultant de l'écoulement du temps entre la naissance de l'enfant et l'établissement de la filiation et conduisant à l'acquisition par l'enfant d'une résidence habituelle dans un Etat déterminé. Le facteur temps impose la modification du critère de rattachement en faveur de celui qui reflète les plus grands liens avec l'enfant au moment de l'établissement de sa filiation, c'est-à-dire en faveur de la loi de sa résidence habituelle. En effet, dans ce cas la situation s'inverse : la nationalité, unique critère de rattachement existant au moment de la naissance de l'enfant, n'est plus le rattachement le plus étroit au moment de la demande puisqu'une résidence habituelle a pu se constituer durant la période qui sépare la naissance de la demande. Les arguments en faveur du rattachement à la nationalité en tant que critère reflétant la proximité sentimentale et intellectuelle ne peuvent être

invoqués à l'égard de l'enfant[765]. De ce fait, son milieu d'accueil devient son principal critère de rattachement.

375. Il est vrai que dans ce système, deux rattachements se succèdent. L'un est opérable pour l'établissement de la filiation juste après la naissance de l'enfant, tandis que l'autre l'est une fois la demande introduite après acquisition par l'enfant d'une résidence habituelle, ce qui sous-entend l'écoulement d'un temps plus ou moins long. Mais il n'en demeure pas moins que, dans les deux cas, le rattachement s'effectue par rapport au principal intéressé du rapport de droit, « l'enfant », tout en actualisant le rattachement en fonction de la modification de sa situation.

376. Il aurait été plus judicieux pour le législateur français voulant réformer les règles relatives à la filiation, d'opter pour une localisation par rapport au principal intéressé de la relation : l'enfant. Le rattachement subsidiaire à la loi personnelle[766] de l'enfant devrait être le rattachement de principe et se substituer au rattachement à la loi nationale de la mère au jour de la naissance de l'enfant. Toutefois, des atténuations en faveur de la loi de la résidence habituelle s'imposent lorsque l'enfant en acquiert une.

377. Une telle règle de conflit assurerait dans le système français non seulement le rattachement de la relation à l'ordre juridique qui lui est le plus étroit, mais surtout, pallierait les insuffisances du système actuel quant à l'établissement du plus grand nombre de filiations[767]. En effet, le rattachement à la loi nationale de l'enfant au jour de sa naissance conduit à l'application de la loi française toutes les fois que l'enfant est français au jour de sa naissance et ce, dans l'hypothèse où sa mère ou son père est français, puisque dans ces hypothèses, l'enfant sera français à la naissance. Le rattachement à la loi de la résidence habituelle conduit quant à lui à l'application de la loi française toutes les fois que l'enfant réside en France. Seul le cas de l'enfant devenu français et ne résident pas en France échapperait à l'application de la loi française favorable à l'établissement de la filiation. Dans ce cas, si la loi de sa résidence est

765 D. GUTMANN, *op. cit*, p. 391, n° 473.

766 Actuellement prévu par l'article 311-14 du Code civil.

767 Le législateur (par la multiplication des critères de rattachements) et les juges (à travers l'exception de l'ordre public de proximité) ont tenté de corriger les conséquences souvent défavorables à l'établissement de la filiation résultant de l'application du rattachement principal à la loi nationale de la mère prévu par l'article 311-14 du Code civil.

trop restrictive, l'exception d'ordre public serait un remède exceptionnel pour corriger de telles situations.

378. Le souci d'atteindre une justice matérielle dans certaines matières familiales a incité les législateurs français et tunisien à adopter des règles de conflits engagées en ce sens. Cette démarche a eu ses répercussions sur la recherche de la proximité, étant donné que ce fondement n'est plus le principal objectif de la règle de conflit. Les atteintes à la recherche de la proximité apparaissent aussi dans certaines règles de conflit de lois françaises, dont la principale préoccupation est le domaine d'application de la loi du for.

Section II : L'unilatéralisme inapproprié

379. Les législateurs tunisien et français n'ont pas accordé la même importance aux règles unilatérales dans leur réglementation des relations familiales. La seule règle de ce type qui existe dans le Code de droit international privé tunisien concerne la protection des mineurs et se justifie par l'urgence des mesures à prendre en ce sens, selon l'article 41 du CDIP[768]. Elles étaient plus présentes et de façon inappropriée en droit français à la suite des réformes des années soixante-dix qui les a introduites tant en matière de filiation qu'en matière de divorce et de séparation de corps. Depuis l'entrée en vigueur du règlement Rome III, les règles unilatérales ne concernent plus que la filiation, qu'elle soit biologique (Paragraphe I) ou adoptive (Paragraphe II).

Paragraphe I : L'unilatéralisme en matière de filiation biologique

380. Une partie de la doctrine soutient qu' « un des grands mérites de la réforme du droit de la filiation réside dans le rôle qu'elle reconnaît à la

[768] L'article 41 du CDIP prévoit que « la tutelle est régie par la loi nationale du mineur ou de l'interdit. Toutefois, les mesures provisoires ou urgentes sont prises en vertu du droit tunisien si le mineur ou l'interdit se trouve sur le territoire tunisien au moment où ces mesures doivent être prises ou, si la mesure de protection se rapporte à un bien mobilier ou immobilier situé en Tunisie ».

possession d'état comme fondement et comme preuve du lien de filiation. […] Dès lors, l'existence comme l'absence de possession d'état constituent des éléments déterminants pour l'établissement de la filiation »[769]. Cependant, en dépit de « la croyance du législateur en l'excellence des règles internes »[770], privilégiant une filiation conforme à la réalité sociologique à une filiation artificielle résultant de la loi[771], rien ne justifie le choix de soumettre cette question sur le plan international à une règle de conflit unilatérale. Pourtant, tel a été la position du législateur français, puisqu'il est prévu dans l'article 311-15 du Code civil que « toutefois si l'enfant et ses père et mère ou l'un d'eux ont en France leur résidence habituelle, commune ou séparée, la possession d'état produit toutes les conséquences qui en découlent selon la loi française, lors même que les autres éléments de la filiation auraient pu dépendre d'une loi étrangère ». La règle unilatérale insérée dans l'article 311-15 est une exception au principe énoncé dans l'article 311-14 du Code civil. Cette dernière sera évincée toutes les fois que les conditions de la règle d'exception sont réunies, à savoir : la possession d'état selon la loi française quand l'enfant et au moins l'un de ses parents ont leur résidence habituelle en France.

381. L'insertion en matière de filiation d'une règle de conflit unilatérale, alors même que l'ensemble de la législation prévoit des règles bilatérales, a suscité des interrogations quant aux motivations d'un pareil choix. La doctrine a écarté les potentielles considérations d'une quelconque protection et sauvegarde d'une politique sociale de l'Etat à travers la possession d'état justifiant le caractère unilatéral de la règle de l'article 311-15 du Code civil. Elle a écarté par là même, la qualification de loi de police des dispositions du droit interne relatives à la possession d'état[772] pour y préférer la qualification de loi d'application immédiate[773]. Cet article prévoit par conséquent une « loi d'application immédiate, non

---

769 C. COLOMBERT, D. HUET-WEILER, J. FOYER et C. LABRUSSE-RIOU, *La filiation légitime et naturelle : étude de la loi du 3 janvier 1972*, Dalloz, 1973, p. 49, n° 47.
770 D. HOLLEAUX, J. FOYER, et G. de GEOUFFRE DE LA PRADELLE, p. 318, n° 643 ; J. FOYER, « Filiation » *Rép. internat. Dalloz*, 1998, n° 51.
771 D. BUREAU et H. MUIR WATT, t. II, p. 166, n° 770 ; *Cf.* P. MAYER et V. HEUZE, p. 452, n° 639.
772 Y. LOUSSOUARN, « Les réformes du droit international privé du divorce et de la filiation », in *La terre, la famille, le juge*, Etudes offertes à Henri Daniel Cosnard, Economica, 1990, p. 154 ; S. BOSTANJI, Thèse *précit.*, p. 99 et s.
773 D. HOLLEAUX, J. FOYER, et G. de GEOUFFRE DE LA PRADELLE, p. 318, n° 643.

de police »[774], justifiant l'unilatéralisme de la règle de conflit. Une loi d'application immédiate, motivée par les insuffisances du rattachement prévu par l'article 311-14 du Code civil incapable d'assurer l'application de la loi française à la possession d'état lorsque la relation de droit est suffisamment incorporée dans l'ordre juridique français. Cet article ne serait au final qu'une correction de la règle de conflit de principe[775] toutes les fois que la situation est intégrée dans le milieu social français. La correction semble beaucoup plus pencher pour la rectification du rattachement lorsque la relation entretient des liens étroits avec la France que pour la faveur qu'assure cette loi à l'établissement de la filiation. La jurisprudence a en effet tranché le débat doctrinal, opposant les partisans de l'interprétation restrictive et les partisans de l'interprétation extensive de l'article 311-15 du Code civil, en faveur de la seconde. Dans un jugement du tribunal de grande instance de Paris du 1er mars 1977[776], le tribunal a appliqué l'article 311-15 du Code civil aux conséquences découlant de l'absence de possession d'état selon le droit français. Les conséquences que la loi française accorde à la possession d'état une fois les conditions de l'article sont réunies s'appliquent, aussi bien lorsque ces conséquences sont en faveur de l'établissement de la filiation que lorsqu'elles sont en sa défaveur. Les conséquences positives et négatives de la loi française sur l'établissement de la filiation sont ici applicables. La faveur à l'égard de l'établissement de la filiation est donc absente de l'article 311-15 du Code civil. Les liens qu'entretiendrait la relation avec l'Etat de la résidence de l'enfant et d'au moins l'un de ses parents aurait justifié les dispositions de cet article si la règle était bilatérale. La répartition inégalitaire entre le droit du for et le droit étranger due à l'unilatéralité ne plaide pas en faveur de cette approche. S'il était nécessaire de corriger la règle de conflit principale en raison des liens qu'entretient la relation avec l'ordre juridique du for, pourquoi n'en devrait-il pas être de même lorsqu'il s'agit d'une relation qui présente les mêmes liens avec un ordre juridique étranger ? Pourquoi la proximité n'est-elle respectée qu'à l'égard de l'ordre juridique français ? De même, pourquoi cette exception en faveur de l'ordre juridique du for le plus proche ne concerne qu'un domaine bien spécifique de la filiation : la possession d'état ? L'unilatéralisme engagé de l'article 311-15 du Code

---

774 J. FOYER, « Filiation », *Rép. internat. Dalloz*, 1998, n° 1.

775 Voir en ce sens, Y. LEQUETTE, note sous TGI de Paris, 1er mars 1977, *Rev. crit. DIP.*, 1978, p. 110 et s., spéc. p. 118 ; J. FOYER, « Filiation », *Rép. internat. Dalloz*, 1998, n° 51 ; D. BUREAU et H. MUIR WATT, t. II, p. 165, n° 769.

776 TGI de Paris, 1er mars 1977 *précit.*

civil plaide plus en faveur d'une approche *lex foriste* (b) qu'en faveur d'une apparente correction proximiste de la règle de conflit (a).

A. L'apparente correction de la proximité établie par l'article 311-15 du Code civil

382. Selon M. MAYER, est une loi d'application immédiate « toute loi qui doit être appliquée selon l'Etat qui l'a édictée, à toutes les relations juridiques présentant un lien donné avec lui et qui rend pour cela compétent l'ordre juridique auquel elle appartient lorsque cette compétence ne résulte pas de la règle de conflit de lois »[777]. Il est vrai que d'après la règle de conflit française, la loi française relative à la possession d'état – nonobstant l'importance ou non des dispositions qu'elle contient – n'a aucune chance d'être appliquée si la mère n'est pas française au jour de la naissance de l'enfant, ou si l'enfant n'est pas français lorsque la mère est inconnue. Or, il s'avère que dans pareille hypothèse, la loi du lieu de la résidence de l'enfant et au moins l'un de ses parents est plus proche de la relation de droit que la loi nationale de la mère ou de l'enfant, sans oublier qu'elle peut être souvent la loi la plus proche, notamment lorsque tous les protagonistes (enfant, mère et père) résident en France. Dans l'une comme dans l'autre des situations, la loi de la résidence est plus proche de la relation de droit. Si loi de la résidence de l'enfant est considérée, à elle seule, comme un rattachement de proximité dans l'absolu, alors la loi de la résidence de l'enfant et d'au moins l'un de ses parents ne pourrait que consolider ces liens.

383. L'article 311-15 du Code civil est simplement localisateur de la relation de droit dans l'ordre juridique qui lui est proche, lorsque cet ordre juridique coïncide avec le système français. Pareil constat ne vaut toutefois que si la proximité géographique est associée à une proximité temporelle, afin que la loi française, loi de la résidence de l'enfant et au moins l'un des parents, ait une réelle justification à s'appliquer. Cela signifie que les moments de la résidence en France, de la possession d'état et de l'invocation de ses conséquences coïncident. Même si l'arrêt

---

777 P. MAYER, « Les lois de police étrangères », *J.D.I.*, 1981, p. 277, n° 13.

de la cour d'appel de Lyon du 31 octobre 1979[778] avait exigé que les conditions de l'article 311-15 du Code civil soient remplies au moment de la saisine du juge, rien n'indique qu'une telle interprétation doit être maintenue. Rien n'empêcherait donc l'application de l'article 311-15 alors même qu'au moment où les conséquences de la possession d'état sont invoquées, la résidence en France de l'enfant et d'au moins l'un des parents n'est plus réunie[779]. Une discordance entre les deux moments ne reflète plus la proximité avec l'ordre juridique français. Pourtant rien n'ira contre l'application des conséquences qu'accorde la loi française à la possession d'état dans ce cas, « dès lors que la condition de résidence en France a été remplie, quel que soit le moment où elle l'a été »[780]. Ceci ne se justifie donc que par une volonté d'étendre le domaine d'application de la loi du for.

B. Le *lex forisme* de l'article 311-15 du Code civil

384. La correction voulue par l'article 311-15 du Code civil, non moins critiquable que celle de l'article 311-14 qu'elle corrige[781], n'a pas davantage convaincu la doctrine. L'approche *lex foriste* qui l'anime[782] suscite la critique.

A supposer que le législateur français ait prévu par l'article 311-15 du Code civil la rectification de la règle de l'article 311-14, ce ne sont pas principalement les raisons de proximité qui justifient cette exception, mais plutôt une extension exorbitante de l'application de la loi du for. La recherche de l'application de l'ordre juridique le plus proche plaide pour un traitement égalitaire entre la loi du for et la loi étrangère. Mise à part la présence de lois de police imposant la primauté des dispositions de la loi du for nécessaires pour la sauvegarde de l'ordre politique, social et économique du pays, il n'est pas admis que la proximité fonctionne dans le seul sens de la recherche de la proximité avec l'ordre juridique du for.

---

778 Lyon, 31 octobre 1979, *Gaz. Pal.*, 1981, 1, somm. p. 86, *J.D.I.*, 1981, p. 54, note J. Foyer, *Rev. crit. DIP.*, 1980, p. 558, note B. ANCEL.

779 Voir, H. BATIFFOL et P. LAGARDE, article *précit.*, p. 13.

780 P. MAYER et V. HEUZE, p. 455, n° 644.

781 Y. LEQUETTE, note sous TGI de Paris, 1er mars 1977, *Rev. crit. DIP.*, 1978, p. 110 et s., spéc. p. 118.

782 Ph. MALAURIE, « La législation de droit international privé en matière de statut personnel », *Trav. Comité fr. DIP.*, 1975-1977, p. 177 et s., spéc. 183.

L'article 311-15 du Code civil invoque pourtant une telle interprétation : le souci de la proximité avec le seul ordre juridique français. Par son unilatéralisme, la proximité n'intervient qu'au profit de la loi du for. Ce qui plaide plutôt en faveur de la seule *proximité lex foriste*. L'article 311-15 élargit considérablement le domaine d'application de la loi du for[783] alors même que cette dernière n'a pas été désignée par la règle de conflit principale[784]. Dans ce cas, la correction ne concerne que la règle de conflit n'attribuant pas compétence à la loi française. Les liens avec l'ordre juridique étranger, ne sont pas pris en considération[785]. L'ignorance de la grande majorité des systèmes juridiques étrangers de cette institution, ne justifie pas une pareille réglementation adaptée au seul ordre français. Tout d'abord parce que cette institution n'est pas l'apanage du seul système français ; le fait qu'un seul droit étranger reconnaisse cette institution conduit en principe à reconnaître sa vocation à régir la matière dans les mêmes conditions que le droit français. Ensuite, le fait qu'une institution soit méconnue par des systèmes juridiques ne doit pas aller à l'encontre de sa réglementation sur le plan international de façon bilatérale. L'adoption en est d'ailleurs la meilleure illustration. Plusieurs systèmes étrangers ne connaissent pas cette institution, pourtant sa réglementation sur le plan international est régie par des règles bilatérales. L'unilatéralisme introduit en matière d'adoption par l'article 370-4 du Code civil n'est qu'une exception au principe, et ne peut s'expliquer par la méconnaissance des systèmes étrangers de l'adoption.

---

783 Selon Mme MONEGER, « La règle de conflit énoncée par l'article 311-15 permet presque toujours d'appliquer directement la loi française […] Etant donné le rôle joué par la possession d'état dans la preuve de la filiation naturelle depuis la loi du 25 juin 1982, un enfant dont le père et la mère seraient étrangers […] pourrait voir sa filiation établie selon la loi française en cas de résidence en France ». F. MONEGER, « Les musulmans devant le juge français », *J.D.I.*, 1994, p. 345 et s., spéc. p. 371 ; Y. LOUSSOUARN, « Les réformes du droit international privé du divorce et de la filiation », in *La terre, la famille, le juge*, Etudes offertes à Henri Daniel Cosnard, Economica, 1990, p. 154.

784 Le rôle de la possession d'état en droit français, même s'il a été réduit depuis la loi du 8 janvier 1993, consolide cette vision.

785 P. BOUREL et H. MUIR WATT, « Filiation. Etablissement de la filiation : Mise en œuvre des règles de conflit – Effets de la filiation », *J.-Cl. Droit int.*, fasc. 548-20, Refondu par E. GALLANT, n° 50.

Paragraphe II : L'unilatéralisme en matière de filiation adoptive

385. L'unilatéralisme en droit de la filiation français s'étend aussi aux effets de la filiation adoptive. Cela est très évident dans l'article 370-4 du Code civil relatif aux effets de la filiation en général, qui soumet ces questions à la loi française dans tous les cas où l'adoption a été prononcée en France (a). En revanche, bien que moins évidentes, certaines dispositions du Code civil relatives à l'attribution du nom des enfants adoptés pencheraient aussi vers une telle approche (b).

A. La soumission des effets de l'adoption à la loi française

386. Rompant avec la jurisprudence antérieure prévoyant des règles de conflit bilatérales en matière d'effet de l'adoption, la loi du 6 février 2001 introduit des règles de conflit unilatérales. D'un côté, elle soumet les effets de l'adoption prononcée en France à la loi française, au sein de l'article 370-4 du Code civil. D'un autre côté, elle soumet indirectement les effets des adoptions étrangères devant produire ses effets en France, à la loi française dans l'article 370-5 du même Code. Bien que de nombreux effets échappent à la loi française[786], les plus importants y sont toutefois soumis. Même s'il est exclu de l'application de cet article les effets ayant fait l'objet de solutions particulières telles que la succession, l'obligation alimentaire et l'autorité parentale, il n'en demeure pas moins que l'essentiel des conséquences de l'adoption est désormais réglé par cette règle générale. Cela concerne, la conversion de l'adoption simple en adoption plénière, le caractère révocable ou irrévocable de l'adoption ainsi que le caractère confidentiel de cette dernière. Le nom de l'enfant adopté fait l'objet de débat doctrinal très vif entre les partisans de sa soumission à l'article 370-4 du Code civil lorsque l'enfant est adopté en France[787] et ceux qui sont hostiles[788] à l'extension de ce texte à la matière, sans oublier ceux qui n'excluent aucune des deux

786 J. FOYER, « Adoption », *Rép. internat. Dalloz*, 2003, n° 379 et s.
787 M. SCHERER, *Le nom en droit international privé. Etude de droit comparé français et allemand*, Préface de P. LAGARDE, L.G.D.J., 2004, p. 60, n° 76.
788 P. LAGARDE, article *précit.*, p. 291.

propositions[789]. En tout état de cause, le nom n'a pas non plus échappé à certaines dispositions unilatérales explicites lorsque l'adoption est prononcée à l'étranger[790]. La loi de 2001 a en effet extirpé aux lois étrangères autrefois compétentes selon la jurisprudence *Torlet*[791], « les questions centrales de la survie des liens de la famille d'origine et de leur extinction »[792]. Cette innovation n'a pas pour autant dérangé certains auteurs[793]. Tout d'abord, ils justifient cette attitude par une conduite similaire dans des pays étrangers. Ensuite, ils la motivent par la coïncidence des dispositions de la nouvelle loi avec la solution jurisprudentielle antérieure rattachant les effets de l'adoption à la loi nationale des adoptants sinon la loi de leur domicile commun, qui en pratique « conduisait presque toujours à la loi française »[794]. Enfin, ils la recommandent par souci d'uniformisation des adoptions prononcées en France en raison de « la diversité des effets de l'adoption en droit comparé et la difficulté qu'il y aurait à faire fonctionner en France des adoptions aussi nombreuse »[795]. Néanmoins, ce qui est critiquable dans la règle de l'article 370-4, ce ne sont pas ses conséquences mais plutôt sa méthode : l'unilatéralisme qu'elle utilise pour parvenir à l'application de la loi française.

387. Si le régime antérieur à la loi de 2001 conduisait presque toujours à l'application de la loi française, il n'en demeure pas moins que l'application de lois étrangères n'était pas exclue. De même, si le régime antérieur désignait souvent la loi française, cela ne justifie aucunement le renforcement de cette solution par le législateur. La loi française a en effet vocation et intérêt à ne régir que les effets de l'adoption qui sont étroitement intégrés dans l'ordre juridique français. Pourquoi soumettre les effets d'une adoption à la loi française lorsque cette dernière est appelée à produire ses effets dans un ordre juridique dont la règlementation est différente de celle prévue en France ? Si le législateur français se soucie de la cohérence de son système juridique, n'est-il pas

---

789 F. MONEGER, « Le nom de l'enfant et l'adoption internationale, interrogations autour des nouveaux articles 357-1 et 363-1 du Code civil », *J.D.I.*, 2002, p. 1017 et s., spéc. p. 1019 et 1020.

790 *Infra*, n° 391 et 392.

791 Civ. 1re, 7 novembre 1984 *précit.*

792 Voir P. LAGARDE, « La loi du 6 février 2001 relative à l'adoption internationale : une opportune clarification », *Rev. crit. DIP.*, 2001, p. 291.

793 Notamment, M. LAGARDE.

794 P. LAGARDE, article *précit.*, p. 293.

795 P. LAGARDE, article *précit.*, p. 294.

légitime que l'Etat étranger fasse pareil, notamment lorsque la situation va produire ses effets dans son ordre juridique ? L'application de la loi française aux effets de l'adoption toutes les fois que celle-ci a été prononcée en France, alors que ses effets se produiront à l'étranger ne risque-t-elle pas d'être compromise par la loi du lieu où cette adoption produira ses effets ? Non seulement l'unilatéralisme est inadapté dans ce cas, mais même si la règle de conflit était bilatérale, le rattachement des effets de l'adoption à la loi du lieu de son prononcé ne paraît pas approprié. Soumettre les effets de l'adoption appelés à se réaliser dans le futur au seul ordre juridique qui a créé l'institution, alors même que cet ordre n'est plus d'aucun lien avec la relation, revient à figer la relation au moment de sa création, nonobstant la faiblesse des liens entre les effets de l'adoption et cet ordre. La solution tunisienne soumettant les effets de l'adoption à la loi nationale des adoptants et, à défaut de nationalité commune, à celle de leur domicile commun, est plus proche de la réalité de la relation de droit que celle préconisée en France. Elle prend en considération les ordres juridiques dans lesquels la relation se développera. Cependant, en raison de l'étroitesse des liens entre les conditions de l'adoption et leurs effets, certains auteurs préfèrent que les effets de cette institution soient soumis à la loi régissant les premiers[796]. Toutefois, le dépeçage qui assure une meilleure localisation du rapport de droit ne doit pas être écarté. Dès lors que pour les effets de l'adoption « le lien créé [est] appelé à développer ses effets dans le temps »[797], certains auteurs estiment qu' « il apparaît souhaitable que la loi applicable suive la situation des intéressés »[798]. Or, une fois le lien familial créé, l'adoption devient principalement rattachée aux adoptants et suivra par conséquent leur situation. La localisation des effets de l'adoption dépendra de la localisation des adoptants qui, en fonction de la nature du système, coïncidera soit avec la loi nationale des adoptants, soit avec la loi de leur résidence habituelle. La règle prévue par l'article 370-4 du Code civil est critiquable tant en ce qui concerne la forme unilatérale de la règle de conflit que le fond même de cette règle. En effet, la loi de l'Etat ayant prononcé l'adoption ne colle pas forcément avec l'Etat où la situation est appelée à se développer. Pourquoi donc appliquer la loi française du lieu de l'adoption aux effets d'une situation qui produira ses effets à l'étranger ? A supposer que tel est le cas, pourquoi la règle de conflit est unilatérale, et elle ne se soucie donc que de l'application de la

796 B. AUDIT et L. D'AVOUT, *op. cit.*, p. 732, n° 825.
797 B. AUDIT, et L. D'AVOUT, *op. cit.*, p. 733, n° 825.
798 B. AUDIT, et L. D'AVOUT, *op. cit.*, p. 733, n° 825.

loi française aux effets des adoptions prononcées en France ? L'unique réponse possible serait la volonté du législateur d'élargir le domaine d'intervention de la loi du for en matière d'adoption.

B. La soumission de l'attribution du nom de l'adopté à la loi française

388. Si par extension des règles applicables aux effets de l'adoption prononcée en France, il est admis de soumettre le nom de l'adopté à cette même loi en cas d'adoption prononcée en France (1), rien ne justifie pareille solution lorsque l'adoption a été prononcée à l'étranger (2).

1. Lorsque l'adoption a été prononcée en France

389. Partant de l'idée que pour l'adoption prononcée en France, les dispositions du droit français sont applicables[799] à ses effets, les articles 357[800] et 363[801] du Code civil ne sont qu'une prorogation de l'application de ce principe à un cas particulier des effets de l'adoption, à savoir le nom de l'adopté.

390. Si le nom de l'adopté soumis à la loi française selon une règle unilatérale est justifié par la règle principale soumettant les effets de l'adoption prononcée en France à la même loi, la dévolution du nom selon la loi française n'est qu'une forme d'extension du domaine de la loi du for, lorsque l'adoption n'a pas été prononcée en France.

---

799 *Supra*, n° 386 et 387.

800 Relatif à l'attribution du nom en cas d'adoption plénière.

801 Relatif à l'attribution de nom en cas d'attribution d'adoption simple.

2. Lorsque l'adoption a été prononcée à l'étranger

391. La loi n° 2002-304 du 4 mars 2002 a fait disparaître le nom patronymique au profit du nom familial, qui désormais peut être soit le nom du père soit celui de la mère, soit enfin les deux noms accolés selon le choix des parents[802]. Alors même que l'adoption n'a pas été prononcée en France, l'article 357-1 du Code civil prévoit que « les dispositions de l'article 311-21 sont applicables à l'enfant qui a fait l'objet d'une adoption régulièrement prononcée à l'étranger ayant en France les effets de l'adoption plénière ». L'option offerte aux parents en matière de nom de famille en droit interne est prolongée en droit international lorsqu'il s'agit notamment d'une adoption prononcée par des autorités étrangères, mais qui sera considérée en France comme une adoption plénière. Le bénéfice des dispositions du droit interne n'est, toutefois possible, qu'au cas où l'un des adoptants est français[803]. En effet, l'article 357-1 du Code civil ajoute que « les dispositions de l'article 311-21 sont applicables à l'enfant qui a fait l'objet d'une adoption régulièrement prononcée à l'étranger ayant en France les effets de l'adoption plénière. Les adoptants exercent l'option qui leur est ouverte par cet article lors de la demande de transcription du jugement d'adoption, par déclaration adressée au procureur de la République du lieu où cette transcription doit être opérée. Lorsque les adoptants sollicitent l'exequatur du jugement d'adoption étranger, ils joignent la déclaration d'option à leur demande. Mention de cette déclaration est portée dans la décision. La mention du nom choisi est opérée à la diligence du procureur de la République, dans l'acte de naissance de l'enfant ». Les dispositions de l'article 311-21 du Code civil, ne sont applicables que si l'adoption est considérée en France comme une adoption plénière, et le droit d'option qui y est prévu, n'est ouvert que lors d'une demande de transcription du jugement d'adoption. Or, la transcription est exclusivement réservée au cas où l'un des adoptants est français. L'article permet aux adoptants d'exercer cette option au moment de l'exequatur du jugement d'adoption – droit ouvert même aux adoptants étrangers –. Etant donné que le choix est mentionné par le procureur de la République dans l'acte de naissance de

---

802 Article 311-21 du Code civil.

803 F. MONEGER, « Le nom de l'enfant et l'adoption internationale, interrogations autour des nouveaux articles 357-1 et 363-1 du Code civil », *J.D.I.*, 2002, p. 1021.

l'enfant, cette condition limitera l'application de ces dispositions aux cas où l'enfant est français, et donc lorsque l'un des adoptants l'est aussi[804].

392. Cependant, l'option n'est pas exclusive aux cas d'adoptions assimilées aux adoptions plénières en France. Même les adoptions simples peuvent sous certaines conditions bénéficier des dispositions du droit français. Selon l'article 363-1 du Code civil « les dispositions de l'article 363 du Code civil[805] sont applicables à l'enfant ayant fait l'objet d'une adoption régulièrement prononcée à l'étranger ayant en France les effets d'une adoption simple, lorsque l'acte de naissance de l'adopté est conservé par une autorité française [...] ». Pour que l'option soit permise en cas d'adoption simple prononcée en France, il faut une condition qui consiste en la conservation de l'acte de naissance de l'adopté par une autorité française. Comme l'acte de naissance de l'enfant est susceptible d'être conservé par une autorité française alors même que l'enfant n'est pas français[806], la loi de 2002 ne fait qu'étendre l'application de la loi française aux effets des adoptions d'enfants étrangers et prononcées à l'étranger.

393. Ainsi, la loi française des effets de l'adoption empiète sur le domaine normalement attribué à la loi étrangère des adoptants, sans que pour des situations similaires, la compétence de la loi étrangère ne soit clairement reconnue. La loi française écarte l'application de la loi étrangère des adoptants lorsque l'adoption est prononcée en France. Elle l'évince aussi lorsque l'adoption a été prononcée à l'étranger toutes les fois qu'elle est appelée à produire ses effets en France. Elle agit de même avec la loi étrangère ayant prononcé une adoption simple pour la convertir en adoption plénière pourvu que les consentements requis aient été donnés expressément en connaissance de cause. La loi française en matière d'attribution de nom s'appliquera aussi à la demande des adoptants au cas où l'un des adoptants est français, ou lorsque l'acte de naissance de l'enfant est conservé par une autorité française. Il s'agit d'une transposition des solutions du droit interne dans les rapports internationaux lorsqu'il existe un lien, même minime, avec la France. A travers toutes ces exceptions, on regrette que, dans le but d'imposer

---

804 F. MONEGER, article *précit.*, p. 1023.

805 Selon l'article 363 du Code civil, « l'adoption simple confère le nom de l'adoptant à l'adopté en l'ajoutant au nom de ce dernier ».

806 F. MONEGER, article *précit.*, p. 1022.

l'application de la loi du for, le législateur français s'est désintéressé des liens de la situation avec l'ordre juridique étranger.

CONCLUSION DU CHAPITRE PREMIER

394. Dans leur processus de réglementation des relations internationales familiales, les systèmes français et tunisien ont parfois associé à la justice conflictuelle des préoccupations de justice matérielle et de *lex forisme.*

395. Inspirés par le souci d'aboutir à un résultat matériel déterminé, les législateurs français et tunisien ont multiplié les règles de conflits dérogatoires qui tiennent compte de ces espérances. La forme de la règle de conflit, sinon la méthode de son élaboration est modifiée.

396. Ainsi des règles de conflit de types nouveaux sont apparues pour remédier à la neutralité de la règle classique et l'engager dans le processus de la justice matérielle. Parmi ces règles de rattachement se trouvent les règles substantielles hiérarchisées telles que celles prévues par le Protocole du 23 novembre 2007 sur la loi applicable aux obligations alimentaires, qui combinent à la fois les besoins de la proximité et ceux d'une faveur. Une règle principale fondée sur la proximité est prévue pour régir normalement la relation de droit. Pourtant, si le résultat auquel elle aboutit ne satisfait pas l'objectif recherché, une règle de conflit subsidiaire prendra la relève. Dans ces nouvelles règles de conflit, la priorité est accordée à la proximité, mais non la primauté, puisque la justice conflictuelle retenue principalement cèdera obligatoirement devant la justice matérielle si la règle principale n'atteint pas l'objectif voulu. D'autres règles engagées privilégient directement un résultat déterminé et favorisent sa meilleure réalisation aux dépens de toute justice conflictuelle. Ces règles de conflit sont totalement engagées en faveur d'un objectif déterminé, dont la réalisation doit être favorisée. Plusieurs lois sont proposées dans une même règle de conflit pour régir la situation. Celle qui accomplira le mieux la tâche recherchée sera appliquée. Le législateur tunisien a fait de ces règles alternatives à coloration matérielle le garant de la protection de l'enfant ainsi que du créancier d'aliments.

397. Sans renoncer à la règle de conflit en sa forme classique abstraite et bilatérale, la règle de conflit prévue par l'article 311-14 du Code civil cache une part d'engagement dans la méthode de la résolution des litiges familiaux présentant un élément d'extranéité. La règle de conflit

savignienne est repensée et modelée pour servir un objectif bien déterminé. Le législateur français a incorporé dans sa réglementation de la filiation son souci de faveur à son établissement. Pour ce faire, il s'est démarqué de la méthode de la localisation de la relation de droit par rapport à son centre de gravité, pour préférer une localisation centrée sur les cas d'espèce qui pourraient intervenir. En constatant que la majorité des litiges relatifs à la filiation mettent en cause des mères de nationalité française, le législateur a localisé le rapport de droit par rapport à la mère. Ainsi la faveur, inspirant la règle de conflit se trouve dans l'application des dispositions de la loi du for.

398. Souvent préoccupé par le sort de la loi du for, le législateur français a cherché maladroitement à étendre son domaine d'intervention par des règles de conflit unilatérales telles que celles prévues en matière de filiation biologique et adoptive

399. Les inconvénients des nouvelles méthodes empiétant sur la concrétisation du rattachement de la relation familiale à un ordre juridique qui lui est étroitement lié, auraient pu être atténués s'il était permis de corriger le résultat concret de la règle de conflit lorsqu'elle s'éloigne manifestement d'un tel objectif. Or, la flexibilité de la règle de conflit est, de ce point de vue, insuffisante.

CHAPITRE SECOND
UNE FLEXIBILITE INSUFFISANTE DE LA REGLE DE CONFLIT

400. Différents aménagements de la règle de conflit ont été prévus en droit international privé de la famille français et tunisien. Certains de ces aménagements s'inscrivent dans le cadre de la recherche de la promotion d'un résultat espéré, d'autres en revanche s'inscrivent dans le cadre de la recherche de la meilleure localisation du rapport de droit. Cependant, la flexibilité demeure insuffisante. La fixité du rattachement dans le temps dans certaines règles de conflit (Section I) de même que l'impossible correction concrète de la règle de conflit (Section II), seraient des obstacles à l'achèvement de la promotion du rattachement de la relation familiale à l'ordre législatif qui lui est étroitement lié.

Section I : La fixité du critère de rattachement dans le temps

401. Le principe de proximité étant l'expression du rattachement de la relation de droit à l'ordre juridique qui lui est le plus proche, il devrait par conséquent exprimer tant la proximité spatiale que la proximité temporelle. Deux proximités si étroitement liées qu'il serait inadmissible de parler de l'une sans la faire coïncider avec l'autre. Or, « le principe de proximité peut entraîner un changement du rattachement s'il apparaît à un moment donné au cours de cette période que le pays avec lequel la situation a les liens les plus étroits n'est plus le même qu'au début de cette période »[807]. La manière d'appréhender le conflit de lois dans le temps n'est pas sans incidence sur le résultat final. Le temps peut changer la localisation du rapport de droit. Opter pour la cristallisation d'un rattachement alors que, par l'effet du temps, il y a eu changement de localisation en raison de la longévité de la relation, conduit à figer la relation de droit à un moment déterminé sans tenir compte de l'éventuelle caducité des critères retenus. Comme l'a noté Mme

[807] P. LAGARDE, Cours *précit.*, p. 48, n° 27.

SOULEAU-BERTRAND « dès lors qu'un rattachement prétendument fondé sur le principe de proximité est figé dans le temps, son fondement devient fort douteux puisque tout changement dans la concrétisation de l'élément de rattachement [...] se traduira en un éloignement tangible du pays dont le droit est désigné avec le rapport de droit en cause »[808]. L'actualisation du critère de rattachement est indispensable pour la concrétisation de la relation familiale à caractère international et pour l'application de la loi présentant les liens les plus étroits[809]. Elle nécessite lors de la modification de la localisation du rattachement en raison de la prolongation de la relation de droit dans le temps, soit la mutabilité du critère de rattachement initial (Paragraphe I), soit la prise en considération du conflit mobile (Paragraphe II).

Paragraphe I : L'immutabilité du critère de rattachement initial

402. Le rattachement des relations privées familiales à la nationalité exprime un rattachement permanent révélant généralement un lien perpétuel, entre l'individu et son Etat national. A l'inverse, le rattachement à la résidence habituelle reflète une proximité actuelle instantanée. De ce fait, les deux rattachements sont susceptibles, soit d'exprimer à un moment ou un autre de la vie d'une relation familiale le centre de gravité de la situation, soit de concrétiser le rattachement de proximité durant tout le prolongement de la situation juridique. Dans les deux cas, il revient au facteur temps de les départager[810]. L'auteur de la règle de conflit, devrait avoir une vision d'ensemble sur la relation de droit. Une vision qui tiendrait compte de l'élément spatial ainsi que de l'élément temporel essentiellement pour les relations de droit prolongées dans le temps.

403. Afin de faire coïncider la résolution des conflits de lois avec la réalité de la relation de droit dans les règles de conflit bilatérales classiques ayant pour objectif le rattachement de la relation à l'ordre juridique le plus proche, la modification de la règle de conflit en raison

---

808 M. SOULEAU-BERTRAND, *Le conflit mobile*, Préface de P. LAGARDE, Dalloz, 2005, p. 203 et 204, n° 396.

809 C.-E. DUBLER, *Les clauses d'exception en droit international privé*, GEORG - Librairie de l'Université - Genève, p. 111 et 112, n° 130.

810 P. LAGARDE, « La nouvelle Convention de La Haye sur la loi applicable *aux successions* », *Rev. crit. DIP.*, 1989, p. 249 et s., spéc. p. 254 et 255, n° 9.

de l'écoulement du temps doit être prévue. En effet, le facteur temps fausse dans certaines hypothèses les prévisions préétablies de l'auteur de la règle de conflit et rend le critère retenu non conforme à la localisation temporelle. Il s'agit d'une actualisation de la règle de conflit suite à la modification par l'effet du temps de la localisation du rapport de droit[811]. L'actualisation se fera à travers le changement du critère de rattachement retenu. Il s'agira dans ce cas de passer d'un critère à un autre par une adaptation de la règle de conflit aux nouvelles circonstances de l'espèce modifiées par le temps. Il est question dans ce cas de la mutabilité du critère de rattachement. Elle se manifeste généralement par la substitution de la loi nationale à la loi du domicile, toutes les fois que l'établissement durable de(s) (l')intéressé(s) dans un Etat déterminé serait un indice du déplacement du centre de vie (autrefois localisé dans son Etat d'origine) dans l'ordre juridique de l'Etat d'accueil.

404. C'est dans ce sens que la mutabilité automatique du critère de rattachement objectif a été prévue dans deux conventions internationales relatives au droit patrimonial de la famille ayant pour fondement le rattachement de la relation de droit à l'ordre juridique le plus proche. Il s'agit de la Convention de La Haye du 14 mars 1978 sur la loi applicable aux régimes matrimoniaux et la Convention de La Haye du 1er août 1989 sur la loi applicable aux successions à cause de la mort. Le critère de rattachement principal retenu est appelé à céder la place à un autre critère, chaque fois que l'expiration d'un certain temps serait un indice du changement de localisation du rapport de droit. Un nouveau rattachement se substitue au premier, afin de faire coïncider la proximité spatiale avec la proximité temporelle.

405. L'article 7 de la Convention de 1978 relative à la loi applicable aux régimes matrimoniaux prévoit dans son deuxième alinéa, les cas de mutabilité du régime matrimonial, dès lors que le facteur de rattachement, par l'effet du temps, ne correspond plus à un critère de proximité. La loi de la nouvelle résidence habituelle des époux supplantera le rattachement à la première résidence habituelle « soit immédiatement, soit au terme d'un délai de dix ans, selon les liens des époux avec l'Etat de leur nouvelle résidence »[812]. Aux différents moments de la vie de la situation juridique, il est appliqué au régime matrimonial la loi du centre des intérêts du couple. La règle de conflit

811 P. LAGARDE, Cours *précit.*, p. 48, n° 27.
812 P. LAGARDE, Cours *précit.*, p. 48, n° 26.

doit être continuellement l'expression du principe de proximité. Or, c'est justement cette hypothèse qui fait défaut en droit international privé extrapatrimonial de la famille, même là où la recherche du rattachement le plus étroit a pu être décelée. Alors même que les rattachements retenus sont des rattachements objectifs n'allant pas à l'encontre de l'actualisation de la proximité, rien n'est prévu en ce sens. La mutabilité du critère de rattachement n'est pas envisagée dans les relations familiales extra-patrimoniales. Pourtant, certaines règles de conflit, contrairement à d'autres, le requièrent. Il existe deux catégories de relations de droit : celles où l'étalement dans le temps est sans influence sur la règle de conflit (A) et celles qui nécessitent une prise en considération des effets du temps sur la détermination du critère de rattachement (B).

A. L'invariabilité de la localisation sous l'effet du temps

406. De l'examen du droit international privé de la famille, il est possible de dégager deux hypothèses où la dimension temporelle n'est d'aucune influence sur la dimension spatiale de la règle de conflit. Il en est ainsi pour les relations familiales fixes dans le temps (1), ainsi que celles rattachées à un critère efficace à tout moment de la relation de droit (2).

1. La fixité des relations de droit dans le temps

407. Mises à part les relations qui perdurent dans le temps, il existe des questions de droit qui bien que leurs effets se prolongent dans le temps, l'appréciation de leur création se fait à un moment fixe nécessitant une réponse ponctuelle et invariable. C'est seulement au moment de la création du rapport de droit que le critère de rattachement doit être apprécié. Il en est ainsi lorsqu'il s'agit de la formation ou la création d'une relation juridique, tels que le mariage, le prononcé d'un divorce ou d'une adoption.

408. S'agissant de se prononcer sur les conditions de fond et de forme du mariage, il est certain que leur appréciation ne doit se faire qu'à un

moment donné fixe : lors de la célébration du mariage. La localisation ne peut se faire à aucune autre période. Quel que soit le critère de rattachement retenu, il est inconcevable qu'une mutabilité du critère de rattachement soit ainsi consacrée. Il en est de même pour le divorce et le prononcé de l'adoption. L'appréciation de la validité de ces deux institutions ne peut se faire qu'à l'instant même de leur prononcé.

409. A l'inverse, dès lors que les effets de ces institutions s'étalent dans le temps, l'évaluation de leur localisation ne peut être invariable. D'un moment à l'autre, la localisation est susceptible d'être modifiée. C'est dans ce cas, et seulement dans l'hypothèse où le rattachement retenu ne peut s'accommoder avec les modifications dues à l'écoulement du temps, que la mutabilité du critère de rattachement doit être envisagée.

2. L'adaptation du critère de rattachement à toutes les périodes de la relation de droit

410. Au risque d'élaborer des règles de conflit déconnectées de toute réalité temporelle, une prise en considération de l'évolution dans le temps de la relation de droit est inévitable. En proposant un facteur de rattachement adapté aux différentes variations de la relation de droit, l'auteur de la règle de conflit limite les éventuelles modifications nécessaires du critère pour les besoins de l'actualisation de la localisation. Pour l'élaboration d'une règle de conflit, il faut donc que son auteur ne se contente pas d'examiner les exigences présentes, il est aussi nécessaire qu'il se projette dans le futur afin de proposer une règle efficace à tout moment.

411. De surcroît, la résidence habituelle semble dans ce cas un critère de rattachement *a priori* adaptable aux différents moments de la relation de droit. Toutefois, son adéquation dans le temps n'est souvent que ponctuelle, ce qui laisserait présager une proximité temporelle instantanée insouciante des différentes autres phases (passées et futures) de la relation de droit. La résidence habituelle n'est susceptible de faire coïncider la proximité temporelle avec la proximité spatiale qu'une fois que ce rattachement est passible de gérer les différents moments de la relation de droit à savoir présents et futurs. Or, tel n'est souvent pas le

cas, notamment dans les Etats où le déplacement de leurs ressortissants à l'étranger ou bien l'établissement des étrangers sur leur territoire n'est généralement que provisoire. Ici, il convient de revenir à la première distinction entre Etat d'immigration et Etat d'émigration, pour conclure que le rattachement éventuellement valable à tout moment dépendra de la nature de l'ordre juridique qui l'adoptera[813]. La nationalité semble être le rattachement qui perdure dans le temps en raison de la précarité de la résidence habituelle dans les pays d'émigration. En revanche, le rattachement à la résidence habituelle assurerait la proximité présente et future dans les pays d'immigration.

412. Pour les relations familiales, l'observation de la nature de la société est primordiale. Le choix d'un élément de localisation en harmonie avec les besoins de la société atténuerait les incidences du facteur temps sur la localisation. L'adoption d'un critère concordant avec les revendications de la politique de l'Etat en matière d'immigration, rapprocherait en principe la localisation spatiale de la localisation temporelle de la relation de droit. Le prolongement dans le temps d'une relation familiale n'aurait d'influence sur sa localisation que lorsque ce facteur est susceptible de la modifier.

413. Par ailleurs, l'actualisation de la localisation par un changement du rattachement devient nécessaire chaque fois qu'il y a modification du siège de la relation juridique.

B. La prise en considération de l'effet du temps lors de la localisation de la relation de droit

414. Une prise en considération du facteur temps s'avère essentielle dans certaines règles de conflits de lois françaises et tunisiennes figeant la relation de droit à un moment précis sans tenir compte des éventuelles évolutions qui pourraient l'affecter. Alors que l'actualisation du critère de rattachement choisi par les parties est sujette à discussions (1), l'actualisation est clairement exclue dans certaines règles de conflit à rattachements fixes (2).

---

813 *Supra*, n° 155-166.

1. L'incertitude quant à la possibilité d'actualiser le critère de rattachement

415. Le règlement Rome III et le Protocole Aliments de La Haye de 2007 introduisent la possibilité pour les parties de choisir la loi applicable à leur relation parmi un éventail de lois prédéterminées par les deux instruments. L'option de législation risque de figer la loi applicable au moment de l'exercice de ce choix, alors même que cette dernière n'entretient plus aucun lien avec la relation en question au moment de la saisine du juge. Même si le Protocole Aliments prévoit la possibilité de modifier le choix de loi à « tout moment »[814] et que le règlement Rome III autorise le changement de loi « au plus tard au moment de la saisine de la juridiction »[815], pour qu'il y ait réellement actualisation il faudrait que les parties acceptent par un commun accord de modifier leur choix à un moment où le juge a été saisi, donc à un moment où leurs intérêts sont en conflit. Ce qui est généralement difficilement imaginable. Ce qui peut entraîner la soumission de la relation de droit une loi qui pourrait ne plus avoir aucun lien avec la relation. L'inadaptation du critère de rattachement peut conduire à l'application d'une loi étrangère à une relation qui, au moment du choix, était internationale mais dont l'élément d'extranéité a disparu au moment de la saisine du litige. Cela est possible si l'on considère que selon les dispositions du règlement Rome III et le Protocole Aliments, l'existence de l'élément d'extranéité devrait être évalué au moment du choix et non pas au moment de la saisine du juge[816].

416. Ainsi dans ces cas, afin de respecter la volonté des parties, une loi qui ne correspond plus à la situation litigieuse risque d'être appliquée. Ce risque est confirmé dans des matières où aucun choix de lois applicable n'est offert aux concernées par la relation familiale.

---

814 Article 8 du Protocole Aliments.

815 Article 3 § 2 du règlement Rome III.

816 Bien que cette interprétation est moins acceptable dans le règlement Rome III, puisque son article premier prévoit que ses dispositions s'appliquent dans les situations impliquant un conflit de lois. Cela signifie normalement qu'avant d'appliquer le règlement, il faut vérifier l'existence d'un conflit de lois. De ce fait, c'est au moment de la saisine du juge que l'élément d'extranéité doit exister.

2. Le rejet exprès de l'actualisation du critère de rattachement

417. En droit international privé français c'est la règle de conflit régissant la filiation qui est visée. En raison de la fixité du rattachement imposée par l'article 311-14 du Code civil au jour de la naissance de l'enfant, la localisation de ce droit s'avère souvent inappropriée. La matière s'inscrit indéniablement dans les relations acquisitives de droits qui nécessitent une prise en considération de la localisation de ce rapport au seul moment de l'établissement de la filiation. Néanmoins, une prise en compte de la localisation au moment de l'établissement de la filiation ne veut aucunement dire une localisation de la preuve de la filiation au jour de la naissance de l'enfant. Le moment de son établissement doit aussi être pris en considération. C'est essentiellement sur ce point que la loi de 1972 est critiquable.

418. L'article 311-14 du Code civil fixant les critères de rattachement retenus au jour de la naissance de l'enfant nonobstant la modification de la localisation de la relation de droit par l'effet du temps suscite sur ce point quelques critiques. La nationalité de la mère au cas où elle est connue sinon celle de l'enfant, à supposer qu'elles aient pu trouver une explication reposant sur la proximité de ce rattachement avec la relation de droit au jour de la naissance de l'enfant, leurs justifications ne sont valables que pour l'établissement de la filiation le jour de la naissance de l'enfant.

419. En effet, le rattachement subsidiaire à la loi nationale de l'enfant au jour de sa naissance lorsque la mère est inconnue semble être le plus proche de l'enfant en raison de la non acquisition, par le nouveau né, d'une résidence habituelle dans un pays. Quant au rattachement à la loi nationale de la mère, il se justifie dans les litiges relatifs à l'établissement de la filiation paternelle, c'est-à-dire la majorité des litiges, par le fait que, bien que soient impliquées trois personnes (l'enfant, la mère et le père) lors de l'établissement de la filiation, le père ne fera effectivement partie de la relation qu'une fois sa paternité prouvée. Cependant, l'action en recherche de paternité n'aboutit pas dans tous les cas à son établissement. Dans une demande de recherche de paternité intentée à l'encontre du prétendu père, lorsqu'il comparaît en sa qualité de défendeur, il n'a en principe aucun lien avec le rapport de droit, si ce n'est en raison de prétentions non encore confirmées. Ce n'est qu'après

la preuve de la relation de filiation que le père entre effectivement dans la relation. Avant l'établissement de ce lien juridique, aucune attache ne devrait en principe être présumée entre le père et la situation ; les liens même s'ils existent, sont très faibles. A ce stade, en principe la relation ne concerne que l'enfant et la mère. La résidence habituelle n'étant pas encore constituée pour l'enfant, le rattachement à la nationalité s'avère le plus proche de ce dernier, sauf à rattacher la relation à la résidence de la mère et dans ce cas la règle de conflit se désintéresse de la principale partie de la relation. Or, pour le nouveau-né de père encore inconnu et de mère connue, sa nationalité dépend en général de celle de sa mère[817]. Donc quel que soit le rattachement prévu, celui de la loi nationale de l'enfant ou de la mère, c'est en définitive la loi nationale de la mère qui sera applicable concrètement puisqu'elle coïncide souvent avec celle de l'enfant.

420. Néanmoins, ces justifications ne sont recevables que lorsqu'il est question d'établir la filiation du nouveau-né. L'établissement de la filiation après l'écoulement d'un temps plus ou moins long après la naissance, exige le choix d'un autre rattachement, principalement dans le système français. L'enfant qui a pu acquérir sa propre nationalité et (ou) une résidence habituelle, sa localisation n'est plus dépendante de sa mère. Le choix d'un nouveau critère de rattachement en rapport avec la nouvelle localisation du rapport de droit aurait dû être envisagé. La mutabilité du critère de rattachement de la loi nationale de la mère ou de l'enfant à la loi de la résidence habituelle de l'enfant lorsque celle-ci est constituée, convient mieux à la modification temporelle de la relation[818]. La loi nationale de la mère au jour de la naissance de l'enfant ne parvenant plus à assurer la localisation de proximité de la matière, en raison de son éloignement non seulement dans le temps mais aussi dans l'espace, la loi de la résidence de l'enfant devrait s'y substituer.

421. En droit tunisien c'est en matière de garde d'enfant que la mutabilité aurait dû être prévue. L'article 50 du CDIP prévoyant la soumission de la garde à la loi de la dissolution du lien conjugal, si elle s'avère plus favorable à l'intérêt de l'enfant que sa loi nationale ou bien celle de son domicile, risque de prescrire l'application d'une loi qui ne

---

[817] JOZEAU-MARIGNE, *J.O.* débat. Parlementaire Sénat, 10 novembre 1971, p. 1922 ; P. BOUREL et H. MUIR WATT, « Filiation. Etablissement de la filiation : Mise en œuvre des règles de conflit – Effets de la filiation », *J.-Cl. Droit int.*, fasc. 548-20, Refondu par E. GALLANT, n° 19.

[818] Voir *supra*, n° 374-378.

coïncide plus avec la réalité de la situation. Il est vrai que ce rattachement correspond à la proximité temporelle lorsque la question de la garde de l'enfant est débattue en même temps que la dissolution du lien conjugal, mais il ne peut répondre à cette attente au-delà de cette période, donc en dehors des mesures provisoires prises en cours d'instance de divorce[819]. Or, la garde est une institution qui se prolonge dans le temps et s'il est possible de réviser une décision qui lui est relative c'est dans le but de permettre de l'actualiser. A quoi sert de l'actualiser avec un rattachement qui n'est plus d'actualité ? La loi de la dissolution du lien conjugal ne devrait plus régir la situation à partir du moment où un intervalle de temps s'est écoulé entre la dissolution du lien conjugal et la prise de décision en matière de garde.

422. Mais l'actualisation du critère de rattachement ne passe pas seulement par la mutabilité du rattachement, une prise en considération du conflit mobile suffit parfois pour remédier à la modification de la localisation de la relation familiale.

Paragraphe II : Le conflit mobile

423. La mise en œuvre du principe de proximité, conduit à soumettre la relation de droit à l'ordre juridique qui lui est le plus proche. Afin de déterminer l'ordre le plus proche, il est fait appel à des indices de rattachement, qui désigneront le système adéquat. Ce n'est donc pas l'élément en soi qui est déterminant, puisqu'il n'est que l'outil nécessaire à la désignation de la loi applicable, mais l'ordre désigné. Lorsque l'élément de rattachement se concrétise successivement dans différents pays[820], il n'est pas recommandé de maintenir le rattachement initial d'un rapport de droit alors que ce dernier est désormais soumis à un système juridique différent. Fixer le critère de rattachement revient donc à figer la loi applicable et par conséquent à soumettre la relation de droit à un ordre qui ne lui est plus d'aucune attache. Prendre en considération « la succession des lois [conséquence] de *l'activité des sujets de droit*, qui entraîne le déplacement, matériel ou immatériel, au-delà des frontières, du facteur de rattachement [...] choisi par la règle de conflit du for »[821], conduit en

819 Il est à noter que l'article 49 du CDIP soumet toutes les mesures provisoires prises en cours d'instance de divorce à la loi tunisienne.

820 M. SOULEAU-BERTRAND, *op. cit.*, p. 64, n° 118.

821 P. COURBE, *Les objectifs temporels des règles de droit international privé*, PUF, 1981, Préface de J. FOYER, p. 237, n° 234.

définitive à éviter que « la fixation dans le temps d'un facteur de rattachement fondé sur le principe de proximité dépouille ce dernier de toute effectivité »[822] et par conséquent, à remette en cause le fondement de proximité de la règle de conflit.

424. Il est question dans ce cas de la résolution du conflit mobile, présent toutes les fois que « l'élément de rattachement de la règle de conflit du for s'est concrétisé successivement dans des pays différents »[823]. Lorsque le rattachement spatial est susceptible de modifications dans le temps tels que ceux prévus en droit de la famille à savoir la nationalité et le domicile, une parfaite réglementation internationale de la relation de droit consiste à rallier la réalité spatiale à la réalité temporelle. Il ne s'agit pas réellement de chercher deux proximités, une temporelle et l'autre spatiale. Il n'est question que d'une seule proximité, la proximité avec l'ordre juridique applicable, qui correspondra elle-même avec les deux proximités sus citées.

425. Dans sa thèse relative au conflit mobile, Mme SOULEAU-BERTRAND[824] s'est intéressée à la façon d'appréhender le conflit mobile « de manière à ce que la circonstance de rattachement continue à répondre au principe de proximité »[825]. Pour cela, elle distingue les cas où le principe prend la forme d'une règle de conflit de type savignien, de ceux où le principe se fond dans la règle de conflit. Elle souligne que dans le second cas, il ne peut y avoir de conflit mobile puisqu'il n'y a pas de critère de rattachement dès lors que les liens les plus étroits ne peuvent être considérés comme un rattachement à part entière. Ainsi, le juge appelé à mettre en œuvre une telle règle de conflit devra identifier les liens les plus étroits aussi bien dans l'espace que dans le temps[826]. Cependant, le conflit mobile exclu des règles de conflit « envahies » par le principe de proximité, retrouve sa place dans les règles fondées sur ce principe en garantissant à travers l'actualisation de la localisation, « l'effectivité de la proximité »[827].

---

822 M. SOULEAU-BERTRAND, *op. cit.*, p. 205 et 206, n° 400.
823 M. SOULEAU-BERTRAND, *op. cit.*, p. 64, n° 118.
824 M. SOULEAU-BERTRAND, *op. cit.*, p. 200 et s.
825 M. SOULEAU-BERTRAND, *op. cit.*, p. 205, n° 399.
826 M. SOULEAU-BERTRAND, *op. cit.*, p. 211, n° 414.
827 M. SOULEAU-BERTRAND, *op. cit.*, p. 212, n° 415.

426. Concernant les règles de conflit classiques fondées sur la proximité, on distingue deux types de règles : celles accompagnées d'une clause de correction concrète du résultat, et celles dépourvues de cette clause. Alors qu'avec les premières, la clause d'exception corrigera le résultat concret insatisfaisant du point de vue de la proximité, les règles de conflit dépourvues de clauses correctrices favorisent une telle fin de deux façons différentes.

427. La première tend à apprécier objectivement l'incidence du facteur temps de manière préalable[828] pour présumer, là encore, le moment le plus adéquat du point vue de la proximité à prendre en considération pour identifier le critère de rattachement applicable. Avec cette méthode, il est d'usage de distinguer en matière de statut personnel, l'acquisition d'un droit et les effets futurs d'une situation. L'acquisition d'un droit s'apprécie en fonction du critère de rattachement existant au moment de la naissance de la situation, c'est-à-dire par rapport à l'ancienne loi en vigueur au jour de la création de la situation juridique. La proximité exige par conséquent que les liens s'évaluent au moment de l'acquisition du droit. Partant, la non-prise en considération du changement du critère de rattachement est recommandée. Il en est de même pour les effets passés d'une situation juridique. Son acquisition et ses effets passés réalisés sous l'empire d'une ancienne loi demeurent soumis à cette dernière loi, qui coïncide avec leur localisation temporelle. A l'inverse, les effets présents et futurs de la situation devraient s'apprécier au moment où ils sont invoqués, c'est-à-dire selon la nouvelle loi. Il n'est pas préconisé de soumettre les effets d'une situation née sous l'égide d'une ancienne loi à cette dernière alors que plus aucun lien n'existe entre la situation et l'ordre juridique de l'ancien critère de rattachement. Même si le critère ancien était *a priori* un rattachement de proximité, son maintien engendrerait l'application d'un ordre juridique qui ne présente plus de liens avec la relation.

428. Quant à la seconde, elle ne prévoit aucune détermination temporelle préalable du facteur de rattachement. En conséquence, pour répondre aux besoins de la proximité, le rattachement temporellement le plus étroit est directement choisi lors de la mise en œuvre de la règle de conflit. L'adaptation du critère de rattachement à l'évolution temporelle de la situation juridique se fera en fonction des nécessités ponctuelles de la proximité.

---

828 Au moment de l'élaboration de la règle de conflit.

429. Si ce principe de l'adaptation du facteur de rattachement à l'évolution temporelle de la relation de droit est consacré dans le droit international privé de la famille des systèmes étudiés (A), il n'en demeure pas moins que les exceptions à ce principe font parfois obstacle à la synchronisation entre la proximité temporelle et la proximité spatiale (B).

A. Le principe de l'adaptation de la proximité temporelle à la proximité spatiale dans les systèmes étudiés

430. Alors qu'il a été proposé de résoudre le conflit mobile par une prise en considération des objectifs de la règle de conflit dans laquelle le changement du critère de rattachement est intervenu [829], Mme SOULEAU-BERTRAND propose qu'à défaut de précision temporelle implicite ou explicite par la règle de conflit, l'identification temporelle du critère de rattachement doit se dégager du fondement de la règle de conflit[830]. Dans le cas d'une règle de conflit ayant pour fondement la proximité, la solution du conflit mobile conduit au choix du rattachement de la relation de droit à l'ordre qui lui est le plus proche dans sa dimension spatiale et temporelle. Par le biais de l'adaptation du critère de rattachement à l'évolution temporelle à laquelle il est soumis, la coordination du conflit de lois dans le temps ainsi que celle du conflit de lois dans l'espace atteint l'objectif du fondement de la règle de conflit[831]. Il s'agit dans ce cas de situer la relation juridique dans le temps. Ce qui revient à délimiter le domaine respectif des lois successivement applicables à une même relation de droit étendue dans le temps, en fonction de l'esprit même de la règle de conflit. Faute d'une correction *casuistique* excluant *a priori* toute solution préétablie, une directive générale présumant la réunion des deux proximités est envisageable.

431. Dans cette perspective, il faut faire la distinction entre la validité de la situation juridique et ses effets passés d'une part, et ses effets présents et futurs d'autre part. Il est recommandé de maintenir les

---

829 P. Graulich, *Principes de droit international privé*, Paris, 1960, p. 125, repris par P. COURBE, *op. cit.*, p. 244 et 245, n° 239.
830 *Op. cit.*, p. 169 et 170, n° 330.
831 B. AUDIT et L. D'AVOUT, p. 210, n° 235.

premiers sous l'égide de l'ancien critère de rattachement en vigueur au moment de la constitution de la situation ou de la production de ses effets passés, et de soumettre les seconds au nouveau critère[832]. Une telle directive serait une présomption de la juxtaposition de la proximité spatiale avec la proximité temporelle du rattachement de la relation de droit. La rétroactivité du nouveau rattachement aussi bien pour l'appréciation de la validité de la situation juridique que pour celle de ses effets passés, conduit à appliquer une loi qui n'a aucun lien avec la situation lors de sa constitution ou de la production de ses effets. Bien au contraire, le nouveau rattachement s'accommode parfaitement avec les effets présents et futurs de la relation, actualisant de ce fait la proximité spatiale. Cette solution est préconisée aussi bien dans le système français que dans le système tunisien.

432. L'article 29 du CDIP tunisien prévoit que « la loi applicable est désignée selon le cas soit en fonction de l'élément de rattachement existant au moment de la naissance de la situation juridique, soit en vertu de celui existant au moment où se produisent les effets de cette situation juridique ». Mises à part certaines règles de conflit dérogeant à ce principe, en figeant le rattachement retenu à un moment donné en raison de la connexité de la relation avec une autre situation conduisant à leur fusion[833], une prise en considération de la modification du critère de rattachement est bien affirmée dans le Code. Il n'est pas possible de maintenir une ancienne loi alors qu'elle n'a plus de titre à s'appliquer suite au changement effectif de la situation. L'actualisation de la localisation, condition d'une mise en œuvre du principe de proximité[834], est un principe prévu par le CDIP.

433. De même dans le système français l'actualisation du rattachement est un principe du droit international privé de la famille, à l'exception de certains domaines bien spécifiés où la règle de conflit comprend des précisions temporelles excluant toute modification du rattachement d'origine. L'application de l'ancienne loi se limite à la validité des situations. Pour des raisons d'effectivité temporelle du rattachement, la nouvelle loi s'étend aux effets présents et futurs de la situation.

---

832 D. BUREAU et H. MUIR WATT, t. I, p. 446 et 447, n° 424.

833 Il s'agit de l'obligation alimentaire entre époux, régie par la loi en vertu de laquelle le lien matrimonial a été dissous selon l'article 51 du CDIP.

834 M. SOULEAU-BERTRAND, *Le conflit mobile*, Dalloz, 2005, p. 205-206, n° 400 ; D. BUREAU et H. MUIR WATT, t. I, p. 446 et 447, n° 424.

434. Il en est ainsi en matière de divorce et de séparation de corps où une prise en considération de la modification du critère de rattachement par l'effet du temps, et par conséquent le ralliement de la proximité spatiale à la proximité temporelle, est désormais retenue dans les deux systèmes. Il est à signaler que l'actualisation du rattachement en matière de divorce est apparue en Tunisie avec le CDIP. L'article 49 du CDIP prévoyant l'application au divorce et à la séparation de corps la loi nationale commune des époux en vigueur au moment où l'instance est introduite et à défaut la loi du dernier domicile commun des époux, est une avancée en droit tunisien par rapport au système antérieur. Alors que le décret de 1956 cristallisait certaines règles de droit à un moment déterminé sans se soucier de l'effectivité des solutions envisagées, le Code de droit international privé tient compte des modifications temporelles de la localisation du rapport de droit. L'article 4 du décret beylical soumettait les effets du mariage des époux à la loi nationale du mari en vigueur lors de la célébration du mariage. Le changement du critère de rattachement n'avait aucune incidence sur la loi applicable. Cette solution avait conduit le tribunal de première instance de Tunis le 8 janvier 1975[835] à appliquer le droit hébraïque au régime matrimonial d'un Tunisien juif marié en 1929 devenu français. Cette solution fût auparavant consacrée par la jurisprudence de la cour d'appel de Tunis. La cour avait retenu en matière de divorce d'époux dont le mari était italien lors de la célébration du mariage et devenu français par la suite que, « la loi applicable à la séparation de corps quand l'époux a changé de nationalité après le mariage est la loi nationale au moment de la célébration du mariage »[836]. Le Code de droit international privé a rompu avec cette méthode, en prenant en considération l'évolution de la situation des époux entre le jour de la célébration du mariage et le jour de la saisine du juge. Cette évolution a été étendue en droit tunisien même aux obligations respectives des époux soumises, en cas de défaut de nationalité commune, à la loi du dernier domicile commun des époux[837].

435. Alors qu'en droit tunisien ce procédé est récent, l'application de la nouvelle loi a ainsi été envisagée par la jurisprudence française bien

[835] Tribunal de 1re Instance de Tunis du 8 janvier 1975, *Revue Tunisienne de Droit,* 1979. I, p. 122.
[836] Cour d'appel de Tunis, arrêt n° 56468 du 25 décembre 1963, *R.J.L.*, 4-1964, p. 66, *J.D.I.,* 1968, p. 123, *chron*, M. CHARFI.
[837] Article 47 du CDIP.

avant la réforme de 1975 et maintenue depuis. L'actualisation du rattachement avait été prévue par la jurisprudence depuis l'arrêt *Ferrari* du 6 juillet 1922[838], dans lequel la Cour avait pris en considération le changement du critère de rattachement[839]. Bien que la règle de conflit de lois qui était insérée dans l'article 309 du Code civil ne donnait aucune solution quant au changement du critère de rattachement, la jurisprudence française avait maintenu sa position antérieure en optant pour l'actualisation du critère de rattachement. Ainsi, ce dernier s'apprécie « au jour de l'introduction de la demande en divorce »[840], ni antérieurement ni postérieurement. C'est à cette date qu'il faut se placer pour de déterminer le critère de rattachement. Dans le cas contraire, évaluer la situation des époux avant l'introduction d'instance reviendrait à soumettre la dissolution de leur lien conjugal à une loi qui n'a plus aucun lien avec les époux, sous prétexte que cette dernière serait celle de l'ancienne localisation du lien matrimonial hormis l'extinction de ces liens. Tandis qu'apprécier la situation des époux au moment du prononcé du divorce, même si elle coïncide avec la situation actuelle et probablement même future des époux, revient à les soumettre à un ordre juridique qui n'existait pas au moment de la communauté de vie conjugale. Or, même si le divorce n'est qu'une rupture du lien conjugal, il est la conséquence de l'existence d'une vie commune qui, de ce fait, ne peut s'apprécier en dehors de ce lien.

436. La solution diffèrera quelque peu en France lors de l'application du règlement Rome III. En effet, lorsque la loi applicable résulte de l'option de droit, elle s'applique tant que les intéressés n'ont pas décidé de lui substituer une loi qui coïncide avec leur nouvelle situation et ce, afin de respecter la prévisibilité fondée sur la volonté des parties. Dans ce cas, il n'est pas assuré que la loi choisie coïncide avec la situation actuelle des époux. Par contre, ce qui est indéniable c'est que cette loi est celle qui est la plus prévisible pour les parties. En l'absence de choix de loi applicable par les parties, l'article 8 du règlement prévoit l'application de la loi de la résidence habituelle des époux au moment de la saisine du juge. A défaut de résidence habituelle commune, c'est la loi de l'ancienne résidence des époux qui s'applique à leur divorce, « pour autant que cette

---

[838] Civ. 6 juillet 1922, *Rev. crit. DIP.*, 1922, p. 444, rapport A. COLIN, *J.D.I.*, 1922, p. 714, *DP.*, 1922. 1, p. 137, *S.*, 1922, p. 5, note G. LYON-CAEN, *GAJFDIP*, n° 12.

[839] P. COURBE, « Divorce et conflit mobile », in Mélanges Dominique Holleaux, Litec, 1990, p. 69 et s., spéc. p. 75 et 76, n° 11.

[840] Civ. 1re, 17 juillet 1980, *J.D.I.*, 1981, p. 75, note M. SIMON-DEPITRE ; *JCP*, 1982. II. 19717, note P. COURBE.

résidence n'ait pas pris fin plus d'un an avant la saisine de la juridiction et que l'un des époux réside encore dans cet Etat au moment de la saisine de la juridiction ». L'ancienne résidence commune, n'ayant pas pris fin il y a plus d'un an, elle ne coïncide certainement pas avec la situation actuelle des deux parties, mais elle n'y est pas très éloignée car elle l'était il y a moins d'un an et de plus, elle demeure celle d'au moins l'une d'entre elles.

437. L'actualisation du critère de rattachement s'étend parfois même à des domaines où la règle de conflit est imprégnée de soucis de faveur, l'emportant ainsi sur le résultat espéré[841], lorsque le critère de rattachement retenu est la résidence habituelle ou le domicile.

438. Les règles de conflit engagées relatives à l'obligation alimentaire envers les enfants tant en droit français qu'en droit tunisien prennent en considération l'évolution de la situation dans le temps en dépit de la faveur qui les anime. Tout en admettant des rattachements en cascade afin de favoriser l'obtention d'aliments, le Protocole de La Haye de 2007 résout le problème du conflit mobile du rattachement à la résidence habituelle par l'application automatique de la loi de la nouvelle résidence habituelle du créancier en cas de changement de cette dernière, nonobstant le résultat défavorable auquel conduirait son application. Les rédacteurs du Protocole ont privilégié comme pour la Convention de La Haye de 1973 la concrétisation du rattachement[842] au résultat espéré. L'article 3 du Protocole prévoit dans son paragraphe 1er que « sauf disposition contraire du Protocole, la loi de l'Etat de la résidence habituelle du créancier régit les obligations alimentaires ». Le second paragraphe du même article précise qu' « en cas de changement de la résidence habituelle du créancier, la loi de l'Etat de la nouvelle résidence habituelle s'applique à partir du moment où le changement est survenu ». Même si l'article 51 du CDIP ne précise pas que le choix du domicile de l'un des intéressés ne peut concerner que le domicile au moment de la saisine du juge, les dispositions générales de l'article 29 du CDIP relatives au conflit mobile renvoient à cette interprétation. S'agissant de se prononcer sur l'existence ou bien sur les effets présents d'une obligation

---

841 *Contra*, l'arrêt *Verdier*, Civ. 1re, 5 décembre 1949, *Rev. crit. DIP.*, 1950, p. 65, note H. MOTULSKY, *J.D.I.*, 1950, p. 180, note B. GOLDMAN, *JCP*, 1950. II. 5287, note G.-R. DELAUME.

842 P. COURBE, « *Divorce et conflit mobile* » *précit.*, p. 80, n° 18.

alimentaire, le nouveau critère assurera cette fonction[843]. Cette solution s'étend à l'attribution de la garde des enfants lorsque la loi la plus favorable à l'enfant s'avère être celle de son domicile.

439. Il en va de même en matière de protection des personnes en France. Les conventions internationales relatives à la protection des mineurs et des adultes en vigueur, optent pour une concrétisation du rattachement retenu particulièrement lorsqu'il s'agit d'un rattachement à la résidence. La Convention de 1996 correspondant à la protection des enfants, par ses articles 15 alinéa 3[844] et 16 alinéa 4[845], de même que l'article 5 paragraphe 2 de la Convention sur la protection des adultes de 2000, adoptent cette solution en retenant le principe de l'application de la loi de la nouvelle résidence habituelle. Les exceptions[846] à ce principe, motivées par la volonté d'harmoniser deux mesures successives et de coordonner l'intervention des différentes autorités[847], sinon prévues pour faire obstacle à un changement frauduleux de la résidence[848], ne sont que des mesures transitoires. Lesdites mesures sont commandées par la conjoncture ponctuelle coïncidant avec l'objectif des conventions, vouées à l'actualisation du rattachement. Ainsi, l'actualisation de

---

843 A. MEZGHANI, *Commentaire du Code de Droit International Privé*, CPU, 1999, p. 64.

844 Article 15 alinéa 3 « En cas de changement de la résidence habituelle de l'enfant dans un autre Etat contractant, la loi de cet autre Etat régit, à partir du moment où le changement est survenu, les conditions d'application des mesures prises dans l'Etat de l'ancienne résidence habituelle ».

845 Concernant l'exercice de la responsabilité parentale de plein droit, l'article 16 § 4 de la Convention de 1996 prévoit qu' « en cas de changement de la résidence habituelle de l'enfant, l'attribution de plein droit de la responsabilité parentale à une personne qui n'est pas déjà investie de cette responsabilité est régie par la loi de l'Etat de la nouvelle résidence habituelle »

846 Pour ce qui est des exceptions à l'actualisation du rattachement dans les Conventions de La Haye de 1961 et 1996, voir E. GALLANT, *Responsabilité parentale et protection des enfants en droit international privé*, *Defrénois*, 2004, p. 241-248 ; Quant aux limites de l'intervention des autorités et de la loi de la nouvelle résidence habituelle lors de la protection des adultes par le maintien de la compétence des mesures prises par les autorités de l'ancienne résidence habituelle de l'adulte, voir P. LAGARDE, « La Convention de La Haye du 13 janvier 2000 sur la protection internationale des adultes », *Rev. crit. DIP.*, 2000, p. 173.

847 Il s'agit dans ce cas de préparer le passage d'une protection à une autre afin d'éviter une modification subite, totale et brutale des mesures de protection dont les effets seraient contraires à l'intérêt de la personne à protéger. Cette articulation recommande le maintien de la compétence des autorités de l'ancienne résidence habituelle du mineur et les mesures qu'elles ont prises, jusqu'à leur modification par les autorités de la nouvelle résidence.

848 Il est question dans ce cas des déplacements illicites d'enfants.

l'élément de localisation s'étend dans la Convention de 1996 même à l'attribution de plein droit de la responsabilité parentale qui, selon l'article 17 est soumise à la loi de la nouvelle la résidence habituelle du mineur en cas de changement de la résidence habituelle de l'enfant. Seule est exclue de l'actualisation du rattachement, l'attribution ou l'extinction d'une responsabilité parentale par accord ou acte unilatéral sans intervention judiciaire ou administrative. Ces différentes questions demeurent sous l'égide de la résidence habituelle du mineur au moment où l'accord ou l'acte unilatéral prend effet[849]. Cependant, cette exception est limitée, comme l'a soulignée Mme GALLANT[850], à l'attribution de la responsabilité parentale de plein droit. La loi de la nouvelle résidence habituelle du mineur prendra la relève dès lors qu'il n'est plus question de la désignation des titulaires des rapports *ex lege*, mais de l'exercice de cette prérogative.

440. L'actualisation du critère de rattachement assure un minimum de concordance entre la proximité spatiale et la proximité temporelle, qui vont de pair. Toutefois, ce principe connaît certaines limites fixant la localisation dans le temps, nonobstant les éventuelles conséquences contradictoires avec l'effectivité des solutions.

B. Les limites à l'adaptation

441. Ces limites sont de deux types : elles sont soit imposées par le critère de rattachement choisi (1), soit imposées par la règle de conflit (2).

1. Les limites imposées par la nature du critère de rattachement

442. Contrairement à la résidence habituelle qui requiert pour l'acquisition d'une nouvelle résidence la perte de la première, l'acquisition d'une nouvelle nationalité n'engendre généralement pas la perte de la première nationalité. Ainsi, le conflit mobile lors de l'acquisition d'une nouvelle nationalité ne se résume pas dans le choix entre un critère qui

---

849 Article 16 § 2 de la Convention de 1996.
850 E. GALLANT, *op. cit.*, p. 246, n° 403.

n'est plus d'actualité et un critère nouveau, mais entre deux rattachements, opérables en même temps. Le facteur temps n'est généralement d'aucune influence sur la nationalité d'origine. Aussi, la dernière nationalité acquise n'est pas forcément celle des liens les plus étroits. Le choix est par conséquent plus délicat en raison de l'omniprésence des deux nationalités et donc de l'actualité des deux. La réponse doit être recherchée sur le terrain de l'effectivité et non pas sur celui de l'actualité. Dans ce cas, le conflit de nationalités étrangères est résolu en principe par l'application de la nationalité la plus effective, bien que le plus souvent celle-ci coïncide avec la dernière nationalité acquise. Le conflit de nationalités en présence de celle du for est en revanche, tranché par une application presque systématique de celle du for, et ce malgré les quelques exceptions[851] prévues aussi bien en droit tunisien qu'en droit français.

2. Les limites imposées par la règle de conflit

443. Les exceptions à l'actualisation du critère de rattachement sont de deux genres. Les unes sont expressément prévues dans la règle de conflit (a) et les autres sont déduites de l'esprit même de la règle (b).

a. Les limites à l'actualisation explicitement prévues dans la règle de conflit

444. Deux limites à l'actualisation du critère de rattachement sont explicitement prévues dans les règles de conflit. La première concerne l'établissement de la filiation (α), tandis que la deuxième se rapporte aux cas d'existence de liens étroits entre deux affaires différentes (β).

[851] *Supra*, n° 58.

α. La limite à l'actualisation du critère de rattachement prévue en matière de filiation

445. Afin d'éviter les incertitudes qui régnaient avant la réforme de 1972 quant au choix du rattachement de la filiation en cas de conflit mobile[852], le législateur français a pris le soin de donner une précision temporelle du rattachement de principe en la matière, le fixant au moment de la naissance de l'enfant. Ainsi, l'article 311-14 du Code civil prévoit la fixité dans le temps du rattachement au jour de la naissance de l'enfant. L'inconvenance de la précision temporelle du rattachement associée à l'inadaptation du choix spatial conduit à une localisation doublement éloignée. La loi nationale de la mère ne semble pas être la plus proche de l'enfant dans l'absolu et encore moins sa loi nationale au jour de sa naissance dans la majorité des cas où les juridictions sont saisies longtemps après la naissance de l'enfant. La solution semble être désapprouvée tant sur le plan matériel que conflictuel.

446. La solution est contestée sur le plan matériel puisqu'elle marque un certain recul par rapport à la jurisprudence antérieure consacrant en cas de conflit mobile une faveur pour le rattachement le plus favorable à l'établissement de la filiation[853], permettant à l'enfant d'invoquer la loi nouvelle[854] lorsque ses dispositions lui étaient plus favorables[855]. Or, la nouvelle solution prévue par l'article 311-14 du Code civil ne laisse plus la possibilité d'un choix[856]. Seule la loi nationale de la mère au jour de la naissance de l'enfant, nonobstant ses dispositions défavorables à l'établissement de la filiation, sera déclarée compétente.

---

[852] M. SIMON-DEPITRE et J. FOYER, *Le nouveau droit international privé de la filiation*, Librairies Techniques, 1973, p. 47, n° 67 ; P. BOUREL et H. MUIR WATT, « Filiation », *J-Cl.*-5, 1999, n° 168 et s.

[853] Arrêt *Verdier*, Civ. 1re, 5 décembre 1949, *Rev. crit. DIP.*, 1950, p. 65, note H. MOTULSKY, *J.D.I.*, 1950, p. 180, note B. GOLDMAN, *JCP*, 1950. II. 5287, note DELAUME.

[854] La loi de 1972 a ainsi supprimé le choix de la loi la plus favorable à l'établissement de la filiation entre celle existant au jour de la naissance de l'enfant et la nouvelle loi.

[855] I. FADLALLAH, *La famille légitime en droit international privé* (*Le domaine de la loi applicable aux effets du mariale*), Dalloz, 1977, p. 276-277, n° 304.

[856] A. HUET, « Les conflits de lois en matière d'établissement de la filiation depuis la loi du 3 janvier 1972 », in *Les conflits de lois en matière de filiation en droit international privé français, allemand et suisse*, L.G.D.J., 1973, p. 60 et s.

447. Elle est aussi désapprouvée sur le plan conflictuel puisque la loi nationale de la mère au jour de la naissance de l'enfant peut être dépourvue de tout lien avec la situation actuelle de l'enfant. Pourtant, elle demeure applicable. Ainsi, la filiation d'un enfant né et résidant en France, de parents résidant en France et dont seule la mère était étrangère au moment de sa naissance et qui par la suite a acquis la nationalité française tout comme son enfant, demeure soumise à la loi étrangère de la mère. Pourtant, la situation ne présente plus aucun élément d'extranéité (toutes les parties sont françaises et résident en France) et elle est totalement insérée dans l'ordre juridique français. Malgré cela, la loi étrangère de la nationalité de la mère au jour de la naissance de l'enfant régit la situation, même si elle s'avère en l'espèce celle des liens les moins étroits. Figé au jour de la naissance de l'enfant, le rattachement de la filiation n'a plus aucun lien avec la situation actuelle, ni de l'enfant, ni de sa mère. Les éventuelles justifications de la proximité d'un tel rattachement qui trouvaient appui sur la coïncidence temporelle entre la demande d'établissement de la filiation et la naissance de l'enfant, ne se justifient plus. La fixation du rattachement s'explique plus aisément en matière de filiation légitime, étant donné que c'est au jour de la naissance qu'il convient d'établir l'existence d'un mariage[857]. Dans le cas de légitimation par mariage subséquent ou légitimation *post nuptias*, c'est soit au jour de la célébration du mariage soit au jour de la reconnaissance de l'enfant qu'il faut se référer. Par ailleurs, lorsqu'il qu'il est question d'admettre la légitimation de l'enfant ou l'établissement de la filiation naturelle, la fixité n'a aucun sens. L'actualisation du rattachement recommande dans ce cas sa mutabilité en raison de l'apparition d'un nouveau critère exprimant la localisation la plus étroite de la relation de droit par rapport à son principal intéressé qui est l'enfant : à savoir sa nationalité ou bien sa résidence habituelle. Du moment que plus aucune distinction n'existe en droit français entre filiation légitime et filiation naturelle, rien n'empêche par conséquent que la règle de conflit suive l'évolution temporelle de la situation de droit. Dans ce cas, seule la mutabilité du rattachement conduit à la localisation spatio-temporelle la plus étroite de la relation de droit.

448. Dans l'attente de l'intervention du législateur en faveur de l'actualisation du rattachement, c'est la jurisprudence qui s'en charge

---

[857] M. SIMON-DEPITRE et J. FOYER, *Le nouveau droit international privé de la filiation*, Librairies Techniques, 1973, p. 48-50, n° 70.

actuellement à travers la mise en œuvre de l'ordre public de proximité[858]. Son intervention se rapproche d'une mutabilité du rattachement en faveur de l'ordre juridique du for lorsque ce dernier s'avère le plus proche. Cette exception limite l'actualisation du rattachement au seul profit de l'ordre juridique du for. Elle la conditionne aussi à la contrariété des dispositions de la loi étrangère à l'ordre public. Alors que la relation est exclusivement localisée dans l'ordre juridique français, la loi étrangère de la mère au jour de la naissance de l'enfant demeurera applicable tant que ses dispositions ne se sont pas avérées contraires à l'ordre public du for. L'arrêt de la première chambre civile de la Cour de cassation du 3 novembre 1988[859], prononcé à une époque où l'ordre public se limitait en matière de filiation à l'attribution de subsides à l'enfant, avait affirmé la compétence de la loi algérienne de la nationalité de la mère au jour de la naissance de l'enfant qui prohibe l'établissement de la filiation. Pourtant, la mère et l'enfant étaient devenus français et résidaient tous les deux en France. La Cour avait rejeté l'action en recherche de paternité, en raison de la non contrariété à l'ordre public français de l'époque des lois étrangères qui prohibent l'établissement de la filiation sauf dans ses dispositions refusant le droit aux subsides. Le seul enracinement de la relation dans l'ordre juridique français ne suffit donc pas à rendre la loi du for applicable, il faudrait en plus que les dispositions de la loi étrangère soient contraires à l'ordre public du for.

β. La limite due à l'interdépendance entre les relations de droit

449. De par les liens étroits entre deux relations juridiques, il est fréquent de les regrouper et les soumettre à un même et unique ordre judiciaire et législatif. Bien que les litiges concernent des matières différentes et autonomes, un seul ordre juridique s'appliquera aux différentes relations de droit en raison de leur interdépendance. Cette dernière se manifeste en matière de conflit de juridictions par la « connexité ». Elle est justifiée par des raisons de commodité ou de bonne administration de la justice, recommandant que le juge saisi en premier statue sur les affaires connexes à des actions pendantes devant

---

858 Voir, J. FOYER note sous Civ. 1re, 10 février 1993, *Rev. crit. DIP.*, 1993, p. 620 et s., spéc. p. 625.

859 Civ. 1re, 3 novembre 1988, *Rev. crit. DIP.*, 1989, p. 495, note J. FOYER, *J.D.I.*, 1989, p. 703, note F. MONEGER.

les juridictions du for. Cela évite que des décisions contradictoires et inconciliables soient prononcées par deux juridictions différentes. Il est question dans ce cas non seulement de lien matériel entre les deux litiges, mais aussi de lien temporel étroit entre les différentes demandes, engendrant soit l'extension de la compétence des autorités qui ne le sont pas normalement, soit au contraire le dessaisissement des autorités ordinairement compétentes. Le lien temporel entre les deux affaires se manifeste en droit tunisien par les conditions posées par l'article 7 du CDIP pour l'extension des compétences des juridictions du for imposant l'existence d'actions « connexes » à des affaires « pendantes » devant les tribunaux tunisiens[860]. Il se manifeste en plus en France, par le dessaisissement des autorités du for en cas d'existence « de deux instances en cours, faisant ressortir entre elles un lien de nature à créer une contrariété »[861]. De toute évidence, le lien entre les deux rapports de droit est l'une des conditions primordiales exigées pour le saisissement ou le dessaisissement du juge du for. Cependant, le lien n'est pas uniquement un lien matériel, il doit être aussi temporel. Ce dernier est justifié par l'existence d'une première action pendante devant une juridiction ayant une relation étroite avec la deuxième action intentée.

450. Transposée au règlement des conflits de lois, la solution requiert que soit appliquée une même loi à plusieurs situations juridiques différentes. Au motif qu'elles sont si étroitement liées, il est donc nécessaire de les soumettre à un même ordre législatif.

451. Cependant, il arrive que l'unité des matières sous un même ordre juridique ne soit conditionnée qu'à l'unité matérielle, sans inclure l'unité temporelle requise en matière de conflit de juridictions. Cette dérogation à la condition temporelle ne saurait remettre en cause la localisation de la relation de droit à l'ordre juridique le plus proche lorsque les deux relations sont interdépendantes. La soumission de l'une d'elles à l'ordre le plus proche concorderait en cas d'unité des rattachements à la soumission de l'autre au système le plus étroitement lié. C'est dans ces conditions que l'article 52 du CDIP prévoit que « la contestation de la filiation est soumise à la loi en vertu de laquelle celle-ci est établie ». Comme la contestation de la filiation ne constitue pas une institution autonome, elle serait par conséquent rattachée à l'institution dont elle

[860] Selon l'article 7 du CDIP, « les tribunaux tunisiens sont compétents pour connaître des actions connexes à des affaires pendantes devant les tribunaux tunisiens ».
[861] Civ. 22 juin 1999, *Rev. crit. DIP.*, 2000, p. 42, note G. CUNIBERTI.

dépendrait, qui n'est autre dans ce cas que l'établissement de la filiation, nonobstant l'intervalle de temps qui séparerait l'établissement de la filiation de sa contestation. Garantissant par là « l'unité du régime juridique applicable à la même question »[862] et l'homogénéité des solutions de situations très adjacentes, il n'est pas question dans ce cas d'une actualisation du rattachement puisque la contestation de la filiation découle de son établissement et que les deux questions relèvent d'une même institution qui est la « filiation ».

452. Tout autre est le cas des matières qui, quoique étant la conséquence d'autres institutions, s'en détachent pour devenir autonomes, telles que la garde et l'obligation alimentaire. Ces questions de droit résultent certes d'une autre situation juridique préalable (lien de parenté ou lien matrimonial), mais dont la dépendance ne sert qu'à identifier l'existence du droit. L'autonomie de ces relations de droit n'empêche pas qu'elles soient réunies sous le même ordre juridique, mais l'unité ne doit pas être absolue. Elle devrait se limiter aux hypothèses respectant les conditions de connexité, à savoir le lien étroit entre des relations de droit en plus de la coïncidence temporelle de la résolution des différentes questions. Or, si cette dernière condition est présente lorsqu'il s'agit de se prononcer sur la garde d'un enfant ou l'obligation alimentaire au moment de la dissolution du lien conjugal – ce qui permet de les réunir sous un même ordre juridique–, il en est autrement lorsque chaque question est posée indépendamment l'une de l'autre et qu'il s'agit de les régler séparément. L'unité de la loi applicable, dans ce cas, va à l'encontre de l'actualisation du rattachement et de la localisation la plus proche de la relation de droit.

453. Pourtant, la cristallisation du rattachement résultant de l'unité de la localisation de matières étroitement liées s'étend parfois en droit tunisien à des situations où il n'est pas recommandé de laisser de côté l'actualisation du rattachement de la relation de droit. Cette solution est prévue en matière de garde d'enfants, ainsi que d'obligations alimentaires entre époux. Concernant la garde d'enfants, le législateur tunisien laisse au juge le soin d'appliquer la loi la plus favorable à l'enfant entre celle de sa nationalité, de son domicile ou bien celle en vertu de laquelle le lien matrimonial a été dissous[863]. Si cette dernière s'avère plus favorable à l'enfant, le juge la retiendra. En matière d'obligations alimentaires entre

862 A. MEZGHANI, p. 128.
863 Selon l'article 50 du CDIP.

époux, le législateur impose l'application de la seule loi de la dissolution du lien conjugal[864]. Ces deux solutions font obstacle à la localisation la plus proche de la relation de droit, à chaque fois que la réglementation de la question principale surgit postérieurement à la réglementation de la question préalable. Même si les liens qui existent entre le prononcé du divorce et les effets qui s'ensuivent telles que la garde des enfants et l'obligation alimentaire entre époux vont dans le sens d'une unité du rattachement, l'unité n'est pas absolue. Les deux matières finissent sous l'effet du temps par acquérir une certaine autonomie. Pourtant la loi applicable aux obligations alimentaires entre époux demeure toujours unique et invariable en droit tunisien étant donné qu'elle est soumise à la loi en vertu de laquelle le lien matrimonial a été dissous. La même solution est reprise de manière différente dans le Protocole du 23 novembre 2007 sur la loi applicable aux obligations alimentaires applicable en France.

454. De prime à bord, l'article 3 du Protocole prévoit l'application de la loi de la résidence habituelle du créancier pour régir l'obligation alimentaire des époux. L'alinéa 2 du même article prescrit l'actualisation du rattachement par l'application de la loi de la nouvelle résidence habituelle du créancier d'aliments. Une exception à ce principe s'ensuit dans l'article 5 du même Protocole et concerne l'obligation alimentaire entre époux. L'exception écarte par là l'application de l'article 3 « lorsque l'une des parties s'y oppose et que la loi d'un autre Etat, en particulier l'Etat de leur dernière résidence habituelle commune, présente un lien plus étroit avec le mariage ». Dans ce cas, la compétence de la loi de la résidence habituelle est délaissée au profit de la loi qui présente des liens plus étroits avec le mariage. Or, le plus souvent cette dernière, tout comme la loi de la dernière résidence habituelle commune des époux, coïncide avec celle de la dissolution du lien conjugal. Par rapport au droit tunisien, la dérogation à l'actualisation dans le Protocole dépend de la contestation par l'une des parties de l'application de la loi prévue par l'article 3 du Protocole et de l'existence d'une loi ayant des liens plus étroits avec le mariage. Cependant, en pratique, la première condition laisse peu de chance à l'application de l'article 3, puisque les intérêts des parties divergeront souvent, incitant ainsi l'une des parties à contester la soumission de leur litige à la loi de la nouvelle résidence habituelle, pour conclure à la compétence de la loi des liens les plus proches du mariage à

---

864 Selon l'article 51 du CDIP.

savoir dans la plupart des cas, la loi du divorce. En définitive, c'est la loi du divorce qui régira le plus souvent l'obligation alimentaire entre époux.

455. Motivée par les besoins de prévisibilité, de cohérence et de sécurité juridique, la solution empêcherait que, « sous prétexte d'un changement de nationalité ou de domicile »[865], la pension alimentaire des époux passe d'un régime à un autre[866]. Pourtant, l'obligation alimentaire est ce qu'il y a de plus variable et instable. Elle change en fonction de la modification de la situation pécuniaire des époux. La variation de la situation des protagonistes est aussi susceptible de remettre en cause toute cette prévisibilité, en augmentant, en diminuant ou bien même en supprimant l'obligation [867]. Pourquoi alors vouloir maintenir la prévisibilité aux dépens de la concrétisation lorsqu'il s'agit d'une modification de la situation spatiale des époux, alors même que cette modification s'avère parfois d'une importante influence sur la situation pécuniaire des parties ? Pourquoi aussi ce souci est-il délaissé dès lors qu'il ne s'agit plus de régler l'obligation alimentaire entre époux ? La faveur ne prime-t-elle pas en dehors des obligations entre époux sur toute autre recommandation ? La prévisibilité, la cohérence et la sécurité juridique ne céderaient-elles pas devant le résultat recherché, qui prévaut à toute logique de prévisibilité et même de concrétisation du rattachement en matière d'obligation alimentaires ne concernant pas les époux ?

---

865 P. COURBE, « Divorce et conflit mobile », Mélanges Dominique Holleaux, Litec, 1990, p. 79.

866 *Ibid.*

867 Selon M. PELISSIER, « le montant de la pension alimentaire s'accroît ou diminue, selon les besoins personnels du créancier et du débiteur. Le montant de la pension alimentaire s'accroît ou diminue, selon que les besoins personnels du créancier ou les ressources du débiteur s'accroissent ou diminuent. Dans un second sens, la variabilité signifie l'adaptation du montant de l'obligation alimentaire aux variations du coût de la vie. Le montant de la pension ne varie point en même temps que les ressources du débiteur alimentaire ou les besoins du créancier alimentaire. Il varie seulement en cas d'augmentation générale des prix. Dans ce cas, la variabilité a pour but d'adapter le montant de la pension à la situation personnelle des parties. Dans l'autre, elle a pour but de maintenir la pension à sa valeur réelle [...]. Toutes les obligations alimentaires légales sont variables. Il n'existe aucune exception. L'obligation d'entretien est variable comme les autres obligations alimentaires. Même la pension alimentaire allouée à l'époux divorcé, pension à fondement indemnitaire selon la théorie classique, est variable. Elle est susceptible d'augmentation, comme de réduction, après le prononcé du divorce ». J. PELISSIER, *Les obligations alimentaires : Unité ou diversité*, Préface de R. NERSON, L.G.D.J., 1961, p. 295 et 298.

b. Les limites à l'actualisation inspirées des objectifs de la règle de conflit

456. La promotion d'un résultat matériel déterminé apparaît comme le principal objectif de certaines règles de conflit, notamment lorsqu'il est question de la protection d'une partie considérée faible par le législateur. Le souci d'aboutir à un résultat déterminé, prime dans ces cas sur la recherche de la proximité. Parfois, ce souci est favorisé par la localisation spatiale et d'autres fois, par la localisation temporelle du rapport de droit. A la faveur du rattachement spatial le plus convenable à l'objectif de la règle de conflit, s'associe aussi une faveur à l'égard du rattachement temporel le plus propice au but du texte. Dans ce cas c'est vers une règle de conflit doublement éloignée que le législateur s'oriente.

457. Afin de faire profiter l'enfant de la loi qui respecte le mieux ses intérêts en matière de garde, le législateur tunisien a multiplié les rattachements pouvant la régir. Le juge appliquera la loi la plus favorable à l'enfant, entre la loi en vertu de laquelle le lien matrimonial a été dissous, la loi nationale de l'enfant ou encore la loi de son domicile[868]. Dans cette règle de conflit, c'est en effet le rattachement à la loi de la dissolution du mariage qui suscite des critiques, en raison du caractère provisoire des décisions rendues en la matière. Si ce critère semble en étroite liaison avec la garde de l'enfant lorsque la question se pose au moment de la dissolution du mariage, il en est autrement toutes les fois qu'il s'agit de la révision de ce droit. Or, aucune décision prise en la matière n'est immuable. Elles sont toutes susceptibles de révision. Celle-ci n'est que la conséquence de l'intérêt de l'enfant, qui nécessite une réévaluation de sa protection en fonction de la modification de certaines données. Si la révision de l'intérêt de l'enfant se fait par l'application de la loi de la dissolution du lien conjugal, cela veut dire que son actualisation, se fait par rapport à un rattachement qui n'est plus d'actualité. La loi de la dissolution du lien conjugal n'est plus dans ce cas en concordance avec les liens temporels effectifs de l'enfant. Combien même cette loi ne correspond plus ni à la proximité temporelle, ni à la proximité spatiale de l'enfant, elle régira sa garde si ses dispositions garantissent mieux que les autres lois en concurrence l'intérêt de l'enfant.

458. L'alternative qui permet l'application d'une loi en discorde avec, la localisation temporelle et spatiale de la garde, est ouverte par le

---

868 Article 50 du CDIP.

législateur même. Spatialement et temporellement éloignée, des inquiétudes surgissent quant au sort de la solution à laquelle parviendra le juge tunisien dans ce cas, notamment lors de sa reconnaissance à l'étranger. La solution rendue sera forcément la plus favorable à la partie protégée. Toutefois quelle valeur aura cette décision si elle est appelée à traverser les frontières ? Il est question dans ce cas d'une redéfinition de la règle de conflit à coloration matérielle. Son objectif ne devrait pas se limiter au prononcé de la décision la plus favorable abstraitement, vouée dans la plupart des cas à des obstacles lors de sa reconnaissance à l'étranger en raison de l'irréalisme du rattachement adopté, mais d'une décision dont le résultat concret serait suffisamment favorable dès lors qu'elle puisse produire ses effets[869].

459. Afin de remédier à ces difficultés, il est essentiel qu'il y ait une possibilité d'ajuster le résultat de la règle de conflit aux besoins concrets de la situation. Pour cela, une règle de conflit souple laissant une marge de manœuvre tant au juge qu'aux parties pour rétablir la proximité au cas concret est nécessaire. C'est donc au regard de l'impérativité de la règle de conflit que se pose la question de l'éventuelle correction du résultat de la règle de conflit.

Section II : L'impérativité de la règle de conflit en matière familiale

460. En fonction de la spécificité de la relation de droit, ou bien aux vues de la réalité d'une société, un rattachement peut trouver différents fondements. Les rattachements de principe retenus dans les différents systèmes étudiés reflètent, à première vue, un rattachement de proximité préétablie. Toutefois il existe quelques exceptions qui tiennent parfois à une mauvaise appréciation de la proximité ou à une prévalence d'autres fondements. Il n'en demeure pas moins que ce n'est qu'une proximité présumée qui est identifiée par une règle de conflit préconçue. Mme MAYER affirme qu' « à mesure que l'on a pris conscience des liens étroits existant entre le droit des personnes et la vie quotidienne, le droit des rapports de famille est apparu comme un droit concret et individualisé, dont les solutions pouvaient varier en fonction des cas

[869] *Infra*, n° 628.

particuliers ; toute méthode de solution générale devenait inadaptée à ce nouveau droit »[870]. La proximité abstraite posée par la règle de conflit est par conséquent sujette aux bouleversements des situations concrètes. Dans l'impossibilité de prévoir toutes les hypothèses et toutes les combinaisons pouvant naître d'un rapport familial[871] et afin d'éviter de sombrer dans l'imprévisibilité totale lorsque c'est la méthode concrète qui détermine la loi applicable, les règles de conflit devraient s'inspirer des hypothèses les plus répandues. Elles généraliseraient ainsi leurs solutions, quitte à prévoir des moyens de correction des résultats soit par les parties (Paragraphe I), soit par le juge (Paragraphe II) au cas où il s'avère que l'application de la règle de conflit donne un résultat concret très éloigné de l'inspiration de la règle initiale.

Paragraphe I : La correction de la règle de conflit par les parties

461. La correction est tributaire de la malléabilité de la règle de conflit et de la possibilité d'y déroger afin de pouvoir la corriger. Que la loi applicable ait été choisie par les parties ou bien désignée par une règle de conflit préétablie, elle peut ne pas (ou ne plus) coïncider avec la réalité concrète de la situation. Pour cela, il faudrait que les parties qui ont choisi la loi applicable avant la saisine du juge puissent la modifier. Lorsque le choix n'est pas permis par la règle de conflit, le seul moyen qui reste à la disposition des parties pour décliner les dispositions inappropriées de la règle de conflit est l'accord procédural. Cependant, ce dernier mécanisme est tributaire de la qualification des droits, objet du litige. Or, constituées principalement de catégories de droits dont les parties n'ont pas la libre disposition (A), les règles de conflit en matière familiale sont pour la majorité d'ordre public, restreignant par conséquent toute possibilité de correction, quelle que soit son origine (B).

---

[870] D. MAYER, « Evolution du statut de la famille en droit international privé », *J.D.I.*, 1977, p. 447 et s., spéc. p. 469.

[871] Même dans ces cas, comme le souligne M. BUCHER, « le législateur ne peut pas diversifier les rattachements en fonction de toutes les particularités susceptibles de se manifester dans les relations internationales de droit privé », A. BUCHER, *Le couple en droit international privé*, Helbing & Lichtenhahn Bâle. Genève. Munich et L.G.D.J., Paris, 2004, p. 16 et 17, n° 36.

A. La nature des droits litigieux

462. En fonction de la nature des droits litigieux, la solution diffère dans les systèmes français et tunisien. Si dans les deux pays, la règle de conflit est d'ordre public aussi bien pour les parties que pour le juge[872] quand les droits sont indisponibles, et par conséquent, aucun d'eux ne peut y déroger, lorsque la règle porte sur des droits disponibles[873], la solution est différente d'un système à un autre. Elle n'est obligatoire ni pour les parties ni pour le juge, à moins que ces dernières n'aient proclamé de l'appliquer en droit français. En revanche, elle demeure obligatoire pour le juge tunisien tant que les parties n'ont pas manifesté explicitement leur volonté de décliner son application[874]. Le juge est obligé selon la jurisprudence tunisienne de rechercher l'élément d'extranéité[875] et de soulever d'office l'application de la règle de conflit alors même qu'elle n'a pas été invoquée par les parties[876].

---

872 En droit tunisien, c'est l'article 28 du CDIP qui prévoit que « la règle de conflit est d'ordre public lorsqu'elle a pour objet une catégorie de droits dont les parties n'ont pas la libre disposition. Dans les autres cas, la règle est obligatoire pour le juge, à moins que les parties n'aient explicitement manifesté leur volonté de décliner son application ». En France, la jurisprudence a estimé depuis l'arrêt *Coveco* du 4 décembre 1990, (*Rev. crit. DIP.*, 1991, p. 558, note M.-L. NIBOYET-HOEGY, *J.D.I.*, 1991, p. 371, note D. BUREAU, *GAJFDIP*, n° 74-78 ; *Cf.* Civ. 1re, 11 février 2009, n° 08-10.387, *JurisData* n° 2009-046984, *JCP*, éd. G, 2009, p. 105, *obs.* E. CORNUT), qu'il « incombe au juge français, pour les droits indisponibles, de mettre en œuvre la règle de conflit de lois et de rechercher le droit désigné par cette règle ».

873 Dans certaines décisions tunisiennes, les juridictions de fond n'ont pas soulevé l'application de la règle de conflit alors que l'élément d'extranéité était évident et a été rappelé par les juges et ce même, en matières qualifiées d'ordre public et où les parties n'ont pas la libre disposition de leurs droits. Voir en ce sens, la jurisprudence citée par L. CHEDLY, « L'office de juge et la règle de conflit (Deux ans après l'entrée en vigueur du Code de droit international privé) », in *Le Code tunisien de droit international privé : Deux ans après*, CPU, 2003, p. 97 et s., spéc. p. 100 et s.

874 R. BOUKHARI, « Réflexions sur la nature de la règle de rattachement », in *La diversité dans le droit*, Mélanges offerts à la Doyenne Kalthoum MEZIOU-DOURAI, CPU 2013, p. 167 et s, spéc., p. 179.

875 Le juge doit même chercher d'office l'élément d'extranéité selon un jugement du tribunal de première instance de Tunis n° 33005 du 27 juin 2000 (M. GHAZOUANI, « Sommaire...» *précit.*,) prévoyant que « le tribunal procède d'office à la recherche de l'élément d'extranéité ; celui-ci peut prendre la forme du domicile de l'épouse à l'étranger pour un couple tunisien et dont l'époux est domicilié en Tunisie ».

876 L. CHEDLY, « L'office de juge et la règle de conflit (Deux ans après l'entrée en vigueur du Code de droit international privé) », in *Le Code tunisien de droit international privé Deux ans après*, CPU, 2003 *précit.*, p. 99.

463. En dépit de l'évolution qu'a connu le droit interne de la famille tunisien en promouvant le rôle de la volonté des parties dans des domaines bien particuliers, il est toujours constaté que la matière est composée essentiellement de droits indisponibles. Non seulement l'intervention de la volonté des parties n'est que résiduelle mais en plus, la simple intervention de la volonté dans un domaine de droit n'en fait pas systématiquement un droit disponible. Ainsi, la part de la volonté admise en droit interne français et tunisien dans certaines matières, telles que la garde d'enfants ou le divorce, ne fait pas toujours de ces derniers un droit cessible ou aliénable ce qui *a priori*, les prive de la qualification de droit disponible. De récentes décisions confortent cette position en matière de divorce. Alors même que le droit interne laisse aux parties la liberté de consentir à un divorce par consentement mutuel, le divorce est toujours qualifié par les juridictions françaises[877] et tunisiennes[878] comme étant un droit indisponible. Cette affirmation sera cependant plus délicate en France avec la mise en œuvre du règlement Rome III. Le fait que le les parties puissent choisir la loi applicable au divorce peut rendre ce droit disponible[879]. Toutefois, normalement, pour qualifier un droit de disponible ou non, il faut partir du droit interne pour en dégager les conséquences sur l'impérativité de la règle de conflit dans les relations internationales. Il n'est pas possible de déduire de la règle de conflit offrant une grande place à la volonté une nouvelle vertu de la relation de droit. Cependant, il n'est pas exclu qu'une qualification autonome du divorce, avec toutes les conséquences qui en découlent, soit dégagée dans le cadre de l'application du règlement.

464. Ce qui est toutefois étonnant en droit tunisien c'est que, même dans une matière où les parties ont la possibilité de contractualiser et elles sont parfois même encouragées à le faire en droit interne, comme pour l'obligation alimentaire entre époux, il n'est pas évident que, ces

---

877 Dernièrement, la Cour de cassation a affirmé dans son arrêt du 12 janvier 2011, que le divorce entre dans la catégorie des droits indisponibles. Civ. 1re, 12 janvier 2011, *JCP*, éd. G, 2011.449, note L. ABADIE.

878 Tribunal de première instance de Médenine, jugement n° 20103 du 20 octobre 2003, M. GHAZOUANI, « Sommaire… », *précit.* ; Tribunal de première instance de Médenine, jugement n° 20348 du 12 janvier 2004, M. GHAZOUANI, « Sommaire… », *précit.* ; Tribunal de première instance de Médenine, jugement n° 20494 du 1er mars 2004, M. GHAZOUANI, « Sommaire… » *précit.*

879 Selon Mme LARDEUX, « par le règlement […], les causes du divorce passent dans la catégorie des droits dont les parties ont la libre disposition ». G. LARDEUX, « Rome III est mort. Vive Rome III », *D.*, 2011, *chron*, p. 1835 et s., spéc. p. 1839.

mêmes droits soient considérés comme disponibles sur le plan international. La pratique des juridictions tunisiennes conclut à l'assimilation de ces droits aux catégories de droits indisponibles, nonobstant la liberté accordée aux parties en ces matières en droit interne. C'est ainsi que le tribunal de première instance de Tunis[880], dans un jugement prononcé un an et demi après l'entrée en vigueur du Code de droit international privé, avait déclaré que « le mariage, la pension alimentaire et le divorce sont des questions se rapportant aux droits fondamentaux qui sont indisponibles pour les parties, par conséquent, le tribunal est obligé de soulever les règles de conflit y afférant comme une étape nécessaire avant d'arriver au droit applicable ». Le tribunal qualifie la pension alimentaire entre époux ainsi que le divorce de droit indisponible. Pourtant, en droit interne il est admis depuis plus d'un demi-siècle que les époux puissent s'entendre par un commun accord sur leur mode de séparation à travers l'introduction du divorce par consentement mutuel, et sur ses effets comme la pension alimentaire. Plus encore, les époux ont même la possibilité de régler certains effets du mariage en dehors de toute intervention judiciaire. Le tribunal de première instance de Médenine a réitéré la qualification de droit indisponible de l'action en divorce à plusieurs reprises en énonçant chaque fois que « l'action en divorce et ses accessoires forment une catégorie de droits indisponibles, par conséquent la règle de conflit qui lui est applicable est une règle d'ordre public »[881]. A l'évidence, il ne reste plus de matières familiales susceptibles d'être incluses dans les catégories de droits disponibles en droit tunisien. Qualifiées ainsi, les parties ne peuvent plus y déroger par un accord procédural.

465. Dans l'attente d'une modification de la position de la jurisprudence tunisienne relative à la qualification de la nature de certains droits de la famille qui sont à l'heure actuelle en total désaccord avec la liberté individuelle consacrée en droit interne, et d'une clarification de l'influence de la règle de conflit introduisant un choix de loi applicable en France, la règle de conflit en matière familiale extrapatrimoniale demeure pour l'essentiel d'ordre public.

---

[880] Tribunal de première instance de Tunis, jugement n° 33005 du 27 juin 2000, M. GHAZOUANI, « Sommaire... ».

[881] Tribunal de première instance de Médenine, jugement n° 20103 du 20 octobre 2003, *précit.* ; Tribunal de première instance de Médenine, jugement n° 20348 du 12 janvier 2004, M. GHAZOUANI, « Sommaire… » ; Tribunal de première instance de Médenine, jugement n° 20494 du 1er mars 2004, M. GHAZOUANI, « Sommaire…» *précit.*

B. Les effets de la prédominance de droits indisponibles

466. Lorsque les parties n'ont pas la libre disposition de leurs droits, le juge est obligé de soulever d'office l'application de la règle de conflit, même en cas de silence des parties. Il est aussi obligé de soumettre la relation de droit à l'ordre juridique législatif désigné par la règle de conflit. Ni le juge, ni les parties ne peuvent y déroger, ni même la corriger. C'est seulement lorsque le litige porte sur des droits disponibles que les parties peuvent décliner l'application de la règle de conflit. Les titulaires du droit d'option en droit interne bénéficient sur le plan international de cette prérogative, qui prend la forme d'un accord procédural. Cet accord requiert en droit tunisien et ce, contrairement au système français[882] une manifestation explicite de la volonté des parties de décliner la règle de conflit[883].

467. Quant aux effets de l'accord procédural, la doctrine est partagée[884] entre les partisans d'un simple retour à l'application de la loi du for[885] et les partisans d'une extension du domaine de l'accord au choix d'une loi étrangère[886]. Limité à la seule application de la loi du for non désignée par la règle de conflit, il ne servirait la proximité que si la règle de conflit désigne une loi étrangère alors que la loi du for est celle qui présente les liens les plus étroits. Lorsque l'accord est susceptible de désigner aussi bien la loi du for qu'une loi étrangère, ce procédé accomplit mieux sa fonction correctrice. La volonté des parties permet de départager concrètement deux rattachements, à savoir la nationalité ou la résidence habituelle, ayant souvent une égale vocation abstraite à

---

882 M.-L. NIBOYET et G. DE GEOUFFRE DE LA PRADELLE p. 463, n° 678.

883 A. MEZGHANI, p. 62 et 63.

884 C. A. ARRUE-MONTENEGRO, *Autonomie de la volonté dans les conflits de juridictions en droits français et panaméen*, Thèse, Paris II, 2010, p. 348-354.

885 Voir notamment, P. MAYER, « Le juge et la loi étrangère », *Rev. suisse dr. int. eur.*, 1991, p. 481 et s., spéc. p. 489 ; A. MEZGHANI, p. 62, qui assimile le choix d'une loi étrangère non pas à un accord procédural mais plutôt à un accord de fond sur le droit applicable.

886 D. ALEXANDRE, « Les problèmes actuels posés par l'application des lois étrangères en droit international privé français », in *Les problèmes actuels posés par l'application des lois étrangères*, (Actes du colloque austro-franco-germano-suisse de droit international privé comparé des 22 et 23 mai 1986), L.G.D.J., 1988 ; B. FAUVARQUE-COSSON, *Libre disponibilité des droits et conflits de lois*, Préface de Y. LEQUETTE, L.G.D.J., 1996, p. 288-291.

désigner l'ordre juridique le plus étroit en droit de la famille. Ce point de vue, est toutefois très peu défendu.

468. Favorable à l'extension du choix des parties à l'application d'une loi étrangère, Mme FAUVARQUE-COSSON, tout en constatant que « jusqu'à présent, l'accord procédural n'a fonctionné que pour permettre aux parties d'écarter une loi étrangère au profit de la loi française »[887], a clairement exposé que dans les arrêts *Roho*[888] et *Caron*[889] « la généralité des termes employés laissait entendre que la haute juridiction aurait admis le choix d'une loi étrangère »[890]. En l'absence d'une jurisprudence claire en la matière, cette thèse n'est pas exclue en droit français. Malgré cela, il semble difficile d'imaginer que par un accord procédural les parties puissent choisir une loi étrangère et qu'elles aient donc la possibilité de choisir une loi applicable alors que la règle de conflit ne l'autoriserait pas. Cette possibilité impliquerait même un élargissement de l'éventail des lois applicables au-delà de celles prévues par la règle de conflit permettant une option de législation, car rien n'empêcherait dans ce cas les parties de choisir une loi ne figurant pas dans la règle de conflit. La position du législateur tunisien semble claire puisque l'article 28 du CDIP ne permet aux parties que de décliner l'application de la règle de conflit, ce qui implique l'application de la loi du for.

469. Là où l'accord procédural est autorisé, il est possible pour les parties après la naissance du litige d'opter pour l'application de la loi du for. La correction de la règle de conflit par ce mécanisme reste très limitée puisqu'elle sera restreinte aux cas particuliers où la règle de conflit désigne une loi étrangère et que la situation est entièrement rattachée à l'ordre juridique du for. Dans les autres cas, l'accord ne servira aucunement la proximité.

470. La possibilité offerte aux parties de décliner l'application de la règle de conflit ne peut suffire à rétablir dans tous les cas la proximité. D'une part, son domaine d'intervention est très réduit en droit de la famille en raison de la prépondérance des droits indisponibles, d'autre part, ses effets sont très limités et très aléatoires puisque la correction ne

---

[887] B. FAUVARQUE-COSSON, *op. cit.*, p. 279, n° 461.
[888] Civ. 1re, 19 avril 1988, *Bull.* civ., I, n° 104, p. 71, *Rev. crit. DIP.*, 1989, p. 68, note BATIFFOL, *D.*,1988, *somm. comm.*, p. 345, *obs.* B. AUDIT.
[889] Paris, 23 janvier 1990, *Rev. crit. DIP.*, 1991, p. 92, note Y. LEQUETTE.
[890] B. FAUVARQUE-COSSON, *op. cit.*, p. 288, n° 480.

se fait qu'en faveur de la loi du for et n'est pas conditionnée à la localisation de la relation dans l'ordre juridique du for, mais des intérêts des parties. De ce fait, l'intervention du juge serait d'une grande utilité.

Paragraphe II : La correction de la règle de conflit par le juge

471. Principal garant de la bonne application de la règle de conflit et par là même de la coïncidence de la proximité abstraite avec la proximité concrète, c'est au juge que devrait revenir en dernier lieu la correction *in concreto* des résultats de la mise en œuvre de la règle de conflit.

472. En droit tunisien, il est interdit au juge de décliner l'application de la règle de conflit, nonobstant la nature de la matière objet du litige. La règle de conflit est toujours obligatoire pour le juge tunisien[891].

Pour le juge français, la jurisprudence a admis que lorsque le litige se rapporte à des matières où les parties ont la libre disposition de leurs droits, et que ces dernières n'ont pas manifesté leur volonté d'appliquer la règle de conflit, le juge n'est pas tenu de l'appliquer. Incontestablement, il peut par ce procédé décliner l'application de la règle de conflit dans les matières familiales où les parties ont la libre disposition de leurs droits et n'ont pas manifesté leur volonté de l'écarter toutes les fois que la règle de conflit désigne un ordre juridique éloigné. Le résultat d'un tel mécanisme demeure toutefois insuffisant. Non seulement la faculté pour le juge d'écarter l'application de la règle de conflit est restreinte à un cas très particulier de litiges[892], très limités en matière familiale, mais surtout la liberté accordée au juge ne peut intervenir que dans un seul sens : retour à la *lex fori.* En déclinant l'application de la règle de conflit, le juge ne peut pas créer une nouvelle règle. Il ne peut que l'écarter et traiter directement le litige selon les dispositions du droit interne. Nonobstant les éventuels risques d'une systématisation de ce procédé afin d'étendre le champ d'application de la

891 M. BEN LAMINE, « Commentaire de l'article 26 du code de droit international privé », in *La diversité dans le droit*, Mélanges offerts à la Doyenne Kalthoum MEZIOU-DOURAI, CPU 2013, p. 37 et s, spéc., p. 40.
892 Litiges portant sur des droits disponibles.

loi du for[893], la liberté du juge reste limitée à la proximité avec l'ordre juridique du for.

473. Or, c'est au juge que devrait revenir la tâche de s'assurer que la règle de conflit conduit dans son application au rattachement à l'ordre juridique le plus proche, qu'il soit celui du for ou d'un ordre étranger et ce, nonobstant la nature des droits ou la volonté des parties. Pourtant, pareille liberté accordée au juge pour corriger la règle de conflit concrètement demeure justement insuffisante en matière familiale.

---

893 Même s'il est rare que le juge écarte une règle de conflit ayant abouti à l'application de l'ordre juridique le plus étroit pour lui substituer l'application de la loi du for, par simple souci d'étendre son champ d'application.

CONCLUSION DU CHAPITRE SECOND

474. Les législateurs français et tunisien n'ont pas opté pour des règles de conflit très souples en droit de la famille. Or, la rigidité ne permet pas toujours de faire coïncider les dispositions de la règle de conflit avec la réalité de la relation juridique. Les deux systèmes privilégient la fixité du rattachement aussi bien dans le temps que dans l'espace. La fixité du rattachement dans le temps pose le problème de la non coïncidence de la proximité spatiale avec la proximité temporelle. L'immutabilité du critère de rattachement, ainsi que son immobilisation en un temps, perturbent parfois le processus de localisation. Certains critères de rattachements échappent à ces critiques en raison de leur capacité à suivre la relation en tout temps. A l'inverse, d'autres, de par leur nature, ne peuvent s'adapter à l'évolution de la relation dans le temps. Les législateurs et les juges n'ont pourtant pas contribué à autoriser une adaptation temporelle de ces derniers, bien au contraire, ils ont parfois appuyé la rigidité en figeant le critère dans le temps, tout en restreignant la possibilité de la correction de la règle de conflit.

CONCLUSION DU TITRE II

475. Le travail entamé par les systèmes français et tunisien dans l'intégration de la proximité comme fondement de la règle de conflit de lois en matière familiale se trouve parfois concurrencé par d'autres objectifs. Ces derniers se présentent très souvent comme étant aussi importants que celui du rattachement de la relation de droit à l'ordre juridique qui lui est étroitement lié. Cependant, les méthodes sollicitées pour parvenir à ces fins ne sont pas toujours justifiées et l'impérativité auxquelles elles sont associées est sujette à maintes critiques. Les préoccupations de faveur, de prévisibilité ou encore d'impérativité, éloignent parfois la règle de conflit de toute recherche de localisation du rapport de droit dans l'ordre juridique qui lui est proche au point d'en rendre inefficace la méthode utilisée.

CONCLUSION DE LA PREMIERE PARTIE

476. Il est difficile d'émettre une affirmation quant à la nature d'un critère de rattachement détaché de l'environnement socioculturel dans lequel la règle de conflit s'inscrit. La nationalité et la résidence habituelle – les deux principaux rattachements en matière de statut personnel et familial – matérialisent en fonction du système dans lequel ils sont intégrés tant un rattachement de proximité qu'un rattachement de souveraineté. En règle générale, chacun des ordres juridiques français et tunisien est parvenu à identifier le critère qui s'accommode le mieux avec sa conception de la proximité, et a par conséquent dégagé des règles de conflit de lois inspirées de ce principe. Des affinements de certaines règles de conflit dans le but de les adapter à la spécificité des relations juridiques ont même été apportés.

477. Cependant, non seulement la proximité présumée peut être en pratique faussée, mais il arrive aussi que le législateur se désintéresse de la recherche de la localisation de la relation familiale à l'ordre juridique qui lui est étroitement lié, pour lui préférer d'autres préoccupations. Cela peut entraîner l'application à la relation d'une loi qui lui est très éloignée en pratique. L'impérativité de la règle de conflit française et tunisienne en matière familiale ne permet pas aux juges de rétablir la proximité. Cependant, ces derniers n'ont pas hésité dans certains cas à user de quelques mécanismes de droit international privé dans le but de réparer la défaillance de la proximité engendrée par l'application de la règle de conflit de lois. Cette méthode ne peut toutefois régir toutes les hypothèses possibles. Il est essentiel de prévoir une échappatoire permettant de corriger la règle de conflit chaque fois qu'elle désigne un ordre juridique éloigné de la relation de droit.

CONCLUSION DE LA PREMIÈRE PARTIE

[illegible]

[illegible]

SECONDE PARTIE
LA PROXIMITE CORRIGEANT LA REGLE DE CONFLIT DE LOIS

478. Déterminée après une contemplation de différents facteurs sociologiques, culturels, religieux, etc., la règle de conflit en matière familiale, comme toutes les règles de droit élaborées sur des présupposés hypothétiques, présente des défaillances. La diversité des situations juridiques ne peut que compliquer la tâche de l'auteur de la règle de conflit, dont les clairvoyances sont limitées. Lorsque la règle émane du juge, ce dernier a plus de facilité à la manier, l'adapter et la corriger en fonction des situations particulières, quitte à couronner son travail par un revirement jurisprudentiel. Alors que lorsque la règle de conflit émane du législateur, les risques restent toujours les mêmes et les interventions législatives corrigeant ou complétant la règle de conflit ne peuvent intervenir que postérieurement à la réalisation d'une situation particulière. C'est pourquoi PORTALIS prévoyait il y a déjà plus de deux siècles que « l'office de la loi est de fixer, par de grandes vues, les maximes générales du droit : d'établir des principes féconds en conséquence, et non de descendre dans le détail des questions qui peuvent naître sur chaque matière. C'est au magistrat et au jurisconsulte, pénétrés de l'esprit général des lois, à en diriger l'application »[894]. Le travail du législateur ne peut se passer de celui du juge, qui doit le parfaire et l'adapter aux situations particulières. Quel que soit le niveau de perfection que peut atteindre une règle de droit prédéterminée, la complexité des relations concrètes qui se nouent détrompera à un moment ou à un autre les prévisions préétablies. Les relations internationales et tout particulièrement les relations familiales ne sont pas exemptes de ces imperfections. Les législateurs français et tunisien ont essayé de parfaire leur réglementation de la matière afin de l'adapter aux situations particulières. Des règles propres à chaque catégorie dont les fondements se diversifient ont vu le jour. Rares sont celles qui excluent toute concurrence entre les lois pour désigner systématiquement et sans condition l'application à une relation familiale la loi du for ou bien une

---

[894] J. E. M. PORTALIS, « Discours préliminaire du premier projet du Code civil », in *Motifs et discours prononcés lors de la publication du code civil*, Préface de M. MASSENET, Bordeaux, Confluences, 2004, p. 17.

solution substantielle sans passer par une règle de conflit. A aucun moment, les systèmes étudiés n'ont totalement écarté la méthode de la localisation de la relation de droit, bien qu'à ce procédé se sont immiscées d'autres préoccupations telles que la recherche de la justice matérielle, la protection de la souveraineté étatique ou encore l'affirmation du rôle de la volonté dans la résolution des relations familiales internationales. Ce passage obligatoire par un mécanisme départageant le domaine de chaque loi potentiellement applicable témoigne, de la volonté de régir le rapport familial par un ordre avec lequel il présente des liens plus ou moins étroits. Ces liens de rattachement abstraitement évalués se présentent très souvent comme étant en liaison significative avec la relation qu'ils régiront. Toutefois, aussi bien les règles de conflit ayant pour seul fondement la proximité, que celles reposant sur d'autres recommandations qui coexistent avec la proximité, sont susceptibles de s'éloigner concrètement du dénominateur commun de toute règle de conflit à savoir le rattachement de la relation de droit avec l'ordre qui lui est bien lié. Cette hypothèse nécessite une évaluation du résultat de la règle de conflit après son application et si nécessaire, une correction de ses conséquences concrètes. Dès lors que la correction concrète d'une règle de droit ne peut se faire que par celui qui l'appliquera, cette tâche revient donc forcément au juge. Ce dernier doit bénéficier de la possibilité de rétablir la proximité lorsqu'elle est défaillante. Cette prérogative, indispensable au respect de la proximité, n'a pas trouvé écho dans les systèmes de droit international privé de la famille, en raison des craintes injustifiées des conséquences qu'elle peut engendrer. Il n'en demeure pas moins que pour parvenir aux termes du processus d'intégration du principe de proximité il est essentiel que le juge dispose de moyens qui lui permettent de corriger le résultat concret de la règle de conflit quand il s'avère en contrariété avec le rattachement à l'ordre ayant les liens très proches (Titre I). Ce processus doit s'étendre tout autant aux cas de correction matérielle du résultat de la règle de conflit (Titre II), dès lors que les obstacles à la liberté accordée au juge ne sont pas insurmontables, lorsque les prérogatives qui lui sont accordées sont justifiées et bien définies.

TITRE I
LA CORRECTION DU RESULAT CONFLICTUEL DE LA REGLE DE CONFLIT PAR LA CLAUSE D'EXCEPTION

479. La conception savignienne repose sur une application de la loi la plus appropriée au rapport de droit à travers l'identification d'un critère de rattachement dépourvu de toute considération autre que la localisation objective de la relation. Il est apparu que cette méthode consiste en l'application « de la loi avec laquelle existe le lien le plus fort, le plus étroit »[895] identifiée de façon abstraite. Il n'en demeure pas moins que, « le caractère abstrait de la localisation ne permet pas de vérifier qu'un rapport juridique soit soumis *en l'espèce* à l'ordre juridique avec lequel il a les liens les plus étroits »[896]. La diversité des situations concrètes fait que « quoi que l'on fasse, les lois positives ne sauraient jamais entièrement remplacer l'usage de la raison naturelle dans les affaires de la vie. Les besoins de la société sont si variés, la communication des hommes est si active, leurs intérêts sont si multipliés et leurs rapports si étendus, qu'il est impossible au législateur de pourvoir à tout. Dans les matières mêmes qui fixent particulièrement son attention, il est une foule de détails qui lui échappent, ou qui sont trop contentieux et trop mobiles pour pouvoir devenir l'objet d'un texte de lois »[897]. Voilà pourquoi, s'il n'est pas possible pour le législateur de tout prévoir et que si une situation litigieuse est restée sans solution législative, il est dans ce cas du ressort du juge de pallier à ces insuffisances de la même manière que le législateur l'aurait décidé. En outre, si les prévisions législatives ont été faussées par la réalité de la relation de droit, il serait judicieux que le juge corrige le résultat concret de l'application d'une règle de droit.

---

895 F. SCHWIND, « Note introductive, Autriche – droit international privé », *Rev. crit. DIP.*, 1979, p. 174 et s., spéc. p. 175.

896 P.-M. PATOCCHI, *Règles de rattachement localisatrices et règles de rattachement à caractère substantiel. De quelques aspects récents de la diversification de la méthode conflictuelle en Europe*, GEORG -Librairie de l'Université - Genève, 1985, p. 162, n° 437.

897 J. E. M. PORTALIS, *Dialogue des siècles, Une conversation entre PORTALIS et un juriste d'aujourd'hui* (Adaptation par F. TERRE), Litec, 2004, p.19.

480. La correction se fait par le biais de clauses d'exception encore appelées clauses échappatoires. Elles sont définies par M. DUBLER comme étant des « dispositions générales ayant pour fonction d'attribuer au juge le pouvoir de corriger *praeter legem* une ou plusieurs règles de conflit si, au regard des circonstances, l'application de la loi d'un Etat autre que le désigné s'impose comme étant le plus approprié »[898]. Ces dispositions servent donc à l'application au cas concret d'une loi non désignée, alors qu'elle s'avère *la plus appropriée*. Cependant, la loi la plus appropriée ne coïncide pas forcement avec la loi qui a des liens très proches, mais elle se confond souvent avec la loi favorisant un objectif bien déterminé. L'objectif de la règle de conflit peut concerner parfois le respect de la souveraineté ou la volonté des parties et dans d'autres cas la recherche d'un résultat déterminé ou encore la recherche de la proximité. Tous ces objectifs peuvent être faussés dans un cas particulier et nécessitent par conséquent d'être corrigés.

481. Même si la proximité n'est pas l'unique fondement des règles de conflit de lois en droit de la famille[899], les autres fondements ont chacun son mécanisme de correction. Il n'est pas exclu de prévoir une clause d'exception qui tend à assurer le respect de la volonté des parties ou bien la faveur d'un résultat matériel[900] ou bien même le respect du principe de souveraineté. Cependant, ces trois fondements peuvent être parfaitement assurés par d'autres moyens que la clause d'exception ; à savoir les règles matérielles, les lois de police et les règles autorisant une autonomie de la volonté. En revanche la recherche de la proximité, ne peut être garantie que par la clause d'exception. Ainsi, pour que l'objectif de ce mécanisme reste cantonné à la seule recherche de la proximité, il est essentiel de prévoir une clause dont l'intervention se limite à la correction de la localisation qui s'éloigne du rattachement de la relation familiale à l'ordre juridique qui lui est étroitement lié, sans en étendre le domaine à d'autres objectifs (Chapitre premier).

---

898 C.-E. DUBLER, *Les clauses d'exception en droit international privé*, GEORG - Librairie de l'Université - Genève, p. 27, n° 6.

899 Voir le Titre II de la Première Partie.

900 D. KOKKINI-IATRIDOU, « Les clauses d'exception en matière de conflits de lois et de conflits de juridictions », in *Les clauses d'exception en matière de Conflits de Lois et de Conflits de Juridictions –ou le principe de proximité*, XIVe Congrès International de droit comparé, Martinus Nijhoff Publisher, 1994, p. 3.

482. Cependant, au sein de la réglementation du droit international privé de la famille des systèmes étudiés, à côté de l'approche savignienne, se développent des méthodes fort éloignées de la recherche de la localisation la plus appropriée de la relation familiale[901]. Les règles unilatérales ainsi que les règles de conflit à coloration matérielle sont loin de s'inspirer de la seule localisation du rapport de droit avec l'ordre qui lui est le plus proche. L'objectif de ces règles de conflit est imprégné de motivations autres que la recherche de la proximité. Serait-il permis dans ces situations que le juge mette en œuvre la clause d'exception dont l'objectif est différent de la règle de conflit originaire ? Cela ne remettrait-il pas en cause l'objectif recherché par la règle de conflit n'ayant pas pour principal fondement la réalisation de la proximité ? La correction ne battrait-elle pas en brèche la règlementation écrite du droit international privé de la famille à laquelle ont adhéré les deux systèmes français et tunisien ? Ce qui nécessite d'examiner en second lieu les enjeux de l'intervention de la clause d'exception dans les relations familiales internationales (Chapitre second).

[901] *Cf.* D. MAYER, « Evolution du statut de la famille en droit international privé », *J.D.I.*, 1977, p. 447 et s.

CHAPITRE PREMIER

L'INTERVENTION DE LA CLAUSE D'EXCEPTION

483. L'intérêt d'une clause d'exception est de permettre la correction du résultat de la règle de conflit lorsque, après sa mise en œuvre, il s'avère concrètement éloigné d'un objectif déterminé. La clause permet au juge d'écarter la loi applicable et de lui substituer celle qui satisfait un objectif attendu. Seulement, dans une matière où le législateur est intervenu, il n'est normalement pas possible de laisser au juge une liberté inconditionnée, sinon tout le travail élaboré sera ruiné par les interventions jurisprudentielles. D'ailleurs, c'est l'une des raisons qui ont poussé les législateurs français et tunisien à délaisser ce procédé de correction. C'est pourquoi, nous essayerons dans un premier temps de délimiter les cas d'intervention de la clause d'exception (Section I), pour l'accommoder aux règles de conflit législatives. Nous tenterons ensuite de proposer le meilleur procédé de son insertion dans les deux systèmes de droit international privé de la famille, afin qu'elle réalise au mieux la concrétisation de la proximité (Section II).

Section I : Le caractère exceptionnel de la clause d'exception

484. Loin de nier toute construction systématique de règles de droit international privé, la clause d'exception viendrait juste l'affiner. Comme son nom l'indique, la clause d'exception ne constitue qu'une « exception à l'application des règles prévues »[902]. Par crainte qu'elle ne se transforme en une règle d'application générale[903], elle ne doit donc « intervenir

---

902 L. CHEDLY, « Le principe de proximité dans le code tunisien du droit international privé », in *Mouvements du droit contemporain*, Mélanges offerts au Professeur Sassi Ben Halima, CPU, 2005, p. 325 et s., spéc. p. 343.

903 Selon F. KNOEPFLER, « la clause n'a pas un but plus étendu que celui qu'elle exprime en toutes lettres. Elle n'est pas une clause d'éviction de portée générale », note

qu'exceptionnellement »[904] et seulement « en cas de nécessité »[905]. Devenant la règle de principe, la clause d'exception perd sa fonction. Elle se résumera à une règle générale de conflit de lois stipulant que la relation de droit sera soumise à l'ordre juridique qui présente les liens les plus étroits. Elle n'accomplirait alors plus sa fonction correctrice, mais se transformerait en une règle localisatrice qui impose au juge de rechercher la loi la plus proche pour chaque espèce sans qu'il n'y ait aucune aide préalable. Or, pareille règle localisatrice ne saurait être source de prévisibilité pour les parties, ni même source d'inspiration pour le juge car elle ne facilite aucunement sa tâche en cela qu'elle lui impose dans tous les cas de vérifier que la relation juridique sera bien rattachée à l'ordre qui lui est le plus proche. C'est pourquoi, même si cela devait se faire aux dépens de la meilleure localisation à l'ordre juridique le plus proche, une telle clause est à éviter[906]. Afin qu'elle assure le maximum de prévisibilité, la clause d'exception doit conserver son caractère exceptionnel (paragraphe I) et n'intervenir que dans des situations très bien définies (paragraphe II).

Paragraphe I : Les justifications du caractère exceptionnel de la clause d'exception

485. « Les clauses d'exception sont des clauses à caractère exceptionnel. Elles ont pour fonction d'adapter la rigidité de la loi à des cas exceptionnels lorsque se réalise un ensemble de circonstances tellement particulières que le législateur, ne l'ayant pas prévu lors de la rédaction de la règle de conflit, doit donner au juge la possibilité d'adapter le système légal »[907]. Partant de cette constatation, il est

---

sous Tribunal fédéral suisse, 2e Cour civile, 28 novembre 1991, *Rev. crit. DIP.*, 1992, p. 484 et s., spéc. p. 493.

904 P. LAGARDE, note sous Versailles, 6 février 1991, *Rev. crit. DIP.*, 1991, p. 748 et s., spéc. p. 750.

905 Tribunal fédéral suisse, 2e Cour civile, 28 novembre 1991, *Rev. crit. DIP.*, 1992, note F. KNOEPFLER, p. 484 et s., spéc. p. 487.

906 Voir Mme P. REMY-CORLAY, qui se pose la question de savoir « jusqu'à quel point le but du principe de proximité doit être d'atteindre le "réalisme" le plus grand et jusqu'à quel point la "fiction" de proximité –ou la localisation non objective- n'est pas nécessaire à la prévisibilité du rattachement », P. REMY-CORLAY, *Etude critique de la clause d'exception dans les conflits de lois* (*Application en droit des contrats et des délits*), Thèse, Poitiers, 1997, p. 158, n° 252.

907 C.-E. DUBLER, *Les clauses d'exception en droit international privé*, GEORG - Librairie de l'Université - Genève, p. 36, n° 17.

nécessaire que son intervention soit conditionnée afin qu'elle ne se transforme pas en une règle de conflit générale incontournable. Dans le cas où il existerait une clause d'exception qui prévoit la correction concrète du résultat de la règle de conflit toutes les fois que cette dernière ne donne pas compétence à l'ordre juridique qui présente les liens les plus étroits, il ne sert plus à rien d'élaborer une règle de conflit de principe. La recherche dans tous les cas de l'ordre juridique le plus étroit se résumerait à l'adoption d'un rattachement flexible une fois pour toute, qui n'est autre que *le rattachement à l'ordre le plus étroit*. Dans cette hypothèse, la clause d'exception n'aura plus aucune raison d'être, étant donné que le juge appliquera directement à la relation en question la loi qui lui est la plus proche[908]. Tout autre est l'application ponctuelle et exceptionnelle de la clause. Il s'agit dans ce cas de partir de l'idée que la règle de conflit préétablie prend en considération la recherche de la proximité, tout en admettant que dans un cas concret, les prévisions de l'auteur de la règle de conflit soient erronées. Il faut distinguer ici les situations où la règle de compétence législative désigne à un ordre juridique aux liens suffisants avec la relation de droit tandis qu'il existe un autre ordre qui lui, présente les liens les plus étroits, de celles où la relation n'a que des liens ténus avec l'ordre juridique alors qu'une autre loi présente des rattachements nettement plus étroits. Dans le premier cas, la proximité est respectée même s'il ne s'agit que d'une proximité suffisante[909] et non de la plus grande proximité. Elle est à l'inverse, totalement absente dans le second cas. La clause ne devrait intervenir qu'en l'absence de proximité, c'est-à-dire quand le rattachement prévu par la règle de conflit désigne une loi n'ayant que des liens faibles avec la situation alors qu'il existe un ordre juridique présentant des attaches très étroites avec la relation de droit. Mettre en œuvre la clause sans vérifier que la loi désignée par la règle de conflit présente des points de contacts insuffisants avec la relation de droit en raison de l'existence d'une autre loi ayant des liens étroits avec le rapport juridique sous-entendrait, que le juge sera conduit « à effectuer pour chaque cas une « pesée » des différents éléments de rattachement »[910]. Si la proximité suffisante en matière familiale dépend de critères objectifs facilement discernables[911],

---

908 P. LAGARDE, Cours *précit.*, n° 90, p. 98.

909 T. BALLARINO et G.-P. ROMANO, « Le principe de proximité chez Paul LAGARDE », in *Le droit international privé : esprit et méthodes*, Mélanges en l'honneur de Paul Lagarde, Dalloz, 2005, p. 42.

910 P. REMY-CORLAY, *Etude critique de la clause d'exception dans les conflits de lois (Application en droit des contrats et des délits)*, Thèse, Poitiers, 1997, p. 280 et 281, n° 421.

911 Voir le chapitre premier de la première partie

la plus grande proximité reste ce qu'il y a de plus subjectif. Son appréciation varie très souvent d'un système à un autre[912]. Elle varie également d'un juge à un autre, en fonction de son positionnement voire de ses propres convictions. Elle serait aussi aisément détournée de sa fonction principale. Il ne serait donc plus possible de prévoir ni même de contrôler son application correcte par les juges. Finalement, pour ne donner qu'une valeur ajoutée infime à la proximité, il planerait une incertitude totale en la matière au regard d'une stipulation laissant un large pouvoir d'appréciation au juge.

Paragraphe II : Les conditions requises pour la mise en œuvre de la clause d'exception

486. Pour que la clause d'exception assure sa fonction de correction et n'introduise pas un bouleversement dans l'application des règles préexistantes et pour que sa mise en œuvre soit encadrée par le minimum de prévisibilité nécessaire en droit international privé de la famille, il est primordial que ses contours soient préalablement établis. De fait, son application requiert à la fois le constat de la faiblesse des liens avec l'ordre juridique désigné (A) mais surtout l'insertion de la relation, objet du litige, dans un autre ordre juridique (B). La défaillance de l'une des deux conditions cumulatives entraîne l'exclusion de l'application de la clause. Il faudrait donc que ces deux exigences soient remplies malgré les enseignements de certains auteurs qui déduisent de l'existence d'un ordre juridique présentant un lien très étroit, la faiblesse des liens avec les autres ordres juridiques[913]. Qu'une seule de ces conditions soit présente n'amène pas forcement à la concrétisation de l'autre. Il est tout à fait envisageable que la loi désignée par la règle de conflit ait des liens étroits avec la relation juridique, alors qu'une autre loi aurait plus de liens avec elle. L'insuffisance du rattachement prévu par la règle de conflit ne sous-entend pas l'existence d'un rattachement qui aurait des liens très étroits avec la relation objet du litige. De même l'existence de liens très étroits avec une loi non désignée, ne s'explique pas par l'inexistence de liens avec une autre loi. Les deux conditions doivent par conséquent être

[912] Voir le chapitre premier de la première partie.

[913] Voir en ce sens, C.-E. DUBLER, *Les clauses d'exception en droit international privé*, GEORG - Librairie de l'Université - Genève, p. 90 et 91, n° 99 ; P. BOUREL, « L'état actuel des travaux dans la C.E.E. sur les conflits de lois en matière d'obligations extracontractuelles », in *L'influence des communautés européennes sur le droit international privé des pays membres*, *Ins. univ. Luxembourg*, 1981, p. 97 et s., spéc. p. 112.

confirmées et se justifient par la crainte d'une part, de « l'évaluation directe par le juge de la « proximité » de la situation ; [et] d'autre part que les situations « éclatées » soient laissées au libre arbitre du juge »[914]. Le contrôle de la présence de ces deux revendications écarte comme il sera démontré, tout risque d'imprévisibilité quant à l'application de la clause d'exception dans les rapports familiaux.

A. L'intervention conditionnée à la faiblesse des liens avec l'ordre juridique désigné par la règle de conflit

487. Confronté à la multitude des rattachements possibles d'un rapport familial touchant de près ou de loin plusieurs systèmes juridiques, l'auteur de la règle de conflit doit opérer un choix entre les différents ordres concurrents. Ce choix se fait entre un rattachement qualitativement important et des rattachements quantitativement importants. Il est établi que la recherche de la proximité abstraite passe essentiellement par le rattachement qualitativement primordial[915]. Il s'avère que le choix des systèmes français et tunisien s'est orienté vers la première solution en donnant compétence au rattachement qualitativement le plus important (nationalité ou résidence habituelle du principal intéressé), sans méconnaître toutefois l'importance des éléments quantitatifs (nationalité commune ou domicile commun des parties). Cependant, il arrive que l'importance abstraite donnée au rattachement qualitatif finisse par paraître inadaptée à un fait d'espèce bien particulier.

488. Les présomptions de prépondérance qualitative après une analyse globale et générale aussi bien du rapport de droit familial que de la composition de la société, ne sont pas irrévocables. S'appuyer sur des liens présumés, à savoir, les liens géographiques et surtout affectifs entre le résident en France et sa terre d'accueil pour conclure à la prépondérance de ce rattachement par rapport aux autres dans le système français[916], ne se justifie pas dans tous les cas. De même, se

---

914 P. REMY-CORLAY, *Etude critique de la clause d'exception dans les conflits de lois (Application en droit des contrats et des délits)*, Thèse, Poitiers, 1997, p. 280, n° 419.

915 J.-G. CASTEL, note sous *Babcock c. Jackson*, Cour suprême de l'Etat de New York, 9 mai 1963, *Rev. crit. DIP.*, 1964, p. 284.

916 *Supra*, n° 158-159.

référer à la précarité de la situation du résidant étranger en Tunisie et les attaches que garde le Tunisien à l'étranger avec son pays d'origine pour estimer que le rattachement à la nationalité est le rattachement qualitativement le plus étroit[917], ne se vérifient pas toujours.

489. Il n'est pas rare que des étrangers établis en France gardent des attaches familiales très étroites avec leur pays d'origine. Comme l'indiquait FRANCESCAKIS, les étrangers « même s'ils s'établissent en France avec femme et enfants, [ils gardent] le contact avec leur milieu d'origine. Nombreux sont donc [les résidents] qui conservent, non seulement ce qu'on appelait jadis l'« esprit de retour » mais aussi leur enracinement dans la famille au sens large, restée encore plus ou moins vivace selon les pays »[918]. Nombreux sont les étrangers qui ne cherchent pas à s'intégrer dans la société française et font de leur séjour dans leur pays d'accueil un simple passage ponctuel lié à leur vie professionnelle. Nombreux sont aussi les étrangers qui gardent des attaches familiales très importantes hors de leur pays d'accueil. Parler pour cette catégorie d'étrangers d'intégration dans la société d'accueil et donc de proximité affective due au déplacement de la vie familiale dans l'Etat de leur résidence paraît déraisonnable. A l'inverse, il arrive que la sédentarisation de certains étrangers en Tunisie permette qu'ils y développent des attaches personnelles et familiales aux dépends des attaches avec leur pays d'origine. Là encore, les maintenir sous l'empire de leur loi nationale sous prétexte qu'elle incarne dans l'absolu le rattachement le plus étroit paraît exagéré.

490. De plus, la convergence de plusieurs éléments de moindre importance que le rattachement qualitatif peut changer la donne en rendant ce critère qualitatif d'une importance minime dans un cas d'espèce bien déterminé. Dire par exemple que la nationalité de la mère au jour de la naissance de l'enfant est un rattachement de proximité vu les atouts que présente ce dernier pour les principaux intéressés du rapport de droit au moment de la naissance de l'enfant, n'a plus aucun sens lorsque plusieurs autres éléments s'intègrent dans un autre ordre juridique. L'importance quantitative des rattachements peut ainsi faire pencher la balance en faveur des éléments moins importants qualitativement mais qui le deviennent en raison de leur nombre. Ainsi

---

[917] *Supra*, n° 161 et 162.

[918] Ph. FRANCESCAKIS, « Le surprenant article 310 nouveau du Code civil sur le divorce i*nternational* », *Rev. crit. DIP.*, 1975, p. 581.

pour le couple d'étrangers de même nationalité, résident en France et ayant gardé des attaches avec son pays d'origine où ses enfants qui y ont aussi la nationalité sont nés et sont restés et qui après le divorce compte les rejoindre, la loi de la résidence s'avère très faible. Les liens avec la France deviennent tellement ténus que la convergence d'autres éléments subsidiaires, n'entrant en principe pas en ligne de compte pour l'évaluation de la localisation de la catégorie juridique « divorce » telles que la résidence ou la nationalité des enfants, ou encore la nationalité commune des époux, retirent au rattachement principal toute valeur proximiste et l'orientent plus vers un nouvel ordre juridique. Dans ce cas, le quantitatif non seulement l'emporte sur le qualitatif mais surtout vide ce dernier de tout sens. C'est uniquement dans ce genre d'hypothèses que devrait intervenir la correction par la clause d'exception.

491. Toutefois, la faiblesse du rattachement seule ne suffit pas pour écarter l'application de la règle de conflit. Il faut en plus qu'elle soit accompagnée de l'insertion de la relation de droit dans un autre ordre juridique.

B. L'intervention conditionnée à l'enracinement de la relation familiale dans un autre ordre juridique

492. Pour mettre en œuvre la clause d'exception, il ne suffit pas que la loi désignée par la règle de conflit ait des liens ténus avec la relation familiale en question, il faut aussi qu'il existe une autre loi qui présente des liens très étroits avec la situation[919]. L'enracinement de la relation dans un nouvel ordre juridique s'exprime par une connexion prépondérante avec cet ordre (proximité qualitative) ou encore la concentration de l'ensemble des critères de rattachement dans un même ordre juridique[920] (proximité quantitative inversant la présomption qualitative). Dans ce cas, les liens étroits associés à la faiblesse des liens avec l'ordre juridique initialement désigné conduisent à la correction de la règle de conflit présumée.

---

[919] P. REMY-CORLAY, *Etude critique de la clause d'exception dans les conflits de lois (Application en droit des contrats et des délits)*, Thèse, Poitiers, 1997, p. 282 et 283, n° 424.
[920] C.-E. DUBLER, *Les clauses d'exception en droit international privé*, GEORG - Librairie de l'Université - Genève, p. 108, n° 127.

493. La mise en œuvre de la clause d'exception doublement conditionnée au constat que les liens avec la loi normalement compétente sont très faibles et de l'existence d'une loi qui présente des liens très étroits avec la relation, a été consacrée dans le règlement Rome I relatif à la loi applicable aux obligations contractuelles[921]. Ces conditions figurent aussi dans la loi de droit international privé suisse et le Code de droit international privé belge. L'article 15 de la loi de droit international privé suisse dispose dans son alinéa premier que « le droit désigné par la présente loi n'est exceptionnellement pas applicable si, au regard de l'ensemble des circonstances, il est manifeste que la cause n'a qu'un lien très lâche avec ce droit et qu'elle se trouve dans une relation beaucoup plus étroite avec un autre droit ». Dix-sept ans après la promulgation de la loi suisse de droit international privé, le législateur belge dans son Code de droit international privé a repris les mêmes exigences que celles du législateur suisse avec uniquement des différences de formulation. C'est ainsi que l'article 19 du Code belge relatif à la clause d'exception prévoit dans son paragraphe 1er alinéa 1er que « le droit désigné par la présente loi n'est exceptionnellement pas applicable lorsqu'il apparaît manifestement qu'en raison de l'ensemble des circonstances, la situation n'a qu'un lien très faible avec l'Etat dont le droit est désigné, alors qu'elle présente des liens très étroits avec un autre Etat. Dans ce cas, il est fait application du droit de cet autre Etat ». Aucun des législateurs belge et suisse ne s'est contenté d'une seule condition pour écarter l'application des dispositions de la règle de conflit de principe. Bien au contraire, ils exigent même que les deux conditions soient *manifestement* évidentes. Les limites imposées à l'application de la clause ont pour principale cible « de circonscrire le pouvoir d'appréciation du juge »[922], qui s'inscrit dans une optique du maintien de la sécurité juridique[923] en dépit de l'apparent pouvoir discrétionnaire du juge.

---

921 MM. MAYER et HEUZE en critiquant la clause d'exception prévue dans la Convention de Rome, relèvent qu'elle « risque de [...] nuire à la simplicité et la prévisibilité recherchées », dès lors que sa mise en œuvre n'a pas été limitée « au cas où le lien avec un autre pays est *manifestement* plus étroit ». Il est à noter que le règlement Rome I remplaçant la Convention de Rome, a maintenu la clause d'exception tout en lui rajoutant « l'adverbe « manifestement » », (P. MAYER et V. HEUZE, p. 535 et 536, n° 762) ; *Cf.* P. LAGARDE et A. TENENBAUM, « De la convention de Rome au règlement Rome I », *Rev. crit. DIP.*, 2008, p. 727 et s., spéc. p. 738, n° 11.

922 M. FALLON, « La loi belge de droit international privé, pour un bicentenaire », *Trav. Comité. fr. DIP.*, 2004-2006, p. 93.

923 M. FALLON, communication *précit.*, p. 93.

494. Dès lors que les situations dans lesquelles la clause peut intervenir ont été dégagées, il convient à présent de déterminer les procédés de son fonctionnement.

Section II : Les procédés d'intervention de la clause d'exception

495. Les législateurs français et tunisien ont suivi deux voies différentes dans leur réglementation des relations familiales à caractère international. Le législateur tunisien a préféré se saisir de la matière depuis 1956 et a fini en 1998, par réunir l'ensemble des règles relatives aux conflits de lois et aux conflits de juridictions dans un Code de droit international privé. En revanche, son homologue français n'est pas parvenu à promulguer un support unique rassemblant les différents textes législatifs en la matière. Le droit international privé de la famille français reste régi par des textes isolés, d'origine interne ou internationale. Cependant, les interventions du législateur français se sont multipliées et s'étendent quasiment à toutes les relations familiales, pour laisser peu de place aux règles jurisprudentielles. Ces dernières ne sont néanmoins bannies ni du système français ni même du système tunisien, puisqu'elles interviendront toujours en cas de déficience législative. Diverses méthodes sont donc employées dans l'élaboration de la règle de conflit de lois. Alors qu'un seul type de clause d'exception peut s'étendre à toutes les règles de conflits, nonobstant son origine (Paragraphe I), les modalités de son intégration pour corriger une règle préétablie diffèrent selon la méthode de réglementation de la règle qu'elle est appelée à affiner (Paragraphe II).

Paragraphe I : Les moyens d'intervention de la clause d'exception

496. Parmi les clauses d'exception recensées, il est possible de distinguer deux grandes catégories. D'une part, les clauses faisant fonction de règles de conflit et d'autre part les clauses d'exception

corrigeant le résultat concret de la règle de conflit. Bien que les premières soient l'expression même du principe de proximité, en raison de l'imprévisibilité qu'elles suscitent (A), il convient de leur préférer les secondes (B).

A. Les inconvénients des clauses échappatoires faisant fonction de règles de conflit

497. Par « clause d'exception faisant fonction de règle de conflit », est entendu toute clause ayant pour objectif de tracer les lignes directrices d'une résolution d'un litige à caractère international. Dans le cas d'une clause dont le fondement serait la recherche de la proximité, la clause se réduira alors à mentionner que la réglementation d'un litige présentant un élément d'extranéité se fera par l'application de l'ordre juridique le plus proche.

498. Toutefois, dès lors que « la clause d'exception est une règle d'origine conventionnelle, législative ou jurisprudentielle ayant pour but d'attribuer au juge le pouvoir (discrétionnaire) de corriger une ou plusieurs règles de conflits de lois »[924], il en ressort qu'elle doit toujours être accompagnée d'une règle de conflit à laquelle elle dérogera[925]. Il s'avère pourtant que la clause prévoyant le rattachement à l'ordre le plus étroit est incompatible avec l'existence d'une règle de conflit. La présence de l'une exclut l'existence de l'autre.

499. Ce type de clause se contente de prévoir que le rattachement de la relation familiale se fera en faveur de l'ordre juridique le plus proche. De ce fait, deux situations sont susceptibles de se présenter en présence d'une clause générale.

- Dans un premier cas, il s'agit d'associer la clause d'exception et les règles de conflit dans un objectif de complémentarité. Il est question ici

---

924 D. KOKKINI-IATRIDOU, « Les clauses d'exception en matière de conflits de lois et de conflits de juridictions », in *Les clauses d'exception en matière de Conflits de Lois et de Conflits de Juridictions –ou le principe de proximité*, XIVe Congrès International de droit comparé, Martinus Nijhoff Publisher, p. 4 et 5.

925 M. DUBLER note que la clause d'exception n'intervient qu'en présence d'un critère de rattachement rigide. C.-E. DUBLER, *op. cit.*, p. 84, n° 92.

d'une clause qui aura pour seul but de combler les lacunes de la législation en matière familiale. Sa mise en œuvre n'interviendra qu'en cas de défaut de réglementation d'une question particulière ou de défaillance du rattachement principal. La clause n'agissant pas en présence d'une règle de conflit préétablie, elle assure par conséquent une fonction autre que celle qui lui a été principalement réservée, à savoir la correction du rattachement prévu par la règle de conflit. Il ne s'agit pas dans ce cas d'une clause d'exception mais plutôt d'une règle de conflit spécifique aux cas de lacunes. L'exemple prévu en droit comparé est celui du paragraphe premier de la loi autrichienne de droit international privé qui pose le principe que « les situations qui présentent des liens avec l'étranger sont régies en matière de droit privé, par l'ordre juridique avec lequel existe le rapport le plus fort ». Ce paragraphe ne confère aucune fonction correctrice à la clause d'exception. Il ne sert qu'à « guider le juge lors de l'interprétation de la loi »[926] et à fournir « le principe de base pour le comblement des lacunes »[927]. Cette clause s'accompagne généralement par l'affirmation que les règles de conflit particulières prévues ne sont que « l'expression de ce principe »[928]. A ce moment, la présomption de proximité prévue par la règle de conflit, n'est plus simple mais irréfragable. Cette clause ne sert donc plus à corriger la règle spéciale[929]. Quand cette dernière ne parvient pas concrètement au rattachement de la relation à l'ordre le plus proche, il n'est pas possible d'y déroger en raison de la nature de la présomption, sauf s'il se greffait dans chaque règle spéciale une clause d'exception, ce qui ne serait pas sans contradiction avec la présomption de proximité constatée préalablement. Les meilleures illustrations sont les dispositions de la Convention de Rome du 19 juin 1980 sur la loi applicable aux obligations contractuelles. L'article 4 alinéa 1er de la Convention prévoit que « le contrat est régi par la loi du pays avec lequel il présente les liens les plus étroits », puis les rédacteurs de la Convention ont déterminé pour certains types de contrats la loi présumée la plus proche dans les alinéas 2, 3 et 4 du même article. Ces affirmations n'ont pas empêché les rédacteurs de rajouter une clause d'exception dans l'alinéa 5 qui écarte les présomptions des alinéas

926 C.-E. DUBLER, *op. cit.*, p. 62, n° 63.
927 C.-E. DUBLER, *op. cit.*, p. 62, n° 63.
928 Paragraphe 1 alinéa 2 de la loi autrichienne.
929 H. BATIFFOL, débat suivant la communication de A. E. VON OVERBECK, « Quelques solutions générales du projet suisse de loi sur le droit international privé et premières réactions à leur égard », *Trav. Comité fr. DIP.*, 1980-1981, p. 79 et s., spéc. p. 98.

précédents « lorsqu'il résulte de l'ensemble des circonstances que le contrat présente des liens plus étroits avec un autre pays ».

- Dans le second cas, la clause d'exception intervient en tant que règle générale. A l'inverse de la première, celle-ci a pour objectif la correction de la règle de conflit. Ce qui signifie qu'il existerait bien dans la clause un principe de rattachement des relations familiales à l'ordre juridique le plus proche, coexistant avec des règles de conflit préexistantes. Ainsi, la clause assurerait une double fonction. Elle fait à la fois fonction d'une règle supplétive en l'absence de règlementation d'une question particulière et d'un mécanisme de correction de la règle de conflit préétablie. Dans pareille hypothèse, la règle de conflit n'a plus aucune raison d'être. Cela conduit, dans l'exemple de la loi autrichienne, de rajouter un paragraphe mentionnant qu'à chaque fois que la règle de conflit n'assurerait pas concrètement cette approche, le juge devra écarter l'application de l'ordre désigné en faveur de celui qui est le plus proche. C'est d'ailleurs ce que prévoyait la Convention de Rome du 19 juin 1980 sur la loi applicable aux obligations contractuelles remplacée par le règlement (CE) n°593/2008 (Rome I). Bien que l'article 4 paragraphe 2 de la Convention établit la présomption que « le contrat présente les liens les plus étroits avec le pays où la partie qui doit fournir la prestation caractéristique a, au moment de la conclusion du contrat, sa résidence habituelle ou, s'il s'agit d'une société, association, personne morale, son administration centrale », le paragraphe 5 du même article ajoute que cette présomption doit être écartée « lorsqu'il résulte de l'ensemble des circonstances que le contrat présente des liens les plus étroits avec un autre pays ». La présomption de l'article 2 est par conséquent anéantie par la clause qui la remet en cause. Pourquoi affirmer que le contrat présente les liens les plus étroits avec le pays de la résidence habituelle du fournisseur de la prestation caractéristique, pour douter de cette localisation dans le paragraphe suivant ? Cela n'est possible que si les dispositions du paragraphe premier de l'article 4 de la Convention de Rome décrivent le résultat final auquel aboutira l'application de cet article à travers ses présomptions et leur exception[930].

---

[930] Comme l'a signalé M. BUCHER, les divergences dans l'interprétation de cet article ont poussé les rédacteurs du règlement Rome I à abandonner « le système des présomptions au profit des règles « dures » », tout en prévoyant une clause d'exception qui a pour rôle de corriger le résultat concret de la règle de conflit au cas où elle désigne un ordre juridique qui présente des liens ténus avec la relation. A. BUCHER, « La clause d'exception dans le contexte de la partie générale de la LDIP », in *La loi fédérale de droit international privé : vingt ans après*, Actes de la 21e Journée de droit international privé du 20 mars 2009 à Lausanne, Genève (Schulthess), 2009, p. 59 et s., spéc. p. 59.

Transposée en droit international privé de la famille, cette solution signifie que le juge qui doit résoudre un litige familial présentant un élément d'extranéité sera obligé dans un premier temps de mettre en œuvre la règle de conflit qui désignera une loi, puis dans un second temps de vérifier que la règle générale est bien respectée. Le juge devra donc vérifier que la loi désignée est bel et bien celle des liens les plus proches avec la situation concrète. Quand ce sera le cas, le juge appliquera cette loi. Dans le cas contraire, il sera tenu de corriger la règle de conflit en faveur de l'ordre juridique le plus proche. En effet, le juge est forcé en cas de coexistence de ce type de clauses avec une règle de conflit d'appliquer les deux règles. L'une d'elles ne serait-elle donc pas de trop ? Et c'est précisément la règle de conflit qui serait ici inutile puisque dans tous les cas la clause d'exception l'emportera. Là encore, étant donné que la clause d'exception est tributaire de l'existence d'une règle de conflit à laquelle elle dérogera, il n'est par conséquent pas concevable de prévoir une clause d'exception sans une règle de conflit. C'est donc la clause incompatible avec la règle de conflit qu'il faudrait revoir. En effet, mise à part l'imprévisibilité que la clause faisant fonction de règle de conflit engendre aussi bien pour les parties que pour le juge, ce type de clauses double en plus inutilement le travail du juge.

500. De ce qui précède, il ressort que les clauses qui rattachent dans l'absolu les relations familiales à l'ordre juridique le plus proche sont inconciliables avec des règles de conflit préexistantes. Raison pour laquelle, les clauses d'exception spéciales correctrices de la règle de conflit leur sont préférables.

B. La faveur à l'égard des clauses d'exceptions spéciales

501. Contrairement aux clauses générales ou plus particulièrement aux règles générales *sus* exposées, les clauses spéciales n'énoncent pas un principe général de rattachement à l'ordre le plus étroit. Elles assurent uniquement la correction de la règle de conflit sans s'y substituer. Leur intervention est assujettie à l'inaptitude de la règle de conflit à réaliser la proximité dans un cas concret. La clause spéciale correctrice garantit par conséquent le rattachement à un ordre juridique pour lequel les liens sont étroits et non pas l'ordre juridique aux liens les plus étroits. Là encore,

coexistent deux types de clauses spéciales : les clauses fermées qui présentent des insuffisances (1), et les clauses ouvertes (2).

1. Les difficultés engendrées par la clause spéciale fermée

502. Les clauses d'exceptions spéciales fermées « contiennent elles-mêmes le ou les facteurs sur la base duquel ou desquels la règle de conflit sera écartée. Les facteurs qui n'y figurent pas ne sont pas considérés comme pertinents pour faire jouer l'exception. Cette sorte de clause n'est rien d'autre qu'une règle de conflit rigide introduisant une exception à une règle de conflit également rigide. Les facteurs de la clause peuvent être énoncés de façon cumulative ou hiérarchique »[931]. Définies comme telles, les clauses fermées se rapprochent plutôt des règles de conflit spéciales. Ce sont des règles répartitrices établies en fonction de la spécificité des éléments constituant la situation juridique. Elles dérogent pour les besoins de la proximité à la règle de principe. Toutefois, les indices de proximité sont prédéterminés par la clause elle-même. Cela se manifeste de deux façons.

503. Dans certains cas, il s'agit d'indications sur la faiblesse du rattachement principal, entraînant l'obligation pour le juge de vérifier s'il n'existerait pas un ordre ayant des liens étroits sans aucune référence aux éléments qui devraient être pris en considération. Le juge opèrera seul un choix de la loi la plus proche, mais toujours parmi des éléments prédéterminés. L'exemple suisse en est la meilleure illustration. Le législateur suisse, après avoir rattaché les effets du mariage à l'Etat dans lequel les époux sont domiciliés dans une règle de conflit prévue par l'article 48 de la loi de droit international privé, a prévu dans l'alinéa qui suit une règle supplétive à la défaillance du rattachement principal en faveur de la loi du domicile avec lequel la cause présente le lien le plus étroit. C'est donc au juge de choisir entre les deux domiciles des époux celui qui est le plus proche de la relation en cause[932].

---

931 D. KOKKINI-IATRIDOU, « *Les clauses d'exception en matière de conflits de lois et de conflits de juridictions* » *précit.*, p. 5.

932 B. DUTOIT, « Le nouveau droit international privé suisse de la famille », in *Le nouveau droit international privé suisse*, CEDIDAC Lausanne, 1989, p. 29 et s., spéc. p. 35.

504. Dans d'autres cas, seuls les éléments de proximité sont retenus pour écarter le rattachement principal. Cependant, il n'est question ici que de l'affinement d'une règle de conflit, ou plus particulièrement d'une règle de conflit spéciale fondée sur la proximité dérogeant à une règle principale. Cette technique a été prévue par la loi suisse en matière de filiation. L'article 68 de la LDIP suisse prévoit dans un alinéa 1er que « l'établissement, la constatation et la contestation de la filiation sont régis par le droit de la résidence de l'enfant ». Il s'agit ici d'une règle de principe, présumant la prépondérance qualificative du rattachement à la résidence de l'enfant en matière d'établissement de la filiation. Ce principe connaît des atténuations lorsque cet élément s'avère isolé quantitativement et que d'autres éléments moins significatifs convergent vers un autre ordre juridique. Ce dernier l'emporte du point de vue de la proximité et sera donc applicable à la situation juridique. C'est dans ce sens que le législateur suisse envisage dans l'alinéa 2 de l'article 68 une exception à l'application de la loi de la résidence de l'enfant en faveur de la loi nationale commune de toutes les parties, quand « aucun des parents n'est domicilié dans l'Etat de la résidence habituelle de l'enfant et si les parents et l'enfant ont la nationalité d'un même Etat ». Alors même que la loi de la résidence habituelle de l'enfant semble à première vue avoir les liens les plus proches avec la relation, si cette dernière n'est pas renforcée par la résidence d'au moins un des parents, ce rattachement perd alors de sa solidité. Cette situation rend le critère de la nationalité commune plus significatif de ce point de vue. La proximité quantitative l'emporte dans ce cas sur la proximité qualitative.

505. Une clause presque similaire a été prévue dans l'article 3 de la Convention de La Haye du 1er août 1989 relative à la loi applicable aux successions à cause de mort. Tout d'abord, il est prévu dans un alinéa 1er que « la succession est régie par la loi de l'Etat dans lequel le défunt avait sa résidence habituelle au moment de son décès, lorsque le défunt possédait alors la nationalité de cet Etat ». Ensuite, l'alinéa second de ce même article étend la compétence de la loi de la résidence habituelle du *de cujus* alors même qu'elle ne coïncide pas avec sa nationalité si ce dernier y « avait résidé une période d'au moins cinq ans précédant immédiatement son décès ». Néanmoins, cette extension est assortie d'une exception en faveur de la loi nationale du *de cujus*, lorsque « dans des circonstances exceptionnelles, [...] le défunt avait au moment de son décès, des liens manifestement plus étroits avec l'Etat dont il possédait alors la nationalité ». A ce moment là, la loi nationale s'applique. A la différence de l'article 68 de la loi suisse, la Convention de La Haye sur les

successions, bien qu'elle mentionne la loi pouvant se substituer au rattachement principal, à savoir la loi nationale du défunt lorsqu'elle présente des liens manifestement plus étroits, ne donne aucune indication quant aux cas où cette hypothèse se présenterait. Cela relèvera par conséquent de la libre appréciation du juge.

506. Ces clauses spéciales fermées, encore appelées règles de conflit spéciales, présentent l'avantage de respecter la prévisibilité tout en prenant en compte la proximité. Si la prévisibilité est incontestablement admise dans les clauses fermées[933] (a) la réalisation de la proximité, quant à elle, s'avère incomplète (b).

a. La prédominance de la prévisibilité dans les clauses d'exception spéciales fermées

507. Les clauses d'exception fermées contiennent les différentes hypothèses susceptibles d'écarter l'application de la règle de conflit principale. Celle-ci consiste en une nouvelle présomption en faveur d'un ordre juridique lorsque ce dernier présente davantage de proximité que celui initialement proposé par la règle principale. Les hypothèses étant prédéterminées, elles ne sont donc pas imprévisibles. Il en est ainsi des solutions retenues par les articles 61 et 82 de la LDIP suisse. L'exception à l'application de la loi suisse au divorce (loi du domicile ou de la nationalité de l'un des époux) est prévue en cas de convergence de la nationalité commune des époux et d'isolement du critère de la résidence en Suisse. L'article 61 de la LDIP prévoit que « le divorce et la séparation de corps sont régis par le droit suisse [toutefois], lorsque les époux ont une nationalité étrangère commune et qu'un seul est domicilié en Suisse, leur droit national commun est applicable ». Les exceptions à l'application du rattachement principal, de même que le rattachement de substitution sont préalablement connus. La prévisibilité est par conséquent assurée aussi bien au stade de l'éviction du rattachement de principe, qu'au stade de l'identification du critère subsidiaire. Dans le même sens, l'article 82 LDIP suisse dispose que « les relations entre parents et enfant sont régies par le droit de l'Etat de la résidence habituelle de l'enfant. Toutefois, si aucun des parents n'est domicilié dans l'Etat de la résidence habituelle de l'enfant et si les parents et

---

933 D. KOKKINI-IATRIDOU, « *Les clauses d'exception en matière de conflits de lois et de conflits de juridictions* », *op. cit.*, p.10.

l'enfant ont la nationalité d'un même Etat, le droit de cet Etat est applicable ». La nationalité commune des parents et de l'enfant, associée à l'isolement du rattachement à la loi de la résidence habituelle de l'enfant nécessite du point de vue de la proximité qu'un rattachement subsidiaire soit retenu.

508. Dans ces diverses hypothèses, les rattachements subsidiaires reflètent la convergence de certains éléments de fait vers un ordre juridique autre que celui initialement prévu en raison de son isolement dans une situation particulière. Toutefois, non seulement la faiblesse du rattachement principal mais aussi la proximité du rattachement auxiliaire sont préalablement désignées. Cela rend donc prévisible toute solution retenue. Il est toujours question dans ce cas d'une règle de conflit préétablie : une règle subsidiaire spéciale, pour une situation de fait particulière. Un cas spécifique pour lequel l'auteur de la règle principale a donné une solution propre, en tenant compte de certains éléments factuels qui renvoient les exigences de la proximité vers un nouvel ordre juridique. Ne pas introduire cette règle particulière aurait conduit soit à l'application par le juge d'un ordre juridique ayant des liens infimes avec la relation de droit, soit à la mise à l'écart de la règle principale et l'application par le juge de la loi qui entretient les liens les plus étroits lorsque ceci lui est possible. Dans la première hypothèse, la proximité ne sera pas respectée, et dans la seconde la prévisibilité pourrait être remise en cause. Or, à travers la clause spéciale fermée, il est question d'établir une coopération entre la prévisibilité et la proximité. Il est clair que les besoins de prévisibilité s'étendent ici aux dépends de ceux de la proximité, ce qui pourrait créer un doute quant à l'efficacité de la clause fermée.

b. Les insuffisances des clauses spéciales fermées

509. Les clauses spéciales fermées ne sont en fin de compte que de nouvelles règles de conflit spécifiques appliquées à des situations particulières, qui prennent en considération une situation factuelle exceptionnelle engendrant l'application d'un nouvel ordre juridique déterminé. Elles tentent de concilier les besoins de la proximité avec ceux de la prévisibilité. Elles reposent soit sur la présence dans une situation particulière d'un nouvel élément qualitativement plus important que celui initialement retenu, soit sur la convergence de certains éléments

vers un ordre juridique, en faisant renverser la présomption de proximité vers une nouvelle loi. Il est aussi question ici d'une correction du rattachement principal alors qu'il apparaît abstraitement qu'un autre critère est plus apte du point de vue de la proximité de régir la relation familiale, aux vues d'un groupement des points de contact [934]. Néanmoins, « la règle de conflit méthodologiquement correcte est celle qui doute de sa propre aptitude à réaliser dans tous les cas le principe de proximité »[935]. Même dans l'hypothèse d'une règle ciblant une situation particulière, la concrétisation de la relation familiale pourrait détromper toute prévision, à moins de multiplier les règles spéciales au risque de rendre la réglementation de la matière difficilement accessible[936]. Evidemment, ces hypothèses seront moins fréquentes en présence de rattachements subsidiaires, sans qu'elles soient pour autant totalement exclues[937]. Il est fort possible que la proximité qualitative du nouvel élément retenu soit remise en cause par des éléments qualitatifs, au même titre que la proximité quantitative prévue par la règle spéciale sera remise en cause par un ou plusieurs éléments quantitatifs. Etant donné que la clause fermée, qui demeure une règle de conflit préétablie, contient en soi les insuffisances de toute règle prédéterminée, de telles hypothèses ne peuvent absolument pas être écartées. D'ailleurs, deux cas peuvent apparaître :

- Soit la règle fermée est une règle de conflit rigide qui n'admet pas sa remise en cause. De ce fait, elle devrait s'appliquer nonobstant le résultat concret s'éloignant de la proximité. Par conséquent, la règle spéciale n'assurera donc pas la fonction qui lui est dédiée, c'est-à-dire le rattachement à un ordre étroit.

---

[934] P. REMY-CORLAY, *Etude critique de la clause d'exception dans les conflits de lois* (*Application en droit des contrats et des délits*), Thèse, Poitiers, 1997, p. 140, n° 214.

[935] H. MUIR WATT, compte rendu à la *Rev. crit. DIP.*, 1995, p. 631, « Les clauses d'exception en matière de conflits de lois et de conflits de juridictions –ou le principe de proximité/ Exception Clauses in Conflicts of law and Conflicts of jurisdictions –or the Principle of Proximity », XIVᵉ Congrès international de droit comparé par D. KOKKINI-IATRIDOU, Martinus Nijhoff, 1994.

[936] Selon M. KNOEPFLER, « en multipliant les règles spéciales, le législateur risque d'offrir aux praticiens et aux justiciables un texte dont les idées fondamentales disparaissent dans la multiplication des textes », F. KNOEPFLER, « Utilité et dangers d'une clause d'exception en droit international privé », in L'Hommage à Raymond Jeanprêtre, Recueil de travaux offert par la faculté de droit et des sciences économiques de l'université de Neuchâtel. Ides et Calendes, 1982, p. 113 et s., spéc. p. 115.

[937] *Cf.* F. RIGAUX et M. FALLON, *Droit international privé*, Larcier, 3ᵉ éd., 2003, p. 924.

- Soit la règle de conflit est susceptible d'être remise en question et corrigée lorsqu'elle dérive de sa fonction principale. Là encore, il est possible qu'une nouvelle règle fermée intervienne pour faire face à la défaillance de la première règle spéciale. Face à la diversité des situations familiales et à la multiplicité des hypothèses, il devient pratiquement impossible de tout envisager[938]. En effet, il restera toujours une situation nouvelle qui n'apparaît dans aucun texte particulier et qui, par conséquent, sera régie par un ordre ne présentant pas des attaches avec la relation. Il est également possible qu'il soit prévu en plus de la règle fermée une clause d'exception ouverte corrigeant le défaut de proximité. Si ce n'est qu'ici ce sera la *prévisibilité* à laquelle s'est appuyée la clause fermée qui sera en fin de compte remise en cause. En cela qu'elle contient une imprévisibilité liée à une *dérogation à la dérogation* associée à une complexité certaine dans la mise en œuvre des différentes règles de conflit. La complication est due à la première dérogation à la règle principale par le biais de la règle spéciale, avant que n'apparaisse une seconde dérogation à la règle spéciale à travers la mise en œuvre d'une clause spéciale ouverte. Ni la prévisibilité des solutions, ni la simplicité de la démarche ne favorisent le choix d'une telle clause.

510. Dans certains cas, la clause fermée n'assure pas forcément la proximité, tandis que dans d'autres, ce sera la prévisibilité qui ne le sera pas. Ces carences de la clause fermée font qu'il leur est privilégié les clauses spéciales ouvertes. Il ne sera plus question dans ce cas d'un établissement d'une liste exhaustive des lois ayant les liens les plus étroits, ni même un renvoi systématique à l'ordre le plus proche, mais de l'élaboration de directives générales conciliant prévisibilité et proximité.

2. Les avantages de la clause spéciale ouverte

511. Du fait que les règles appliquant directement le principe de proximité sont incompatibles avec des règles de conflit préétablies, elles doivent être écartées. Quant aux règles de conflit spéciales tout comme les clauses spéciales fermées, puisqu'elles ont démontré leur insuffisance, elles ne peuvent être généralisées. Par conséquent, il ne reste donc plus

938 D. MAYER, article *précit.*, p. 469.

que la clause spéciale ouverte qui puisse pallier les inconvénients des premières et les insuffisances des secondes.

512. Les clauses spéciales ouvertes ont été définies par M. KOKKINI-IATRIDOU comme étant « des clauses qui renvoient à l'ordre juridique présentant les liens les plus étroits avec l'espèce concrète, sans donner une indication quelconque sur ces liens. C'est au juge de les concrétiser »[939]. Ces clauses sont dites spéciales car elles ne résument pas toute la réglementation des rapports familiaux à caractère international par une application systématique de l'ordre juridique le plus proche. Elles ont pour fonction de corriger un résultat concret inadéquat du point de vue de la proximité. Elles s'accompagnent donc nécessairement de règles de conflit préétablies. Ces clauses conservent tout de même leur aspect de clauses ouvertes puisqu'elles ne définissent pas intrinsèquement les éléments qui devront être pris en considération pour convenir à leur application. Contrairement aux clauses fermées, qui délimitent préalablement de façon factuelle et concomitamment abstraite leur domaine d'intervention, la constatation concrète de la défaillance du rattachement prévu par la règle de conflit à la réalisation de la proximité permet tout de même sa mise en œuvre, sans qu'aucune indication préfigurée sur les éléments qui doivent être pris en considération n'apparaisse. Ni la proximité, ni son défaut ne sont ici prédéterminés. Il revient au juge de relever dans chaque cas particulier s'il y a lieu d'écarter la loi normalement applicable pour défaut de proximité. Le juge avant de mettre en œuvre la clause d'exception évaluera concrètement la faiblesse des liens avec l'ordre juridique désigné et l'existence d'un ordre différent présentant des attaches trop étroites avec la relation familiale[940].

513. Ainsi conçue, la clause ouverte sert à corriger – sauf dérogation particulière – toute règle de conflit, même les règles de conflit spéciales lorsqu'elles ne parviennent pas réellement à l'application d'un ordre juridique proche. Bien que conditionnée pour sa mise en œuvre à deux exigences, la faiblesse des liens avec une loi d'une part et la force des liens avec une autre loi d'autre part, aucune de ces deux exigences n'est présupposée par des éléments prédéterminés. Ce type de clauses a été prévu par l'article 15 alinéa premier de la LDIP suisse qui prévoit que « le

939 D. KOKKINI-IATRIDOU, « *Les clauses d'exception en matière de conflits de lois et de conflits de juridictions* » *précit.*, p. 5.

940 Désormais, par clause d'exception on ne désignera plus que les clauses spéciales ouvertes.

droit désigné par la présente loi n'est exceptionnellement pas applicable si, au regard de l'ensemble des circonstances, il est manifeste que la cause n'a qu'un lien très lâche avec ce droit et qu'elle se trouve dans une relation beaucoup plus étroite avec un autre droit ». Même si les dispositions de cet article ne précisent pas expressément l'application de la loi des liens les plus étroits mais qui ont des liens beaucoup plus étroits, la doctrine suisse penche vers une interprétation en faveur de la loi des liens les plus étroits[941]. Les recommandations de cet article sont semblables à celles adoptées par le Code de droit international privé belge qui prévoit dans son article 19 alinéa 1er que « le droit désigné par la présente loi n'est exceptionnellement pas applicable lorsqu'il apparaît manifestement qu'en raison de l'ensemble des circonstances, la situation n'a qu'un lien très faible avec l'Etat dont le droit est désigné, alors qu'elle présente des liens très étroits avec un autre Etat. Dans ce cas, il est fait application du droit de cet autre Etat ».

514. Ces clauses coexistent avec les règles de conflit principales de la même manière qu'avec les règles de conflit subsidiaires. Certes, leur intervention en cas de présence de règles subsidiaires serait beaucoup moins fréquente, mais elles ne sont nullement incompatibles. Le fait que les règles spéciales soient parfois la conséquence d'une application répétitive de la clause d'exception dans des situations identiques conduisant à « remplacer le point de rattachement d'un point juridique principal »[942], ne saurait être une présomption irréfragable de la proximité du nouveau rattachement dans toutes les espèces qui peuvent se présenter. D'ailleurs, les deux Codes de droit international privé belge et suisse combinent ces deux mécanismes, à savoir les clauses d'exception ouvertes et règles de conflit spéciales. Alors que les deux législateurs imposent certaines limites à l'application de la clause ouverte, aucun des deux n'a exclu son application en présence d'une règle spéciale. En conclusion, les clauses d'exception ouvertes s'accommodent très bien avec tout type de règles de conflits préétablies.

515. Après avoir déterminé la clause la plus efficace à introduire dans une règlementation du droit international privé, il convient de préciser

---

941 A. BUCHER, « La clause d'exception dans le contexte de la partie générale de la LDIP », in *La loi fédérale de droit international privé : vingt ans après*, Actes de la 21e Journée de droit international privé du 20 mars 2009 à Lausanne, Genève (Schulthess), 2009, p. 59 et s., spéc. p. 60.

942 C.-E. DUBLER, *Les clauses d'exception en droit international privé*, GEORG - Librairie de l'Université -Genève, p. 105, n° 122.

les modalités de son intégration dans les systèmes de droit international privé de la famille.

Paragraphe II : Les modalités d'insertion de la clause d'exception

516. Selon que la règle de conflit soit d'origine nationale (A) ou bien internationale (B), les modalités d'intégration de la clause d'exception différeront.

A. L'insertion de la clause d'exception dans les règles de conflit d'origine nationale

517. Ni la codification du droit international privé par le législateur tunisien, ni les différentes interventions du législateur français n'empêcheront l'apparition de règles de conflit jurisprudentielles dans les relations familiales non organisées par des règles écrites. S'il est cependant plus évident d'imaginer une clause échappatoire accompagnant une règle écrite (1), son intégration dans une règle d'origine jurisprudentielle est plus délicate (2).

1. L'insertion de la clause d'exception dans les règles de conflit d'origine législative

518. Dans le système de droit international privé français et tunisien, les règles législatives d'origine interne gouvernent les relations personnelles et familiales. Mais à la différence du système tunisien qui les a regroupées dans un code et leur a réservé des chapitres à part, le législateur français s'est contenté de « dispositions éparses et ponctuelles »[943], même si elles régissent la majorité de la matière[944]. Bien

[943] H. GAUDEMET-TALLON, « Droit international privé et Code civil », in *Le Code civil : un passé, un présent, un avenir*, Dalloz, 2004, p. 749 et s., spéc. p. 749.

évidemment, le procédé d'insertion de la clause d'exception va dépendre de la forme prise pour la règlementation des relations privées familiales à caractère international. Le mode d'incorporation de la clause d'exception en présence d'une réglementation du droit international privé de la famille dans un Code de droit international privé (a), différera de celui qui lui sera réservée en l'absence d'un support rassemblant les différents textes se rapportant à la matière (b).

a. L'insertion de la clause d'exception dans le Code de droit international privé tunisien

519. En présence d'un Code de droit international privé où sont regroupées les règles relatives aux relations familiales, divers modes d'insertion de la clause d'exception peuvent intervenir. La clause pourrait figurer dans le chapitre relatif aux dispositions générales se rapportant aux conflits de lois et régira par conséquent toutes les règles de conflit de lois, notamment celles qui gouvernent le droit des personnes et de la famille, tel le cas des articles 15 de la LDIP suisse ou l'article 19 du Code de droit international privé belge. Ainsi dans le Code de droit international privé tunisien, un article mentionnant que « la loi désignée par la règle de conflit n'est exceptionnellement pas applicable s'il apparaît manifestement de l'ensemble des circonstances, que la situation n'a qu'un lien très faible avec cette loi, alors qu'elle présente les liens les plus étroits avec un autre droit, alors ce dernier sera dans ce cas applicable » peut être insérée dans le chapitre premier relatif aux dispositions générales du titre V consacré à la loi applicable s'il est souhaité que la clause régisse tout le droit international privé. Cependant, il paraît difficile d'adhérer à une clause d'exception applicable à toutes les matières dès lors que la compatibilité de ces matières avec une clause échappatoire ne sera pas envisagée dans cette étude. C'est pourquoi, et afin de limiter les effets de la clause d'exception aux seules dispositions affectant les relations personnelles et familiales, il sera proposé que ce même article soit introduit dans le chapitre relatif au droit des personnes et celui relatif aux relations familiales. Les effets de la clause d'exception se limiteront bien dans cette hypothèse aux seules relations personnelles et familiales.

520. Un dernier mode d'insertion de la clause peut être calqué sur des dispositions de l'article 67 du CDIP tunisien relatif à la loi applicable au

---

[944] Voir, A. BODENES-CONSTANTIN, *La codification du droit international privé*, *Defrénois*, 2005, p. 57-59.

contrat de travail. Selon cet article, il est prévu que « le contrat de travail est régi par le droit de l'Etat dans lequel le travailleur accomplit habituellement son travail. Si le travailleur accomplit habituellement son travail dans plusieurs Etats, le contrat de travail est régi par le droit de l'Etat de l'établissement de l'employeur, à moins qu'il ne résulte de l'ensemble des circonstances que le contrat de travail a des liens plus étroits avec un autre Etat, auquel cas la loi de celui-ci est applicable ». La clause d'exception pourrait figurer dans ce cas à la fin de chaque article. Toutefois, pareille méthode n'est à préconiser en présence d'un Code de droit international privé que si l'ont veut limiter les effets de la clause aux seuls articles où elle a été prévue.

b. L'insertion d'une clause d'exception en présence de règles non codifiées dans le système français

521. En droit français, en l'absence d'un regroupement des règles de droit international privé de la famille au sein d'un Code, l'insertion d'une clause d'exception s'étendant à toutes les relations familiales paraît difficile. Bien que cela engendre forcément une répétition quant aux dispositions dérogatoires à la règle de conflit, il est impossible de se passer de plusieurs clauses prévues dans chaque section relative aux conflits de lois en matière familiale. Ainsi, à la fin de chaque règle de conflit, une clause spécifique sera prévue. Des clauses du même modèle que celles de l'article 15 de la LDIP suisse ou 19 du Code de droit international privé belge figureront soit dans des articles différents, avant ou après chaque règle de conflit, soit annexées à la règle de conflit elle-même. Cette méthode présente l'avantage de limiter l'intervention de la clause aux seules règles susceptibles de supporter une telle dérogation. Néanmoins, elle combine avec ses aspects positifs des caractères potentiellement fâcheux, en cantonnant l'intervention de la clause à certaines matières et l'exclut de certaines autres. A chaque fois qu'elle n'a pas été prévue par un texte propre, que ce soit par omission ou bien volontairement, la correction ne doit pas intervenir.

2. La clause d'exception et les règles de conflit d'origine jurisprudentielle

522. En raison de la prolifération des règles d'origines interne ou internationale en matière familiale, les règles de conflit françaises et tunisiennes d'origines jurisprudentielles sont de plus en plus rares. Elles se limitent actuellement à certaines questions non réglementées par des textes législatifs. Il est essentiel dans ce cadre de distinguer les règles purement jurisprudentielles (b), de celles émanant des juridictions qui se dissimuleraient toutefois sous des directives législatives (a).

a. Les règles jurisprudentielles encadrées par le législateur

523. Le législateur tunisien a « envisagé [au sein du CDIP] les différentes catégories juridiques [...] d'une manière souple et ouverte »[945], « ce qui doit normalement mener systématiquement à un droit applicable »[946]. De plus, pour prévenir contre les éventuelles lacune, il a prévu au sein de l'article 26 du CDIP que « lorsque le rapport juridique est international, le juge fera application des règles prévues par le présent code, à défaut de règles, il dégagera la loi applicable par une détermination objective de la catégorie juridique de rattachement ». Ces dispositions ont suscité des interrogations. Pour une partie de la doctrine, par le juge « dégagera la loi applicable par une détermination objective de la catégorie juridique », il est entendu l'identification du droit applicable « par la localisation objective de la catégorie juridique de rattachement, c'est-à-dire le rapport juridique en cause »[947]. Ce qui amène à « la recherche du centre de gravité du rapport »[948], impliquant dans la plupart des cas de retenir « la loi du lien le plus fort, le plus étroit »[949]. Selon cette interprétation, le législateur tunisien aurait attribué un « rôle subsidiaire »[950] au principe de proximité, chaque fois qu'une règle préconçue fait défaut. En raison de l'absence d'une règle à laquelle il ne pourra être dérogé, il n'est question dans cet article que d'une méthode de réglementation casuistique des situations sans réponse préétablie. Plus

945 L. CHEDLY, « Le principe de proximité dans le code tunisien du droit international privé », in *Mouvements du droit contemporain*, Mélanges offerts au Professeur Sassi Ben Halima, CPU, 2005, p. 337.
946 L. CHEDLY, *ibid.*
947 A. HACHEM, « Le Code tunisien de droit international privé », *Rev. crit. DIP.*, 1999, p. 237.
948 A. HACHEM, *ibid.*
949 A. HACHEM, *ibid.*
950 L. CHEDLY, article *précit.*, p. 338.

besoin dans ce cas d'une clause d'exception puisque la méthode se fonde elle-même sur la proximité concrète et ne requiert aucune correction.

524. Cependant, cette interprétation n'est pas l'unique réponse donnée à l'article 26 du CDIP. Une lecture exégétique mène à interpréter les dispositions qui énoncent qu' « à défaut de règles, [le juge] dégagera la loi applicable par une détermination objective de la catégorie juridique du rattachement », comme imposant une recherche préalable de la catégorie de droit à laquelle appartient la relation juridique, afin de dégager ensuite la loi qui lui sera applicable. Cela n'est rien d'autre qu'une application de la théorie savignienne qui retient comme point de départ la « nature de la catégorie de droits aux fins de lui trouver un siège »[951]. Elle ne se fonde par conséquent pas sur la casuistique, mais sur une application de « règles abstraites »[952] déjà disponibles. Le résultat peut être dépourvu de tout réalisme, comme pour toute règle de conflit abstraite. Là, toute intervention jurisprudentielle correctrice est assujettie à la caution du législateur. Une clause spéciale ouverte suffit à accorder au juge de tels pouvoirs.

b. Les règles exclusivement jurisprudentielles

525. Faute d'un rassemblement de toutes les règles législatives de droit international privé français, les recommandations de l'article 26 du CDIP tunisien ne peuvent exister en droit français. Aucune directive législative n'est par conséquent imposée au juge. Cependant, si la règle de conflit est d'origine jurisprudentielle, alors une correction concrète du critère de rattachement serait possible sans toutefois parler d'un revirement jurisprudentiel. Un maintien de la règle de conflit jurisprudentielle, tout en lui apportant des assouplissements lorsque son résultat s'avère manifestement éloigné de la réalisation de la proximité, est envisageable. La correction ne se manifestera sûrement pas sous la forme d'une clause d'exception, mais plutôt à travers une dérogation ponctuelle à la règle de conflit jurisprudentielle. Les répétitions successives de ces situations particulières entraîneront à plus ou moins long terme une nouvelle règle de conflit jurisprudentielle en adéquation avec la situation particulière.

---

951 A. MEZGHANI, *op. cit.*, p. 37.

952 *Ibid.*, p. 38.

B. L'insertion de la clause d'exception dans les règles de conflit d'origine conventionnelles et européennes

526. On assiste depuis quelques années à un foisonnement d'instruments internationaux ayant pour objet la règlementation des relations privées familiales que la France, contrairement à la Tunisie, ne cesse d'intégrer. Ces règles de conflit de lois d'origine supranationale constituent actuellement l'unique support des clauses d'exception en droit international privé français. Certaines conventions internationales telles que les Conventions de La Haye du 19 octobre 1996 sur la protection des enfants et du 13 janvier 2000 relative à la protection des adultes prévoient des exceptions à l'application de la loi normalement applicable (loi du for), en faveur de la loi de l'Etat avec lequel la situation présente un lien étroit. Cela n'est évidemment possible que « dans la mesure où la protection de la personne ou des biens de l'enfant le requiert »[953] comme l'indique l'article 15 alinéa 2 de la Convention de 1996, et que « dans la mesure où la protection de la personne ou des biens de l'adulte le requiert » selon les termes de l'article 13 de la Convention Adultes. Bien que ces articles consacrent un rattachement de proximité, ce dernier ne sera applicable que dans la mesure où il sert l'intérêt de la personne à protéger. D'ailleurs, même dans ce cas, sa mise en œuvre est facultative. Ce qui rend ces dispositions quelque peu différentes de la clause d'exception correctrice obligatoire, absente des conventions internationales et des règlements applicables en France.

527. Aujourd'hui, en matière familiale, la seule clause d'exception de ce type se trouve dans la Convention de La Haye du 1er août 1989 relative à la loi applicable aux successions à cause de la mort, qui n'est d'application ni en France ni en Tunisie. Pourtant, les instruments internationaux ne cessent d'augmenter, d'une part pour des raisons se rapportant au cercle des Etats pouvant en faire partie et d'autre part, pour des raisons incitant à leur ratification par le plus grand nombre d'Etats. Il est donc nécessaire que leur objet soit « cantonné à des questions beaucoup plus étroites que celles traditionnellement

---

953 Article 15 alinéa 2, de la Convention de 1996.

embrassées par les grandes catégories du droit international privé »[954]. Ce qui a pour conséquence la multiplication des supports spécifiques à des matières bien déterminées tout comme l'exclusion d'une unification globale des règles de droit international privé de la famille.

528. Dans pareille situation, il est inévitable que chaque convention internationale prévoie sa propre clause d'exception. Il n'est donc pas étonnant de voir apparaître d'une convention à une autre des méthodes différentes de correction des règles de conflit. La preuve est que dans la Convention de La Haye relative aux successions, figurent plusieurs clauses d'exceptions au sein de l'article 3. En effet, l'alinéa premier de cet article rattache principalement la succession à la loi de la résidence et de la nationalité du défunt au moment de son décès, lorsque cette loi coïncide avec celle de sa nationalité. Ensuite, à défaut de concordance entre la nationalité et la dernière résidence du *de cujus*, l'alinéa 2 prévoit l'application de la loi de l'Etat de la résidence habituelle du *de cujus* au moment de son décès, s'il avait résidé dans cet Etat pendant une période d'au moins cinq ans précédant immédiatement son décès. Seulement dans ce cas, le législateur international tempère la rigidité de son rattachement par une clause d'exception spéciale fermée permettant de déroger à la compétence de la loi de cette dernière résidence, au profit de celle de l'Etat de la nationalité du défunt au moment de son décès au cas où il existerait « des liens manifestement plus étroits » avec ce pays[955]. Enfin, l'alinéa 3 donne compétence à la loi de la nationalité du défunt au moment de sa mort toutes les fois que le *de cujus* ne possédait pas à la nationalité de l'Etat de sa résidence ou bien s'il n'avait pas acquis une dernière résidence dans les cinq mois au moins précédant sa mort. Cependant, la loi nationale sera écartée selon ce même alinéa, si « le défunt [avait au moment de sa mort] des liens plus étroits avec un autre Etat, auquel cas la loi de cet autre Etat est applicable ». Il s'en suit qu'une autre clause d'exception – mais cette fois ouverte – est insérée dans le même article d'une même Convention.

529. Les rédacteurs de la Convention de 1989 auraient pu se contenter d'une seule clause d'exception ouverte s'étendant à tout l'article 3, puisque le motif de la restriction de la clause dans l'alinéa 2 est due à une

---

954 Y. LEQUETTE, « Le droit international privé de la famille à l'épreuve des conventions internationales », *RCADI*, 1994-II, t. 246, p. 36, n° 20.

955 P. LAGARDE, « La nouvelle Convention de La Haye sur la loi applicable aux successions », *Rev. crit. DIP.*, 1989, p. 249 et s., spéc. p. 256 et 257, n° 11.

hésitation dans la détermination de la loi ayant les liens les plus proches[956]. Cette difficulté confirme que le rattachement exceptionnel n'est pas souvent celui des liens les plus proches. Evidemment, ce choix se justifiait par la sécurité juridique apportée par la précision du rattachement de substitution. Néanmoins, si l'on considère que la clause d'exception est source d'insécurité, cette dernière a donc été dans tous les cas de figure remise en cause par la clause spéciale fermée qui a aussi sa part d'imprévisibilité. Même si pour ce type de clauses le doute consiste en une hésitation entre seulement deux ordres juridiques, il n'en demeure pas moins qu'il soit présent même dans ces clauses. Pourquoi alors ne pas parachever le travail entamé pour l'étendre à tous les cas où la proximité n'est pas réalisée ? Il aurait été préférable que cette convention internationale, tout comme celles voulant promouvoir la recherche de la proximité, prévoie une seule clause ouverte.

956 P. LAGARDE, *ibid.*

CONCLUSION DU CHAPITRE PREMIER

530. A la différence de la recherche du rattachement de la relation de droit à la loi la plus proche, la garantie de la simple application d'une loi qui a des liens étroits n'engendre qu'une intervention exceptionnelle de la clause d'exception. Introduire dans les règles de droit international privé de la famille une clause qui ne sert qu'à corriger le résultat de la règle de conflit lorsque cette dernière aura désigné une loi qui n'a que des liens très faibles avec la relation de droit pour lui substituer la loi qui présente les liens les plus proches, assure la mise en œuvre exceptionnelle de la clause. Par ailleurs, la spécificité des systèmes français et tunisien, et notamment la prise en charge par les législateurs des deux pays de la réglementation du droit international privé de la famille, font que parmi les différentes clauses proposées, la clause spéciale ouverte serait celle qui s'accommoderait le mieux avec les besoins de la matière. En même temps, son mode d'insertion dépendra de l'origine de la règle de conflit.

531. Une telle clause d'exception, dont les contours sont préalablement bien définis, atténue les risques d'imprévisibilité qu'appréhendent la doctrine et les législateurs français et tunisien en droit de la famille.

CHAPITRE SECOND
LES ENJEUX DE L'INTERVENTION DE LA CLAUSE D'EXCEPTION

532. En choisissant de réglementer les relations familiales à caractère international, les législateurs français et tunisien ont clairement manifesté la volonté de s'emparer de la matière et de l'extraire au juge, et ce, soit en raison de leur désaccord avec les solutions précédentes avec lesquelles ils tentent de rompre en adoptant de nouvelles règles de conflit, soit pour figer les règles existantes satisfaisantes. Ainsi, comme toute intervention législative, celle qui concerne le droit international privé de la famille a des objectifs qui influent sur l'admission d'une clause échappatoire (Section I) auxquels s'ajoutent des impératifs qui ne sont pas propres aux relations familiales, mais qui lui sont tout de même applicables (Section II).

Section I : La clause d'exception et les objectifs de la règle de conflit en matière familiale

533. Par l'établissement de règles de conflit écrites, le législateur entreprend faciliter l'accessibilité au droit et par conséquent, il sous-entend « une préférence certaine pour la sécurité juridique aux dépends de la souplesse des décisions que rendra le juge »[957]. La règle de conflit écrite répond de ce fait « à un besoin de sécurité juridique et d'accès au droit »[958]. Les relations personnelles et familiales ne sont pas affranchies de la recherche d'un tel objectif. La sécurité juridique n'est que l'un des objectifs des règles de conflit. Outre cet objectif commun à la plupart des relations juridiques, à travers la codification du droit international privé de la famille, le législateur entend souvent faire passer sa conception propre en la matière. Ainsi, les règles de droit international

[957] E. VASSILAKAKIS, *Orientations méthodologiques dans les codifications récentes du droit international privé en Europe*, L.G.D.J., 1987, p. 342, n° 363.
[958] A. BODENES-CONSTANTIN, *La codification du droit international privé français*, *Defrénois*, 2005, p. 60, n° 89.

privé de la famille français et tunisien sont imprégnées de règles à caractère substantiel et de règles *lex foriste*. Ce sont des règles qui tendent à promouvoir une conception des relations familiales propres à chaque système. Or, la réalisation de ces deux objectifs semble menacée par la présence d'une clause d'exception.

534. Selon une grande partie de la doctrine, une clause d'exception qui écarte l'application de la loi normalement applicable pour des raisons de proximité, porte atteinte à la fois au principe de la sécurité juridique et à celui de l'approche non proximiste qu'adopterait un Etat pour les relations familiales. Ce qui justifie pour ces auteurs le rejet de la clause d'exception, du fait de son inadaptation à ces deux revendications. Pourtant, il est facile de démontrer la complémentarité entre la clause d'exception et les objectifs de la réglementation du droit international privé de la famille : à savoir, assurer la sécurité juridique d'une part (Paragraphe I) et promouvoir l'approche étatique en la matière d'autre part (Paragraphe II).

Paragraphe I : Les impacts de la clause d'exception sur la recherche de la sécurité juridique en matière familiale

535. Comme pour toutes les branches du droit, la sécurité juridique en droit international privé de la famille passe par la prévention contre l'arbitraire[959]. Elle est rattachée selon M. PIAZZON, à « [l'] accessibilité, [la] prévisibilité et [la] stabilité du droit et des droits »[960].

536. En reprenant les valeurs fondamentales telles que conçues par BEALE, M. HANOTIAU, note que « tout système de solution des conflits de lois doit assurer un minimum de certitude de même qu'offrir aux parties dans la mesure du possible, la possibilité de prévoir le droit

---

[959], E. VASSILAKAKIS, *Orientations méthodologiques dans les codifications récentes du droit international privé en Europe*, L.G.D.J., 1987, p. 342, n° 363 ; A. BODENES-CONSTANTIN, *La codification du droit international privé français*, *Defrénois*, 2005, p. 42, n° 60.

[960] T. PIAZZON, *La sécurité juridique*, Préface de L. LEVENEUR, *Defrénois*, 2009, p. 6, n° 3.

applicable »[961]. C'est à la prévisibilité des solutions qu'il est ici fait référence. Cette prévisibilité exige à la fois une règle de droit claire, mais aussi accessible. A travers l'accès à la règle de droit, les individus seront informés de la conséquence de leurs agissements sur le droit subjectif, principale attente des parties. A partir de là, M. ROMANO[962], distingue trois types de prévisibilités : la prévisibilité *préjudiciaire*, la prévisibilité *procédurale*, ainsi que la prévisibilité *postjudiciaire*. Ces prévisibilités seront envisagées du point de vue de la prévisibilité *prédécisionnelle* regroupant les deux phases précédant le prononcé d'une décision ainsi qu'une prévisibilité *postdécisionnelle*.

537. Alors que la première forme de prévisibilité intéresse la règle de droit applicable à la relation en cause, la seconde concerne quant à elle le sort de la décision, sinon des nouvelles prévisions bâties en fonction de la décision rendue. Il s'agit alors de la stabilité des relations, deuxième recommandation de la sécurité juridique qui se manifeste cette fois par une sécurité *postdécisionnelle*. Il est question dans ce cas de prévoir le sort de la situation créée, même si le terme « prévisibilité » est ici moins apparent, puisqu'il ne s'agit plus en principe de prévision mais bien d'une situation existante dans laquelle pourrait s'inscrire le sort de la relation dans le cadre de la prévisibilité. Cette dernière est, selon certains, l'un des éléments de la définition de la sécurité juridique[963], alors qu'elle ne s'imposerait pour d'autres que « dans la mesure où les prévisions des parties ne doivent pas être déjouées »[964]. Que la notion de stabilité fasse partie des exigences de la sécurité juridique collectivement ou indépendamment des prévisions des parties, elle induit que soient reconnus les statuts acquis de la personne nonobstant la modification de la localisation de la situation spatiale ou temporelle. Là encore, puisque la clause d'exception a pour but d'assurer à tout moment de la relation juridique son rattachement à l'ordre qui lui est étroitement lié, il y a risque d'interrompre cette continuité du statut familial.

---

961 B. HANOTIAU, *Le droit international privé américain. Du premier au second Restatement of the Law, Conflict of Laws*, L.G.D.J., et Bruylant, 1979, p. 69, n° 93.

962 G.-P. ROMANO, « Principe de sécurité juridique, système de Bruxelles I/ Lugano et quelques arrêts récents de la CJCE », in *La Convention de Lugano. Passé, présent et devenir*, Actes de la 19e journée de droit international privé du 16 mars 2007 à Lausanne. Schuthess, 2007, p. 167.

963 R. CABRILLAC, (sous la dir. de), V° « Sécurité juridique », in *Dictionnaire du vocabulaire juridique*, LexisNexis, 2012.

964 T. PIAZZON, *op. cit.*, n° 48, p. 62.

538. Or, la clause d'exception accompagnant une règle de conflit principale n'est pas sans incidence sur l'accessibilité à la loi et partant à la prévisibilité *prédécisionnelle.* L'éventuelle correction apportée par la clause d'exception rendrait l'accès à la règle de droit applicable préalablement à la décision d'un juge, *a priori* insignifiante. Le doute persistant quant à la loi applicable jusqu'au prononcé de la décision, serait donc une source d'imprévisibilité. De plus, la recherche de la correction du rattachement est susceptible de remettre en cause des situations déjà constituées et de porter ainsi atteinte au principe de la permanence du statut personnel.

539. Les développements qui vont suivre s'attacheront à démontrer que la mise en œuvre de la clause d'exception dans le but d'assurer la proximité du rattachement en droit international privé de la famille vient à l'appui de la notion de prévisibilité telle qu'elle peut être envisagée en la matière (A). Quant à la stabilité du statut personnel, nous tenterons de mettre en place une méthode qui concilie le respect des situations familiales préconstituées avec les exigences de la proximité (B).

A. La prévisibilité des solutions en droit international privé de la famille

540. Selon VASSILAKAKIS, la prévisibilité des solutions « implique la possibilité pour les particuliers de prévoir le résultat d'une éventuelle intervention judiciaire et de déterminer d'avance les conséquences juridiques de leurs actes »[965]. Partant de cette définition, il ressort que la prévisibilité sert essentiellement à orienter et guider les actes et comportements des sujets de droit. WENGLER affirmait quant à lui que « les sujets du droit privé sont gravement lésés lorsqu'ils ne sont pas à même de prévoir avec la plus grande sécurité possible le droit que le tribunal compétent va appliquer »[966], ce qui le conduisait à dénoncer la clause échappatoire comme source d'imprévisibilité considérée par lui comme violant un « droit fondamental qu'est le droit à la certitude du droit »[967].

---

965 E. VASSILAKAKIS, *Orientations méthodologiques dans les codifications récentes du droit international privé en Europe*, L.G.D.J., 1987, p. 184, n° 193.

966 W. WENGLER, « L'évolution moderne du droit international privé et la prévisibilité du droit applicable », *Rev. crit. DIP.,* 1990, p. 660.

967 W. WENGLER, « L'évolution moderne du droit international privé et la prévisibilité du droit applicable », *Rev. crit. DIP.*, 1990, p. 668.

541. De ce qui précède, il ressort que la prévisibilité peut être requise en deux temps : une prévisibilité avant la décision des autorités compétentes et là, il est question d'une prévisibilité *préjudiciaire*, et une seconde apparaissant une fois que les autorités se sont prononcées sur la question et il s'agit cette fois d'une prévisibilité *postjudiciaire*. Entre les deux, une troisième prévisibilité est requise, celle qui intervient lors de la saisine d'une autorité compétente mais avant qu'elle ne se prononce sur la question. La question qui se pose alors est de savoir si un tel objectif, à savoir la prévisibilité, serait assez primordial en droit international privé de la famille pour qu'il faille accepter de sacrifier le règlement le plus adapté de la relation au profit de cette certitude. La prévisibilité ici signifie que les sujets sont appelés à connaître avec précision les dispositions de la règle de conflit applicable à leur rapport familial et par conséquent, la loi à laquelle ils seront soumis. A supposer que tel soit le cas, comment la prévisibilité se concrétise-t-elle en droit international privé de la famille ? Pour cela, il est primordial de déterminer la place réservée à la prévisibilité en tant qu'élément nécessaire à l'orientation des comportements des parties (1) et son étendue (2) dans les relations familiales.

1. La place de la prévisibilité en droit international privé de la famille

542. L'imprévisibilité des solutions a été opposée maintes fois par les adversaires de la clause d'exception[968], en raison de la potentielle remise en cause de la loi désignée par la règle de conflit par une clause correctrice après que les individus aient pu établir des prévisions légitimes et aient agi en se référant à la loi normalement applicable. Il est question ici des prévisions *préjudiciaires* des parties. Cependant, l'inquiétude des auteurs hostiles à la clause d'exception ne peut se fonder sur l'imprévisibilité pour les relations familiales. En effet, comme l'a relevé Mme JOBART-BACHELLIER, « l'application du droit international privé en particulier ne peut dépendre, en principe du moins,

[968] Y. LOUSSOUARN, P. BOUREL et P. DE VAREILLES-SOMMIERES, p. 192-193, n° 203.

des connaissances juridiques plus ou moins vastes des justiciables »[969]. Le droit international privé est souvent qualifié de droit « savant »[970], par conséquent, sa maîtrise est réservée aux « spécialistes ». Les justiciables non spécialistes sont de toute façon logiquement mal préparés à cette matière. De ce fait, ses règles ne sauraient être prévisibles pour eux. Mais à supposer qu'ils puissent être informés, ce ne sera sûrement pas le cas pour le droit international privé de la famille. D'ailleurs M. WENGLER, l'un des plus hostiles à la clause d'exception, pour justifier ses critiques, se réfère essentiellement aux matières contractuelles[971]. En effet, d'une part la prédominance des situations factuelles en droit familial exclut normalement tout agissement prémédité (a), et d'autre part la spécificité des actes juridiques en ce domaine rallie le plus souvent la prévisibilité à la proximité (b).

a. Une exclusion logique de la prévisibilité *prédécisionnelle* dans certaines relations familiales

543. Partant de l'idée que « le besoin de prévisibilité est prioritaire dans tous les cas où les sujets de droit doivent faire une anticipation sur l'avenir avant de prendre des dispositions qui produiront ou continueront à produire leurs effets dans une période de temps éloignée »[972], cette recommandation s'avère moins impérieuse dans la plupart des relations familiales. La nature factuelle de certaines relations familiales écarte d'emblée toutes prévisions préétablies de la loi applicable dans la période *préjudiciaire*. Il en est ainsi pour ce qui concerne la filiation biologique.

544. En se référant à l'objectif de la prévisibilité en droit, qui est de devancer les agissements des particuliers en considération du droit applicable, il est permis de douter de l'utilité de ce principe de matière de

969 M.-N. JOBART-BACHELLIER, *L'apparence en droit international privé : Essai sur le rôle des représentations individuelles en droit international privé*, Préface P. LAGARDE, L.G.D.J., 1984, p. 80, n° 108.

970 B. OPPETIT, « Le droit international privé, droit savant », *RCADI*, 1992-III, t. 234, p. 331 ; C. KESSEDJAN, « Les effets pervers du caractère savant du droit international privé », Etudes à la mémoire du Professeur B. OPPETIT, Litec, 2009, p. 379 et s.

971 W. WENGLER, « L'évolution moderne du droit international privé et la prévisibilité du droit applicable », *Rev. crit. DIP.*, 1990, p. 669 et s.

972 P. LAGARDE, Cours *précit.*, p. 116, n° 109.

filiation à caractère international. « La filiation [définie] comme le lien de droit qui existe entre le père ou la mère et son enfant »[973], devrait être soumise, comme toute relation de droit, au principe de la prévisibilité des règles la régissant, aussi bien sur le plan interne qu'international. Mais à supposer que tel soit le cas pour les filiations en droit interne, et bien qu'il semble que la prévisibilité des parties s'inscrive plus ici dans un sentiment de « respect » sinon d'un « non-respect » d'un comportement accepté par la société à laquelle elles pensent appartenir, la situation est incontestablement différente en droit international privé. De toute évidence, la prévisibilité en matière de filiation à caractère international est fortement récusée. Définie comme étant le « caractère de ce qui est prévisible »[974], c'est-à-dire ce « que l'on peut normalement prévoir et qui doit donc être raisonnablement prévu »[975], la prévisibilité ne peut trouver sa place en matière de filiation internationale, car cela supposerait qu'il est « normal » sinon « raisonnable » pour les parents de prédire le résultat de la règle de conflit de lois en matière de filiation. Or, il est inconcevable d'imaginer que des parents aient pu, à un moment donné, bâtir des prévisions quant à la loi applicable à l'établissement de la filiation de l'enfant au moment de sa conception. Et s'ils l'ont fait, cela ne peut être ni « normal » ni « raisonnable » et ne saurait donc être pris en considération. Toutes les prévisions légitimes s'inscrivent dans un comportement permis ou prohibé par le milieu social dans lequel ils s'intègrent. Il n'est question là que des agissements des parents, alors même qu'ils ne sont pas les seuls concernés par cette relation de droit. L'enfant, principal intéressé de la relation et sujet passif jusque là, sa prévisibilité est à ce moment-là inexistante. Pourquoi lui imposer alors plus tard, les prévisions de ses parents ?

545. La prévisibilité est donc inexistante normalement en matière de filiation, sauf quand elle est récusée en raison de son illégitimité. Voilà pourquoi la prétendue imprévisibilité de la clause d'exception n'est qu'illusoire, étant donné qu'aucune attente n'existait au moment de leur agissement. D'ailleurs, ce n'est qu'au moment où les parties veulent donner effet à ce fait juridique, qu'elles s'intéresseraient réellement à la

973 J. CARBONNIER, *Droit civil. Introduction. Les personnes. La famille, l'enfant, le couple*, PUF, 2004, volume 1, p. 947.

974 G. CORNU, (sous la dir. de), V°, « Prévisibilité », in *Vocabulaire juridique*, 10e éd, PUF, 2014.

975 G. CORNU, (sous la dir. de), V°, « Prévisibilité », in *Vocabulaire juridique*, 10e éd, PUF, 2014.

teneur de la règle de droit et les conséquences qu'elle attribue à leur agissement. La prévisibilité *préjudiciaire*, obstacle à l'intervention de la clause d'exception, étant absente dans ce cas, rien ne s'oppose donc à remettre en cause la loi initialement désignée par la règle de conflit.

b. Une importance nuancée imposée par l'acception de la prévisibilité dans les relations familiales résultant de certains actes juridiques

546. Certaines relations familiales résultent d'actes juridiques. De ce fait, la prévisibilité en ces matières tient une place primordiale. Ainsi, avant l'accomplissement de ces actes, les parties aspirent effectivement à une conséquence précise en se référant à une règle de droit bien déterminée. La nature contractuelle de ces rapports induit que les parties s'interrogent par définition quant à la règle de droit applicable à leurs engagements familiaux. C'est là précisément que « les sujets de droit, avant de se livrer à des actes ou des omissions susceptibles de leur valoir par la suite des sanctions juridiques en raison d'une sentence judiciaire, devraient avoir la plus grande certitude sur le droit que le juge va leur appliquer par la suite »[976]. Si des interrogations surgissent dans les relations familiales purement internes, elles interviennent tout autant quand il s'agit de relations internationales, pour s'étendre donc à la loi applicable à leurs agissements. La prévisibilité prend alors toute son amplitude. Cependant, elle diffère selon qu'il s'agisse d'actes relatifs aux relations familiales économiques (β) ou bien, lorsqu'il est question de du statut familiale lui-même (α).

α. *La prévisibilité des actes juridiques en rapport avec le statut familial*

547. Les relations familiales ne sont pas exemptes d'actes juridiques programmés. Le mariage, le divorce, la filiation adoptive et les naissances médicalement assistées reposent sur des démarches juridiques accomplies par les parties, afin de donner des suites juridiques clairement déterminées à leurs agissements. En entreprenant de tels actes, les personnes concernées s'attendent à un résultat qu'elles ont pu bâtir en

---

[976] W. WENGLER, « L'évolution moderne du droit international privé et la prévisibilité du droit applicable », *Rev. crit. DIP.*, 1990, p.657 et s., spéc. p. 668.

fonction des dispositions d'une règle de droit à laquelle elles se sont référées. C'est là précisément que la prévisibilité prend toute son ampleur en matière familiale, puisqu'elle permet aux « particuliers de prévoir le résultat d'une éventuelle intervention judiciaire et de déterminer d'avance les conséquences juridiques de leurs actes »[977]. La volonté de créer une situation juridique nécessite un comportement étudié. Ce dernier est la raison de toute prévisibilité. Mais là encore, l'importance accordée à la prévisibilité *prédécisionnelle* varie d'une matière à une autre. Si elle ne peut être totalement exclue du domaine du divorce, elle y est sûrement moins présente qu'en matière de mariage, de filiation adoptive et d'assistance médicale à la procréation.

548. M. LAGARDE, en 1986, s'interrogeait sur la possibilité de soutenir « sérieusement que les époux aient besoin, lors de leur mariage, de savoir à l'avance selon quelle loi ils pourront divorcer ? »[978]. Cette question n'a plus lieu d'être depuis l'entrée en vigueur du règlement Rome III, puisqu'il prend en considération cette hypothèse très rare, en laissant aux parties la possibilité de choisir la loi applicable à leur divorce à tout moment avant la saisine du juge. Si les parties choisissent expressément une loi pour régir leur divorce, l'intervention d'une clause d'exception détrompera alors leur prévisibilité. A l'inverse, en l'absence d'un choix explicite, au cas où la prévisibilité a lieu d'être, elle intervient normalement en cas de mésentente au sein du couple. Ce n'est qu'à ce moment que les intéressés songent effectivement au divorce et par la même occasion, à la règle de droit qui lui est applicable. Cette période *prédécisionnelle* qui s'étendra jusqu'à la phase procédurale, englobe à la fois la phase *préjudiciaire* et la phase procédurale. Assurément, à ce stade, connaître d'avance la loi applicable au divorce n'est pas si impérieuse[979] qu'il faille l'imposer aux dépends d'un résultat réaliste. Il semble plutôt que dans ce cas, la justice et l'efficacité de la décision doivent l'emporter sur la prévisibilité. A supposer que les parties bâtissent des prévisions quant à la loi applicable à leur divorce, celles-ci coïncideront normalement avec la loi qui leur est proche. Par conséquent, sauf en cas de choix exprès de la loi applicable, la proximité rétablie par la clause d'exception répondrait normalement aux besoins de la prévisibilité, qui

---

[977] E. VASSILAKAKIS, *Orientations méthodologiques dans les codifications récentes du droit international privé en Europe*, L.G.D.J., 1987, p. 184, n° 193.

[978] P. LAGARDE, Cours *précit.*, p. 117, n° 109.

[979] M.-C. NAJM, *Principes directeurs du droit international privé et conflit de civilisations. Relations entre systèmes laïques et systèmes religieux*, Dalloz, 2005, p. 88, n° 88.

correspondront avec la loi la plus adaptée à la situation des époux et par conséquent à celle qui leur est très proche.

549. Tout autre est l'importance que prend la prévisibilité et partant, la connaissance de la loi applicable au mariage et à la filiation adoptive et celle issue d'une procréation médicalement assistée. En effet, lorsque les parties décident de se marier ou de procéder à une adoption internationale ou encore de recourir à une procréation médicalement assistée, la nature de leurs agissements et les formalités auxquelles elles vont être soumises imposent une prise de conscience préalable, non seulement des conséquences de leurs actes, mais aussi des modalités d'exercice de leurs actes. Ce rôle d'information est dévolu aux tiers professionnels (médecins, assistantes sociales, notaires, officiers d'état civil etc.) intervenant dans toutes ces relations de droit. La prévisibilité ici n'est pas hypothétique, elle devient certaine en cela qu'elle est la raison même des agissements. Les futurs époux ont besoin d'être prévenus des conditions ainsi que des conséquences de leurs engagements avant même de s'engager. Au cas contraire ils ne pourront même pas accomplir leurs opérations juridiques. Le mariage et l'adoption internationaux appellent systématiquement à s'interroger sur les conditions de l'accomplissement de ses actes. Avant de procéder à une adoption internationale, les adoptants ne peuvent s'empêcher de penser à la règle de droit applicable à leurs démarches. Les adoptants doivent savoir à quelles règles de droit ils sont supposés se conformer pour pouvoir adopter un enfant. La procréation médicalement assistée est aussi soumise à ces exigences, bien qu'ici, la prévisibilité quant à la règle de droit applicable soit moins évidente en raison du résultat incertain de cette technique médicale, et probablement dans certains cas en raison de l'indifférence de tous les acteurs à cette relation de droit quant à la règle de droit applicable (parents et équipe médicale).

550. Il s'agit dans toutes ces hypothèses d'actes juridiques nécessitant l'intervention d'un tiers spécialiste ou d'une autorité publique. L'ignorance ou l'insouciance quant à la règle de droit applicable n'est par conséquent pas opposable dans ces situations juridiques. Les actions des parties sont préméditées, calculées et se fondent sur une règle de droit que les concernés connaissent soit par eux-mêmes, soit en ont été informés par le professionnel intervenant dans la relation de droit. Les démarches nécessitent des investigations qui les éloignent des simples faits dont le résultat ne peut être déduit antérieurement aux agissements, telle que la filiation biologique. Entamer des procédures en vue de

célébrer un mariage ou adopter un enfant est un acte dont le résultat ne peut être accidentel ou inattendu, sur lequel les parties pourraient ne pas avoir réfléchi. Dans ces hypothèses, les parties ont besoin de vérifier si leurs agissements ont été accomplis régulièrement ou non. D'ailleurs, leurs comportements les incitent le plus souvent à se renseigner préalablement des conséquences de leurs actes. Partant, la prévisibilité ne peut être négligée en ce domaine, elle y tient donc une place prépondérante. Mais encore une fois cette prévisibilité se concilie fort bien avec la clause d'exception, comme il sera démontré ultérieurement[980].

β. La prévisibilité dans les relations familiales économiques

551. La prévisibilité *préjudiciaire* est beaucoup plus évidente et légitime dans les relations familiales économiques. Celles-ci concernent le droit patrimonial de la famille ainsi que les obligations alimentaires.

552. Pour les premières, les sujets ont besoin de connaître avec certitude la règle de droit qui régira leur engagement et par là même, la loi applicable à ce rapport juridique. Il n'est pas étonnant, voire fort probable que l'individu ait pensé d'avance à la règle de droit applicable à sa succession de même qu'à son régime matrimonial. Il s'agit en effet de relations juridiques patrimoniales dont la réalisation est incontournable (en raison soit de la dissolution du lien conjugal soit de la mort de l'une des parties), ce qui sous-entend une organisation préalable de la part des intéressés. Organisation qui ne devrait en principe pas être détrompée ultérieurement, vu les répercussions possibles sur le comportement des individus. Voilà pourquoi, en ces domaines et contrairement au reste du droit familial, la part de la volonté n'est pas tout à fait négligeable. Elle s'est manifestée dans le système français par la possibilité offerte aux parties de choisir la loi applicable en ces matières. Par l'exercice du choix de loi, toute prévision se concrétise et se cristallise. La simple prévision hypothétique, justifiant un comportement déterminé, devient une certitude lorsqu'elle est exprimée clairement par l'individu. En droit international privé, la prévisibilité affirmée par la manifestation de la volonté tient une place plus ou moins importante selon les systèmes. En effet, il n'est pas permis de fausser ce type de prévisibilité. Parce que la

---

980 *Infra*, n° 568-579.

prévisibilité de la loi applicable devient une certitude, il convient par conséquent de la respecter. A l'inverse, lorsqu'aucune volonté n'a été exprimée, la prévisibilité s'oriente nettement vers le rattachement de proximité.

553. Pour ce qui est des obligations familiales, il n'est pas étonnant que l'une des parties ou bien même que toutes les parties aient songé au droit applicable au cas où une situation litigieuse se présentait. Si des prévisions peuvent être établies, seraient-elles légitimes ? Si pour les besoins de la sécurité juridique, il est nécessaire de protéger les prévisions des parties, de quelles prévisions est-il question ici ? Rappelons qu'il n'est permis de protéger que les seules prévisions « légitimes ». Or, serait-il légitime d'établir des prévisions en ce domaine ?

554. Sous l'expression « obligations d'ordre familial », il faut entendre les obligations entre époux, de même que celles des ascendants envers leurs descendants et réciproquement le devoir des descendants envers leurs ascendants. Dans ces catégories d'obligations pécuniaires et extra-pécuniaires, la prévisibilité ayant pour but de prévenir les comportements des parties devrait être nuancée. Faut-il rappeler qu'en droit interne aussi bien français que tunisien, les droits protégés sont pour l'essentiel des droits indisponibles ? Par ailleurs les conventions anticipées, ce qui sous-entend également les prévisions préétablies, sont rarement autorisées[981] et sont très souvent susceptibles d'être détrompées une fois que le litige est survenu, par les autorités saisies. Rien n'empêche que des prévisions soient prises, mais rien non plus ne va contre leur remise en cause. Si l'imprévisibilité règne en droit interne, alors pourquoi s'inquiéter de sa potentielle réalisation en droit international privé ? Et même si cela se confirme, la prévisibilité est-elle si impérieuse en ces domaines qu'elle ne peut accepter sa remise en cause par la recherche de la proximité ? Elle ne peut l'être que si la prévisibilité est certaine. Or, cette condition ne se confirme que si les parties manifestent clairement une volonté de se soumettre à une loi précise. Ce qui n'est actuellement autorisé qu'en droit français et dans des cas très limités[982]. En l'absence de choix exprès, les agissements des parties et donc leurs prévisions légitimes dépendent directement de leur sentiment d'appartenance à un système de droit

---

[981] Il faut rappeler que le choix de loi applicable prévu par l'article 8 du Protocole Aliments est restreint à une catégorie bien particulière de personnes.

[982] Voir l'article 8 du Protocole de La Haye du 23 novembre 2007 relatif à la loi applicable aux obligations alimentaires.

déterminé, qui coïncide normalement avec celui qui leur est le plus proche.

555. Ainsi, avant la naissance d'un litige et la saisine d'une autorité compétente, l'importance des prévisions des parties est à relativiser en ces différentes matières familiales. Il ressort donc clairement que l'imprévisibilité n'a pas lieu d'inquiéter en ce domaine. Par conséquent, le principal reproche qui puisse être opposé à la clause d'exception est à écarter. Il convient à présent de procéder à l'examen de l'étendue de la prévisibilité dans les relations familiales.

2. L'étendue des prévisions dans les relations familiales

556. A supposer que des prévisions existent en droit international privé de la famille, et que les parties se réfèrent à un ordre juridique bien déterminé afin d'organiser leur attitude ou comportement, il sera démontré que la clause d'exception, garante de la proximité, ne peut que conforter la prévisibilité.

557. Les relations familiales internationales se rapportent à des rapports juridiques nés la plupart du temps, spontanément entre les différentes parties. Pendant la période *prédécisionnelle*, la prévisibilité des conséquences futures de ces relations de droit n'est pas décisive en droit international privé de la famille (a). La prévisibilité prend néanmoins une place prépondérante, dès lors qu'une autorité a cautionné une situation juridique (b).

a. L'étendue de la prévisibilité dans la période prédécisionnelle

558. Dans cette période *prédécisionnelle*, l'acception de la prévisibilité diffère selon que l'on soit dans la phase *préjudiciaire* (α) ou bien la phase procédurale (β).

α. La prévisibilité préjudiciaire

559. La phase *préjudiciaire* concerne la période antérieure à la saisine des autorités appelées à appliquer la règle de conflit de lois. Durant cet intervalle de temps, deux types de relations familiales peuvent se nouer. Les premières dérivent de faits juridiques, alors que les secondes découlent des actes juridiques. Dans ce cas, deux situations se présentent. La première est la plus fréquente et concerne le cas où les intéressés ignorent les dispositions de la règle de conflit de lois et parfois son existence même (i). La seconde, est beaucoup moins habituelle en droit extrapatrimonial de la famille, elle s'étend aux cas où les individus étaient au courant des dispositions de la règle de conflit de lois (ii).

i. Les effets de la clause d'exception sur la prévisibilité en cas de méconnaissance de la règle de conflit de lois par les intéressés

560. Cette situation concerne essentiellement les faits juridiques, sans exclure toutefois certains actes entamés par les parties dans la méconnaissance totale de la règle de conflit de lois. Du simple fait que les individus ignorent l'existence même de la règle de conflit de lois, sinon ses dispositions, il ne faut pas supposer que ces derniers agissent dans l'indifférence totale de toute règle de conduite. Leur comportement sera orienté par les règles de leur environnement social. Cet environnement correspond pour les individus non familiarisés avec le droit international privé, soit avec les règles prévues par l'Etat de leur domicile, soit les règles prévues par leur Etat d'origine. Il n'est autre que l'ordre juridique qui leur est le plus proche. Concluant à l'absence d'influence du « respect des légitimes prévisions des parties » en matière de conflit de lois, M. MAYER[983] considère que ce principe est soit inutile, notamment lorsque la question n'est pas intrinsèquement internationale, soit impossible dans le cas où la question est intrinsèquement internationale, puisqu'il n'est pas envisageable de prédéterminer la prévision des parties dans une relation mettant en cause plusieurs législations. La seule exception serait l'existence d'un « lien déterminant » entre la relation et une des législations mises en cause qui

983 P. MAYER, *La distinction entre règles et décisions et le droit international privé*, Dalloz, 1973, p. 157, n° 209.

« aurait en la rendant applicable le maximum de chances de ne pas aller à l'encontre des prévisions des intéressés »[984]. De surcroît, dès lors qu'existe une loi déterminante, il est légitime qu'elle corresponde aux prévisions des parties.

561. Ainsi en matière de filiation, les parents auraient parfaitement pu songer aux conséquences de leurs agissements non pas du point de vue purement juridique mais essentiellement sociologique, qui lui, renvoie directement aux règles d'un système bien déterminé. Les intéressés ignorent souvent la règle répartitrice de lois, mais adoptent un comportement conforme aux règles d'un système auquel ils s'identifient. Ce système est en principe celui qui leur est le plus proche intellectuellement. Cette proximité désigne soit l'ordre juridique national, soit l'ordre juridique domiciliaire. Dans pareille situation, la clause d'exception ne remet pas en cause leurs prévisions, bien au contraire elle ne fait que les respecter, puisque la prévisibilité coïncide ici avec la proximité. En conséquence, l'imprévisibilité se manifesterait par la soumission du rapport de droit à un ordre juridique trop éloigné, en raison du rattachement rigide imposé par la règle de conflit. En fin de compte, la prévisibilité que l'on voulait instaurer par la fermeté de la règle de conflit serait source d'imprévisibilité en matière de filiation. La règle de conflit rigide supposée assurer la prévisibilité mènerait à une imprévisibilité. Paradoxalement, c'est la clause d'exception dénoncée pour son imprévisibilité qui aboutirait à la restaurer[985]. La clause assure, lorsque le rattachement initial n'a aucun lien avec la situation litigieuse, la soumission du rapport juridique à l'ordre dans lequel elle est enracinée. Contrairement aux enseignements de WENGLER, appliquer l'ordre le plus adapté aux parties à la place d'un ordre éloigné ne va pas à

---

984 P. MAYER, *La distinction entre règles et décisions et le droit international privé*, Dalloz, 1973, p. 157, n° 209.

985 Comme l'avait noté Mme GOURDET, concernant la jurisprudence américaine dans les arrêts *Babcock v. Jackson* (12 NY éd. 473, *Rev. crit. DIP.*, 1964, p. 284, note J.-G. CASTEL) et *Dym v. Gordon* (16 NY éd 120), « avec un certain goût du paradoxe on peut même dire que l'approche américaine de la jurisprudence Babcock ou Dym qui apprécie les contacts significatifs avec chaque Etat, aura un caractère de prévisibilité plus grand que la *lex loci delicti* car sera retenue la compétence de l'Etat où le faisceau de relations est le plus dense, où les relations sont enracinées avant même la survenance de l'accident », G. GOURDET, *L'effectivité en droit international privé*, Thèse, Nice, 1978, p. 77, n° 42 ; G.-P. ROMANO, « Sécurité juridique et prévisibilité dans le droit des relations privées internationales », Communication au Centre de recherches de droit international, Paris II, février 2009, *inédite*.

l'encontre de la prévisibilité dans ces hypothèses. Bien au contraire, elle la renforce.

562. La clause d'exception conjuguerait forcément proximité et prévisibilité en droit international privé français de la filiation. Tout d'abord, entre la règle générale et les règles spéciales prévues par les articles 311-14 et suivants du Code civil, il semble bien que même le juriste internationaliste risque de s'y perdre[986]. Mais, à ne s'en tenir qu'au rattachement de principe posé par l'article 311-14 du Code civil, à savoir le rattachement à la loi nationale de la mère au jour de la naissance de l'enfant au cas où la mère est connue, la prévisibilité ne se trouve guère satisfaite. Comment expliquer « la prévisibilité » dans l'application de la loi nationale de la mère à une situation litigieuse qui, au moment où le litige est né elle ne présente plus que des liens ténus avec cette dernière ? Les faits du jugement du tribunal de grande instance de Paris du 23 avril 1979[987] montrent bien ces difficultés. Il s'agissait en l'espèce d'une demande d'établissement de la filiation d'un enfant franco-algérien né et résidant en France de mère algérienne au jour de sa naissance, devenue française et résidant en France quand l'instance a été l'introduite, contre un prétendu père français et résidant en France. Selon la règle de conflit française, la loi applicable est la loi nationale de la mère au jour de la naissance de l'enfant, donc la loi algérienne. Or, pour le juge français toutes les parties étaient françaises en raison de la primauté accordée à la loi nationale du for en cas de conflit de nationalités. Même dans le cas où le juge ne prendra en compte que la nationalité effective, la nationalité française semble bien l'emporter ici. Ainsi, toutes les parties sont françaises et résident en France. Cependant, en raison d'une règle de conflit rigide qui impose l'application de la loi nationale de la mère au jour de la naissance de l'enfant, la loi algérienne devait être appliquée. Dans une telle affaire, quoi de plus imprévisible que l'application de cette loi alors même qu'elle n'est presque plus d'aucun lien avec la situation litigieuse. La correction du résultat de la règle de conflit en faveur de la loi la plus proche, à savoir la loi française, aurait au contraire assuré la prévisibilité. Comment dans un pareil litige, l'une des parties (mère, père ou enfant) – ignorant les dispositions de l'article 311-14 du Code civil – aurait-elle pu songer à l'application par le juge français d'une autre loi

---

986 Voir en ce qui concerne « les difficultés d'interprétation suscitées par les règles de conflit relatives à l'établissement de la filiation », P. LEROY-RENAULT, *Les conflits de lois en matière de filiation*, Thèse, Rouen, 2007, p. 95 et s.

987 TGI de Paris, 23 avril 1979, *Rev. crit. DIP.*, 1980, p. 83 *précit.*, note P. LAGARDE.

que la loi française alors que tous les intéressés sont français et résident en France ? Où est la prévisibilité dans cette situation ? N'aurait-il pas été plus judicieux de corriger le résultat inapproprié de la règle de conflit en faveur de la loi la plus proche de la situation en raison de la faiblesse des liens avec l'Algérie ? La clause d'exception, si elle existait, n'aurait-elle pas remédié au résultat imprévisible de la règle de conflit qui est en l'espèce l'application d'une loi ayant des liens très faibles avec la situation alors que la relation est enracinée dans un autre ordre juridique ? La clause n'aurait-elle pas rétabli la prévisibilité dans ce cas ? Certes, le jugement a corrigé le résultat de la règle de conflit par le biais de l'exception d'ordre public[988], mais la mise en œuvre de ce mécanisme est encore plus imprévisible. En évitant une potentielle imprévisibilité, qui n'est en réalité qu'une prévisibilité, on tombe dans une plus grande incertitude, dont il est difficile de fixer objectivement les contours.

563. L'imprévisibilité s'accentue dans l'impossibilité de déterminer le mécanisme correcteur de la règle de conflit dont les juges feront usage. Alors que la clause d'exception aurait pu remédier à toute règle de conflit localisatrice insatisfaisante de ce point de vue, son absence engendre une totale imprévisibilité quant aux moyens de correction suivis par les tribunaux.

564. Les juridictions ont employé tous les moyens mis à leur disposition afin de soumettre le rapport de droit à l'ordre juridique qui lui est le plus proche. De l'exception d'ordre public[989] en passant par la fraude et le renvoi, tout a été exploité afin de rétablir le rattachement approprié. En cas d'impossible mise en œuvre ces moyens, les juridictions ont parfois fait appel à une forme de résolution casuistique de la règle de conflit qui trouve sa seule justification dans la recherche de la correction de la règle de conflit. Une adaptation qui s'apparente à la

---

988 *Cf.* B. FAUVARQUE-COSSON, *op. cit.*, p. 321 et 322, n° 549 qui assimile l'ordre public de proximité à « une clause d'exception déguisée » ; P. HAMMJE, *La Contribution des Principes Généraux du Droit à la Formation du Droit International Privé*, Thèse, Paris I, 1994, p. 569, n° 950.

989 Selon, M. ZAHER, conditionner le déclenchement de l'exception d'ordre public en matière d'établissement de la filiation à « l'enracinement de la situation dans l'ordre juridique du for reviendrait à reconnaître indirectement que la règle de conflit posée par l'article 311-14 du Code civil désigne une loi qui n'entretient pas les liens les plus étroits avec le litige. Dans ces conditions, la réserve d'ordre public intervient davantage pour corriger un rattachement inadéquat que pour défendre des principes considérés comme fondamentaux dans l'ordre juridique du for », K. ZAHER, *Conflit de civilisations et droit international privé*, L'Harmattan, 2009, p. 169, n° 229.

mise en œuvre de la clause d'exception sans toutefois y faire formellement référence. Bien que conditionné à des cas d'espèce bien déterminés, l'arrêt *Lizardi*[990] du 16 janvier 1861, reflète bien la correction du résultat du rattachement inapproprié de la règle de conflit. La Cour de cassation était parvenue à corriger le rattachement à un ordre juridique éloigné désigné par la règle de conflit en s'appuyant sur l'ignorance excusable. Une ignorance excusable justifiée par l'effet « surprise »[991] de l'application des dispositions du droit étranger dans ce cas. Or, la surprise sous-entend l'imprévisibilité. Cette dernière n'est que la résultante de l'application au cas d'espèce de la loi nationale étrangère désignée par la règle de conflit qui « ne correspond plus à la réalité »[992] puisque dans cette affaire, « TOUT est français, sauf la nationalité de l'un des contractants »[993]. Bien qu'il soit reproché à cet arrêt de limiter la prévisibilité au cocontractant français, l'objectif de la Cour était de rétablir la prévisibilité en appliquant aux faits de l'espèce les dispositions de la loi française : la loi la plus proche. Cet arrêt confirme que la prévisibilité légitime coïncide avec le rattachement le plus proche. Il est toutefois intéressant de relever ce nouveau moyen de correction du résultat de la règle de conflit qui est aussi imprévisible que la clause d'exception. Si une clause d'exception existait, elle aurait conduit au même résultat.

565. De nombreux mécanismes interviennent pour corriger la règle de conflit qui donne compétence à une loi qui a des liens ténus avec la situation. Or, tous ces mécanismes sont des exceptions à la règle de conflit de principe, dont les contours sont flous et aisément malléables par le juge. Alors, pourquoi ne pas attribuer la correction de la proximité à la seule clause d'exception ? L'aléa de l'intervention de l'un des mécanismes disponibles sera surmonté. En plus, la clause d'exception sera d'application strictement prévisible dès lors qu'elle n'intervient que lorsque le rattachement retenu est trop éloigné de la situation, alors que la relation est étroitement liée à un autre ordre juridique. Il existera donc un mécanisme pour chaque objectif, ce qui rendra sa mise en œuvre beaucoup moins imprévisible. Chaque mécanisme accomplira sa tâche sans qu'il ait besoin de le manipuler. Principalement, l'ordre public dont

---

990 Req. 16 janvier 1861, *D.*, 1861.1, p. 193, *S.*, 1861.1, p. 305, note G. MASSE, *GAJFDIP*, n° 5.

991 B. ANCEL et Y. LEQUETTE, note sous Req. 16 janvier 1861, *GAJFDIP*, n° 5.

992 E. AUGUSTINI, *L'application des règles de conflit étrangères et les conflits de systèmes en droit international privé*, Thèse, Bordeaux I, 1975, p. 388.

993 E. AUGUSTINI, *ibid.*

l'intervention actuelle « est inappropriée, car le problème véritable n'est pas tant de lutter contre tel contenu de telle loi étrangère, mais de localiser correctement la relation »[994], regagnera sa fonction normale et la correction de la règle de conflit relèvera alors du mécanisme adapté.

566. Ainsi, il ressort de ce qui précède que dans l'hypothèse où les concernés ignorent les dispositions de la règle de conflit, la clause d'exception s'accommode parfaitement avec leurs prévisions légitimes. D'ailleurs, Mme REMY-CORLAY a constaté que « les conventions qui [...] ont [introduit] en France [la clause d'exception] ou qui pourraient l'y introduire portent sur des matières où la certitude et la prévisibilité paraissent essentielles : obligations contractuelles et successions »[995]. La clause d'exception est applicable en ces matières en droit français toutes les fois que la prévisibilité n'a pas été explicitement manifestée. Cela présume donc que la prévisibilité s'oriente normalement vers l'ordre juridique le plus proche. Par conséquent, loin de gêner la prévisibilité, la clause d'exception la favorise.

567. Qu'en est-il à présent des impacts de la clause d'exception sur la prévisibilité lorsque les parties ont eu connaissance de la règle de conflit ?

ii. Les effets de la clause d'exception sur la prévisibilité des solutions en cas de connaissance de la règle de conflit de lois

568. A supposer que les sujets de droit aient été informés de la règle de conflit de lois applicable à leur situation en matière familiale, la clause d'exception porterait-elle effectivement atteinte à leurs éventuelles prévisions ? Avant de répondre, il est nécessaire de s'intéresser préalablement à la possibilité effective de savoir quelle est la règle de droit applicable en droit international privé de la famille, pour ensuite se pencher sur les effets de la clause sur cette prévisibilité.

569. De prime abord, il est incertain que la seule consultation des différentes règles de conflit de lois en matière familiale conduise avec certitude à l'identification de la règle de droit applicable à la situation. En

---

994 D. GUTMANN, *op. cit.*, p. 391, n° 472.

995 P. REMY-CORLAY, *Etude critique de la clause d'exception dans les conflits de lois (Application en droit des contrats et des délits)*, Thèse, Poitiers, 1997, p. 4, n° 3.

réalité, la complexité des règles de droit international privé de la famille en France et en Tunisie n'est d'aucune aide pour la prévisibilité des solutions. Cette complexité constitue une source d'imprévisibilité[996] à elle seule. Or, le droit international privé de la famille français et tunisien n'est pas irréprochable sur ce point.

570. Ainsi, en matière de filiation, il ne suffit pas de consulter la règle de conflit pour déterminer la loi applicable. En droit français ce sont les articles 311-14 et suivants du Code civil qui régissent la matière et leur complexité, laissant perplexe même les spécialistes. La difficulté d'interprétation du cas d'intervention du rattachement subsidiaire prévu par l'article 311-14 donnant compétence à la loi personnelle de l'enfant « si la mère n'est pas connue », a fait couler beaucoup d'encre dans le camp des juristes spécialistes. Or, la « complexité »[997] est source d'imprévisibilité. D'ailleurs, cette disposition a soulevé des difficultés d'interprétation[998] qui vont à l'encontre de la certitude quant à la connaissance de la règle de droit applicable. Alors comment se prévaloir de la prévisibilité pour rejeter la proximité alors que la règle n'est pas certaine et par conséquent elle est imprévisible ? Mais cette incertitude ne se limite pas à l'alinéa relatif à la mère inconnue. Elle s'étend même aux cas d'application des articles suivants, ce qui ne fait que compliquer la tâche lors de l'identification de la loi régissant la situation.

571. L'application de l'article 311-15 du Code civil, n'est pas non plus sans difficulté. Les dispositions de cet article doivent-elles s'étendre également aux conséquences de la possession d'état quand elle conduit à l'établissement de la filiation ainsi qu'aux conséquences de l'absence de possession d'état qui écartent la présomption de paternité ? L'article 311-17 relatif à la reconnaissance d'enfant quant à lui, pose le problème de la délimitation du champ d'application par rapport à celui de l'article 311-14 du même Code. Mais à supposer que ce problème soit résolu, la faveur recherchée par cet article conduit à douter de la loi qui régira la situation lorsque plus d'une loi est favorable à la reconnaissance volontaire mais dont les effets sont variables. Cette même incertitude

---

[996] M. SIMON-DEPITRE, intervention suivant la communication de Ph. MALAURIE, « La législation de droit international privé en matière de statut personnel », *Trav. Comité fr. DIP.*, 1995, p. 177 et s., spéc. p. 189 ; P. LAGARDE, intervention suivant Ph. MALAURIE *précit.*, p. 193.

[997] G. LYON-CAEN, intervention suivant la communication de Ph. MALAURIE, *précit.*, p.197.

[998] B. AUDIT et L. D'AVOUT, p. 624, n° 718.

règne dans le système de droit international privé tunisien. En effet la règle de conflit prévue par l'article 52 du CDIP impose au juge de choisir la loi la plus favorable à l'établissement de la filiation entre la loi nationale du défendeur ou celle de son domicile ou la loi nationale de l'enfant ou celle de son domicile. Avant que le juge ne se prononce, il n'est guère possible de prévoir la loi applicable chaque fois que plus d'une loi permet d'établir la filiation. Certes il est toujours possible d'opposer dans ce cas la prévisibilité du résultat, à savoir l'établissement de la filiation de l'enfant, mais même le résultat substantiel est souvent variable d'une loi à une autre, partant imprévisible. Prenons le cas du droit tunisien et du droit français en la matière. S'agissant de l'établissement de la filiation d'un enfant né hors mariage, alors que les deux règles de droit interne français et tunisien permettent de rattacher l'enfant à ses parents, les effets de cette institution diffèrent d'un système à un autre. Dans ce cas, le droit français donne à l'enfant les mêmes droits que l'enfant né d'un mariage, tandis que le droit tunisien lui attribue un nombre limité de droits dont le droit à la succession ne fait pas partie. Face à une pareille règle de conflit offrant un choix entre la loi tunisienne du for (quoique moins avantageuse) et la loi française (plus avantageuse), les doutes persisteront quant à l'éventuel refus par le juge tunisien d'appliquer la loi tunisienne en raison de son résultat moins favorable qu'une loi étrangère. Il est difficile d'envisager que le juge tunisien en motivant son application de la loi étrangère au lieu de la loi tunisienne, mentionne que le droit étranger est plus favorable à l'établissement de la filiation que celui du for. Ainsi, bien que les deux lois permettent d'établir le lien de parenté, le résultat substantiel est différent d'un système à un autre et la comparaison des droits substantiels à elle seule ne permet pas de trancher en faveur de l'une des lois, notamment lorsque la loi du for est en concurrence avec d'autres lois plus avantageuses.

572. Ce raisonnement s'étend également à l'autorité parentale ainsi qu'aux obligations alimentaires. En ces domaines aussi, il paraît bien incertain que la loi la plus favorable à l'attribution de l'autorité parentale ou l'obligation alimentaire abstraitement, le sera de même quand il faudra mesurer les conséquences de son application concrètement. De ce fait, non seulement il faut procéder à une analyse des différentes lois en conflit avant de se prononcer sur celle qui sera applicable, mais de plus il n'y a rien d'étonnant à ce qu'une étude casuistique de la situation litigieuse change la donne en faveur d'une autre. Là encore, la prévisibilité ne sert absolument à rien. Sans oublier les éventuelles

modifications, même des décisions qui ont été prises dans la même affaire, qui sont elles aussi imprévisibles. Rien ne garantit qu'une décision préalablement prise soit maintenue. Ces obligations sont par nature révisables, ce qui conduit souvent à leur modification en fonction du changement de la situation des parties.

573. Comment une règle de conflit incertaine peut-elle être prévisible ? Il n'est plus possible de parler de prévisibilité vu que ses éléments essentiels, à savoir la « simplicité »[999], « la précision »[1000] et la certitude[1001] sont absents. La règle de conflit étant imprévisible, pourquoi craindre alors une « potentielle » imprévisibilité de la clause d'exception ?

574. A admettre qu'en matière familiale les intéressés aient pu être informés précisément de la règle de conflit et de son résultat, notamment lorsque cette dernière est claire et précise, en quoi la clause d'exception viendrait-elle à l'encontre de la prévisibilité des parties ? Normalement, si les parties ont pu être mises au courant de la règle de conflit, elles ont dû être aussi informées de la clause d'exception qui constitue également une composante de la règle, tout comme tous les autres mécanismes d'exception. De ce fait, les individus connaîtront l'éventuelle intervention de la clause d'exception. Néanmoins, les auteurs hostiles à la clause opposent principalement son intervention fortuite et non sa méconnaissance par les plaideurs. C'est pour cette raison que WENGLER dénonçait l'incertitude quant au choix du rattachement le plus proche lorsque deux ordres apparaissaient égaux[1002], ce qui engendrerait une application fréquente de la clause d'exception contrairement aux idées reçues[1003]. Mais là encore, pour les personnes privées familiarisées au droit international privé de la famille, les hypothèses d'intervention de la clause d'exception ne devraient pas leur rester imprédictibles. La clause préconisée n'intervient que lorsque deux conditions sont réunies ; la première tient à la faiblesse des liens avec l'ordre juridique désigné par la règle de conflit, alors que la seconde nécessite que la relation présente des liens très étroits avec un autre ordre juridique que celui normalement applicable. Ces deux exigences ne sont

---

999 T. PIAZZON, *op.cit.*, p. 55, n° 42.
1000 T. PIAZZON, *op.cit.*, p. 55, n° 42.
1001 T. PIAZZON, *op.cit.*, p. 57, n° 44.
1002 W. WENGLER, article *précit.*, *Rev. crit. DIP.*, p. 664.
1003 W. WENGLER, article *précit.*, *Rev. crit. DIP.*, p. 667.

en aucun cas imprévisibles. Celui qui a été informé de la clause d'exception ne sera pas surpris de la correction apportée à la règle de conflit lorsque la situation litigieuse s'enracine dans un ordre juridique qui n'est pas celui principalement désigné. Les deux critères objectifs préalablement retenus pour la mise en œuvre de la clause d'exception, écartent toute indécision quant à son intervention[1004].

575. Sans doute la prévisibilité sera remise en cause chaque fois que les individus auront manifesté une volonté de se placer sous l'égide d'une loi précise, alors que la clause d'exception remet en cause la prévisibilité expressément manifestée. Cependant, en droit familial extrapatrimonial, la place réservée au choix direct de la loi applicable demeure restreinte et n'existe qu'en droit français. Partant, la clause d'exception ne peut aller à l'encontre de la prévisibilité des parties que lorsque celles-ci auront choisi une loi applicable. Elle devrait donc être exclue là où interviendrait un choix direct de la loi applicable. Dans tous les autres cas, elle n'est d'aucun effet sur les prévisions des parties.

β. La prévisibilité procédurale

576. La prévisibilité procédurale se rapproche de la prévisibilité *préjudiciaire* fondée sur la connaissance par les individus de la règle de conflit. Quoiqu'il ne soit pas toujours évident que dès la saisine d'une autorité judiciaire, les intéressés soient informés de la règle de droit international privé régissant leur rapport familial, il est possible que tel soit le cas dans un grand nombre d'affaires. Souvent, si ce ne sont pas les parties elles-mêmes qui songent aux dispositions de la règle de conflit, leurs représentants professionnels se chargent de leur communiquer l'information. Sans revenir sur les doutes sur la loi applicable qui persisteront en dépit de la rigidité de la règle de conflit, si ces difficultés se voyaient surmontées, l'incertitude ne s'en trouverait pas forcément levée, d'autant plus en ce qui concerne les affaires familiales dans

---

1004 Comme l'a affirmé M. BUCHER, l'article 15 de la LDIP suisse, exigeant pour l'intervention de la clause d'exception d'une part la constatation que la relation présente « "un lien très lâche" avec le droit désigné par la règle de conflit et, d'autre part, une "relation beaucoup plus étroite" avec un autre droit [...] a pour but de limiter l'intervention de l'art. 15 al. 1 à des cas vraiment exceptionnels et d'assurer ainsi la sécurité du droit, de même qu'une certaine simplicité de la réglementation des conflits de lois », A. BUCHER, *Le couple en droit international privé*, Helbing & Lichtenhahn Bâle. Genève. Munich et L.G.D.J., Paris, 2004, p. 16, n° 35.

lesquelles interviennent encore d'autres mécanismes d'exception qui déjouent toute prévisibilité notamment l'exception d'ordre public. Ce dernier mécanisme ne se révèle pas plus prévisible qu'une clause d'exception pour laquelle aussi bien les parties que leurs représentants informés devront avoir examiné préalablement les conditions de sa mise en œuvre. Là encore, l'encadrement de la mise en œuvre de la clause d'exception par des conditions objectives la rend tout à fait prévisible.

b. L'importance de la prévisibilité *postdécisionnelle*

577. La prévisibilité reprend toute sa place en phase *postdécisionnelle*, c'est-à-dire une fois que les autorités saisies de la question litigieuse se sont prononcées « en fixant enfin avec précision les droits et les obligations substantiels »[1005], en confirmant ou en infirmant les éventuelles prévisions *prédécisionnelles* (*préjudiciaires* et procédurales). La solution préconisée par la décision vise évidemment à faire sortir les justiciables de l'imprévisibilité. Elle a aussi pour mission de prévenir les nouvelles prévisions bâties sur cette solution : prévisions réelles, fondées sur des solutions données. Des prévisions incontestablement légitimes et raisonnables.

578. Les prévisions sont légitimes car elles s'appuient sur des situations juridiques établies, sinon reconnues par une autorité supposée compétente. Elles sont aussi raisonnables puisqu'elles accompagnent les situations juridiques certaines, déjà établies. Les nouvelles prévisions dans ces hypothèses s'étendent aussi bien aux actes qu'aux faits juridiques. Une fois le divorce prononcé par exemple, il est tout à fait raisonnable que les époux divorcés envisagent de se remarier ; et une fois mariés, les époux songent automatiquement et légitimement à l'établissement de la filiation de leur enfant. La filiation biologique établie ou l'adoption prononcée, les parents s'attendent normalement à ce que leurs droits et leurs devoirs soient reconnus. Sur le fondement d'une situation préconstituée ou avalisée par une autorité publique, les prévisions potentielles futures s'annoncent légitimes et raisonnables. Or, la remise en cause de la situation précédemment formée, fondement des

---

[1005] G.-P. ROMANO, « Principe de sécurité juridique, système de Bruxelles I/ Lugano et quelques arrêts récents de la CJCE », in *La Convention de Lugano. Passé, présent et devenir*, Actes de la 19e journée de droit international privé du 16 mars 2007 à Lausanne. Schuthess, 2007, p 165 à 209.

nouvelles prévisions, est quant à elle, source d'insécurité juridique. Cette insécurité résulterait ici de l'incertitude quant au sort de la situation auparavant établie, ce qui engendre systématiquement une imprévisibilité des nouvelles situations dépendant des précédentes.

579. La prévisibilité est de ce fait assurée par la reconnaissance de la situation créée. Comme le souligne M. ROMANO, « une telle prévision est d'autant plus rassurante qu'au moment où ces relations prennent naissance, il n'est souvent pas possible aux parties de savoir avec exactitude dans quel pays les droits et obligations qui en découlent sont susceptibles d'être réalisés »[1006]. La reconnaissance assure la stabilité des relations familiales, indispensable à toute éventuelle prévision en droit international privé de la famille.

B. La stabilité des relations familiales

580. La stabilité est définie comme étant « l'état de permanence, de fixité et de solidité dont fait preuve, en fait, une situation lorsqu'elle dure mais qui, selon les circonstances, peut dégénérer en instabilité »[1007]. Elle est requise pour protéger les « espérances nées, des droits préconstitués »[1008]. Ces espérances concernent les relations déjà créées, mais aussi celles qui se créeront sur la base de celles déjà existantes. A défaut de la stabilité juridique pour les situations créées, l'insécurité juridique régnera en matière familiale. Pour ce faire, les droits créés ne devraient pas être remis en cause. En droit interne cette conséquence très peu fréquente résulte de la modification rétroactive du droit objectif. En droit international privé, l'insécurité, conséquence de l'instabilité du statut familial, résultera du changement du droit objectif non pas au sein du même ordre juridique, mais en raison du déplacement de l'évaluation de la validité de la relation dans un ordre juridique étranger à celui qui l'a constituée. L'inefficacité de la relation familiale établie à l'étranger entraîne la modification du droit objectif applicable à la relation. Ce qui n'est pas sans danger pour la sécurité juridique. C'est pourquoi il est indispensable que les situations préconstituées sous l'empire d'une loi

---

1006 G.-P. ROMANO, article *précit.*, p. 183.

1007 G. CORNU (sous la dir. de), V° « Stabilité », in *Vocabulaire juridique, Association Henri Capitant*, PUF, 10e éd., 2014.

1008 T. PIAZZON, *op.cit.*, p. 36, n° 25.

soient effectives (1), afin d'assurer la continuité du statut familial en dehors de l'Etat qui lui a donné naissance (2).

1. L'importance de l'effectivité dans la stabilité des relations familiales constituées

581. Une relation familiale à caractère international touche de près ou de loin au moins deux systèmes juridiques différents. Elle est souvent appelée à circuler et à produire ses effets dans un ordre juridique différent de celui qui lui a donné naissance. La circulation de la situation nécessite sa reconnaissance dans l'Etat d'accueil. La reconnaissance, quant à elle, assure la permanence du statut personnel[1009]. Alors même que certains estiment que « *l'existence même d'une décision plaide en faveur de son efficacité* »[1010], rares sont les systèmes qui adoptent une telle démarche. En l'absence d'accord entre les Etats, il n'est pas évident de parvenir à un tel résultat. D'ailleurs, même les accords étatiques sont généralement cantonnés à des matières bien spécifiques. En dehors de l'Union européenne, dont le droit « a montré qu'il était à la fois concevable et nécessaire, dans une communauté d'Etats, de reconnaître dans tous ces Etats un grand nombre de situations constituées dans l'un d'entre eux » [1011], très peux de pays adoptent un système libéral de reconnaissance des situations créées à l'étranger [1012]. Dans l'Etat d'accueil, la situation créée à l'étranger n'est généralement autorisée à donner effet qu'après vérification de sa régularité. De là, l'effectivité joue un rôle au stade de la reconnaissance des situations nées à l'étranger. Définie comme étant « l'emprise du fait sur le droit »[1013], elle se traduit

---

1009 Voir, P. LAGARDE, « La reconnaissance. Mode d'emploi », in *Vers de nouveaux équilibres entre ordres juridiques*, Mélanges en l'honneur de Hélène Gaudemet-Tallon, Dalloz, 2008, p. 479 et s., spéc. p. 491, n° 13.

1010 P. MAYER, *La distinction entre règles et décisions et le droit international privé*, Dalloz, 1973, p. 172, n° 226.

1011 P. LAGARDE, « La reconnaissance. Mode d'emploi », in *Vers de nouveaux équilibres entre ordres juridiques*, Mélanges en l'honneur de Hélène Gaudemet-Tallon, Dalloz, 2008, p. 501, n° 27.

1012 Le système tunisien est en ce domaine très appréciable en limitant les cas de non reconnaissance des situations étrangères. Cependant, il présente quelques dangers en facilitant les cas de fraudes par le choix des autorités qui appliqueront la loi la plus favorable soit au demandeur soit à tous les requérants.

1013 G. GOURDET, *L'effectivité en droit international privé*, Thèse, Nice, 1978, p. 5, n° 3.

par une « adéquation entre le fait et le droit », qui en droit international privé implique une substitution aux rattachements abstraits des rattachements exprimant la situation de fait[1014]. Ce principe, promu par WENGLER et connu sous le principe de « l'ordre juridique le plus fort »[1015], prescrit la prise en compte des règles de l'Etat qui a la maîtrise effective sur le rapport de droit. S'il « se manifeste surtout dans la doctrine dite de la "compétence la plus proche" »[1016], il recommande dans certains cas « qu'on applique les règles matérielles que les règles de conflit de l'ordre juridique le plus fort déclarent applicables »[1017]. L'intérêt de l'effectivité, et par conséquent du réalisme de la situation juridique, serait son impact sur *l'efficacité* des décisions : finalité première du droit international privé. En l'absence d'une admission sans condition d'une reconnaissance des situations juridiques dans tous les Etats et à défaut d'un système de coopération étatique à grande échelle tel que celui conçu au sein de l'Union européenne, le sort des situations est tributaire de son effectivité. L'effectivité aura pour but d'assurer l'efficacité de la relation[1018]. Toutefois, pour les besoins de l'effectivité il faut que les règles de droit de l'Etat qui a une maîtrise effective sur le rapport[1019] soient prises en compte au stade de la création de la situation juridique, donc lors de l'élaboration ou de l'application de la règle de conflit. Cela implique l'application « des critères de rattachement qui permettront une adéquation parfaite entre le fait et le droit »[1020], démarche fondée mais peu simple semble-t-il[1021]. Ainsi, tout en mettant l'accent sur l'incertitude inhérente à cette méthode, Mme NAJM affirme malgré tout que l'effectivité est une condition pour la continuité des situations[1022]. L'effectivité est le meilleur moyen d'assurer l'efficacité des situations juridiques.

1014 G. GOURDET, Thèse, *précit.*, p. 89-91, n° 48.

1015 W. WENGLER, « Les principes généraux du droit international privé et leurs conflit », *Rev. crit. DIP.*, 1952, p. 613 et 614, n° 22.

1016 *Ibid.*

1017 *Ibid.*

1018 M.-C. NAJM, *Principes directeurs du droit international privé et conflit de civilisations. Relations entre systèmes laïques et systèmes religieux*, Dalloz, 2000, p. 83, n° 83.

1019 *Ibid.*

1020 G. GOURDET, *L'effectivité en droit international privé*, Thèse, Nice, 1978, p. 502, n° 192.

1021 M.-C. NAJM, *Principes directeurs du droit international privé et conflit de civilisations. Relations entre systèmes laïques et systèmes religieux*, Dalloz, 2005, p. 85 et 86, n° 85 et 86.

1022 M.-C. NAJM, *Principes directeurs du droit international privé et conflit de civilisations. Relations entre systèmes laïques et systèmes religieux*, Dalloz, 2000, p. 87, n° 87.

582. L'efficacité des situations concerne à la fois les décisions qui émanent d'organes judiciaires étrangers, mais aussi les actes qui proviennent d'organes étatiques extrajudiciaires. Ces derniers sont nombreux en droit de la famille et se rapportent essentiellement aux actes d'état civil ainsi qu'aux actes de notification des mariages célébrés à l'étranger. Alors que pour les premières catégories de situations, le contrôle de la compétence du juge étranger est souvent imposé dans les systèmes juridiques, en matière d'accueil d'actes publics, la compétence de l'Etat des autorités d'origine de l'acte est moins exigée. Mais cela ne veut absolument pas dire pour autant qu'il y a absence totale de vérification de l'effectivité de la situation étrangère.

583. L'effectivité est donc souvent contrôlée (même dans les systèmes où règne un libéralisme dans l'accueil des situations étrangères), soit directement à travers le contrôle de la loi applicable, soit indirectement par une vérification de l'effectivité de l'autorité qui a créé la situation. Une fois que cette dernière se sera avérée effective, elle aura pour conséquence de rendre la relation efficace. De fait, l'effectivité joue une double fonction : la première est négative alors que la seconde est positive. Dans sa fonction négative, l'absence d'effectivité constitue dans certains cas un obstacle à la reconnaissance des relations familiales (a), alors que dans son rôle positif sa réalisation favorise la reconnaissance d'autres situations (b).

a. L'ineffectivité : obstacle à la reconnaissance des relations familiales créées à l'étranger

584. Dans le cadre de la reconnaissance des situations, on distingue les reconnaissances soumises à l'exequatur de celles reconnues *de plano*. Alors que le système jurisprudentiel français, depuis l'arrêt *Bulkley* du 28 février 1860[1023] reconnaît l'effet de plein de droit des jugements constitutifs, les dispositions de l'article 13 du CDIP tunisien prêtent à hésitation. Tout en admettant que « l'acte de l'état civil établi à l'étranger ainsi que les jugements définitifs d'état civil sont transcrits, sans requérir la procédure de l'exequatur, au registre de l'état civil de l'intéressé […] à condition d'en informer les intéressés », le législateur tunisien exclut de cette reconnaissance de plein droit « les jugements relatifs au statut personnel ». Etant donné que l'état civil est une composante du statut

1023 Civ. 28 février 1860, concl. DUPIN, *S.*, 1860, 1, DP. 1860,1, 57.

personnel, la dérogation prévue par l'article 13 rend par conséquent, la reconnaissance de plein droit des actes d'état civil « lettre morte »[1024]. L'ambiguïté de l'article 13 s'est manifestée concrètement par l' « attitude hésitante de la jurisprudence quant à la soumission des décisions étrangères relatives au droit de la famille à l'exequatur »[1025].

585. En tout état de cause, dans l'une comme l'autre de ces situations – efficacité après exequatur ou efficacité de plein droit –, l'ineffectivité de la situation pourrait poser problème quant à la reconnaissance de la relation familiale.

586. Concernant les situations soumises à l'exequatur, on distingue trois grandes catégories de systèmes de reconnaissance. Tout d'abord, un système libéral où aucun contrôle d'effectivité n'est exigé, tel que le conçoit l'ordre juridique tunisien. Ensuite, un système médian qui se limite au contrôle de l'effectivité par la vérification de la compétence de l'autorité qui a rendu la décision. Ce mode de reconnaissance a été adopté par le système français combinant la jurisprudence *Simitch*[1026] en matière de contrôle de la compétence du juge étranger avec l'arrêt *Cornelissen*[1027] supprimant tout contrôle de la loi applicable. Finalement, un système sévère qui exige un contrôle strict aussi bien de l'autorité compétente que de la loi applicable, tel que prévu par l'ancien système français.

587. Les effets de l'ineffectivité sur l'efficacité des décisions étrangères sont accentués dans les systèmes de reconnaissance fermés. En dehors du contrôle de la compétence du juge étranger qui repose au moins sur des critères de compétence raisonnables, l'efficacité de la décision sera aussi tributaire de la loi applicable. Dans ce dernier cas, deux solutions sont envisageables. L'Etat d'accueil peut exiger une identité de loi applicable par l'autorité étrangère avec celle désignée par la règle de

---

1024 M. BEN JEMIA, « L'exequatur des décisions étrangères en matière de statut personnel », *Revue Tunisienne de Droit*, 2000, p. 148.

1025 M. BEN LAMINE, « La jurisprudence Tunisienne en matière d'exequatur : cas du droit de la famille », in *Le code tunisien de droit international privé dix ans après*, Première journée Mohamed Charfi de droit international privé, Tunis le 21 et 22 novembre 2008, p. 63 et s., spéc. p. 64.

1026 Civ. 1re, 6 février 1985, *Rev. crit. DIP.*, 1985, p. 460, note A. HUET, *D.*, 1985, p. 469, note J. MASSIP et IR, p. 497, *obs.* B. AUDIT, *chron.* Ph. FRANCESCAKIS, *Rev. crit. DIP.*, 1985, p. 243.

1027 Arrêt *précit.*

conflit du for. Par ailleurs, il n'est pas possible d'exiger qu'un Etat étranger applique une loi autre que celle qui présente les liens étroits. C'est pourquoi, aussi bien l'Etat d'accueil que celui d'origine de la décision devraient œuvrer pour trouver des solutions convergentes. Généralement, la règle de conflit fondée sur la proximité est la plus apte à limiter les divergences des solutions entre les Etats. Ainsi, le maintien du contrôle de la conformité de la loi appliquée par les autorités étrangères à celle désignée par la règle de conflit tunisienne pour reconnaître les effets d'une situation contraire à l'ordre public tel que prévu par l'article 37 du CDIP tunisien[1028], doit normalement être précédé d'une règle de conflit qui se rapproche des prévisions et attentes des Etats. L'Etat d'accueil peut sinon se contenter de vérifier qu'une loi appropriée a été appliquée[1029]. Or, la loi appropriée ne peut en aucun cas coïncider avec une loi éloignée de la situation. L'efficacité d'une décision dépourvue d'effectivité sera évidemment menacée dans l'ordre juridique d'accueil.

588. Quant aux systèmes qui n'attachent aucune place au contrôle de la loi appliquée, si à première vue, le défaut d'effectivité ne semble en principe d'aucune influence sur la reconnaissance de la décision étrangère, une telle affirmation ne peut être généralisée. Ces systèmes sont en effet soit libéraux, excluant par conséquent tout contrôle de l'effectivité, soit exigeant un contrôle limité à la seule effectivité de l'autorité saisie. Pourtant, il se peut que l'effectivité de la relation étrangère puisse parfois être vérifiée même dans un système simplifiant la reconnaissance des décisions étrangères, comme le système tunisien. Ainsi, dans le jugement du tribunal de première instance de Sousse, les juges ont mis l'accent sur l'irréalisme d'une situation pour appuyer leur décision de refus reconnaissance d'un mariage polygamique, alors même que l'exception d'ordre public aurait suffi pour ne pas accorder d'effet à ce type de mariage polygamique même célébré à l'étranger. Dans ce jugement, le tribunal s'est opposé à la reconnaissance d'un mariage polygamique célébré en Egypte par un « Egyptien domicilié en Tunisie depuis quinze ans et marié à une Tunisienne, qui voyage en Egypte pour

---

[1028] Selon l'article 37 du CDIP, « sont reconnus en Tunisie les effets des situations régulièrement créées à l'étranger, conformément à la loi désignée par la règle de conflit tunisienne, s'il n'apparaît que ces mêmes effets sont incompatibles avec l'ordre public international tunisien ».

[1029] Solution qui a été retenue par la jurisprudence française juste avant la suppression définitive du contrôle de la loi applicable dans l'arrêt *Viola*, Civ. 1re, 4 juillet 2006, *Rev. crit. DIP., 2007*, p. 413, note H. MUIR WATT.

célébrer un second mariage avec une Tunisienne elle aussi domiciliée en Tunisie »[1030]. La décision a été motivée par l'existence d'une fraude à la loi. Nonobstant la règle de conflit de lois soumettant les conditions de fond du mariage à la loi nationale et les conditions de forme à la loi du lieu de célébration, la fraude au rattachement a été retenue en raison du caractère artificiel de la situation et par conséquent son ineffectivité. Certes, en l'espèce, la fraude a été opposée à l'encontre d'un mariage polygamique, qui est en lui-même contraire à l'ordre public tunisien d'après les lettres mêmes du jugement, mais le tribunal ne s'est pas contenté d'opposer l'ordre public, il a aussi rappelé le caractère « artificiel » et donc ineffectif du rattachement. L'ineffectivité de la situation sera forcément soulevée toutes les fois qu'il semble nécessaire d'anéantir les effets d'une situation étrangère, même si elle est souvent motivée par d'autres causes de refus de reconnaissance telles que la contrariété à l'ordre public ou encore la fraude.

589. La contrariété à l'ordre public et la fraude ne sont pas les uniques allégations possibles pour rejeter des rapports de droits préconstitués dont l'effectivité fait défaut. La difficulté ou l'impossibilité de transposer des situations étrangères dans le système du for, sont aussi des obstacles à l'accueil des normes étrangères. L'exemple des effets de l'adoption est révélateur des difficultés d'accueil de situations dont les conséquences sont soumises à un ordre qui ne coïncide pas avec la réalité de la relation. Alors que l'adoption prononcée selon les règles du pays où elle a été prise ne va pas à l'encontre de l'effectivité de la création de la situation, la soumission de ses effets à la loi d'un ordre juridique autre que dans lequel elle produira ses effets rend cette dernière parfois ineffective et par conséquent inefficace. Ainsi peuvent apparaître des incohérences insurmontables entre la loi étrangère applicable aux effets de l'adoption et la loi où cette dernière produira ses effets. Or, il est parfois difficile d'apporter simplement des adaptations à l'une des lois afin de les concilier. C'est pour cette raison que le législateur français a prévu dans la loi de 2001 la soumission de certains effets d'une adoption prononcée à l'étranger, à la loi française[1031]. Sont exclus de l'application de la loi

[1030] Tribunal de première instance de Sousse, jugement n° 9672 du 24 novembre 2001, M. GHAZOUANI, « Sommaire… » *précit.*

[1031] M. DONNIER parle de « « naturalisation » du jugement étranger d'adoption sans risques évidents de déformation du droit étranger », J.-B. DONNIER, « Actualité de l'adoption internationale », in *Actualité du droit international privé de la famille*, Actes du

française les effets régis par des règles de conflit spécifiques qui emportent application de la loi où l'institution est appelée à produire ses effets telles que l'obligation alimentaire ou l'autorité parentale. Cependant, comme le relève M. LAGARDE, « les questions centrales »[1032] de l'adoption comme « la survie des liens avec la famille d'origine et leur extinction »[1033], relèvent de la loi française lorsque cette institution est appelée à produire ses effets en France alors même qu'elle a été prononcée à l'étranger. Cela se justifie par les besoins de la cohérence du système du for. Ce qui est par ailleurs regrettable, c'est l'indifférence du législateur français quant à la cohérence du système étranger dans lequel l'adoption produira ses effets, lorsqu'elle a été prononcée en France. Si de telles dispositions ont pu être justifiées par le fait que la majorité des adoptions prononcées en France produisent leurs effets en France, vu les cas de compétence des juridictions françaises en la matière, il n'est pas rare que des adoptions françaises produisent leurs effets à l'étranger[1034]. En cas d'incompatibilité entre la loi française et les règles de droit de l'Etat étranger dans lequel l'adoption est appelée à produire ses effets, l'organisation qui a été soumise à la loi française n'aura plus aucune efficacité à l'étranger, étant donné que l'Etat dans lequel se produiront les effets sera appelé à la bouleverser[1035].

590. Quant aux hypothèses où le pays d'accueil pose des règles de reconnaissance trop strictes, l'ineffectivité sera le premier obstacle à la reconnaissance de la situation alors que la décision émanait d'un ordre juridique compétent respectant la loi désignée par la règle de conflit.

Colloque organisé par le Centre Pierre KAYSER (Aix-en-Provence le 21 décembre 2007), p. 45 et s., spéc. p. 61.

1032 P. LAGARDE, « La loi du 6 février 2001 relative à l'adoption internationale : une opportune clarification », *Rev. crit. DIP.*, 2001, p. 191, n° 12.

1033 P. LAGARDE, article *précit.*, p. 191, n° 12.

1034 En effet, les chefs de compétence des juridictions françaises telles que prises à la lettre de l'article 1166 CPC étendent la possibilité de la saisine du juge français même aux cas où les adoptants et l'adopté sont étrangers et résident à l'étranger. Evidemment, cette solution a été rejetée par la doctrine (J. FOYER, « Adoption », *Rép. internat. Dalloz*, 2003, p. 11, n° 85) en raison de son encouragement au *forum shopping*, pour proposer de limiter l'application de cet article aux cas où l'un des requérants ou l'adopté est français. Cependant, même dans ces hypothèses, l'adoption sera souvent appelée à produire ses effets à l'étranger lieu de résidence du ou des adoptants.

1035 *Cf.* M.-E. BAUR, « Les derniers développements du droit de l'adoption internationales », Petites affiches, 28 mars 2001, p. 42 et s., spéc. p. 47.

b. L'effectivité au soutien de la reconnaissance des relations familiales créées à l'étranger

591. L'effectivité fait que certaines situations qui auraient normalement dû être sans effet dans l'ordre juridique d'accueil, notamment en raison de leur contrariété à l'ordre public, seront tout de même reconnues en raison de leur intégration dans l'ordre juridique qui leur a donné naissance. Dans un arrêt du 14 février 2007[1036], la Cour de cassation française avait reconnu et donné effet à un mariage polygamique célébré en Algérie par un Algérien devenu français et résidant en France[1037] avec des épouses toutes deux algériennes, alors même que cette relation était contraire à l'ordre public. En l'espèce, au moment de sa création, seules des attaches avec l'ordre juridique algérien existaient. Lors de la constitution du mariage, il ressortait des faits que « la situation était en fait entièrement localisée en Algérie »[1038], et les attaches étaient exclusivement orientées vers l'ordre algérien. L'insertion de la situation dans l'ordre juridique algérien au moment de sa création et l'exclusion de toute fraude rendait la situation polygamique effective et permettait donc sa reconnaissance.

592. Les tribunaux tunisiens ont aussi adopté cette position. Bien que le système tunisien ait montré à maintes reprises son hostilité à l'égard de certaines institutions du droit musulman[1039], en rejetant celles qui lui paraissent discriminatoires aussi bien lors de la célébration du mariage (polygamie) ou de sa dissolution (répudiation et *Khol'â*), le tribunal cantonal de Tunis, dans un jugement du 5 mai 2005[1040], n'avait pas hésité à reconnaître un *Khol'â* égyptien jusque là considéré comme contraire à l'ordre public. Le tribunal de première instance de Tunis, dans un

1036 Civ. 2e, 14 février 2007, *J.D.I.*, 2007, p. 932, note B. BOURDELOIS.

1037 Même si à l'époque de la célébration du second mariage en 1951, toutes les parties considérées algériennes par la Cour en 2007 étaient à vrai dire des citoyens français et se trouvaient sur un territoire français, en l'espèce l'Algérie française. En effet, le statut personnel de droit local des parties (droit algérien) et la présence des parties sur ce territoire, rendent la situation litigieuse intégrée dans ce système juridique local qui n'est autre que l'actuel système algérien.

1038 Civ. 2e, 14 février 2007, *J.D.I.*, 2007, p. 937, note B. BOURDELOIS.

1039 K. MEZIOU, « Migrations et relations internationales », *RCADI*, 2009, t. 345, p. 342-346.

1040 Tribunal cantonal de Tunis, 5 mai 2005, n° 85376, *J.D.I.*, 2007, p. 165, note M. BELLAMINE.

jugement en date du 1er décembre 2003[1041] avait à se prononcer sur une demande d'exequatur sollicitée par un époux tunisien d'un *Khol'â* marocain, qui a eu lieu au Maroc en 1985 à la demande de l'épouse marocaine qui en contrepartie devait renoncer à tous ses droits conjugaux et qui s'était remariée en 1990. Le tribunal avait constaté la contrariété de cette institution à l'ordre public tunisien pour refuser de lui donner effet. Les juges du tribunal cantonal du 5 mai 2005, avaient soulevé le caractère obligatoirement judiciaire de la dissolution du mariage prévu en droit tunisien, qui garantit l'égalité entre époux. Cependant, ils ont affirmé après avoir constaté que « le divorce des parties par un acte notarial émanant d'une autorité officielle en Egypte a produit ses effets depuis plus de quatre années et qu'il n'a aucun lien avec la Tunisie », qu'« il n'y a pas lieu de soulever l'exception d'ordre public pour refuser la reconnaissance du divorce par acte notarial ». Ce qui est intéressant dans l'affaire de 2005, tient au fait que la contrariété de cette institution à l'ordre public tunisien avait bel et bien été soulevée par le tribunal, mais elle n'avait pas été opposée en l'espèce pour défaut de lien étroit avec la Tunisie, « vu que le mariage a été célébré en Egypte où les parties sont domiciliées et divorcées également »[1042] depuis quatre ans. Les motivations du tribunal se rapportaient non seulement à la faiblesse des liens avec l'ordre juridique tunisien[1043] mais aussi, aux liens étroits qu'entretenait la relation avec l'ordre juridique égyptien. Cette dernière motivation illustre bien l'effectivité de la relation créée dans le pays d'origine, qui impose sa reconnaissance afin que les parties ne soient pas « considérées divorcées en Egypte et mariées en Tunisie »[1044]. Ainsi, « dans la mesure où elle consiste à donner une place à la réalité concrète, à effectuer la meilleure adéquation entre le fait et le droit, [l'effectivité] doit certes normalement rendre efficace la règle grâce à laquelle elle est née »[1045] et plaide en faveur de la reconnaissance de certaines situations prohibées dans l'Etat d'accueil, ainsi qu'à sa continuité.

1041 Tribunal de première instance de Tunis, 1re décembre 2003, n° 47564, M. GHAZOUANI, « Sommaire… » *précit.*

1042 Tribunal cantonal de Tunis, 5 mai 2005, n° 85376, *J.D.I.*, 2007, p. 165.

1043 Voir, M. BEN LAMINE, « La jurisprudence Tunisienne en matière d'exequatur : cas du droit de la famille », in *Le code tunisien de droit international privé dix ans après*, Première journée Mohamed Charfi de droit international privé, Tunis le 21 et 22 novembre 2008, p. 76.

1044 Tribunal cantonal de Tunis, 5 mai 2005, n° 85376, *J.D.I.*, 2007, p. 166.

1045 G. GOURDET, *L'effectivité en droit international privé*, Thèse, Nice, 1978, p. 5, n° 2.

2. L'importance de la continuité dans la stabilité des situations familiales acquises

593. Principe directeur du droit international privé tel que qualifié par Mme NAJM, le principe de la continuité des situations juridiques est considéré comme un des objectifs fondamentaux de la matière[1046]. Il vise « à éviter que le phénomène de la frontière ne provoque des ruptures dans la vie juridique »[1047]. La continuité est indispensable en droit international privé de la famille afin d'éviter qu'« en passant d'un Etat dans un autre un homme perde la qualité d'enfant légitime, d'époux, de père de famille qu'il avait régulièrement acquise »[1048]. Ce principe nécessite toutefois des efforts de la part des différents Etats mis en jeu dans la relation familiale internationale.

594. L'Etat d'origine de la situation est tenu de soumettre la relation à un ordre juridique acceptable par l'Etat d'accueil au cas où le rapport de droit est appelé à circuler au-delà de ses frontières. L'Etat d'accueil quant à lui est appelé à reconnaître les relations dûment créées à l'étranger. Il s'agit là d'une coopération entre les pays potentiellement concernés. Elle se concrétise au stade de la création de la situation par l'harmonie internationale des solutions (a). Mais dès lors que la situation a déjà été régulièrement créée à l'étranger, elle requiert le respect par l'Etat d'accueil des situations constituées (b). Toutefois, à chacune de ces deux étapes, l'efficacité de ces exigences en tant que garantes de la circulation des relations familiales est étroitement liée avec le respect de la proximité.

a. La corrélation entre la proximité et l'harmonie internationale des solutions dans les relations familiales

595. L'harmonie internationale des solutions, en tant que moyen en faveur de la reconnaissance des situations juridiques[1049], « prescrit de régler les situations juridiques internationales de telle manière que la solution soit, autant que possible, identique à celle donnée dans les autres

1046 M.-C. NAJM, *op.cit.*, p. 77, n° 75.
1047 M.-C. NAJM, *op. cit.*, p. 77, n° 74.
1048 A. PILLET, *Principes de droit international privé*, Pedone, 1903, p. 514, n° 283.
1049 Voir, A. BUCHER, « La dimension sociale du droit international privé », *RCADI*, 2009, t. 341, p. 9 et s., spéc. 37, n° 10.

Etats intéressés au litige »[1050]. Comme l'a écrit M. LEQUETTE, « il est souhaitable qu'un rapport privé international qui, par définition, se développe à cheval sur plusieurs ordres juridiques soit traité de manière analogue de part et d'autre de la frontière. Au cas contraire, en effet, une discontinuité radicale se creuse entre les ordres juridiques, de telle sorte que le même rapport de droit, tenu pour valable dans un pays, pourra ne pas l'être dans un autre. Autrement dit, les intérêts des particuliers s'accommodent mal de l'existence de règles de conflit purement nationales »[1051]. Cette recommandation augmente clairement les chances d'aboutir à une solution uniforme dans les divers Etats intéressés par la relation juridique, ce qui rend la reconnaissance des situations préconstituées plus aisée. Dès lors que la solution donnée est la même que celle qui aurait été prononcée par les autorités de l'ordre juridique d'accueil, il ne devrait en principe y avoir aucune raison pour qu'elle ne soit pas reconnue.

596. L'harmonie internationale agit au stade de l'élaboration de la règle de conflit. Elle est « un objectif susceptible de guider le législateur, le juge, l'interprète dans l'élaboration des solutions du droit international privé »[1052]. Cet objectif n'est tout de même pas facile à atteindre en raison de la diversité des systèmes existants et le défaut d'un « droit universel uniforme »[1053]. Les efforts semblent s'orienter vers les conventions internationales. Toutefois, les tentatives d'uniformisation des règles de droit international privé dans le cadre des traités internationaux ont échoué. En l'état actuel des choses, les ententes entre les représentants des différents systèmes semblent irréalisables, rien qu'à s'en tenir aux nombreuses conventions en droit de la famille déjà élaborées, dont aucune n'a pu fédérer les divers systèmes existants. D'ailleurs, même dans le cercle restreint des pays qui ont adhéré à une Convention, il n'est pas étonnant de constater des divergences de solutions. Ces dernières sont surtout dues à un désaccord dans l'interprétation des dispositions d'une même Convention par les parties. Et à supposer qu'il y ait identité de vue dans la façon d'appliquer une Convention, dès lors qu'elle ne prescrit pas en droit international privé la réglementation substantielle de la relation de droit, il n'est pas évident qu'elle reçoive le même traitement de part et d'autre des frontières. Très

---

1050 M.-C. NAJM, *op.cit.*, p. 77, n° 74.

1051 Y. LEQUETTE, « Le droit international privé de la famille à l'épreuve des conventions internationales », *RCADI*, 1994-II, t. 246, p. 31, n° 14.

1052 H. BATIFFOL, *Aspects philosophiques du droit international privé*, Dalloz, 2002, p. 212, n° 96.

1053 *Ibid.*

souvent, lorsque la loi désignée est une loi étrangère dont les dispositions sont contraires à l'ordre public, elle est évincée et remplacée par la loi du for. L'exception d'ordre public est donc susceptible d'aboutir à des solutions substantielles divergentes. Il n'en demeure pas moins qu'à travers l'harmonisation des solutions, le minimum des conflits avec les autres Etats [1054] est assuré. Cependant, actuellement, l'harmonie internationale des solutions apparaît plus comme une utopie, qu'une réalité. D'ailleurs, même la méthode pour y accéder n'est pas harmonisée. Pour ce faire, deux voies ont été proposées.

597. Il a été suggéré de tenir compte de la spécificité des divers systèmes concernés par la relation de droit, en admettant donc le renvoi. Cette méthode présente l'avantage de prendre en considération la règle de conflit étrangère dans le but de parvenir au même résultat que celui auquel seraient arrivées les autorités d'un Etat étranger si elles avaient été saisies. Néanmoins, ce procédé a aussitôt montré ses limites. En effet, le renvoi au premier degré aboutissant à un tel résultat exigeait « que l'un des deux Etats l'adopte quitte à ce que l'autre l'exclue, à défaut de quoi chaque juge appliquerait sa propre loi s'il était saisi »[1055], tandis que pour le renvoi au second degré, il ne pouvait y avoir harmonie que si la loi tierce, à laquelle renvoie la règle de conflit étrangère accepte sa compétence. Au cas contraire, « si la loi tierce n'arrête pas la succession des renvois, où s'arrêter ? »[1056]. Ce qui devait être au départ mécanisme d'harmonisation, se transforme en un mécanisme de complication. Ce qui amènerait à croire que « la prétendue harmonisation n'était qu'une illusion »[1057]. Et si le renvoi aboutissait à l'harmonie des solutions, il faut se résigner au fait que cette dernière restera limitée dans le temps puisqu'elle ne tient compte que des ordres juridiques impliqués au moment de la création du rapport de droit. Cependant, une relation de droit, notamment un rapport familial est appelée à durer dans le temps. Ce qui le met souvent en contact avec de nouveaux ordres juridiques bien après sa constitution. Or, les effets du renvoi se limitent aux systèmes en conflit au moment de la résolution du rapport de droit et non au-delà, alors même qu'il n'est pas possible de prévoir au moment

---

1054 W. WENGLER, article *précit.*, p. 611, n° 19.

1055 R. SFEIR, *op. cit.*, p. 28, n° 17.

1056 H. BATIFFOL et P. LAGARDE, t.1, p. 502, n° 308.

1057 H. BATIFFOL, *Aspects philosophiques du droit international privé*, Dalloz, 2002, p. 214, n° 96.

de sa création tous les Etats dans lesquels elle sera appelée à produire des effets[1058].

598. Cette limite milite en faveur de la recherche d'un autre mode d'harmonisation susceptible de perdurer beaucoup plus dans le temps. Moyen instauré par SAVIGNY qui, en partant de l'idée d'une communauté de droit, proposait que chaque rapport de droit soit régi par l'ordre juridique dans lequel il était localisé. Cette méthode conduirait selon SAVIGNY à l'harmonie internationale des solutions, dès lors que tous les Etats parviendront à la même solution. De toute évidence, aujourd'hui l'idée de communauté de droit a disparu. Comme il a déjà été développé, ce qui semble le rattachement le plus étroit dans un ordre juridique, ne l'est pas forcément pour un autre. La divergence d'appréciation est évidente. Néanmoins, « l'application de la loi qui entretient les liens les plus étroits avec la situation concernée est celle qui a le plus de chances de réaliser l'harmonie internationale des solutions »[1059]. Les antagonismes dans l'appréciation du rattachement le plus proche en droit de la famille conduisent, la plupart du temps à une identité de la loi applicable par les différents ordres juridiques concernés, surtout quand la règle de conflit est assortie d'une clause d'exception qui permet de corriger le rattachement s'il n'a aucun lien avec la situation. Prenons l'exemple d'un divorce d'époux tunisiens résidant en Belgique. Le juge tunisien saisi de la demande de divorce de ces époux, par application de l'article 49 du CDIP, soumettra la relation à la loi nationale des époux qui est la loi tunisienne. Cette dernière est en principe celle des liens les plus proches tels que conçus par l'ordre juridique tunisien. Du côté du juge belge, la proximité coïncide avec la résidence habituelle. L'application stricte de la règle de conflit des deux Etats conduit à un résultat différent dans chaque Etat. Toutefois, ce qui est certain, c'est que si la relation s'enracine principalement dans un Etat (soit l'Etat de la nationalité, soit celui de la résidence), la correction apportée à la règle de conflit, soit belge, soit tunisienne, par le biais de la

---

1058 Voir concernant l'exécution des décisions rendues dans un Etat de l'Union, G.-P. ROMANO, « Principe de sécurité juridique, système de Bruxelles I/ Lugano et quelques arrêts récents de la CJCE », in *La Convention de Lugano. Passé, présent et devenir*, Actes de la 19e journée de droit international privé du 16 mars 2007 à Lausanne. Schuthess, 2007, p 20.

1059 M.-C. NAJM, *op.cit.*, p. 93, n° 93 ; *Cf.* F. RIGAUX et M. FALLON, *Droit international privé*, Larcier, 2005, 3e éd, p. 89 ; Y. LEQUETTE, « Le droit international privé et les droits fondamentaux », in *Libertés et droits fondamentaux*, Dalloz, 2009, p. 101 et s., spéc. p. 102.

clause d'exception implique forcément une convergence dans le résultat. C'est l'Etat dont la règle de conflit n'est pas en adéquation avec la situation concrète qui aura à rectifier son rattachement.

599. Pourtant, la convergence vers une même loi n'est possible que s'il y a une localisation évidente dans un seul ordre juridique aux dépends de tous les autres systèmes avec lesquels la situation présente des liens. Opter pour une application limitée de la clause d'exception aux seuls cas où la situation ne présente que des liens ténus avec la relation alors même qu'une autre loi s'avère en étroite liaison avec la situation concrète, n'empêche pas que la divergence des résultats se maintienne dans les rapports de droit ayant des liens plus ou moins équivalents avec ordres juridiques différents. Du moment que la clause n'est pas admise quand le rattachement prévu par la règle de conflit conduit à une proximité minimale[1060], la divergence des résultats sera inévitable. L'harmonie internationale ne sera donc pas assurée. Mais cela n'apparaît pas comme un obstacle à la circulation de la relation. En effet, les situations fondées sur la proximité ont plus de chance d'être admises dans les ordres étrangers que les situations établies sur l'un des autres fondements du droit international privé de la famille à savoir la souveraineté, l'autonomie de la volonté ou encore la faveur d'un résultat matériel. Dans ce cas, les efforts déployés ne reviendront plus à l'Etat d'origine qui tout en respectant la proximité n'est pas parvenu au même résultat que l'Etat d'accueil, mais à ce dernier, qui devra prendre en compte la possibilité d'une divergence d'appréciation. Par conséquent, le respect par l'Etat d'accueil des droits régulièrement constitués se substituera à l'harmonie internationale des solutions non satisfaite au moment de la création de la relation de droit.

b. La corrélation entre la proximité et la reconnaissance des relations familiales préconstituées

600. La continuité des situations est fondée sur leur reconnaissance. En ce domaine, M. MAYER[1061] distingue la reconnaissance des décisions, de la reconnaissance des situations étrangères.

1060 *Supra*, n° 487-490.
1061 P. MAYER, *La distinction entre règles et décisions et le droit international privé*, Dalloz 1973.

601. Pour la reconnaissance des décisions, l'auteur propose que le contrôle porte sur la seule compétence de l'autorité et l'ordre public de proximité. Le contrôle de la compétence des autorités étrangères est toujours exigé, même s'il se limite à la vérification du non empiètement des juridictions étrangères sur la compétence exclusive des juridictions du for. A cela, s'ajoute un contrôle du lien entre l'autorité saisie et la relation. Quant au contrôle de la loi applicable, il appelle à l'abandon de la vérification de la loi appliquée par les autorités étrangères tant que la décision n'est pas contraire à l'ordre public. Il justifie cela par le respect des éventuelles prévisions formées par les parties à la suite du prononcé d'une décision. Toutefois, cette solution ne saurait être universelle. S'il existe des systèmes qui adoptent un libéralisme en matière de reconnaissance écartant tout contrôle de la loi applicable tel que le système de droit international privé tunisien[1062], il n'est pas certain que la solution soit préconisée dans tous les ordres juridiques, surtout en ce qui concerne les relations familiales. La matière touche à des droits indisponibles et les règles de compétence juridictionnelles portent directement atteinte à l'impérativité de la règle de conflit dès lors que la saisine d'une juridiction étrangère est susceptible de modifier la loi applicable.

602. En dehors des systèmes hostiles à la reconnaissance des décisions étrangères qui exigent la conformité de la règle de conflit appliquée par le juge étranger à celle du système du for, une décision fondée sur l'application de la loi la plus proche a plus de chances d'être reconnue dans un Etat autre que celui qui l'a rendue. Elle est forcément admise dans les pays qui ont libéralisé leur système d'accueil des décisions, puisqu'aucun contrôle de la loi appliquée n'est requis. Elle est aussi acceptée dans les Etats qui contrôlent la loi mise en œuvre par le juge étranger. Dans cette dernière hypothèse, en n'exigeant pas une identité entre la règle de conflit du for et la règle de conflit du juge d'origine, la soumission de la relation à « l'ordre juridique avec lequel il entretient les

---

1062 Le Code de droit international privé tunisien ne prévoit aucune disposition relative au contrôle de la loi appliquée par le juge étranger, sauf en ce qui concerne d'effet atténué de l'ordre public. D'ailleurs, l'arrêt de la cour d'appel de Tunis n° 48765 du 11 juillet 1998 (M. GHAZOUANI, « Sommaire… », *précit.*), avait bien précisé que « le contrôle du droit désigné par le juge étranger pour résoudre le litige ne constitue pas une condition de l'exequatur ».

liens les plus étroits, les plus significatifs »[1063], facilite la circulation de la décision. En effet, il est plus difficile pour une situation fondée sur un autre principe que la proximité, de circuler. L'accueil d'une situation familiale étrangère fondée sur la souveraineté sera refusé, dès lors que la souveraineté de l'Etat d'accueil est aussi concernée. Une situation qui trouve son fondement dans le principe de souveraineté ne pourra circuler normalement que si l'Etat d'accueil s'en désintéresse totalement. Bien que les décisions argumentant cette thèse aient trait à la compétence juridictionnelle, il est possible de faire une analogie de méthodes et appliquer les conclusions aux rattachements retenus en matière de conflit de lois. L'arrêt de la Cour de cassation française du 3 juin 1998[1064] en est la meilleure illustration. Cet arrêt illustre les difficultés que rencontrent les décisions ayant une assise souverainiste lorsqu'elles sont appelées à circuler. Dans cette affaire un *de cujus* franco-tunisien est décédé pendant un séjour en Tunisie alors qu'il était résident en France et marié à une Française. Un litige est né entre la veuve et un membre de sa famille. Les juridictions tunisiennes ont été saisies. Ces dernières ont reconnu la qualité d'héritier du parent en application du droit tunisien. En raison de la présence de certains biens en France, l'héritier demande l'exécution de cette décision en France. La demande a été rejetée par la cour d'appel de Versailles au motif que les juridictions tunisiennes étaient incompétentes puisque la loi française de la situation des biens était applicable et le litige devait être soumis aux juridictions françaises du dernier domicile du *de cujus*. Un pourvoi en cassation a été formé. Il a été reproché à la cour d'appel l'inapplication de l'article 16 de Convention franco-tunisienne d'entraide judiciaire du 28 juin 1972 reconnaissant la compétence des juridictions tunisiennes. L'article 16 de la Convention, admet en matière de contestation de la succession mobilière la compétence soit de l'Etat de la nationalité du défunt, soit de l'Etat où la succession a été ouverte. En l'espèce, puisque la succession a été ouverte en France, la compétence du juge tunisien ne pouvait s'apprécier que par rapport à la nationalité tunisienne du *de cujus*. Or, ce dernier était franco-tunisien. La Cour de cassation française, a rompu dans cet arrêt avec la jurisprudence *Dujaque* qui avait adopté un caractère fonctionnel du conflit de nationalité en présence de la nationalité du for. La Cour s'est fondée sur le principe de la primauté accordée à la nationalité du for,

---

1063 Y. LEQUETTE, « Aspects de l'évolution récente du droit de la famille », Rapport français, *Trav. Assoc. Capitant*, Journées turques, 1988, t. XXXIX, p. 467 et s., spéc. p. 468.

1064 Civ. 1re, 3 juin 1998, *J.D.I.*, 1999, p. 781 *précit.*, note Y. LEQUETTE.

pour ne pas tenir compte de la nationalité tunisienne du *de cujus* et pour déclarer incompétentes les juridictions tunisiennes. De cette affaire, il est clair que la décision reposant sur une règle de nature souverainiste a très peu de chance d'être accueillie dans un autre Etat qui retient la même approche, dès lors que la décision est en contradiction avec les exigences de la souveraineté de l'Etat d'accueil[1065]. A l'inverse, lorsqu'il s'agit d'évaluer les liens de proximité, la rigidité du principe de la primauté accordée à la nationalité du for fondé sur des assises souverainistes, n'a pas été retenue. Ainsi dans l'arrêt de la cour d'appel de Paris du 24 février 2011[1066], les juges saisis d'une demande d'exequatur d'une décision canadienne n'ont pas hésité à s'appuyer sur la nationalité étrangère canadienne d'adoptants franco-canadiens pour évaluer les liens caractérisés entre le juge canadien ayant prononcé une adoption en faveur d'un couple homosexuel et la relation de droit.

603. Le sort des décisions qui trouvent leur assise dans d'autres fondements que la proximité n'est semble-t-il pas plus heureux que celles fondées sur la souveraineté, notamment lorsque l'Etat d'accueil s'avère être l'ordre juridique le plus proche de la situation[1067]. En effet, il est imaginable qu'une décision fondée sur une règle de conflit à coloration matérielle écartant la loi de l'Etat d'accueil en raison de ses dispositions non favorables soit reconnue dans cet Etat, même si l'Etat d'accueil prévoyait une règle de conflit du même type. Il est généralement constaté qu'un Etat ne peut admettre une faveur au-delà de celle préconisée par son système, même s'il exprimait un tel souci. Pareil, une règle fondée sur l'autonomie de la volonté ne rencontrera pas un meilleur destin notamment en droit de la famille, sauf dans les systèmes qui adoptent une telle approche. Au contraire, une décision fondée sur la proximité, même confrontée à un Etat d'accueil adoptant dans son système un autre principe, a d'énormes chances d'être acceptée. Tout d'abord, parce

---

1065 Il est à noter que la décision fondée sur la souveraineté n'est pas menacée de non reconnaissance seulement par l'Etat d'accueil ayant adopté pareil fondement. Elle l'est aussi lorsque l'Etat d'accueil retient une approche proximiste, volontariste ou même en faveur d'un résultat matériel. Dans tous ces cas, la décision souverainiste risque d'être mal accueillie. Sa reconnaissance n'est facilitée que dans un Etat adoptant la même position et lorsque sa souveraineté n'est pas ébranlée.

1066 Paris, 24 février 2011, n° 10/08810, *inédit*.

1067 Mme NAJM met l'accent sur la destinée des décisions françaises rendues sur la base de l'article 311-15 du Code civil, dont les conséquences se ressentiront sur le terrain de la continuité et indubitablement sur celui de la prévisibilité des solutions. M.-C. NAJM, *op. cit.*, p. 502, n° 524.

qu'une telle décision est souvent appelée à produire ses effets dans l'ordre qui lui est le plus proche, et l'application de la loi de cet Etat facilite logiquement son acceptation par ce dernier. Ensuite parce que dans les rares cas où c'est la loi d'un autre Etat qui a été appliquée, la décision prononcée ne sera pas aussi simplement écartée, sauf en raison de son éventuelle contrariété à l'ordre public ou bien lorsque la loi du for d'accueil est désignée par la règle de conflit de ce dernier.

604. De ce qui précède, il est constaté que les décisions fondées sur la proximité sont celles qui ont le plus de facilités à circuler au delà de l'Etat qui les a prononcées.

605. Quant à la reconnaissance des situations étrangères, M. MAYER affirme qu'elle suppose la « consécration par l'ordre juridique du for d'un point de vue concret extérieur à lui »[1068] dès lors qu'est constatée sa « cristallisation »[1069]. Cette méthode permet « l'alignement de la réalité juridique sur la situation de fait »[1070]. Pour ce qui est de la condition de cristallisation, l'auteur distingue la cristallisation instantanée, conditionnée à l'existence d'un lien réel entre la situation et l'ordre juridique dans lequel elle s'est constituée, de la cristallisation progressive, conséquence de la possession d'état[1071]. Ainsi, soit la situation s'est cristallisée en raison des liens qu'elle entretient avec l'ordre juridique qui lui a donné naissance, soit elle s'est cristallisée en raison des liens avec le milieu dans lequel elle s'est développée. Ce sont les liens avec l'ordre juridique d'origine ou bien avec l'Etat où s'est développée la situation qui justifient la reconnaissance de la décision. Il est à noter qu'il est possible de reconnaître des situations créées dans un Etat qui n'a aucun lien avec la relation dès lors que la loi à laquelle elle a été soumise présente des liens avec la relation. L'échec de la Convention de La Haye du 14 mars 1978 relative à la célébration et la reconnaissance de la validité des mariages, en est une preuve. La Convention prévoit que le mariage qui a été valablement conclu selon le droit de l'Etat de la célébration, doit être considéré comme tel dans les autres Etats contractants. La Convention n'a pas séduit grand nombre d'Etats. Ce n'est sûrement pas le défaut de liens entre l'Etat de célébration qui a découragé les Etats à adhérer à

1068 P. MAYER, « Les méthodes de la reconnaissance en droit international privé », in *Le droit international privé : esprit et méthodes,* Mélanges en l'honneur de Paul Lagarde, Dalloz, 2005, p. 547 et s., spéc. p. 561, n° 28.

1069 *Ibid.*, p. 562, n° 29.

1070 *Ibid.*, p. 564, n° 33.

1071 *Ibid.*, p. 563, n° 30.

cette Convention puisque bon nombre de mariages sont célébrés dans des Etats qui n'ont aucun lien avec les époux et sont pourtant reconnus. En effet, il faut y voir plutôt la crainte de l'application par l'Etat du lieu de célébration d'une loi qui n'a aucun lien avec les époux. Ce ne sont pas non plus les dispositions même de cette loi qui posent problèmes, dès lors que les Etats contractants se réservent le droit d'opposer l'ordre public à tout mariage de ce type. Par conséquent, le fait qu'il n'y ait aucun contrôle de la loi applicable a donc été à l'origine de la réticence des Etats.

606. A partir des développements précédents, il est évident que le rattachement de la relation familiale à l'ordre juridique qui lui est étroitement lié lui confère une effectivité qui favorise sa continuité.

Paragraphe II : Les impacts de la clause d'exception sur les valeurs exprimées dans les règles de droit international privé de la famille

607. Le problème de la clause d'exception réside dans son objectif. En focalisant tous les efforts sur l'identification de l'ordre juridique qui présente des liens étroits avec la situation, la clause d'exception laisserait de côté d'autres préoccupations non moins importantes. Or, il ne fait d'aucun doute que d'autres objectifs paraissent aussi essentiels à l'auteur de la règle de conflit de lois. La recherche de la cohérence du statut des personnes ainsi que la promotion d'une justice dans la résolution des situations familiales, retiennent actuellement l'attention lors de l'élaboration de la règle de conflit. Pourtant, la proximité est nécessaire pour assurer à la fois la cohérence dans le statut familial (A) et la justice espérée (B).

A. La recherche de la cohérence dans le statut familial

608. La cohérence dans le statut des personnes nécessite une harmonie matérielle dans les différentes situations qui régissent ce domaine. Elle devient réalisable à deux stades différents. Soit au moment de l'élaboration de la règle de conflit par l'adoption de « catégories de rattachement synthétiques, à l'assise aussi large que possible, afin d'éviter

les risques du "dépeçage" »[1072] ce qui implique l'application d'une même et unique loi à toutes les relations familiales. Soit lors de la mise en œuvre de la règle de conflit en impliquant le juge à qui il revient d'adapter les différentes règles applicables[1073] en cas de solutions particulières et incohérentes, dans cette démarche.

609. Tout d'abord en ce qui concerne le choix d'assurer la cohérence du statut familial par l'adoption d'une loi unique applicable à tout le statut personnel, il est vrai qu'à première vue, la mise en œuvre du principe de proximité perturberait le travail préalablement entamé. La spécialisation du droit de la famille, première étape à la promotion de la localisation à la loi la plus étroite, y met obstacle. La recherche d'une solution spécifique, appropriée à chaque rapport de droit se traduit concrètement par une multiplicité de lois applicables à chaque relation, ce qui n'est d'aucune aide à l'harmonisation du statut de la personne. Au lieu d'appliquer une même loi à tout le statut personnel, chaque question est soumise en fonction des besoins à une loi particulière. Pour chaque question une solution. Ainsi apparaît au sein d'une même catégorie, tel que le mariage, deux ordres juridiques potentiellement applicables : la loi du lieu de sa célébration lorsqu'il s'agit d'identifier les conditions de forme et la loi nationale de chacun des époux pour les conditions de fond. D'ailleurs, ce découpage en catégories d'éléments ne se limite pas à cela. Une fois le mariage constitué, ses effets sont aussi finement partagés en différentes sous-catégories (filiation, divorce, autorité parentale, etc.) et le rattachement de chacune d'entre elles diffère de l'autre. Pareillement, au sein de ces sous-catégories, apparaissent d'autres sous-catégories, par exemple en matière de filiation la loi applicable diffère si cette dernière est adoptive ou biologique, naturelle ou légitime.

610. Ensuite, à supposer que dans l'ensemble l'unité soit prévue, les interventions du juge dans le cadre de la correction du défaut de proximité ne sauraient la maintenir, notamment lorsqu'il s'agit de contredire une règle préalablement unifiée. Ce qui a été entrepris au stade de l'élaboration de la règle de conflit sera anéanti par le juge qui corrigera le résultat insatisfaisant de la même règle. Au cas où une unité dans les solutions se vérifiait, elle serait forcément rompue par l'intervention du juge. Alors que la règle de conflit initiale prévoyait un rattachement unique à toutes les relations familiales, le juge qui constate son

1072 M.-C. NAJM, *op. cit.*, p. 81, n° 79.
1073 *Ibid.*

inadéquation au cas concret, soumettra la question particulière à un autre ordre juridique. L'utilisation de la clause d'exception aura donc pour conséquence le dépeçage du statut familial. L'application simultanée de lois qui émanent d'ordres juridiques différents à l'ensemble des relations familiales n'est pas toujours simple, et le résultat constaté peut s'avérer fâcheux.

611. Là encore, les critiques sont ne sont pas pertinentes. Comme le relevait BATIFFOL, « résoudre un conflit de lois ne consiste pas simplement à soumettre, "en bloc", une situation à une loi déterminée, mais bien souvent à discerner dans cette situation des éléments qui relèvent pour des raisons diverses, et à rechercher, de lois différentes »[1074]. L'unité parfaite dans les règles de droit international privé d'une même matière est loin d'être la seule priorité. Il faut noter que même s'il y a une tendance vers une unité du statut personnel, celle-ci est encore loin d'être acquise. Opter pour un rattachement unique de tout le statut familial alors que ce dernier met en cause plus d'une personne ne règlera pas le problème. La divergence de nationalités ou de la résidence des personnes impliquées dans la relation de droit, fera du régime unitaire une simple illusion. Dans ce genre de situation, deux solutions sont envisageables et les deux aboutissent à une disparité du statut familial.

612. La première privilégie une partie aux dépends des autres, en imposant sa localisation à tous celles qui sont concernés par le rapport de droit. Cette méthode n'est pas sans conséquences sur les relations futures de la personne évincée, puisque le découpage de son statut concernera au moins cette question de droit bien spécifique. Prenons le cas d'une filiation mettant en cause trois personnes : le père, la mère et l'enfant. Les différentes parties n'ont ni la nationalité commune ni une résidence commune. Le choix en faveur de la localisation de l'une des parties s'impose. Les deux autres personnes concernées se verront soumises à un rattachement qui ne fonctionnera que pour cette situation puisqu'il ne leur est d'aucune attache. De ce fait, leurs relations personnelles et familiales antérieures et postérieures ne seront pas soumises à cette loi. Le dépeçage est donc inévitable.

[1074] H. BATIFFOL, « Réflexions sur la coordination des systèmes nationaux », *RCADI*, 1967-I, t. 120, p. 165 et s., spéc. p. 174, n° 7.

613. La seconde solution possible, tend à maintenir une égalité entre toutes les parties. Elle fait donc appel à un rattachement subsidiaire pour cette question particulière. Là encore, l'unification disparaîtra, dès lors que les relations antérieures et postérieures ne sont pas concernées par ce rattachement *ad-hoc*.

614. Cette hypothèse n'est pas l'unique obstacle à l'unification du statut personnel et familial. Le mécanisme d'éviction des lois étrangères contraires à l'ordre public du for y joue aussi un rôle prépondérant. L'unité est souvent brisée par la force des choses normalement au stade de l'élaboration de la règle de conflit et parfois inévitablement au stade de sa mise en œuvre par le juge, sans pourtant qu'une incohérence insurmontable ne soit constatée. Si cela s'avérait être le cas, le remède à toutes les incohérences serait alors entre les mains du juge qui devrait corriger le résultat concret insatisfaisant de la règle de conflit lors de sa mise en œuvre. Il procédera à l'adaptation des différentes lois applicables dans le but de les coordonner[1075]. Ainsi, le juge qui doit appliquer une clause d'exception, tout comme le juge appelé à coordonner des lois issues d'ordres juridiques différents sera nécessairement amené à les adapter. Il suffira qu'il tienne compte des éventuelles incohérences et les corrige. De plus, il est intéressant de relever que la clause d'exception parvient parfois à regrouper des matières restées jusque là non unifiées et organisées par les différentes règles de conflit préexistantes. Mme REMY-CORLAY soutient que « la clause d'exception pourrait être en certains cas le moyen de soumettre à une même loi une situation traitée normalement par deux règles de conflit distinctes »[1076]. La clause échappatoire permettra de regrouper diverses sous-catégories de droit de la famille sous l'égide d'une seule loi. Ainsi le juge qui aura à se prononcer par exemple sur la question de l'obligation alimentaire d'un enfant français né et résident en France dont la filiation n'a pas encore été établie, de mère étrangère au jour de sa naissance mais naturalisée française peu après et elle même résidente en France, à l'encontre d'un prétendu père français et résident en France, devrait régler auparavant la question de la filiation de l'enfant. Pour ce faire, il appliquera tout d'abord à la question préalable (établissement de la filiation), une loi étrangère (loi nationale de la mère au jour de la naissance de l'enfant) telle que le prévoit l'article 311-14. Ensuite, la question principale il l'a

---

1075 *Cf.* H. BATIFFOL, « Réflexions sur la coordination des systèmes nationaux », *RCADI*, 1967-.I, t. 120, p. 187 et 188, n° 18.
1076 P. REMY-CORLAY, Thèse *précit.*, p. 137, p. 187 et 188, n° 208.

soumettra à la loi française, loi de la résidence de l'enfant. Si par contre il avait à appliquer le principe de proximité, et par conséquent une clause d'exception, le juge français aura à soumettre exceptionnellement la filiation non pas à la loi étrangère, loi nationale de la mère au jour de la naissance de l'enfant, mais plutôt à la loi française, loi nationale de tous les protagonistes tout comme la loi de leur résidence habituelle. L'obligation alimentaire demeurera régie par la loi française de la résidence de l'enfant, qui en l'espèce s'avère en adéquation avec la recherche de la proximité. De ce fait, la clause d'exception aura permis de réunir et d'appliquer une seule loi à deux questions normalement régies par des lois différentes.

615. Quand un dépeçage est constaté soit préalablement, soit après la mise en œuvre de la clause d'exception conduisant à une divergence de lois applicables à chaque question posée, la démarche casuistique qu'adoptera le juge permettra au cas où il ne parvient pas à rétablir une règlementation unitaire du statut familial, à tenir compte de sa cohérence en apportant des solutions d'ensemble à toute la relation. Pour ce faire, plutôt que de fractionner les différentes catégories de droit, il suffit au juge d'opter pour l'application d'une loi unique qui se rapproche le plus des différentes catégories. La possibilité accordée au juge de corriger la règle de conflit ne se limitera donc pas seulement à la recherche de l'ordre juridique le plus proche, mais servira aussi à l'harmonisation du statut familial.

B. La recherche d'une justice autre que la justice conflictuelle

616. A travers la recherche de la justice conflictuelle, d'autres priorités telle que la faveur d'une justice matérielle (2), principe en pleine expansion en droit de la famille, sont délaissées. Mais la justice matérielle n'est *a priori* pas l'unique champ déserté par la proximité. La mise en œuvre de la clause d'exception et sa méthode casuistique ne restent pas sans incidence sur la rupture de l'égalité de traitement des situations analogues (1) semble-t-il.

1. La recherche d'une égalité dans le traitement des situations analogues

617. L'évaluation au cas par cas de la valeur du rattachement, équivaut à une appréciation casuistique des faits d'espèce. Cette démarche conduit en apparence à ce qu'à des situations égales, soient données des solutions différentes. Si par situation égale, il est entendu la matière ou la catégorie traitée (mariage, filiation, divorce, autorité parental, etc.), la solution variera certainement au sein d'une même catégorie, d'une espèce à une autre. Cependant, la réalité est tout autre. Si les catégories sont les mêmes, les situations sont quant à elles différentes et nécessitent chacune des réponses adéquates et donc distinctes. Cette méthode n'est pas propre à la recherche de la proximité, elle est l'essence même des règles de droit international privé comme le mentionne Mme GOURDET[1077]. En effet, à des catégories de droit analogues s'appliquent des règles différentes, sans toutefois que la question de la justice ne se pose. Bien au contraire, la justice justifie même un tel comportement. Ainsi, il existe deux réglementations des situations familiales ; celles purement internes, auxquelles seul le droit substantiel du for s'applique, et celles présentant un élément d'extranéité, régies par les règles de conflit de lois. Pourquoi la question de l'égalité de traitement n'a pas suscité d'interrogations à ce stade ? C'est parce que les situations sont bien différentes qu'elles nécessitent un traitement qui leur est propre. Et c'est essentiellement parce que les faits ne sont pas les mêmes (présence d'un élément d'extranéité), que les règles de droit international privé ont été créées. Afin d'assurer la justice, ces cas ont été différenciés des relations purement internes, puisque les règles qui étaient applicables aux premières paraissaient injustes pour les secondes. Pourquoi alors s'étonner de la prise en considération de la spécificité des cas particuliers, lorsqu'il s'agit de parfaire la justice originelle ? Il est question ici de l'ultime tentative de recherche de la justice conflictuelle. Une justice qui assure mieux l'égalité des traitements que la justice matérielle, devenue l'un des principaux soucis des règles de droit international privé de la famille français et tunisien qui, elle, va à l'encontre de l'égalité des traitements sans pour autant trop gêner les auteurs de la règle de conflit.

[1077] G. GOURDET, Thèse *précit.*, p. 82, n° 45.

2. La recherche d'une justice matérielle

618. En allant puiser ses origines contemporaines dans la doctrine américaine, la promotion des intérêts de droit matériel a peu à peu séduit les systèmes influencés par la méthode savignienne et s'est propagée au-delà du continent américain[1078]. Elle se matérialise par des règles à coloration matérielle, favorisant le résultat souhaité[1079]. Contrairement à la règle de conflit classique dont la caractéristique principale est l'apparente[1080] neutralité à l'égard du contenu du droit substantiel applicable, alors même qu'elles « s'inspirent de principes qui les colorent de teintes plus vives que le gris de la neutralité »[1081], les règles à finalité matérielle, tout en gardant la structure bilatérale, s'en distinguent par l'attention particulière qu'elles accordent au résultat substantiel. Ce qui est particulièrement notable, c'est qu'aujourd'hui, la terre d'élection des règles orientées est le droit international privé de la famille. Les systèmes français et tunisien n'ont pas hésité à se rallier à cette tendance, puisant sa source aussi bien dans les règles d'origines internes qu'internationales. Le fondement de telles solutions en droit de la famille serait de soutenir un résultat voulu par l'auteur de la règle de conflit. Cet appui est généralement motivé en droit international privé de la famille par la volonté de protéger une partie que l'auteur de la règle de conflit estime faible et par conséquent, digne d'attentions particulières. Dans ces règles de protection, les considérations matérielles l'emportent sur les considérations localisatrices. Elles s'expriment généralement par la consécration d'une « pluralité de rattachements qui permet de comprendre la manière dont la règle de conflit intègre des préoccupations matérielles dans la recherche d'un résultat »[1082]. Toutefois, comme l'a expliqué M. PATOCCHI, « les règles de rattachement poursuivant des objectifs de droit matériel retiennent un éventail plus ou moins étendu de lois potentiellement applicables [à] l'intérieur de cet éventail la loi applicable est déterminée en fonction de

---

1078 Voir concernant les origines européennes de la justice conflictuelle, C. CHABERT, *L'intérêt de l'enfant et les conflits de lois*, Préface de E. PUTMAN, PUAM, 2001, p. 140.

1079 L. CHEDLY, « Le principe de proximité et le code tunisien du droit international privé », Mélanges Sassi Ben Halima *précit.*, p. 335.

1080 Voir, Y. LOUSSOUARN, « La règle de conflit est-elle une règle neutre ? », *Trav. Comité fr. DIP.*, 1980-1981, 2e partie *précit.* p. 43, qui doute du principe de la neutralité même de la règle de conflit bilatérale classique.

1081 *Cf.* Y. LOUSSOUARN, communication *précit.*, p. 49.

1082 D. BUREAU et H. MUIR WATT, t. I. p. 527.

l'effet de droit matériel que la règle de rattachement entend promouvoir dans les relations internationales, et la réalisation de cet intérêt l'emporte sur la localisation »[1083]. Dans ces règles, la localisation par rapport à l'ordre juridique le plus proche passe en seconde ligne. Afin que l'approche localisatrice ne remette pas en cause l'objectif essentiel de la règle à finalité substantielle, il a été proposé que « les mécanismes mis en œuvre pour perfectionner la méthode de la localisation [soient] écartés là où la localisation est elle-même écartée »[1084]. Pourtant, dans ces règles, il est fait « une part à la localisation *et* une part à des considérations matérielles »[1085]. L'approche localisatrice ne se trouve donc pas totalement écartée[1086], elle coexiste avec l'approche substantielle. La règle de conflit à caractère substantiel « se situe [...] à mi-chemin entre la règle de conflit ordinaire, essentiellement localisatrice du rapport de droit, et la règle matérielle de droit international privé »[1087]. Au cas contraire, pourquoi passer par une règle de conflit pour imposer un résultat attendu ? Autant simplifier le travail du juge et recourir directement à la *lex fori* (dès lors – du moins en droit de la famille – que le résultat attendu sur le plan international doit préalablement exister en droit interne) sans passer par une règle de conflit et sans se soucier d'une quelconque localisation. Le juge n'aura plus à consulter plusieurs lois en conflit afin de trouver la solution favorisée, il appliquera directement sa propre loi. Or, tel n'est pas le cas des règles qui abritent un régime de faveur. Elles demeurent des règles de conflit qui rendent possible la désignation d'une loi qui a des liens plus ou moins proches avec la situation. En conclusion, l'approche localisatrice n'est pas totalement exclue, même si son domaine rétrécit au fur et à mesure que le régime de faveur s'élargit.

619. Quoiqu'il en soit, ces règles qui ne cessent de proliférer en droit international privé de la famille semblent pour une partie de la doctrine incompatibles avec la clause d'exception qui n'a pour but que de corriger

---

1083 P.-M. PATOCCHI, *op. cit.*, p. 245, n° 498.
1084 P.-M. PATOCCHI, *op. cit.*, p. 246, n° 499.
1085 P.-M. PATOCCHI, *op.cit.*, p. 234, n° 480.
1086 L. CHEDLY, « Rapport introductif : Le Code de Droit international privé et les Droits de l'Homme », in *Le code tunisien de droit international privé dix ans après*, Première journée Mohamed Charfi de droit international privé, Tunis le 21 et 22 novembre 2008, p. 7 et s., spéc. p. 12.
1087 H. GAUDEMET-TALLON, « L'utilisation de règles de conflit à caractère substantiel dans les Conventions internationales (l'exemple des Conventions de La Haye) », in *L'internationalisation du droit*, Mélanges en l'honneur de Yvon Loussouarn, Dalloz, 1994, p. 181 et s., spéc. p. 181.

la localisation défaillante de la règle de rattachement[1088]. La règle à coloration matérielle, si elle se désintéresse de la recherche de la meilleure localisation du point de vue de la proximité, sera par conséquent automatiquement corrigée par la clause échappatoire. La correction de la localisation battra donc en brèche ce qui a été préalablement forgé. Pour cette raison, dans les législations où une clause d'exception est prévue, l'intervention de cette dernière a été bannie du domaine des règles de conflit à coloration matérielle. La loi de droit international privé suisse, de même que le Code de droit international privé belge excluent du domaine de la clause d'exception non seulement les matières où un choix est offert aux parties et que celui-ci a été exercé, mais aussi dans les rapports régis par des règles à finalité substantielle. Reste donc à examiner si une pareille appréhension de la clause d'exception dans les matières où ont été prévues des règles de faveur est justifiée. Dans les développements qui suivront l'accent sera mis sur l'importance accordée à la proximité dans certaines règles de conflit pour la promotion d'une faveur matérielle (a), dans le but de faire concorder la justice matérielle théorique avec une justice effective (b).

a. L'implication de la proximité dans des règles à coloration matérielle

620. « En raison de son manque de maturité physique et intellectuelle, l'enfant a besoin d'une protection spéciale et de soins spéciaux, notamment d'une protection juridique appropriée, avant comme après sa naissance », estiment les rédacteurs de la Convention de New York relative aux droits de l'enfant[1089]. La situation de l'enfant nécessite donc une prise en charge appropriée de sa vulnérabilité. Afin de combler les carences inhérentes à sa vulnérabilité, en droit interne français comme tunisien, les législateurs œuvrent pour pallier ces insuffisances[1090]. Cela s'est traduit par la promulgation de règles indispensables à la protection

[1088] F. KNOEPFLER, note sous Tribunal fédéral suisse, 2e Cour civile, 28 novembre 1991, *Rev. crit. DIP.*, 1992, p. 484 et s., spéc. p. 493.

[1089] Voir le préambule de la Convention de New York du 26 janvier 1990 relative aux droits de l'enfant, *Rev. crit. DIP.*, 1991, p. 176 et s.

[1090] Voir notamment pour le droit tunisien, S. BEN ACHOUR, « Le statut de l'enfant en droit tunisien », in *L'enfant en droit musulman (Afrique, Moyen-Orient)*, Actes du colloque du 14 janvier 2008, (sous la dir. de) L. KHAIAT et C. MARCHAL, Cour de cassation, Association Louis CHATIN pour la défense des droits de l'enfant, Société de législation comparée 2008, p. 279-311.

des enfants. Ces règles s'étendent à la fois à la protection familiale et à la protection individuelle des enfants, leur garantissant ainsi divers droits : de l'incontournable droit à la vie à l'élémentaire droit à l'épanouissement, sans toutefois occulter les multiples autres droits connexes.

621. Loin d'être immatures, mais tout aussi fragiles que l'enfant, les adultes ont parfois besoin d'une protection « en raison d'une altération ou d'une insuffisance de leurs facultés personnelles »[1091] qui les empêchent de « pourvoir à leurs intérêts »[1092]. Dans le sillage des règles de droit interne, les nouvelles tendances en droit international privé s'orientent de plus en plus vers une justice matérielle. Le souci de garantir la meilleure protection de ces personnes s'affirme sur le plan international par l'adoption de règles de conflit véhiculant des intérêts similaires. Le droit international privé de la famille conventionnel a adopté les mêmes orientations. Cependant, tout en se fondant sur la proximité, plusieurs règles de conflit, essentiellement d'origine internationale, ont été à l'appui de règles protectrices. A ce titre un équilibre entre les deux justices a pu être trouvé. Les meilleures illustrations de ce phénomène sont à tirer des règles d'origine internationale, notamment celles qui portent sur la protection des personnes. L'accent sera donc mis sur les règles internationales relatives à la protection des mineurs (α) et des majeurs (β), dans lesquelles les mesures protectrices adoptées puisent leur force, dans une assistance de proximité.

α. La proximité à l'appui de la protection des mineurs dans les règlements européens et les conventions internationales

622. La protection de proximité des mineurs est insérée dans la Convention de La Haye du 19 octobre 1996 relative à la compétence, la loi applicable, la reconnaissance, l'exécution et la coopération en matière de responsabilité parentale et de mesures de protection des enfants. Elle l'est aussi dans le règlement CE n° 2201/2003 du conseil du 27

1091 Article 1er § 1er de la Convention du 13 janvier 2000 relative à la protection des adultes.
1092 *Ibid.*

novembre 2003 relatif à la compétence, la reconnaissance et l'exécution des décisions en matière matrimoniale et en matière de responsabilité parentale. Ce dernier instrument prévoit dans son considérant n° 12 que « les règles de compétence établies par le présent règlement en matière de responsabilité parentale sont conçues en fonction de l'intérêt supérieur de l'enfant et en particulier du critère de proximité ». Cependant, il occulte la question de la compétence législative, il paraît donc dans le cadre de ces développements de bien moindre portée. C'est la raison pour laquelle, les développements qui vont suivre se focaliseront plus sur la Convention de La Haye que sur le règlement.

623. Afin de remédier aux faiblesses de la Convention de La Haye du 5 octobre 1961 relative à la protection des mineurs, la Convention de 1996, qui porte sur la même question, maintient le principe d'un rapprochement entre compétence judiciaire et compétence législative. Des exceptions sont tout de même apportées à ce principe lorsqu'elles s'avèrent nécessaires à assurer « l'intérêt supérieur de l'enfant ». Pour parvenir à leurs fins, les rédacteurs de la Convention se sont appuyés sur le principe de proximité dans ces deux « expressions »[1093], à savoir la proximité judiciaire et la proximité législative. De prime abord, la compétence des autorités de la résidence habituelle du mineur a été consacrée, qui, compte tenu de la spécificité de la matière, s'avère en étroite adéquation avec la proximité. Evidemment, ce choix est justifié par l'aptitude des juridictions les plus proches du mineur à évaluer ses besoins, à prendre les mesures nécessaires à son assistance et surtout à les mettre en œuvre en les exécutant. Mais la place et le rôle attribué à la proximité sont loin de se limiter au choix d'un critère abstraitement proche de l'enfant qui est la résidence habituelle. Il est exceptionnellement fait appel à « la proximité la plus immédiate » selon l'expression de M. LAGARDE[1094], lorsque l'intérêt de l'enfant exige des mesures d'urgence. Une proximité plus appropriée à l'intérêt de l'enfant prend alors la relève. Plus encore, des dérogations au profit des autorités de l' « Etat dans lequel l'enfant présente un lien étroit »[1095] sont prévues par les articles 8 et 9 de la Convention. L'article 8 permet à l'autorité

1093 Selon M. CHABERT, « la Convention trouva en deux des expressions du principe de proximité le moyen de remédier aux difficultés pour le plus grand "intérêt supérieur de l'enfant" », C. CHABERT, *L'intérêt de l'enfant et les conflits de lois*, PUAM, 2001, p. 260 et s.

1094 P. LAGARDE, « La nouvelle convention de La Haye sur la protection des mineurs », *Rev. crit. DIP.*, 1997, p. 217 et s., spéc. p. 225, n° 10.

1095 Article 8, § 2, d de la Convention de 1996.

compétente et sous réserve du respect de l'intérêt de l'enfant, soit de demander à l'autorité qui a des liens étroits d'accepter la compétence pour prendre les mesures adéquates, soit de « surseoir à statuer et inviter les parties à saisir d'une telle demande l'autorité de cet autre Etat ». Cet article devient particulièrement remarquable grâce à l'énumération des autorités de renvoi, parmi lesquelles figurent les autorités d' « un Etat avec lequel l'enfant présente un lien étroit ». Ces dispositions rappellent le mécanisme anglo-saxon du *forum non conveniens* qui n'est autre que la correction concrète de la proximité juridictionnelle. Il est donc fort probable que l'intérêt de l'enfant nécessite que l'autorité qui lui soit la plus proche se saisisse de l'affaire. A l'inverse, l'article 9 consacre la théorie du *forum conveniens* en permettant aux autorités mentionnées dans l'article 8 paragraphe 2, sous réserve de l'intérêt supérieur de l'enfant, soit de demander directement à l'autorité compétente de l'Etat contractant de la résidence habituelle de l'enfant de leur permettre de prendre les mesures qu'elles estiment nécessaires, soit d'inviter les parties à faire une telle demande. Dans tous ces cas, il s'agit d'un « correctif fondé sur un renforcement de la proximité »[1096], qui n'a d'autre objectif que de servir l'intérêt supérieur de l'enfant. De ce fait, la proximité établie abstraitement est susceptible d'être corrigée concrètement dans l'unique intérêt de l'enfant. Dès lors que l'autorité compétente appliquera normalement sa propre loi, elle coïncidera en principe avec la loi la plus proche par la force des choses (la loi de la résidence habituelle de l'enfant, ou la loi qui a des liens les plus étroits avec l'enfant). Cependant, outre la compétence des autorités de l'Etat qui a des liens étroits avec l'enfant, les articles 8 et 9 de la Convention réservent une compétence aux autorités de l'Etat de la nationalité de l'enfant[1097], à celles « d'un Etat dans lequel sont situés des biens de l'enfant » [1098] ou encore aux autorités « d'un Etat saisies d'une demande en divorce ou séparation de corps des parents de l'enfant ou en annulation de leur mariage »[1099]. De la même manière, ces autorités exceptionnellement autorisées à agir dans l'intérêt supérieur de l'enfant sont appelées à appliquer leurs propres lois. Néanmoins, cela risque d'entraîner l'application d'une loi sans liens avec le mineur. C'est pourquoi, l'article 15 paragraphe 2 de la Convention prévoit que « dans la mesure où la protection de la personne ou des biens

[1096] E. GALLANT, *Responsabilité parentale et protection des enfants en droit international privé*, *Defrénois*, 2004, p. 123, n° 206.
[1097] Article 8, § 2, a de la Convention de 1996.
[1098] Article 8, § 2, b de la Convention de 1996.
[1099] Article 8, § 2, c de la Convention de 1996.

de l'enfant le requiert, [les autorités compétentes] peuvent exceptionnellement appliquer ou prendre en considération la loi d'un autre Etat avec lequel la situation présente un lien étroit ». Comme l'a souligné M. LAGARDE, « il s'agit donc là d'une clause d'exception, mais au lieu d'être fondée sur la proximité et les liens les plus étroits, elle l'est sur l'intérêt de l'enfant et se contente d'un lien étroit »[1100]. Toutefois, là encore, la proximité, si elle est sollicitée, elle ne l'est que parce qu'elle agit dans l'intérêt de l'enfant. L'efficacité d'une protection de proximité s'est étendue à la protection des adultes dans la Convention de La Haye du 13 janvier 2000.

β. La proximité à l'appui de la protection des majeurs dans la Convention de La Haye de 2000 relative à la protection des adultes

624. La protection par le biais du choix d'un rattachement de proximité n'est pas exempte de la Convention de La Haye du 13 janvier 2000 relative à la protection des adultes. Les rédacteurs de cet instrument international se sont inspirés de la Convention de 1996 relative à la protection des mineurs. A quelques différences près[1101], le conflit de lois suit, le conflit de compétences. Il faut noter aussi que la règle de compétence principale attribue aux autorités de la résidence de la personne à protéger, l'aptitude de prendre principalement les mesures nécessaires à la protection de l'intéressé. Ce qui amène à l'application dans la plupart des cas de la loi de la résidence habituelle de la personne à protéger, dès lors que la compétence principale est accordée aux autorités de la résidence habituelle de la personne à protéger. Or, cette loi est normalement considérée comme celle présentant les liens les plus étroits avec la relation de droit. Cependant, les lois des autorités nationales ou celles de la situation des biens et en matière médicale la loi du for de la présence de l'adulte peuvent exceptionnellement régir la situation de l'adulte lorsque les autorités de ces fors ont été déclarées compétentes. Là aussi, de la même façon que dans la Convention de

1100 P. LAGARDE, « La nouvelle convention de La Haye sur la protection des mineurs », *Rev. crit. DIP.*, 1997, p. 230, n° 17.

1101 Spécialement les pouvoirs du représentant susceptible d'être régis, selon l'article 15 de la Convention, par une loi désignée expressément par l'adulte parmi une liste exhaustive de lois pouvant être choisies par l'intéressé.

1996, d'autres fors sont appelés à concurrencer la compétence des autorités de la résidence. Le rattachement est *a priori* un rattachement de proximité puisqu'il coïncide avec la résidence habituelle de l'adulte, même s'il arrive exceptionnellement qu'il soit écarté au profit de la loi du for de la nationalité, de la présence des biens de l'adulte ou de sa présence même en cas d'urgence. Enfin, tout comme la Convention relative à la protection des mineurs, l'article 13 paragraphe 2 de celle protégeant les adultes mentionne que « dans la mesure où la protection de la personne ou des biens de l'adulte le requiert, elles peuvent exceptionnellement appliquer ou prendre en considération la loi d'un autre Etat avec lequel la situation présente un lien étroit ». La protection espérée dans ce cas dépend des liens de la situation avec la loi à appliquer. Ces derniers, même s'ils ne sont pas les plus étroits, doivent être étroits. La protection ne peut donc être détachée de l'application de l'ordre ayant des liens étroits faute de quoi elle sera dépourvue de réalisme.

b. Le réalisme en faveur de la protection des intérêts privés

625. Partant du fait que le principe de continuité « impose le respect de la loi la plus effective »[1102], et que ce dernier repose sur l'application d'une loi ayant au moins des liens avec la situation[1103], la clause d'exception assurerait même dans le cadre des règles à coloration matérielle une part de réalisme.

626. Les règles de droit de la famille à caractère substantiel abritent en général la protection de l'intérêt d'un particulier. Certes, l'application des règles engagées facilite le prononcé d'une décision favorable (α), néanmoins, le sort de cette dernière devient beaucoup moins évident (β).

1102 M.-C. NAJM, *Principes directeurs du droit international privé et conflit de civilisations. Relations entre systèmes laïques et systèmes religieux*, Dalloz, 2005, p. 87, n° 87.

1103 *Supra*, n° 593-605.

α. *La faveur purement théorique des règles à coloration matérielle*

627. Plus la justice matérielle est importante pour l'auteur de la règle de conflit, plus les risques de s'éloigner de la justice conflictuelle augmentent. La concrétisation du résultat est normalement subordonnée à une abondance de lois potentiellement compétentes, parmi lesquelles il faut choisir la loi dont les dispositions sont les plus favorables à la réalisation de l'objectif espéré. La présence d'une règle de conflit à caractère substantiel augmente les chances de l'obtention du résultat matériel espéré. Parmi les quatre lois prévues par le Code de droit international privé tunisien susceptibles de régir la filiation[1104], à savoir la loi nationale du défendeur ou de l'enfant ou la loi du domicile du défendeur ou celle de l'enfant, il y a de fortes chances que l'une d'elles la favorise et qu'il existe donc bien une décision prononçant l'établissement de la filiation. Il en est de même pour le prononcé d'un droit aux aliments. L'article 51 du Code impose au juge de choisir en la matière[1105] entre la loi nationale du créancier ou celle de son domicile, ou bien la loi nationale du débiteur ou celle de son domicile, celle qui est la plus favorable au créancier augmentera les chances du prononcé d'une décision satisfaisante à l'égard du bénéficiaire de la protection. Toutefois, la loi choisie peut n'avoir que des liens ténus avec la relation. A défaut de sa correction par une clause échappatoire, le sort d'une telle décision devient imprécis. Certains auteurs soutiennent que « la crainte du statut juridique boiteux ne peut justifier la formation d'un statut juridique piteux »[1106]. Il n'en demeure pas moins qu'il n'est pas rare que la justice matérielle aboutisse « à pétrifier les ordres juridiques, à paralyser la circulation des décisions et à démanteler toutes les constructions scientifiques tentant de surmonter la diversité des droits nationaux »[1107]. Surtout que l'expérience a montré que « prôner une justice uniquement de droit matériel, c'est le plus souvent prêcher une conception nationaliste et rouvrir une plaie qu'un droit international privé a pour mission de cicatriser »[1108]. Tous les moyens sont bons pour les juges

1104 Article 52 du CDIP.

1105 A l'exception des obligations entre époux.

1106 C. CHABERT, *L'intérêt de l'enfant et les conflits de lois*, PUAM, 2001, p. 227, n° 438.

1107 *Ibid.*, p. 151, n° 283.

1108 *Ibid.*, p. 151, n° 283.

tunisiens afin d'appliquer immédiatement le droit du for[1109] et illustrer le nationalisme qu'abrite la mise en œuvre des règles à coloration matérielle[1110]. Pour cela, les juridictions ont parfois fait appel à la notion d'équivalence des lois en concurrence pour appliquer immédiatement le droit tunisien, sinon à la conclusion que les dispositions du droit tunisien sont plus favorables sans aucune comparaison concrète des différentes lois en conflit.

Le jugement du tribunal de première instance de Tunis du 27 juin 2000[1111], saisi en matière de garde, s'est fondé sur l'équivalence des lois en conflit pour aboutir à l'application systématique de la loi du for. La règle de conflit en l'espèce permettait de choisir la loi la plus favorable à l'intérêt de l'enfant entre la loi française et la loi tunisienne. Constatant que les dispositions des articles 54 du Code du statut personnel tunisien et 286 du Code civil français en matière de garde d'enfant étaient équivalentes dès lors qu'elles s'accordent à considérer l'intérêt de l'enfant comme étant un principe fondamental et général supérieur à toute autre considération, les juges avaient décidé qu'il n'était pas possible de privilégier une des deux lois en concurrence. Cela les amenait à déclarer le droit tunisien applicable en sa qualité de loi du tribunal saisi et la loi sur laquelle les parties se sont fondées dans leurs écrits. Pourtant, alors

---

1109 S. BEN ACHOUR, « Les problèmes liés à la garde d'un enfant issu d'un couple mixte franco-tunisien », in *L'enfant en droit musulman (Afrique, Moyen-Orient)*, Actes du colloque du 14 janvier 2008, (sous la dir. de) L. F et C. MARCHAL, Cour de cassation, Association Louis CHATIN pour la défense des droits de l'enfant, Société de législation comparée 2008, p. 359 et s., spéc. p. 361 et 362.

1110 La solution adoptée par la Convention de La Haye du 2 octobre 1973 et du protocole du 23 novembre 2007 relatifs à la loi applicable aux obligations alimentaires dont la faveur se limite seulement à l'obtention des aliments, paraissent dans ce cas plus raisonnables. Les rattachements prévus étant hiérarchisés selon des critères de proximité, la seule constatation que le créancier peut obtenir des aliments selon la loi principalement désignée par la Convention fait obstacle à l'application de la loi subsidiaire si même ses dispositions s'avèrent plus avantageuses pour le créancier. Il s'agit plus d'un minimum de tolérance que de faveur. Les rattachements hiérarchisés se substitueraient en fait à la mise en œuvre de l'exception d'ordre public dans le cas où la loi du for recommande l'attribution des aliments au créancier, qui n'interviendra plus qu'en cas d'impossibilité de parvenir à un tel résultat par les différentes lois en conflit. Afin d'assurer autant que possible une solution se rapprochant de la relation de droit tout en maintenant des exigences minimales, les rattachements alternatifs sont hiérarchisés. Autant parvenir à une décision attribuant moins d'aliments selon une loi ayant des liens avec la situation mais susceptible d'être exécutée qu'une décision accordant dans les meilleures conditions le résultat espéré sans que cette dernière n'ait d'effets.

1111 Tribunal de première instance de Tunis, jugement n° 33551, du 27 juin 2000, *inédit*.

même que les dispositions du droit interne français et tunisien renvoient à l'intérêt de l'enfant, l'interprétation en reste parfois différente[1112]. L'intérêt de l'enfant selon la jurisprudence tunisienne est étroitement lié à la confession musulmane du titulaire de la garde[1113], contrairement au droit français. Une décision qui justifie l'intérêt de l'enfant par l'attribution de la garde au parent de confession musulmane risquerait d'être mal acceptée dans l'ordre juridique français.

D'autres décisions en revanche ont conclu à l'application du droit du for en le déclarant plus favorable sans même examiner les dispositions des autres lois. Le jugement du tribunal de première instance de Tunis du 11 juillet 2000 [1114] illustre très bien ce nationalisme, notamment en matière de garde d'enfant. Une préférence a été accordée à la loi du for (loi de la dissolution du lien matrimonial) par rapport à la loi étrangère saoudienne en matière de garde sans toutefois justifier en quoi la loi tunisienne était plus favorable. Les juges ont directement conclu que la loi tunisienne qui « se base en premier lieu sur l'intérêt de l'enfant lors de l'attribution de la garde doit être préférée à la loi saoudienne »[1115], sans qu'un examen comparatif du résultat concret des lois en concurrence ne soit préalablement établi[1116]. Il est intéressant de noter que la loi tunisienne a été déclarée compétente en matière de divorce après avoir écarté la compétence de la loi saoudienne

---

1112 *Cf.* A. MEZGHANI, *op. cit.*, p. 125.

1113 Rares sont les décisions qui ne font pas référence à la confession du parent titulaire de la garde et qui ne la rattachent à l'intérêt de l'enfant. *Cf.* pour les décisions tenant compte de la confession du titulaire de la garde Civ., arrêt n° 18182 du 24 octobre 2002, M. GHAZOUANI, « Sommaire... », *précit* ; Tribunal de première instance de Tunis, jugement n° 46026 du 8 décembre 2003, M. GHAZOUANI, « Sommaire... » *précit.*

1114 Tribunal de première instance de Tunis, n° 33551 du 27 juin 2000, M. GHAZOUANI, « Sommaire... » *précit.*

1115 Tribunal de première instance de Tunis, jugement n° 32779 du 11 juillet 2000, M. GHAZOUANI, « Sommaire... » *précit.*

1116 Le nationalisme fondé sur une « présomption » en faveur des dispositions de la loi du for a aussi été retenu dans une décision du tribunal de première instance de Tunis du 26 novembre 2002 (jugement n° 41373 *précit.*,) établissant la filiation d'un enfant algérien domicilié en Tunisie. Les juges du fond ont considéré que la loi tunisienne était plus favorable à l'établissement de la filiation d'un enfant domicilié en Tunisie et né de parents algériens que la loi algérienne. La loi tunisienne a été appliquée sans justifier en quoi elle était plus favorable que la loi algérienne. Si dans ce dernier exemple, la loi tunisienne présente tout de même un lien étroit avec la relation de droit, qu'en est-il des cas où ces liens avec le for sont ténus ? C'est en effet la validité internationale d'un jugement pareil qui est mise en danger. Cette décision ne sera jamais reconnue dans l'Etat de la loi écartée, surtout si le choix de loi applicable a été motivé par la référence aux dispositions non favorables de la loi de l'Etat d'accueil.

normalement applicable par le biais de l'exception d'ordre public. La loi tunisienne n'est ni la loi nationale ni celle du domicile de l'enfant, ni même celle des époux, mais seulement la loi nationale de la mère. La relation était très bien rattachée à l'ordre juridique saoudien, là où elle devrait aussi produire ses effets. La mise à l'écart de la loi saoudienne, loi du pays d'accueil à deux reprises, d'une part en raison de sa contrariété à l'ordre public en matière de divorce et d'autre part en raison de son non-respect de l'intérêt de l'enfant [1117], permet d'envisager un rejet systématique de la décision tunisienne dans ce pays. On peut imaginer que dans ce cas d'espèce, la mère et l'enfant ne retourneront plus en Arabie saoudite, ce qui confère à la décision une certaine efficacité. Cependant, une telle hypothèse ne peut être généralisée.

β. La proximité en faveur de la concrétisation d'un résultat matériel espéré

628. En posant des règles de conflit à caractère substantiel, son auteur tend à promouvoir un résultat qu'il estime le meilleur. Ce résultat ne doit toutefois pas être cantonné à une décision énonçant la recommandation espérée sans qu'elle n'ait d'effet. L'objectif déclaré ne doit pas être « illusoire »[1118] mais doit plutôt être réalisable. La question de l'efficacité de la décision se pose alors lorsque la décision fondée sur des considérations matérielles est appelée à produire des effets en dehors de l'Etat d'origine. Faut-il rappeler que dans les règles à finalité matérielle, des lois ayant des liens plus ou moins proches de la situation sont mises en concurrence dans la règle alternative, et que parmi elles figure le plus

---

1117 Surtout que la notion d'intérêt de l'enfant semble encore difficilement identifiable. Voir en ce sens FRANCESCAKIS, qui se demandait si en matière d'établissement de la filiation l'intérêt de l'enfant correspondait à « l'intérêt abstrait d'avoir un père légal ou bien l'intérêt concret que l'enfant fait valoir dans le procès, intérêt qui, le cas échéant lui dicterait de s'opposer à la reconnaissance de la filiation, le père ne poursuivant celle-ci que dans le but, par exemple, d'obtenir de l'enfant des aliments ? » ; Ph. FRANCESCAKIS, « Une extension discutable de la jurisprudence Rivière. L'application de la loi u domicile commun à la filiation légitime », *J.D.I.*, 1956, p. 254 et s., spéc. p. 280.

1118 B. ANCEL et H. MUIR WATT, « Aliments sans frontières. Le règlement CE n° 4/2009 du 18 décembre 2008 relatif à la compétence, la loi applicable, la reconnaissance et l'exécution des décisions et la coopération en matière d'obligations alimentaires », *Rev. crit. DIP.*, 2010, p. 455 et s., spéc. p. 481.

souvent aussi la loi de l'ordre juridique de l'Etat d'accueil ? Dans ce cas, lorsqu'est choisie une loi qui a des liens très lâches avec le rapport de droit, l'ordre juridique de l'Etat d'accueil écarté s'opposera forcément à la reconnaissance et ce, essentiellement en raison du raisonnement par lequel a été exclue la loi du for, à savoir les dispositions de la loi de l'Etat d'accueil moins favorables à un résultat déterminé. Est-il envisageable qu'une décision écartant l'application de la loi de l'Etat d'accueil trouve dans ce dernier une réception favorable ? A supposer même qu'il n'y ait aucun contrôle de la loi appliquée par le juge étranger, la solution justifiant que la loi du juge de la reconnaissance soit écartée en raison de ses dispositions non favorables à un objectif déterminé, risque d'être rejetée. Or, quel est « l'intérêt d'une décision qui a peu de chance d'être exécutée à l'étranger »[1119], si ce n'est de créer de nouveaux problèmes plutôt que d'en résoudre. A supposer que le juge tunisien appelé à se prononcer sur l'établissement de la filiation d'un enfant libyen résidant en Libye avec la mère, contre un prétendu père qui réside provisoirement en Tunisie. Selon la règle de conflit tunisienne, le juge appliquera la loi la plus favorable entre la loi libyenne et la loi tunisienne. Si dans ce cas, il s'avère que la loi tunisienne est seule apte à établir la filiation de l'enfant, alors le juge appliquera la loi du for et justifiera en même temps son rejet de la loi libyenne pour ses dispositions non favorables à la création du lien de filiation. Bien que la décision produira des effets en Tunisie, dans le cas d'espèce seuls les effets provenant de l'obligation alimentaire sont réalisables et ce, seulement tant que le père se trouve sur l'Etat tunisien ou dans un Etat reconnaissant la décision tunisienne. Or, ce jugement établissant la filiation, notamment en raison de ses motifs, ne peut être reconnu dans le pays de la nationalité des parties et de la résidence de l'enfant (Libye). Il n'a par conséquent pas d'efficacité réelle. Non seulement la décision procurera de faux espoirs à la partie qui devait en bénéficier et l'incitera à multiplier les procès afin de la reconnaître, mais surtout elle aura des répercussions sur la reconnaissance des décisions émanant de l'Etat d'accueil. Il est à rappeler que l'une des conditions d'accueil des décisions étrangères prévues par l'article 11 du CDIP est le respect de la réciprocité. La non-reconnaissance de la décision tunisienne impliquera que les décisions postérieures émanant de l'Etat où elle a été rejetée seront traitées similairement devant les juridictions tunisiennes.

1119 J. FOYER, *Filiation illégitime et changement de la loi applicable (conflits mobiles de lois)*, Préface de H. BATIFFOL, Dalloz, 1964, p. 105, n° 149.

Ne faut-il pas s'abstenir de prononcer « coûte que coûte »[1120] la décision la plus favorable lorsque le rapport de droit présente des liens très ténus avec ce dernier et qu'il est enraciné dans un autre Etat ? Car dans le cas contraire, la décision sera non seulement « peu efficace » mais surtout créatrice de nouveaux conflits [1121] et génératrice d'obstacles à la reconnaissance de décisions ultérieures. D'ailleurs, le législateur tunisien en matière d'obligation extra-contractuelle a renoncé à la justice matérielle lorsque la relation de droit est étroitement liée à un Etat déterminé. En effet, l'article 73 du CDIP prévoit une faveur à l'égard de la réparation du préjudice qu'a subi la victime d'un accident de la circulation routière en lui permettant de choisir parmi la loi du lieu de la survenance de l'accident et celle du lieu du fait dommageable, celle qui sera applicable au litige. Cette option disparaît lorsque « toutes les parties sont résidentes dans le pays qui est en même temps celui où sont immatriculés le ou les véhicules en rapport avec l'accident ». Seule la loi de ce dernier Etat est applicable. L'étroitesse des liens avec le pays de la résidence des parties et de l'immatriculation du véhicule explique la renonciation à la faveur. Pourquoi le législateur tunisien en matière de droit de la famille n'a-t-il pas accommodé la justice matérielle avec la justice conflictuelle comme cela a été le cas en matière d'obligations légales ? Les impératifs de la règle de droit de conflit en matière familiale s'oppose-t-elle à ce point à la justice conflictuelle ?

1120 M. MEZGHANI, montre qu'en matière d'établissement de filiation quoique la règle de conflit prévue par l'article 52 du CDIP retienne l'application de la loi qui facilite l'établissement de la filiation, ceci ne signifie pas que l'objectif du législateur soit « d'établir coûte que coûte un tel lien. Le juge doit seulement choisir entre plusieurs lois qui toutes entretiennent des liens sérieux avec le rapport de droit considéré ». A. MEZGHANI, p. 128.

1121 Dans un jugement du 18 juin 1981 (TGI de Créteil, 18 juin 1981, *J.D.I.*, 1982, p. 452 *précit.*, note A. HUET) le TGI de Créteil avait pris en considération l'inefficacité d'une décision prononçant la légitimation d'un enfant franco-allemand, né en France de père français et de mère allemande et vivant en Allemagne avec sa mère, pour rejeter la demande du père. Selon le commentateur de ce jugement, « le prononcé de la légitimation n'aboutirait qu'à envenimer davantage encore les rapports entre la mère et le père et par voie de conséquence à entraîner chez l'enfant des perturbations psycho-affectives ». (A. HUET, *J.D.I.*, 1982, p. 457).

Section II : La clause d'exception et les exigences de certains principes de droits

629. La clause d'exception n'est pas l'apanage des règles de conflit bilatérales. Même en présence de règles unilatérales délimitant le seul champ d'application de la loi du for, la correction du résultat concret de la règle de conflit est susceptible d'intervenir. Il suffit pour cela que l'objectif de la règle soit la recherche de la proximité. A la différence d'une clause accompagnant une règle bilatérale dont les effets conduisent à écarter la loi normalement applicable (loi du for ou loi étrangère) pour y substituer une loi ayant les liens étroits avec la situation, la clause accompagnant des règles unilatérales n'aura pour effet que d'étendre ou de limiter le champ d'application de la loi du for[1122]. Dans le cadre des règles unilatérales susceptibles de bilatéralisation, les effets de l'intervention de la clause d'exception se rapprocheront de ceux des règles bilatérales, étant donné que dans ces cas, soit la loi du for sera écartée et une loi étrangère sera désignée, soit la loi étrangère sera écartée et une autre loi sera appliquée, que ce soit celle du for ou une autre loi étrangère. Les effets d'une clause en présence de l'article 3 alinéa 3 du Code civil français auront pour conséquence en matière d'état et de capacité soit de régir la situation des Français par une autre loi étrangère, soit de soumettre des étrangers à la loi française à chaque fois que la proximité le requiert. Cependant, en présence de règles « non-bilatéralisables »[1123], les effets de la clause d'exception posent quelques difficultés quand elle conduit à limiter et non pas à étendre le champ de compétence de la loi du for. Lorsque la clause aura pour objet d'écarter la compétence de la loi du for, rien ne permet de désigner systématiquement la loi applicable, mais surtout, rien ne garantit que la loi applicable soit celle des liens les plus étroits. La clause d'exception en présence de ce type de règles engendrerait selon M. DUBLER « un vide qui donnerait naissance à des conflits positifs et négatifs »[1124]. Mais, si la clause d'exception s'avère inefficace dans le cadre des règles unilatérales non-bilatéralisables tel que l'ancien article 309 du Code civil, alors une autre notion pourrait dans ce cas intervenir. Il s'agit de la notion des liens suffisants ou encore *l'Inlandsbeziehung*, considérée par Mme

---

1122 C.-E. DUBLER, *op. cit.*, p. 73 et 74, n° 77.

1123 C.-E. DUBLER, *Ibid.*

1124 C.-E. DUBLER, *Ibid.*

JOUBERT[1125] comme moyen de pondération de la compétence de l'ordre juridique toutes les fois que cette dernière ne semble pas raisonnable, et qui s'adapte bien avec les règles de conflit unilatérales[1126].

630. La clause échappatoire s'accommode par conséquent aussi bien avec les règles bilatérales qu'unilatérales. Néanmoins, ce qui risque de perturber son intervention, ce sont notamment des principes essentiels de droit en général et de droit international privé en particulier. Certaines exigences s'opposent *a priori* à l'éventuelle correction de la règle de conflit par le juge (Paragraphe I), mais aussi les risques de dérapage dans la mise en œuvre de la clause d'exception justifient certaines craintes à leur égard (Paragraphe II).

Paragraphe I : L'accommodation de la clause d'exception avec les principes du droit public

631. Deux exigences tenant au respect des recommandations de droit public se posent en présence d'une clause d'exception. Elles concernent l'adéquation de ce mécanisme de correction avec le principe de la primauté accordée à la nationalité du for (A), et les pouvoirs accordés au juge (B).

A. L'accommodation de la clause d'exception avec le principe de la primauté accordée à la nationalité du for en cas de conflit de nationalités

632. Parmi les rattachements retenus en droit de la famille, figure la nationalité. En raison de la multitude des critères pour son attribution et son acquisition, les hypothèses de conflits de nationalités (positifs ou négatifs) interviennent fréquemment. Alors que le conflit négatif de nationalités impose le choix d'un nouveau rattachement comme le domicile ou la résidence habituelle, le conflit positif de nationalités requiert le choix en faveur de l'une des nationalités en conflit. Pour ce

1125 N. JOUBERT, *La notion de liens suffisants avec l'ordre juridique (Inlandsbeziehung) en droit international privé*, Litec, 2007.

1126 *Cf.* N. JOUBERT, *op.cit.*, p. 37, n° 145.

faire, les systèmes français et tunisien, tout comme la plupart des autres systèmes de droit comparé, ont opté en l'absence de la nationalité du for pour une faveur à l'égard de la nationalité la plus effective. Toutefois, chaque fois que la nationalité du for est en conflit avec une nationalité étrangère, une primauté est accordée en principe à la première, sans considérer réellement son effectivité. Retenir systématiquement la seule nationalité du for alors même qu'elle s'avère ineffective aura pour conséquence de rattacher le rapport juridique soumis à la loi nationale à une loi qui présente des liens non effectifs, et de ce fait ces liens seront généralement ténus. L'intervention d'une clause d'exception suscite ici des interrogations. La primauté accordée à la nationalité du for traduit le principe de souveraineté alors que la clause d'exception est l'expression même du principe de proximité. Pourrait-il s'agir ici d'un conflit entre deux principes ? La clause d'exception, si elle intervient lorsque la loi nationale n'est pas effective, n'engendrerait-elle pas une remise en cause du principe de la primauté accordée à la nationalité du for ? Résultat inadmissible dès lors, qu'en cas de conflit entre le principe de proximité et le principe de souveraineté il n'y a aucun doute que c'est ce dernier qui l'emporte. Ce qui signifierait que la clause d'exception serait incompatible avec ce principe, lorsque la mise en œuvre de l'une remet d'office en cause l'autre. Pourtant, cela ne s'observe que quand il y a coïncidence entre les domaines respectifs de la primauté accordée à la nationalité du for et la clause d'exception, chose qui ne se vérifie pas. Les domaines d'intervention du principe de la primauté accordée à la nationalité du for et celui de la clause d'exception sont distincts. Ce qui écarte tout empiètement de l'un sur l'autre et leur permet de fonctionner parallèlement, sans aucune incidence.

1. Le domaine du principe de la primauté accordée à la nationalité du for

633. Le principe de la primauté accordée à la nationalité du for intervient en cas de conflit positif de nationalités en présence de la nationalité du for. Dans le cas d'un plurinational qui aurait à la fois la nationalité du for et au moins une autre nationalité étrangère, seule la nationalité du for sera retenue, sans se soucier de son effectivité. Ce principe aura pour effet d'identifier la nationalité qui sera retenue comme critère de rattachement dans une situation de droit déterminée, et désignera par là même la loi normalement applicable à la relation

familiale internationale. De ce fait, puisque la nationalité du for a été retenue, la relation juridique sera soumise à la loi du for. Là s'achèvent les exigences de ce principe ainsi que son domaine d'intervention.

634. Sans pour autant s'immiscer dans le domaine de ce principe, la clause d'exception intervient postérieurement à l'identification de la loi applicable et n'a donc aucune conséquence sur le conflit de nationalités.

2. Le domaine de la clause d'exception

635. Une fois la primauté accordée à la nationalité du for retenue, et dès lors que le rapport de droit est soumis à la loi nationale, la loi du for devrait normalement régir la situation juridique. Jusque là, aucune dérogation n'a été prévue à la primauté accordée à la nationalité du for, de ce fait le principe est respecté dans tous ses effets. La clause d'exception n'interviendra qu'une fois que toutes les conséquences de ce principe auront été épuisées. Elle n'agira aucunement sur le choix de l'une des nationalités en présence, mais sur la loi applicable. La clause d'exception conduira au cas où elle est mise en œuvre à écarter l'application de la loi nationale choisie (loi du for), si elle ne présente que des liens très ténus avec la relation, pour la remplacer alors par une autre loi qui a des liens très étroits avec la question de droit. La loi nouvellement désignée peut être soit celle de l'une des nationalités de l'intéressé, soit une loi tierce. Dans le cas où c'est la loi d'une autre nationalité de l'intéressé qui est désignée suite à la correction apportée par la règle de conflit, il n'est absolument pas question de remettre en cause le principe de la primauté accordée à la nationalité du for. Ce dernier a été respecté durant toutes ces étapes. La clause ne cherche qu'à écarter la loi désignée par la règle de conflit au profit de celle qui présente les liens les plus étroits, et non à écarter la nationalité du for ineffective au profit de la nationalité étrangère effective. Seule la nationalité du for sera retenue comme critère de rattachement, et non la nationalité effective. De plus, si l'application de la clause a donné compétence à la loi nationale effective, cela ne sous-entend pas que la nationalité effective a été retenue, mais que la loi du pays qui a les liens les plus proches doive s'appliquer. Rien ne va donc à l'encontre de l'existence ni même de l'intervention d'une clause d'exception alors qu'une primauté est accordée à la nationalité du for. Dans ce sens, MM.

RIGAUX et FALLON n'excluent pas la possibilité d'une mise en œuvre de la clause d'exception pour « écarter la nationalité belge [du for] de manière indirecte »[1127], alors même que l'article 3, paragraphe 2, (1°) du Code belge retient une primauté de la nationalité du for en cas de conflit de nationalités. Certes la nationalité du for aura été écartée en fin de compte, mais la clause échappatoire n'aura pas agi sur la nationalité mais plutôt sur la loi applicable. Le privilège accordé à la nationalité du for n'est donc pas remis en cause par la clause d'exception et l'intervention simultanée des deux n'engendre aucune incohérence. Chacun des deux agit à un stade et pour un objectif différents. Il est à noter que ni dans le Code de droit international privé belge, ni même dans la LDIP suisse, la clause n'a été expressément exclue en cas de conflit positif de nationalités en présence de celle du for. De ce fait, la clause n'est pas inconciliable avec le privilège de la nationalité du for en présence d'un plurinational. Si la clause suscite tout de même certaines craintes, c'est beaucoup plus en raison des pouvoirs démesurés qu'elle pourrait octroyer aux juges.

B. L'accommodation de la clause d'exception avec le principe de la séparation des pouvoirs

636. La clause d'exception a pour fonction de permettre au juge d'écarter la loi désignée par le législateur et de la remplacer par une autre qu'il devra identifier et ce, combien même il existerait une règle de conflit donnant compétence à une loi bien déterminée. Ainsi, la clause d'exception risque d'introduire un bouleversement dans la fonction du juge. En général, même si l'autorité judiciaire est appelée à combler les vides et les lacunes législatives, elle n'est autorisée ni à se substituer au législateur ni même à le corriger. Nulle confusion ne devrait être faite entre la fonction juridictionnelle du juge et le devoir du législateur de légiférer. Or, de par ses recommandations, la clause d'exception offre en l'apparence au juge la possibilité d'aller à l'encontre des consignes du législateur. Il convient de démontrer que la mise en œuvre de la clause d'exception n'investit pas le juge d'un pouvoir correcteur de l'action du législateur (1), et que même les corrections répétées ne peuvent être considérées comme de nouvelles règles de conflit jurisprudentielles (2).

1127 F. RIGAUX et M. FALLON, *Droit international privé*, Larcier, 2005, 3e éd, p. 203.

1. Un pouvoir modérateur et non un pouvoir correcteur du juge

637. Permettre au juge d'écarter l'application de la règle de conflit législative lorsque la loi désignée n'a que des liens très faibles avec la situation, alors qu'il existe une autre loi qui présente des attaches beaucoup plus étroites avec la relation, revient finalement à permettre au juge de corriger le résultat de la règle de conflit. Or, s'il est en principe de la fonction du juge d'appliquer la règle de droit émanant du législateur, il ne lui est pas permis de la corriger ou même de modifier ces dispositions. De ce fait, la corriger dans le cadre d'une mise en œuvre de la clause d'exception revient à remettre en cause la règle de droit législative et même à la modifier. Cela s'apparenterait à une ingérence du pouvoir judiciaire dans ce qui relève du pouvoir législatif et qui contredirait, par là même la volonté du législateur. Le juge n'a ni à modifier la règle de droit, ni à évaluer sa pertinence. Il ne doit en principe que l'appliquer. Dans le cadre de l'exercice de ses fonctions, le juge peut certes éclairer le législateur sur des questions particulières, mais il ne doit pas aller contre les règles de droit qui ont été préalablement promulguées par le pouvoir législatif. Sinon à quoi servirait une règle préétablie ? Deviendrait-elle une simple ligne directrice pour le juge à qui il n'est plus recommandé d'appliquer seulement la règle de droit, mais de l'appliquer puis de la corriger quand cela lui paraît nécessaire ?

638. Cependant, la clause d'exception, lorsqu'elle est prévue, elle ne saurait être considérée comme une entrave à la fonction du législateur. Bien au contraire, la possibilité ou l'obligation accordée au juge de corriger la règle de conflit émane du législateur même. C'est dans le cadre de l'exercice de sa fonction d'opérateur de la règle de droit que le juge rectifiera le résultat de la règle de conflit. Il n'agira qu'en application et dans la limite des règles posées par le législateur. Il demeure de ce fait « la bouche qui prononce les paroles de la loi »[1128]. En effet, en apportant sa correction, le juge ne modifiera pas la règle législative initiale, il appliquera seulement la règle dérogatoire que le législateur a prévue pour les cas particuliers. Il ne changera pas plus la règle législative qu'il n'appliquera une autre règle, qui serait elle-même législative. La correction ne portera que sur un résultat et non pas sur une règle de droit. La rectification demeure toutefois soumise à une appréciation par

---

1128 MONTESQUIEU, « *De l'esprit des lois* », *XI, 6.*

le juge des éléments de l'espèce. Mais cette appréciation est si bien encadrée qu'il est presque possible de parler d'une objectivisation dans la mise en œuvre de la clause d'exception, écartant par conséquent toute marge de manœuvre attribuée au juge. Le subjectivisme étant très réduit sinon inexistant, l'extension des pouvoirs du juge dans une matière où la règle de conflit (règle principale ainsi que la règle accessoire, à savoir la clause d'exception) est pour une grande partie d'ordre public et par conséquent obligatoire pour le juge, n'est plus à craindre. Il ne s'agit donc pour le juge que de suivre les recommandations du législateur. Au cas où au cours de ce travail un subjectivisme persiste, celui-ci ne peut concerner la loi écartée mais la loi nouvellement désignée quand plusieurs lois ont des liens étroits avec la situation. Cette hypothèse est non seulement très peu fréquente, mais surtout sans risque d'entraîner une réelle extension du pouvoir discrétionnaire du juge. Les prérogatives du juge sont ici plus limitées que lorsqu'il lui est confié d'identifier une notion comme l'intérêt de l'enfant, « notion à contenu flexible, voire multiple »[1129], pourtant laissée par le législateur à la libre appréciation des juges tant en droit français qu'en droit tunisien. Pour la mise en œuvre de la clause d'exception, les « conditions cumulatives sont particulièrement strictes, [et cela est] dans l'intérêt de la sécurité juridique et compte tenu du souci du législateur de ne pas voir les tribunaux développer un système jurisprudentiel de règles de conflit en marge de la loi »[1130]. Par ailleurs, non seulement le juge ne modifie pas la règle de droit promulguée par le législateur, mais surtout il ne fait qu'appliquer une règle de droit subsidiaire, elle-même d'origine législative. Dans l'exercice de cette fonction, le juge ne se substitue donc pas au législateur en inventant de nouvelles règles de conflit, mais il ne fait qu'apporter des solutions spécifiques à des cas particuliers dont le législateur a anticipé l'apparition.

1129 J.-M. JACQUET, « L'émergence du droit souple (ou le droit "réel" dépassé par son double) », in Etudes à la mémoire du Professeur Bruno Oppetit, Litec, 2009, p. 331 et s., spéc. p. 334, n° 11.

1130 A. BUCHER, *Droit international privé suisse. Personnes, Famille, Succession*, t. II, Helbing & Lichtenhan, 1992, p. 46, n° 79.

2. Un pouvoir modérateur et non un pouvoir créateur du juge

639. A admettre que lors de la mise en œuvre de la clause d'exception le juge ne fait que se conformer aux recommandations du législateur, la correction répétitive de la règle de conflit entraîne normalement la création d'une nouvelle règle de conflit et par voie de conséquence une règle de droit d'origine jurisprudentielle qui concurrencerait la règle législative. Le risque de voir apparaître des règles jurisprudentielles parallèles à la loi écrite suscite des inquiétudes. Pourtant, ce n'est que lorsque le critère établi par la règle de conflit est inadéquat que cette hypothèse est réalisable. Sinon, « si le critère suffit le plus souvent à désigner l'ordre juridique ayant les liens les plus étroits avec le litige, il ne sera qu'exceptionnellement écarté par le jeu de la clause d'exception »[1131]. En d'autres termes, plus la règle de conflit est apte à régir les différentes hypothèses qui peuvent se présenter, moins la clause d'exception est appelée à intervenir. Conjointement, moins la règle de conflit est adaptée à la relation familiale qu'elle doit régir et plus la clause d'exception interviendra. L'intervention exceptionnelle de la clause d'exception n'est pas sujette aux critiques, puisqu'elle n'aura en aucun cas concurrencé la règle principale. Seule l'hypothèse d'une fréquente mise en œuvre de la clause d'exception posera problème, en raison de ses conséquences sur la règle législative, dès lors qu'elle, se substituera à elle du moins sur le plan pratique. Il paraît envisageable que cette hypothèse se présente en cas d'insertion d'une clause d'exception dans le système de droit international privé de la famille français à l'encontre de la règle de conflit de lois en matière de filiation. Les décisions jurisprudentielles ont montré que le rattachement principal prévu en la matière ne pouvait assurer la meilleure localisation du rapport de droit. Divers mécanismes ont été exploités par les tribunaux afin de contrecarrer cette règle majoritairement critiquée. Il n'est pas surprenant que les juridictions françaises saisissent l'occasion d'une clause d'exception afin d'inviter le législateur à revoir sa législation en la matière.

640. Mais, contrairement à certaines idées reçues, cette situation ne peut porter préjudice au travail du législateur dès lors qu'il n'est pas rare

1131 G. CUNIBERTI, « L'incidence du lieu d'exécution sur la loi applicable au contrat. La difficile cohabitation des articles 4-2 et 4-5 de la Convention de Rome du 19 juin 1980 », *JCP*, éd. G. 2003.I.153, n° 4.

que ce dernier réagisse en fonction de l'attitude jurisprudentielle. Il est généralement admis que la mise en œuvre répétitive d'une clause d'exception par les juges soit suivie d'une intervention du législateur. Une assistance législative qui peut soit contredire la tendance jurisprudentielle, soit la confirmer.

641. Dans le premier cas de figure, le législateur interviendra pour répondre à une pratique jurisprudentielle qu'il estime non conforme aux objectifs de la clause d'exception qu'il s'est fixé dès lors qu'il relève que les juges ont contourné sa fonction. Dans ce cas, et à la suite de l'intervention législative, les juges ne bénéficieront plus d'un pouvoir d'appréciation renvoyant à l'ancienne jurisprudence réformée. Dans le second cas de figure, le législateur interviendra dans le même sens que les juges. Il modifiera sa règle de conflit en tenant compte de la correction jurisprudentielle.

642. De ce fait, en aucun cas la jurisprudence ne se substituera au législateur. Ce dernier ne sera pas non plus amené à se plier devant l'attitude des tribunaux. La clause d'exception n'attribue donc au juge aucun pouvoir supplémentaire qui lui permet de contrôler la loi ou de choisir celle qui lui paraît la plus favorable[1132]. Bien au contraire, il s'agit d'un devoir auquel le juge est soumis. Un devoir qui doit être accompli et bien contrôlé.

Paragraphe II : L'office du juge dans la mise en œuvre de la clause d'exception

643. Afin que la clause d'exception ne se transforme pas en une « clause d'opportunité »[1133] entre les mains du juge, il faut que ses contours soient très bien dessinés, mais surtout que sa mise en œuvre par les juges soit bien contrôlée. Pour cela, elle doit bénéficier d'un statut particulier (A) facilitant son contrôle par la Cour de cassation (B).

1132 F. KNOEPFLER, « Utilité et dangers d'une clause d'exception en droit international privé », in L'Hommage à Raymond Jenaprêtre, Recueil de travaux offert par la faculté de droit et des sciences économiques de l'université de Neuchâtel. Ides et Calendes, 1982, p. 125.

1133 F. KNOEPFLER, *Ibid.*, p. 127.

A. L'influence du régime juridique de la clause d'exception sur son domaine d'intervention

644. La correction concrète apportée par le juge au résultat de la règle de conflit après une mise en œuvre d'une clause d'exception, implique nécessairement une appréciation de sa part des éléments factuels de la relation. Toutefois, le pouvoir d'appréciation accordé au juge est susceptible de lui procurer un exercice discrétionnaire lors de la rectification de la règle de conflit. Afin d'éviter ces risques, il est nécessaire de délimiter les pouvoirs du juge. Ce qui conduit à adopter un régime procédural strict pour la mise en œuvre de la clause (1). Son régime devra contenir intrinsèquement les moyens de protection contre d'éventuels risques de manipulation des objectifs de la clause à des fins autres que la recherche de la proximité (2).

1. Identification du régime procédural d'une clause d'exception prévue en droit international privé de la famille

645. La clause d'exception étant une règle de droit au même titre que la règle de conflit, son régime devrait être soumis en principe au même régime de la règle principale qu'elle accompagne, et ce, en dépit de son caractère concret[1134]. Lorsque ses conditions sont réunies, elle devient

[1134] Dans un arrêt du 29 septembre 2010 (Soc. 29 septembre 2010, *Rev. crit. DIP.*, 2011, p. 72, note, F. JAULT-SESEKE), la Cour de cassation française avait considéré que pour l'application de la clause d'exception prévue par l'article 6 relatif au contrat de travail individuel contenu dans la Convention de Rome du 19 juin 1980 relative aux obligations contractuelles, c'est à la partie qui « prétend écarter la loi du lieu d'accomplissement habituel du travail de rapporter la preuve que le contrat présente des liens plus étroits avec un autre pays ». L'article 6 prévoit en effet une exception à l'application de la loi choisie par les parties en matière de contrat de travail lorsqu'elle prive le travailleur de la protection que lui assurent les dispositions impératives de la loi qui serait applicable à défaut de choix : à savoir la loi où le travailleur en exécution du contrat accomplit habituellement son travail, ou bien lorsque le travailleur n'accomplit pas son travail dans un même pays, par la loi où se trouve l'établissement qui l'a embauché. Toutefois, lorsque le contrat de travail présente des liens plus étroits avec un autre pays, la loi de ce dernier est applicable selon le même article. Dans cette affaire, les salariés avaient revendiqué l'application des dispositions impératives de la loi

obligatoire pour le juge en droit tunisien, à moins que les parties dans une relation où elles ont une libre disposition de leurs droits en décident autrement. Toutefois, en droit français, elle ne devrait être impérative pour le juge que lorsqu'il s'agit de droits indisponibles ou bien de droits disponibles et dans ce cas, seulement si l'une des parties au moins l'a invoquée[1135].

646. Cependant, la mise en œuvre de la clause échappatoire nécessite une évaluation préalable des éléments factuels, ce qui ne va pas sans difficultés. En effet, tant que le juge n'a pas pris connaissance des faits déterminants, il est tout à fait logique que rien ne lui permette d'appliquer la clause. Néanmoins, une fois que les facteurs susceptibles de donner à la clause les moyens de fonctionner ont été apportés au juge, la solution ne diffère plus qu'en fonction de son mode d'introduction dans l'instance.

647. Lorsque les faits déterminants ont été invoqués par les parties au soutien de leurs prétentions, une obligation pèse sur les juges français et tunisiens de les prendre en considération, vu le devoir qu'ils ont d'appliquer d'office la règle de conflit. Ils doivent par conséquent soulever d'office le ou les éléments pertinents à l'appui de l'application

---

française du lieu d'exercice de leur travail, qui les protégeaient mieux que la loi suisse choisie dans le contrat, pour ce qui concerne la rupture de la relation de travail. L'employeur estime que pour écarter la loi suisse normalement compétente, les salariés devaient prouver en plus que la loi française était plus protectrice de leurs droits, que le contrat de travail n'avait pas plus de liens étroits avec la Suisse qu'avec la France. Sauf que selon la Cour de cassation, c'est à l'employeur qui réclame l'application de la loi suisse de ramener la preuve que c'est avec elle que le contrat présente des liens plus étroits. Ce n'est donc pas au juge d'appliquer d'office la clause d'exception. Cette solution se justifie si l'on retient que les dispositions de l'article 6 de la Convention de 1980 ne sont pas obligatoires pour le juge. Dans ce cas, le principe prévu par cet article ainsi que la clause d'exception qui l'accompagne ne sont pas obligatoires pour le juge. C'est à la partie qui demande son application de démontrer que ses conditions sont réunies. D'ailleurs, c'est ce vers quoi s'oriente la Cour de cassation puisque dans un son arrêt du 14 mars 2007, la chambre sociale de la Cour de cassation avait retenu que c'est au salarié qui réclame l'application des dispositions impératives d'une autre loi que celle désignée par le contrat selon l'article 6-1 de la Convention de Rome, de ramener la preuve que les dispositions de la loi dont il demande l'application sont plus favorables que celle prévue par le contrat de travail. Le juge n'est pas obligé de chercher d'office si les conditions de l'article 6-1 sont réunies pour l'appliquer. Il n'est donc pas obligé non plus de chercher si les conditions de la mise en œuvre de la clause d'exception prévue par cet article soient réunies.

1135 D. BUREAU, « L'application d'office de la loi étrangère. Essai de synthèse », *J.D.I.*, 1990, p. 317 et s., spéc. p. 324.

de la clause. Quant aux faits *adventices*, faits qui figurent dans le dossier mais qui n'ont pas été spécialement avancés par les parties au soutien de leurs prétentions, leur prise en compte relève en droit interne du « simple pouvoir » du juge[1136]. Cependant, en droit international privé, dès lors que ces faits ne peuvent rester méconnus du juge[1137] et qu'ils l'obligent à appliquer la règle de conflit[1138], à savoir en toute matière en droit tunisien et seulement pour celles où les parties n'ont pas la libre disposition de leurs droits en droit français, ils imposent aussi leur prise en compte pour la mise en œuvre d'office de la clause même si ces faits n'ont été invoqués que pour la mise en œuvre de la règle de conflit principale. Selon certains auteurs[1139], et contrairement à l'application de la règle de conflit où l'élément factuel étranger suffit à lui seul à la mettre en œuvre, quand il s'agit d'appliquer la clause d'exception, les faits ne doivent pas seulement être relevés mais aussi « évalués ». L'évaluation quant à elle, relève de la libre appréciation des juges du fond et ne peut normalement être contrôlée par la Cour de cassation. Cependant, il n'est pas sans rappeler que l'élément d'extranéité aussi doit être évalué, pour n'en retenir que l'élément déterminant pour chaque matière[1140], susceptible de qualifier d'internationale la relation litigieuse. *A contrario*, cette dernière ne peut être facultative que pour le juge français et pour les

1136 Cela est explicitement prévu dans l'article 7 du CPC français. En droit tunisien, étant donné que l'article 12 du CPCC prévoit que le juge « n'a pas l'obligation de constituer, compléter ou produire les moyens de preuve à l'appui des prétentions des parties », cela suppose que ce dernier peut s'investir et compléter les preuves par lui-même.

1137 Précisément pour la nationalité ou le domicile des parties qui doivent obligatoirement être mentionnés dans le dossier. Voir, D. BUREAU, « L'application d'office de la loi étrangère. Essai de synthèse », *J.D.I.*, 1990, p. 355.

1138 Mme FAUVARQUE-COSSON soutient que les éléments d'extranéité déterminants (tels que la nationalité ou le domicile) qui figureront dans le dossier obligent le juge à appliquer la règle de conflit lorsque le litige porte sur des droits indisponibles, en affirmant qu'« il semblerait logique de prolonger l'obligation pour les parties de faire apparaître leur nationalité et leur domicile dans le dossier par celle, pour le juge cette fois, de relever d'office ces éléments d'extranéité lorsqu'ils n'ont pas été spécialement allégués », B. FAUVARQUE-COSSON, *op. cit.*, p. 153, n° 247 ; L. CHEDLY, « *L'office du juge et la règle de conflit* », *précit.*, p. 116.

1139 P. REMY-CORLAY, Thèse *précit.*, p. 237 et 238, n° 367 ; P. LAGARDE, note sous Civ. 1re, 22 mai 2007, *Rev. crit. DIP.*, 2007, p. 592 et s., spéc. p. 602.

1140 Selon l'article 2 du CDIP tunisien, « est international le rapport de droit rattaché au moins par l'un de ses éléments déterminants, à un ou plusieurs ordres, autres que l'ordre juridique tunisien », le juge ne doit pas se contenter de relever l'existence d'un élément d'extranéité, mais il doit aussi évaluer la pertinence de cet élément pour n'en retenir que l'élément *déterminant*.

matières dont les parties ont la libre disposition de leurs droits, et là encore, à condition que le juge n'ait pas préalablement soulevé l'extranéité de la relation. Le seul obstacle à l'application de la clause dans ce cas serait l'existence d'un accord procédural implicite ou explicite qui écarterait la clause d'exception. Il reste toutefois à examiner les cas où les faits n'ont pas été apportés à l'initiative des parties (soit pour les besoins de l'introduction de l'instance, soit pour une allégation des faits), c'est-à-dire quand ces faits relevaient du simple pouvoir du juge de demander des explications tel qu'il est prescrit dans l'article 8 CPC français[1141] et 12 du Code de procédure civile et commerciale tunisien. Cette faculté ne peut se transformer en obligation[1142], que si ces faits ont été pris en considération par le juge pour relever l'internationalité de la relation familiale. Dans ce cas, ils devraient obligatoirement être aussi retenus dans la mesure où ils avaient une influence sur la mise en œuvre de la règle de conflit. Dès lors que les faits sont retenus pour l'application soit d'office soit à l'initiative du juge de la règle de conflit, sous réserve du respect du principe du contradictoire, ces derniers doivent également être retenus pour la mise en œuvre de la clause d'exception.

648. Ce caractère obligatoire de la clause n'est pas sans répercussion sur le respect de la prévisibilité tant décriée lors de la mise en œuvre de la clause échappatoire. Les principales critiques de la clause portaient notamment sur la liberté accordée au juge et ses effets néfastes sur la sécurité juridique, en cela qu'elle empêche les parties de prévoir la réaction du juge face à une clause d'exception. Afin qu'elle ne soit pas imprévisible, elle ne devrait pas être assujettie au pouvoir discrétionnaire du juge. Or, en droit international privé tunisien, si une clause existerait, elle sera toujours obligatoire. Le juge aura dans tous les cas le devoir d'appliquer la clause aussi bien pour les droits indisponibles, que pour les droits disponibles. Dans ce dernier cas, seules les parties au litige sont autorisées à décliner la mise en œuvre de la règle de conflit[1143] et auront par conséquent la possibilité d'écarter aussi l'application de la clause d'exception qui la suit. Son application par le juge n'engendrera donc aucune surprise. Cependant, en droit international privé français comme le régime de la règle de conflit est différent, la prévisibilité n'est pas aussi certaine *a priori*. Certes, pour les matières où les parties n'ont pas la libre

---

1141 Selon l'article 8 CPC, « Le juge peut inviter les parties à fournir les explications de fait qu'il estime nécessaires à la solution du litige ».
1142 B. FAUVARQUE-COSSON, *op. cit.*, p. 151 et 152, n° 243.
1143 Article 28 du CDIP tunisien.

disposition de leurs droits, la certitude quant à l'application de la règle de conflit lorsque toutes ses conditions sont réunies est satisfaite. Toutefois, dès lors que pour les matières où les parties ont la libre disposition de leurs droits, l'application de la règle de conflit relève non pas du devoir du juge mais du pouvoir de ce dernier lorsqu'aucune des parties ne l'a invoquée. Le juge bénéficie de ce fait d'un pouvoir discrétionnaire lors de l'application de la règle de conflit et par là même, lors de la mise en œuvre de la clause[1144]. Ce pouvoir accordé au juge n'est en rien préjudiciable à la prévisibilité des parties. En effet, dans l'hypothèse où le juge n'a pas appliqué la règle de conflit, et que l'une des parties au moins a songé à l'application de la clause d'exception, il suffira qu'elle y fasse référence pour qu'elle devienne obligatoire pour le juge et voit sa prévisibilité respectée. Au cas où le juge l'a appliquée sans que les parties n'y aient songé, dès lors que la matière relève des droits dont elles ont la libre disponibilité, elles n'ont qu'à écarter la règle de conflit elle-même et par conséquent son corollaire, la clause d'exception, ou bien écarter la clause d'exception même et demander alors l'application de la seule règle de conflit. La prévisibilité sera là aussi rétablie.

2. Les risques d'un maniement de l'objet de la clause d'exception

649. Les professeurs LOUSSOUARN, BOUREL et DE VAREILLES-SOMMIERES relevaient que « la méthode de la *proper law* est exposée à un double déviationnisme. Le juge est en effet tenté soit de faire la part trop belle à la *lex fori* en n'appréciant pas de la même façon les intérêts gouvernementaux de l'Etat du for et ceux des autres Etats en présence, soit de prendre en considération la teneur des différentes lois en conflit »[1145]. Cette appréhension est partagée par les auteurs hostiles à la clause d'exception. Ils voient dans ce mécanisme aisément malléable par le juge, un moyen offert à ce dernier de manier la clause afin de

---

1144 L'arrêt de la Cour de cassation du 22 mai 2007 (Civ. 1re, 22 mai 2007, *Rev. crit. DIP.*, 2007, p. 592 *précit.* note P. LAGARDE), n'imposait pas au juge du fond de vérifier d'office si les conditions de la mise en œuvre de la clause d'exception contenue dans la Convention de Rome étaient remplies, dès lors qu'aucune des parties ne l'a préalablement soulevée. Cependant, cette décision est relative à la matière contractuelle, matière où les parties ont libre disposition de leurs droits.

1145 Y. LOUSSOUARN, P. BOUREL et P. DE VAREILLES-SOMMIERES, p. 192, n° 203.

favoriser soit l'application de la loi du for (a), soit l'application de la loi dont les dispositions semblent les meilleures selon le juge (b). Pourtant, ces dérives sont minimes et surmontables.

a. L'infime risque de *lex forisme*

650. Il est difficile de croire que le juge procèdera de manière *quasi* objective à l'évaluation des différents éléments de la relation familiale. Dès lors qu'« il est parfois tentant pour les juges saisis d'un litige international de trouver dans les faits de l'espèce des éléments qui leur permettraient de justifier l'application de la loi du for »[1146], les dérives dans la mise en œuvre de la clause d'exception ne sont pas à exclure[1147]. Se méfiant de la clause d'exception essentiellement en droit international privé de la famille, M. BOSTANJI note qu'« au surplus, l'abandon de la clause d'exception entre les mains de juges non spécialisés fait peser un sérieux risque de retour au *statu quo ante*. Usant de la flexibilité des rattachements, des juges peu rompus aux subtilités du droit international privé seraient tentés, à plus d'un titre, de revenir à la compétence de leur propre loi. Chassé lors de l'élaboration des solutions de rattachement, le *lex forisme* reviendrait ici par le canal de la clause d'exception »[1148]. Ce qui est beaucoup plus à appréhender, c'est que le juge bien formé réussisse soigneusement à manier la clause d'exception afin de rendre applicable la loi du for. Une certaine pratique des juridictions françaises et étrangères a montré que la clause d'exception a servi notamment à étendre le champ d'application de la loi du for. Ces décisions, bien qu'ayant pour leur majorité trait au domaine contractuel – domaine où généralement l'intérêt d'étendre le champ d'application de la loi du for semble moindre –, reflètent une telle approche. L'arrêt de la Cour de cassation française du 23 mars 2005[1149] en est la meilleure illustration. Suite à une mise en œuvre de la clause d'exception prévue par l'article 6 paragraphe 2 de la Convention de Rome, la loi étrangère zaïroise du lieu d'exécution du contrat de travail, de sa conclusion, du domicile des parties, de même que la loi imposée par l'autorité de tutelle et visée par le droit zaïrois a été

1146 M.-E. ANCEL, *La prestation caractéristique du contrat*, Economica, 2002, p. 350, n° 447.

1147 F. KNOEPFLER, note sous Tribunal fédéral suisse, 2e Cour civile, 28 novembre 1991, *Rev. crit. DIP.*, 1992, p. 484 et s., spéc. p. 494.

1148 S. BOSTANJI, Thèse *précit.*, p. 616.

1149 *Cf.* Soc. 23 mars 2005, *inédit*, repris par M. LAGARDE, note sous Com. 19 décembre 2006, *Rev. crit. DIP.*, 2007, p. 592 et s., spéc. p. 598.

écartée. Cela s'est fait au profit de la loi française dont les attaches les plus proches avec la situation ont été justifiées par la cour d'appel de Paris[1150] et approuvées par la Cour de cassation par le fait que le contrat a été conclu entre français et accompli dans un établissement d'enseignement français. En réalité, ces dérives découlent de la confusion instaurée par la Convention de Rome. En n'exigeant pas expressément[1151] le cumul des deux conditions suivantes pour mettre en œuvre la clause d'exception : à savoir la faiblesse du rattachement principal et les liens « manifestement »[1152] les plus étroits avec un autre, l'ancienne Convention laissait la porte ouverte à l'appréciation subjective de la loi la plus proche par les juges. Ce qui a permis dans cette affaire aux juges français de justifier l'application de la loi française par une appréciation discrétionnaire de l'étroitesse des liens avec l'ordre juridique français.

651. Contrairement à la clause non encadrée où les dérives sont fréquentes, en présence d'une clause d'exception bien encadrée, il est plus question d'une mauvaise évaluation des circonstances que de dérives. La décision du tribunal fédéral suisse du 28 novembre 1991[1153] en est la preuve. La décision concernait le divorce d'époux dont l'un est canadien et l'autre allemand, mariés au Canada en 1960 et naturalisés citoyens des Etats-Unis d'Amérique deux ans après. Les époux, jusqu'en 1976, ont élu domicile dans cinq pays différents et ont déménagé à onze reprises, puis de 1979 jusqu'en 1984, ils se sont installés en Suisse. A la suite d'un conflit conjugal, l'épouse est partie vivre en Allemagne jusqu'en 1990. En 1984 l'époux saisit les juridictions suisses en demande de divorce auquel l'épouse s'est opposée. L'épouse demande toutefois

1150 Paris, 19 novembre 2002, *inédit.*

1151 Ce qui a d'ailleurs conduit à une divergence de solutions dans les différents Etats membres ; *Cf. contra*, la décision néerlandaise du 25 septembre 1992, qui exigeait pour écarter la loi normalement applicable que le critère de la résidence habituelle du débiteur de la prestation caractéristique ne soit « d'aucune pertinence réelle ». Hoge Raad, 25 septembre 1992, Société Nouvelles des Papeteries de l'Aa v. Machinefabriek BOA, NJ 1992, 750, citée par G. CUNIBERTI, article *précit.*

1152 L'adverbe « manifestement » a été introduit dans le règlementent Rome I ; *Cf.* M. ANCEL qui se réjouit que « le paragraphe 3 ait assorti la référence centrale aux liens les plus étroits de l'adverbe *manifestement* », B. ANCEL, « La loi applicable à défaut de choix », in *Le nouveau règlement européen « Rome I » relatif à la loi applicable aux obligations contractuelles*, Actes de la 20e Journée de droit international privé du 14 mars 2008 à Lausanne, Schulthess, 2008, p. 77 et s., spéc. p. 87.

1153 Tribunal fédéral suisse, 2e Cour civile, 28 novembre 1991, *Rev. crit. DIP.*, 1992, p. 484 *précit.*, note F. KNOEPFLER.

une pension alimentaire au cas où le divorce devait être prononcé. Cette dernière lui a été accordée par application des dispositions de la loi suisse. L'appel interjeté par les époux a été rejeté au motif que même si en principe le droit des Etats-Unis devait être appliqué selon l'article 61 de la LDIP suisse, cette loi n'a plus aucun lien avec la relation des époux qui entretient des liens plus étroits avec la loi suisse qui doit donc s'appliquer selon l'article 15 de la LDIP. Cette solution a été affirmée par le Tribunal fédéral suisse. Bien que la solution ait suscité quelques interrogations quant aux circonstances dans lesquelles la clause d'exception a été mise en œuvre, aucune dérive ne pourrait être reprochée aux juges. Ce qui était incontestable dans cette affaire, est que la loi suisse présentait les liens les plus étroits avec la relation en question. Cependant, c'est la deuxième condition exigée par la LDIP suisse qui est sujette aux hésitations. Le droit international privé suisse exige en plus qu'il ressort manifestement que la loi désignée par la règle de conflit n'ait qu'un lien « très lâche » avec la relation. Le tribunal fédéral a pu s'appuyer sur la faiblesse des liens avec l'ordre juridique désigné par la règle de conflit qu'il avait justifié par la perte de la *state citizenship* par les époux qui ont quitté les Etats-Unis, ce qui ne permettait pas de déterminer un droit matériel applicable. L'argumentation des juges pourrait sembler insatisfaisante, pour autant que les autres attaches avec l'ordre juridique américain soient également prises en compte, notamment le fait que le mari y avait fait son service militaire. Malgré tout, dans cet arrêt, aussi bien la faiblesse des liens avec l'ordre juridique désigné, que l'étroitesse du rattachement de la situation avec la Suisse sont bien présentes. Seul le caractère « manifeste » de la faiblesse de la localisation d'origine crée l'hésitation. Aucune dérive ne peut donc être décelée par les juges. D'ailleurs, en droit international privé français, la Cour de cassation, par un arrêt datant du 19 décembre 2006[1154], a cassé un arrêt de la cour d'appel de Versailles qui s'était servi de la clause d'exception prévue par la Convention de Rome du 19 juin 1980 portant sur la loi applicable aux obligations contractuelles pour appliquer la loi française sans toutefois justifier en quoi la loi française pouvait paraître la plus proche de la situation. Les dérives des juges du fond seront par conséquent rattrapées par la Cour de cassation.

652. Le *lex forisme* n'est pas la seule dérive potentielle lors de la mise en œuvre de la clause d'exception. Le choix de la loi la plus satisfaisante pour le juge du point de vue du résultat matériel est aussi un risque que

---

1154 Com. 19 décembre 2006, *Rev. crit. DIP.*, 2007, p. 592 *précit.*, note P. LAGARDE.

les auteurs hostiles à la correction apportée à la règle de conflit appréhendent.

b. L'infime risque de favoritisme

653. Le principal danger de la clause d'exception serait que le juge l'utilise comme moyen de justice matérielle et non de justice conflictuelle. Profitant de la liberté accordée par le législateur, le juge risque d'user du mécanisme correcteur de la règle en fonction du contenu des règles matérielles en présence[1155] et non en raison de la localisation du rapport de droit. Il ne faudrait pourtant pas exagérer ces craintes, principalement en raison de l'engagement de certaines règles de conflit en matière familiale qui ouvrent la porte au plus grand choix de lois applicables aussi bien en droit français que tunisien. Les juges n'auront pas besoin de manipuler la clause d'exception puisque la règle de conflit principale abrite dans ses dispositions une protection des intérêts matériels. Seules les matières dépourvues de règles engagées risquent de faire l'objet de ces manipulations. Confrontés à une clause bien encadrée, ces risques ne peuvent qu'apparaître minimes. D'ailleurs, si ces déviations se présentaient malgré tout, ne seraient-elles pas systématiquement censurées par la Cour de cassation ?

B. Le contrôler de la mise en œuvre de la clause d'exception

654. Dire que la clause d'exception est obligatoire pour le juge implique que la Cour de cassation doit contrôler sa mise en œuvre par les juges du fond. Or, la mise l'application d'une clause d'exception repose sur une évaluation d'éléments factuels qui ne devraient en principe pas relever du contrôle de la Cour de cassation, ce qui rend difficile l'examen de sa bonne mise en œuvre[1156]. Cela ne signifie pas pour autant que les juges du fond bénéficient d'un pouvoir incontrôlable. Certaines hypothèses entraînent tout de même le contrôle par la Cour de cassation des cas d'intervention de la clause d'exception. La première consiste à examiner la bonne application de la clause d'exception par les juges (1).

1155 Paris, 7 juin 1996, *Rev. crit. DIP.*, 1997, p. 55 *précit.*, note M.-A. MOREAU.

1156 B. FAUVARQUE-COSSON, *op. cit.*, p. 323 et 324, n° 554.

La seconde quant à elle, concerne le contrôle de l'inapplication de la clause par les juges du fond (2).

1. Le contrôle qu'exercerait la Cour de cassation sur la mise en œuvre de la clause d'exception par les juges du fond

655. La Cour de cassation devrait pourvoir contrôler la bonne application de la clause d'exception, afin qu'elle ne soit pas exploitée par le juge en tant que correctif des règles qui lui paraissent insatisfaisantes. L'encadrement proposé préalablement ne servirait à rien si aucun contrôle n'était possible. Et les différentes appréhensions de la clause se justifieront, surtout en droit de la famille, domaine où le juge est tenté d'appliquer la loi du for ou les dispositions qui s'en rapprochent. Comment donc vérifier si les juges du fond ont fait une bonne application de la clause d'exception, lorsque sa mise en œuvre dépend de l'évaluation des éléments factuels, et que celle-ci relève de l'appréciation souveraine des juges du fond ?

656. La mise en œuvre erronée de la clause d'exception relève-t-elle toujours d'une appréciation souveraine des juges, alors que son application est conditionnée à l'existence de liens « manifestement étroits » ainsi que de liens « manifestement faibles » ? Dans ces conditions, il est difficile d'accorder au juge un quelconque pouvoir discrétionnaire. Deux exigences qui ne relèvent presque plus du domaine de l'appréciation souveraine, mais de l'évidence même. Le contrôle de la Cour de cassation est donc possible et même indispensable, afin d'écarter les risques de dérives. Avant de mettre en œuvre la clause d'exception, les juges doivent qualifier les liens existants entre la relation juridique, la loi écartée et celle qui sera appliquée. Ce sera alors sur cette qualification, que la Cour de cassation exercera son contrôle. Soit elle l'approuve, soit elle condamne les différentes qualifications retenues[1157].

657. Pour censurer une décision qui aurait usé de la clause d'exception à des fins autres que la seule recherche de la proximité, le contrôle de la

[1157] M.-N. JOBART-BACHELLIER et X. BACHELLIER, « *La technique de cassation* », 7e éd, Dalloz, 2010, p. 91.

Cour est susceptible d'intervenir en raison du manque de base légale[1158], du défaut de motif ou encore de l'insuffisance de motifs. Cela revient à dire que « le juge qui veut s'éloigner de la désignation faite par la règle de conflit doit solidement motiver son choix »[1159], faute de quoi, sa décision sera censurée. Ce sont les moyens de contrôle exercés par la Cour lorsque les deux conditions sollicitées ne seront pas bien mises en évidence par les juges du fond. Dans ce cas, il est question d'un « contrôle négatif direct [qui] consiste à déclarer inexacte la qualification attribuée à un fait donné »[1160].

658. Toutefois, s'agissant d'une véritable déviation de la part des juridictions ordinaires dans la mise en œuvre de la clause d'exception, le contrôle de la Cour s'exercera sous l'angle de la violation ou la fausse application de la loi par les juges[1161]. Cela voudrait dire que la Cour de cassation « compare la situation de fait au présupposé de la règle de droit, déduit la concordance entre la règle et le fait, et censure la décision qui se prononce en sens contraire »[1162]. L'utilisation de la clause d'exception dans un but autre que la recherche de la proximité sera donc considérée comme une violation ou une fausse application de la loi, et devrait être censurée par la Cour de cassation.

1158 P. REMY-CORLAY, Thèse *précit.*, p. 311-319.

1159 F. KNOEPFLER, note sous Tribunal fédéral suisse, 2e Cour civile, 28 novembre 1991, *Rev. crit. DIP.*, 1992, p. 484 et s., spéc. p. 490 ; *Cf.* B. ANCEL, « La loi applicable à défaut de choix », in *Le nouveau règlement européen « Rome I » relatif à la loi applicable aux obligations contractuelles*, Actes de la 20e Journée de droit international privé du 14 mars 2008 à Lausanne, Schulthess, 2008, p. 77 et s., spéc. p. 87. L'auteur mentionne dans le cadre de l'application du § 3 l'article 4 du règlement Rome I, que pour écarter le rattachement principal, « l'interprète est invité à se méfier de lui-même et surtout à justifier solidement la mise à l'écart du rattachement fixe, ce qui obligera, peut-on penser, à établir avec autant de soin son caractère peu approprié, en l'espèce, que l'évidence du rattachement qu'il se propose de consacrer ».

1160 N. BEN AMMOU, *Le pouvoir de contrôle de la Cour de cassation*, Thèse, Faculté de Droit et des Sciences Politiques de Tunis, 1996, p. 175, n° 332.

1161 P. REMY-CORLAY, Thèse *précit.*, p. 314-315, n° 457.

1162 N. BEN AMMOU, *Le pouvoir de contrôle de la Cour de cassation*, Thèse, Faculté de Droit et des Sciences Politiques de Tunis, 1996, p. 156, n° 330.

2. Le contrôle de l'inapplication de la clause d'exception par les juges

659. Lorsqu'il s'avère que les juges du fond ont appliqué le rattachement de principe, alors que ce dernier n'avait que des liens très faibles avec la relation familiale, quand bien même il existait un rattachement qui a des liens très étroits avec la situation, le contrôle de la Cour de cassation diffère selon les cas. Il faut distinguer l'hypothèse où la clause d'exception a été soulevée préalablement devant les juges du fond par au moins l'une des parties (a) du cas où elle est soulevée pour la première fois devant la Cour de cassation (b).

a. L'hypothèse d'une clause d'exception soulevée par l'une des parties mais inappliquée par les juges du fond

660. S'agissant de l'hypothèse d'une clause d'exception qui a été préalablement soulevée par les parties, la solution se rapproche de la mise en œuvre erronée de la clause d'exception. Le contrôle se fera par rapport au manque de base légale, sinon pour défaut ou insuffisances de motifs, au cas où les juridictions du fond n'ont pas bien motivé leur décision. Mme REMY-CORLAY reconnaît ainsi la possibilité pour la Cour de cassation de contrôler l'inapplication de la clause d'exception, tout en limitant le moyen de contrôle en cas d' « erreur manifeste d'appréciation », qu'elle transpose des règles régissant le droit administratif[1163]. La solution est moins évidente lorsque la clause est soulevée pour la première fois devant la Cour de cassation.

b. Les cas d'une clause d'exception inappliquée par les juges du fond mais soulevée pour la première fois devant la Cour de cassation

661. Plus délicate est l'hypothèse d'une clause d'exception qui sera soulevée pour la première fois devant la Cour de cassation. Dans cette hypothèse, dès lors qu'il est établi que cette dernière est obligatoire pour le juge, il est indispensable que cette exigence soit suivie d'un contrôle d'inapplicabilité par la Cour de cassation. L'obligation pour le juge

---

1163 P. REMY-CORLAY, Thèse *précit.*, p. 317-319, n° 460.

d'appliquer la clause ouvre la possibilité pour les parties de la soulever pour la première fois devant la Cour de cassation, sous réserve que « la cour qui a rendu l'arrêt attaqué a été mise à même de connaître le fait qui sert de base au grief et d'en vérifier la réalité »[1164]. Cela implique qu'une des parties au moins invoque un fondement nouveau au soutien de ses prétentions. Il n'existe pas plus dans le système français que dans le système tunisien des dispositions qui imposent aux parties d'indiquer le fondement juridique de leurs prétentions à l'exception des procédures exigeant une assignation. Au cas où les parties ne le font pas, il appartient au juge de qualifier les faits et de déterminer la règle de droit applicable. Dès lors, qu'il a été établi que la clause d'exception est une règle de droit accessoire et soumise au même régime que la règle de conflit principale, elle devrait être dans ce cas soulevée d'office par le juge. Faute de quoi, il devient possible de se pourvoir en cassation pour violation de la loi. Toutefois, lorsque dans leurs fondement les parties ont omis de soulever la clause et que par conséquent ils ont retenu un fondement erroné, il est question dans ce cas de requalification par le juge des faits afin d'appliquer la règle de droit qui lui serait appropriée. Dans cette hypothèse, en droit tunisien, à partir du moment où la règle de conflit a été considérée comme étant d'ordre public pour le juge, ce dernier doit l'appliquer. Il est par conséquent possible de la soulever d'office pour la première fois tout comme la règle principale[1165]. A quoi servirait-il autrement de prévoir une règle de conflit d'ordre public, obligatoire pour le juge, si cette obligation n'est pas contrôlée par la Cour de cassation ? Quant au système français, la solution diffère selon que les faits révélateurs nécessaires à la mise en œuvre de la clause d'exception ont été invoqués par les parties ou non. Lorsque les faits ont été exposés par les parties, il ressort de l'article 12 du CPC[1166] ainsi que de la jurisprudence en la matière[1167], que le juge se voit obligé de requalifier les

---

1164 Req. 12 décembre 1871, *D.P.* 1872.I.315, *rapp.* G. RAU, cité par D. BODEN, *L'ordre public : limite et condition de la tolérance. Recherches sur le pluralisme juridique*, Thèse, Paris I, 2000, volume 1, note de bas de page, n° 279, p. 136.

1165 La Cour de cassation dans l'arrêt n° 20203 du 27 avril 1988 (*Bull.*1988, p. 80) avait estimé qu'il était du devoir du juge de qualifier les faits et de les soumettre au texte de loi qui leur est destiné.

1166 *Cf.* J. NORMAND, « Pouvoirs et obligations du juge français dans la détermination de la règle de droit applicable au procès équitable », in Essays in honours of Konstantinos D. Kerameux, Ant. N. Sakkoulas et Bruylant, 2009, p. 941 et s., spéc. p. 947, n° 13.

1167 Il est à noter que dans l'arrêt de l'Assemblée plénière de du 21 décembre 2007, (Ass. plén., 21 décembre 2007, Dauvin c/ Société Carteret automobiles, pourvoi n° 06-11343, *JCP*, éd. G, 2008.II.10006, note L. WEILLER, *D.*, 2008, *AJ*, p. 228, *obs.* L.

faits afin de donner application à la bonne règle de droit. Cependant, s'agissant de faits non soulevés par les parties, le devoir de correction de la qualification erronée se transforme en un simple pouvoir sauf si la règle de droit est d'ordre public. Seulement là où les parties ne disposent pas librement de leurs droits, bien que la notion d'ordre public ne soit plus utilisée par la jurisprudence, il n'en demeure pas moins que la distinction se fonde sur l'intérêt public ou l'intérêt privé[1168]. Le droit familial est prédominé par des matières dont les parties n'ont pas la libre disposition de leurs droits, par conséquent, de règles mêlant l'intérêt public. Le juge est par ailleurs, non seulement tenu de requalifier les faits même ceux qui n'ont pas été invoqués par les parties et dont il a pu avoir connaissance, mais surtout de donner l'exacte dénomination et fondement de la demande.

662. Dans tous les cas où elle est considérée comme obligatoire pour le juge[1169], qu'elle ait été appliquée ou non, la clause d'exception ne peut donc échapper au contrôle de la Cour de cassation. A défaut d'être totalement exclus, les risques de manipulation de la fonction de ce mécanisme de correction n'apparaîtront que rarement.

DARGENT), la Cour de cassation avait retenu que « l'article 12 du nouveau code de procédure civile oblige le juge à donner ou restituer leur exacte qualification aux faits et actes litigieux invoqués par les parties au soutien de leurs prétentions, il ne lui fait pas obligation, sauf règles particulières, de changer la dénomination ou le fondement juridique de leurs demandes ». Selon cet arrêt, **le juge est obligé de requalifier les faits**. Dès lors que la qualification de liens étroits ou ténus est une qualification des faits, le juge a donc aussi le devoir de lui donner sa juste qualification. Par contre, concernant le changement de dénomination ou de fondement, l'arrêt retient que l'obligation de rectifier le fondement juridique proposé par les parties ne pèse sur le juge que s'il s'agit d'une règle de droit particulière. La Cour n'a toutefois pas précisé le sens de « règles particulières ». On peut penser que par règles particulières, il est soit entendu les règles qui précisent expressément leur application, ou bien on peut supposer qu'il s'agit de toutes les règles qui s'imposent au juge dont la règle de conflit relative aux droits indisponibles.

1168 H. MUIR WATT, « La loi étrangère », *Rép. internat. Dalloz*, 2009, n° 4.

1169 *Supra*, n° 645-648.

CONCLUSION DU CHAPITRE SECOND

663. Contrairement aux idées reçues, une clause d'exception dont l'intervention est bien encadrée et qui se limiterait aux hypothèses où la règle de conflit désigne une loi qui n'a que des liens très faibles avec la relation de droit et n'aura pour effet que de lui substituer la loi qui présente les liens les plus étroits, ne bouleverserait en aucun cas les fondements du droit international privé de la famille des systèmes français et tunisien. Bien au contraire, elle participerait à la réalisation de ces fondements, sans porter atteinte aux principes qui gouvernent la matière.

664. Il a été démontré que la clause d'exception n'allait pas à l'encontre de la sécurité juridique des relations familiales présentant un élément d'extranéité. La correction du défaut de proximité s'accommode parfaitement avec les exigences des objectifs de la prévisibilité des parties, telle qu'elle pourrait exister en droit international privé de la famille. En l'absence de choix de loi applicable, la prévisibilité coïncide le plus souvent avec l'application de la loi qui présente les liens les plus étroits. Elle ne correspond donc jamais à une loi qui n'a que des liens ténus avec la situation, sauf si les intéressés se sont bien renseignés sur la règle de conflit, ce qui signifie qu'ils sont supposés l'être aussi pour la clause d'exception qui l'accompagne. Il s'est avéré aussi que cette même clause en imposant la soumission d'une situation à une loi aux liens étroits avec elle, sert à assurer l'effectivité de la situation juridique, ce qui favorise normalement sa circulation et viendrait par conséquent en aide à la prévisibilité.

665. Mais l'objectif de la réglementation des relations familiales internationales en droit français et tunisien ne s'est pas limité à la recherche de la sécurité juridique. Il va au-delà de cette seule préoccupation, en introduisant une part de faveur pour certains résultats dans les systèmes de droit international privé de la famille. L'engagement des deux systèmes dans la recherche de la justice matérielle s'avère à première vue inconciliable avec la recherche de la justice conflictuelle. Pourtant, les deux préoccupations peuvent parfaitement se combiner. De plus, il n'est pas toujours évident de concrétiser un résultat matériel

déterminé en appliquant à la relation de droit une loi qui lui est très éloignée.

666. Ce mécanisme d'exception ne va pas non plus à l'encontre des impératifs du droit international privé, ni des principes qui réglementent l'office du juge. En aucun cas, le juge qui écarte l'application de sa loi désignée par respect au principe de la primauté accordée à la nationalité du for en cas de conflit de nationalités ne peut être considéré comme une remise en cause de ce dernier, mais comme une substitution d'une loi par une autre. Ce travail ne signifie d'ailleurs pas, que le juge dispose d'un pouvoir discrétionnaire imprévisible et incontrôlable dans la mise en œuvre de la clause. La matière étant pour sa grande majorité régie par des droits indisponible, ces derniers sont par conséquent d'ordre public. De ce fait, le régime de la clause d'exception qui escorterait la règle de conflit doit être le même. Ainsi, elle sera obligatoire pour le juge dans la plupart des cas. Cette obligation, pour le juge de corriger la règle de conflit se traduit par un contrôle de la Cour de cassation de l'application de la clause par les juges du fond, sans que l'évaluation des éléments factuels ne constitue un obstacle à ce contrôle.

CONCLUSION DU TITRE I

667. A partir du moment où le législateur s'est intéressé à une matière bien déterminée, cela veut dire qu'il n'entend plus la laisser à la merci des juges, pour des raisons soit de prévisibilité des solutions, soit de garantie d'une politique législative. Autant de préoccupations qui ont justifié la promulgation de règles écrites en droit international privé de la famille français et tunisien. Si la clause d'exception est appréhendée en ce domaine, dans les deux systèmes étudiés, c'est parce que ce mécanisme de correction risque de battre en brèche le travail du législateur. Toutefois, il s'avère que la correction du résultat de la règle de conflit lorsqu'elle donne compétence à une loi qui n'a que des liens ténus avec la situation, renforce à la fois les objectifs et les impératifs des règles préconçues en matière familiale, sans leur porter atteinte. Rien n'empêcherait donc de prévoir une telle correction, dont ses avantages l'emportent sur ces inconvénients.

CONCLUSION DU LIVRE V

TITRE II
LA CORRECTION DU RESULTAT MATERIEL DE LA REGLE DE CONFLIT PAR L'EXCEPTION D'ORDRE PUBLIC

668. La pensée savignienne de la réglementation des relations privées internationales a été établie dans la seule et unique conception de la communauté de droit, ne laissant place qu'à une simple variation supportable entre les dispositions des normes en conflit. De nos jours, les relations qui se nouent entre Etats appartenant à des systèmes juridiques différents, voire contradictoires, prolifèrent[1170]. Et le droit international privé de la famille en est le domaine de prédilection[1171]. Les divergences opposent non seulement les Etats occidentaux aux Etats orientaux[1172], mais aussi les Etats occidentaux entre eux d'un côté[1173] et les Etats orientaux d'un autre côté[1174]. Ces différences attestent qu'aujourd'hui, le fondement sur lequel s'est construite la règle savignienne a disparu. Des normes étrangères dont les dispositions sont en opposition ou en contradiction avec celles adoptées par l'ordre juridique du for risquent d'être désignées par la règle de conflit classique indirecte, bilatérale et neutre. Délaissée en grande partie au stade de l'identification de la loi régissant une relation familiale à

1170 A. MEZGHANI, « Le droit international privé sous l'angle de la tolérance », Mélanges offerts au Doyen Abdelfattah Amor, CPU, 2005, p. 803 et s., spéc. p. 806.

1171 A. MEZGHANI, article *précit.*, p. 806.

1172 L. GANNAGE, *La hiérarchie des normes et les méthodes du droit international privé. Etude de droit international privé de la famille*, Préface de Y. LEQUETTE, L.G.D.J., 2001, p. 153, n° 235.

1173 Rien qu'au sein des Etats occidentaux européens, on constate aujourd'hui des divergences fondamentales en matière familiale, tel le cas des mariages homosexuels, admis dans certains Etats et prohibés dans d'autres.

1174 Depuis 1956, date de la promulgation du Code du statut personnel, le législateur tunisien s'est remarquablement démarqué dans une grande partie de sa réglementation du droit de la famille de tous ses homologues des autres pays arabes et des pays de droit musulman. Les récentes réformes dans certains pays voisins, tel que le Maroc (*Cf.* K. ZAHER, *op. cit.*, p. 101-104 et p. 129 ; F. NIBOYET, *L'ordre public matrimonial*, Préface de J. REVEL, L.G.D.J., 2008, p. 56 et s) ne peut occulter les divers contrastes qui persistent entre les deux systèmes.

caractère international, la préoccupation du résultat concret auquel conduit l'application de la loi étrangère s'est déplacée au stade de la mise en œuvre de la règle de conflit classique. Pour éviter l'insertion dans l'ordre juridique du for des normes étrangères indésirables, il est fait appel à un mécanisme de correction, l'exception d'ordre public. Conçue « comme la limite de la tolérance active en tant que vertu interindividuelle, [l'exception d'ordre public] est un refus de prêter main-forte à la volonté d'autrui »[1175]. Elle serait ainsi un mécanisme de protection de l'ordre juridique du for contre les normes étrangères dont la teneur heurterait ses conceptions fondamentales.

669. Comme l'a rappelé M. KINSCH, « l'exception d'ordre public a historiquement été un mécanisme de défense des principes et droits fondamentaux de l'ordre juridique national »[1176]. Cependant, la diversification des législations a fait que le domaine d'intervention de l'ordre public s'étend désormais à la protection des valeurs universellement reconnues, à des valeurs essentielles de l'ordre juridique du for et même à des valeurs qui reflètent la spécificité du système juridique du for. On assiste à une prolifération de principes et de nouveaux droits défendus par l'exception d'ordre public (Chapitre premier). Ce qui nécessite forcément l'adaptation des modalités d'intervention de l'exception d'ordre public aux besoins de chaque valeur à protéger (Chapitre second). Cette méthode est admise en droit français contrairement à l'inverse du droit tunisien qui l'a rejetée depuis la promulgation du Code de droit international privé.

1175 D. BODEN, Thèse *précit.*, volume 2, p. 694, n° 612.

1176 P. KINSCH, « Droits de l'homme, droits fondamentaux et droit international privé », *RCADI*, 2005, t. 318, p. 210, n° 162.

CHAPITRE PREMIER

L'INTERVENTION DE L'EXCEPTION D'ORDRE PUBLIC EN DROIT INTERNATIONAL PRIVE DE LA FAMILLE POUR LA PROTECTION DE PRINCIPES A VALEURS VARIABLES

670. Selon MM. HEUZE et MAYER[1177], l'exception d'ordre public remplit une triple fonction. La première fonction consiste à préserver des valeurs supposées être universelles contre les potentielles lois étrangères qui les contrediraient. La deuxième fonction, quant à elle, s'inscrit dans la défense des principes fondamentaux de l'ordre juridique du for. Enfin, la dernière fonction protège les seules politiques législatives du for. Dépassant ainsi le seul cadre de la protection des valeurs fondamentales et universelles, l'exception d'ordre public s'oriente de plus en plus vers la protection de certaines valeurs nationales dont l'insertion dans l'ordre juridique du for d'une norme étrangère qui leur sont contraires, risque d'affecter la cohésion de l'ordre juridique. Ce n'est pas dans le sens d'une protection des seules « valeurs » abritant en elles-mêmes des qualités dignes d'estime, mais de la protection des « choix » législatifs de l'ordre juridique en question que l'on s'oriente très souvent (Section II). Ces choix, quelle que soit leur nature, se distinguent par une protection particulière préalable des droits qui y sont afférents dans les règles de droit interne (Section I).

1177 V. HEUZE et P. MAYER, p. 152, n° 205.

Section I : La protection des valeurs familiales essentielles de l'ordre juridique interne

671. Les valeurs défendues dans les relations internationales sont précédées par un encadrement plus ou moins considérable en droit interne[1178]. La protection est normalement assurée par des sanctions civiles (Paragraphe I), qui en raison de l'importance du droit à protéger, sont parfois renforcées par des peines plus dissuasives (Paragraphe II).

Paragraphe I : La défense des valeurs familiales essentielles dans les relations internes par des sanctions civiles

672. L'ordre juridique est selon Mme BEN JEMIA « comme un corps humain, il ne peut admettre de greffe contre nature, il ne peut admettre que des greffes d'organes qui, tout en lui étant extérieurs, étrangers, sont de la même famille que lui. Il est un ôte et l'hospitalité ne peut se concevoir qu'au sein de la famille, sinon l'hospitalité se transforme en hostilité, elle rejette le corps étranger »[1179]. Le rejet se fait par l'exception d'ordre public qui « est un moyen exceptionnel permettant de protéger un ordre juridique »[1180] contre les normes étrangères qui le heurteraient. En droit international privé de la famille, ce mécanisme protège le régime familial interne contre les règles de droit étrangères qui le contredirait au point de remettre en cause la cohésion du système étatique. Pour qu'une norme étrangère offense par ses dispositions l'ordre juridique du for, il faut que ce dernier prévoie une organisation contraire de la situation. La

---

[1178] A. BUCHER, « L'ordre public et le but social des lois en droit international privé », *RCADI*, 1993-II, t. 239, p. 9 et s., spéc. p. 26, n° 7 ; P. KINSCH, « Droits de l'homme, droits fondamentaux et droit international privé », *RCADI*, 2005, t. 318, p. 171, n° 133.

[1179] M. BEN JEMIA, « Exception d'ordre public et lois de police étrangères », in *Le code tunisien de droit international privé dix ans après*, Première journée Mohamed Charfi de droit international privé, Tunis le 21 et 22 novembre 2008, p. 115.

[1180] L. CHEDLY, « L'ordre public en droit international privé, instrument de chauvinisme, d'impérialisme ou d'universalisme », in *Impérialisme et chauvinisme juridiques. Imperialism and Chauvinisme in the Law*, Rapports présentés au colloque à l'occasion du 20e anniversaire de l'Institut suisse de droit comparé. Lausanne, 364 octobre 2002. Schulthess, 2004, p. 149 et s., spéc. p. 151.

valeur défendue dans les relations internationales est forcément antérieurement protégée dans les relations purement internes. Diverses dispositions du droit interne interviennent dans le sens de la promotion de ces valeurs qui puisent leurs sources soit dans des normes internationales intégrées dans l'ordre interne, soit dans des normes purement internes[1181]. Bien qu'il soit unanimement admis qu'il est impossible d'établir une liste exhaustive des droits essentiels de chaque Etat, certaines normes de sauvegarde de la vie familiale sont toutefois bien évidentes dans les deux ordres juridiques étudiés. Elles peuvent être classées en deux grandes catégories. Alors que les relations matrimoniales sont les principales matières imprégnées de ces valeurs (A), on assiste ces dernières années à une prolifération de valeurs qui s'étendent aux droits des personnes constituées à l'intérieur ou à l'extérieur du cadre matrimonial (B).

A. Les valeurs essentielles régissant les relations matrimoniales

673. La France et la Tunisie ont opté pour un encadrement strict des relations matrimoniales. Les réglementations internes préservées dans les relations internationales reflètent les choix essentiels des deux ordres juridiques, dont les différences excessives dans les relations internationales seraient contraires à l'ordre public du for. Les choix pouvant être contrariés par les normes étrangères affectent toutes les étapes de la relation matrimoniale. Ils intéressent non seulement la formation du lien conjugal (1) mais aussi sa dissolution (2).

1. Les choix relatifs à la formation du lien matrimonial

674. Les principaux choix et orientations relatifs à la création du lien matrimonial, se rapportent d'une part au modèle du mariage adopté (a) et d'autre part au consentement des futurs époux à la création du lien matrimonial (b).

1181 A. MEZGHANI, « Le juge français et les institutions du droit musulman » *précit.*, p. 764.

a. Le modèle matrimonial choisi

675. Longtemps considérée comme le pilier de toute relation matrimoniale, l'hétérosexualité ne figure actuellement comme un choix essentiel, que dans l'ordre juridique tunisien (α). En revanche, la monogamie peut être qualifiée sans hésitation comme faisant partie des choix essentiels des ordres juridique français et tunisien (β).

α. Le modèle hétérosexuel

676. La différence de sexe entre les époux ne demeure une valeur essentielle que dans le système juridique tunisien alors même qu'elle se présentait comme un choix primordial dans l'ordre juridique français[1182]. En France, on a assisté à une reconnaissance de plus en plus fréquente des relations homosexuelles[1183], qui a fini par abolir la condition de la disparité des sexes pour la célébration du mariage. Alors même que la doctrine avait affirmé qu' « il n'exist[ait] aucune base dans le [Code civil] pour un prétendu mariage d'homosexuels » [1184], et que certains auteurs ont vu dans l'apparition du PACS le signe que pour le législateur français, « le mariage entre personnes de même sexe lui paraissait "impensable" » [1185], une loi autorisant le mariage homosexuel a été adoptée le 17 mai 2013[1186]. A l'inverse, l'hétérosexualité du mariage est « une évidence » en droit tunisien comme le confirme M. BEN HALIMA[1187]. Le rejet des normes étrangères qui lui sont contraires est

---

1182 Voir, Civ. 1re, 13 mars 2007, *D.*, 2007, p. 1375, Point de vue, H. FULCHIRON, *D.*, 2007, p.1389, rapport, G. PLUYETTE, *D.*, 2007, p. 1395, note E. AGOSTINI, *D.*, 2007, Panor. 1561, *obs.* J.-J. LEMOULAND et D. VIGNEAU, *Defrénois*, 2007, art. 38595, p. 781, note J. MASSIP, *Dr. fam.*, 2007, *comm.* 76, *obs.* M. AZAVANT, *JCP,* éd. G, 2007.I.170, n° 1, *obs.* J. RUBELLI-DEVICHI, *RJPF* 2007-5/22, p. 15, note A. LEBORGNE, *RTD civ.*, 2007, p. 287, *obs.* J.-P. MARGUENAUD, *RTD civ.*, 2007, p. 315, *obs.* J. HAUSER.

1183 J. HAUSSER, « Le projet de loi sur le mariage des personnes de même sexe. - Le paradoxe de la tortue d'Achille », *JCP*, éd. G, 2012, doctr. 1185.

1184 J. CARBONNIER, *Droit civil. Introduction. Les personnes. La famille, l'enfant, le couple*, volume 1, PUF, 2004, p. 1165.

1185 H. FULCHIRON, « Le mariage homosexuel et le droit français (à propos des lois hollandaises du 21 décembre 2000) », *D.*, 2001, Point de vue, p. 1628.

1186 Loi n° 2017-404 du 17 mai 2013.

1187 S. BEN HALIMA, « Cours de droit du statut personnel » (en langue arabe), CPU, 2011, p. 43 ; *Cf.* K. MEZIOU, « Droit civil. – Droit de la famille », *J.-Cl. Droit comparé,* 2012, fasc. 60, n° 84.

également certain. Une évidence en droit interne qui se déduit de certains articles du Code du statut personnel faisant explicitement référence à « l'homme et la femme » dans leur réglementation des relations matrimoniales[1188] et qui se confirme par les différentes dispositions du Code pénal qui prohibent toutes relations homosexuelles[1189].

β. Le modèle monogamique

677. « Clef de voûte de la civilisation européenne »[1190] et par conséquent française, l'interdiction du mariage polygamique en Tunisie atteste d'une rupture brusque avec une tradition familiale très répandue dans les pays arabes et musulmans[1191]. Fait qui a poussé la doctrine à s'interroger si « par l'interdiction de la polygamie et le rejet de la répudiation la Tunisie [n'ait pas basculé] dans une autre civilisation ? »[1192]. Non seulement la polygamie, mais aussi la polyandrie sont strictement interdites dans les deux pays, et ce même dans les départements d'Outre-mer là où elle était autorisée[1193]. Ainsi, il est prohibé de célébrer un mariage toutes les fois que l'un des futurs époux se trouve engagé dans un lien matrimonial non dissous. Si en droit français, l'article 147 du Code civil se contente de prévoir qu' « on ne peut contracter un second mariage avant dissolution du premier », le législateur tunisien va plus loin en mentionnant explicitement dans l'article 18 du Code du statut personnel que « la polygamie est interdite »,

---

1188 Voir notamment, l'article 9 du Code du statut personnel qui prévoit que « l'homme et la femme peuvent conclure mariage par eux- mêmes ou par mandataire. Celui qui consent au mariage d'un mineur peut également le faire par procuration », ainsi que l'article 19 Code du statut personnel selon lequel « est prohibé, le mariage de l'homme avec la femme dont il avait été divorcé trois fois » et l'article 20 du même Code qui interdit « le mariage de l'homme avec la femme mariée dont l'union n'est pas encore dissoute » et ne permet à la femme divorcée « avant l'expiration du délai de viduité, [de] contracter mariage qu'avec son ancien époux ».

1189 *Infra*, n° 705.

1190 J. CARBONNIER, *Droit civil. Introduction. Les personnes. La famille, l'enfant, le couple*, volume 1, PUF, 2004, p. 1191.

1191 L. CHEDLY, « Droit international privé et droits de l'Homme », *précit.*, p. 364.

1192 K. MEZIOU, Avant propos, *Polygamie et répudiation dans les relations internationales*, Actes de la table ronde organisée à Tunis le 16 avril 2004, AB Consulting. Tunisie. 2006.

1193 Depuis l'ordonnance n° 2010-590 du 3 juin 2010 portant dispositions relatives au statut civil de droit local applicable à Mayotte et aux juridictions compétentes pour en connaître

pour en faire une cause de nullité du mariage dans l'article 21 du même Code. Attachés au modèle monogamique, les législateurs français et tunisien ne se sont pas contentés de trouver des remèdes *a posteriori* aux mariages polygamiques, mais ont tenté de les prévenir préalablement, en posant des obstacles à leur célébration sur leur territoire[1194]. C'est ainsi que le Code civil français prévoit en son article 70 la remise de la copie intégrale de l'acte de naissance récent, datant de pas plus de trois mois, de chacun des époux à l'officier d'état civil qui doit célébrer le mariage. De même la loi tunisienne exige un acte de naissance des futurs époux datant au plus de deux mois. Cela permettra à l'officier d'état civil de vérifier que les futurs conjoints sont libres de tout lien conjugal, célébré en la forme civile. L'obligation de vérifier que les parties sont exemptes de toute relation matrimoniale pèse sur l'officier d'état civil même dans les relations internationales. L'article 433-20 du Code pénal français en ses termes généraux – n'excluant pas les mariages entre ou avec des étrangers –, sanctionne pénalement l'officier public qui célèbre un mariage en connaissance de l'existence d'un précédent[1195]. L'article 46 alinéa 2 du Code de droit international privé tunisien, impose à l'officier d'état civil ou les notaires devant célébrer le mariage d'un ressortissant d'un pays autorisant la polygamie, de vérifier au vu d'un certificat officiel que ledit époux est libre de tout lien conjugal.

678. Le choix des législateurs français et tunisien au sein de leur réglementation interne en faveur du seul mariage monogamique étant bien établi, cela engendre en principe une mise en échec de tout effet d'une norme étrangère qui leur est contraire. Les valeurs essentielles affectent non seulement la forme mais s'étendent aussi au fond de cette institution, à savoir le consentement des époux au mariage.

b. Le consentement au mariage

679. Prévu par l'article 16 de la Déclaration Universelle des Droits de l'Homme, le consentement au mariage est une condition impérative pour sa célébration dans les systèmes français et tunisien. Ce principe est repris par l'article 146 du Code civil français qui prévoit qu' « il n'y a pas de mariage lorsqu'il n'y a point de consentement », et l'article 3 alinéa 1er du Code du statut personnel tunisien qui mentionne que « le mariage

---

1194 La suppression du mariage coutumier en Tunisie est un moyen de prévention contre les potentiels mariages polygamiques.

1195 *Cf.* I. FADLALLAH, « Polygamie », *Rép. internat. Dalloz*, 1998, n° 9.

n'est formé que par le consentement des époux ». Cela a pour conséquence de prohiber les mariages forcés (α) tout comme le mariage des enfants en bas âge (β), et de s'opposer à ce que soient admises dans le for des normes qui heurteraient de telles orientations[1196].

α. L'interdiction des mariages forcés

680. Le Code civil français ne se contente pas d'exiger le consentement des époux pour célébrer le mariage, mais conclut aussi dans l'article 180 à la nullité d'un mariage contracté sous « une contrainte sur les époux ou l'un d'eux, y compris par crainte révérencielle envers un ascendant ». En droit tunisien, cette sanction est déduite directement des vices de consentement prévus par le Code des obligations et des contrats. Certaines infractions introduites par le Code pénal tunisien laissent perplexes quant à la prohibition absolue des mariages forcés. C'est ainsi que l'article 227 bis du Code pénal[1197] prévoit que l'auteur d'atteintes à la pudeur contre des mineures même consentantes, est passible de poursuites, dont il peut s'exonérer en épousant sa « victime » après son accord. Par cette législation, la Tunisie renonce-t-elle à l'un de ses principes essentiels en matière matrimoniale à savoir le consentement au mariage ? En dépit de la pression exercée sur le majeur afin d'épouser sa « victime », il ne semble pas que cette loi puisse imposer une quelconque obligation pour l'auteur de l'infraction de se marier sans son consentement. Il reste libre de proposer un tel compromis à la victime. Bien que l'offre soit due à une contrainte, étant donné qu'elle provient d'un fait licite, elle ne peut en aucun cas être assimilée à un vice de consentement, remettant en cause l'un des piliers du mariage qui est le consentement. La menace de poursuites pénales est dans ce cas, une menace de voie de droit qui ne doit pas être comprise comme une violence exercée sur le futur époux.

1196 Paris, 27 juin 2002 *David Iqbal c. Ministère Public et Florence Katia Zahri. JurisData* n° 2002-187959.

1197 Voir l'article 227 bis du Code pénal selon lequel « est puni d'emprisonnement pendant six ans celui qui fait subir sans violence, l'acte sexuel à un enfant de sexe féminin âgé de moins de quinze ans accomplis. La peine est de cinq ans d'emprisonnement si l'âge de la victime est supérieur à quinze ans et inférieur à vingt ans accomplis. La tentative est punissable. Le mariage du coupable avec la victime dans les deux cas prévus par le présent article arrête les poursuites ou les effets de la condamnation ».

681. Corollaire du consentement au mariage, l'interdiction du mariage des enfants est aussi une des assises des systèmes de droit de la famille français et tunisien.

β. L'interdiction des mariages des enfants en bas âge

682. Par l'exigence du consentement des futurs époux, les deux systèmes ont implicitement exclu le mariage des enfants en bas âge dont le consentement est présumé inexistant. Mais ils ont également explicitement restreint la condition d'âge à dix-huit ans révolus[1198]. Les exceptions apportées à l'âge légal sont bien encadrées et ne peuvent aller jusqu'à permettre le mariage d'enfants, dès lors que les dispenses de respecter l'âge minimum sont conditionnées par l'accord du procureur de la République en France[1199] et du juge en Tunisie[1200] qui doit s'assurer de l'existence de motifs graves justifiant une telle autorisation. Aucun motif grave, ne justifierait un acte encore plus grave que celui permettant le mariage d'un enfant en bas âge. Les dérogations n'iront jamais jusqu'à permettre ce genre d'union.

683. Les deux ordres juridiques étudiés ici expriment lors de la formation du lien conjugal des choix essentiels. Les orientations fondamentales ne se limitent pas à la formation du lien conjugal mais intègrent aussi son mode de dissolution volontaire.

1198 L'article 144 du Code civil français prévoit que « l'homme et la femme ne peuvent contracter mariage avant dix-huit ans révolus », de même que l'article 5 du Code du statut personnel en annonçant que « Les deux futurs époux ne doivent pas se trouver dans l'un des cas d'empêchements prévus par la loi. En outre, chacun des deux futurs époux n'ayant pas atteint dix-huit ans révolus, ne peut contracter mariage. Au-dessous de cet âge, le mariage ne peut être contracté qu'en vertu d'une autorisation spéciale du juge qui ne l'accordera que pour des motifs graves et dans l'intérêt bien compris des deux futurs époux », fixe un âge légal minimum pour les époux.

1199 Article 145 du Code civil.

1200 Article 5 du Code du statut personnel. *Cf.* H. KOTRANE, « La Tunisie et les droits de l'enfant (regards à partir des observations du comité des Nations Unies sur les droits de l'enfant », Hommage à Dali Jazi, CPU, 2010, p. 437 et s., spéc. p. 443.

2. Les choix relatifs à la dissolution volontaire du lien matrimonial : le divorce

684. En droit français comme en droit tunisien, l'unique mode autorisé de dissolution d'un lien conjugal valablement constitué en dehors de l'hypothèse du décès de l'un des conjoints, serait le divorce consenti par au moins l'un des époux[1201] et prononcé par le juge en France[1202] comme en Tunisie[1203]. La condition du divorce judiciaire est justifiée par la volonté de respecter les droits de chacun des époux en lui permettant de faire valoir ses droits lors du procès. Un choix qui est assuré par le respect du principe du contradictoire, imposant par là la signification au conjoint défendeur de la demande de divorce lorsqu'elle n'est pas par consentement mutuel. Cette obligation est vérifiée par le juge qui est tenu en droit tunisien de solliciter dans le besoin toute personne pouvant apporter son aide afin de faire parvenir la signification à la partie défenderesse[1204]. En droit français, le seul tribunal compétent en matière de divorce est le tribunal de grande instance. La demande en justice formée devant cette juridiction nécessite soit une assignation, soit une remise au greffe d'une requête conjointe lorsqu'il s'agit d'un divorce par consentement mutuel[1205]. Dans les deux cas, les deux parties seront avisées et auraient l'opportunité de bien préparer leurs moyens de défense.

685. Au-delà des exigences formelles, les deux systèmes ont opté pour une égalité totale entre les époux pour l'exercice de ce droit,

---

1201 En matière de divorce, la qualité pour agir est réservée aux seuls époux. *Contra*, Arrêt de la Cour de cassation égyptienne du 5 août 1996, dans l'affaire *Abou Zeid*, qui a prononcé le divorce d'époux égyptiens en raison de l'apostasie de l'époux, contre la volonté même des époux. Il est à noter que l'article 76 du Code du statut personnel tunisien qui prévoit que, « si le juge établit le désaveu, conformément aux dispositions de l'article précédent, il prononcera la rupture de la filiation et la séparation perpétuelle des deux époux », n'autorise pas le juge à prononcer le divorce alors même que les époux ne le veulent pas, mais de prononcer la séparation perpétuelle des époux.

1202 Article 228 du Code civil.

1203 Article 30 du Code du statut personnel.

1204 Article 32 alinéa 3 du Code du statut personnel selon lequel, « lorsque le défendeur ne comparait pas et que la signification n'a pas été faite à sa personne, le juge de la famille renvoie l'examen de l'affaire à une autre audience et se fait assister par toute personne qu'il jugera utile afin de notifier la signification à la partie intéressée personnellement ou de connaître son domicile réel pour la faire comparaître ».

1205 Article 750 du CPC.

contrairement à plusieurs ordres juridiques étrangers[1206]. Le droit de demander le divorce est consacré à pied d'égalité tant pour l'homme que pour la femme sans aucune discrimination possible. De ce seul fait, toute institution discriminatoire favorisant un époux aux dépends de l'autre, telle que la répudiation ou les institutions qui s'en rapprochent, comme le *Khol'â*, sont strictement interdites[1207]. Ce rejet repose sur le principe de l'égalité entre l'homme et la femme et non pas le pouvoir discrétionnaire qu'ont les époux à demander unilatéralement la dissolution du mariage dès lors que le divorce par volonté unilatérale est autorisé en droit tunisien[1208]. Si ce type de divorce reste discrétionnaire, il est toutefois égalitaire.

B. Les valeurs essentielles régissant les droits des personnes

686. L'observation de l'organisation des systèmes juridiques internes français et tunisien montre que les principes qu'ils protègent, dépassent le seul cadre des relations matrimoniales pour s'étendre aux droits individuels des personnes dans leurs rapports avec les autres membres de leur famille, au-delà de l'existence ou non d'un lien matrimonial. A cet égard, une première série de protections se rapporte aux relations extra-pécuniaires qui se nouent entre les personnes (1). En revanche une seconde régit les relations pécuniaires (2).

1206 M. CHARFI, « Le statut personnel tunisien entre la législation et la jurisprudence » (partie en langue arabe), in *Droits et Culture*, Mélanges en l'honneur du Doyen Yadh Ben Achour, CPU, 2008, p. 425 et s., spéc. p. 429.

1207 M. BEN JEMIA, « Répudiation islamique et effet atténué de l'ordre public », in *Le Code tunisien de droit international privé deux ans après*, CPU, 2003, p. 129 et s., spéc. p. 131.

1208 Selon l'article 31 du Code du statut personnel, « le Tribunal prononce le divorce :
1. en cas de consentement mutuel des époux,
2. à la demande de l'un des époux en raison du préjudice qu'il a subi,
3. à la demande du mari ou de la femme ».

1. Les choix se rapportant aux relations extra-pécuniaires

687. Il convient d'étudier les choix essentiels relatifs aux rapports entre les ascendants et leurs descendants (a), ainsi que ceux concernant les rapports entre conjoints (b).

a. Les choix extra-pécuniaires relatifs aux relations ascendants-descendants

688. L'intérêt que portent les législateurs français et tunisien pour les relations parents-enfants en droit interne ne cesse d'évoluer depuis quelques années. Cette orientation intéresse à la fois la création de lien de parenté (α) et les droits qui lui sont afférents (β).

α. Les choix en matière d'établissement du lien de parenté

689. L'orientation actuelle des législateurs français et tunisien va dans le sens de la promotion des droits de l'enfant à établir son lien de parenté. Cependant, cela ne les a pas empêché d'imposer une réglementation stricte de la matière empêchant les dérives parentales en la matière. Ce qui a pour conséquence de favoriser l'établissement du lien de parenté lorsque la naissance de l'enfant est biologique sans l'intervention d'un tiers professionnel (i) et d'encadrer au maximum la procréation médicalement assistée (ii).

i. La faveur à l'égard de l'établissement de la parenté biologique

690. Afin d'éviter que l'enfant ne soit privé d'un lien de parenté avec ses géniteurs, – attitude souvent vue comme une sanction à la relation extra-matrimoniale des parents mais subie essentiellement par l'enfant[1209]

1209 Voir, BEN HALIMA, « La filiation naturelle en droit Tunisie », in *De la modernité par le droit*, Mélanges en l'honneur de Mohamed Charfi, CPU, 2001, p. 458 et s., spéc. p. 463 ; S. BEN HALIMA, « La filiation naturelle en droit tunisien », in *L'enfant en droit*

–, l'orientation des législateurs français et tunisien a évolué afin de permettre l'établissement de la parenté des enfants même nés hors mariage. De la loi du 3 janvier 1972 jusqu'à la réforme de 2009 en France et de la loi promulguant le Code du statut personnel à celle du 7 juillet 2003 modifiant et complétant celle du 28 octobre 1998 en Tunisie, apparaît la volonté des deux législateurs en vue d'établir le lien de parenté des enfants. L'élargissement des moyens de preuve de la filiation reflète bien le choix des deux systèmes vers la reconnaissance des enfants, même nés d'une relation extra-conjugale. Les moyens de preuve vont de l'aveu du parent et des témoignages des tiers jusqu'à la preuve génétique et même de la possession d'état en droit français[1210] sans se soucier de l'existence d'un mariage entre les parents ou bien entre un des parents et une tierce personne. En comparaison avec le droit tunisien, le législateur français est parvenu à abolir toute différenciation entre les enfants nés d'un mariage et ceux nés hors mariage. Cependant la distinction entre les modes d'établissement de la filiation qui demeure en droit tunisien[1211] n'affecte en rien la volonté de prouver le lien parental dans toutes ses acceptions [1212]. Le législateur tunisien est allé jusqu'à créer des commissions spéciales pour l'établissement de la filiation des enfants nés hors mariage chargés de rechercher le père de l'enfant [1213]. L'établissement des liens entre l'enfant et ses parents demeure la principale préoccupation des législateurs dans le cadre de la procréation spontanée.

---

tunisien, Actes du colloque organisé par l'Association, Tunisienne de Droit Privé. Tunis les 12, 13 et 14 décembre 2002, *A.J.T.*, 2003, n° 16, p. 19 et s., spéc. p. 23.

1210 D. GUTMANN, *op. cit.*, p. 50, n° 46.

1211 S. BEN HALIMA, « La filiation naturelle en droit tunisien », in *L'enfant en droit tunisien*, Actes du colloque organisé par l'Association, Tunisienne de Droit Privé. Tunis les 12, 13 et 14 décembre 2002, *A.J.T.*, 2003, n° 16, p. 32 et p. 35. *Cf.* le même article du même auteur, in *De la modernité par le droit*, Mélanges Mohamed Charfi *précit.*, p. 475.

1212 *Cf.* les observations du Comité des droits de l'enfant d'examiner les rapports relatifs aux mesures d'application des dispositions de la Convention internationale des droits de l'enfant du 20 novembre 1989 ratifiée par la Tunisie le 29 novembre 1991, constatant « l'adoption [par l'Etat tunisien] d'une série de lois nouvelles relatives aux enfants nés hors mariage […] ».

1213 F. MECHRI, « La famille et la justice », in *Droits et Culture*, Mélanges en l'honneur du Doyen Yadh Ben Achour, CPU, 2008, p. 319 et s., spéc. p. 339 ; S. BEN ACHOUR, « Le droit tunisien de la filiation à l'épreuve du progrès biologique », in *La diversité dans le droit*, Mélanges offerts à la Doyenne Kalthoum MEZIOU-DOURAI, CPU 2013, p. 69 et s, spéc., p. 78.

ii. L'encadrement de la procréation médicalement assistée

691. Autorisée dans les deux pays avec plus ou moins de restrictions spécifiques à chaque système, l'assistance médicale à la procréation a été réglementée afin d'assurer la filiation de l'enfant né de cette pratique et d'exclure toutes pratiques intolérables.

692. Tout d'abord, les législateurs entendent s'assurer de l'établissement de la filiation de l'enfant à naître. La position du législateur tunisien a été simple en imposant pour ces pratiques non seulement que le couple consentant[1214] à cette intervention soit marié[1215] afin d'assurer une filiation légitime de l'enfant, mais aussi que tout don de gamètes soit interdit[1216]. Ce qui éviterait toute potentielle contestation de la filiation. L'enfant sera ainsi dans tous les cas admis, issu biologiquement des époux. Sa filiation légitime sera par conséquent garantie. Autorisant le don de gamètes et n'imposant pas le mariage des futurs parents, le législateur français n'a pas pour autant renoncé à ces deux garanties. Il exige en la matière qu'il y ait un couple d'époux ou de concubins consentants pour une telle opération, à l'égard desquels la filiation paternelle et maternelle sera établie[1217]. Ainsi, la garantie des liens de parenté paternel, mais aussi maternel, est satisfaite. La disparition de la distinction entre enfants naturels et enfants légitimes en France assure un régime unique du lien de filiation supprimant toute distinction possible à l'égard d'un enfant né d'une procréation médicalement assistée. Les garanties se concentrent désormais sur l'établissement et le maintien de la filiation, notamment à l'égard du ou des seuls parents ayant bénéficié d'un don de gamète. L'établissement de la filiation est assuré par le consentement préalable du couple à la procréation[1218]. Son maintien l'est quant à lui par l'interdiction de toute action d'établissement

---

1214 Article 5 de la loi n° 2001-93 du 7 août 2001 relative à la médecine de la reproduction.

1215 Article 4 de la loi n° 2001-93 du 7 août 2001 relative à la médecine de la reproduction ; Voir, F. KAANICHE, *Commentaire de la loi n° 2001-93 du 07/08/2001 relative à la médecine de production*, Mémoire pour l'obtention du Mastère en Droit des affaires, Faculté de droit et des sciences juridiques politiques et sociales de Tunis, 2004.

1216 Article 4 de la loi n° 2001-93 du 7 août 2001 relative à la médecine de la reproduction.

1217 Article 311-20 alinéa premier du Code civil.

1218 Article 311-20 alinéa premier du Code civil.

ou de contestation de la filiation[1219], une fois le consentement donné et non révoqué par l'homme ou la femme dans les délais[1220]. Ce qui aura pour effet de contraindre celui qui a consenti à la procréation à établir la filiation à l'égard de l'enfant. Il aura aussi pour effet d'interdire l'établissement d'un lien de filiation entre l'enfant issu de la procréation et l'auteur du don[1221].

693. Ensuite les deux législateurs tentent de limiter les dérives auxquelles les parents assoiffés d'enfants peuvent se livrer. Ce qui a conduit le législateur tunisien à interdire tout recours aux cellules et aux organes reproducteurs de tierces personnes et le législateur français à ne pas ouvrir la porte aux mères porteuses[1222] nonobstant l'autorisation du don de gamètes[1223].

694. Les choix essentiels relatifs aux relations ascendants-descendants des ordres juridiques étudiés ne se limitent pas à l'établissement du lien de parenté, mais s'étendent à la garantie d'apporter la meilleure protection de l'enfant.

β. Les choix en matière de garde d'enfants

695. L'intérêt que les deux systèmes français et tunisien accordent au bien être de l'enfant, se vérifie aussi sur le terrain de sa protection physique et la protection de ses biens. C'est un principe qui préside la matière de la garde et de l'autorité parentale. Elles ne sont attribuées au

---

1219 Selon l'article 311-20 alinéa 2 du Code civil, « le consentement donné à une procréation médicalement assistée interdit toute action aux fins d'établissement ou de contestation de la filiation à moins qu'il ne soit soutenu que l'enfant n'est pas issu de la procréation médicalement assistée ou que le consentement a été privé d'effet ».

1220 L'article 311-20 alinéa 3 réglemente les cas où le consentement des parties est privé d'effet, à savoir en cas de décès, de dépôt d'une requête en divorce ou en séparation de corps ou de cessation de la communauté de vie, survenant avant la réalisation de la procréation médicalement assistée ou bien « lorsque l'homme ou la femme le révoque, par écrit et avant la réalisation de la procréation médicalement assistée, auprès du médecin chargé de mettre en œuvre cette assistance ».

1221 Article 311-19 du Code civil.

1222 L'article 16-7 du Code civil prévoit que « toute convention portant sur la procréation ou la gestation pour le compte d'autrui est nulle », de même l'article 227-12 du Code pénal français sanctionne pénalement la maternité de substitution

1223 F. GRANET-LAMBRECHTS, « Droit de la filiations », *D.*, 2012, p. 1432.

parent ou au gardien qu'après une prise en considération de l'intérêt de l'enfant et de ses besoins. Ce principe est affirmé tant en droit français[1224] qu'en droit tunisien[1225]. Toutefois, alors que la répartition entre les titulaires de l'autorité parentale et la garde des enfants est strictement égalitaire en droit français sans égard au sexe des personnes ayant à prendre en charge l'enfant, elle ne l'est pas en droit tunisien. Les rares distinctions ou probablement discriminations en raison du sexe relatives au gardien de sexe masculin ou féminin en droit tunisien[1226] s'expliqueraient, comme le souligne M. BEN HALIMA, par les besoins de l'enfant[1227] et de son intérêt, tels que perçus dans la vision de la société tunisienne. Le gardien de l'enfant est toujours choisi en fonction de l'intérêt de ce dernier qu'il soit homme ou femme. Et pour des raisons du même ordre, le législateur tunisien impose que le gardien homme soit assisté par une femme capable d'assurer les charges de la garde. L'intérêt de l'enfant nécessitant la présence d'une femme seule capable d'après le législateur tunisien d'assurer les charges de la garde d'un enfant, justifie en droit tunisien cette discrimination.

b. Les choix relatifs aux rapports entre conjoints

696. Le principe d'égalité entre époux bien établi et achevé en droit français, dégagé de la Constitution française ainsi que de diverses conventions internationales auxquelles la France a adhéré instaurant l'égalité entre l'homme et la femme, tend à s'affirmer de plus en plus en

---

1224 Les articles 373-2 et suivants du Code civil.

1225 A. MEZGHANI, « Religion, mariage et succession : l'hypothèse laïque. A propos d'une (R) évolution récente de la jurisprudence tunisienne », in *Droits et Culture*, Mélanges en l'honneur du Doyen Yadh Ben Achour, CPU, 2008, p. 345 et s., spéc. p. 349 ; K. MEZIOU, « Du bon usage du droit comparé : A propos du code de la famille marocain et de la réforme algérienne de 2005 », in *Droits et Culture*, Mélanges en l'honneur du Doyen Yadh Ben Achour, CPU, 2008, p.367 et s., spéc. p. 377.

1226 Selon l'article 58 du Code du statut personnel, « Le titulaire du droit de garde doit être majeur, sain d'esprit, honnête, capable de pourvoir aux besoins de l'enfant, indemne de toute maladie contagieuse. Le titulaire du droit de garde de sexe masculin doit avoir, en outre, à sa disposition une femme qui assure les charges de la garde. Il doit avoir avec l'enfant de sexe féminin une parenté à un degré prohibé. Le titulaire du droit de garde de sexe féminin doit être non marié, sauf si le juge estime le contraire dans l'intérêt de l'enfant, ou si le mari est parent à un degré prohibé de l'enfant ou tuteur de celui-ci. De même, si le titulaire du droit de garde s'abstient de réclamer son droit pendant une année après avoir pris connaissance de la consommation du mariage, ou que la femme soit nourrice ou à la fois mère et tutrice de l'enfant ».

1227 S. BEN HALIMA, « Cours de droit du statut personnel » *précit.*, p. 137.

droit tunisien. Ainsi, la loi tunisienne n° 93-74 du 12 juillet 1993 a réduit les inégalités entre les époux en instaurant une égalité entre les conjoints en matière de droits et de devoirs et surtout en supprimant le devoir d'obéissance auquel l'épouse était soumise[1228]. Si l'époux demeure toujours le chef de famille, les restrictions apportées à l'exercice de la tutelle au profit de la garde restreignent, comme le fait remarquer M. BEN HALIMA[1229], ces inégalités. Mais c'est surtout le maintien de l'obligation pour l'époux de *subvenir* aux besoins de la famille alors que la femme n'est obligée que de *contribuer* aux charges de famille dans le seul cas où elle a des biens, qui compense l'inégalité consacrée au profit de l'homme chef de famille[1230].

2. Les choix essentiels se rapportant aux relations pécuniaires

697. Le droit à la réparation du préjudice subi par l'époux ou l'épouse après le divorce, (a) de même que le droit des enfants à une pension alimentaire (b), sont les principales recommandations des ordres juridiques français et tunisien relatives aux relations familiales pécuniaires.

a. Le droit du conjoint lésé à la réparation du préjudice subi par le divorce

698. Prévue par l'article 266 du Code civil et l'article 31 du Code du statut personnel, la dissolution du mariage par divorce en droit français

---

1228 Selon l'article 23 du Code du statut personnel « chacun des deux époux doit traiter son conjoint avec bienveillance, vivre en bon rapport avec lui et éviter de lui porter préjudice. Les deux époux doivent remplir leurs devoirs conjugaux conformément aux usages et à la coutume. Ils coopèrent pour la conduite des affaires de la famille, la bonne éducation des enfants, ainsi que la gestion des affaires de ces derniers y compris l'enseignement, les voyages et les transactions financières. Le mari, en tant que chef de famille, doit subvenir aux besoins de l'épouse et des enfants dans la mesure de ses moyens et selon leur état dans le cadre des composantes de la pension alimentaire. La femme doit contribuer aux charges de la famille si elle a des biens ».

1229 S. BEN HALIMA, « *Le droit de la famille entre l'évolution et le gel* », Etudes Juridiques, 2001, n° 8. *FDS*, p. 29 et s., spéc. p. 44-48.

1230 Il est à noter que cette notion de chef de famille a perdu de son importance dans l'actuel système juridique tunisien. *Cf.* K. MEZIOU, « *Approche critique du code de statut personnel* », article *précit.*, p. 824.

et tunisien donne le droit à l'époux ayant subi un préjudice à demander sa réparation. Cette prérogative, qui ne peut s'exercer qu'en dehors des cas d'un divorce par consentement mutuel, n'est autorisée que lorsqu'il est question d'un divorce pour faute ou d'un divorce prononcé à la seule demande d'un époux dans le cadre des divorces par volonté unilatérale en droit tunisien ou pour altération définitive du lien conjugal en droit français. Le droit à la réparation du préjudice sous ses diverses formes, est l'une des valeurs essentielles des ordres juridiques français et tunisien. C'est une valeur étroitement liée à la notion de la réparation du préjudice enduré et non accepté.

b. Le droit des enfants à une pension alimentaire

699. L'enfant, qu'il soit né d'un mariage ou hors mariage, a droit, tant dans le système français que tunisien[1231], à ce que l'on subvienne à ses besoins. Connue sous le nom d'obligation alimentaire en droit français[1232] et pension alimentaire en droit tunisien[1233], cette institution a pour objectif de garantir les nécessités des enfants se trouvant dans le besoin. Elle permet « de *faire vivre* le créancier *dans la mesure* où le débiteur peut »[1234]. De ses aspects vitaux, elle tire ses caractères impérieux, incitant les législateurs à trouver des substituts aux manquements du devoir des débiteurs dans le cadre d'organismes étatiques créés parfois à cet effet[1235]. Le législateur français est même allé jusqu'à permettre à « tout enfant dont la filiation paternelle n'est pas légalement établie à réclamer des subsides à celui qui a eu des relations avec sa mère pendant la période légale de la conception »[1236]. Il n'est plus nécessaire d'établir le lien juridique de parenté pour avoir droits aux subsides. Même l'enfant ne pouvant établir sa filiation aura de ce fait ce droit. Ainsi tout enfant,

---

1231 Selon l'article 43 du Code du statut personnel et l'article 3 bis de la loi n° 98-75 du 28 octobre 1998.

1232 J. CARBONNIER, *Droit civil. Introduction. Les personnes. La famille, l'enfant, le couple*, PUF, 2004, volume 1, p. 799.

1233 Selon l'article 50 du Code du statut personnel, « la pension alimentaire comprend la nourriture, l'habillement, le logement, l'instruction et tout ce qui est considéré comme nécessaire à l'existence, selon l'usage et la coutume ».

1234 J. CARBONNIER, *Droit civil. Introduction. Les personnes. La famille, l'enfant, le couple*, PUF, 2004, volume 1, p. 801.

1235 Tel le fonds de Garantie de la pension alimentaire et de la rente de divorce en Tunisie.

1236 Article 342 alinéa premier du Code civil.

même l'enfant incestueux[1237] incapable d'établir sa filiation à l'égard de ses deux parents biologiques, pourra intenter l'action à fin de subsides contre son prétendu père selon l'article 342 du Code civil.

700. Les choix essentiels des deux systèmes juridiques s'étendent à plusieurs domaines de droit de la famille et se distinguent par une protection accrue de ces valeurs en droit interne. Une protection qui dépasse parfois le cadre des règles de droit civil pour être consolidée par des sanctions pénales.

Paragraphe II : Le renforcement de la protection des valeurs essentielles par l'octroi de sanctions lourdes

701. Outre les sanctions civiles ordinaires défendant sur le plan interne les choix essentiels des ordres juridiques en matière familiale, ces derniers n'hésitent pas à renforcer les peines en cas de non-respect de ces valeurs. L'importance des principes défendus justifie que les législateurs français et tunisien n'aient pas hésité à appuyer leurs orientations par des peines lourdes infligées en cas d'inobservation.

702. Relatives à la matière familiale, ces sanctions peuvent être prévues dans le même support formel que la règle civile qu'elles accompagnent (A). Cependant, l'intérêt que porte l'ordre juridique à la question incite les législateurs à les sanctionner au sein même du Code pénal (B). Les deux modalités attestent avec toutefois des degrés différents, de l'importance particulière qu'accorde chaque système au droit préservé.

A. Les sanctions prévues en dehors du Code pénal

703. Afin d'éviter toute tentative de violation de certains choix essentiels d'un Etat, les sanctions civiles ou préventions déjà prévues sont très souvent accompagnées de peines plus lourdes. Allant de simples amendes à des peines d'emprisonnement, des condamnations répressives interviennent au soutien des sanctions civiles. Elles sont

---

1237 J. MASSIP, « L'action à fins de subsides », in *L'enfant en droit privé*, *A.J.T.*, 2003, n° 16, p. 39 et s., spéc. p. 40.

fréquentes dans le Code du statut personnel tunisien. Ainsi, pour imposer le modèle monogamique, le législateur tunisien prévoit dans l'article 18 du Code du statut personnel la nullité du second mariage et une peine d'emprisonnement d'un an et (ou) une amende, pour quiconque, « étant engagé dans les liens du mariage, en aura contracté un autre avant la dissolution du précédent ». L'alinéa dernier de ce même article interdit, toute atténuation des peines telles que prévues par l'article 53 du Code pénal tunisien. La protection pénale de l'égalité entre les époux en matière de divorce et du droit de chacun à soutenir ses droits, se trouve dans l'article 32 bis du Code du statut personnel. Le législateur prévoit des peines allant jusqu'à un an d'emprisonnement pour « celui des époux qui use de manœuvres frauduleuses dans le but d'empêcher que la signification ne parvienne à son conjoint ». Enfin, encourt des condamnations d'emprisonnement variant de trois mois à un an d'emprisonnement et une amende de cent dinars, celui qui a été condamné à payer la pension alimentaire ou à verser la rente de divorce, et qui est volontairement demeuré un mois sans s'acquitter de ce qui a été prononcé à son encontre[1238].

704. Au-delà de certaines sanctions à caractère répressif figurant hors du Code pénal, des peines de même nature reflétant dans ce cas beaucoup plus le trouble que porte la violation des choix essentiels figurent dans le Code pénal de chacun des deux pays.

B. Les peines prévues dans le Code pénal

705. Dans des situations extrêmes, les valeurs essentielles que les législateurs protègent par des sanctions pénales sont insérées dans le Code pénal, alors même que des sanctions à coloration pénale relatives à l'organisation familiale sont prévues hors de ce Code[1239]. Ces sanctions attestent de l'importance accrue qu'accorde le législateur à ces principes. Ces dernières concernent essentiellement le mariage polygamique en France qui se trouve sévèrement puni par l'article 433-20 du Code pénal[1240], de même que toutes relations homosexuelles en Tunisie et

1238 Selon l'article 53 bis du Code du statut personnel.

1239 Voir notamment, l'article192 du Code civil.

1240 *Cf.* P. MAISTRE DU CHAMBON, « Quelques considérations sur le droit pénal de la famille », *JCP*, éd. G, 2011.6.

partant le mariage homosexuel, passible selon l'article 230 du Code pénal tunisien de 3 mois d'emprisonnement. Ces peines concernent aussi le délit d'abandon de famille[1241] réglementé et sévèrement sanctionné par le Code du statut personnel tunisien mais pénalement sanctionné en droit français dans le Code pénal. L'article 227-3 de ce Code punit d'une amende et d'une peine allant jusqu'à deux ans d'emprisonnement, l'inexécution par une personne d'une obligation alimentaire pendant plus de deux mois. La prohibition de la gestation pour autrui en droit français a poussé le législateur à sanctionner les parties ayant participé à une telle pratique en France, par une amende ainsi que des peines d'emprisonnement prévues par l'article 227-12 du Code pénal.

706. Diverses règles de droit interne réglementent les choix primordiaux de chacun des ordres juridiques en matière familiale. Le mode de protection aura ses répercussions sur la classification de chaque valeur protégée.

Section II : La classification des valeurs protégées

707. Les choix essentiels protégés par l'exception d'ordre public international peuvent être classés en deux catégories de droits. Soit les valeurs protégées sont communes ou considérées comme devant l'être à tous les systèmes juridiques et dans ce cas, elles ont une valeur universelle dans l'ordre juridique qui les défend (Paragraphe I), soit elles sont spécifiques à l'ordre juridique qui les organise, leur conférant par conséquent un caractère national (Paragraphe II). Des principes de valeurs inégales, sont défendus par l'exception d'ordre public.

[1241] J. SIMON, « Les obligations familiales alimentaires et leurs sanctions pénales », *Rivista Del Diretto Matrimoniale E Dello Stato Delle Persone*, 1961, p. 189 et s., spéc. p. 195 ; A. CHAVANNE, « La protection pénale du lien conjugal », *Rivista Del Diretto Matrimoniale E Dello Stato Delle Persone*, 1966, p. 1 et s., spéc. p. 5.

Paragraphe I : La défense de valeurs qualifiées d'universelles

708. Se ralliant à la position de M. SUDRE, « on ne peut [...] ignorer que ce concept d'universalité des droits de l'homme n'est pas admis par tous et que les droits de l'homme n'ont pas encore acquis l'universalité à laquelle ils prétendent »[1242], excepté pour le droit de ne pas être placé en esclavage dans son acception la plus élémentaire et l'inceste, « interdit universel » selon les termes de CARBONNIER[1243]. Il est cependant fréquent de constater que dans un système juridique déterminé, certains droits sont qualifiés d'universels et leur violation par les normes étrangères constitue une atteinte à l'ordre public international. L'originalité de ces droits réside dans l'opinion nationale, qui leur confère cette « valeur internationale absolue »[1244]. Leur universalité est supposée et présumée. Ces valeurs « pouvant prétendre à l'universel »[1245] relèvent de l'appréciation des citoyens du for, qui estiment qu'elles devraient être communes à toute l'humanité et aspirent à l'universalité. Mais elles sont aussi consacrées dans l'ordre juridique du for, excluant de ce fait toutes exceptions au respect de ces valeurs. Imprégnées certes de subjectivisme, elles peuvent tout de même être hiérarchisées et classées en deux catégories : les valeurs évinçant des normes dénigrant la personne humaine (A) et les valeurs évinçant des normes étrangères qui, sans atteindre le stade de dénigrement de la personnalité humaine, heurteraient fortement l'opinion publique (B). L'origine et l'effet de ces valeurs sont les mêmes. Il s'agit dans les deux cas d'une réaction de rejet de l'opinion publique du non-respect de principes supposés commun à toute l'humanité, qui se traduit à l'échelle internationale par l'éviction de la norme étrangère qui leur est contraire.

1242 F. SUDRE, « La dimension internationale et européenne des libertés et droits fondamentaux », in *Libertés et droits fondamentaux*, 15e éd, Dalloz, 2009, p. 35 et s., spéc. p. 35, n° 83.

1243 J. CARBONNIER, *Droit civil. Introduction. Les personnes. La famille, l'enfant, le couple*, PUF, 2004, volume 1, p. 1194.

1244 Arrêt *Lautour*, Civ. 25 mai 1948, *Rev. crit. DIP.*, 1949, p. 89, note H. BATIFFOL, *D.*, 1948, p. 357, note P. L.-P, *S.*, 1949.1, p. 21, note J.-P. NIBOYET, *JCP*, 1948. II. 4532, note M. VASSEUR.

1245 L. CHEDLY, « L'ordre public en droit international privé, instrument de chauvinisme, d'impérialisme ou d'universalisme ? », in *Impérialisme et chauvinisme juridiques*, Rapports présentés au colloque à l'occasion du 29e anniversaire de l'Institut suisse de droit comparé », Lausanne, 3-4 octobre 2002, Schulthess, 2004, p. 149 et s., spéc. p. 153.

A. La défense contre des normes dénigrant la personne humaine

709. L'ordre public a pour fonction de s'opposer à ce que les organes de l'ordre juridique du for prêtent main-forte[1246] à des normes étrangères qui contrediraient à un point choquant les valeurs considérées dans un ordre juridique à vocation universelle. Parmi ces droits, on recense ceux dont le non-respect risque de choquer l'opinion publique. Ces valeurs sont « des points "fondamentaux" sur lesquels une solution divergente choque si gravement que le juge ne se résout pas à appliquer, même au nom de la règle de conflit donnant compétence à la loi étrangère »[1247]. Elles puiseraient leur notoriété selon certains auteurs dans le droit naturel[1248], ou plus précisément dans ce que l'Etat croit être le droit naturel[1249]. Elles sont le plus souvent appelées les *droits de l'Homme.* Cette appellation leur confère un caractère universel absolu, dans l'ordre juridique qui les adopte. Ce caractère est très souvent renforcé par des instruments internationaux ayant prévu ces droits, même s'il arrive qu'un système juridique n'y adhère pas ou même ne les respecte pas. Ainsi présentée, la part de subjectivisme accordée à ces valeurs rend leur détermination préalable difficile. Le critère lié à « la méconnaissance de la personnalité humaine »[1250] lors de la violation de ces droits, semble à ce stade suffisant pour déterminer les valeurs universelles dont la violation par un système juridique choquerait. Il s'agit des droits liés à l'existence même de la personnalité humaine et à sa dignité.

710. Les droits de l'Homme et les valeurs universelles sont souvent « garantis en vertu non seulement de la loi mais surtout de la Constitution ou des textes internationaux ou supranationaux »[1251]. Mais les droits qui ne figurent pas dans ces instruments ne sont pas pour autant exclus de cette qualification. L'exemple le plus remarquable est le

---

1246 D. BODEN, thèse *précit.*, volume 2, p. 694, n° 612.

1247 H. BATIFFOL, *Aspects philosophiques de droit international privé*, p. 160, n° 73.

1248 P. LEREBOURS-PIGEONNIERE, *Précis de droit international privé*, 3e éd, p. 308, cité par H. BATIFFOL, *Aspects philosophiques de droit international privé*, p.160.

1249 W. GOLDSCHMIDT, « *Sistema y filosofia del derecho Internacional Privado* », I, 2e éd, p. 453, cité par H. BATIFFOL, *Aspects philosophiques de droit international privé*, note de bas de page n° 1, p.160.

1250 H. BATIFFOL, *Aspects philosophiques de droit international privé*, p.160.

1251 F. TERRE, « Sur la notion de libertés et droits fondamentaux », in *Libertés et droits fondamentaux*, Dalloz, 2009, 15e éd, p. 3 et s., spéc. p. 6, n° 17.

cas de l'inceste dont l'interdiction est incontestablement classée dans la catégorie des droits universels dans les pays étudiés, alors qu'elle ne figure ni dans les conventions internationales, ni dans leur Constitutions. De même, ces droits universels s'étendent bien au-delà des droits de l'Homme intangibles[1252]. En effet, ces derniers n'en sont qu'une partie mais n'englobent pas toutes ces valeurs. Les droits de l'Homme ou encore les droits fondamentaux intangibles « sont [des droits] applicables à toute personne, en toutes circonstances et en tous lieux, ils ne peuvent faire l'objet de restrictions ou de dérogations »[1253]. Les valeurs qui y sont protégées sont parfois extérieures au droit international privé de la famille et relèvent le plus souvent du domaine du droit pénal, sinon du droit international public[1254]. Il s'agit du droit à la vie, du droit de ne pas être torturé ni de subir de traitements inhumains ou dégradants, du droit de ne pas être placé en esclavage ou en servitude et de ne pas être astreint à un travail forcé, du droit à la non rétroactivité de la loi pénale et enfin le droit de ne pas être poursuivi ou puni pénalement pour une même infraction qui a déjà été jugée définitivement. Ces droits ne supportent aucune exception et ce, quelles que soient les circonstances qui ont poussé à leur non-respect et la qualité ou la nationalité des personnes qui les ont enfreintes. Ils sont généralement qualifiés d'universels dans l'ordre juridique qui les adopte et sont supposés être communs à toute l'humanité. Ils ont par conséquent un caractère absolu dans le système qui les adopte et ne peuvent connaître d'une quelconque dérogation. Cependant, les valeurs fondamentales choquant l'opinion publique, ne se limitent pas aux seuls droits fondamentaux intangibles. Leur domaine est plus large. Elles s'étendent à des valeurs dont l'universalité n'est pas en pratique absolue, mais qui y aspire, telle que l'interdiction du mariage forcé en matière familiale, ou bien celui des mariages d'enfants en bas âge. Dans l'ordre juridique français et tunisien, les normes étrangères prévoyant de pareilles dispositions violeraient de façon ostentatoire les valeurs que les fors estiment non seulement essentielles sur le plan interne, mais surtout comme devant être universelles. Tout manquement au respect de ces droits heurterait l'opinion des ordres en cause. Ces normes à connotation universelle sont évaluées par rapport à l'opinion nationale, dont le non-respect sera jugé

1252 Voir L. CHEDLY, « Droit international privé et droits de l'Homme », article *précit.*,p. 355.

1253 F. SUDRE, « La dimension internationale et européenne des libertés et droits fondamentaux », in *Libertés et droits fondamentaux*, 15e éd, Dalloz, 2009, p. 44, n° 98.

1254 P. KINSCH, « Droits de l'homme, droits fondamentaux et droit international privé », *RCADI*, 2005, t. 318, p. 9 et s., spéc. p. 223, n° 173.

par cette dernière comme contraire à des « principes de justice universelle considérés dans l'opinion [...] comme doués de valeur internationale absolue »[1255]. L'opinion étatique leur attribue cette qualité en raison de leur protection accrue dans l'ordre interne qui dépasse parfois le cadre des règles civiles. Ainsi, le défaut d'universalité absolue ne va pas à l'encontre de la classification de ce droit dans le cadre des valeurs universelles dans l'ordre juridique qui les défend. Il s'agit d'une position subjective prise par un Etat, mais dont le fondement repose sur un critère objectif qui consiste en « une négation ou une méconnaissance de la personnalité humaine assez flagrante »[1256]. Loin d'être une simple restriction à la jouissance d'un droit ou bien même une inégalité dans le cadre de la jouissance d'un droit, c'est le dénigrement par le système juridique étranger de la personne humaine qui est considéré comme étant insupportable par le for.

711. Sans pour autant choquer l'opinion publique, la violation de certaines valeurs par un Etat étranger paraît inadmissible dans l'ordre juridique du for.

B. La défense des normes pouvant prétendre à l'universalité dans l'ordre juridique du for

712. Sans aller jusqu'à dénigrer la personnalité humaine, une norme étrangère peut enfreindre un droit ayant vocation à être universel[1257] selon l'opinion publique du for. Il s'agit là aussi d'un droit perçu comme puisant sa source dans *le droit naturel*, et qui heurterait à un point intolérable l'opinion nationale en cas de non-respect. Les restrictions apportées à certaines relations familiales en raison de la race présenteraient la meilleure illustration de la violation de ce droit. Ni l'opinion publique française, ni l'opinion publique tunisienne n'accepterait qu'il puisse exister de telles restrictions à la constitution de relations familiales. Pour l'opinion française, contrairement à la

---

[1255] Arrêt *Lautour*, Civ. 25 mai 1948, *Rev. crit. DIP.*, 1949, p. 89, note H. BATIFFOL, *D.*, 1948, p. 357, note P. L.-P, *GAJFDIP*, n° 19.

[1256] H. BATIFFOL, *Aspects philosophiques de droit international privé*, p.160

[1257] L. GANNAGE, « Le relativisme des droits de l'homme dans l'espace méditerranéen. Regards du Proche-Orient sur la reconnaissance en France des répudiations de droit musulman », *RIDC*, 1-2006, p. 101 et s., spéc. p. 111.

tunisienne, ces restrictions inadmissibles s'étendent même aux restrictions imposées en raison de la disparité des cultes entre les différentes parties à une relation familiale. Ainsi, l'obligation pour la Tunisienne de confession musulmane désirant célébrer son mariage en Tunisie avec un non-musulman de se conformer aux circulaires différentes circulaires[1258] imposant indirectement à son futur époux de se convertir à l'Islam, sera perçue par l'opinion française comme une discrimination inadmissibles en raison de sa violation d'une valeur vue comme universelle ne connaissant aucune dérogation par la société française. Il en est de même de l'extension jurisprudentielle des empêchements successoraux prévus par l'article 88 du Code du statut personnel à la disparité des cultes du *de cujus*, ayant pour effet de priver le conjoint de confession différente de son droit successoral a pour effet de limiter le choix du conjoint. Pourtant ces valeurs ne sont aucunement universelles. En réalité, divers systèmes, y compris le système tunisien, y apportent des restrictions. Ainsi, l'universalité est limitée à la seule non-discrimination raciale dans l'ordre interne tunisien, puisque des discriminations en raison du sexe et de la religion existent en droit interne.

713. L'ordre public international ne se limite toutefois pas à la défense des seules valeurs fondamentales universelles. La pratique des tribunaux montre, par l'excès de la mise en œuvre de l'exception d'ordre public, que ce mécanisme s'étend même à la protection des valeurs ne pouvant être qualifiées d'universelles et qui ne seraient par ailleurs qu'issues d'une politique législative.

Paragraphe II : La défense des valeurs propres au for

714. La protection par l'exception d'ordre public couvre également des valeurs nationales essentielles qui, sans prétendre à l'universalité, leur non-respect est susceptible de troubler la cohérence de l'ordre juridique du for. Ce sont des valeurs nationales perturbées par l'intrusion de normes étrangères qui les contrarient. Ces valeurs protégées n'ont pas forcément vocation à être considérées comme universelles et ne sont par

1258 Les circulaires du Secrétaire d'Etat à l'Intérieur datant du 17 mars 1962, du Secrétaire d'Etat à la justice du 5 novembre 1973 ainsi que celle du ministre de l'Intérieur du 23 novembre 2004.

conséquent pas partagées par toute la communauté internationale. Elles n'ont d'ailleurs parfois pas atteint un degré de protection maximale dans l'ordre interne puisqu'elles sont soumises à des restrictions dans l'ordre juridique qui les défend[1259], ce qui exclut leur universalité. Ces valeurs étatiques vont parfois même à l'encontre de droits supposés dans d'autres systèmes à valeur universelle[1260]. A la différence des principes précédemment développés, les valeurs nationales et les droits qui leurs sont annexes sont soit spécifiques à un ordre juridique étatique, soit – même si elles sont majoritairement admises dans d'autres systèmes – susceptibles d'être limitées ou conditionnées, et connaîtraient quelques dérogations sur le plan interne. L'isolation de l'ordre juridique interne dans la préservation de ces droits ainsi que les exceptions internes affectant ses valeurs, dépouillent la norme de toute valeur universelle réelle ou même fictive. De même, si un système n'est pas arrivé à consacrer dans l'ordre interne une protection totale du droit, alors il n'est pas logique d'exiger des ordres juridiques étrangers de le respecter. De ce fait, si la position de l'Etat sur une question particulière est isolée sur le plan international ou n'est pas majoritairement admise dans les Etats étrangers, alors la valeur ne peut être considérée comme universelle.

715. Dans le cas où le droit n'est pas parfaitement protégé dans l'ordre interne, tout comme dans le cas où le droit protégé n'est pas majoritairement admis dans les autres systèmes juridiques, forcément l'ordre juridique ne peut plus prétendre que la norme est universelle alors même qu'elle n'est pas pleinement adoptée dans le système du for, ou bien parce qu'elle est majoritairement rejetée par les ordres juridiques étrangers. Elle sera par conséquent nationale. En raison de son importance[1261] la valeur nationale sera tantôt considérée comme essentielle dans l'ordre juridique du for et tantôt considérée comme fondamentale. Cependant pour qu'elle soit fondamentale, elle doit être parfaitement respectée dans l'ordre interne. Il est donc nécessaire dans ce cas que l'ordre juridique interne la défende sans y apporter aucune

---

1259 Voir *infra*, n° 718.

1260 Tel le cas du mariage des couples homosexuels, dont l'évolution atteindrait bientôt dans certains pays occidentaux la valeur de norme fondamentale alors que dans d'autres, bien au contraire ces permissions iraient à l'encontre des valeurs fondamentales de l'ordre juridique du for.

1261 J. FOYER, « Droits internationaux de l'Homme et ordre public international », in *Du droit interne au droit international. Le facteur religieux et l'exigence des droits de l'homme*, Mélanges Raymond Goy, Publications de l'Université de Rouen, 1998, p. 333 et s., spéc. p. 335.

limitation. C'est uniquement dans ce cas que la norme étrangère qui la contredirait heurterait systématiquement l'opinion publique. Toutefois, dans l'hypothèse d'une valeur distinctive de l'ordre juridique national, il n'est plus aussi facile de parler de valeurs choquantes dans l'absolu, lorsque sa protection est inachevée dans l'ordre interne. A partir du moment où ces valeurs ne sont pas absolument respectées dans l'ordre interne, l'opinion ne sera pas heurtée par leur non-respect dans le cadre d'une relation juridique internationale. L'opinion publique n'irait normalement pas jusqu'à être choquée par une norme étrangère dont les dispositions se rapprocheraient ou seraient identiques à certaines règles prévues dans son propre système, même si ces dernières ne sont que dérogatoires. Ce n'est que le contexte particulier dans lequel se présenterait la norme qui pourrait éventuellement choquer. Il n'en demeure pas moins que ces principes reflètent des choix essentiels de l'ordre juridique étatique. Choix affirmés par l'organisation qui leur est accordée par l'ordre interne. La mise en œuvre d'une norme étrangère qui les heurte risque de troubler la cohérence de l'ordre juridique. A partir de cette distinction entre droits fondamentaux et choix législatifs, on constate parfois une qualification erronée d'un domaine par rapport à l'autre. Il semble donc opportun de délimiter le domaine de chacun d'entre eux, bien qu'il s'avère que de plus en plus de droits évoluent dans le sens de l'accession au rang des droits fondamentaux.

A. La délimitation du domaine des droits fondamentaux par rapport à ceux reflétant la politique législative des Etats en matière familiale

716. Très souvent les juridictions étatiques et la doctrine attribuent à une valeur violée par une norme étrangère le qualificatif « fondamental », alors qu'elles ne le sont pas en réalité dans leur ordre juridique. Du seul fait de leur consécration par un instrument dont le support formel est d'une importance primordiale telle la Constitution ou une Convention internationale, ou bien même par certaines lois internes, ces droits et valeurs acquièrent aux yeux des juges et de certains auteurs[1262] une valeur

1262 M. GHAZOUANI, « Les droits fondamentaux dans la jurisprudence », *Revue Tunisienne de Droit,* 2002, p. 1 et s., spéc. p. 1 (Partie en langue arabe).

fondamentale. Pourtant, tel n'est souvent pas le cas. Il ne suffit pas que des textes d'une grande valeur normative consacrent des droits pour conclure à leur caractère fondamental. Il n'est pas non plus nécessaire que ces valeurs soient prévues par ces supports pour qu'elles soient qualifiées comme telles[1263]. Pour cela, il est indispensable que les droits soient préalablement protégés dans l'ordre interne, mais surtout qu'ils n'y subissent aucune dérogation. La moindre atteinte qui leur serait portée les priverait d'une pareille qualification. Seuls sont fondamentaux les droits « inviolables »[1264] en droit interne.

717. Partant de cette idée, plusieurs droits se retrouveraient en dehors de cette catégorie dans les systèmes étudiés dès lors qu'ils ne sont pas intégralement respectés dans l'ordre interne[1265]. La mise en œuvre de l'exception d'ordre public ne se justifierait qu'en raison de la perturbation que la norme étrangère créerait dans l'ordre juridique du for dans une situation bien particulière.

718. Ainsi, bien qu'elles étaient cantonnées à un territoire français particulier, Mayotte en l'occurrence, certaines coutumes mahoraises dérogeaient à un grand nombre de principes protégés par l'ordre juridique français. La violation de ces principes par des normes étrangères désignées par la règle de conflit a conduit les tribunaux français à leur opposer l'ordre public international. Cependant, sous couvert de l'article 75 de la Constitution qui oblige de respecter le statut particulier de la France de l'Outre-mer par rapport à la France métropolitaine, les violations de ces droits ou principes ont été admis lorsqu'il s'agissait d'appliquer une coutume mahoraise. Il est certain que le mariage polygamique et la répudiation qui étaient autorisés selon cette coutume locale avec plus ou moins de restrictions jusqu'en 2005, pour

---

1263 *Cf.* V. CHAMPEIL-DESPLATS, « La notion de droit "fondamental" et le droit constitutionnel français », *D.*, 1995, *chron.* p. 323 et s., spéc. p. 325.

1264 Voir, en ce sens, les auteurs cités par V. CHAMPEIL-DESPLATS, « La notion de droit "fondamental" et le droit constitutionnel français », *D.*, 1995, *chron.* p. 323 et s., spéc. p. 324.

1265 Mme HAMROUNI constate d'ailleurs qu'en raison de la défaillance d'une sanction constitutionnelle des violations des droits fondamentaux, notamment ceux prévus par la Constitution, « certains des droits proclamés sont restés lettre morte », S. HAMROUNI, « Les droits fondamentaux et les constitutions maghrébines », Mélanges offerts au Doyen Abdelfattah Amor, CPU, 2005, p. 547 et s., spéc. p. 561 et s.

être enfin abolie avec l'ordonnance du 3 juin 2010[1266], allaient à l'encontre du principe d'égalité entre époux. Pourtant, le principe d'égalité entre homme et femme et entre époux était bien consacré à l'époque tant par la Constitution, que par l'article 5 du Protocole du 22 novembre 1984, n°7 additionnel à la CEDH, comme ne cesse de le rappeler la Cour de cassation française toutes les fois qu'elle devait rejeter des répudiations étrangères[1267]. Comment ces deux institutions maintenues dans les territoires annexés et par conséquent intégrées dans l'ordre juridique français à travers une nationalisation des droits et coutumes des indigènes[1268] pouvaient-elles être contraires à un principe fondamental du système français ? Plus exactement, comment une valeur française contredite par une autre loi française pourrait-elle être qualifiée de fondamentale[1269] ? Cette interrogation ne devrait surtout pas remettre en cause la mise en œuvre par les juridictions françaises de l'exception d'ordre public à l'encontre notamment des droits étrangers l'autorisant[1270], mais elle s'attache à la qualification de ce droit en tant

---

1266 Ordonnance n° 2010-590 du 3 juin 2010 portant dispositions relatives au statut civil de droit local applicable à Mayotte et aux juridictions compétentes pour en connaître

1267 Civ. 1re, 17 février 2004, *Rev. crit. DIP.*, 2004, p. 423, note P. HAMMJE, *J.D.I.*, 2002, p. 1200, note L. GANNAGE, *D.*, 2004, p. 824, conclusions F. CAVARROC, *D.*, 2004, p. 815 et *chron.* P. COURBE, « Le rejet des répudiations musulmanes », *JCP*, éd. G, 2004. II. 10128, note H. FULCHIRON, *Defrénois*, 2004, 812, note J. MASSIP, *RTD civ.* 2004, p. 367, *obs.* J.-P. MARGUENAUD, *Gaz. Pal.*, Septembre-octobre 2004, p. 2814 et *chron.* M.-L. NIBOYET, « *L'avenir du nouveau revirement de la Cour de cassation sur la reconnaissance des répudiations musulmanes* » ; Civ. 1re, 4 novembre 2009, *D.*, 2010, p. 543, note G. LARDEUX ; K. ZAHER, « Plaidoyer pour la reconnaissance des divorces marocains. A propos de l'arrêt de la première chambre civile du 4 novembre 2009 », *Rev. crit. DIP.*, 2010, p. 313.

1268 V. PARISOT, *op. cit.*, volume 2, p. 1525 et s et, spéc., p. 1652, n° 1044 ; *Contra*, concernant le droit des indigènes (le droit mahorais spécialement) qui ne relèvent pas de la même souveraineté étatique, D. BODEN, Thèse *précit.*, volume 2, p. 724.

1269 Saisi le 26 mars 1956 pour statuer sur la validité et les effets d'une répudiation prononcée en métropole par un musulman algérien à l'encontre d'une épouse de même confession et origine, le tribunal civil de la Seine ne s'est pas privé de déclarer que certaines règles de droit musulman vont à l'encontre des principes fondamentaux du droit français, à savoir l'égalité entre l'homme et la femme assuré par la Constitution, tout en rappelant que ces « règles musulmanes ayant été adoptées légalement par le Parlement français pour les Français musulmans d'Algérie […] », ne peuvent se voir opposer l'exception d'ordre public. Tribunal civil de la Seine, 4e chambre, 26 mars 1956, *J.D.I.*, 1957, p. 762-266, *obs.* J. B. SIALELLI.

1270 M. PARISOT, n'exclut pas totalement l'exception d'ordre public à l'encontre de certaines coutumes des indigènes, mais propose un ordre public différent, à savoir un « ordre public de construction, spécifique au droit des conflits internes de lois », V. PARISOT, *op. cit.*, volume 2, p. 1654, n° 1045.

que droit fondamental, alors qu'il ne l'avait pas encore atteint. L'exception d'ordre public se justifiait par la perturbation qu'entraînait l'insertion de la norme étrangère dans un contexte particulier, en un endroit particulier de la République française et à des citoyens bien particuliers. Cela s'est présenté alors qu'il existait une volonté d'instaurer une égalité totale entre les époux dans des endroits et de l'exclure dans d'autres, mais surtout pour certaines personnes et non pour d'autres, à savoir les indigènes de certaines régions d'Outre-mer et ce dans leurs relations entre eux. Avec les ordonnances de 2005 et 2010, ces discriminations particulières ont été abolies. Depuis, ces droits peuvent être classés parmi les droits fondamentaux. En même temps, dans le système juridique tunisien, la prohibition de la répudiation ne connaît aucune exception. Cependant, le fondement jurisprudentiel de sa protection inspiré de l'égalité entre homme et femme, principe n'ayant pas atteint toute sa maturité dans l'ordre juridique interne, appelle quelques réticences quant à la considération de ce droit comme un droit fondamental. C'est ainsi que l'interdiction de la répudiation en droit tunisien aurait pu être considérée comme un principe fondamental, si les tribunaux ne s'étaient pas appuyés pour évincer les normes étrangères qui lui sont contraires sur le principe d'égalité entre homme et femme[1271] : un principe qui est loin d'être parfaitement respecté dans l'ordre juridique du for. Le principe d'égalité entre homme et femme, consacré aussi bien dans l'article 6 de la Constitution tunisienne de 1959 que dans l'article 21 de la nouvelle Constitution du 27 janvier 2014,

---

1271 Voir notamment, Tribunal de première instance de Tunis, jugement du 27 juin 2000, (M. GHAZOUANI, « Sommaire… », *précit.*), ainsi que la décision du Tribunal de première instance de Tunis, jugement n° 47564 du 1er décembre 2003 (M. GHAZOUANI, « Sommaire… », *précit.*) selon lesquelles, « la répudiation unilatérale, comme le montre sa dénomination, constitue un mode classique et religieux de dissolution du lien matrimonial par la volonté unilatérale de l'époux et en dehors de tout cadre judiciaire sans égard à l'intérêt de la famille, ce qui explique que le législateur tunisien l'a interdite depuis la promulgation du CSP et a institué le divorce judiciaire comme un droit légitime des deux époux. L'égalité entre la femme et l'homme dans les droits et dans les devoirs est l'un des plus importants choix fondamentaux sur lesquels se base l'ordre juridique tunisien, ainsi qu'il ressort de l'article 6 de la Constitution, des articles 1, 2 et 16-1-c de la convention des Nations Unies de 1979 sur l'élimination de toutes les formes de discrimination à l'égard des femmes et des articles 1, 2, 7 et 16 paragraphe 1 et 2 de la Déclaration Universelle des droits de l'Homme du 10 décembre 1948. Reconnaître la répudiation signifierait son inscription dans les registres de l'état civil de l'intéressé malgré la violation flagrante qu'elle porte à l'ordre public au sens du droit international privé tunisien. La demande d'exequatur d'une répudiation «*Khol'â*» présentée par l'époux doit donc être rejetée ».

connaît bien des exceptions en droit interne, l'excluant par conséquent de la classification des droits fondamentaux[1272]. Le principe fondamental pourrait être l'égalité entre l'homme et la femme en matière de dissolution du mariage[1273], mais ne peut être un principe d'égalité totale entre les deux sexes. Tout autre est le cas du mariage monogamique. A défaut d'une jurisprudence renvoyant au principe d'égalité entre homme et femme pour imposer le mariage monogamique, une pareille institution se prêterait bien à la qualification « fondamentale » en droit tunisien. Ce principe peut recevoir cette qualification en France depuis l'ordonnance du 3 juin 2010. Le mariage monogamique n'est soumis à aucune exception en droit tunisien et la jurisprudence n'a jamais fait référence au principe d'égalité entre époux pour rejeter cette institution. Cette réaction contre le mariage polygamique, rend la monogamie un principe fondamental en droit tunisien, bien qu'il ne soit prévu ni dans un traité ni dans la Constitution. A l'inverse, la liberté matrimoniale ne peut être considérée comme fondamentale que dans l'ordre juridique français, contrairement à son homologue tunisien. La réglementation tunisienne de cette institution connaît une atteinte à ce droit. Les circulaires imposant aux officiers d'état civil de s'assurer que le conjoint d'une Tunisienne musulmane soit musulman, limitent le droit au mariage. La liberté matrimoniale ne peut dès lors être considérée comme un des intérêts essentiels de la société tunisienne, et ce en dépit de l'adhésion de la Tunisie à la Convention de New York du 10 décembre 1962 relative au consentement au mariage[1274], l'âge minimum du mariage et l'enregistrement du mariage. Les circulaires qui y dérogent empêchent de la considérer comme un droit fondamental. D'ailleurs, même la jurisprudence évolutive[1275], saluées par la doctrine tunisienne[1276], faisant

1272 L'une des plus grandes manifestations de l'inégalité entre l'homme et la femme en droit tunisien serait le maintien de l'inégalité successorale. Voir les articles 90 et suivants du Code du statut personnel tunisien. *Cf.* M. CHARFI, « Le statut personnel tunisien entre la législation et la jurisprudence », in *Droits et Culture*, Mélanges en l'honneur du Doyen Yadh Ben Achour, CPU, 2008, p. 425 et s., spéc. p. 437.

1273 M. BEN JEMIA, « *Répudiation islamique et effet atténué de l'ordre public* », article *précit.*, p. 140.

1274 *Cf.* H. KERROU, « Le mariage de la musulmane avec un non musulman et la ratification par la Tunisie de la convention de New York de 1962 », *R.J.L.*, 1971, p. 11.

1275 Tribunal de première instance de Tunis du 18 mai 2000 et cour d'appel de Tunis du 6 janvier 2004, repris par M. BEN JEMIA, « Non discrimination religieuse et Code du statut personnel tunisien », in *Droits et Culture*, Mélanges en l'honneur du Doyen Yadh Ben Achour, CPU, 2008, p. 261 et s., spéc. p. 272. Voir aussi, M. GHAZOUANI, « Les droits fondamentaux dans la jurisprudence », *Revue Tunisienne de Droit*, 2002, spéc., p. 9 *précit.*, (partie en langue arabe) ; L. CHEDLY, « Le mariage de la musulmane avec un

de la liberté matrimoniale un droit fondamental, a été très vite remise en cause, par deux décisions postérieures[1277].

719. Le droit fondamental, contrairement au droit universel, ne tire pas sa force de son extension à une grande partie des systèmes juridiques étrangers mais de la place que l'ordre juridique interne lui accorde. Sa place est tributaire d'une consécration inconditionnée de la valeur et non pas de l'importance accordée au support de ce droit. Ce qui est remarquable, c'est qu'actuellement le domaine des choix législatifs empiète de plus en plus sur ce qui *a priori* semblerait du domaine des droits fondamentaux. Nul ne contestera par conséquent que le droit de l'enfant à l'établissement de son lien de filiation n'a pas encore accédé dans les deux systèmes étudiés au rang d'un droit fondamental. Il suffit d'évoquer la prohibition de l'établissement de la filiation incestueuse[1278], comme preuve que ce droit de l'enfant n'est pas fondamental mais un droit qui ne s'acquiert que dans les limites de la loi[1279]. L'autorisation en France des accouchements sous X et le maintien du droit de la mère à demander à garder le secret sur son identité, sont une atteinte à ce droit. Sans oublier que la Cour de cassation française, dans l'arrêt *Consorts Abdallah*[1280], avait interdit avant la loi n° 2006-911 du 24 juillet 2006

---

non musulman », (partie en langue arabe), in *Droits et Culture*, Mélanges en l'honneur du Doyen Yadh Ben Achour, CPU, 2008, p. 454-460 (concernant le courant jurisprudentiel conservateur prohibant le mariage d'une Tunisienne musulmane avec un non-musulman) et p. 461-466 (concernant l'évolution jurisprudentielle en la matière) ; Civ., n° 31115 du 05 février 2009, *Bull.* 2009, n°1, p. 291, *ASJ.*, 2009, p. 195, note M. GHAZOUANI.

1276 A. MEZGHANI, « Religion, mariage et succession : l'hypothèse laïque. A propos d'une (R) évolution récente de la jurisprudence tunisienne », *précit.* ; L. CHEDLY, « Le mariage de la musulmane avec un non musulman », (partie en langue arabe), in *Droits et Culture*, Mélanges en l'honneur du Doyen Yadh Ben Achour, CPU, 2008, p. 446 ; M. CHARFI, « *Le statut personnel tunisien entre la législation et la jurisprudence* » *précit.*, p. 435 et s.

1277 Civ. 30 juin 2008, *inédit* et Sousse, arrêt n° 9246 du 3 mai 2013.

1278 Article 310-2 du Code civil ; D. GUTMANN, *op. cit.*, p. 55 et s ; J. MASSIP, « L'action à fins de subsides », in *L'enfant en droit privé*, *A.J.T.*, 2003, n° 16, p. 39 et s., spéc. p. 40.

1279 Même dans la Convention des Nations Unies du 20 novembre 1989 relative aux droits de l'enfant, le droit à la filiation n'est assuré selon l'article 4 de la Convention que « dans la mesure du possible ».

1280 Civ. 1re, 25 février 1997, *Consorts Abdallah c. Younoussa, Ahmed, Attoumani* et *Amina Abdallah*, *Bull.* civ. 1997, I, n° 67, p. 43, *Rev. crit. DIP.*, 1998, p. 602-609, note G. A. L. DROZ, *D.*, 1997-35, *Jur*, p. 453-454, note H. FULCHIRON, « Le respect de la Constitution du 4 octobre 1958 peut-il interdire l'établissement de la filiation hors mariage ? », *D.*, 1997, p. 453, *JCP*, éd. G, 1997.II. p. 557, note L.-A. BARRIERE T. GARE, *Dr. fam.*, 1997-5, *comm.* 70, p. 12, *obs*, P. MURAT, *Gaz. Pal.*, 1997, *panor.* 262.

alignant l'état civil de droit local sur l'état civil de droit commun de l'archipel, l'établissement de la filiation d'enfants mahorais conformément aux articles 311-1 et 311-2 du Code civil. Comment le droit de l'enfant à l'établissement de ses liens de parenté peut-il être fondamental[1281] alors qu'il subit autant d'entorses en droit interne ? Sans aller jusqu'à dénier tout « droit à l'établissement de la filiation », tel que le constatait M. GUTMANN[1282], ce droit bien encadré par les deux législations existe bien mais n'a toutefois ni une portée universelle[1283], ni une importance fondamentale. Le droit à l'établissement de la filiation demeure un choix législatif étendu à de très larges hypothèses.

720. En matière d'autorité parentale, l'intérêt de l'enfant ne prime à toute occasion que dans l'ordre juridique français. En droit interne tunisien, l'exception à la prise en considération de l'intérêt de l'enfant en matière de tutelle, qui ne peut être accordée qu'au parent de sexe masculin[1284], ne tient aucunement compte de l'intérêt de l'enfant, contrairement à la règle imposant au gardien de l'enfant qu'il soit accompagné d'une femme. L'intérêt de l'enfant en droit tunisien demeure un choix législatif limité par d'autres considérations du même ordre.

721. L'exception d'ordre public intervient donc aussi pour protéger des droits reflétant la politique législative. Néanmoins, ce mécanisme de

---

1281 Selon le jugement du tribunal de première instance de La Manouba n° 53/16189 du 2 décembre 2003, « la filiation est un droit de l'enfant [...], et [...] la privation de l'enfant de son droit à la filiation sous prétexte que ses parents ne sont pas liés par le mariage constitue une sanction infligée à cet enfant et une atteinte à l'un de ses droits fondamentaux ».

1282 D. GUTMANN, *op. cit.*, p. 52 *précit.*, n° 48 et 49.

1283 G. A. L. DROZ, note sous Civ. 1re, 25 février 1997, *Rev. crit. DIP.*, 1998, p. 602 et s., spéc. p. 608 et 609, n° 13.

1284 Selon l'article 154 du Code du statut personnel « le père est le tuteur de l'enfant mineur et, en cas de décès ou d'incapacité du père, c'est la mère qui en est tutrice légale, sous réserve des dispositions de l'article 8 du présent code, relatif au mariage. Le testament du père ne produit ses effets qu'après la mort de la mère ou de son incapacité. En cas de décès des parents ou de leur incapacité, et à défaut de tuteur testamentaire, le juge doit nommer un tuteur » ; *Cf.* K. MEZIOU, « Du bon usage du droit comparé : A propos du code de la famille marocain et de la réforme algérienne de 2005 », in *Droits et Culture*, Mélanges en l'honneur du Doyen Yadh Ben Achour, CPU, 2008, p.367 et s., spéc. p. 377 et 378.
L'article 155 du Code du statut personnel prévoit quant à lui que « la tutelle est exercée de droit sur l'enfant mineur par le père, puis par la mère, puis par le tuteur testamentaire. Elle ne cesse que sur ordre du juge pour des raisons légitimes ».

correction n'assurerait plus la protection d'un droit fondamental, puisqu'il ne peut y avoir au sein d'un même Etat une variation dans la qualification d'un droit. L'ordre public protégerait donc une politique législative, dont le domaine se voit de plus en plus extraire quelques droits ayant accédé au rang de droits ou valeurs fondamentaux.

B. L'identification de la nature des valeurs protégées dans le for

722. Compte tenu des diverses dérogations apportées à certaines valeurs protégées par les systèmes juridiques du for, ces dernières ne devraient plus être considérées comme fondamentales. Le domaine des droits fondamentaux devient par conséquent très réduit. On constate que les deux systèmes étudiés s'accordent à assurer une protection aux droits des enfants aux aliments, sans y apporter la moindre restriction. Bien plus, leur protection s'étend en droit interne à une protection renforcée par les règles pénales. Par conséquent, il est évident que le droit aux aliments envers les enfants représente une valeur fondamentale à laquelle aucun des deux systèmes n'est prêt à renoncer, y compris dans les relations internationales. La même solution peut s'étendre à l'interdiction des mariages polygamiques.

723. Concernant les autres valeurs, leur qualification varie d'un système à un autre. Ainsi le mariage hétérosexuel ne peut être considéré comme une valeur fondamentale que dans l'ordre juridique tunisien. L'interdiction de la répudiation est depuis la réforme du droit mahorais introduite dans la classification des droits fondamentaux en droit français. Cependant, elle ne pourrait l'être en droit tunisien tant que les juridictions tunisiennes persistent à motiver le rejet de cette institution par l'égalité entre homme et femme. La liberté matrimoniale et l'intérêt de l'enfant ne sauraient être considérés comme des droits fondamentaux que dans l'ordre juridique français contrairement à l'ordre tunisien, en raison des exceptions à ces valeurs prévues en droit internes. De même, la prohibition de l'utilisation des organes ou des gamètes d'autrui pour l'assistance médicale à la procréation n'est qualifiée comme valeur fondamentale que dans l'ordre juridique tunisien, qui interdit toute pratique semblable. Il existe bien en droit français une volonté d'interdire la gestation pour autrui, sans pour autant interdire tout recours à des tiers au couple pour la procréation médicalement assistée. Les limites à cette

pratique en droit français résultent donc d'un simple choix législatif et nullement d'une valeur fondamentale, même s'il s'agit d'un choix législatif lourdement sanctionné.

724. Que la norme défendue dans l'ordre juridique du for soit classée dans la catégorie des droits universels, des droits fondamentaux ou même des choix législatifs du système étatique, l'insertion dans l'ordre juridique du for d'une règle étrangère qui lui est contraire risque dans des cas particuliers de porter atteinte à la cohésion de l'ordre du for. L'application de la norme étrangère en question dans le système du for devrait par conséquent être écartée par la mise en œuvre de l'exception d'ordre public. Cependant, la nature du droit à protéger n'est pas sans répercussion sur la variation de l'intervention de ce mécanisme de protection.

CONCLUSION DU CHAPITRE PREMIER

725. Chacun des systèmes français et tunisien a établi son propre modèle de droit de la famille et a tracé les lignes directrices de son idéal de droit familial. Ce prototype contient des droits et des devoirs regroupés en des valeurs d'une portée plus ou moins variable, qui oscillent entre les simples recommandations nationales et les orientations universelles. L'ordonnancement de ces directives passe par l'observation des supports qui protègent le droit concerné, mais surtout par l'étude des moyens mis en œuvre pour le sauvegarder sur le plan interne. La consécration d'un droit dans un instrument de grande valeur telle qu'une constitution ou une convention internationale, lui confère une importance incontestable. Toutefois, se fonder uniquement sur le support du droit à protéger, ne peut révéler la valeur de ce droit, car il ne suffit pas que le droit soit mentionné dans une constitution où dans un traité pour conclure à son caractère primordial, mais il faudrait de surcroît, qu'il soit réellement inscrit dans des textes d'application. D'ailleurs, il existe bien des principes essentiels ne figurant dans aucun de ces deux instruments, mais qui tirent leur importance de l'arsenal de lois qui les protègent. C'est l'étendue de la sauvegarde du droit dans l'ordre interne qui traduit sa valeur. Plus la protection est considérable, plus elle renforce la place essentielle accordée à ce principe, qu'il soit universel ou propre à un système juridique.

726. Par ailleurs, un droit, qu'il soit partagé par plusieurs Etats ou bien spécifique à un Etat déterminé, ne peut acquérir la qualité d'un droit fondamental que si l'ordre juridique interne lui assure une protection infaillible. De plus, même si le droit jouit d'une protection renforcée, l'atteinte qu'il subit dans le système du for de par les exceptions dont il fait l'objet, lui ôte cette qualité. A l'inverse, une valeur exclusive au for, ne pourra être que primordiale lorsqu'elle ne subit aucune entorse dans l'ordre juridique interne.

727. Or, même s'il est admis que le domaine d'intervention de l'exception d'ordre public dépasse le seul cadre de la protection des droits fondamentaux, il ne peut être accepté que son mode d'intervention soit le même quelle que soit la nature du droit à préserver.

CHAPITRE SECOND

L'INFLUENCE DE LA PROTECTION ACCORDEE A LA VALEUR EN DROIT INTERNE SUR LE MODE D'INTERVENTION DE L'EXCEPTION D'ORDRE PUBLIC

728. « L'usage de l'ordre public est toujours un mal, une arme qui doit être exceptionnelle » écrit Mme BEN JEMIA[1285]. Etant donné que le domaine d'intervention de l'exception d'ordre public ne cesse de s'étendre en raison de l'augmentation des droits et principes à protéger, le risque est que cette arme de défense contre les normes inacceptables dans l'ordre juridique du for soit fréquemment utilisée et que l'exception devienne le principe. Un encadrement de la mise en œuvre de l'exception a donc été proposé par une partie de la doctrine, introduisant ainsi, une relativité dans son mode d'intervention. La relativité nécessite une double appréciation concrète de la contrariété de la loi étrangère à l'ordre public du for. Avant de déclencher l'exception d'ordre public, il faut d'une part constater la contrariété de la loi étrangère aux valeurs protégées par l'ordre du for au cas d'espèce et d'autre part vérifier qu'il y a atteinte effective à la cohésion du système du for.

729. Le juge doit vérifier dans un premier temps que la loi étrangère heurte concrètement l'ordre juridique du for[1286]. La simple dissemblance entre les dispositions de la loi étrangère et celles de la loi du for, même si cette dernière reflète les choix essentiels de l'ordre interne, ne devrait pas engendrer une éviction systématique de la règle étrangère. C'est seulement lorsque la divergence atteint un « seuil d'incompatibilité »[1287] intolérable dans l'ordre interne au point de perturber la cohésion de

1285 M. BEN JEMIA, *Le jeu de l'ordre public dans les relations internationales privées de la famille*, Thèse, Faculté des Sciences Juridiques, Politiques et Sociales de Tunis, 1997, p. 318.
1286 Voir, P. LAGARDE, *Recherches sur l'ordre public en droit international privé*, L.G.D.J., 1959, p. 164, n° 140.
1287 A. BUCHER, « L'ordre public et le but social des lois », *RCADI*, 1993-II, t. 239, p. 26, n° 7.

l'ordre juridique du for, qu'il devient nécessaire de l'évincer. La contrariété ne devrait surtout pas s'apprécier abstraitement. Même si les dispositions du droit étranger s'opposent aux choix essentiels de l'ordre interne, il n'est pas recommandé de leur opposer systématiquement l'ordre public. La mise en œuvre de ce mécanisme nécessite une évaluation concrète et non pas abstraite de la contrariété de la règle étrangère aux droits essentiels du for[1288]. Dans sa thèse, M. BODEN fait la distinction entre les lois choquantes et les concrétisations choquantes, pour limiter l'intervention de l'exception d'ordre public aux seules concrétisations choquantes[1289]. Ainsi, la simple opposition entre les dispositions du droit étranger désigné par la règle de conflit et les choix fondamentaux de l'ordre juridique tunisien exigée par l'article 36 du Code de droit international privé tunisien, serait insuffisante pour évincer la loi étrangère dès lors qu'aucune appréciation concrète de la contrariété avec l'ordre public tunisien n'est vérifiée. Déclarer contraire à l'ordre public, le droit étranger dès lors que ses dispositions s'opposent abstraitement à certains choix fondamentaux, sans s'assurer que la mise en œuvre dans le cas de l'espèce de la loi étrangère conduit à la perturbation de la cohésion de l'ordre juridique du for, augmenterait sans raison les cas d'intervention de ce mécanisme d'exception[1290]. Pareille attitude conduit à opposer l'ordre public à l'encontre d'une loi étrangère dont les dispositions sont contraires aux choix fondamentaux du for, alors même que si cette loi étrangère avait été appliquée au cas concret, l'ordre juridique tunisien n'aurait pas forcément été heurté. A l'inverse, se contenter d'une appréciation abstraite des recommandations de la norme étrangère peut conduire à des résultats concrets contraires à l'ordre public, alors même que les dispositions de la norme étrangère ne le sont pas. Il en est ainsi par exemple d'une loi étrangère qui reconnaît le droit aux aliments au conjoint ou à l'enfant. Cette loi abstraitement analysée n'est pas contraire à l'ordre public. Pourtant, il arrive que lors de son application concrète, la prestation qu'elle accorde au créancier s'avère insuffisante. Dans ce cas précis, la loi étrangère doit être écartée[1291].

1288 P. HAMMJE, « Droits fondamentaux et ordre public », *Rev. crit. DIP.*, 1997, p. 1 et s., spéc. p. 4 ; B. REMY, *Exception d'ordre public et mécanismes de lois de police en droit international privé*, Préface de P. MAYER, Dalloz, 2008, p. 334-336.

1289 D. BODEN, Thèse *précit.*, volume 2, p. 711, n° 634.

1290 V. PARISOT, *op. cit.*, volume 2, p. 1564-1565, n° 984.

1291 Voir l'arrêt de la Cour de cassation française du 28 novembre 2006 (*Rev. crit. DIP.*, 2007, p. 584, note N. JOUBERT). Dans cet arrêt, la Cour avait écarté l'application de la loi marocaine qui n'accordait de prestation compensatoire à l'épouse que pendant la période de viduité. La loi étrangère dans ce cas accorde le droit aux aliments à l'épouse,

Seule une appréciation concrète des effets de la norme étrangère est susceptible d'assurer la meilleure protection de l'ordre juridique du for des règles étrangères indésirables[1292].

730. Le juge doit vérifier dans un second temps que son ordre juridique est réellement heurté par la loi étrangère. Or, le domaine d'intervention de l'exception d'ordre public ne se limite pas à la protection des droits fondamentaux du for, mais s'étend aux droits et aux valeurs qui ne reflètent que les choix législatifs de l'ordre du for. La pratique des tribunaux français et tunisiens ainsi que les dispositions de l'article 36 du CDIP tunisien confortent cette thèse, qui n'est autre qu'une confirmation du caractère national de l'ordre public. Cela amenait forcément le législateur tunisien à ne pas faire uniquement référence aux droits fondamentaux ou valeurs fondamentales lors de l'éviction de la loi étrangère, mais plus exactement aux « *choix fondamentaux* »[1293] de l'ordre juridique tunisien. Cette formule prête à confusion. D'une part par le terme fondamental, le législateur a entendu restreindre l'intervention de l'exception seulement à ce qui est essentiel. Seulement voilà que le législateur a d'autre part rajouté à ce qualificatif « fondamental » le terme « choix » et non pas « droits », « principes » ou « valeurs ». Si les choix fondamentaux englobent essentiellement les droits et principes fondamentaux, ils ne se limitent pas à ces seules catégories, mais s'étendent aussi aux « orientations essentielles de l'ordre juridique tunisien »[1294], orientations qui lui sont propres[1295]. D'ailleurs, le qualificatif fondamental est souvent employé pour désigner « *une fonction*

---

pourtant elle a été déclarée contraire à l'ordre public, car dans le cas d'espèce la prestation s'avère insuffisante.

1292 P. LAGARDE, « Ordre public », *Rép. internat. Dalloz*, 1998, n° 23 et 24.

1293 Selon l'article 36 alinéa premier du CDIP, « l'exception de l'ordre public ne peut être soulevée par le juge que lorsque les dispositions du droit étranger désigné s'opposent aux choix fondamentaux du système juridique tunisien ».

1294 S. BOSTANJI, « L'incidence de la constitution sur les nouvelles solutions de conflit de lois (Etude de droit international privé de la famille » *précit.*, p. 303.

1295 Comme l'a remarqué Mme MEZIOU « A l'évidence, la terminologie employée n'est pas neutre, les choix fondamentaux ne sont pas les principes fondamentaux ou ne sont pas uniquement les principes fondamentaux. Les choix expriment une volonté, une action », K. MEZIOU, « Les relations en DIP de la famille entre la Tunisie et les autres pays arabes », in *Le code tunisien de droit international privé dix ans après*, Première journée Mohamed Charfi de droit international privé, Tunis le 21 et 22 novembre 2008, p. 31 et s., spéc. p.56.

d'identité et de cohérence d'un système juridique »[1296], et le fait de l'associer au substantif « choix » ne fait que réconforter cette thèse. Le législateur tunisien entend assurer à travers l'exception d'ordre public l'identité et la cohérence de son système juridique. Or, la législation tunisienne de droit de la famille dans sa globalité reflète l'identité du système tunisien et par conséquent les choix fondamentaux de l'ordre juridique tunisien[1297]. Quoi de plus fondamental que les choix d'un système en faveur d'une législation rassemblant à la fois des valeurs traditionnelles et des valeurs progressistes ? L'une et l'autre de ces valeurs sont chères au législateur tunisien. S'il s'y attache et tente autant que possible de les concilier[1298], cela prouve qu'il n'a pas l'intention d'y renoncer, mais bien au contraire qu'il en fait sa fierté[1299]. Pour le législateur tunisien, le choix en faveur d'une égalité entre les sexes dans la limite des recommandations explicites du texte coranique, ou bien le choix de concilier les besoins de l'intérêt de l'enfant avec les impératifs de la tradition arabo-musulmane du pays sont particulièrement fondamentaux. La pratique a montré que l'ordre public intervient toutes les fois que les normes étrangères s'éloignaient excessivement des traditions d'un pays musulman[1300] ou bien de celles d'un pays ouvert sur l'Occident[1301], au point que l'équilibre

---

1296 *Cf.* V. CHAMPEIL-DESPLATS, « La notion de droit "fondamental" et le droit constitutionnel français », *D.*, 1995, *chron.* p. 323 et s., spéc. p. 325

1297 L. CHEDLY, « Rapport introductif : Le Code de Droit international privé et les Droits de l'Homme », in *Le code tunisien de droit international privé dix ans après*, Première journée Mohamed Charfi de droit international privé, Tunis le 21 et 22 novembre 2008, p. 7 et s., spéc. p. 13 et 14.

1298 *Cf.* S. BEN ACHOUR, « L'interprétation du droit tunisien de la famille : entre référence à l'Islam et appel aux droits fondamentaux. Regards sur Cinquante années de jurisprudence (1960-2010) », in *L'interprétation de la norme juridique*, Actes du colloque international organisé les 5 et 6 avril 2010 à Jendouba, p. 17 et s.

1299 Voir, K. MEZIOU, « Approche critique du code de statut personnel », Mélanges offerts au Doyen Abdelfattah Amor, p. 815 et s., spéc. p. 815.

1300 Voir notamment, le jugement du Tribunal de première instance de Tunis, jugement n°32779 du 11 juillet 2000, M. GHAZOUANI, « Sommaire… » *précit.* Selon cette décision, « la loi saoudienne telle que tirée de la *Chariaa* islamique ne reconnaît pas à l'épouse le droit de demander le divorce par sa volonté unilatérale ; son application heurte les choix fondamentaux de l'ordre juridique tunisien tel que reflétés par le code de statut personnel qui visent à consolider les liens familiaux et à assurer l'équilibre entre les droit de la femme et les droits de l'homme » ; M. BEN LAMINE, « La jurisprudence Tunisienne en matière d'exequatur : cas du droit de la famille », in *Le code tunisien de droit international privé dix ans après*, Première journée Mohamed Charfi de droit international privé, Tunis le 21 et 22 novembre 2008, p. 70 et 71.

1301 Voir notamment l'arrêt de la Cour de cassation n° 570 du 12 juin 2000 (*R.J.L.*, 7-2001, p. 97, *Revue Tunisienne de Droit,* 2001 (partie en langue arabe), p. 187, note M.

atteint sur le plan interne soit rompu par la norme étrangère[1302]. Or, ces questions relèvent moins des droits fondamentaux et des valeurs fondamentales que des choix politiques du législateur tunisien[1303]. L'ordre public visé par le Code de droit international privé tunisien serait ainsi un moyen de préserver la politique législative de l'Etat[1304], dont les droits et les principes fondamentaux font nécessairement partie. La protection des besoins de l'Etat en matière familiale n'est pas propre au système tunisien, bien qu'il en soit plus évident en raison du contexte législatif particulier auquel s'est livré le législateur depuis le 13 août 1956. La protection de la politique législative par le biais de l'exception d'ordre public est également assurée en droit français[1305], nonobstant les évolutions internes renvoyant certains droits de la catégorie des choix législatifs à la catégorie des droits fondamentaux.

731. L'exception d'ordre public intervient donc pour défendre le système juridique du for contre l'intrusion des normes contraires aux droits fondamentaux du système, mais également à ses choix législatifs. Elle sert par conséquent à sauvegarder les droits fondamentaux d'une part, et à maintenir l'harmonie interne en raison du particularisme du système juridique du for d'autre part. La fonction du mécanisme de correction doit par conséquent être différente d'un cas à un autre. S'agissant de la protection des droits fondamentaux, l'exception d'ordre public, bien qu'elle ait pour principale mission de protéger l'ordre juridique du for, doit s'opposer à toutes normes étrangères qui leur sont contraires. Même si ce principe n'est pas universellement consacré, son

---

GHAZOUANI) qui a décidé que « le droit tunisien ne reconnaît pas l'institution de la séparation de corps qui n'est pas en harmonie avec l'ordre public tunisien car la Tunisie est un pays musulman qui n'autorise que le divorce à l'exclusion de toute autre institution non conforme à l'ordre social », et de ce fait « viole la loi, l'arrêt qui a revêtu de la force exécutoire un jugement italien de séparation de corps sans s'assurer de sa non-contrariété à l'ordre public international tunisien », alors même que le législateur tunisien a réglementé explicitement cette institution dans l'article 49 du CDIP ; M. BEN LAMINE, article *cit.*, p. 71 et 72.

1302 Voir, L. CHEDLY, « Rapport introductif : Le Code de Droit international privé et les Droits de l'Homme », in *Le code tunisien de droit international privé dix ans après*, Première journée Mohamed Charfi de droit international privé, Tunis le 21 et 22 novembre 2008, p. 7 et s., spéc. p. 18 et 19.

1303 En se fondant sur la pratique des tribunaux tunisiens dans la mise en œuvre de l'exception d'ordre public, M. CHEDLY se demande si l'ordre public n'était pas « *le miroir de l'ordre juridique tunisien* ». L. CHEDLY, Rapport *précit.*, p. 19.

1304 A. MEZGHANI, p. 77-83.

1305 V. HEUZE et P. MAYER, p. 152, n° 205.

importance en droit interne lui confère cette qualité dans l'ordre juridique du for, qui doit s'opposer à toute intrusion d'une norme qui lui est contraire. Cependant s'agissant de la protection de la politique législative de l'Etat, l'ordre public ne défend que la cohésion du système juridique du for et par conséquent on serait amené à lui privilégier le caractère relatif plutôt qu'universel.

732. Partant du constat de la relativité des droits défendus part l'exception d'ordre public, certains systèmes, notamment sous l'influence d'une partie de la doctrine, seraient favorables à une intervention de l'exception conditionnée à l'existence de « certains liens avec l'Etat du for »[1306]. Ce lien est d'un côté temporel, et de l'autre spatial.

733. Le lien temporel se manifeste notamment par le caractère actuel de la contrariété de la loi étrangère aux principes du for. Il s'étend aussi à la concordance des temps entre la constitution de la norme étrangère contraire à l'ordre public du for et le déploiement de ses effets dans l'ordre juridique du for. Cette dernière question est relative à la reconnaissance des situations constituées à l'étranger et précisément à l'effet atténué de l'ordre public. Le lien spatial quant à lui reflète les attaches plus ou moins grandes entre la situation juridique et le for.

734. Serait-il possible de mettre en œuvre l'exception d'ordre public à chaque fois que la norme étrangère est contraire aux choix de l'ordre juridique du for nonobstant les liens faibles que la situation présenterait avec ce dernier ? La réponse positive se justifierait si la norme violée avait une vocation à l'universalité, sinon, comme le souligne M. BUCHER, « aucun Etat ne peut prétendre, en effet, à l'application universelle de son droit, même si celui-ci relève de son ordre public »[1307]. La simple saisine de l'ordre juridique du for –notamment quand sa compétence ne repose pas sur des liens objectifs – ne suffit pas normalement à conclure que ce dernier soit heurté par les dispositions d'une loi étrangère contraires. Il faut que l'ordre public du for soit effectivement perturbé. Or, ceci varie en fonction de l'importance du principe à protéger, rendant par conséquent l'intervention de l'exception parfois systématique (Section I) et dans d'autres cas conditionnée à la perturbation effective du système juridique étatique (Section II).

1306 B. AUDIT et L. D'AVOUT, p. 277, n° 310.

1307 A. BUCHER, « L'ordre public et le but social des lois », *RCADI*, 1993-II, t. 239, p. 44, n° 18.

Section I : L'intervention systématique et inconditionnée de l'exception d'ordre public

735. Certains droits et valeurs, en raison de leur importance dans l'ordre interne, ne tolèrent aucune entorse à leur entrave même dans les relations internationales. Ils sont généralement qualifiés de droits fondamentaux et dont les droits universels ou bien à vocation universelle en font très souvent partie. L'application de la norme étrangère qui les heurterait conduit alors au prononcé par les autorités du for d'une décision violant ce droit. En donnant effet à une règle de droit contraire à la norme fondamentale[1308], les autorités étatiques violeront directement par leur décision le droit protégé. Nonobstant la faiblesse des liens qu'entretiendrait la relation avec l'ordre juridique du for, le juge ne doit pas se faire le porte-parole d'un législateur consacrant une entrave à un droit fondamental du for. Il devrait plutôt se rendre systématiquement le garant de la protection ces droits dès lors qu'il se reconnaît compétent (Paragraphe I). En dehors de la protection des droits exigeant une intervention illimitée de l'exception d'ordre public, certaines valeurs de l'ordre juridique du for, en raison de l'encadrement qui leur est réservé dans l'ordre interne à la fois par les règles civiles et les règles pénales applicables à titre principal, s'imposent au juge à chaque fois que ce dernier se déclare compétent (Paragraphe II).

Paragraphe I : La défense des droits fondamentaux

736. Plusieurs arguments plaident en faveur d'une mise en œuvre systématique de l'exception d'ordre public à l'encontre des lois étrangères violant un droit fondamental du for, nonobstant son origine interne ou internationale. L'universalité accordée aux droits fondamentaux (A), mais

1308 S'agissant d'une demande d'exequatur, M. MAYER, considère que le juge reconnaissant une décision étrangère n'ayant pas respecté les droits protégés par la Convention européenne des droits de l'homme, il se « rend complice » de l'atteinte apportée à ce droit. P. MAYER, « La Convention européenne des droits de l'homme et l'application des normes étrangère », *Rev. crit. DIP.*, 1991, p. 651 et s., spéc. p. 655.

surtout l'effet systématique de trouble à l'ordre public qu'engendrerait l'application d'une loi contraire à ces droits en sont les principales raisons (B).

A. L'intervention justifiée par l'universalité des droits fondamentaux

737. Dans sa distinction entre les droits fondamentaux et les droits de l'homme M. KINSCH, se réfère seulement à la source de chacun d'eux[1309]. Selon l'auteur, les droits fondamentaux sont les droits de l'homme garantis par l'ordre juridique interne. « Les droits fondamentaux sont ceux des droits de l'homme (au sens le plus général) qui sont garantis par l'ordre juridique *interne* de l'Etat – par opposition aux droits de l'homme au sens strict, qui seront définis comme les droits par les sources *internationales* qui lient l'Etat »[1310]. Par conséquent, seules les appellations, sinon les sources de ces droits diffèrent et non les droits qui y sont inclus. Dans tous les cas il s'agit d'une désignation des droits qui « œuvrent à la protection de l'être humain »[1311], et plus précisément des droits de l'homme « non dérogeables »[1312]. Les droits fondamentaux ne sont par conséquent que les droits de l'homme. La question qui se pose alors est celle de savoir s'il est possible d'admettre une relativité dans le respect des droits de l'homme, ou bien s'il faudrait leur accorder une valeur universelle et une protection inconditionnée dès lors qu'ils sont consacrés dans l'ordre interne. La doctrine est sur ce point partagée entre d'une part, les auteurs rejetant toute universalité des droits même ceux rattachés aux droits de l'homme (1) et d'autre part, ceux séduits par ce caractère conférant à ces droits une place particulière imposant systématiquement leur respect (2).

1309 P. KINSCH, « Droits de l'homme, droits fondamentaux et droit international privé », *RCADI*, 2005, t. 318, p. 22-26.

1310 P. KINSCH, « Droits de l'homme, droits fondamentaux et droit international privé », *RCADI*, 2005, t. 318, p. 22, n° 4.

1311 G. CANIVET, « La convergence des systèmes juridiques du point de vue du droit privé français », *RIDC*, 2003, p. 7 et s., spéc. p. 15.

1312 Selon l'expression de M. MEZGHANI, « Le juge français et les institutions du droit musulman », article *précit.*, p. 762.

1. La thèse réfutant l'universalité des droits fondamentaux

738. Partant de l'idée que l'universalité d'un droit suppose son acceptation par tous les Etats du monde, et qu'actuellement seul le droit à ne pas être placé en esclavage semble correspondre à ce cas de figure, une partie de la doctrine rejette toute idée de l'universalisme des droits de l'homme, « mal adapté aux exigences de la justice dans les cas individuels »[1313]. Elle propose une attitude relativiste à l'égard des lois étrangères les méconnaissant[1314]. Cette position est confortée en France par l'importance accordée par les tribunaux aux droits fondamentaux prévus par la Convention européenne des droits de l'homme qui trouvent leur inspiration dans des raisons essentiellement historiques et culturelles des Etats européens et dont le nombre dégagé par la Cour Européenne des Droits de l'Homme ne cesse d'augmenter au risque de les dévaluer[1315]. Elle l'est aussi en droit tunisien en raison de l'attitude des tribunaux étendant au maximum le domaine des droits fondamentaux. L'extension des concepts de droits fondamentaux ou droits de l'homme par les juridictions a conduit à discréditer ces droits, ce qui va profiter à la thèse des relativistes qui essayent de stigmatiser leur domaine.

739. Peu importent les instruments qui préservent le droit en question : la déclaration universelle des droits de l'homme, la Convention européenne des droits de l'homme, une Convention internationale, la Constitution ou même la législation interne, ces droits doivent être circonscrits aux Etats qui les consacrent. La fonction de l'exception d'ordre public, « mécanisme nationaliste »[1316] par excellence, ne saurait être de protéger des droits particuliers, mais seulement l'ordre juridique du for contre les normes qui le heurteraient. De ce fait, à partir du moment où le système du for n'est point concerné par la relation de droit et par conséquent il n'est aucunement perturbé par l'application de la norme étrangère concrètement, le juge n'a pas à opposer l'ordre public.

1313 G. CANIVET, « La convergence des systèmes juridiques du point de vue du droit privé français », *RIDC*, 2003, p. 7 et s., spéc. p. 22.

1314 M. FARGE, *op. cit.*, p. 462, n° 501.

1315 Y. LEQUETTE, débat suivant la communication de L. GANNAGE, sur « L'ordre public international à l'épreuve du relativisme des valeurs », *Trav. Comité fr. DIP.*, 2006-2008, p. 205 et s., spéc. p. 236.

1316 G. CANIVET, article *précit.*, p. 7 et s., spéc. p. 16.

En usant du mécanisme de protection de l'ordre public, le juge étatique doit se porter le garant non pas de la protection de tous les droits de l'homme, mais uniquement de la cohésion sociale de son système. Se souciant de réduire les situations boiteuses[1317] ou d'assurer l'harmonie internationale des solutions et la coordination des systèmes, les auteurs hostiles à l'universalité de ces droits refoulent toute intervention systématique de l'exception d'ordre public. Ils prônent par conséquent un ordre public sélectif, même pour la défense d'un droit fondamental. Un ordre public qui, même lors de la violation d'un droit de l'homme, n'interviendrait que sous conditions et ce, afin d'assurer son efficacité[1318]. L'intensité des liens qu'entretiendrait la situation avec l'ordre juridique du for en est une condition essentielle.

740. Pareille conception rejetant toute « dimension absolue »[1319] des droits fondamentaux, notamment lorsqu'ils résultent d'une conception particulière[1320] et se rapportent à un droit spécifique comme l'organisation familiale, se justifierait selon ses adeptes par un souci de continuité des solutions qui risque d'être compromis par une application universelle des droits de l'homme[1321]. Mais c'est essentiellement le rejet de tout impérialisme d'une civilisation sur les autres en général, et la préservation de l'identité culturelle des personnes dans leurs relations familiales plus particulièrement, que soutiennent les défenseurs de la relativité des droits de l'homme[1322]. C'est ainsi que les droits de l'homme « en rapport avec l'organisation familiale »[1323], notamment ceux prévus par la CEDH, ont été considérés par certains auteurs, en dépit de l'universalité prétendue que l'on voulait leur accorder, comme propre à la philosophie[1324] ou une culture[1325] occidentale, reprochant ainsi une

---

1317 P. COURBE, « Le rejet des répudiations musulmanes », *D.*, 2004, *chron.* p. 815 et s., spéc. p. 819.
1318 Voir, M. FARGE, *op. cit.*, p. 663, n° 504.
1319 R. EL-HUSSEINI BEGDACHE, *Le droit international privé français et la répudiation islamique*, Préface de J. FOYER, L.G.D.J, 2002, p. 237, n° 468, critiquant la conception conférant une dimension absolue au principe de l'égalité entre époux protégé par la CEDH « alors même qu'il résulte d'une conception européenne, c'est-à-dire particulière des droits fondamentaux ».
1320 R. EL-HUSSEINI BEGDACHE, *op.cit.*, p. 237, n° 468.
1321 R. EL-HUSSEINI BEGDACHE, *op.cit.*, p. 237, n° 468.
1322 Voir, G. CANIVET, « La convergence des systèmes juridiques du point de vue du droit privé français », *RIDC*, 2003 p. 20 et 21.
1323 M. FARGE, *op. cit.*, p. 493, n° 501.
1324 M. FARGE, *op. cit.*, p. 448, n° 484.
1325 G. CANIVET, article *précit.*, 2003, p. 20 et 21.

universalité absolue de ces droits non partagés par tous et parfois même refusés explicitement par bon nombre d'Etats. Cependant, parmi les auteurs hostiles à l'universalité des droits de l'homme, on retrouve ceux qui tempèrent leur position en rejetant l'idée d'un relativisme penchant vers un simple territorialisme de tous les droits de l'homme conduisant à leur intervention aux seuls espaces juridiques qui les consacrent. Reconnaissant l'importance de certains d'entre eux, une partie de la doctrine réticente à la thèse universaliste insiste tout de même sur la protection obligatoire des droits fondamentaux par le juge étatique. Cependant elle subordonne leur défense à une appréciation concrète de l'offensive à l'ordre public[1326] et notamment à l'existence de liens de proximité[1327] avec l'ordre juridique du for. La mise en œuvre de la protection des valeurs d'un Etat en raison des liens suffisants entre la relation de droit et l'ordre juridique concerné, est connue en France sous le nom d'ordre public de proximité[1328]. Afin de réduire l'intervention de l'exception d'ordre public « y compris concernant les droits fondamentaux »[1329], la protection n'interviendrait que si la situation présente des liens suffisants avec le for[1330]. De ce fait, la condition de la proximité avec le for serait le « meilleur frein à l'hégémonisme des droits fondamentaux »[1331].

741. Toutefois, le relativisme dans la défense des droits fondamentaux ne fait pas l'unanimité. L'idée même d'un conditionnement de la protection des droits de l'homme à l'existence de liens avec le for déplait à une grande partie de la doctrine, qui rejette tout relativisme dans la protection des droits de l'homme et prône donc une protection systématique et inconditionnée de ces droits.

1326 G. CANIVET, « La convergence des systèmes juridiques du point de vue du droit privé français », *RIDC*, 2003, p. 7 et s., spéc. p. 21.
1327 M. FARGE, *op. cit.*, p. 465 et 457, n° 494.
1328 L'expression a été employée pour la première fois en France par M. FOYER dans sa note sous Civ. 1re, 10 février 1993, *Rev. crit. DIP.*, 1993, p. 620, spéc., p. 622.
1329 N. JOUBERT, *op. cit.*, p. 291, n° 293.
1330 N. JOUBERT, *op. cit.*, p. 209 et s.
1331 M.-C. NAJM, *op. cit.*, p. 479 et 480, n° 500.

2. La thèse réfutant le relativisme lors de la protection des droits fondamentaux

742. Dépassant le seul cadre national, les droits fondamentaux ou encore les droits de l'homme considérés comme inhérents à la personne humaine sont, selon une partie de la doctrine, réputés dotés d'une valeur universelle bannissant tout relativisme et donc toute variation lors de la mise en œuvre de l'exception d'ordre public (a). L'idée semble séduisante, mais encore faut-il qu'elle ne s'étende pas à tout le domaine d'intervention de l'exception d'ordre public (b).

a. Exposé de la thèse

743. Il existe pour certains auteurs « un minimum de valeurs universelles reposant sur la dignité de la personne humaine avec lesquelles on ne doit pas transiger au prétexte d'un droit nouveau à la différence »[1332]. Ces valeurs ne sont pas uniquement l'apanage d'une civilisation particulière, mais devraient être celles de toute l'humanité. L'importance des droits fondamentaux ne laisse aucune place à un affaiblissement de la protection de ces droits[1333], voire à un certain relativisme. Ils doivent être assurés dans tous les cas[1334]. Les auteurs hostiles à toute relativité des droits de l'homme proposent deux voies à emprunter, débouchant toutes les deux au même résultat, à savoir une protection systématique des droits de l'homme.

744. Pour une partie de la doctrine, l'importance de ces droits ne peut admettre de dérogation. Par conséquent, elle postule pour leur application immédiate sans même passer par la règle de conflit. Cette solution, en dépit de sa capacité à assurer le respect des droits sus cités sans aucune restriction, est tout de même jugée trop nationaliste et

---

1332 J.-P. REMERY, débat suivant la communication de L. GANNAGE sur « L'ordre public international à l'épreuve du relativisme des valeurs », *Trav. Comité fr. DIP.*, 2006-2008, p. 205 et s., spéc. p. 233.

1333 H. MUIR WATT, « Contre une géométrie variable des droits fondamentaux de la procédure », *Justices*, 1996, p 329 et s., spéc. 336.

1334 L. CHEDLY, « Rapport introductif : Le Code de Droit international privé et les Droits de l'Homme », in *Le code tunisien de droit international privé dix ans après*, Première journée Mohamed Charfi de droit international privé, Tunis le 21 et 22 novembre 2008, p. 7 et s., spéc. p. 22.

« excède ce que nécessite une juste sauvegarde des droits fondamentaux »[1335]. Pourtant, la jurisprudence française a parfois fait appel à cette méthode[1336], tel que dans un arrêt de la Cour de cassation du 24 février 1998[1337]. Dans cette affaire, la Cour était appelée à se prononcer sur le régime matrimonial d'époux mariés en Suisse en 1973. Le mari était suisse et l'épouse française. Le couple avait élu pour premier domicile conjugal la Suisse puis s'était installé en France où les époux ont acquis par acte notarié un bien immeuble indiquant que le bien leur appartenait indivisément. La cour d'appel avait estimé que les parties étaient mariées sous le régime légal suisse en vigueur en 1986, date de la demande en divorce. Or, les dispositions de la loi suisse de l'époque étaient discriminatoires à l'égard des femmes, ce qui a été relevé par la Cour de cassation et qui a abouti à un arrêt de cassation. L'originalité de cet arrêt réside dans la méthode adoptée par la Cour. En effet, après avoir relevé la contrariété de la loi suisse à l'article 5 du Protocole du 22 novembre 1987, n°7 instaurant une égalité des droits entre les époux au moment du mariage et lors de sa dissolution, la Cour avait déclaré que ce texte « s'impose directement au juge français à qui il appartenait de rétablir l'égalité des droits entre les époux ». La référence à l'application immédiate du texte visé rappelle celle des lois de police qui s'imposent directement au juge sans passer par la règle de conflit. Pareille solution reste toutefois isolée. La solution majoritairement préconisée par la doctrine est plus modérée. Elle laisse une place à la mise en œuvre de la règle de conflit, tout en se gardant d'évincer la norme étrangère heurtant ce droit, par le biais de l'exception d'ordre public. L'application de ce mécanisme s'imposerait cependant systématiquement toutes les fois que la règle étrangère viole un droit fondamental.

745. Rejetant à la fois tout relativisme ou encore un « ordre public à deux vitesses »[1338] pour assurer le respect des droits de l'homme, de même que l'application directe des droits fondamentaux, des auteurs préfèrent passer par le mécanisme de l'exception d'ordre public afin d'imposer le respect des droits fondamentaux. La protection des droits de l'homme se fera par le canal de l'exception d'ordre public, dont le

---

1335 P. HAMMJE, « Droits fondamentaux et ordre public », *Rev. crit. DIP.*, 1997, p. 9, n° 10.

1336 Voir Paris, 14 juin 1994, *Rev. crit. DIP.*, 1995, p. 308, note Y. LEQUETTE.

1337 Civ. 1re, 24 février 1998, *Rev. crit. DIP.*, 1998, p. 637, note G.A.L. DROZ, *J.D.I.*, 1998, p. 730, note E. KERCKHOVE.

1338 J. FOYER, « Les vicissitudes contemporaines de la règle de conflit de lois », in *Clés pour le siècle*, Dalloz, 2000, p. 149 et s., spéc. p. 175, n° 230.

déclenchement se limite à la constatation de la contrariété de la norme étrangère à un droit fondamental. Ces auteurs dénoncent par conséquent toute variation dans la mise en œuvre de l'exception d'ordre public en raison du lien avec le for. Cette méthode doit être rejetée car elle peut conduire à l'application d'une norme étrangère contraire à des droits fondamentaux en raison de l'éloignement des attaches avec le for. L'application systématique de ce mécanisme d'exception lors de la protection d'un droit de l'homme se justifie selon M. MEZGHANI par l'universalité de ces droits[1339]. L'universalité légitimerait l'exclusion de toute condition restrictive à leur protection. Le défaut d'universalité ne serait pas un obstacle au déclenchement de l'ordre public. Bien au contraire sa mise en œuvre ferait de ce mécanisme un moyen de pression sur l'Etat étranger l'incitant par ailleurs, à revoir sa législation. La même protection systématique est préconisée par M. ZAHER et s'expliquerait selon l'auteur non pas par l'universalité du droit, mais par son existence même en tant que droit fondamental sans condition d'intensité des liens avec le for. Selon l'auteur, « les droits fondamentaux existent indépendamment de l'intensité des liens avec le for. Soutenir que l'ordre public de proximité est conditionné par le principe de proportionnalité reviendrait à dire que c'est l'intensité des liens avec le for qui hisse les valeurs en cause au rang de principes fondamentaux dont la protection exige le déclenchement de l'exception d'ordre public »[1340]. Pour ces auteurs, aucune variation à raison de la proximité avec le for ne saurait être admise pour opposer l'ordre public. Autrement, par « l'indifférence »[1341] ou par la « démission »[1342] d'un système face à des situations qui ne lui prêtent pas de liens, le juge se rend complice de l'immutabilité de la norme étrangère[1343] et manquerait à sa fonction « pédagogique »[1344], rôle qu'il serait utile de lui confier dans le cadre de la mise en œuvre de l'exception d'ordre public en plus de sa fonction de sauvegarde des valeurs de l'ordre juridique.

1339 A. MEZGHANI, « Le juge français et les institutions du droit musulman », *J.D.I.*, 2003, p. 765.

1340 K. ZAHER, *Conflit de civilisations en droit international privé*, L'Harmattan, 2009, p. 155, n° 206.

1341 A. MEZGHANI, « Le droit international privé sous l'angle de la tolérance », Mélanges offerts au Doyen Abdelfattah Amor, p. 811.

1342 K. ZAHER, *Conflit de civilisations en droit international privé*, L'Harmattan, 2009, p. 202, n° 281.

1343 A. MEZGHANI, « Le juge français et les institutions du droit musulman », *J.D.I.*, 2003, p. 732.

1344 Voir, Y. LEQUETTE, débat suivant la communication de L. GANNAGE *précit.*, p. 237.

746. Evidemment, les décisions faisant le rapprochement entre l'éventuelle intervention de l'exception d'ordre public et les liens avec le for ont fait l'objet de vives critiques de la part des auteurs opposés à un quelconque relativisme ou subjectivisme en ce domaine [1345]. Les reproches s'adressaient spécialement aux cas de la non éviction d'une norme étrangère contraire à ces droits, lorsque les liens de la situation avec l'ordre juridique du for ne s'avéraient pas suffisants. Les critiques les plus violentes en France sont celles adressées à l'encontre de l'arrêt de la Cour de cassation du 10 mai 2006[1346]. L'affaire concernait une action en recherche de paternité intentée par une mère algérienne en tant que représentante légale de son enfant de même nationalité qu'elle, avec laquelle elle résidait en Algérie, contre un prétendu père français et résidant en France. La cour d'appel avait écarté l'application de la loi algérienne désignée par la règle de conflit qui ne reconnaissait que la filiation légitime et partant, distinguait entre enfants naturels et enfants légitimes, en raison de sa contrariété à l'ordre public. Appelée à se prononcer sur la contrariété des dispositions de la loi algérienne à l'ordre public, la Cour de cassation avait cassé l'arrêt de la cour d'appel pour violation des articles 311-14 et 3 du Code civil, « alors que l'enfant n'a pas la nationalité française et ne réside pas en France ». Si cette solution, saluée par une partie de la doctrine[1347], se trouve justifiée en raison de son respect pour les lois étrangères[1348], elle paraît inadmissible pour d'autres auteurs qui déplorent l'inapplication dans ce cas de l'effet plein de l'ordre public qui aurait conduit à l'éviction de la loi étrangère[1349]. C'est essentiellement l'indifférence des relativistes au sort des enfants non français et non résidents en France[1350] qui les gêne le plus. La protection discrétionnaire par l'ordre public serait donc intolérable. Le mécanise se transforme ainsi en une règle de rattachement subsidiaire

---

1345 Voir, H. GAUDEMET-TALLON, note sous Civ. 1re, 10 juillet 1979, *Rev. crit. DIP.*, 1980, p. 91 et s., spéc. p. 97.

1346 Civ. 1re, 10 mai 2006, *D.*, 2006, p. 2890, note G. KESSLER et G. SALAME ; *JCP*, éd. G, 2006.II.1165, note T. AZZI ; *JCP*, éd. G, 2007. I.109, note L. CORBION, *Dr. fam.*, 2006, p. 33, note M. FARGE, *Gaz. Pal.*, 10-12 décembre 2006, 12, avis J. SAINTE-ROSE.

1347 N. JOUBERT, *op. cit.*, p. 249, n° 259.

1348 Voir, G. KESSLER et G. SALAME note sous Civ. 1re, 10 mai 2006, *D.*, 2006, p. 2890.

1349 L. GANNAGE, « L'ordre public international à l'épreuve du relativisme des valeurs », *Trav. Comité fr. DIP. précit.*, p. 219.

1350 K. ZAHER, *op. cit.*, p. 168, n° 227 ; *Cf.* A. MEZGHANI, « Le juge français et les institutions du droit musulman », *J.D.I.*, 2003, p. 721 et s., spéc. p. 757.

véhiculant les impératifs du for. Il s'agit d'un ordre public de rattachement[1351], qui dépasserait parfois le seul cadre de la correction de la règle de conflit pour en devenir « un rattachement principal »[1352] ou encore « une règle autonome de droit international privé »[1353]. En plus, cette règle autonome pourrait revêtir la forme d'un privilège de nationalité, dont certaines décisions tunisiennes antérieures à l'entrée en vigueur du CDIP relatives aux modes de relâchement du lien par divorce ou séparation de corps seraient une illustration[1354]. S'agissant de se prononcer sur la contrariété d'une loi étrangère désignée par la règle de conflit n'autorisant que la séparation de corps et prohibant le divorce, les juridictions tunisiennes avaient adopté deux positions différentes en fonction de la nationalité des parties. Dans une affaire remontant au 2 avril 1964[1355], deux époux italiens résidents en Tunisie, séparés de corps par un jugement tunisien en 1953, avaient introduit conjointement dix ans après une demande de convertissement de leur séparation de corps en divorce devant le tribunal de Tunis. Leur demande avait été rejetée au motif que la règle de conflit prévue par le décret du 12 juillet 1956 applicable à l'époque désignait la loi italienne, loi nationale des époux comme compétente, laquelle ne reconnaissait que la séparation de corps comme mode de relâchement du lien conjugal. La Cour de cassation avait confirmé la décision des juges du fond en raison tout d'abord de la non contrariété de « la séparation de corps » à l'ordre public, dès lors que l'institution est prévue par les articles 2 et 4 du décret, ensuite en raison de la conformité de la loi italienne, qui n'autorisait que la séparation de corps – et prohibant par conséquent le divorce –, à l'ordre public. La même solution a été reprise dans l'arrêt *Zacco* de la cour d'appel de Tunis

---

1351 P. HAMMJE, « L'ordre public de rattachement », *Trav. Comité fr. DIP.*, 2006-2008, p. 153 et s.

1352 P. HAMMJE, *Ibid.*, p. 155.

1353 P. HAMMJE, *Ibid.*, p. 156.

1354 Voir, M. CHARFI, « Abolir les privilèges », *Revue Tunisienne de Droit,* 1972, p. 11 ; L. CHEDLY, « Le statut personnel des étrangers (Etude en matière de conflits de lois) », in *L'étranger dans sous ses états,* (dir de), F. HORCHANI et S. BOSTANJI, DIRMAN 2005, p. 65 et s., spéc. p. 68; L. CHEDLY et M. GHAZOUANI, p. 508. Il est à noter qu'un jugement du tribunal de première instance de Tunis en date du 29 juin 1999 (*Revue Tunisienne de Droit,* 2000. p. 403, note S. BEN ACHOUR) a maintenu la solution nationaliste pour un divorce entre un Belge et une Tunisienne prononcé un an après l'entrée en vigueur du Code mais qui était soumis aux dispositions du décret beylical de 1956.

1355 Civ. arrêt n° 2994 du 2 avril 1964, *Bull.*, 1964, p. 15, *J.D.I.,* 1968, p. 121, *chron.* M. CHARFI, *Revue Tunisienne de Droit,* 1965-1967, p. 27.

en date du 25 décembre 1963[1356]. La cour d'appel avait maintenu la solution de l'arrêt précédent en refusant d'opposer l'ordre public après avoir constaté que les deux parties étaient étrangères. Les lois étrangères prohibitives du divorce n'avaient été maintenues que lorsqu'aucune des parties à l'affaire n'était tunisienne. En effet, dans un arrêt du 7 novembre 1959[1357], la même cour avait déclaré quatre ans avant l'arrêt *Zacco*, que « la loi italienne en ce qu'elle interdit le divorce, heurte l'ordre public tunisien qui commande de ne pas priver la femme tunisienne de l'un de ses droits fondamentaux qui lui est reconnu par le législateur tunisien », pour lui substituer en fin de compte le droit tunisien. L'ordre public n'avait donc à intervenir que lorsqu'au moins l'une des parties était tunisienne, alors même qu'elles résidaient toutes en Tunisie. C'est pourquoi la doctrine voyait dans le subjectivisme des juridictions tunisiennes la consécration d'un privilège de nationalité qu'elle dénonçait fortement[1358]. Sous l'influence de cette doctrine, le législateur tunisien dans l'article 36 du CDIP, a expressément prévu que « le juge invoque l'exception de l'ordre public quelle que soit la nationalité des parties au litige ». Bien au-delà de l'exclusion de tout privilège de nationalité, le législateur rejette toute condition de proximité[1359] lors de la mise en œuvre de l'exception d'ordre public dans l'alinéa 3 du même article lorsqu'il prévoit que « l'exception de l'ordre public ne dépend pas de l'intensité du rapport entre l'ordre juridique tunisien et le litige ». La proximité est satisfaite dans ce cas au stade de la compétence juridictionnelle, affirme M. MEZGHANI[1360]. Etant donné qu'elle est le fondement de la compétence internationale des juridictions tunisiennes, il n'est plus besoin « d'en faire à nouveau une condition de mise en œuvre de l'exception de l'ordre public »[1361].

747. En conclusion, ces auteurs appellent à une intransigeance face à l'interception des normes étrangères contraires aux droits

---

1356 Cour d'appel de Tunis, arrêt n° 56468 du 25 décembre 1963, *R.J.L.*., 4-1964, p. 66, *J.D.I.*, 1968, p. 123, *chron.* M. CHARFI.

1357 Cour d'appel de Tunis, arrêt n° 51196 du 7 novembre 1959, *R.J.L.*, 2-1960, p. 77.

1358 A. MEZGHANI, p. 85.

1359 A. MEZGHANI, p. 84 ; K. MEZIOU, « Migrations internationales et relations familiales », *RCADI*, 2009, t. 345, p. 234-235.

1360 A. MEZGHANI, p. 84.

1361 A. MEZGHANI, p. 85.

fondamentaux[1362]. Aucune variation n'est tolérée, ni en raison de la nationalité, ni en raison de la résidence des parties. Mieux encore, toute idée d'ordre public de proximité doit être rejetée.

748. Que l'ordre juridique étatique accorde une protection systématique aux droits fondamentaux ne peut qu'être plébiscité. L'importance de ces droits ne peut supporter une distinction de traitement en fonction des liens avec le for. Cependant, pareille intervention du mécanisme de protection de ces droits doit être limitée aux seules normes fondamentales.

b. Délimitation de son champ d'intervention

749. L'application systématique de l'exception d'ordre public pour protéger un droit fondamental n'encourt *a priori* aucune réticence. En revanche, la mise en œuvre systématique de l'ordre public devrait être cantonnée à la seule protection de certains droits (α), dont le domaine devrait être encadré (β).

α. L'intervention systématique cantonnée à la protection des droits fondamentaux

750. Il n'est pas nécessaire que le droit protégé soit réellement à caractère universel pour que l'ordre public intervienne systématiquement. D'ailleurs, dans ce type d'hypothèse, il est inutile de recourir à un tel procédé puisque le droit est universellement admis, aucune disposition étrangère ne devrait par conséquent le contredire. En revanche, les droits à vocation universelle et ceux considérés comme fondamentaux dans l'ordre juridique du for ne figurent pas forcément en tant que tels dans les systèmes étrangers, ce qui les prive de ce caractère universel. L'importance qu'accorde un Etat à ces droits légitimerait la protection illimitée qu'il leur allouerait sur le plan international. Mais pour que la protection soit inconditionnée dans les relations internationales, il faudrait préalablement qu'elle le soit de même dans l'ordre interne. Or, seuls les droits fondamentaux bénéficient d'une attention aussi

---

1362 L. GANNAGE, « A propos de l' "absolutisme" des droits fondamentaux », in *Vers de nouveaux équilibres entre ordres juridiques*, Mélanges en l'honneur de Hélène Gaudemet-Tallon, Dalloz, 2008, p. 265 et s., spéc. p. 267.

particulière et infaillible. Réciproquement, seuls les droits jouissant de telles prérogatives et qui feraient partie de cette catégorie doivent être régulièrement défendus, même dans le cadre des relations internationales.

β. L'encadrement du domaine des droits fondamentaux

751. L'élargissement injustifié du domaine des droits fondamentaux, serait en réalité plus répréhensible que l'universalisme ou l'absolutisme de ces droits. Pour ce faire, il a été proposé d' « identifier parmi les droits fondamentaux ceux qui méritent réellement cette qualification »[1363]. Or, il ne peut exister des droits « véritablement fondamentaux »[1364] et des droits « prétendument » fondamentaux. Soit le droit concerné bénéficie de ce qualificatif, soit il en est privé. Il ne peut être « approximativement » fondamental, à l'opposé de ceux qui le sont « réellement » ou ceux qui sont « si fondamentaux qu'ils ne devraient s'accommoder d'aucune variation dans l'espace »[1365]. Il n'y a qu'une seule catégorie de droits fondamentaux dont il faut identifier les critères distinctifs. Seul par conséquent l'encadrement privilégié et inconditionné dont jouit un droit dans l'ordre juridique interne est susceptible de lui conférer cette valeur. Sont de ce fait exclus tous les droits incomplètement et imparfaitement protégés.

752. A partir de cette distinction, les critiques adressées aux relativistes ne se justifient que lorsqu'ils étendent leur théorie à tous les droits, et ce, sans égard à leur qualification. Le choix du législateur tunisien en faveur d'une application systématique de l'exception d'ordre public ne se justifie donc guère, sauf à considérer que l'ordre public ne doit intervenir que pour défendre les droits fondamentaux et donc les droits parfaitement protégés, ce qui malheureusement limiterait considérablement le champ d'application de l'ordre public. Nombreux sont les droits, qui en dépit de la bonne protection que leur accorde l'ordre juridique tunisien,

---

1363 Y. LEQUETTE, « Le droit international privé et les droits fondamentaux », in *Libertés et droits fondamentaux*, Dalloz, 2009, p. 124, n° 228.

1364 L'expression est employée par Mme GANNAGE, dans sa communication *précit.*, p. 208.

1365 V. PARISOT, note sous Civ. 1re, 1er décembre 2010, *Rev. crit. DIP.*, 2011, p. 610 et s., spéc. p. 622, n° 3.

connaissent des dérogations qui les privent du grade de droits fondamentaux. Ce n'est pourtant pas une raison pour se désintéresser totalement de leur protection. Mais comme ils sont relativement consacrés dans l'ordre interne, il n'y a aucune raison qu'ils soient absolument protégés dans l'ordre international.

753. Entre le « relativisme radical »[1366] des droits défendus par l'ordre public et l'absolutisme de ces derniers, il serait préférable d'opter pour une position médiane délimitant le domaine d'application automatique de la protection, uniquement pour la défense des droits fondamentaux. Ainsi, lorsque le droit ou la valeur protégée ne connaît aucune dérogation, il est intolérable d'admettre une norme étrangère qui la contredirait. Il en est ainsi de la liberté matrimoniale en droit français, étant donné qu'elle est classée dans la catégorie des droits fondamentaux, l'ordre juridique français ne supporterait pas l'insertion d'une loi discriminatoire dans son système, peu importent les liens que les parties présentent avec le for. D'ailleurs, la jurisprudence française n'a pas hésité à opposer l'ordre public à l'encontre des lois discriminatoires en la matière sans faire référence aux liens qui existaient avec le for[1367]. En revanche, le relativisme est irréprochable en dehors des hypothèses de la protection des droits fondamentaux. Par conséquent, les critiques adressées à l'arrêt de la Cour de cassation française du 10 mai 2006 n'ayant pas opposé l'ordre public à l'encontre d'une loi étrangère interdisant l'établissement de la filiation d'un enfant né hors mariage, ne se justifient qu'en partie. Pourquoi critiquer la distinction entre les enfants français ou résidant en France des autres enfants lors de l'établissement de la filiation, alors qu'il y avait à l'époque de cet arrêt une distinction entre les enfants français d'origine mahoraise et les autres enfants français en matière d'établissement de la filiation ? D'ailleurs, même aujourd'hui demeure toujours une distinction entre les enfants français ou résidents en France né sous X et ceux qui ne le sont pas, ou bien ceux nés d'une relation incestueuse des autres. La critique ne devrait pas concerner le relativisme auquel la Cour de cassation avait fait appel. Ce sont précisément les motifs de la décision prise qui sont beaucoup moins défendables. Comment conclure dans cet arrêt à l'insuffisance des liens avec l'ordre juridique français en raison de la nationalité étrangère ainsi que la résidence en France de l'enfant alors même que le prétendu

---

1366 L. GANNAGE, « Le relativisme des droits de l'homme dans l'espace méditerranéen », *RIDC.* 2006, p. 101 et s., spéc. p. 116.

1367 Paris, 9 juin 1995, *D.*, 1996, *somm.* 171, *obs.* B. AUDIT.

père est français et résident en France ? D'ailleurs, les critiques de cet arrêt ont été adressées en France précisément par l'un des promoteurs de l'exigence des liens suffisants pour opposer l'ordre public[1368]. Certains développaient leurs reproches à l'égard de cette décision, par la vocation de l'enfant à devenir français au cas où sa filiation avait été établie. Toutefois, les reproches pourraient se limiter à la conclusion de la Cour de l'absence de liens suffisants avec la France, alors que la résidence du père en France ou même sa nationalité française aurait suffit pour constater le lien avec la France nécessaire à l'éviction de la loi algérienne. Dans une affaire récente en date du 26 octobre 2011[1369], la Cour de cassation avait considéré que les dispositions de la loi ivoirienne qui prohibaient la recherche de la paternité d'un enfant à l'encontre d'un homme marié étaient contraires à l'ordre public français, « dès lors qu'elles privaient l'enfant de son droit d'établir sa filiation paternelle ». Aucune références aux liens de proximité existant entre la France et la relation juridique n'a été faite par la Cour alors même qu'ils existaient étant donné que l'enfant est né et a été élevé en France. Cette décision peut être interprétée de deux façons différentes. De prime à bord, si le silence de la Cour sur les attaches qu'entretenait la relation avec la France était prémédité, il s'agit dans ce cas certainement d'un revirement jurisprudentiel par lequel les jugent renoncent aux liens de proximité pour mettre en œuvre l'exception d'ordre public en matière de filiation[1370] et réservent par conséquent à ce droit le même traitement qu'ils octroient aux principes fondamentaux. Cette solution justifierait les généralités de l'attendu de cet arrêt, mais serait en désaccord avec les dispositions du droit interne français qui n'assurent toujours pas une protection parfaite à la matière. Ensuite, la référence faite par la Cour de cassation aux attaches que présentait la situation avec la France peut sembler dans cette affaire surabondante étant donné que l'arrêt n'a fait que confirmer la décision de la cour d'appel qui avait selon la Cour de cassation « exactement décidé » que les dispositions de la loi étrangère applicable étaient contraires à l'ordre public. Or, la cour d'appel pour

---

1368 Il faut dire que ces reproches ont aussi été adressés par l'un des défenseurs de l'ordre public de proximité qui voyait en la nationalité française du père ainsi que sa résidence en France une bonne raison pour excepter l'ordre public en raison des liens que la situation entretient avec le for. Voir, P. LAGARDE, débat suivant la communication de L. GANNAGE *précit.*, p. 234.

1369 Civ. 1re, 26 octobre 2011, *JCP*, éd. G, 2011. 1236, *J.D.I.*, p. 176, note J. GUILLAUME.

1370 D. SINDRES, « Vers la disparition de l'ordre public de proximité », *J.D.I.*, 2012, p. 10, n° 1.

arriver à un tel résultat, s'est appuyée sur les liens qu'entretenait l'enfant avec la France. La Cour de cassation n'a fait qu'approuver et confirmer la décision des juges du fond. Dans ce cas, le droit à la filiation demeure tributaire des liens qu'entretient la relation avec la France. Une interprétation qui serait en harmonie avec la protection qui lui est accordée en droit interne.

754. A l'inverse, du droit de filiation qui connaît toujours quelques exceptions, depuis l'ordonnance du 3 juin 2010[1371] et la suppression des inégalités entre époux à Mayotte, la polygamie et la répudiation, institutions discriminatoires à l'égard des femmes ont été abolies dans toute la France. Désormais, ce droit est considéré comme fondamental et son respect s'impose sans aucune « géométrie variable »[1372], incompatible avec son nouveau statut. Même les rejets des répudiations prononcées à l'étranger ne peuvent plus être assujettis à des liens de proximité. Il ne sera plus nécessaire pour refuser la reconnaissance des répudiations étrangères, de constater le lien suffisant avec le for, chose qui, depuis les arrêts du 17 février 2004[1373], est toujours soulevée pour motiver la contrariété de la norme étrangère à l'ordre public français[1374]. La simple saisine des juridictions françaises devient suffisante pour opposer l'ordre public à ce mode de dissolution du lien conjugal en France. La même solution se justifierait dans le système tunisien si les juges cessaient de se référer pour l'interdiction de la répudiation au principe d'égalité entre hommes et femmes et considéraient le divorce égalitaire comme un droit fondamental autonome. La seule limite au principe du respect systématique des droits de l'homme concerne la situation totalement créée à l'étranger et qui a déployé tous ses effets à l'étranger à un moment où aucun lien spatial n'existait avec le for. L'éloignement temporel associé à l'éloignement spatial, imposent le respect des attentes légitimes des parties qui ont vu leur situation créée et éteinte sous l'emprise d'une norme étrangère à un moment où aucune attache avec le for n'existait.

1371 Ordonnance n° 2010-590 du 3 juin 2010 portant dispositions relatives au statut civil de droit local applicable à Mayotte et aux juridictions compétentes pour en connaître.

1372 L'expression a été employée par Mme MUIR WATT dans son article, « Contre une géométrie variable des droits fondamentaux de la procédure », *Justices*, 1996, p. 336.

1373 Arrêts *précit.*

1374 Civ. 1re, 4 novembre 2009, *D.*, 2010, p. 543, note G. LARDEUX ; Civ. 1re 18 mai 2011, *Gaz. Pal.*, 13 août 2011 n° 225, Chronique de droit de la famille, p. 18, note M. EPPLER.

755. En conclusion, l'accession d'un droit au grade de norme fondamentale est à elle seule apte à lui conférer une défense particulièrement privilégiée et inconditionnée. Sa protection doit être dépourvue de toute relativité. Elle se justifie par l'importance qui lui est accordée, dont le non-respect engendrerait systématiquement une atteinte à l'ordre public du for.

B. L'intervention justifiée par l'atteinte systématique à l'ordre public engendrée par l'application d'une norme contraire à un droit fondamental

756. La correction systématique du résultat matériel de la norme étrangère, lorsqu'elle viole un droit qualifié de fondamental dans l'ordre juridique du for, se justifie par l'atteinte systématique à la cohésion de l'ordre public qu'elle engendrerait. A travers la mise en œuvre de l'ordre public, le juge a pour mission de sauvegarder les droits de l'homme ou bien la cohésion de l'ordre juridique du for. Dans les deux cas, les conditions requises pour l'intervention de ce mécanisme sont satisfaites. La mise en œuvre de l'exception sans recours à aucune exigence de proximité pour la protection des droits fondamentaux se défend aussi bien dans la thèse des universalistes que dans celle des relativistes.

757. Tout d'abord pour les universalistes, puisque le manquement au respect d'un droit fondamental entraîne la violation automatique d'un droit de l'homme, il suffit de relever la contrariété de la norme étrangère à un droit fondamental pour conclure au non-respect d'un droit de l'homme et exiger du juge une intervention systématique en vue de mettre fin à cette entrave. Ensuite pour les relativistes, à supposer que le rôle du juge se limite à la protection de son seul ordre public, l'insertion d'une norme étrangère contraire à un droit fondamental entraîne forcément une perturbation dans l'ordre juridique du for. Que le juge prenne « part à la violation des valeurs »[1375] de son ordre juridique en appliquant directement une loi étrangère heurtant un droit fondamental, ou bien qu'il se rende complice de cette violation en prêtant la main à

1375 L. GANNAGE *précit.*, *Trav. Comité fr. DIP.*, p. 211, n° 10.

l'Etat étranger[1376], son système juridique se trouve dans les deux cas heurté. L'importance qu'accorde l'Etat au droit en question fait que son système sera incontestablement perturbé. Lorsque les juges français ou tunisiens s'abstiennent d'accorder à un enfant son droit aux aliments par application d'une loi étrangère ou lors de la reconnaissance d'une décision étrangère, la cohérence de l'ordre juridique du for sera forcément atteinte. La matière touche à des besoins vitaux donc à la vie même de l'enfant, à laquelle les deux Etats ne peuvent renoncer. La norme étrangère étant manifestement incompatible à un droit fondamental, de ce fait, l'importance accordée à ce droit associée à la gravité de l'atteinte qui lui est portée emportent automatiquement une perturbation dans la cohésion de l'ordre juridique. L'opinion publique sera de toute évidence, choquée par l'application de la norme étrangère contraire à un droit fondamental. Ce qui justifie son éviction inconditionnée.

758. L'application systématique de l'exception d'ordre public s'étend aux normes étrangères contraires à des droits que le for estime fondamentaux. L'importance de ces droits ne peut tolérer la moindre variation dans leur protection qui conduirait nécessairement à perturber la cohésion de l'ordre juridique étatique. En plus, dans ce cas, l'harmonie internationale est la plupart du temps respectée étant donné que grand nombre d'Etats partagent ces droits. Si tel n'est pas le cas, la gravité de la violation et la perturbation qu'engendrerait la norme étrangère imposent que la cohésion de l'ordre juridique l'emporte sur le principe de l'harmonie internationale.

759. La réaction automatique de l'exception d'ordre public s'étend aux principes protégés par les sanctions pénales applicables à titre principal.

Paragraphe II : La défense des principes protégés par des sanctions pénales applicables à titre principal

760. En raison de l'importance de certaines valeurs familiales, les législateurs français et tunisien n'ont pas hésité à assortir leur violation en plus des sanctions civiles ordinaires par des peines allant d'une simple

---

1376 P. MAYER, « La Convention européenne des droits de l'homme et l'application des normes étrangères », *Rev. crit. DIP.*, 1991, p. 651 et s., spéc. p. 658.

amende à des peines d'emprisonnement[1377]. Une protection particulière plus dissuasive est donc assurée à ces valeurs familiales en droit interne. Ce qui leur accorde une importance notable, qui varie toutefois en fonction du mode d'intervention de la peine. Lorsque la valeur est protégée par une peine de nature pénale qui s'impose sans conditions au juge compétent, la sanction civile qui en est la conséquence, à savoir l'exception d'ordre public en droit international privé, s'impose par là même, sans aucune autre condition.

761. Cette idée trouve appuie dans le principe de l'autorité de la chose jugée au pénal sur le civil. Ce principe impose qu'une sanction civile suive la sanction pénale au cas où cette dernière est prononcée. Même si les juridictions étatiques sont incompétentes pour décider des sanctions pénales, elles ne peuvent admettre que la norme étrangère produise des effets civils à des agissements répréhensibles pénalement sur le territoire du for. C'est le cas en droit tunisien de l'interdiction de toute relation homosexuelle prévue dans le Code pénal. Cette interdiction n'est pas dépendante de l'existence d'une relation juridique quelconque telle qu'un mariage ou un PACS. De ce fait, il est impossible d'imaginer que dans l'ordre juridique tunisien, pour faire obstacle à toute situation juridique reconnaissant une relation homosexuelle, une variation puisse exister. Peu importe que la relation juridique soit concrétisée dans un mariage homosexuel ou un PACS, le juge tunisien fera intervenir obligatoirement l'exception d'ordre public pour évincer la norme étrangère qui donne effet à ces relations sans tenir compte de la proximité avec le for. L'application systématique de l'exception d'ordre public ne se limite pas aux seules relations de droit qui reconnaissent et réglementent ce genre de relations, mais s'étend même aux effets de ces rapports juridiques, telle que la reconnaissance d'une adoption faite par un couple homosexuel. Et c'est là que la comparaison entre le système français et tunisien s'avère d'une grande importance, puisqu'elle met en évidence les conséquences de l'influence de la sanction pénale prévue en droit interne sur la mise en œuvre de l'exception d'ordre public.

762. L'observation du système juridique français montre qu'au moment même où le mariage homosexuel était strictement interdit[1378], les

---

[1377] *Supra*, n° 703-705.

[1378] Civ. 1re, 13 mars 2007, *D.*, 2007. p. 1375, Point de vue, H. FULCHIRON, *D.*, 2007, p. 1389, rapp. G. PLUYETTE, *D.*, 2007, p. 1395, note E. AGOSTINI, *D.*, 2007, *panor.* 1561, *obs.* J.-J. LEMOULAND et D. VIGNEAU, *Defrénois*, 2007, art. 38595, p. 781, note J. MASSIP, *Dr. fam.*, 2007, *comm.* 76, *obs.* M. AZAVANT, *JCP*, éd. G, 2007.I.170,

relations homosexuelles et certains de leurs effets étaient reconnus. Les rares droits qui découlaient de ces relations et qui n'étaient pas autorisés en France, comme le mariage homosexuel ou les adoptions par un couple homosexuel, qu'ils constituaient ou non des valeurs fondamentales auxquelles l'ordre juridique français, n'étaient suivis en cas de violation en droit interne d'aucune sanction pénale. Cela avait conduit la Cour de cassation française, dans son arrêt du 8 juillet 2010[1379], à reconnaître une adoption simple[1380] faite par un couple homosexuel alors même qu'elle était prohibée dans l'ordre interne français[1381]. Il n'aurait pas été étonnant que les juridictions françaises reconnaissent les effets d'un mariage homosexuel célébré à l'étranger, notamment par des étrangers. A l'inverse en droit tunisien, il est possible d'affirmer que la mise en œuvre de l'ordre public concernera même les effets d'une relation homosexuelle qui s'est créée mais aussi éteinte à l'étranger, alors qu'il n'y avait aucun lien avec le for. Prenant l'exemple d'un couple homosexuel belge résidant et marié en Belgique et dont l'un des conjoints décède et laisse un bien immeuble en Tunisie. Si le conjoint survivant réclame sa part successorale devant les juridictions tunisiennes, les juges devraient préalablement statuer sur la qualité du demandeur. Bien que la relation matrimoniale dans ce cas ait été créée puis dissoute à l'étranger, selon le droit désigné par la règle de conflit tunisienne, le juge tunisien sera contraint de méconnaître ses effets, même ceux qui ne sont pas contraires à l'ordre public dans l'absolu comme le droit d'hériter. La relation homosexuelle constitue en elle-même un délit, sanctionné de peines d'emprisonnement dans le Code pénal. Le juge tunisien ne peut par conséquent reconnaître les effets d'un délit autonome prévu dans le Code pénal. Aucune variation pour le déclenchement de l'ordre public ne peut être admise dans l'ordre juridique tunisien lorsqu'il s'agit de la protection des relations hétérosexuelles, dont la violation est pénalement

---

n° 1, *obs.* J. RUBELLI-DEVICHI, *RJPF.*, 2007-5/22, p. 15, note A. LEBORGNE, *RTD civ.*, 2007, p. 287, *obs.* J.-P. MARGUENAUD, *RTD civ.*, 2007, p. 315, *obs.* J. HAUSER.

1379 Civ. 1re, 8 juillet 2010, *AJ fam.*, sept. 2010, p. 2, *obs.* A. MIRKOVIC, *id.* p. 3, *obs.* B. HAFTEL, *id.* p. 4, interview, C. MECARY, *D.*, 2010, p. 1787, *obs.* I. GALLMEISTER, *Dr. fam.*, 2010, *comm.* 156, note M. FARGE, *RDT civ.*, 2010, p. 547, *obs.* J. HAUSSER, *JCP*, éd. G., 2010.II.1173, note H. FULCHIRON, *J.D.I.*, 2011, p. 119, *comm.* S. BOLLEE, *Rev. crit. DIP.*, 2011, p. 747, note P. HAMMJE.

1380 Il est à noter que la Cour de cassation a refusé dans deux arrêts du 7 juin 2012 (*D.*, 2012, p. 1992, *obs.* I. GALLMEISTER) la reconnaissance de deux adoptions plénières prononcées à l'étranger au profit d'adoptants homosexuels.

1381 Civ. 1re, 9 mars 2011 ; *Cf.* C. SIFFREIN-BLANC, « Couple homosexuel : refus de l'adoption simple », *D.*, 2011, p. 876.

réprimée dans l'ordre interne indépendamment de l'existence d'une relation juridique l'organisant.

763. Lorsqu'il est question de préserver un principe fondamental protégé pénalement par des sanctions autonomes, le domaine intervention de l'exception d'ordre public est par conséquent plus étendu que celui des droits fondamentaux ordinaires. Il s'étend même à des effets non choquants dans l'absolu et qui ont été acquis selon la loi désignée par la règle de conflit du for.

Section II : L'intervention de l'exception d'ordre public conditionnée à l'existence de liens entre la relation de droit et l'ordre juridique du for

764. La protection des droits fondamentaux n'est pas le domaine de prédilection de l'exception d'ordre public. La norme étrangère est aussi écartée quand ses dispositions sont « inconciliables avec une certaine politique législative »[1382]. En effet, « chaque société étatique a des besoins qui lui sont propres et il est naturel que dans l'élaboration de son droit international privé, chaque Etat tienne compte des intérêts généraux de la collectivité au nom de laquelle il légifère en veillant à préserver les valeurs morales et sociales de cette communauté »[1383]. Lorsque la contrariété d'une norme étrangère aux choix législatifs fondamentaux porte atteinte à la cohésion de l'ordre juridique étatique, l'exception d'ordre public doit être opposée. Puisque la mission principale de l'exception est d'assurer le maintien de la cohérence dans l'ordre juridique du for[1384] et non pas le respect des droits dans l'absolu, ce n'est qu'à partir du moment où la cohésion du système étatique est perturbée

1382 H. BATIFFOL et P. LAGARDE, t. 1, p. 575-578.

1383 M.-C. NAJM, *Principes directeurs du droit international privé et conflit de civilisations. Relations entre systèmes laïques et systèmes religieux*, Dalloz, 2005, p.67, n° 65.

1384 H. BATIFFOL, « Quelques précisions sur le domaine de l'exception d'ordre public », in *Studi in onore di Giorgio Balladore Pallieri*, volume secondo, Universita Cattolica, 1978, p. 34 et s., spéc. p. 45.

que l'ordre public doit être opposé. Cependant, les troubles ne peuvent être constatés dans ce cas que si la politique législative est menacée par la norme étrangère. Or, pour que la politique législative soit menacée, il faut préalablement qu'elle soit impliquée. Par conséquent, pour qu'elle soit heurtée, la relation de droit devrait avoir un minimum de liens avec le for. Dès lors que c'est la politique législative du for qui est menacée par la norme étrangère, l'universalité parfois proclamée, doit être délaissée en raison de la spécificité du choix protégé à l'Etat visé. Dans ce cas, « un ordre public à deux vitesses permettrait de concilier la nécessaire protection des intérêts essentiels du for et le rejet de tout impérialisme juridique »[1385]. L'imprévisibilité, principal reproche de la relativité de l'exception d'ordre public, peut être atténuée par une hiérarchisation des critères retenus pour une mise en œuvre variable de l'exception, laissant présager d'avance et avec certitude les hypothèses de l'intervention de l'exception (Paragraphe I). Quant à l'indifférence potentielle de la relativité, elle peut être tempérée par une extension du domaine d'intervention de la protection à tous les systèmes partageant la même valeur (Paragraphe II), toutes les fois que les exceptions à la méthode classique de désignation de la loi applicable ne parviennent pas à assurer directement la protection du droit.

Paragraphe I : L'imprévisibilité de l'exception d'ordre public atténuée par la hiérarchisation des valeurs à préserver

765. La relativité de l'exception d'ordre public s'articule autour de sa fonction, qui n'est autre que la protection du for contre les normes étrangères susceptibles de menacer sa cohérence. Or, si en matière de défense des valeurs fondamentales, l'ordre public est systématiquement heurté par les normes étrangères les contredisant manifestement, il en est autrement lorsqu'il est question de la défense d'une politique législative. L'ordre public n'est atteint que si la loi étrangère y déploie ses effets. Il faudrait pour cela que la situation ait des liens avec le for pour que le système législatif soit heurté. Les liens varient en fonction de l'importance du droit à préserver. Plus l'ordre juridique accorde de l'importance à un droit, moins les liens avec le for sont exigés. La variabilité du déclenchement de l'exception d'ordre public, dépend de la

1385 L. CHEDLY, « L'ordre public en droit international privé, instrument de chauvinisme, d'impérialisme ou d'universalisme » *précit.*, p. 158.

place du choix législatif à sauvegarder dans l'ordre interne. L'importance des choix législatifs varie. Ainsi, le renforcement de la protection d'un droit par des amendes ou bien par des peines d'emprisonnement, reflète l'attention particulière que le législateur lui accorde (A) par rapport à celui préservé par des sanctions purement civiles (B).

A. Un lien ténu avec le for suffit pour déclencher l'ordre public lorsque le non-respect du choix législatif est sanctionné par des amendes et des peines pénales

766. Afin de garantir une protection maximale au droit protégé, il arrive que la sanction civile soit accompagnée d'une sanction pénale accessoire[1386]. Le renforcement des sanctions est une preuve de l'importance du droit ou de la valeur en droit interne. Or, plus le législateur accorde de l'importance à un droit, plus l'atteinte à ce dernier est considérée comme étant grave. Dans ce cas, des liens ténus entre la relation de droit et l'ordre juridique du for suffisent à perturber la cohésion de l'ordre public. Au sein même des choix importants renforcés pénalement, il peut y avoir une hiérarchisation. Lorsque les peines sont accessoires aux peines civiles et figurent dans un Code pénal, cela illustre une plus grande attention de la part du législateur à la valeur et l'autonomie qu'il consacre à la sanction pénale par rapport à la sanction civile.

1. Les facteurs de déclenchement de l'exception d'ordre public protégeant des valeurs assorties de sanctions accessoires prévues dans le Code pénal

767. Bien que la peine prévue dans le Code pénal accorde à la sanction civile plus d'importance, il n'en demeure pas moins que lorsque ces dernières sont accessoires à d'autres délits, contrairement aux sanctions

---

1386 *Supra*, n° 770.

pénales autonomes[1387], elles ne peuvent entraîner un effet d'application immédiate et inconditionnée de l'exception d'ordre public. Dans le cadre de cette étude, ces hypothèses concernent plus précisément les sanctions de l'abandon de famille ainsi que de la gestation pour autrui insérées dans le Code pénal français.

768. La sanction pénale de la gestation pour autrui prévue par l'article 227-12 du Code pénal français, en raison de sa réglementation dans la section relative aux atteintes à la filiation, prouve bien qu'elle n'est que l'accessoire de ce droit civil. Les peines qui sont infligées au non-respect de ce droit, attestent certes de la place particulière qu'accorde l'ordre juridique aux atteintes à la filiation. Cependant, l'exception d'ordre public ne peut être opposée systématiquement aux normes étrangères qui le violeraient, car ce droit n'est pas d'une valeur fondamentale en France, mais reflète une orientation législative. Un choix qui interdit une pratique bien particulière de procréation. La sanction pénale qui l'accompagne n'est que le garant de la non-perturbation de l'organisation de ce droit dans l'ordre juridique français. Partant, il est nécessaire que le système français soit heurté pour que l'exception d'ordre public soit opposée à l'encontre d'une norme étrangère qui porterait outrage à cette prohibition. Or, le système du for ne peut être perturbé que si la relation en question lui est rattachée.

769. Ainsi, une gestation pour autrui pratiquée par des citoyens des Etats-Unis d'Amériques et résidents dans ce même pays, dont les parents de l'enfant né viennent plus tard s'installer en France, ne peut être sanctionnée pénalement. De même, il devrait être donné effet à cette filiation en France. Pourtant, cette pratique est prohibée en France, et la peine qui suit son non-respect figure dans le Code pénal. L'ordre public du for ne peut être dans cette hypothèse troublé par l'arrivée d'une famille constituée par un enfant né d'une mère porteuse à un moment où aucune des parties n'avait une relation avec le for, tout comme pour la violation d'un droit fondamental constitué à un moment où aucun lien n'existait avec le for. Le respect d'un autre principe fondamental à savoir la sécurité juridique, impose la reconnaissance d'un droit valablement acquis à l'étranger[1388]. Tout autre est le cas d'une gestation pour autrui pratiquée dans un pays l'autorisant mais dont l'une des parties est

1387 *Supra*, n° 761-762.

1388 Voir P. KINSCH, « Droits de l'homme, droits fondamentaux et droit international privé », *RCADI*, 2005, t.318, p. 251, n° 197.

française. Sans se préoccuper de l'hypothèse de l'intervention ou non de la sanction pénale, il est clair que dans ce cas, l'exception d'ordre public devrait intervenir en raison des liens temporels et spatiaux que la situation présente avec le for, engendrant une perturbation dans la cohésion du système juridique. La sanction pénale prévue en droit interne, fait qu'un lien ténu avec la France, qu'il soit spatial ou temporal, suffit pour opposer l'ordre public à une norme étrangère qui contredirait cette interdiction. D'ailleurs, l'évolution jurisprudentielle en la matière avant les deux décisions de la CEDH du 26 juin 2014[1389] montre bien que l'introduction dans la réglementation d'une sanction pénale a fait basculer l'attitude des tribunaux. Il est vrai que dans l'arrêt de la cour d'appel de Paris du 15 juin 1990[1390], les juges français n'avaient pas opposé l'ordre public à une adoption plénière demandée par l'épouse du père biologique d'un enfant né d'une mère américaine, qui avait accepté selon les règles de droit locales américaines, d'abandonner l'enfant au profit de l'époux et père biologique de l'enfant. Cependant, il faut rappeler que les peines pénales sanctionnant l'infraction actuellement prévues n'existaient pas à l'époque. L'alinéa 2 de l'article 227-12 du Code pénal a été rajouté par la loi n° 94-653 du 29 juillet 1994, soit quatre ans après le prononcé de cette décision. L'intervention du législateur s'est suivie d'une réaction de rejet de la part des tribunaux à l'encontre des gestations pour autrui pratiquées à l'étranger lorsqu'une partie est française. L'arrêt de la cour d'appel de Paris du 18 mars 2010[1391], qui a été suivi par un arrêt de la Cour de cassation du 6 avril 2011[1392], illustre le rejet de cette pratique. L'affaire concernait un couple de Français vivant en France, qui en raison de la stérilité de la femme avaient conclu en Californie aux Etats-Unis d'Amérique avec une citoyenne américaine et selon les formes locales « un protocole de gestation pour autrui ». La

---

[1389] CEDH, 26 juin 2014, n° 65192/11, Mennesson c/France, *JurisData* n° 2014-015212 et CEDH, 26 juin 2014, n° 65941/11, Labassée c/ France, *JurisData* n°2014-015214 ; B. PASTRE-BELDA, « Obligation de reconnaître le line de filiation entre un père et son enfant biologique né d'une gestation pour autui à l'étranger », *JCP*, 14 juillet 2014, n° 28-827, p. 1398.

[1390] Paris, 15 juin 1990, *D.*, 1990, p. 540, note F. BOULANGER, *J.D.I.*, 1990, p. 982, *obs.* H. GAUDEMET-TALLON, *Rev. crit. DIP.*, 1991, p. 711, note C. LABRUSSE-RIOU.

[1391] Paris, 18 mars 2010, *D.*, 2010, p. 1683, note G. DE GEOUFFRE DE LA PRADELLE.

[1392] Civ. 1re, 6 avril 2011, *D.*, 2011, p. 1001, édito F. ROME, 1064, entretien X. LABBEE, p. 1522, note D. BERTIAU et L. BRUNET, *panor.* 1585, F. GRANET-LAMBRECHTS, *AJ fam.*, 2011. 262, *obs.* F. CHENEDE, 265, *obs.* B. HAFTEL et 266, interview M. DOMINGO.

mère porteuse a mis au monde le 25 octobre 2000 deux filles conçues *in vitro* des gamètes de l'époux français et de l'une de leur amie. Deux actes de naissance mentionnant que les époux français étaient les parents des enfants ont été enregistrés aux Etats-Unis en exécution d'un jugement américain préalable. En raison d'une « suspicion de gestation pour autrui », les autorités consulaires françaises en Californie avaient refusé de transcrire sur les registres français les deux actes de naissance. Le procureur de la République français avait ordonné la transcription dans le seul but d'obtenir son annulation. Deux procédures ont été intentées. L'une est pénale et a débouché sur un non-lieu. L'autre est civile et elle est relative à une demande d'annulation de la transcription. Cette dernière a fait l'objet d'un pourvoi en cassation qui a abouti à un arrêt de cassation. Après renvoi[1393], la cour d'appel de Paris a reconnu la qualité du procureur pour agir et a déclaré l'arrêt californien qui validait indirectement une gestation pour autrui en contrariété avec la conception française de l'ordre public international, sans même statuer sur l'éventuelle existence d'une fraude. Le pourvoi formé par les époux contre cet arrêt a été rejeté en raison de la contrariété de la décision étrangère à l'ordre public international français. En comparaison avec l'arrêt de 1990, on peut déduire que la gestation pour autrui ne pouvait plus être tolérée depuis le durcissement de la sanction civile par des peines pénales[1394]. Mais l'intolérance dans ce cas aussi a ses limites. Elle ne doit concerner que les situations qui ont un lien avec le for. Si toutes les parties étaient étrangères et résidaient à l'étranger au moment de la création de la relation de droit, il n'y a aucune raison pour que le juge français oppose l'ordre public, contrairement au cas du mariage homosexuel et de ses effets dans l'ordre juridique tunisien [1395]. Cependant, l'importance qu'accorde l'ordre juridique à cette valeur a fait que la moindre attache entre le rapport de droit et le for, notamment un lien temporel associé à un lien spatial, prescrit une réaction de rejet de l'institution. Généralement, lorsque les règles de compétence judiciaires sont fondées sur des considérations de proximité, les liens existant pour justifier la compétence des autorités du for suffisent pour déclencher l'exception d'ordre public. Toutefois avec les deux arrêts de la CEDH du

---

1393 Civ. 1re, 17 décembre 2008, *JCP*, éd. G, 2009. II.10020, note A. MIRKOVIC.

1394 *Cf.*, Civ. 1re, 13 septembre 2013, *JurisData* n° 2013-018930. – n° 12-30-138, *JurisData* n° 2013-018928 ; *JCP G* 2014, doctr. 43, n° 4, *obs.* A. GOUTTENOIRE; *RJPF* novembre 2013, p. 6, *obs.* M.-C. LE BOURISCOUT; Civ. 1re 19 mars 2014, *JurisData* n° 2014-005309 ; *JCP G* 2014, J. HEYMANN ; *D.* 2014, p. 905, *obs.* H. FULCHIRON et C. BIDAUD-GARON.

1395 *Supra*, n° 761 et 762.

26 juin 2014[1396] prévoyant la contrariété à la Convention européenne des de l'homme de l'interdiction totale de l'établissement du lien de filiation entre un père et ses enfants biologiques nés d'une gestation pour autrui à l'étranger, la France devra reconnaître la filiation biologique de l'enfant à l'égard de son père biologique français. Ce qui nécessitera par la même occasion une révision des sanctions pénales prévues en droit internes à l'encontre de cette pratique afin de coordonner les nouvelles exigences du droit de l'enfant à l'établissement de sa filiation biologique avec les règles de droit internes.

2. Les facteurs de déclenchement de l'exception d'ordre public protégeant des valeurs assorties de peines prévues en dehors du Code pénal

770. La répression pénale, quoique accessoire et ne figurant pas dans un support qui lui est normalement réservé, n'influe pas directement sur la place qu'accorde l'ordre juridique à la valeur ou au droit protégé. Pareille réglementation est révélatrice d'une protection particulière du droit, mais tout de même spatialement limitée. Les sanctions pénales, à l'instar de celles figurant dans le Code du statut personnel tunisien, se trouvent dans un support destiné à réglementer l'état civil et les relations familiales des ressortissants de l'Etat[1397] et les étrangers qui ont un certain lien avec la Tunisie, engendrant une application des dispositions du Code du statut personnel à leur relations après la mise en œuvre d'une règle de conflit. La protection renforcée de la valeur est donc essentiellement destinée aux Tunisiens et ceux qui ont des liens plus ou moins proches avec l'Etat tunisien. Cependant, une décision tunisienne du tribunal de première instance de Sousse du 24 novembre 2001[1398] va à l'encontre de cette position. Les juges ont en effet condamné aussi bien le mari égyptien que sa seconde épouse tunisienne à la prison en raison de la célébration en Egypte d'un mariage alors que le premier mariage

---

1396 Arrêts *précités*.

1397 K. MEZIOU, « Formation du mariage et principe de monogamie », in *Polygamie et répudiation dans les relations internationales*, Actes de la table ronde organisée à Tunis le 16 avril 2004 AB Consulting, p. 25.

1398 Tribunal de première instance de Sousse, ch. Correctionnelle Affaire n° 9672 du 24 novembre 2001, *Revue Tunisienne de Droit*, 2002, note S. BEN ACHOUR.

auquel une Tunisienne était partie, n'était pas encore dissous[1399]. Cette décision conduit, selon le principe qui prévoit l'autorité de la chose jugée au pénal sur le civil, à appliquer la sanction civile, qui n'est autre que l'exception d'ordre public dans les relations internationales, toutes les fois que la sanction pénale est prononcée. La présence d'un national suffit à infliger une condamnation pénale, et de ce fait à imposer l'exception d'ordre public. L'une comme l'autre des sanctions reste toutefois relative et dépendante des liens existants avec le for. Cela ne signifie pas pour autant que l'ordre public n'est opposable que lorsque la sanction pénale est applicable puisque l'ordre public intervient normalement pour protéger des valeurs et choix non incriminés, mais que la protection renforcée est restreinte à des situations bien particulières. En résumé, le choix législatif protégé dans ce cas est essentiel, mais la protection renforcée n'a pas un champ d'application illimité et il n'y a aucune raison pour qu'elle le soit civilement, sauf s'il s'agit d'un droit fondamental. En dehors de ces cas, une variation dans la protection dépendant de l'atteinte à la cohésion de l'ordre juridique, qui elle-même est tributaire des liens entre la relation et l'Etat concerné, est inévitable. Des liens faibles comme la nationalité d'une partie ou bien la résidence sur le territoire du for de la partie sollicitant la protection, arrive normalement à perturber l'ordre public en raison de l'importance particulière qu'accorde le système juridique au choix législatif en question. Les liens devraient être plus étroits au cas où la protection interne du choix législatif est moins importante, rendant la politique législative moins atteinte par les normes étrangères qui lui sont manifestement contraires.

B. Les choix préservés uniquement par des sanctions civiles ordinaires

771. L'intervention de l'exception d'ordre public dépasse le seul cadre de la protection des droits et valeurs fondamentaux ainsi que la politique législative de l'Etat pénalement protégée sur le plan interne. Elle s'étend aussi à la protection des choix politiques, donc aux objectifs nationaux

[1399] Concernant les critiques de l'extension des sanctions pénales à ce cas d'espèce, voir, K. MEZIOU, « Formation du mariage et principe de monogamie », article *précit.*, p. 23 et s.

du for[1400]. Ce sont des objectifs dont la protection interne ne dépasse généralement pas les sanctions civiles et se limitent parfois aux simples recommandations. Pourtant, au risque de troubler sa cohésion, l'ordre juridique ne peu supporter l'intrusion d'une norme étrangère qui lui est manifestement contraire. Inversement, le for ne serait pas systématiquement perturbé par l'application ou la reconnaissance des dispositions étrangères qui leurs sont contraires. L'atteinte à l'ordre public est dans ce cas « fondée sur la plus ou moins grande proximité que la situation entretient avec le for : plus la situation se rapproche du for, et plus le contrôle exercé au nom de l'ordre public se fait exigeant ; inversement, plus les liens avec le for se relâchent, et moins se font sentir les rigueurs de l'ordre public »[1401]. Pour ces droits, la même solution trouverait dans certaines hypothèses une réaction de rejet, alors que dans d'autres, une attitude de tolérance. La réponse variera en fonction de l'atteinte à l'ordre juridique qui elle, dépendra de l'implication de la situation dans la sphère étatique. L'implication ne coïnciderait pas avec la création de la relation dans l'ordre juridique. Même créée à l'étranger, une situation pourrait heurter l'ordre public dès lors qu'elle porterait atteinte à son harmonie. La distinction entre effet plein et effet atténué de l'ordre public céderait la place à une conception beaucoup plus concrète de l'évaluation de l'atteinte provoquée par la norme étrangère. Certaines normes étrangères ne semblent pas choquer dans l'absolu l'opinion publique, mais le feraient si elles étaient étroitement liées au for. Dans un pays ayant choisi de simplifier l'accès au divorce comme la Tunisie, les règles françaises plus ou moins restrictives et contraignantes, imposant une période de d'interruption de vie commune de deux ans avant le prononcé du divorce pour altération du lien conjugal, ne semblent pas en soi perturbatrices de l'harmonie du droit interne. Elles deviennent en revanche moins tolérables lorsque la relation présente des liens avec le for. Ainsi, la loi française qui impose le respect du délai de deux ans troublera l'harmonie du système tunisien si le juge tunisien devait l'appliquer au divorce d'époux français mais résidant en Tunisie. La résidence des époux en Tunisie est un des liens nécessaires pour faire intervenir l'exception d'ordre public. De même, la nationalité tunisienne des époux même résidant à l'étranger, peut être retenue pour faire obstacle à l'application de la loi française dont les conditions sévères perturberaient la cohésion du système du for. Pourtant, s'il s'agissait de

---

1400 R. LIBCHABER, « L'exception d'ordre public en droit international privé », in *L'ordre public à la fin du XXe siècle*, Dalloz, 1996, p. 65 et s., spéc., p. 71 et 72, n° 8.
1401 R. LIBCHABER, article *précit.*, p. 72, n° 9.

reconnaître une décision française entre deux Français domiciliés en France ou d'appliquer le droit français pour des époux français résidents en France ou même s'il est question d'époux français dont la seule partie qui réclame le respect des deux ans de séparation de vie commune réside en Tunisie, l'ordre public n'est pas perturbé. Pourquoi évincer dans ce cas la norme étrangère, alors même que le système étatique n'est pas atteint ? Il en est de même pour le choix que le législateur tunisien fait en faveur de l'organisation de la vie d'un couple dans le cadre de la seule institution du mariage. Les relations juridiques qui s'en éloigneraient manifestement tel le PACS, impliquant des personnes de sexes différents, auront des difficultés à s'insérer dans l'ordre juridique tunisien en cas de proximité avec lui. A l'inverse, il n'y a aucune raison de rejeter un pareil contrat conclu entre deux personnes de sexes différents, ressortissantes d'un pays autorisant ces contrats si les parties résident aussi dans un pays qui le reconnaît.

772. La contrariété avec l'ordre public du for variera dans ces hypothèses en fonction des liens avec la situation. Lorsque la relation de droit est très éloignée du for, aucune incohérence dans l'ordre étatique n'est susceptible de se produire, et de ce fait, l'ordre public ne doit pas être opposé. Cependant, plus le rapport de droit présente des liens avec le for, plus l'objectif national est menacé dans sa cohésion en raison de l'insertion inévitable de la norme étrangère dans le système étatique, que cela soit de façon directe (à travers l'application par le juge d'une loi étrangère) ou indirecte (par le biais de la reconnaissance d'une situation créée à l'étranger). Les liens exigés pour mettre en œuvre l'exception d'ordre public doivent en principe être plus étroits pour la sauvegarde d'un choix législatif non renforcé pénalement que lorsqu'il s'agit d'un choix pénalement protégé.

773. Cependant, l'ordre public de proximité est très souvent critiqué en raison de sa protection de personnes précises à l'exclusion d'autres, à savoir les nationaux ou les résidents du territoire national. Par ailleurs, ces reproches ne se justifient plus lorsqu'il est question de mettre en œuvre l'exception d'ordre public pour protéger des choix législatifs et non pas des valeurs et droits fondamentaux. Dans ce cas, la protection ne se rapporte pas à un droit ou une valeur déterminée mais plus à la sauvegarde de l'ordre juridique du for contre les normes étrangères. L'indifférence engendrée est donc justifiée et peut être même

recommandée afin d'éviter d'« imposer les conceptions du for au reste du monde »[1402].

774. Alors que cette idée d'ordre public de proximité a bien été consacrée en droit international privé de la famille français, elle est explicitement rejetée en droit tunisien par les dispositions du Code de droit international privé qui prévoient que « l'exception de l'ordre public ne dépend pas de l'intensité du rapport entre l'ordre juridique tunisien et le litige »[1403]. Dans le système français, elle demeure applicable dans toutes les situations sans aucune distinction entre la nature des droits protégés. Certains reprocheraient au système tunisien son impérialisme accentué, alors que d'autres reprocheraient au système français sa relativité parfois injustifiée. Cependant, aussi bien le relativisme que l'impérialisme apparents sont tempérés par le renouvellement de la méthode de résolution des litiges à caractère international dans les systèmes de droit international privé de la famille français et tunisien.

Paragraphe II : L'indifférence du relativisme tempérée par les nouvelles méthodes de droit international privé de la famille

775. La réglementation des relations privées internationales par les seules règles de conflit classiques indirectes, bilatérales et neutres n'est plus d'actualité. En effet, le droit international privé actuel est de plus en plus imprégné d'une dimension sociale[1404], prenant en considération directement lors de l'élaboration de la règle de conflit les choix essentiels de l'Etat, sans pour autant passer par l'exception d'ordre public (A). La protection relative des choix législatifs d'un système et l'indifférence excessive au sort de certaines catégories de personnes objets de vives critiques, pourraient être tempérées par une protection étendue à tous les systèmes partageant la même valeur (B).

1402 N. JOUBERT, *op. cit.*, p. 165, n° 177.

1403 Article 36 alinéa 3 du CDIP.

1404 Voir, A. BUCHER, « La dimension sociale du droit international privé », *RCADI*, 2009, t. 341, p. 9 et s.

A. La prise en considération des choix législatifs directement par la règle de conflit

776. Avec « l'émergence de méthodes nouvelles »[1405] qui « tend[ent] à intégrer d'emblée dans le processus [de l'identification de la loi applicable] les effets de la loi susceptible de s'appliquer »[1406], le domaine de l'exception d'ordre public tend à être de plus en plus réduit[1407]. Les règles de conflit unilatérales ainsi que celles abritant un objectif matériel, laissent peu de place à l'insertion dans l'ordre juridique du for d'une loi étrangère contraire aux choix législatifs fondamentaux du for. L'exception d'ordre public, jadis la seule arme mise à disposition pour protéger les choix législatifs contre les lois étrangères, désignée par la règle de conflit classique et neutre, se trouve concurrencée par ces méthodes qui laissent peu de place à l'application d'une loi étrangère (1) notamment, lorsqu'elle ne respecte pas l'objectif législatif interne (2).

1. L'engagement des nouvelles règles de conflit dans la recherche du résultat matériel correspondant au choix législatif

777. Conscient du défaut d'une communauté de certains droits et valeurs, ou encore de la spécificité du choix législatif interne par rapport aux droits étrangers en la matière, l'auteur de la règle de conflit tente de favoriser son choix législatif au sein de sa règle de conflit[1408]. La règle ainsi créée intègrera la politique législative de l'Etat. Cette dernière sera de ce fait préservée par la règle de conflit elle-même sans avoir à passer

---

1405 A. BUCHER, *RCADI*, 2009, p. 57, n° 25 ; *Cf.* B. REMY, *Exception d'ordre public et mécanismes de lois de police en droit international privé*, Préface de P. MAYER, Dalloz, 2008, p. 140, n° 256.

1406 A. BUCHER, *RCADI*, 2009, p. 54, n° 24.

1407 L. CHEDLY, « Rapport introductif : Le Code de Droit international privé et les Droits de l'Homme », in *Le code tunisien de droit international privé dix ans après*, Première journée Mohamed Charfi de droit international privé, Tunis le 21 et 22 novembre 2008, p. 7 et s, spéc., p. 13.

1408 M. CHEDLY constate que dans le Code de droit international privé tunisien, « les considérations matérielles, les Droits de l'Homme, s'infiltrent déjà au premier stade du raisonnement, au stade du rattachement ». L. CHEDLY, Rapport *cit.*, p. 9.

par l'exception d'ordre public. La règle à coloration matérielle anticipe donc sur l'objet de l'exception d'ordre public. La loi à appliquer n'est plus identifiée de façon abstraite, mais en fonction de son résultat matériel. Ainsi conçue, la nouvelle règle de conflit est dépourvue de toute neutralité, et donc des raisons de l'intervention de l'exception d'ordre public. Or, les règles de conflit à caractère substantiel ne cessent de proliférer en droit de la famille et intéressent très précisément les matières marquées par la politique législative de l'Etat. Elles sont plus évidentes en droit tunisien qu'en droit français. Cela explique le rejet de tout relativisme dans l'intervention de l'exception d'ordre public ainsi que l'hostilité à l'ordre public de proximité. Afin d'éviter une application très étendue et inappropriée de l'exception d'ordre public, les règles à coloration matérielle prennent en charge la concrétisation de la politique législative de l'Etat au stade du choix de la loi applicable. Le plus souvent, là où généralement l'ordre public de proximité aurait dû intervenir, une règle à caractère substantiel l'a remplacé. Evidemment les règles à coloration matérielle ne sont pas exclusives aux systèmes rejetant tout relativisme dans l'application de l'exception d'ordre public. La preuve est qu'elles existent aussi en droit international privé de la famille français, bien que souvent fondé sur l'idée de la proximité dans la mise en œuvre du mécanisme de protection. Ce type de règles s'étend dans les deux systèmes, parfois même à des droits fondamentaux exclus de tout relativisme.

778. C'est ainsi qu'en matière d'établissement de la filiation, les règles à coloration matérielle, aussi bien en droit français que tunisien, restreignent le domaine d'intervention de l'exception d'ordre public. Le droit protégé est directement pris en charge par la règle de conflit. L'article 52 du CDIP prévoit que le juge appliquera la loi la plus favorable à l'établissement de la filiation de l'enfant entre la loi nationale du défendeur et celle de son domicile, la loi nationale de l'enfant ou celle de son domicile. Parmi ces quatre lois en concurrence, il est fort probable que l'une d'entre elles permette d'atteindre le résultat espéré et d'éviter par conséquent le recours à l'exception d'ordre public. En droit français, même si la règle à coloration matérielle n'a pas un domaine aussi étendu qu'en droit tunisien, il n'en demeure pas moins qu'elle évite dans des situations bien particulières, la mise en œuvre de l'exception d'ordre public. La règle à rattachement substantiel concerne en droit français la validité de la reconnaissance volontaire de paternité ou de maternité. Même si elle se limite à un choix limité entre la loi personnelle de l'auteur de la reconnaissance et celle de l'enfant selon l'article 311-17

du Code civil, elle anticipe les cas d'intervention de l'ordre public de proximité, c'est-à-dire lorsque l'enfant ou de l'auteur de la reconnaissance est de nationalité française. Une règle de conflit à rattachements multiples, parmi lesquels le juge choisira la loi la plus favorable est aussi prévue lors de l'identification de la loi applicable aux obligations alimentaires. Des rattachements alternatifs sont aussi adoptés dans l'article 51 du CDIP tunisien et la Convention de La Haye du 2 octobre 1973, de même que le Protocole de La Haye de 2007 sur la loi applicable aux obligations alimentaires applicables en France. La classification de ces droits dans la catégorie des droits fondamentaux n'a pas empêché l'adoption de règles à coloration matérielle. Les règles engagées à rattachements alternatifs régissent aussi le domaine de la garde des enfants en droit tunisien. Cela s'explique par l'importance qu'accorde le législateur tunisien à ce droit, qui n'a toujours pas atteint le grade de droit fondamental, mais dont la protection semble nécessaire. A l'inverse, la prise en compte de l'intérêt de l'enfant lors de l'attribution de l'autorité parentale est un principe fondamental dans l'ordre juridique français, ce qui justifie la vision universelle de ce droit, pouvant conclure à l'application directe de la loi du for. L'absorption par les règles de conflits engagées des différents cas d'intervention de l'ordre public de proximité est très évidente dans la nouvelle législation française relative au mariage des personnes de même sexe. Le législateur français a adopté dans l'article 202-1 alinéa 2 du Code civil une loi en faveur du mariage des personnes de même sexe. La règle de conflit leur permet de contracter mariage même lorsque l'une des parties est originaire d'un Etat prohibant ce type de relations, si l'un des époux est, soit ressortissant d'un Etat permettant le mariage homosexuel, soit résident dans un Etat autorisant ce type de mariages. La règle de conflit a réduit les cas de mise en œuvre de l'ordre public de proximité. Ce mécanisme de correction, n'interviendra lorsque l'une des parties est originaire ou ressortissante d'un Etat autorisant le mariage des personnes de même sexe que si la relation juridique est régie par une règle de conflit autre que celle prévue par l'article 202-1 du Code civil. Cette idée a bien été illustrée dans l'arrêt de la Cour de cassation du 28 janvier 2015[1409]. L'affaire concernait le mariage de deux hommes, l'un français et l'autre marocain et résidant en France. En raison du principe de la supériorité des traités sur la loi, la vérification de la validité des conditions de fond

---

[1409] Civ. 1re, 28 janvier 2015, *D.*, 2015, p. 464, note H. FULCHIRON ; I. GALLMEISTER « Mariage de personnes de même sexe : exception d'ordre public international », *D.*, 2015, p. 264.

du mariage de la partie marocaine ne pouvait s'effectuer selon l'article 202-1 du Code civil, mais par référence à la Convention franco-marocaine du 10 août 1981[1410]. Cette dernière, a désigné la loi nationale de chacun des époux, donc la loi marocaine prohibant le mariage homosexuel pour le conjoint marocain. Les dispositions du droit marocain interdisant le mariage des couples du même sexe ont été écartées par la Cour, en raison de leur incompatibilité manifeste avec l'ordre public dès lors que pour au moins l'un des époux, soit sa loi personnelle, soit la loi de l'Etat sur le territoire duquel il a son domicile ou sa résidence, permet ce mariage. En effet, en l'espèce l'une des parties est française et l'autre est marocaine, mais résidente en France, ce qui imposait la mise en œuvre de l'exception d'ordre public. Si la Convention-franco marocaine n'était pas compétente, l'article 202-1 du Code civil aurait évité aux juges le recours à l'ordre public et ce, par une application des dispositions de l'article qui prévoient que « deux personnes de même sexe peuvent contracter mariage lorsque, pour au moins l'une d'elles, soit sa loi personnelle, soit la loi de l'Etat sur le territoire duquel elle a son domicile ou sa résidence le permet ».

779. Dans toutes les hypothèses où des règles à coloration matérielles sont prévues, le juge procède à une analyse concrète du résultat recherché non pas après la mise en œuvre de la règle de conflit tel que l'exige l'ordre public de proximité, mais au moment même de son application. Il n'est plus besoin donc de faire intervenir l'exception d'ordre public, puisque le résultat espéré est réalisé directement par la loi choisie. Il n'y a par conséquent plus de place pour l'exception d'ordre public, sauf dans les rares cas où aucune des lois en présence n'assure le résultat voulu. Cependant, cette hypothèse est exceptionnelle à partir du moment où le plus souvent, la loi du for figure parmi les différentes lois en concurrence[1411].

1410 H. FULCHIRON, « Le "mariage pour tous" est d'ordre public en matière internationale », *D.*, 2015, p. 464.

1411 Voir, S. BOSTANJI, Thèse *précit.*, p. 237.

2. L'extension du domaine de la loi du for limitant l'intervention de l'exception d'ordre public

780. L'extension du champ d'application de la loi du for se fait par la jonction de la compétence législative et judiciaire, dans les règles de conflit unilatérales, mais elle se fait aussi à travers des règles de conflit alternatives.

781. Le champ d'application de la loi du for est indirectement étendu dans les règles à caractère substantiel. Les règles engagées proposent une palette de lois ayant des liens plus ou moins proches avec la situation. De ce fait, la règle de conflit de lois combinée avec la règle de conflit de juridictions conduit, dans la plupart des cas, à la concurrence de la loi du for avec une ou plusieurs lois étrangères. Si le résultat espéré (le choix législatif) est exclusif au système du for, la loi du for trouvera application à travers sa désignation par la règle de conflit elle-même. Les règles de conflit tunisiennes en matière de filiation prévoient dans une règle à rattachements multiples la concurrence de la loi nationale de l'enfant ou bien celle de son domicile et la loi nationale du défendeur ou bien celle de son domicile. Or, selon les différentes règles de compétence juridictionnelle générales ou spéciales, les juridictions tunisiennes sont compétentes toutes les fois que le défendeur est résident en Tunisie (article 3 du CDIP), ou bien que l'enfant est domicilié en Tunisie (article 6), ou encore lorsque les parties les désignent comme telles ou que le défendeur a accepté d'être jugé par elles (article 4). Ainsi, excepté le cas ou les juridictions tunisiennes se sont déclarées compétentes en raison du choix des parties, leur compétence sera fondée sur la résidence de l'enfant ou du défendeur en Tunisie, ce qui implique que la loi tunisienne sera parmi les lois en concurrence étant donné qu'elle sera celle du domicile de l'enfant ou du défendeur. La seule hypothèse où la loi du for n'est pas applicable, est le cas où la compétence est fondée sur la volonté des parties. Or, il est rare que ces dernières choisissent de saisir un juge avec lequel elles n'ont aucun lien. En matière de filiation, si les parties portent leur affaire devant le juge tunisien, c'est très souvent en raison du lien national entre le demandeur et le défendeur. Là encore la loi tunisienne, loi nationale de l'enfant ou du défendeur, figure dans la règle de conflit. La solution est à peu près semblable pour les autres matières avec une applicabilité potentielle plus ou moins évidente. Mais là où la

compétence de la loi du for favorisant un résultat matériel est évidente, c'est en matière d'obligation alimentaire en droit français. En effet, la règle de conflit prévoit des rattachements alternatifs en cascade, qui aboutissent en fin de compte à la compétence de la loi du for si aucune des lois préalablement désignées n'accorde d'aliments au créancier[1412].

782. L'extension du domaine de la compétence de la loi du for est aussi explicitement prévue dans les règles de conflit unilatérales. Qu'elles se présentent comme une dérogation à une règle de conflit principale tel que l'article 311-15 du Code civil, ou bien comme une règle de compétence générale telle que celle prévue en matière d'adoption, les règles de conflit unilatérales tendent à promouvoir l'application de la loi du for. Ces deux articles favorisent indéniablement l'application de la loi du for[1413] en se référant à des liens parfois ténus et en réduisant par conséquent le domaine d'intervention de l'exception d'ordre public.

783. La soumission de la relation juridique à la loi du for est aussi consacrée dans les règles de conflit instaurant une coïncidence entre la compétence législative et la compétence judiciaire. Cette méthode implique systématiquement l'application de la loi du for par l'autorité saisie, comme le prévoient les Conventions de La Haye de 1996 et de 2000 relatives à la protection des mineurs et des adultes.

784. A partir du moment où la loi du for est appliquée directement ou qu'elle figure parmi les lois pouvant être choisies en fonction d'un résultat prédéterminé, il n'est plus besoin de recourir à la mise en œuvre de l'exception d'ordre public. Le droit protégé est assuré en amont par la règle de conflit. L'indifférence de l'ordre public de proximité tant critiquée n'a plus de raison d'être puisque le mécanisme ne sera que très peu utilisé. Cependant, ces méthodes n'assurent que partiellement la sauvegarde du droit et seulement lorsque des liens plus ou moins forts avec le for existent. Il serait aussi préférable, s'agissant de la sauvegarde d'une politique législative, d'étendre la protection aux situations ayant des attaches avec un ordre juridique partageant la même valeur.

1412 Selon l'article 4 alinéa 2 du protocole de 2007 relatif à la loi applicable aux obligations alimentaires.

1413 *Supra*, n° 384 et n° 386-393.

B. La méthode de la sauvegarde d'une valeur étendue à la protection des ordres partageant les mêmes valeurs

785. En dépit du nationalisme de la valeur ou du droit à sauvegarder, il est possible d'étendre la protection étatique à tous les ordres juridiques partageant pareil point de vue. Ainsi, au cas où la proximité avec l'ordre juridique du for exigée pour mettre en œuvre l'exception d'ordre public fait défaut, mais qu'elle se réalise avec un autre Etat accordant la même importance à ce droit, il serait judicieux d'opposer l'ordre public. L'exception d'ordre public intervient soit dans le cadre d'une coopération interétatique, soit dans le cadre d'une prise en considération de « l'environnement axiologique des parties »[1414] qui recommande de rejeter la norme étrangère. Dans cette hypothèse, l'efficacité de la décision rejetant la norme étrangère a de fortes chances d'être garantie au moins dans l'Etat qui présente des liens avec la relation de droit. Cette méthode permet d'une part aux Etats d'honorer leurs engagements internationaux lorsque des conventions internationales recommandent le respect d'un droit, d'autre part, lorsque le droit n'est mentionné dans aucun support international, d'apporter une aide aux Etats qui l'ont adopté. Cette manière d'étendre le domaine de l'exception d'ordre public faciliterait en France le respect par les autorités étatiques des dispositions de la Convention EDH. Ainsi, seront éliminées les discriminations faites à l'égard des étrangers ressortissants ou résidents de pays partageants les valeurs du for.

786. La proposition serait aussi valable pour le système tunisien étant donné que ses choix législatifs en matière familiale intègrent à la fois des valeurs traditionnelles et des valeurs modernes. La protection des principes tenant à la culture arabo-musulmane du pays, pourrait ainsi s'étendre aux relations ayant des liens avec un système influencé par le droit musulman. En revanche, la sauvegarde des principes d'inspiration laïque, pourrait concerner aussi les situations impliquant des Etats partageant les mêmes préoccupations. Là encore, l'indifférence de l'ordre public de proximité trouverait son domaine très réduit.

1414 B. REMY, *Exception d'ordre public et mécanismes de lois de police en droit international privé*, Préface de P. MAYER, Dalloz, 2008, p. 234-235.

CONCLUSION DU CHAPITRE SECOND

787. Divers droits et valeurs sont protégés par l'exception d'ordre public dans les systèmes étudiés. Parmi eux, figurent non seulement ceux qui sont fondamentaux, mais aussi ceux qui ne reflètent qu'une orientation législative d'un Etat. Ces différents types de droits sont prévus dans les systèmes de droit de la famille français et tunisien. L'exception d'ordre public est un moyen de sauvegarde de l'ordre juridique du for contre l'intrusion de normes étrangères susceptibles de contrarier les orientations d'un système juridique, et par conséquent de troubler sa cohérence. Son intervention est différemment appréhendée dans chacun des systèmes étudiés. Alors que l'exception d'ordre public est souvent tributaire d'un lien entre la relation juridique et l'ordre juridique français, la condition de proximité est quant à elle dans tous les cas exclue dans le Code de droit international privé tunisien. Cependant, les deux méthodes paraissent insatisfaisantes. La première méthode, par le système de la relativité des droits qu'elle défend, donne effet à des normes étrangères mêmes contraires à des valeurs fondamentales du for et par conséquent, elle conduit à l'indifférence quant au respect de ces valeurs lorsque le système juridique n'est pas lié par la relation. La deuxième méthode prône quant à elle, l'universalité des choix défendus dans l'ordre interne, même ceux qui lui sont exclusifs. Entre ces deux méthodes extrêmes, une troisième méthode médiane est envisageable. Elle consiste en se fondant sur l'importance accordée au droit consacré dans l'ordre interne, à lui conférer la même valeur dans le cadre des relations internationales. Si ce droit est considéré comme fondamental dans l'ordre interne, il n'y a aucune raison qu'il ne le soit plus dans l'ordre international. Par conséquent, si aucune variation à un droit n'est admise dans les rapports internes, il ne doit pas y avoir de différenciation dans les rapports internationaux. A l'inverse, la défense des choix d'un système ne doit pas aller jusqu'à imposer l'universalité d'un droit qui subit des dérogations et des variations dans l'ordre interne. La relativité du droit dans l'ordre interne impose normalement le même traitement dans l'ordre international. Cette relativité se concrétise par l'atteinte à la cohésion du système du for, dont la politique législative ne peut être heurtée que si son système est mis en cause. Pour ce faire, un lien avec

l'Etat du for doit exister. Ainsi, plus la protection est importante dans l'ordre interne, moins les liens avec le for sont exigés.

788. A première vue, cette méthode serait une source d'imprévisibilité, puisqu'il n'est pas permis de déterminer d'avance les conditions de la mise en œuvre de l'exception d'ordre public. Cependant, la hiérarchisation des droits dans l'ordre interne permet d'atténuer les cas d'imprévisibilité. En ce sens, les valeurs fondamentales ne peuvent subir de variations dans leur protection. Par conséquent, dès lors qu'elles sont enfreintes par une norme étrangère cette dernière doit être écartée. En revanche, pour toutes les autres valeurs, leur préservation dans l'ordre interne est encadrée par les besoins des choix du for. La protection sert donc plus l'Etat concerné, que le droit en lui-même. L'exception d'ordre public ne devrait donc intervenir que lorsque l'ordre juridique du for est offensé. Cela nécessite que le système étatique soit en contact avec la norme étrangère, et de ce fait qu'il y ait des liens entre la relation de droit et le for. Les liens exigés varient en fonction de l'importance du droit et donc en fonction de l'importance des sanctions qui sont infligées à son non-respect. Ainsi, des liens faibles suffisent pour mettre en œuvre l'exception d'ordre public lorsque le principe est défendu par des lois pénales. Par ailleurs, lorsqu'il s'agit de défendre un simple choix législatif et que la protection n'est assurée que par des sanctions civiles en droit interne, des liens ténus ne suffisent plus pour opposer l'ordre public, ils doivent être renforcés. S'agissant de la concrétisation de la simple politique législative de l'ordre juridique dans le cadre des relations internationales, étant donné que son objectif est de protéger une politique de l'Etat, pour que cette dernière soit heurtée, un lien étroit entre la relation familiale et le for doit forcément exister. Le relativisme adopté sera toutefois atténué par les différentes règles engagées qui ne cessent de proliférer en droit international privé de la famille français et tunisien.

CONCLUSION DU TITRE II

789. Après avoir procédé à l'étude des droits et des principes sauvegardés dans les systèmes français et tunisien, il s'est avéré que l'importance qui leur est accordée en droit interne variait. Ce qui permet de les classer selon leur importance. On y trouve tout d'abord les droits fondamentaux, c'est-à-dire ceux qui bénéficient d'une attention infaillible dans un Etat et qui ne tolèrent aucune dérogation, ensuite les autres droits qui, sans jouir d'une protection infaillible, bénéficient d'une protection particulière qui supporterait mal leur violation dans le cadre des relations internationales. Dans cette dernière catégorie de droits se distinguent ceux qui en raison de leur importance, ont bénéficié d'une protection civile et pénale, et ceux qui en raison de leur participation à la promotion de la politique législative d'un Etat, ne nécessitent qu'une protection civile.

790. La hiérarchisation des valeurs a permis de dépasser le clivage entre les défenseurs de l'universalité des droits protégés par l'exception d'ordre public et ceux qui prônent leur relativité. Par conséquent, entre ceux qui réclament une application systématique de l'exception d'ordre public dès lors qu'un principe est violé par la norme étrangère, et ceux qui préconisent une modulation dans la mise en œuvre de ce mécanisme, une position médiane peut être adoptée. L'universalité ne s'étendrait plus qu'aux droits qui méritent de l'être. Dans les autres cas, la relativité de la valeur dans l'ordre interne devrait être maintenue dans le cadre des relations internationales. Cela implique une variation dans la mise en œuvre de l'ordre public, en fonction de l'atteinte à la cohésion de l'ordre juridique du for. Or, celle-ci dépend des liens qu'entretient la relation avec ce dernier et de l'importance accordée au droit concerné. Plus il est accordé de l'importance au droit dans l'ordre système interne, moins les liens forts sont exigés et à l'inverse. En revanche, moins le droit protégé dans l'ordre interne, plus les liens temporels et spatiaux sont exigés.

791. La combinaison des supports et des moyens de conservation des droits préservés permet de les agencer selon leur importance. Sont en tête de liste les valeurs fondamentales, ensuite viennent les choix politiques nécessaires à la sauvegarde de la cohérence de l'ordre juridique. Dans ce dernier type de droit, ceux qui sont imposés dans

l'ordre interne par des sanctions civiles et pénales peuvent être considérés plus importants que ceux qui sont préservés par simples sanctions civiles.

CONCLUSION DE LA DEUXIEME PARTIE

792. Les systèmes français et tunisien sont parvenus à réunir dans leur réglementation du statut familial des règles de conflit de lois qui s'appuient sur divers fondements. La recherche de la proximité semble être le principe de base auquel se sont parfois mêlées d'autres approches. Les différents principes intégrés dans la réglementation du droit international privé de la famille agissent au côté de la proximité. La recherche de la faveur d'un résultat déterminé se fait au sein d'une règle de conflit qui énumère un choix parmi des lois qui ne sont pas dépourvues de tout lien avec la relation de droit. Le choix de loi applicable par les parties quand il est autorisé en droit de la famille, est encadré par le respect d'un minimum de proximité. La recherche du respect de la souveraineté est également liée aux liens qu'entretient la relation de droit avec l'ordre juridique étatique. La proximité est présente dans chaque règle de conflit avec des degrés plus ou moins différents. C'est pourquoi son absence au cas concret doit être corrigée.

793. Les présomptions préétablies par la règle de conflit ne sauraient toutefois garantir dans les différentes hypothèses pouvant se présenter, le rattachement de la relation familiale à un ordre juridique qui lui est proche. Toutes les prévisions préconçues peuvent être détrompées. Ce qui justifie qu'une intervention en aval en fonction des besoins concrets de la relation juridique soit recommandée. Cette dernière ne peut être attribuée qu'au juge appelé à appliquer la règle de conflit. Il doit se voir confier la tâche de corriger le résultat de l'application de la règle de conflit. S'il est habilité à corriger le résultat matériel de la règle de conflit lorsqu'elle désigne un droit étranger dont les dispositions sont contraires à l'ordre public, pourquoi ne le serait-il pas lorsqu'il s'agit de corriger le résultat conflictuel d'une règle de conflit qui a désigné une loi dont les attaches avec la relation de droit sont très faibles ? Il est important de faire confiance au juge pour qu'il mène à bien cette correction. Toutefois, « le trop de confiance attire le danger »[1415]. Il est à craindre que le juge n'use de la liberté qui lui est accordée pour corriger le résultat

1415 P. Corneille, « *Le Cid* ».

de la règle de conflit, pour des objectifs autres que la recherche de la proximité. La liberté accordée au juge doit pouvoir être contrôlée. Pour ce faire, il est nécessaire qu'elle soit bien limitée pour que les risques de déviation soient contenus à leur minima en comparaison avec les avantages qu'elle assure.

794. Parallèlement, la correction apportée par le juge au résultat de la règle de conflit dépasse le cadre de la correction conflictuelle, pour s'étendre à la protection matérielle de l'ordre juridique du for lorsque la loi désignée heurte par ses dispositions l'ordre juridique du for. Là encore, la correction effectuée par le biais de l'exception d'ordre public doit se limiter aux cas où le système étatique est heurté. Or, excepté le cas où la loi étrangère contredit un droit fondamental, elle ne peut heurter le système du for que si elle lui est liée. Le lien variera quant à lui en fonction du droit violé. Plus le principe est primordial dans l'ordre juridique du for, moins les liens avec ce dernier sont nécessaires et vice versa.

CONCLUSION GENERALE

795. Les principaux critères de rattachement en matière de droit de la famille, à savoir la nationalité et la résidence habituelle, ont tous les deux tendance à exprimer à la fois un rattachement de proximité et un rattachement de souveraineté. La fonction de chacun d'eux variera en fonction de l'organisation sociale de l'Etat dont émane la règle de conflit et en fonction de la spécificité de la matière. Par conséquent, l'orientation du législateur tunisien au sein du Code de droit international privé, quoique privilégiant le rattachement à la nationalité en matière de conflit de lois, s'intègre parfaitement dans une perspective de recherche de la proximité propre aux spécificités du système tunisien. Ce choix établi de manière objective dans la règle de conflit de lois, se trouve renforcé par l'introduction d'une approche subjective indirecte de la proximité constatée à travers l'articulation des règles de compétences législatives et juridictionnelles. Le système français, quant à lui, requiert un choix différent qui tient compte de la composition de la société française. La résidence habituelle semble donc plus compatible avec la recherche de la proximité que la nationalité. Afin de surmonter l'héritage de l'article 3 alinéa 3 du Code civil, une évolution législative et le cas échéant, une attitude jurisprudentielle vont vers la consécration du rattachement à la résidence habituelle.

796. Comme l'avait affirmé BATIFFOL, « la méthode déductive est un facteur légitime de l'élaboration du droit et explique pour partie sa formation en système »[1416] et « les critiques dont elle est l'objet ne valent que contre un usage exclusif ou immodéré qui en a souvent été fait et qui n'a pas reconnu son rôle à l'observation des réalités »[1417]. En dépit d'une évolution incontestable en faveur de l'incorporation d'une réglementation fondée sur la proximité en droit international privé de la famille en France et en Tunisie, des insuffisances quant au respect de ce mode de résolution des relations familiales persistent. Ces insuffisances sont perceptibles soit dans la règle de conflit elle-même, soit dans sa mise en œuvre. La diversité des relations internationales montre qu'il est

---

[1416] H. BATIFFOL, *Aspects philosophiques du droit international privé*, Dalloz, 2002, p. 63, n° 27.

[1417] *Ibid.*

difficile qu'une règle de conflit préétablie satisfasse toutes les combinaisons possibles. Mais peut-il s'ensuivre qu'il faille s'abstenir de régler préalablement les relations familiales au motif que des situations d'apparence identiques dans l'absolu, relèvent leurs différences, lorsqu'elles font l'objet d'une étude concrète ? L'exclusion d'une pareille démarche semble inappropriée. Prévoir une règle de conflit de principe quitte à envisager la possibilité de la corriger quand elle s'avère inadéquate à un cas particulier, paraît recommandable.

797. Le mécanisme de correction du résultat conflictuel est universel. Il est indépendant de la spécificité du système juridique et de la relation de droit. Il s'articule autour de la possibilité pour le juge de vérifier la coïncidence du résultat établi objectivement avec les particularités des faits d'espèce. L'office du juge semble à ce stade d'une extrême importance. L'éventualité pour le juge de corriger le résultat concret de la règle de conflit est indispensable à la réalisation de la proximité. Sa promotion doit aussi être appréhendée sous l'angle de la diligence du juge au respect du rattachement de la relation de droit à l'ordre qui lui est proche dans le cas concret. Cette prérogative, essentielle au couronnement de la recherche de la proximité, n'a malheureusement pas trouvé écho dans les deux systèmes étudiés qui sont restés timorés à l'égard de l'idée d'accorder au juge la possibilité de corriger le résultat de la règle de conflit législative. Les appréhensions tiennent à la crainte d'une extension des pouvoirs du juge et des risques que ce dernier batte en brèche le travail du législateur en droit international privé de la famille. Tout d'abord parce que la recherche du rattachement à l'ordre juridique le plus étroit n'a pas été l'unique préoccupation des législateurs en la matière. Ensuite, en raison d'une idée d'incompatibilité de la correction apportée par le juge à une règle de conflit législative et les risques d'insécurité juridique qu'elle pourrait engendrer. Pourtant, ces deux craintes ne présentent pas de caractère négatif insurmontable. Bien au contraire, il s'est avéré que la proximité contribue à la promotion des autres fondements en matière familiale et renforce principalement la sécurité juridique. Par conséquent, prévoir une échappatoire qui permet au juge de remplacer la loi désignée par la règle de conflit lorsqu'elle s'avère au cas concret très éloignée de la relation de droit par celle qui lui est la plus proche, est tout à fait adapté aux objectifs de la réglementation du droit international privé de la famille. L'intérêt qu'il y aurait d'accorder une plus grande importance à la proximité dans la résolution des conflits familiaux à caractère international, incite à repenser la

réglementation de la matière, dans le but de faire coïncider la loi applicable avec la localisation concrète du rapport de droit.

798. La correction du résultat matériel de la règle de conflit, se fait par le biais de l'exception d'ordre public. Le relativisme dans la mise en œuvre de ce mécanisme consacré dans le système français, s'impose aussi dans le système tunisien en raison de l'extension de son domaine d'intervention à la protection de valeurs qui ne sont pas fondamentales dans l'ordre interne. Or, hormis les droits fondamentaux qui ne tolèrent aucune entorse en droit interne et qui devraient par conséquent subir le même traitement dans les relations internationales, tous les autres principes sont soumis à des dérogations en dépit de la protection qui leur est accordée. De la relativité des droits protégés en droit interne, il découlera forcément une variation dans la mise en œuvre de l'exception d'ordre public. Cette variation tributaire de l'atteinte à la cohésion de l'ordre juridique du for, dépendra à la fois de l'importance qu'accorde l'Etat à la valeur défendue et des liens qui lient la relation de droit au for.

BIBLIOGRAPHIE

OUVRAGES GENERAUX

AUDIT (B.) et AVOUT (L. D')

- *Droit international privé*, 7e éd, Economica, 2013.

BARTIN (E.)

- *Principes de droit International Privé selon la loi et la jurisprudence française*, Domat-Montchrestien, 1932. (2 volumes).

BATIFFOL (H.) et LAGARDE (P.)

- *Droit international privé*, 7e éd, L.G.D.J., 1983.

BUREAU (D.) et MUIR WATT (H.)

- *Droit international privé*, 2e, éd, t. I et II, PUF, 2010.

CABRILLAC, (R.)

- *Dictionnaire du vocabulaire juridique*, LexisNexis, 2012.

CORNU (G.)

- *Vocabulaire juridique*, 10e éd, PUF, 2014.

GRAULICH (P.)

- *Principes de droit international privé*, Paris 1960.

HACHEM (M.-A.)

- *Leçons de droit international privé, Livre II : Les conflits de lois* (*droit applicable à une relation transfrontalière*), CPU, 1997.

HEUZE (V.) et MAYER (P.)

- *Droit international privé*, 11e éd, Montchrestien, 2014

HOLLEAUX (D.), FOYER (J.), et GEOUFFRE DE LA PRADELLE (G. DE)

- *Droit international Privé*, Masson, 1987.

ISSAD (M.)

- *Droit international privé*, éd publisud, Paris 1986.

LEREBOURS-PIGEONNIERE (P.)

- *Droit international privé*, 4e éd, Dalloz, 1962.

LOUSSOUARN (Y.), BOUREL (P.) et VAREILLES-SOMMIERE (P. DE)

- *Droit international privé*, 10e éd, Dalloz, 2013.

MEZGHANI (A.)

- *Droit International Privé. Etats Nouveaux et Relations Privées Internationales : Système de Droit Applicable et Droit Judiciaire International*, Cérès, 1991.

NIBOYET (J.-P.)

- *Traité de droit international privé français*, Sirey, 1938.

- *Traité de droit international privé*, t. III et VI Sirey, 1944.

- *Cours de droit international privé français*, 2e éd, Sirey 1949.

NIBOYET (M.-L.) et DE GEOUFFRE DE LA PRADELLE (G.)

- *Droit international privé*, 4e éd, L.G.D.J., 2013.

PILLET (A.)

- *Principes de droit international privé*, Pedone, 1903.

- *Traité pratique de droit international privé*, t. I, Sirey, 1923.

RIGAUX (F.) et FALLON (M.)

- *Droit international privé*, 3e éd., Larcier, 2003.

VON SAVIGNY (F.-C.)

- *Traité de droit romain*, éd., Panthéon-Assas, Paris 2002.

VIGNAL (T.)

- *Droit international privé*, Armand Colin, 2005.

OUVRAGES SPECIALISES, MONOGRAPHIES, THESES

ANCEL (M.-E.)

- *La prestation caractéristique du contrat*, Economica, 2002.

ARNAUD (A.-J.)

- *Philosophie des droits de l'homme* » in *Internationalisation des droits de l'homme et évolution du droit de la famille*, L.G.D.J., 1996.

ARRUE-MONTENEGRO (C. A.)

- *Autonomie de la volonté dans les conflits de juridictions en droits français et panaméen*, Thèse, Paris II, 2010.

AUGUSTINI (E.)

- *L'application des règles de conflit étrangères et les conflits de systèmes en droit international privé*, Thèse, Bordeaux I, 1975.

BAROU (J.)

- *Europe, terre d'immigration : Flux migratoires et intégration*, PUG 2001.

BATIFFOL (H.)

- *Aspects philosophiques du droit international privé*, Préface de Y. LEQUETTE, Dalloz, 2002.

BEN AMMOU (N.)

- *Le pouvoir de contrôle de la Cour de cassation*, Thèse, Faculté de Droit et des Sciences Politiques de Tunis, 1996.

BEN JEMIA (M.)

- *Le jeu de l'ordre public dans les relations internationales privées de la famille*, Thèse Tunis II, 1997.

- *Exception d'ordre public et lois de police étrangères*, in *Le code tunisien de droit international privé dix ans après*, Première journée Mohamed Charfi de droit international privé, Tunis le 21 et 22 novembre 2008, p. 115.

BODEN (D.)

- *L'ordre public : limite et condition de la tolérance. Recherches sur le pluralisme juridique*, Thèse, Paris I, 2000 (volume I et II).

BODENES-CONSTANTIN (A.)

- *La codification du droit international privé français*, Préface de I. FADLALLAH, *Defrénois*, 2005.

BOSTANJI (S.)

- *L'évolution du traitement réservé à la loi étrangère en matière de statut personnel*, Thèse, Dijon, 2000.

BOUKHARI (R.)

- *Le statut personnel à l'épreuve de la codification de droit international prié (Etude de conflit de lois)*, Thèse, Université de Tunis-El Manar, 2007-2008.

BUCHER (A.)

- *Droit international privé suisse. Personnes, Famille, Succession*, t. II, Helbing & Lichtenhan, 1992.

- *Le couple en droit international privé*, Helbing & Lichtenhahn et L.G.D.J., 2004.

CADET (F.)

- *L'ordre public en droit international de la famille : Etude comparée France/Espagne*, Préface de S. POILLOT PERUZETTO, L'Harmattan 2005.

CARBONNIER (J.)

- *Flexible droit : pour une sociologie du droit sans rigueur. Pour une sociologie du droit sans rigueur*, 10e éd, L.G.D.J., 2001.

CARBONNIER, (J.)

- *Droit civil. Introduction. Les personnes. La famille, l'enfant, le couple*, volume 1, PUF, 2004.

CARLIER (J.-Y.)

- *Autonomie de la volonté et statut personnel*, Bruylant, 1992.

CHABERT (C.)

- *L'intérêt de l'enfant et les conflits de lois*, Préface de E. PUTMAN, PUAM, 2001.

CHALAS (C.)

- *L'exercice discrétionnaire de la compétence juridictionnelle en droit international privé*, Préface de H. MUI WATT, PUAM, 2000, (tomes I et II).

CHEDLY (L.) et GHAZOUANI (M.)

- *Code de droit international privé annoté*, Tunis, 2008 (en langue arabe).

COCTEAU-SENN (D.)

- *Dépeçage et coordination dans le règlement des conflits de lois*, Thèse, Paris I, 2001

COLOMBERT (C.), HUET-WEILER (D.), FOYER (J.) et LABRUSSE-RIOU (C.)

- *La filiation légitime et naturelle : étude de la loi du 3 janvier 1972*, Dalloz, 1973.

CORNUT (E.)

- *Théorie critique de la fraude à la loi : Etude de droit international privé de la famille*, Préface de H. FULCHIRON, *Defrénois*, 2006.

COSTA-LACROUS (J.)

- *De l'immigré au citoyen*, Documentation française 1989.

COURBE (P.)

- *Les objectifs temporels des règles de droit international privé*, préface de J. FOYER, PUF, 1981.

COURNIL (C.)

- *Le statut interne de l'étranger et les normes supranationales*, l'Harmattan 2005.

DENIS (M.)

- *La libre circulation des personnes dans l'Union européenne*, Bruylant, 1994.

DUBLER (C.-E.)

- *Les clauses d'exception en droit international privé*, GEORG - Librairie de l'Université - Genève.

EL-HUSSEINI BAGDACHE (R.)

- *Le droit international privé et la répudiation islamique*, Préface de J. FOYER, L.G.D.J., 2002.

FADLALLAH (I.)

- *La famille légitime en droit international privé* (*Le domaine de la loi applicable aux effets du mariage*), Préface de H. BATIFFOL, Dalloz, 1977.

FARGE (M.)

- *Le statut familial des étranger en France : de la loi nationale à la loi de la résidence habituelle*, l'Harmattan, 2003.

FAUVARQUE-COSSON (B.)

- *Libre disponibilité des droits et conflits de lois*, Préface de Y. LEQUETTE, L.G.D.J., 1996.

FENET (P.-A.)

- *Recueil complet des travaux préparatoires du Code civil*, Videcoq, 1836, t. VII.

FOYER (J.)

- *Filiation illégitime et changement de la loi applicable (conflits mobiles de lois)*, Préface de H. BATIFFOL, Dalloz, 1964.

FRANCESCAKIS (Ph.)

- *La théorie du renvoi et les conflits de systèmes en droit international privé*, Thèse, Paris, 1958.

GALLANT (E.)

- *Responsabilité parentale et protection des enfants en droit international privé*, Préface de P. LAGARDE, *Defrénois*, 2004.

GANNAGE (L.)

- *La hiérarchie des normes et les méthodes de droit international privé : Etude de droit international privé de la famille*, Préface de Y. LEQUETTE, L.G.D.J., 2001.

GANNAGE (P.)

- *Le rôle de l'équité dans la solution des conflits de lois : en jurisprudence française et libano-syrienne*, Préface de J. VINCENT, L.G.D.J., 1949.

GOURDET (G.)

- *L'effectivité en droit international privé*, Thèse, Nice, 1978.

GUTMANN (D.)

- *Le sentiment d'identité. Etude de droit des personnes et de la famille*, Préface de F. TERRE, L.G.D.J., 2000.

HAMMJE (P.)

- *La Contribution des Principes Généraux du Droit à la Formation du Droit International Privé*, Thèse, Paris I, 1994.

HANOTIAU (B.)

- *Le droit international privé américain. Du premier au second Restatement of the Law, Conflict of Laws*, L.G.D.J. et Bruylant, 1979, Préface F. RIGAUX.

HOLLEAUX (D.)

- *Compétence du juge étranger et reconnaissance des jugements*, Dalloz, 1970.

HUNTER-HENIN (M.)

- *Pour une redéfinition du statut personnel*, Préface de H. MUIR WATT, PUAM, 2004.

JAULT-SESEKE (F.)

- *Le regroupement familial en droit comparé français et allemand*, Préface de P. LAGARDE, L.G.D.J., 1996.

JOBART-BACHELLIER (M.-N.)

- *L'apparence en droit international privé : Essai sur le rôle des représentations individuelles en droit international privé*, Préface P. LAGARDE, L.G.D.J., 1984.

JOBART-BACHELLIER (M.-N.) et BACHELLIER (X.)

- *La technique de cassation*, 7e éd, Dalloz, 2010.

JORGE (M.)

- *Les rattachements alternatifs en droit international privé*, Thèse, Paris 1988.

JOUBERT (N.)

- *La notion de liens suffisants avec l'ordre juridique (Inlandsbeziehung) en droit international privé*, Préface de P. LAGARDE, Litec, 2007.

KAANICHE (F.)

- *Commentaire de la loi n° 2001-93 du 07/08/2001 relative à la médecine de production*, Mémoire pour l'obtention du Mastère en Droit des affaires, Faculté de droit et des sciences juridiques politiques et sociales de Tunis, 2004.

LABORDE (J.-P.)

- *La pluralité du point de rattachement dans l'application de la règle de conflit*, Thèse, Bordeaux 1981.

LAGARDE (P.)

- *Recherches sur l'ordre public en droit international privé*, L.G.D.J., 1959.

- *La nationalité française*, 3e éd, Dalloz, 1997.

LEQUETTE (Y.)

- *Recherche sur le mode de protection des incapables en droit international privé*, Préface de H. BATIFFOL, Dalloz, 1976.

LEROY-RENAULT (P.)

- *Les conflits de lois en matière de filiation*, Thèse, Rouen, 2007.

MAYER (P.)

- *La distinction entre règles et décisions et le droit international privé*, Préface de H. BATIFFOL, Dalloz, 1973.

MEZGHANI (A.)

- *Commentaires du Code de Droit International Privé*, CPU, 1999.

NAJM (M-C.)

- *Principes directeurs du droit international privé et conflit de civilisations (Relations entre systèmes laïques et systèmes religieux)*, Préface de Y. LEQUETTE, Dalloz, 2005.

MASSIP (J.), MORIN (G.) et AUBERT (J.-L.)

- *La réforme de la filiation : commentaire de la loi n° 72-3 du 3 janvier 1972*, Préface de J. CARBONNIER, *Defrénois*, 3e éd., 1976.

NIBOYET (F.)

- *L'ordre public matrimonial*, Préface de J. REVEL, L.G.D.J., 2008.

NYS (M.)

- *L'immigration familiale à l'épreuve du droit : le droit de l'étranger à mener une vie familiale normale*, Préface de J.-Y. CARLIER Bruylant, 2002.

PARISOT (V.)

- *Les conflits internes de lois*, Préface de Paul LAGARDE, Bibliothèque de l'IRJS-André Tunc, 2013, volume 1.

PATAUT (E.)

- *Principe de souveraineté et conflit de juridiction. Etude de droit international privé*, Préface de P. LAGARDE, L.G.D.J., 1999.

PATOCCHI (P.-M.)

- *Règles de rattachement localisatrices et règles de rattachement à caractère substantiel*, Georg. Librairie de l'Université de Genève, 1985.

PELISSIER (J.)

- *Les obligations alimentaires : Unité ou diversité*, Préface de R. NERSON, L.G.D.J., 1961.

PIAZZON (T.)

- *La sécurité juridique*, Préface de L. LEVENEUR, *Defrénois*, 2009.

PORTALIS (J. E. M.)

- *Dialogue des siècles, Une conversation entre PORTALIS et un juriste d'aujourd'hui*, (Adaptation par F. TERRE), Litec, 2004.

PULJAK (M.-P.)

- *Le droit international privé à l'épreuve du principe communautaire de non-discrimination en raison de la nationalité*, Préface de Y. LEQUETTE, PUAM, 2003.

RAJCEVIC (T.)

- *L'autorité du principe de nationalité dans le droit international privé des pays de l'Europe centrale et orientale*, Thèse, Paris II, 2002.

RALSER (E.)

- *La célébration du mariage en droit international privé*, Thèse, Paris II 1998.

REMY (B)

- *Exception d'ordre public et mécanismes de lois de police en droit international privé*, Préface de P. MAYER, Dalloz, 2008.

REMY-CORLAY (P.)

- *Etude critique de la clause d'exception dans les conflits de lois* (*Application en droit des contrats et des délits*), Thèse, Poitiers, 1997.

RICHEZ-PONS (A.)

- *La résidence en droit international privé (conflits de juridictions et conflits de lois)*, Thèse, Université Jean-Moulin, Lyon III, 2004.

SALAME (G.)

- *Le devenir de la famille en droit international privé. Une perspective postmoderne*, PUAM, 2006, Préface de H. MUIR WATT.

SCHERER (M.)

- *Le nom en droit international privé. Etude de droit comparé français et allemand*, Préface de P. LAGARDE, L.G.D.J., 2004.

SCHNAPPER (D.)

- *La France de l'intégration*, Gallimard, 1991.

SFEIR (R.)

- *Aspects contemporains du renvoi en droit international comparé* (*conflit de lois et conflit de systèmes*), Préface de J. FOYER, Delta, Bruylant et L.G.D.J., 2009.

SIMON-DEPITRE (M.) et FOYER (J.)

- « Le nouveau droit international privé de la filiation », Librairies Techniques 1973.

SOIRAT (F.)

- *Les règles de rattachement à caractère substantiel*, Thèse Paris I, 1995.

SOULEAU-BERTRAND (M.)

- *Le conflit mobile*, Préface de P. LAGARDE, Dalloz, 2005.

TCHEN (V.) et RENAULT-MALIGNAC (F.)

- *Code de l'entrée et du séjour des étrangers en France*, Litec 2005.

USUNIER (L.)

- *La régulation de la compétence juridictionnelle en droit international privé*, Préface de H. MUIR WATT, *Economica* 2008.

VASSILAKAKIS (E.)

- *Orientations méthodologiques dans les codifications récentes du droit international privé en Europe*, Préface de P. LAGARDE, L.G.D.J., 1987.

VIGAND (S.)

- *La construction de l'espace de liberté, de sécurité et de justice : vers un droit international privé communautaire de la famille*, Thèse, Paris II, 2005.

VIGNAL (T.)

- *La part de la volonté dans les règles de conflit de lois hors des contrats*, Thèse, Paris II, 1993.

WILLEMS (C.)

- *Les nouvelles conceptions de la fraude en droit international privé de la famille*, Thèse, Rouen, 2000.

ZAHER (K.)

- *Conflit de civilisations et droit international privé*, Préface de V. HEUZE, L'Harmattan, 2009.

ARTICLES, COMMUNICATIONS, COMPTES RENDUS, COURS, PANORAMAS, RAPPORTS ET FASCICULES D'ENCYCLOPÉDIE

ALEXANDRE (D.)

- « Les problèmes actuels posés par l'application des lois étrangères en droit international privé français », in *Les problèmes actuels posés par l'application des lois étrangères* (Actes du colloque austro-franco-germano-suisse de droit international privé comparé des 22 et 23 mai 1986), L.G.D.J., 1988, p. 22.

ANCEL (B.)

- « Loi appliquée et effets en France des décisions étrangères », *Trav. Comité fr. DIP.*, 1986-1987, p. 37.

- Compte rendu à la *Rev. crit. DIP.,* 2006, « *Le conflit mobile* », M. SOULEAU-BERTRAND, p. 452.

- « La loi applicable à défaut de choix », in *Le nouveau règlement européen « Rome I » relatif à la loi applicable aux obligations contractuelles*, Actes de la 20e Journée de droit international privé du 14 mars 2008 à Lausanne, Schulthess, 2008, p. 77.

ANCEL (B.) et MUIR WATT (H.)

- « Les jugements étrangers et la règle de conflit de lois : chronique d'une séparation », in *Vers de nouveaux équilibres entre ordres juridiques*, Mélanges en l'honneur de Hélène Gaudemet-Tallon, p. 133.

- « Aliments sans frontières. Le règlement CE n° 4/2009 du 18 décembre 2008 relatif à la compétence, la loi applicable, la reconnaissance et l'exécution des décisions et la coopération en matière d'obligations alimentaires », *Rev. crit. DIP.*, 2010, p. 455.

ALLANI (D.)

- « La filiation hors mariage et le juge en droit international privé », in *Le code tunisien de droit international privé dix ans après*,

Première journée Mohamed Charfi de droit international privé, Tunis le 21 et 22 novembre 2008, p. 79

ARMINJON (P.)

- « La notion des droits acquis en droit international privé », *RCADI*, 1933-II, t. 44, p. 5.

AUDIT (B.)

- « Le caractère fonctionnel de la règle de conflit », *RCADI*, 1984-III, t. 186, p. 219.

- « La fin attendue d'une anomalie jurisprudentielle : retour à la lettre de l'article 15 du code civil », *D.*, 2006, *chron.*, p. 1846.

- « *Vers la consécration du caractère facultatif du for de la nationalité française du demandeur (article 14 du code civil)* ? », *D.*, 2007, *chron.*, p. 2548.

BALLARINO (T.) et ROMANO (G.-P.)

- « Le principe de proximité chez Paul LAGARDE », in *Le droit international privé : esprit et méthodes*, Mélanges en l'honneur de Paul Lagarde, Dalloz, 2005, p. 37.

BATIFFOL (H.)

- « Principes de droit international privé », *RCADI*, 1959-II, t. 97, p. 431.

- « La loi personnelle », Cours de l'Institut des Hautes Etudes Internationales 1966-1967.

- « Réflexions sur la coordination des systèmes nationaux », *RCADI*, 1967-I, t. 120, p. 165.

- « Une évolution possible de la conception du statut personnel dans l'Europe continentale », in *Choix d'articles*. L.G.D.J., 1976, p. 213.

- « Quelques précisions sur le domaine de l'exception d'ordre public », in *Studi in onore di Giorgio Balladore Pallieri*, volume secondo, Universita Cattolica, 1978, p. 34.

BATIFFOL (H.) et FRANCESCAKIS (Ph.)

- « L'arrêt Boll de la Cour internationale de justice et sa contribution à la théorie du droit international privé », *Rev. crit. DIP.*, 1959, p. 259.

BATIFFOL (H.) et LAGARDE (P.)

- « L'improvisation de nouvelles règles de conflit de lois en matière de filiation », *Rev. crit. DIP.*, 1972, p. 1.

BAUR (M.-E.)

- « Les derniers développements du droit de l'adoption internationales », *Petites affiches*, 28 mars 2001, p. 42.

BEJAOUI ATTAR (I.)

- « L'intérêt de l'enfant fondement de l'adoption en droit tunisien », in *L'enfant en droit privé*, Actes du colloque organisé par l'Association Tunisienne de Droit Privé. Tunis les 12, 13 et 14 Décembre 2002. *A.J.T.*, 2003, p. 79.

BEN ACHOUR (S.)

- « Les sources du droit tunisien de l'exequatur », in *Le Code tunisien de droit international privé. Deux ans après*, CPU, 2003, p. 51.

- « Le statut de l'enfant en droit tunisien », in *L'enfant en droit musulman (Afrique, Moyen-Orient)*, Actes du colloque du 14 janvier 2008, (sous la dir. de) L. KHAIAT et C. MARCHAL, Cour de cassation, Association Louis CHATIN pour la défense des droits de l'enfant, Société de législation comparée 2008, p. 279.

- « L'interprétation du droit tunisien de la famille : entre référence à l'Islam et appel aux droits fondamentaux. Regards sur Cinquante années de jurisprudence (1960-2010) », in *L'interprétation de la norme juridique*, Actes du colloque international organisé les 5 et 6 avril 2010 à Jendouba, p. 17.

- « Le droit tunisien de la filiation à l'épreuve du progrès biologique », in *La diversité dans le droit*, Mélanges offerts à la Doyenne Kalthoum MEZIOU-DOURAI, CPU 2013, p. 69.

BEN AMMOU (N.)

- « L'enfant en droit privé, Rapport de synthèse » in *L'enfant en droit privé*, Actes du colloque organisé par l'Association Tunisienne de Droit Privé Tunis le 12, 13 et 14 décembre 2002. *A.J.T.*, 2003, n° 16, p. 213.

BEN HALIMA (S.)

- « La filiation naturelle en droit Tunisie », in *De la modernité par le droit*, Mélanges en l'honneur de Mohamed Charfi, CPU, 2001, p. 277.

- « Le droit de la famille entre l'évolution et le gel », Etudes Juridiques, 2001, n° 8. *FDS*, p. 29.

- « La filiation naturelle en droit tunisien », in *L'enfant en droit tunisien*, Actes du colloque organisé par l'Association, Tunisienne de Droit Privé. Tunis les 12, 13 et 14 décembre 2002, *A.J.T.*, 2003, n° 16, p. 19.

- « Cours de droit du statut personnel » (en langue arabe) CPU, 2011.

BEN JEMIA (M.)

- « L'exequatur des décisions étrangères en matière de statut personnel », *Revue Tunisienne de Droit* 2000. p. 139.

- « Répudiation islamique et effet atténué de l'ordre public », in *Le Code tunisien de droit international privé deux ans après*, CPU, 2003, p. 129.

BEN LAMINE (M.)

- « La jurisprudence Tunisienne en matière d'exequatur : cas du droit de la famille », in *Le code tunisien de droit international privé dix ans après*, Première journée Mohamed Charfi de droit international privé, Tunis le 21 et 22 novembre 2008, p. 63.

- « Commentaire de l'article 26 du code de droit international privé », in *La diversité dans le droit*, Mélanges offerts à la Doyenne Kalthoum MEZIOU-DOURAI, CPU 2013, p. 37.

BONNICHON (A.)

- « La notion de conflit de souverainetés dans la science des conflits de lois », (Première Partie), *Rev. crit. DIP.*, 1949, p. 615.

- « La notion de conflit de souverainetés dans la science des conflits de lois », (Deuxième Partie), *Rev. crit. DIP.*, 1950, p. 11.

BONOMI (A.)

- « Rapport explicatif du protocole du 23 novembre 2007 sur la loi applicable aux obligations alimentaires », Conférence de La Haye de Droit International Privé., Octobre 2009.

BORRAS (A.)

- « Non discrimination à raison du sexe et modification du droit international privé espagnol », *Rev. crit. DIP.,* 1991, p. 626.

BORRAS (A.) et GONZALEZ CAMPOS (J.-D.)

- « La loi nationale à l'heure de la réforme du droit international privé espagnol », in *Le droit international privé : esprit et méthodes*, Mélanges en l'honneur de Paul Lagarde, Dalloz, 2005, p. 137.

BOSTANJI (S.)

- « La notion de réciprocité dans les relations privées internationales », in *Le code tunisien de droit international privé deux ans après*, CPU, 2003, p. 69.

- « L'émergence d'un statut privilégié de l'enfant en droit international privé tunisien », in *L'enfant en droit privé*, Actes du colloque organisé par l'Association Tunisienne de Droit Privé. *A.J.T.*, 2003, n° 16 p. 134.

- « L'incidence de la constitution sur les nouvelles solutions de conflits de lois (Etude de droit international privé de la famille) », in *Mouvements du droit contemporain*, Mélanges Sassi Ben Halima, CPU, 2005, p. 281.

- « Brefs propos sur un traité maltraité. Commentaire des décisions de la cour d'appel de Tunis du 23 janvier 2004 et de la Cour de cassation du 23 décembre 2004 », *Revue Tunisienne de Droit* 2005, p. 337, *Chron. de droit international et européen*, *JCP*, éd. G. 2005. I. 169.

- « Les survivances du communautarisme dans l'application judiciaire du droit international privé tunisien », *Rev. crit. DIP.,* 2009, p. 251.

- « Turbulences dans l'application judiciaire du code tunisien du statut personnel : le conflit de référentiel dans l'œuvre prétorienne », *RIDC*, 1-2009, p. 7.

- « Le droit international privé tunisien en quête de modernité », in *La diversité dans le droit*, Mélanges offerts à la Doyenne Kalthoum MEZIOU-DOURAI, CPU 2013, p. 131 et s.

BOUGUERRA (M.)

- « Le juge tunisien et le droit du statut personnel », *A.J.T.*, 2000, n° 14, p. 7.

BOUKHARI. (R)

- « Réflexions sur la nature de la règle de rattachement », in *La diversité dans le droit*, Mélanges offerts à la Doyenne Kalthoum MEZIOU-DOURAI, CPU 2013, p. 167 et s, spéc., p. 179.

BOULANGER (F.)

- « Une réforme médiatique mais porteuse de controverses : la codification de l'adoption internationale (loi du 6 février 2001) », *D.*, 2001, Point de vue, p. 708.

BOURDELOIS (B.)

- « L'adoption internationale », *Trav. Comité fr. DIP.*, 2000-2002, p. 139.

BOUREL (P.)

- « Adoption », *J-Cl. Droit. internat.*, fasc. 584.

- « L'état actuel des travaux dans la C.E.E. sur les conflits de lois en matière d'obligations extracontractuelles », in *L'influence des communautés européennes sur le droit international privé des pays membres*, *Ins. univ. Luxembourg*, 1981, p. 97.

BOUREL (P.) et MUIR WATT (H.)

- « Filiation », *J.-Cl. Droit int.*, 1999, fasc. 548-10.

BOUREL (P.) et MUIR WATT (H.) refondu par GALLANT (E.)

- « Filiation. Etablissement de la filiation : Mise en œuvre des règles de conflit – Effets de la filiation », *J.-Cl. Droit int.*, fasc. 548-20, Refondu par E. Gallant, n° 75-90.

BROZOLO (L. G. R. DI),

- « Mondialisation, juridiction, arbitrage : vers des règles d'application semi-nécessaire ? », *Rev. crit. DIP.*, 2003, p. 1.

BUCHER (A.)

- « L'ordre public et le but social des lois en droit international privé », *RCADI*, 1993-II, t. 239, p. 9.

- « Vers l'adoption de la méthode des intérêts ? Réflexions à la lumière des codifications récentes », *Trav. Comité fr. DIP.*, 1994-1995, p. 209.

- « La famille en droit international privé », *RCADI*, 2000, t. 283, p. 9.

- « La clause d'exception dans le contexte de la partie générale de la LDIP », in *La loi fédérale de droit international privé : vingt ans après*, Actes de la 21e Journée de droit international privé du 20 mars 2009 à Lausanne, Genève (Schulthess), 2009, p. 59.

- « La dimension sociale du droit international privé », *RCADI*, 2009, t. 341, p. 9.

BUREAU (D.)

- « L'application d'office de la loi étrangère. Essai de synthèse », *J.D.I.,* 1990, p. 317.

- « L'influence de la volonté sur les conflits de lois », in *L'avenir du droit*, Mélanges en l'honneur de François Terré, Dalloz, 1999, p. 285.

CANIVET (G.)

- « La convergence des systèmes juridiques du point de vue du droit privé français », *RIDC*, 2003, p. 7.

CASSIN (R.)

- « La nouvelle conception du domicile dans le règlement des conflits de lois », *RCADI*, 1930-IV, t. 34, p. 659.

CHAGNOLLAUD (D.)

- « Brèves remarques sur le droit de la nationalité. Ou du « retard français » en droit (constitutionnel) », in *Justice et droit du procès. Du légalisme procédural à l'humanisme processuel*, Mélanges en l'honneur de Serge Guinchard, Dalloz, 2010, p. 1025.

CHAMPEIL-DESPLATS (V.)

- « La notion de droit « fondamental » et le droit constitutionnel français », *D.*, 1995, *chron.*, p. 323.

CHARFEDDINE (M.-K.)

- « L'étranger propriétaire d'immeubles en Tunisie », in *L'étranger dans tous ses états*, DRIMAN 2005, p. 23

CHARFI (M.)

- « Les conditions de forme de mariage en droit tunisien », *Revue Tunisienne de Droit* 1969-1970, p. 11.

- « Abolir les privilèges », *Revue Tunisienne de Droit* 1972, p. 11

- « L'égalité entre l'homme et la femme dans le droit de la nationalité tunisienne », *Revue Tunisienne de Droit* 1975, p.73.

- « L'influence de la religion dans le droit international privé des pays musulmans », *RCADI*, 1987-III, t. 203, p. 321.

- « Le statut personnel tunisien entre la législation et la jurisprudence » (en langue arabe), in *Droits et Culture*, Mélanges en l'honneur du Doyen Yadh Ben Achour, CPU, 2008, p. 425.

CHAVANNE (A.)

- « La protection pénale du lien conjugal », *Rivista Del Diretto Matrimoniale E Dello Stato Delle Persone*, 1966, p. 1.

CHEVALIER (P.)

- « La nouvelle cartographie des voies ouvertes pour la reconnaissance ou l'exécution en France des décisions étrangères. L'office du juge de l'*exequatur*, l'ordre public et le portulan », *Rev. crit. DIP.*, p. 1 et s.

CHEDLY (L.)

- « L'office de juge et la règle de conflit (Deux ans après l'entrée en vigueur du Code de droit international privé) », in *Le Code tunisien de droit international privé Deux ans après*, CPU, 2003, p. 97.

- « L'ordre public en droit international privé, instrument de chauvinisme, d'impérialisme ou d'universalisme », in *Impérialisme et chauvinisme juridiques. Imperialism and Chauvinisme in the Law*, Rapports présentés au colloque à l'occasion du 20e anniversaire de l'Institut suisse de droit comparé. Lausanne, 364 octobre 2002. Schulthess, 2004, p. 149.

- « Le rejet inopiné du renvoi par le Code de droit international privé », Mélanges offerts au Doyen Sadok Bélaïd, CPU, 2004, p. 295.

- « Le principe de proximité dans le code tunisien du droit international privé », in *Mouvements du droit contemporain*, Mélanges offerts au Professeur Sassi Ben Halima, CPU, 2005, p. 325.

- « Droit international privé et droits de l'Homme », Mélanges offerts au Doyen Abdelfattah Amor, CPU, 2005, p. 353.

- « Le statut personnel des étrangers (Etude en matière de conflits de lois) », in *L'étranger dans tous ses états*, DRIMAN 2005, p. 65.

- « Le mariage de la musulmane avec un non musulman », (en langue arabe), in *Droits et Culture*, Mélanges en l'honneur du Doyen Yadh Ben Achour, CPU, 2008, p. 441.

- « Rapport introductif : Le Code de Droit international privé et les Droits de l'Homme », in *Le code tunisien de droit international privé dix ans après*, Première journée Mohamed Charfi de droit international privé, Tunis le 21 et 22 novembre 2008, p. 7.

- « Droit d'accès à la justice tunisienne dans les relations internationales de la famille et for de nationalité », Mélanges en hommage à Dali Jazi, CPU, 2010, p. 253.

CORNUT (E.)

- « *Forum shopping* et abus du choix de for en droit en droit international privé », *J.D.I.*, 2007, p. 27.

COSTA-LASCOUS (J.)

- « L'acquisition de la nationalité française, une condition d'intégration », in *Questions de nationalité, Histoire et enjeux d'un code*, L'Harmattan 1987, p. 83.

COURBE (P.)

- « Le divorce international : Premier bilan d'application de l'article 310 du Code civil », *Trav. Comité fr. DIP.*, 1988-1990, p. 123.

- « Divorce et conflit mobile », Mélanges Dominique Holleaux, Litec, 1990, p. 69.

- « Le rejet des répudiations musulmanes », *chron.*, sous Civ. 1re, 17 février 2004, *D.*, 2004, *chron.*. p. 815.

- « L'ordre public de proximité », in *Le droit international privé : esprit et méthodes*, Mélanges en l'honneur de Paul Lagarde, Dalloz 2005, p. 227.

CUNIBERTI (G.)

- « L'incidence du lieu d'exécution sur la loi applicable au contrat. La difficile cohabitation des articles 4-2 et 4-5 de la Convention de Rome du 19 juin 1980 », *JCP*, éd. G, 2003. I. 153.

DEPREZ (J.)

- « Droit international privé et conflits de civilisations, aspects méthodologiques. Les relations entre systèmes d'Europe occidentale et systèmes islamiques en matière de statut personnel », *RCADI*, 1988-IV, t. 211, p. 9

LARDEUX (G.)

- « Rome III est mort. Vive Rome III », *D.*, 2011, *chron.*, p. 1835.

DERRUPE (J.)

- « Plaidoyer pour le renvoi », *Trav. Comité fr. DIP.,* 1964-1966, p. 181.

DONNIER (J.-B.)

- « Actualité de l'adoption internationale », in *Actualité du droit international privé de la famille*, Actes du Colloque organisé par le Centre Pierre KAYSER (Aix-en-Provence le 21 décembre 2007), p. 45.

DOUCHY-OUDOT (M.)

- « Les enfants et la séparation des parents », *RIDC*, 2010-2, p. 625.

DROZ (G. A. L)

- « Réflexions pour une réforme des articles 14 et 15 du Code civil », *Rev. crit. DIP.*, 1975, p. 1.

- « Regards sur le droit international privé comparé », *RCADI*, 1991-IV, t. 229. p. 9.

FADLALLAH (I.)

- « Polygamie », *Rép. internat. Dalloz*, 1998.

FALLON (M.)

- « La loi belge de droit international privé, pour un bicentenaire », *Trav. Comité. fr. DIP.,* 2004-2006, p. 90.
- « Le principe de proximité dans le droit de l'Union européenne », in *Le droit international privé : esprit et méthodes* », Mélanges en l'honneur de Paul Lagarde, Dalloz, 2005, p. 241

FOYER (Jacques)

- « Les mesures d'assistance éducative en droit international privé », *Rev. crit. DIP.,* 1965, p. 39.

- « La réforme du droit de la filiation et le droit international privé », *Trav. Comité. fr. DIP.*, 1969-1971, p. 107.

- « Requiem pour le renvoi ? », *Trav. Comité fr. DIP.*, 1980-1981, p. 105.

- « Problèmes de conflits de lois en matière de filiation », *RCADI*, 1985-IV, t. 193, p. 9.

- « Droits internationaux de l'Homme et ordre public international », in *Du droit interne au droit international. Le facteur religieux et l'exigence des droits de l'homme*, Mélanges Raymond Goy, Publications de l'Université de Rouen, 1998, p. 333.

- « Filiation », *Rép. internat. Dalloz*, 1998.

- « Les vicissitudes contemporaines de la règle de conflit de lois », in *Clés pour le siècle*, Dalloz, 2000, p. 149.

- « Adoption », *Rép. internat. Dalloz*, 2003.

FOYER (Jean)

- *J.O.* débat parlementaire. A. N., 7 octobre 1971, p. 4301.

FRANCESCAKIS (Ph.)

- « Une extension discutable de la jurisprudence Rivière. L'application de la loi du domicile commun à la filiation légitime », *J.D.I.,* 1956, p. 254.

- « Les avatars du concept de domicile dans le droit international privé actuel », *Trav. Comité. fr. DIP.*, 1962-1964, p. 291.

- « Le surprenant article 310 nouveau du Code civil sur le divorce international », *Rev. crit. DIP.,* 1975, p. 571.

- « Le contrôle de la compétence du juge étranger après l'arrêt « *Simitch* » de la Cour de cassation », *Rev. crit. DIP.*, 1985, p. 243.

FULCHIRON (H.)

- « La place de la volonté individuelle dans le droit français de la nationalité », *Trav. Comité. fr. DIP.*, 1999-2000, p. 177.

- « Le mariage homosexuel et le droit français (à propos des lois hollandaises du 21 décembre 2000) », *D.*, 2001, Point de vue, p. 1628.

- « Le "mariage pour tous" est d'ordre public en matière internationale », *D.*, 2015, p. 464.

GALLANT (E.)

- « REGLEMENT BRUXELLES II BIS (Matières matrimoniale et responsabilité parentale) », *Rép. internat. Dalloz*, 2010.

GALLMEISTER (I.)

- « Mariage de personnes de même sexe : exception d'ordre public international », *D.*, 2015, p. 264.

GANNAGE (L.)

- « Le relativisme des droits de l'homme dans l'espace méditerranéen. Regards du Proche-Orient sur la reconnaissance en France des répudiations de droit musulman », *RIDC*, 1-2006, p. 101.

- « L'ordre public international à l'épreuve du relativisme des valeurs », *Trav. Comité fr. DIP.*, 2006-2008, p. 205.

- « A propos de l' « absolutisme » des droits fondamentaux », in *Vers de nouveaux équilibres entre ordres juridiques*, Mélanges en l'honneur de Hélène Gaudemet-Tallon, Dalloz, 2008, p. 265.

GANNAGE (P.)

- Réponse au rapport de Y. Loussouarn, « La dualité des principes de nationalité et de domicile en droit international privé », Annuaire de l'Institut de Droit International 1987, Pedone Paris, p. 363.

- « La pénétration de l'autonomie de la volonté dans le droit international privé de la famille », *Rev. crit. DIP.*, 1992, p. 425.

GAUDEMET (E.)

- « La théorie des conflits de lois dans l'œuvre d'Antoine Pillet et la doctrine de Savigny », Mélanges Antoine Pillet, Sirey 1929, p. 90.

GAUDEMET-TALLON (H.)

- « Nationalisme et compétence judiciaire : Déclin ou renouveau ? », *Trav. Comité fr. DIP.*, 1986-1988, p. 172.

- « La désunion du couple en droit international privé », *RCADI*, 1991-I, t. 226. p. 9.

- « L'utilisation de règles de conflit à caractère substantiel dans les Conventions internationales (l'exemple des Conventions de La Haye) », in *L'internationalisation du droit*, Mélanges en l'honneur de Yvon Loussouarn, Dalloz, 1994, p. 181.

- « Droit international privé et Code civil », in *Le Code civil : un passé, un présent, un avenir*, Dalloz, 2004, p. 749.

GHAZOUANI (M.)

- « Les droits fondamentaux dans la jurisprudence », *Revue Tunisienne de Droit* 2002, p. 1-26, (Partie en langue arabe).

- « Nationalité et compétence judiciaire internationale », in *Le code tunisien de droit international privé deux ans après*, CPU, 2003, p. 13.

- « Sommaire de jurisprudence de droit international privé », *Unité de recherche relations privées internationales*, 2006.

- « Cent jugements d'adoption sinternationales », in *La diversité dans le droit*, Mélanges offerts à la Doyenne Kalthoum MEZIOU-DOURAI, CPU 2013, p. 389 et s.

GODECHOT-PATRIS (S) et GUILLAUME (J)

- « La loi n° 2013-404 du 17 mai 2013 ouvrant le mariage aux couples de personnes de même sexe. Perspectives de droit international privé ». *D.*, 2013, p. 1756.

GONZALEZ CAMPOS (J.-D.)

- « Diversification, spécialisation, flexibilisation et matérialisation des règles de droit international privé », *RCADI*, 2000, t. 287, p. 9.

GOTHOT (P.)

- « Le renouveau de la tendance unilatéraliste en droit international privé », (Première partie), *Rev. crit. DIP.,* 1971, p. 1.

- « Le renouveau de la tendance unilatéraliste en droit international privé » (Deuxième partie), *Rev. crit. DIP.,* 1971, p. 209.

GOTHOT (P.) et LAGARDE (P.)

- « Conflits de lois (principes généraux) », *Rép. internat. Dalloz,* 2006.

GRANET-LAMBRECHTS (F.)

- « Droit de la filiations », *D.*, 2012, p. 1432.

HACHEM (M.-E.)

- « Le code tunisien de droit international privé », *Rev. crit. DIP.,* 1999, p. 227.

HAMMJE (P.)

- « Droits fondamentaux et ordre public », *Rev. crit. DIP.*, 1997, p. 1.

- « L'intérêt de l'enfant face aux sources internationales du droit international privé », in *Le droit international privé : esprit et méthodes*, Mélanges en l'honneur de Paul Lagarde, Dalloz 2005, p. 369.

- « Le nouveau règlement (UE) n° 1259/2010 du Conseil du 20 décembre 2010 mettant en œuvre une coopération renforcée dans le domaine de la loi applicable au divorce et à la séparation de corps », *Rev. crit. DIP.*, 2011, p. 291.

HAMROUNI (S.)

- « Les droits fondamentaux et les constitutions maghrébines », Mélanges offerts au Doyen Abdelfattah Amor, CPU, 2005, p. 547.

HAUSSER (J.)

- « Le projet de loi sur le mariage des personnes de même sexe. - Le paradoxe de la tortue d'Achille », *JCP*, éd. G, 2012, doctr. 1185.

HECKE (G. Van)

- « Principes et méthodes de solution des conflits de lois », *RCADI*, 1969-I, t. 126, p. 401.

HEUZE (V.)

- « La volonté en droit international privé », *Droits*, n° 28, 1998, p. 113.

HUDAULT (J.)

- « Sens et portée de la compétence du juge naturel dans l'ancien droit français », *Rev. crit. DIP.*, 1972, p. 27.

HUET (A.)

- « Les conflits de lois en matière d'établissement de la filiation depuis la loi du 3 janvier 1972 », in *Les conflits de lois en matière de filiation en droit international privé français, allemand et suisse*, Travaux de l'institut de droit comparé de la faculté de droit de Strasbourg, L.G.D.J., 1973, p. 19.

IDOT (L.)

- « Le divorce international, première utilisation du mécanisme des coopérations renforcées », Europe, 2011, p. 2.

JACQUET (J.-M.)

- « L'émergence du droit souple (ou le droit « réel » dépassé par son double) », Etudes à la mémoire du Professeur Bruno Oppetit, Litec, 2009, p. 331.

JAYME (E.)

- « Identité culturelle et intégration : le droit international privé postmoderne », *RCADI*, 1995-I, t. 251, p. 9.

KARI (M.)

- « Autonomie constitutionnelle et droit de la famille », Mélanges offerts au Doyen Abdelfattah Amor, CPU, 2005, p. 603.

KEGEL (G.)

- « La réforme du droit international du mariage en Allemagne », *Rev. crit. DIP.*, 1962, p. 641.

KERROU (H.)

- « Le mariage de la musulmane avec un non musulman et la ratification par la Tunisie de la convention de New York de 1962 », *R.J.L.*, 1971, p. 11.

KESSEDJIAN (C.)

- « Le principe de proximité vingt ans après », in Le droit international privé : esprit et méthodes », Mélanges en l'honneur de Paul Lagarde, Dalloz, 2005, p. 507.

- « Les effets pervers du caractère savant du droit international privé », Etudes à la mémoire du Professeur B. OPPETIT, Litec, 2009, p. 379.

KINSCH (P.)

- « Droits de l'homme, droits fondamentaux et droit international privé », *RCADI*, 2005, t. 318, p. 9.

KISCH (I.)

- « La loi la plus favorable. Réflexions à propos de l'article 9 (3), 2 de la loi uniforme Benelux », in *Ius et Lex*, Festgabe zum 70. Geburtstag von MAX GUTZWILLER, p. 373.

KNOEPFLER (F.)

- « Utilité et dangers d'une clause d'exception en droit international privé », in L'Hommage à Raymond Jeanprêtre, Recueil de travaux offert par la faculté de droit et des sciences économiques de l'université de Neuchâtel. Ides et Calendes, 1982, p. 113.

KOKKINI-IATRIDOU (D.)

- « Les clauses d'exception en matière de conflits de lois et de conflits de juridictions », in *Les clauses d'exception en matière de Conflits de Lois et de Conflits de Juridictions –ou le principe de proximité*, XIVe Congrès International de droit comparé, Martinus Nijhoff Publisher, 1994, p. 3.

KOTRANE (H.)

- « La Tunisie et les droits de l'enfant (regards à partir des observations du comité des Nations Unies sur les droits de l'enfant », Hommage à Dali JAZI, CPU, 2010, p. 437.

LABRUSSE (C.)

- « La compétence et l'application des lois nationales face au phénomène de l'immigration étrangère », *Trav. Comité fr. DIP.*, 1975-1977, p. 111.

LAGARDE (P.)

- « Le principe de proximité dans le droit international privé contemporain », *RCADI*, 1986-II, t. 196, p. 9.

- Audition du 18 septembre 1987, in *Etre français aujourd'hui et demain*, Rapport remis au Premier ministre par Marceau LONG président de la commission de la nationalité : t. 1, La Documentation française, 1988, p. 116.

- « Vers une approche fonctionnelle du conflit positif de nationalités », *Rev. crit. DIP.*, 1988, p. 29.

- « La nouvelle Convention de La Haye sur la loi applicable aux successions », *Rev. crit. DIP.*, 1989, p. 249.

- « La nouvelle Convention de La Haye sur la protection des mineurs », *Rev. crit. DIP.*, 1997, p. 217.

- « Ordre public », *Rép. internat. Dalloz*, 1998.

- « La Convention de La Haye du 13 janvier 2000 sur la protection des adultes », *Rev. crit. DIP.*, 2000, p. 159.

- « La loi du 6 février 2001 relative à l'adoption internationale : une opportune clarification », *Rev. crit. DIP.*, 2001, p. 275.

- « Développements futurs du droit international privé dans une Europe en voie d'unification : quelques conjonctures », *Rabels*Z. 2004, p. 225.

- « La reconnaissance. Mode d'emploi », in *Vers de nouveaux équilibres entre ordres juridiques*, Mélanges en l'honneur de Hélène Gaudemet-Tallon, Dalloz, 2008, p. 479.

LAGARDE (P.) et TENENBAUM (A.)

- « De la convention de Rome au règlement Rome I », *Rev. crit. DIP.*, 2008, p. 727.

LAGRANGE (E. DE)

- « Le législateur tunisien et ses interprètes », *Revue Tunisienne de Droit* 1968, p. 11.

LEGRAND (V)

- « Les implications de la loi autorisant le mariage pour tous en droit international privé », Petites affiches, 21 août 2013 n° 167, p. 6

LEQUETTE (Y.)

- « Aspects de l'évolution récente du droit de la famille », Rapport français, *Trav. Assoc. Capitant*, Journées turques, 1988, t. XXXIX, p. 467-482.

- « Le droit international privé de la famille à l'épreuve des conventions internationales », *RCADI*, 1994-II, t. 246, p. 9.

- « Renvoi », *Rép. internat. Dalloz*, 1998.

- « La nationalité française dévaluée », in *L'avenir du droit*, Mélanges en l'honneur de François Terré, Dalloz, 1999, p. 349.

- « Recodification civile et prolifération des sources internationales », in *Le Code civil 1804-2004. Livre du Bicentenaire*, Dalloz, 2004, p. 171.

- « Le droit international privé et les droits fondamentaux », in *Libertés et droits fondamentaux*, Dalloz, 2009, p. 101.

LIBCHABER (R.)

- « L'exception d'ordre public en droit international privé », in *L'ordre public à la fin du XXe siècle*, Dalloz, 1996, p. 65.

LOUIS-LUCAS (P.)

- « L'impérieuse territorialité du Droit », *Rev. crit. DIP.*, 1935, p. 642.

LOUSSOUARN (Y.)

- « La règle de conflit est-elle une règle neutre ? », *Trav. Comité fr. DIP.*, 1980-1981, 2e partie, p. 43.

- « La dualité des principes de nationalité et de domicile en droit international privé », Rapport définitif et projet de résolution, Annuaire de l'Institut du droit international, Le Caire 1987, vol. 62, t. I, p. 295.

- « Les réformes du droit international privé du divorce et de la filiation », in *La terre, la famille, le juge*, Etudes offertes à Henri Daniel Cosnard, Economica, 1990, p. 135.

MAISTRE DU CHAMBON (P.)

- « Quelques considérations sur le droit pénal de la famille », *JCP*, éd. G, 2011. 6.

MALAURIE (Ph.)

- « La législation de droit international privé en matière de statut personnel », *Trav. Comité fr. DIP.*, 1975-1977, p. 177.

MARTIN (R.)

- « Vous avez dit proximité ? », *D.*, 2004, Point de vue, p. 507.

MASSIP (J.)

- « L'action à fins de subsides », in *L'enfant en droit privé*, Actes du colloque organisé par l'Association Tunisienne de Droit Privé Tunis le 12, 13 et 14 décembre 2002. *A.J.T.*, 2003, n° 16, p. 39.

MAYER (D.)

- « Evolution du statut de la famille en droit international privé », *J.D.I.*, 1977, p. 447.

MAYER (P.)

- « Le mouvement des idées en droit international privé », *Droits*, n° 2, 1985, p. 129.

- « Les lois de police étrangères », *J.D.I.*, 1981, p. 277.

- « Le juge et la loi étrangère », *Rev. suisse dr. int. eur.*, 1991, p. 481.

- « La Convention européenne des droits de l'homme et l'application des normes étrangère », *Rev. crit. DIP.*, 1991, p. 651-665.

- « L'Etat et le droit international privé », *Droit*, n° 16, 1992, p. 34.

- « Les méthodes de la reconnaissance en droit international privé », in *Le droit international privé : esprit et méthodes,* Mélanges en l'honneur de Paul Lagarde, Dalloz, 2005, p. 547.

MECHRI (F.)

- « La famille et la justice », in *Droits et Culture*, Mélanges en l'honneur du Doyen Yadh Ben Achour, p. 319.

MEZGHANI (A.)

- « Réflexions sur les relations du code de statut personnel avec le droit musulman classique », *Revue Tunisienne de Droit* 1975, p. 53.

- « Le juge français et les institutions du droit musulman », *J.D.I.*, 2003, p. 721.

- « Faut-il déjà réformer le Code de droit international privé ? », in *Le Code tunisien de droit international privé deux ans après*, CPU, 2003, p. 163.

- « Le droit international privé sous l'angle de la tolérance », Mélanges offerts au Doyen Abdelfattah Amor, CPU, 2005, p. 803.

- « Religion, mariage et succession : l'hypothèse laïque. A propos d'une (R) évolution récente de la jurisprudence tunisienne », in *Droits et Culture*, Mélanges en l'honneur du Doyen Yadh Ben Achour, CPU, 2008, p. 345.

MEZIOU (K.)

- « Le droit international privé tunisien en matière de statut personnel », in *Le statut personnel des musulmans : droit comparé et droit international privé*, (sous la dir. de) J.-Y. Carlier et M. Verwilghen, Bruylant, 1992, p. 275.

- « Approche critique du Code de statut personnel », Mélanges offerts au Doyen Abdelfattah Amor, CPU, 2005, p. 815.

- Avant propos, « Polygamie et répudiation dans les relations internationales », Actes de la table ronde organisée à Tunis le 16 avril 2004, AB Consulting. Tunisie. 2006.

- « Formation du mariage et principe de monogamie », in *Polygamie et répudiation dans les relations internationales*, Actes de la table ronde organisée à Tunis le 16 avril 2004. AB Consulting, 2006, p. 9.

- « Du bon usage du droit comparé : A propos du code de la famille marocain et de la réforme algérienne de 2005 », in *Droits et Culture*, Mélanges en l'honneur du Doyen Yadh Ben Achour, CPU, 2008, p. 367.

- « Les relations en DIP de la famille entre la Tunisie et les autres pays arabes », in *Le code tunisien de droit international privé dix ans après*, Première journée Mohamed Charfi de droit international privé, Tunis le 21 et 22 novembre 2008, p. 31.

- « Droit civil. – Droit de la famille », *J.-Cl droit comparé* 2012, fasc. 60.

- « Migrations et relations internationales », *RCADI*, 2009, t. 345, p. 9.

MIRKOVIC (A.)

- « Le mariage, c'est un homme et une femme », *JCP*, éd. G, 2011. 134.

MONEGER (F.)

- « Le droit international privé des relations familiales », in *Droit de l'enfant et de la famille*, Hommage à Marie Josèphe GEBLER, Presse universitaire de Nancy, 1999, p. 169.

- « Les musulmans devant le juge français », *J.D.I.*, 1994, p. 345.

- « Mise au point du ministère de la justice en matière d'adoption internationale », *JCP*, éd. G, 1999, act., p. 837.

- « Le nom de l'enfant et l'adoption internationale, interrogations autour des nouveaux articles 357-1 et 363-1 du Code civil », *J.D.I.*, 2002, p. 1017.

- « Actualité du nom de famille en droit international privé », *Trav. Comité fr. DIP.*, 2004-2005, p. 7.

MUIR WATT (H.)

- Compte rendu à la *Rev. crit. DIP.*, 1995, p. 631, *Les clauses d'exception en matière de conflits de lois et de conflits de juridictions –ou le principe de proximité/ Exception Clauses in Conflicts of law and Conflicts of jurisdictions –or the Principle of Proximity*, XIVe Congrès international de droit comparé par D. Kokkini-Iatridou, éd. Martinus Nijhoff, 1994.

- « Contre une géométrie variable des droits fondamentaux de la procédure », *Justices* 1996, p. 329.

- « La loi nationale de l'enfant comme métaphore : le nouveau régime législatif de l'adoption internationale », *J.D.I.*, 2001, p. 995.

- « La loi étrangère », *Rép. internat. Dalloz*, 2009.

MUIR WATT (H.) et RICHEZ-PONS (A.)

- « Domicile et résidence habituelle dans les rapports internationaux », *J.-Cl. Droit int.*, 2008, fasc. 543-10.

NEIRINCK (C.)

- « Adoption simple », *J.-Cl. Civil* 2003, fasc. 30.

NORMAND (J.)

- « Pouvoirs et obligations du juge français dans la détermination de la règle de droit applicable au procès équitable », in Essays in honours of Konstantinos D. Kerameux, Ant. N. Sakkoulas et Bruylant, 2009, p. 941.

OPPETIT (B.)

- « Le droit international privé, droit savant », *RCADI*, 1992-III, t. 234, p. 331.

PATAUT (E.)

- Compte rendu de l'ouvrage de BEAUMONT et MCELEAVY, *Rev. crit. DIP.*, 2000, p. 937.

- « L'article 3 al.3 : approche historique du rattachement à la nationalité », in *Le titre préliminaire du code civil*, (dir de), G. FAURE et G. KOUBI, Economica 2003, p. 173.

- « Le renouveau de la théorie des droits acquis », *Trav. Comité fr. DIP.*, 2007, p. 71.

- PASTRE-BELDA (B)

- « Obligation de reconnaître le line de filiation entre un père et son enfant biologique né d'une gestation pour autui à l'étranger », *JCP*, 14 juillet 2014, n° 28-827, p. 1398.

PERROT (R.) et REGLADE (S.)

- « Domicile », *Rép. civ. Dalloz*, 1972.

PICONE (P.)

- « Les méthodes de coordination entre ordres juridiques en droit international privé : Cours général de droit international privé », *RCADI*, 1999, t. 276, p. 9.

- « La méthode de référence à l'ordre juridique compétent en droit international privé », *RCADI*, 1986-II, t.197, p. 229.

PONSARD (A.)

- « La loi française du 3 janvier 1972 et les conflits de lois en matière de filiation », *J.D.I.,* 1972, p. 765.

PORTALIS (J.-E.-M.)

- « Discours préliminaire du premier projet du Code civil », in *Motifs et discours prononcés lors de la publication du code civil*, Préface de Michel MASSENET, Bordeaux, Confluences, 2004.

RICHEZ-PONS (A.)

- « La notion de "résidence" », in *Le nouveau droit communautaire du divorce et de la responsabilité parentale*, (sous la dir. de) H. FULCHIRON et C. NOURISSAT, Dalloz, 2005, p. 149.

ROMANO (G.-P.)

- « Principe de sécurité juridique, système de Bruxelles I/ Lugano et quelques arrêts récents de la CJCE », in *La Convention de Lugano. Passé, présent et devenir*, Actes de la 19e journée de droit international privé du 16 mars 2007 à Lausanne. Schuthess, 2007, p. 165.

- « Sécurité juridique et prévisibilité dans le droit des relations privées internationales », Communication au Centre de recherches de droit international, Paris II février 2009, *inédite.*

ROSSI (H.)

- « Vers une plénitude de compétence des lois françaises relatives à la protection de l'enfance », *JCP*, 1967. I. 2051.

SCHWIND (F.)

- « Note introductive, Autriche – droit international privé », *Rev. crit. DIP.,* 1979, p. 174.

SIFFREIN-BLANC (C.)

- « Couple homosexuel : refus de l'adoption simple », *D.*, 2011. Actualités, p. 876.

SIMON (J.)

- « Les obligations familiales alimentaires et leurs sanctions pénales », *Rivista Del Diretto Matrimoniale E Dello Stato Delle Persone*, 1961, p. 189.

SIMON-DEPITRE (M.) et FOYER (J.)

- « La loi du 3 janvier 1972 et le droit international privé », *JCP*, 1973. I. 2566.

SINDRES (D.)

- « Vers la disparition de l'ordre public de proximité », J.D.I., 2012, p. 10.

STEIGER (W. DE)

- « Rapport explicatif de la Convention de La Haye du 5 octobre 1961 », Actes et documents de la neuvième session, Conférence de La Haye de droit international privé, 1960, t. 4. Protection des mineurs, p. 219.

SUDRE (F.)

- « La dimension internationale et européenne des libertés et droits fondamentaux », in *Libertés et droits fondamentaux*, 15e éd, Dalloz, 2009.

TARCHOUNA (M.)

- « Le travailleur étranger », in *L'étranger dans sous états*, DRIMAN 2005, p. 57.

TERRE (F.)

- « Réflexions sur la notion de nationalité », *Rev. crit. DIP.*, 1975, p. 197.

- « Sur la notion de libertés et droits fondamentaux », in *Libertés et droits fondamentaux*, Dalloz, 2009, 15e éd, p. 3.

- « MATER SEMPER CERTA EST. Un débat incertain ou prématuré ? », *JCP*, 2009, éd. G, 62 (26).

VAREILLES-SOMMIERES (P. DE)

- « Jugements étrangers », *Rép. internat. Dalloz*, 2011.

VERWILGHN (M.)

- « Conflits de nationalités, plurinationalité et apatridie », *RCADI*, 1999, t. 277 p. 9.

VON OVERBECK (A. E)

- « La *professio juris* comme moyen de rapprocher les principes du domicile et de la nationalité en droit international privé », *Liber amicorum Baron Louis Fredericq*, 1965, p. 1099.

- *Rapport explicatif* : Actes et documents de la XIIIe session de la Conférence de La Haye, 1976, t. 2, « *Régimes matrimoniaux* », p. 329.

- « Quelques solutions générales du projet suisse de loi sur le droit international privé et premières réactions à leur égard », *Trav. Comité fr. DIP.*, 1980-1981, p. 79.

- « Les questions générales du droit international privé à la lumière des codifications et projets récents », *RCADI*, 1982-III, t. 176, p. 9.

- « L'irrésistible extension de l'autonomie en droit international privé », in *Nouveaux itinéraires en droit*, Hommage à François RIGAUX, Bruylant, 1993, p. 619.

VRELLIS (Sp.)

- « La justice « matérielle » dans une codification du droit international privé », in *Sur l'unification progressive du droit international privé*, Mélanges Georges A.-L. Droz, Martinus Nihoff Publishers 1996, p. 541.

WEIL (P.)

- « Rapport de la mission d'étude des législations de la nationalité et de l'immigration », La documentation française 1997, p. 19.

WENGLER (W.)

- « Les principes généraux du droit international privé et leurs conflit », *Rev. crit. DIP.*, 1952, p. 595.

- « Les principes généraux du droit international privé et leurs conflit », *Rev. crit. DIP.*, 1953, p. 37.

- « L'évolution moderne du droit international privé et la prévisibilité du droit applicable », *Rev. crit. DIP.*, 1990, p. 657.

ZAHER (K.)

- « Plaidoyer pour la reconnaissance des divorces marocains. A propos de l'arrêt de la première chambre civile du 4 novembre 2009 », *Rev. crit. DIP.*, 2010, p. 313

DECISIONS JUDICIAIRES

FRANCE

- Paris, 3 juin 1814, *Busqueta, S.*, 1814, 2, 393, *GAJFDIP*, 2006, n. 1.

- Civ. 28 février 1860, concl. DUPIN, *S.*, 1860, 1, *DP.* 1860.1.57.

- Req. 16 janvier 1861, *D.*, 1861.1, p. 193, *S.*, 1861.1, p. 305, note G. MASSE, *GAJFDIP*, n° 5.

- Req. 12 décembre 1871, *D.*P. 1872.I.315, rapp. G. RAU.

- Civ. 5 mai 1875, *Forgo, S.*, 1875.1. 429, *D.*, 1879. 1. 56, *J.D.I.*, 1879, p. 285, *GAJFDIP*, n° 7-8.

- Civ. 18 mars 1878, *Princesse de Bauffremont, S.*, 1878, 1, 193, note J.E. LABBE, *D.*, 1878, 2, 1, note B. CAZALENS, *GAJFDIP*, n° 6.

- Req. 9 mars 1910, *Soulié, J.D.I.*, 1910, p. 888. *Rev. crit. DIP.*, 1910, p. 870, *D.*, 1912. 1, p. 262, rapp. DENIS, *S.*, 1913. 1, p. 105, note E. A.

- Civ. 6 juillet 1922, *Rev. crit. DIP.*, 1922, p. 444, rapport A. COLIN, *J.D.I.*, 1922, p. 714, *DP* 1922. 1, p. 137, *S.*, 1, p. 5, note G. LYON-CAEN, *GAJFDIP*, n° 12.

- Paris, 9 novembre 1935, *J.D.I.*, 1936, p. 893, note J. P.

- Paris, 24 décembre 1935, *Rev. crit. DIP.*, 1951, p. 493, note anonyme.

- Civ. 29 janvier 1936, *D.*, 1937, I, p. 15.

- Req. 10 mai 1939, *J.D.I.*, 1940-1945, p.107, note R. TENGER, *S.*, 1942, 1, p. 73.

- Trib. civ. Seine du 17 mars 1948, *Rev. crit. DIP.*, 1948, p. 112, note J.-P. NIBOYET.

- Civ. 25 mai 1948, *Lautour, Rev. crit. DIP.*, 1949, p. 89, note H. BATIFFOL, *D.*, 1948, p. 357, note P. L.-P, *S.*, 1949.1, p. 21, note J.-P. NIBOYET, *JCP*, 1948. II. 4532, note M. VASSEUR.

- Civ. 21 juin 1948, *Patino, S.*, 1949. 1. 121, note J.-P. NIBOYET ; *Rev. crit. DIP.*, 1949 p. 557, note Ph. FRANCESCAKIS.

- Civ. 1re, 5 décembre 1949, *Rev. crit. DIP.*, 1950, p. 65, note MOTULSKY, *J.D.I.,* 1950, p. 180, note B. GOLDMAN, *JCP*, 1950. II. 5287, note G.-R. DELAUME.

- Tribunal civil de Lyon, 24 avril 1951, *J.D.I.,* 1952, p. 198, note P. TAGER.

- Paris, 20 octobre 1951, *Michoud, Rev. crit. DIP.,* 1951, p.656, note G.H.

- Civ. 1re, 17 avril 1953, *Rivière, Rev. crit. DIP.,* 1953, p.412, note BATIFFOL, *J.D.I.,* 1953, p. 860, note R. PLAISANT, *JCP,* 1953. II. 7863, note J. BUCHET, *GAJFDIP*, n° 26.

- Civ. 8 décembre 1953, *Sommer, Rev. crit. DIP.,* 1953, p. 133, note H. MOTULSKY.

- Civ. 1re, 15 mars 1955, *Lewandowski, Rev. crit. DIP.,* 1955, p. 320, note BATIFFOL ; *J.D.I.,* 1956, p. 860, note R. PLAISANT, *J.D.I.,* 1956, p. 146, note B. GOLDMAN, *D.*, 1955, p. 540, note CHAVRIER, *JCP,* 1955.II.8771, note A. PONSARD.

- Paris, 1re, 21 juin 1955, *Rev. crit. DIP.,* 1955, p. 529, note H. BATIFFOL.

- Tribunal civil de la Seine, 4e chambre, 26 mars 1956, *J.D.I.,* 1957, p. 762-266, *obs.* J. B. SIALELLI.

- Paris, 26 juin 1959, *Patino, Rev. crit. DIP.,* 1959, p. 700, note H. BATIFFOL.

- Arrêt *Tarwid*, Civ. 1re, 15 mai 1961, *Rev. crit. DIP.,* 1961, p. 547, note H. BATIFFOL, *J.D.I.,* 1961, p. 734, note B. GOLDMAN.

- Tribunal de grande instance de la Seine du 14 mai 1962. *D.*, 1962, p. 653, note Ph. MALAURIE.

- TGI de Nice, 3 juillet 1963, *J.D.I.,* 1964, p. 563, note A. PONSARD, *JCP,* éd. G, 1984, II, 13830, note M. SIMON-DEPITRE, *D.*, 1964, p. 347, note J.-L. DELVOLVE, *Rev. crit. DIP.,* 1966, p. 424, note J. FOYER.

- Civ. 1re, 17 juillet 1963, *Bull.* civ., 1963. I, n° 403.

- Civ. 1re, 7 janvier 1964, *Rev. crit. DIP.,* 1964, p. 344, note H. BATIFFOL, *J.D.I.,* 1964, p. 302, note B. GOLDMAN, *JCP,* 1964.II.13590, note B. ANCEL. *GAJFDP.*, n° 41.

- Paris, 20 février 1964, *Rev. crit. DIP.,* 1965, p. 119.

- Paris, 18 juin 1964, *J.D.I.,* 1964, p. 810, note J.D. BREDIN, *Rev. crit. DIP.,* 1967, p. 340, note J. DEPREZ.

- Civ. 15 mai 1961, *Rev. crit. DIP.,* 1961 p. 547, note H. BATIFFOL.

- Civ. 1re, 15 février 1966, *Rev. crit. DIP.,* 1966, p. 273, note H. BATIFFOL, *J.D.I.,* 1967, p. 95, note B. GOLDMAN, *D.*, 1966, p. 370, note Ph. MALAURIE, *GAJFDIP*, n° 42.

- Civ. 1re, 17 juin 1968, *Kasapyan c/ Dame Kasapyan*, *Rev. crit. DIP.*, 1969. p. 59, note H. BATIFFOL, *GAJFDIP*, n° 46.

- Civ. 1re, 27 mai 1970, *Rev. crit. DIP.,* 1971, p. 113 note H. BATIFFOL, *GAJFDIP,* n° 49.

- Paris, 10 novembre 1971, *Mack Trucks*, *J.D.I.,* 1973, p. 239, note HUET.

- Civ. 1re, 15 mai 1974, *Martinelli*, *Rev. crit. DIP.*, 1975. p. 260, note M. NISARD, *J.D.I.,* 1976, p. 298, note D. ALEXANDRE.

- Paris, 11 juillet 1975, *Gaz. Pal.*, 1975.2.761, note J. VIATTE, *Rev. crit. DIP.,* 1976, p. 695, note J. FOYER, *D.*, 1976, p. 682, note E. POISSON.

- Civ. 1re, 16 décembre 1975, *Rev. crit. DIP.,* 1976, p. 551, note, B. AUDIT.

- Paris, 11 mai 1976. *Rev. crit. DIP.,* 1977, p. 109, note I. FADLALLAH., *D.*, 1976, p. 633, note J. MASSIP, *J.D.I.,* 1977, p. 656, note J. FOYER.

- Civ. 1re, 4 octobre 1976, *Bachir*, *Rev. crit. DIP.,* 1968, p. 89, note P. LAGARDE, *J.D.I.,* 1969, p. 102, note B. GOLDMAN, *D.*, 1968, p.95, note MEZGER, *JCP,* 1968.II.15634, note SIALELLI, *GAJFDIP*, n° 45.

- TGI de Paris, 1er mars 1977, *Rev. crit. DIP.,* 1978, p. 110, note, Y. LEQUETTE.

- Paris, 8 décembre 1977, *Rev. crit. DIP.,* 1978, p. 684, note J. FOYER, *D.*, 1978, p. 235, note E. POISSON.

- Civ. 1re, 16 janvier 1979, *J.D.I.*, 1981, p. 66, note J. FOYER.

- TGI de Paris, 13 février 1979, *Rev. crit. DIP.,* 1980, p. 79, note M. SIMON-DEPITRE.

- TGI de Paris, 23 avril 1979, *Rev. crit. DIP.,* 1980, p. 83, note P. LAGARDE.

- Civ. 1re, 10 juillet 1979, *Rev. crit. DIP.,* 1980, p. 91-98, note H. GAUDEMET-TALLON.

- Lyon, 31 octobre 1979, *Gaz. Pal.*, 1981, 1, somm. p. 86, *J.D.I.,* 1981, p. 54, note J. Foyer, *Rev. crit. DIP.,* 1980, p. 558, note B. ANCEL.

- Civ. 1re, 17 juillet 1980, *J.D.I.,* 1981, p. 75, note M. SIMON-DEPITRE ; *JCP*, 1982. II. 19717, note P. COURBE.

- Arrêt *Pedro*, Civ. 1re, 1er avril 1981, *J.D.I.*, 1981, p. 812, note, D. ALEXANDRE.

- TGI de Créteil, 18 juin 1981, *J.D.I.,* 1982, p. 452, note A. HUET.

- Civ. 1re, 17 mai 1983, *Rev. crit. DIP.,* 1985, p. 349, note B. ANCEL.

- TGI de Dunkerque 29 mars 1984, *Gaz. Pal.,* 1984, 2, *somm.* 284.

- Civ. 1re, 7 novembre 1984, *Defrénois*, 1984, art. 33781, n° 80, note J. MASSIP, *J.D.I.,* 1985, p. 434, note H. GAUDEMET-TALLON, *Rev. crit. DIP.,* 1985, p. 533, note M. SIMON-DEPITRE, *D.*, 1985. 459, note E. POISSON-DROCOURT, *GAJFDIP*, n° 67, p. 609.

- Civ. 1re, 6 février 1985, *Simitch*, *Rev. crit. DIP.*, 1985, p. 369, *J.D.I.,* 1985, p. 460, note A. HUET, *D.*, 1985. 469, note J. MASSIP et IR 497, *obs.* B. AUDIT, *chron.*, Ph. FRANCESCAKIS, *Rev. crit. DIP.*, 1985, p. 243.

- Civ. 1re, 19 novembre 1985. *Rev. crit. DIP.,* 1986, p. 712, note Y. LEQUETTE, *J.D.I.,* 1986, p. 719, note A. HUET, *D.*, 1986, p. 362, note PREVAULT et *somm.* p. 268, *obs.* B. AUDIT, *GAJFDIP*, n° 71.

- Versailles, 18 novembre 1986, *D.*, 1987, *somm.* 346, *obs.* B. AUDIT.

- Civ. 1[re], 25 novembre 1986. *Rev. crit. DIP.,* 1987, p.383, note B. ANCEL et Y. LEQUETTE.

- Paris, 25 juin 1986, *D.*, 1987, *somm.* 349, *obs.* B. AUDIT.

- Civ. 1[re], 27 janvier 1987 *Rev. crit. DIP.*, 1987, p. 605, note P. LAGARDE.

- TGI de Dunkerque 28 octobre 1987, *J.D.I.,* 1988, p. 766, note A. MEZGHANI.

- Civ. 1[re], 1[er] mars 1988. *D.*, 1988, p. 486, note J. MASSIP, *Rev. crit. DIP.,* 1989, p. 721, note A. SINAY-CYTERMANN.

- Civ. 1[re], 19 avril 1988, Bull. civ., I, n°104, p. 71, *Rev. crit. DIP.,* 1989, p. 68, note BATIFFOL, *D.*, 1988, *somm. comm.* p. 345, *obs.* B. AUDIT.

- Civ. 1[re], 6 juillet 1988. *Rev. crit. DIP.,* 1989, p. 71, note, Y. LEQUETTE.

- Civ. 1[re], 3 novembre 1988, *Rev. crit. DIP.,* 1989, p. 495, note J. FOYER, *J.D.I.,* 1989, p. 703, note F. MONEGER.

- Paris, 15 novembre 1988. *D.*, 1989, *somm.* p. 257, *obs.* B. AUDIT

- Paris, 11 janvier 1989, *D.*, 1989, *somm.* p. 256, *obs.* B. AUDIT.

- Paris, 16 novembre 1989, *J.D.I.,* 1990, p. 127, note A. HUET.

- Paris, 23 janvier 1990, *Rev. crit. DIP.,* 1991, p. 92, note, Y. LEQUETTE.

- Civ. 1re, 31 janvier 1990, *Pistre, Defrénois,* 1990, art. 34826. n° 92, note J. MASSIP ; *Rev. crit. DIP.,* 1990, p. 519, note E. POISSON-DROCOURT, *D.*, 1991, p. 105, note F. BOULANGER, *JCP,* 1991.II.21635, note H. MUIR WATT, *Gaz. Pal.*, 1990, *somm.* 483, *obs.* J. MASSIP ; *GAJFDIP*, n° 67-68.

- Paris, 15 mars 1990. *D.*, 1990, *somm.* p. 263, *obs.* B. AUDIT.

- Civ. 1[re], 6 juin 1990, *Rev. crit. DIP.,* 1991, p. 593, note P. COURBE.

- Paris, 15 juin 1990, *D.*, 1990, p. 540, note F. BOULANGER, *J.D.I.,* 1990, p. 982, *obs.* H. GAUDEMET-TALLON, *Rev. crit. DIP.,*, 1991, p. 711, note C. LABRUSSE-RIOU.

- Civ. 1re, 26 mai 1999, *Rev. crit. DIP.,* 1991, p. 558, note M.-L. NIBOYET-HOEGY, *J.D.I.,* 1991, p. 371, note D. BUREAU, *GAJFDIP*, n° 74-78.

- Civ. 1re, 18 décembre 1990. *Rev. crit. DIP.,* 1991, p. 759, note B. ANCEL.

- Versailles, 6 février 1991, *Rev. crit. DIP.,* 1991, p. 748, note P. LAGARDE.

- Civ. 1re, 21 janvier 1992, *D.*, 1993, *somm.* p. 351, *obs.* B. AUDIT, *Defrénois,* 1992, p. 1053, *obs.* J. MASSIP.

-TGI de Paris, 5 février 1992, *Rev. crit. DIP.,* 1993, p. 251, note E. POISSON-DROCOURT.

- Civ. 1re, 13 octobre 1992, *JCP,* éd. G, 1993, II. 22036, note M. BEHAR-TOUCHAIS ; *D.*, 1993, p. 684, note P. COURBE ; *Rev. crit. DIP.,* 1993, p. 41, note P. LAGARDE.

- Crim. 4 novembre 1992, *D.*, 1994, p. 11, note F. BOULANGER.

- Civ. 1re, 10 février 1993, *Rev. crit. DIP.*, 1993, p. 620, note J. FOYER.

- Dijon, 12 mars 1993. *Rev. crit. DIP.,* 1994, p. 251, note H. MUIR WATT.

- Civ. 1re, 9 novembre 1993, *Rev. crit. DIP*, 1994, p. 644, note E. KERCKHOVE.

- Paris, 15 mars 1994. *D.*, 1994. IR, p. 122, *Rev. crit. DIP.,* 1995, p. 810.

- TGI de Paris du 5 avril 1994, *Rev. crit. DIP.,* 1994, p. 529, note E. POISSON-DROCOURT et J. RANGEL.

- Civ. 1re, 6 avril 1994, *Defrénois*, 1994, p. 1099, note J. MASSIP.

- Civ. 1re, 18 mai 1994, *D.*, 1994, *somm.* p. 355, *obs.* B. AUDIT, *D.*, 1995. Jur., p. 20, note P. COURBE.

- Paris, 14 juin 1994, *Rev. crit. DIP.,* 1995, p. 308, note Y. LEQUETTE.

- Civ. 1re, 10 mai 1995, *Fanthou*, *Bull. civ.* I. n° 309, p. 261, *Rev. crit. DIP.,* 1995, p. 548, note H. MUIR WATT, *J.D.I.,* 1995, p. 625, note F. MONEGER, *D.*, 1995, p.544, note V. LARRIBAU-TERNEYRE, *Defrénois*, 1991, p.331, *obs.* J. MASSIP.

- Paris, 9 juin 1995, *D.*, 1996, *somm* 171, *obs.* B. AUDIT.

- Paris, 19 septembre 1995, *Rev. crit. DIP.,* 1996, p. 112, note H. MUIR WATT.

- TGI Paris 28 novembre 1995, *JCP,* éd. G, 1996. I. 3946, *obs.* M. FARGE.

- Paris, 7 juin 1996, *Rev. crit. DIP.,* 1997, p. 55, note M.-A. MOREAU.

- Civ. 1re, 25 février 1997, *Consorts Abdallah c. Younoussa, Ahmed, Attoumani* et *Amina Abdallah*, *Bull. civ.* 1997, I, n° 67, p. 43, *Rev. crit. DIP.,* 1998, p. 602-609, note G. A. L. DROZ, *D.*, 1997-35, Jurisprudence p. 453-454, note H. FULCHIRON, « *Le respect de la Constitution du 4 octobre 1958 peut-il interdire l'établissement de la filiation hors mariage* ? », *JCP,* éd. G, 1997.II, p. 557, note L.-A. BARRIERE T. GARE, *Dr. fam.*, 1997-5, *comm.* 70, p. 12, *obs.* P. MURAT, *Gaz. Pal.*, 1997, *Panor.* p. 262.

- Civ. 1re, 1er juillet 1997, *Lorre*, *J.D.I.,* 1997, p. 971, note F. MONEGER.

- Civ. 1re, 24 février 1998, *Rev. crit. DIP.,* 1998, p. 637, note G.A.L. DROZ, *J.D.I.,* 1998, p. 730, note E. KERCKHOVE..

- Civ. 1re, 3 juin 1998, *J.D.I.,* 1999, p. 781, note Y. LEQUETTE.

- Aix-en-Provence, 25 mars 1999. *D.*, 2000, p. 45, note J.-B. DONNIER.

- Civ. 22 juin 1999, *Rev. crit. DIP.*, 2000, p. 42, note G. CUNIBERTI.

- Civ. 1re, 15 juillet 1999, *D.*, 2000, *somm.* 414, *obs.* LEMOULAND, *Defrénois,* 2000, p. 103, *obs.* J. MASSIP, *Rev. crit. DIP.*, 2000, p. 207, note L. GANNAGE.

- Civ. 1re, 19 octobre 1999, *J.D.I.*, 2000. 737, note F. MONEGER.

- Civ. 1re, 3 octobre 2000. *D.*, 2000. *IR.* 265.

- Paris, 27 juin 2002 *David Iqbal c. Ministère Public et Florence Katia Zahri. Juris-Data* n° 2002-187959.

- Paris, 19 novembre 2002, *inédit.*

- Civ. 1re, 17 février 2004, *Rev. crit. DIP.*, 2004, p. 423, note P. HAMMJE, *J.D.I.* 2002, p. 1200, note L. GANNAGE, *D.*, 2004, p. 824, concl. F. CAVARROC, *D.*, 2004, p. 815 et *chron.* P. COURBE, *JCP,* éd. G, 2004.II.10128, note H. FULCHIRON, *Defrénois,* 2004, 812, note J. MASSIP, *Rev. trim. dr. civ.* 2004, p. 367, *obs.* J.-P. MARGUENAUD, *Gaz. Pal.*, Septembre-octobre 2004, p. 2814.

- Amiens, 5 mai 2004 (*Juris-Data* n° 2004-261641).

- Reims, 2 décembre 2004. *Juris-Data* n° 2004-264675.

- Toulouse, 15 février 2005. *Juris-Data* n° 2005-272818.

- Soc. 23 mars 2005, *inédit.*

- Civ. 1re, 21 septembre 2005. *D.*, 2006, n° 25, p.1727, note F. XAVIER-MORISSET, *RJPF*, février 2006, p.10, note A. BOICHE, *Bull. Civ.*, septembre 2005, n° 335.

- Civ. 1re, 4 juillet 2006, *Viola*, *Rev. crit. DIP., 2007,* p. 413, note H. MUIR WATT.

- Civ. 1re, 28 mars 2006, *Defrénois*, 2006, p. 1317, *obs.* J. MASSIP.

- Civ. 1re, 10 mai 2006, *D.*, 2006. 2890, note G. KESSLER et G. SALAME ; *JCP*, éd. G, 2006.II.1165, note T. AZZI ; *JCP,* éd. G, 2007. I.109, note L. CORBION, *Dr. fam.*, 2006, p. 33, note M. FARGE, *Gaz. Pal.*, 10-12 décembre 2006, 12, avis J. SAINTE-ROSE.

- Civ. 1re, 23 mai 2006, *D.*, 2006. Jur., p. 1880, *GAJFDIP*, n° 87.

- Civ. 1re, 10 octobre 2006, *J.D.I.*, 2007, p. 567, note C. BRIERE.

- Civ. 1re, 28 novembre 2006, *Rev. crit. DIP.*, 2007, p. 584, note N. JOUBERT

- Com. 19 décembre 2006, *Rev. crit. DIP.*, 2007, p. 592, note P. LAGARDE.

- Civ. 2e, 14 février 2007, *J.D.I.*, 2007, p. 932, note B. BOURDELOIS.

- Civ. 1re, 20 février 2007, *D.*, 2007, p. 1115, note L. D'AVOUT et S. BOLLEE.

- Civ. 1re, 13 mars 2007, *D.*, 2007, p. 1375, Point de vue, H. FULCHIRON, *D.*, 2007, p.1389, rapport, G. PLUYETTE, *D.*, 2007, p. 1395, note E. AGOSTINI, *D.*, 2007, Panor. 1561, *obs.* J.-J. LEMOULAND et D. VIGNEAU, *Defrénois*, 2007, art. 38595, p. 781, note J. MASSIP, *Dr. fam.*, 2007, *comm.* 76, *obs.* M. AZAVANT, *JCP,* éd. G., 2007.I.170, n° 1, *obs.* J. RUBELLI-DEVICHI, *RJPF.*, 2007-5/22, p. 15, note A. LEBORGNE, *RTD civ.*, 2007, p. 287, *obs.* J.-P. MARGUENAUD, *RTD civ.*, 2007, p. 315, *obs.* J. HAUSER.

- Soc. 14 mars 2007, inédit.

- Civ. 1re, 22 mai 2007, *D.*, 2007. *AJ.* p. 1596, *obs.* I. GALLMEISTER, *chron.*, B. AUDIT, p. 2548, *JCP,* éd. G, 2007, Actu. 258, *obs.* C. CHABERT, *Rev. crit. DIP.*, 2007, p. 610, note H. GAUDEMET-TALLON, *J.D.I.*, 2007, p. 956, note B. ANCEL et H. MUIR WATT, GP 21-2 mars 2008, p. 28, *obs.* M.-L. NIBOYET.

- Civ. 1re, 22 mai 2007, *Rev. crit. DIP.*, 2007, p. 592, note P. LAGARDE.

- Ass. plén., 21 décembre 2007, Dauvin c/ Société Carteret automobiles, pourvoi n° 06-11343, *JCP,* éd. G, 2008.II.10006, note L. WEILLER, *D.*, 2008, AJ, p. 228, *obs.* L. DARGENT.

- Civ. 1re, 17 décembre 2008, *JCP,* éd. G, 2009.II.10020, note A. MIRKOVIC.

- Civ. 1re, 11 février 2009, n° 08-10.387, *JurisData* n°2009-046984, *JCP,* éd. G, 2009, p. 105, *obs.* E. CORNUT.

- Civ. 1re, 25 février 2009, n° 08-11.033, *JCP,* éd. G, 2009.II.10072, note A. GOUTTENOIRE.

- Civ. 1re, 4 juin 2009, *D.*, 2009, p. 1695, note V. EGEA, *Rev. crit. DIP.*, 2010, p. 355, note H. M W.

- Civ. 1re, 4 novembre 2009, *D.*, 2010, p. 543, note G. LARDEUX ; K. ZAHER, « *Plaidoyer pour la reconnaissance des divorces marocains. A propos de l'arrêt de la première chambre civile du 4 novembre 2009* », *Rev. crit. DIP.*, 2010, p. 313.

- Civ. 1re, 16 décembre 2009, *Gaz. Pal.*, 2010, n° 141-142, p. 133, *chron.*, E. MAXIME.

- Paris, 18 mars 2010, *D.*, 2010, p. 1683, note G. DE GEOUFFRE DE LA PRADELLE.

-Cass, civ. 1re, 17 février 2010, *JurisData* n° 2010-051607, *JCP*, éd. G, 2010, p. 1283, note F. BOULANGER.

- Civ. 1re, 8 juillet 2010, *AJ fam.*, 2010, p. 2, *obs.* A. MIRKOVIC, *id.* p. 3, *obs.* B. HAFTEL, *id.* p. 4, interview, C. MECARY, *D.*, 2010. 1787, *obs.* I. GALLMEISTER, *Dr. fam.*, 2010, *comm.* 156, note M. FARGE, *RDT civ.* 2010, p. 547, *obs.* J. HAUSSER, *JCP*, éd. G, 2010.II.1173, note H. FULCHIRON, *J.D.I.*, 2011, p. 119, *comm.* S. BOLLEE, *Rev. crit. DIP.*, 2011, p. 747, note P. HAMMJE.

- Soc. 29 septembre 2010, *Rev. crit. DIP.*, 2011, p. 72, note, F. JAULT-SESEKE.

- Civ. 1re, 1er décembre 2010, *Rev. crit. DIP.*, 2011, p. 610, spéc. p. 622, note V. PARISOT.
- Civ. 1re, 15 décembre 2010, *J.DI.*, 2011, p. 263, *comm*, C. CHALAS.

- Civ. 1re, 12 janvier 2011, *JCP*, éd. G, 2011.449 note L. ABADIE.

- Paris, 24 février 2011, n° 10/08810, *inédit.*

- Civ. 1re, 9 mars 2011, *inédit.*

- Civ. 1re, 6 avril 2011, *D.*, 2011, p. 1001, édito F. ROME, p. 1064, entretien X. LABBEE, p. 1522, note D. BERTIAU et L. BRUNET, p. 1585, *Panor.* F. GRANET-LAMBRECHTS, *AJ fam.*, 2011, p. 262, *obs.* F. CHENEDE, p. 265, *obs.* B. HAFTEL et p. 266, interview M. DOMINGO.

- Civ. 1re, 18 mai 2011, *Gaz. Pal.,* 13 août 2011, n° 225, Chronique de droit de la famille, p. 18, note M. EPPLER.

- Civ. 1re, 26 octobre 2011, *JCP*, éd. G, 2011. 1236, *J.D.I.,* p. 176, note J. GUILLAUME.

-Civ. 1re, 7 juin 2012, *D.*, 2012, p. 1992, *obs.* I. GALLMEISTER.

-Civ. 1re, 13 septembre 2013, *JurisData* n° 2013-018930. – n° 12-30-138, *JurisData* n° 2013-018928 ; *JCP G* 2014, doctr. 43, n° 4, *obs.* A. GOUTTENOIRE; *RJPF* novembre 2013, p. 6, *obs.* M.-C. LE BOURISCOUT;

-Civ. 1re 19 mars 2014, *JurisData* n° 2014-005309 ; *JCP G* 2014, J. HEYMANN ; *D*. 2014, p. 905, *obs*. H. FULCHIRON et C. BIDAUD-GARON.

- Civ. 1re, 28 janvier 2015, *D*., 2015, p. 464, note H. FULCHIRON.

TUNISIE

-Tunis du 4 novembre 1954, *Revue Tunisienne de Droit* 1-1955, p. 79.

- Tribunal de Première Instance de Tunis, 28 janvier 1959, *Revue Tunisienne de Droit* 1962, p.73.

- Tribunal de première instance de Tunis, jugement du 4 mars 1959, *Revue Tunisienne de Droit* 1962, p. 65

- Tunis, arrêt n° 51196 du 7 novembre 1959, *R.J.L.*, 2-1960, p. 77.

-Tribunal de première instance de Tunis du 5 février 1960, *Revue Tunisienne de Droit* 1962, p. 85, note J.-M. VERDIER.

- Tribunal de Première Instance de Tunis, du 29 avril 1960, *Revue tunisienne de droit* 1962, p. 103, note J.-M. VERDIER.

- Tunis, 2 novembre 1960. *Revue Tunisienne de Droit* 1962, p. 25, note J.-M. VERDIER.

- Tribunal de Première Instance de Tunis, 16 décembre, *Revue tunisienne de droit* 1962, p. 103, note J.-M. VERDIER.

- Tunis, n°19077 du 7 juillet 1961, *R.J.L..*, 9-1961, p. 36.

- Tunis, arrêt n° 56468 du 25 décembre 1963, *R.J.L..*, 4-1964, p. 66, *J.D.I.,* 1968, p. 123, *chron.*, M. CHARFI.

- Civ., arrêt du 23 janvier 1964, *Revue Tunisienne de Droit* 1963-1965, p.106.

- Civ., arrêt n° 1320 du 23 décembre 1963, *Revue Tunisienne de Droit* 1965-1967, p. 277, *R.J.L.*, 2-1964, p. 50

- Civ., arrêt n° 1390 du 23 décembre 1963, Bull. 1964, p. 9.

- Tunis, arrêt n° 56468 du 25 décembre 1963, *Zacco*, *R.J.L.*, 4-1964, p. 66, *J.D.I.,* 1968, p. 123, *chron.*, M. CHARFI.

- Civ., arrêt n° 2994 du 2 avril 1964, *Bull.* 1964, p. 15, *J.D.I.,* 1968, p. 121, *chron.*, M. CHARFI, *Revue Tunisienne de Droit* 1965-1967, p. 27.

- Civ., arrêt n° 4063 du 11 novembre 1965. *Bull.* 1965, p. 59, *R.J.L.*, 3-1966, p. 34, *Revue Tunisienne de Droit* 1963-1965, sommaires de jurisprudence, p. 268, *J.D.I.,* 1968, p. 125, *chron.*, M. CHARFI.

- Civ., arrêt n° 3384, du 31 janvier 1966, *Houria*, *R.J.L.*, 1967, p. 37, *Revue Tunisienne de Droit* 1968, p. 115, note G. DE LAGRANGE.

- Tunis arrêt n° 59437 du 30 janvier 1967 *R.J.L.*, 5-1967, p. 69.

- Tunis, arrêt n° 59942 du 27 juillet 1967, *R.J.L.*, 2-1968, p. 60.

- Tunis arrêt du 20 décembre 1974, *Revue Tunisienne de Droit* 2-1977, partie en langue arabe, note M.-A. HACHEM, *J.D.I.*, 1979, p. 657, *chron.*, M. CHARFI.

- Tribunal de justice cantonale de Tunis dans une décision du 26 décembre 1974, *Revue Tunisienne de Droit* 1975, note K. MEZIOU.

- Tribunal de 1re Instance de Tunis du 8 janvier 1975, *Revue Tunisienne de Droit* 1979-I, p. 122.

- Tribunal de première instance de Tunis, 6 juillet 1976, *Revue Tunisienne de Droit* 1978, p. 71, note A. MEZGHANI, *J.D.I.*, 1979, p. 654, *obs.* M. CHARFI.

- Civ., arrêt n° 2000 du 15 mai 1979, Bull. civ., 1-1979, p. 227, *R.J.L.*, 10-1980, p. 79.

- Civ., arrêt n° 7422 du 3 juin 1982, Bull. civ., 3-1982, p. 143, *R.J.L.*, 9-1983, p. 63.

- Civ., arrêt n° 14220 du 19 octobre 1985, *Bull.* civ., 2-1985, p. 61.

- Civ., arrêt n° 20203 du 27 avril 1988 *Bull.* civ., 1988, p. 80)

- Monastir, arrêt n° 2859 du 3 mai 1990, *Revue Tunisienne de Droit* 1991, partie en langue arabe, p. 525, note N. GARA.

- Civ., arrêt n° 28151 du 23 mars 1993, *Revue Tunisienne de Droit* 1993, partie en langue arabe, p. 409, note N. GARA.

- Tunis, arrêt n° 20191 du 24 mai 1995, *Revue Tunisienne de Droit* 1997 (partie en langue arabe), p. 381, note N. GARA.

- Tunis, arrêt n° 33746 du 16 octobre 1996, M. GHAZOUANI, « Sommaire de jurisprudence de droit international privé », *Unité de recherche relations privées internationales*, 2006.

- Tribunal de première instance de Sfax, jugement n° 38339 du 30 mai 1997, M. GHAZOUANI, « Sommaire de jurisprudence de droit international privé », *Unité de recherche relations privées internationales*, 2006.

- Tunis, arrêt n° 48765 du 11 juillet 1998, M. GHAZOUANI, « Sommaire de jurisprudence de droit international privé », *Unité de recherche relations privées internationales*, 2006.

- Civ., arrêt n° 69523 du 4 janvier 1999, *R.J.L.*, 1-2002, p. 167, *Revue Tunisienne de Droit* 2001; partie en langue arabe, p. 201, note M. GHAZOUANI.

- Civ., arrêt n° 60562 du 26 janvier 1999, *Revue Tunisienne de Droit* 1999, partie en langue arabe, p. 227, note N. GARA.

- Tribunal de première instance de Tunis, jugement n° 23843 du 20 avril 1999, M. GHAZOUANI, « Sommaire de jurisprudence de droit international privé », *Unité de recherche relations privées internationales*, 2006.

- Tribunal de Première Instance de Tunis, jugement n° 26855, du 29 juin 1999, *Revue Tunisienne de Droit* 2000, p. 403, note S. BEN ACHOUR.

- Civ., arrêt n° 72212 du 22 septembre 1999, M. GHAZOUANI, « Sommaire de jurisprudence de droit international privé », *Unité de recherche relations privées internationales*, 2006.

- Tribunal de première instance de Tunis, jugement n° 29446 du 18 octobre 1999, M. GHAZOUANI, « Sommaire de jurisprudence de droit international privé », *Unité de recherche relations privées internationales*, 2006.

- Civ., arrêt n° 570 du 12 juin 2000, *R.J.L.*, 7-2001, p. 97, *Revue Tunisienne de Droit* 2001 (partie en langue arabe), p. 187, note M. GHAZOUANI.

- Tribunal de première instance de Tunis, jugement n° 33005 du 27 juin 2000, M. GHAZOUANI, « Sommaire de jurisprudence de droit international privé », *Unité de recherche relations privées internationales*, 2006.

- Tribunal de première instance de Tunis, jugement n° 32779 du 11 juillet 2000, M. GHAZOUANI, « Sommaire de jurisprudence de droit international privé », *Unité de recherche relations privées internationales*, 2006, L.CHEDLY et M. GHAZOUANI, « *Le code de droit international privé annoté* », Tunis 2008, p. 627.

- Civ., arrêt n° 7286 du 2 mars 2001, *R.J.L.*, 1-2002, p. 183, *Revue Tunisienne de Droit* 2001, partie en langue arabe, p. 201, note M. GHAZOUANI.

- Tribunal de Première Instance de Sousse, ch. Correctionnelle, jugement n° 9672 du 24 novembre 2001, *Revue Tunisienne de Droit* 2002, note S. BEN ACHOUR, M. GHAZOUANI, « Sommaire de jurisprudence de droit international privé », *Unité de recherche relations privées internationales*, 2006.

- Civ., arrêt n° 18182 du 24 octobre 2002, M. GHAZOUANI, « Sommaire de jurisprudence de droit international privé », *Unité de recherche relations privées internationales*, 2006.

- Tribunal de première instance de Tunis, jugement n° 41373 du 26 novembre 2002, M. GHAZOUANI, « Sommaire de jurisprudence de droit international privé », *Unité de recherche relations privées internationales*, 2006 ; L.CHEDLY et M. GHAZOUANI, « *Le code de droit international privé annoté* », Tunis 2008, p. 641

- Tribunal de première instance de Médenine, jugement n° 20103 du 20 octobre 2003, M. GHAZOUANI, « Sommaire de jurisprudence de droit international privé », *Unité de recherche relations privées internationales*, 2006.

- Tribunal de première instance de Tunis, jugement n° 47564 du 1er décembre 2003, M. GHAZOUANI, « Sommaire de jurisprudence de droit international privé », *Unité de recherche relations privées internationales*, 2006.

- Tribunal de première instance de La Manouba, jugement n° 53/16189 du 2 décembre 2003, *inédit.*

- Tribunal de Première Instance de Tunis, jugement n° 46026 du 8 décembre 2003 (M. GHAZOUANI, « Sommaire de jurisprudence de droit international privé », *Unité de recherche relations privées internationales*, 2006.

- Tunis, arrêt n° 120 du 6 janvier 2004, *J.D.I.*, 2005, p. 1193, note S. BEN ACHOUR.

- Tribunal de première instance de Médenine, jugement n° 20348 du 12 janvier 2004, M. GHAZOUANI, « Sommaire de jurisprudence de droit international privé », *Unité de recherche relations privées internationales*, 2006.

- Tribunal de première instance de Manouba, jugement n° 34, du 13 janvier 2004. *JCP*, éd. G, 2005, *chron. de droit international et européen*, I. 110, p. 213-214, *obs.*, S. BOSTANJI.

- Tribunal de première instance de Médenine, jugement n° 20494 du 1er mars 2004, M. GHAZOUANI, « Sommaire de jurisprudence de droit international privé », *Unité de recherche relations privées internationales*, 2006.

- Tunis 23 juin 2004, *Revue Tunisienne de Droit* 2005, p. 337, note S. BOSTANJI, *JCP, G.* 2005. I. 169, *chron.*, S. BOSTANJI.

- Civ. 23 décembre 2004, *Revue Tunisienne de Droit* 2005, p. 337, note S. BOSTANJI, *JCP, G.* 2005. I. 169, *chron.*, S. BOSTANJI.

- Civ., arrêt n° 3181 du 22 octobre 2004, *inédit.*

- Tribunal cantonal de Tunis, 5 mai 2005, jugement n° 85376/2004, *J.D.I.,* 2007, p. 165, note M. BELLAMINE.

- Tunis, arrêt n° 2275 du 22 mai 2006, *inédit.*

- Tribunal de première instance de la Manouba, jugement n° 1525 du 4 mars 2006, M. GHAZOUANI, « Sommaire de jurisprudence de droit international privé », *Unité de recherche relations privées internationales, 2006*, L.CHEDLY et M. GHAZOUANI, « *Le code de droit international privé annoté* », Tunis 2008, p. 641.

- Tribunal de première instance de Tunis, jugement n°36946 du 4 novembre 2006, *inédit.*

-Tunis, 29 mai 2007, arrêt n° 47138, in L. CHEDLY et M. GHAZOUANI, p. 642.

- Civ. 30 juin 2008, *inédit.*

- Civ., arrêt n° 31115 du 05 février 2009, *Bull.* 2009, n°1, p. 291, *ASJ* 2009, p. 195, note M. GHAZOUANI.

- Tribunal de première instance de Tunis, jugement n° 73184, du 13 juillet 2009, *inédit.*

- Tribunal de première instance de Tunis, jugement n° 75154 du 25 janvier 2010, *inédit.*

- Sousse, 3 mai 2013, arrêt n° 9246, *inédit.*

- Tunis, 31 janvier 2013, arrêt n° 37565, *inédit.*

ETATS-UNIS D'AMERIQUE

- Cour suprême de l'Etat de New York, (*Babcock c. Jackson*) 9 mai 1963, *Rev. crit. DIP.*, 1964, p. 284, note J.-G. CASTEL.

SUISSE

- Tribunal fédéral suisse, 2e Cour civile, 28 novembre 1991, *Rev. crit. DIP.*, 1992, p. 484, note F. KNOEPFLER.

COUR EUROPEENNE DES DROITS DE L'HOMME

-CEDH, 24 juin 2010, n°30141/04, *Schalk* et *Kopf* c/ Autriche, *JCP*, éd. G, 2010.1013, note H. FULCHIRON, *Dr. fam.*, 2010, *comm.* 143, note E. LAGARDE.

- CEDH, 26 juin 2014, n° 65192/11, Mennesson c/France, *JurisData* n° 2014-015212 et CEDH, 26 juin 2014, n° 65941/11, Labassée c/ France, *JurisData* n°2014-015214.

COUR DE JUSTICE DE L'UNION EUROPEENNE

-CJCE 12 mai 1998, aff. C-367/96, *Alexadros Kefalas* : Rec. CJCE 1998, I, p. 2843, concl. G. TESAURO, *RTD com.* 1998, p. 1000, *obs.* LUBY, *Rev. sociétés* 1998, p. 794, note S. DANA-DEMARET, Europe 1998, n° 225 et 247, *obs.* F. LAGONDET, *pt.* 28.

- CJCE, 2 oct. 2003, Aff. C-148/02. *Garcia Avello, Rec.*, p. I-11613, *Standesamt Stadt Niebüll* CJCE, 27 avril 2006, Aff. C-96/04, *Rec.*, p. I-3561.

- CJCE. 3e ch.-16 juillet 2009. aff. C-168/08. *Hadadi*, *Europe* 2009, *comm.* p. 389, note L. IDOT, *AJF* 2009, p. 348, note A. BOICHE, *JCP,* éd. G, 2010. p. 135, *chron.*, E. FONGARO, *J.D.I.,* 2010, p. 157, note L. D'AVOUT, *Rev. crit. DIP.,* 2010, p. 184, note C. BRIERE.

-CJCE, 2 avril 2009. aff. C-523/07, *Europe* 2009, Com. 265, note L. IDOT, *JCP,* éd. G, 2009, 33 (316), *obs.* F. BOULANGER ; *Gaz. Pal.*, 27-27 nov. 2009, p. 15, note P. Guez, *Rev. crit. DIP.*, 2009, p. 791, note E. GALLANT.

- CJUE, 2 mars 2010, aff. C-135/08, *Rottmann*, *Rev. crit. DIP.*, 2010, p. 540, note P. LAGARDE, *D.*, 2010, p. 2870, *obs*, O. BOSKOVIC.

COUR INTERNATIONALE DE JUSTICE

- CIJ, 5 avril 1955, *Nottebohm* CIJ Recueil 1955, p. 4.

- CIJ, 28 novembre 1958, *Boll,* Rec. CIJ 1958, p. 55 et 146, note Offerhaus ; *Rev. crit. DIP.,* 1958, p. 713.

TABLE DES MATIERES

Questions juridiques aux éditions L'Harmattan

Dernières parutions

LA FINANCE ISLAMIQUE FACE AU DROIT FRANÇAIS
Himeur Chihab Mohammed, Abdelmoumen Nedra
Cet ouvrage aborde deux systèmes juridiques - musulman et français -, de manière parallèle. Chaque type de contrat de la finance islamique est traité dans un chapitre à part, à la fois d'un point de vue juridique et pratique. Contrairement à toutes les idées reçues, le droit français n'est pas en contrariété totale avec la pratique de la finance islamique, matière dont les auteurs interrogent le fondement. À l'heure actuelle, l'application de celle-ci est possible.
(26.00 euros, 254 p.)
ISBN : 978-2-343-05160-4, ISBN EBOOK : 978-2-336-37184-9

LE JURISTE TERRITORIAL, UN ACTEUR ESSENTIEL DES COLLECTIVITÉS TERRITORIALES
Michel Emilie - Préface de Nelly Ferreira
Cette étude a pour ambition de démontrer la manière dont le juriste territorial, passant d'un simple gestionnaire de contentieux à un véritable gestionnaire des risques, s'est imposé progressivement au sein des entités décentralisées au point de devenir un acteur indispensable à leur bon fonctionnement.
(Coédition Université de Cergy-Pontoise, Coll. Master Collectivités territoriales et politiques publiques, 15.50 euros, 152 p.) ISBN : 978-2-343-05763-7, ISBN EBOOK : 978-2-336-37242-6

LA PARTICIPATION DES USAGERS AUX POLITIQUES PUBLIQUES LOCALES
Une volonté affichée... pour quelle réalité ?
Roquefort-Cook Katline - Préface de Nelly Ferreira
Les processus participatifs ne sont-ils qu'une comédie, mis à la disposition des élus locaux ? Ou peuvent-ils être la clé d'un nouvel acte de l'action publique, plus en adéquation avec les attentes des habitants ? Néanmoins, les collectivités doivent appréhender les différents écueils de cette participation ; car, à travers l'analyse de différentes expériences participatives, c'est la démocratie locale que la participation citoyenne vient interroger. L'usager aura-t-il demain un rôle plus efficient dans la conduite des politiques publiques locales ?
(Coédition Université de Cergy-Pontoise, Coll. Master Collectivités territoriales et politiques publiques, 14.00 euros, 134 p.) ISBN : 978-2-343-05691-3, ISBN EBOOK : 978-2-336-37240-2

L'E-ADMINISTRATION ET LA GESTION DE LA RELATION AUX CITOYENS
L'exemple des services scolaires
Hattab Amélie - Préface de Laeticia Janicot
L'e-administration ou la dématérialisation des différentes procédures est devenue une étape incontournable dans la réussite des projets de modernisation de la gestion des collectivités territoriales. L'étude de cette dématérialisation des services scolaires permet d'identifier les avantages et les difficultés engendrés par un passage au numérique dans une collectivité. Elle met aussi en évidence les effets sur le fonctionnement interne de l'administration territoriale et sur les relations et démarches de l'usager avec cette dernière.
(Coédition Université de Cergy-Pontoise, Coll. Master Collectivités territoriales et politiques publiques, 15.50 euros, 148 p.) ISBN : 978-2-343-05591-6, ISBN EBOOK : 978-2-336-37241-9

LA GOUVERNANCE : ENTRE LE CITOYEN ET LE POLITIQUE
M'Rad Hatem
Chaque époque a sa propre conception de la politique. Celle d'hier se fondait sur le pouvoir régalien, puis sur la seule participation électorale. Celle d'aujourd'hui traduit l'émergence du pouvoir citoyen et ses multiples manifestations dans toutes les sphères de l'action politique, économique et sociale. La gouvernance est la conciliation entre la sphère du citoyen et celle du pouvoir politique. Elle condamne le citoyen et le politique à cohabiter pacifiquement et démocratiquement pour que l'État puisse gagner en efficience.
(Coll. Logiques Juridiques, 23.00 euros, 222 p., Broché)
ISBN : 978-2-343-05493-3, ISBN EBOOK : 978-2-336-37303-4

L'INTERRÉGULATION
Sous la direction de Gabriel Eckert et Jean-Philippe Kovar
L'interrégulation est un ensemble de procédés juridiques permettant d'organiser les relations entre des autorités publiques en charge de la réglementation, du contrôle ou de la surveillance des secteurs d'activités économiques. Cet ouvrage collectif l'étudie dans ses dimensions transdisciplinaire, transectorielle et transnationale. Sont ainsi envisagés les rapports entre les autorités de concurrence et les autorités de régulation sectorielle, ainsi que les interactions entre les autorités de régulation de secteurs ou pays différents.
(Coll. Logiques Juridiques, 25.50 euros, 250 p.)
ISBN : 978-2-343-05672-2, ISBN EBOOK : 978-2-336-37132-0

NOUVELLES RECHERCHES SUR LES FONCTIONS DE L'INTÉRÊT GÉNÉRAL DANS LA JURISPRUDENCE ADMINISTRATIVE
Coq Véronique - Préface de Benoît Plessix
Dans la jurisprudence administrative, l'intérêt général s'exprime en plusieurs sens. L'approche choisie consiste à le penser au-delà du phénomène de dilution de la notion. Dans cette perspective, l'intérêt général est examiné sous l'angle du droit administratif, mais aussi sous le prisme de la théorie et de la philosophie du droit. Ces recherches sont ainsi nouvelles en raison de l'évolution du contentieux administratif et par le regard pluridiscipinaire porté sur le sujet qui fait appel à la pure analyse du droit positif et à la théorie du droit.
(Coll. Logiques Juridiques, 56.00 euros, 666 p.)
ISBN : 978-2-343-05089-8, ISBN EBOOK : 978-2-336-37218-1

FAIRE L'ÉCONOMIE DE LA DÉNONCIATION
Sous la direction de Sonny Perseil et Yvon Pesqueux
Auditeurs, comptables, consultants et experts, journalistes, juges, policiers, mais aussi chercheurs en sciences sociales gagnent souvent leur vie en dénonçant des pratiques considérées comme déviantes, transgressives ou tout simplement mauvaises, pratiques en général dissimulées par les agents politiques ou économiques. Faire l'économie de la dénonciation dans une approche sans doute plus psychologique, c'est essayer de comprendre ce qui pousse des individus à la délation. Ces contributions se proposent de saisir les fondamentaux de cette économie, mais aussi de questionner une thématique connexe, la transparence.
(Coll. Perspectives organisationnelles, 20.00 euros, 206 p.)
ISBN : 978-2-343-05767-5, ISBN EBOOK : 978-2-336-37243-3

LA RESPONSABILITÉ PÉNALE DE LA PERSONNE MORALE
Enjeux et avenir
Sous la direction de Delphine Brach-Thiel et Ann Jacobs
Le principe et la mise en œuvre de la responsabilité pénale de la personne morale se trouvent aujourd'hui à la croisée des chemins. Comparer et confronter les systèmes français et belge ne peut qu'être source d'enrichissements à l'heure où les débats ne sont pas clos et où il reste encore pour la jurisprudence, de grandes questions en attente.
(Coll. Comité international des pénalistes francophones, 22.00 euros, 222 p.)
ISBN : 978-2-343-05690-6, ISBN EBOOK : 978-2-336-37230-3

JUSTE VICTIME DANS LE PROCÈS PÉNAL

Sous la direction de Sylvie Humbert et Franck Ludwiczak

La vision classique du procès pénal qui oppose la société à l'auteur d'un fait délictuel est révolue. La victime n'est plus simplement perçue comme simple témoin ou instrument fondant la preuve de l'infraction, mais représente désormais un acteur incontournable du processus répressif. Ce colloque a permis d'apporter des regards complémentaires sur l'évolution de la justice pénale et sur la place à accorder à la victime dans le processus répressif.

(Coll. Droit, Société et Risque, 26.50 euros, 266 p.)

ISBN : 978-2-343-02595-7, ISBN EBOOK : 978-2-336-37213-6

LE DROIT À LA VILLE

Justifications, apports, manifestations et portées

Lamare Marine - Préface de Fabien Girard

Le droit à la ville a été créé par le philosophe et sociologue français Henri Lefebvre, en 1968, afin de répondre aux maux des sociétés urbaines, notamment marquées par l'exclusion, des logements indignes, l'absence de lieux conviviaux et d'espaces verts et par un défaut de participation. Inspirée des travaux d'Henri Lefebvre et des apports de la société civile et des chercheurs sur le sujet, la présente analyse met en lumière la dimension sociale des droits humains ainsi que l'exigence de participation des habitants dans le façonnement de leur ville.

(Coll. Logiques sociales, série Questions urbaines, 30.00 euros, 306 p.)

ISBN : 978-2-343-05548-0, ISBN EBOOK : 978-2-336-37090-3

LA RÉPUBLIQUE FACE AUX DROITS DES MINORITÉS

Lire l'ordre juridique français à partir de la théorie libérale de Will Kymlicka

Médard Robin

Le pari de cet ouvrage consiste à utiliser le lexique de «La citoyenneté multiculturelle» (Kymlicka, 1995) comme grille de lecture du droit français. Or, loin de confirmer leur incompatibilité, cette analyse met en relief une corrélation certaine entre l'ordre juridique français et le droit des minorités tel que conceptualisé par la théorie libérale de Kymlicka. Cette tolérance du droit français invite l'auteur à douter de la pertinence des interprétations communautariennes des principes républicains.

(Coll. Questions contemporaines, 23.00 euros, 234 p.)

ISBN : 978-2-343-05537-4, ISBN EBOOK : 978-2-336-37082-8

IRRESPONSABILITÉS RÉCURRENTES DES ÉLITES

Accidents fortuits et crimes en col blanc

Fines Louise

En scrutant trois catastrophes récentes : la marée noire et British Petroleum (2010), le désastre de la centrale Fukushima et Tepco (2011) et l'explosion des wagons de pétrole à Lac-Mégantic (province de Québec) et la compagnie Montréal, Maine et Atlantic Railway (2013), cet ouvrage réfléchit à la pertinence de qualifier d'accidents des conduites qui s'apparentent à des crimes. L'auteur soupèse les notions d'accidents et de sacrifice nécessaire lorsque vient le temps d'évaluer la sécurité du public et les risques pour les populations locales.

(Coll. Questions contemporaines, 16.50 euros, 160 p.)

ISBN : 978-2-343-04704-1, ISBN EBOOK : 978-2-336-37194-8

TERRES, TERRITOIRES, RESSOURCES

Politiques, pratiques et droits des peuples autochtones

Sous la direction d'Irène Bellier

Cette étude aborde la problématique des droits fonciers et territoriaux, le besoin d'une sécurité juridique et de la relation à la terre ; elle questionne la place de l'homme dans les projets de développement ou de protection de l'environnement, elle se penche enfin sur les enjeux miniers. Anthropologues, géographes, juristes, leaders autochtones et politistes offrent ici un tour d'horizon.

(Coll. Horizons autochtones, 30.00 euros, 394 p.)

ISBN : 978-2-343-05543-5, ISBN EBOOK : 978-2-336-37181-8

ANNALES DE LA FACULTÉ DE DROIT ET SCIENCE POLITIQUE DE NICE (Année 2014)

Textes réunis par Yves Strickler

Ces annales se veulent être une photographie, à période régulière, des activités de la faculté de Nice. Cet ouvrage contient les résultats des travaux doctoraux soutenus en 2014 ainsi que la liste des écrits publiés la même année par les chercheurs confirmés de l'université. Il accueille également des contributions et conférences prononcées à la faculté de Nice ou communiquées par leurs auteurs au comité de lecture, dans tous les domaines de la recherche en droit et science politique, tout en ouvrant sur les autres domaines des sciences de la société.

(Coédition Université de Nice-Sophia Antipolis, 32.00 euros, 322 p.)

ISBN : 978-2-343-05852-8, ISBN EBOOK : 978-2-336-37238-9

LA COUR PÉNALE INTERNATIONALE À L'ÉPREUVE DE LA RÉPRESSION EN AFRIQUE

Des préjugés aux réalités

Dangnossi Issaka

Quelles analyses peut-on faire de la fréquence des interventions de la CPI en Afrique ? Pourquoi tous les suspects sont-ils des ressortissants du continent africain, même si cet état de fait repose sur des bases juridiques conformes au droit international. La politique du bureau du procureur de la CPI est-elle dictée par les rapports de force politico-militaires qui se présentent sur le terrain ? Quelles alternatives s'offrent à la CPI et aux Etats africains ? Le châtiment judiciaire est-il la seule voie de lutte contre l'impunité ?

(Coll. Études africaines, série Droit, 21.00 euros, 208 p.)

ISBN : 978-2-343-05421-6, ISBN EBOOK : 978-2-336-37039-2

REVUE AFRICAINE DES SCIENCES JURIDIQUES RASJ

African journal of law (Numéro spécial)

Ce numéro s'articule autour de deux grandes parties : Droit privé : - L'ordonnance camerounaise du 6 juillet 1974 fixant le régime foncier - La question de la double nationalité sous le prisme du droit international privé - La répression pénale du blanchiment des capitaux en zone CEMAC, etc. Droit public : - Recherches sur les contrats publics d'affaires au Cameroun - Le principe de l'unité de trésorerie en droit public camerounais - La mise en place du Sénat au Cameroun, etc.

(Coédition Université de Yaoundé (fac. des sc. juridique et politique), 31.00 euros, 300 p.)

ISBN : 978-2-343-05675-3, ISBN EBOOK : 978-2-336-37046-0

LE DROIT DES MARCHÉS FINANCIERS DANS L'ESPACE OHADA

Amboulou Hygin Didace

Ce livre est une analyse approfondie des marchés financiers du Bénin, du Burkina Faso, du Cameroun, du Congo, de la Côte-d'Ivoire, du Gabon, de la Guinée Bissau, de la Guinée Équatoriale, du Mali, du Niger et du Sénégal. Il propose des pistes adéquates pour la construction d'un système juridique cohérent et adapté à leur environnement afin de faciliter leur intégration économique.

(Coll. Études africaines, 18.00 euros, 186 p.)

ISBN : 978-2-343-04487-3, ISBN EBOOK : 978-2-336-37065-1

CONTRIBUTION À L'ÉTUDE JURIDIQUE DES CONCESSIONS PORTUAIRES

Seka Aba Clément - Avant-propos du professeur Martin Ndendé

Préface de Maître Robert Rézenthel

Les concessions portuaires apparaissent comme les outils juridiques offrant un cadre d'accueil, en termes de performance et de rentabilité, aux activités économiques dans les ports maritimes. Aujourd'hui le problème de la qualification juridique de ces concessions portuaires semble se poser. Les contrats de concession dans les ports peuvent-ils être classés dans une famille juridique préétablie et être rattachés à une catégorie juridique préexistante ?

(Coll. Affaires maritimes et Transports, 59.00 euros, 700 p.)

ISBN : 978-2-343-04834-5, ISBN EBOOK : 978-2-336-36839-9

L'HARMATTAN ITALIA
Via Degli Artisti 15; 10124 Torino

L'HARMATTAN HONGRIE
Könyvesbolt ; Kossuth L. u. 14-16
1053 Budapest

L'HARMATTAN KINSHASA
185, avenue Nyangwe
Commune de Lingwala
Kinshasa, R.D. Congo
(00243) 998697603 ou (00243) 999229662

L'HARMATTAN CONGO
67, av. E. P. Lumumba
Bât. – Congo Pharmacie (Bib. Nat.)
BP2874 Brazzaville
harmattan.congo@yahoo.fr

L'HARMATTAN GUINÉE
Almamya Rue KA 028, en face
du restaurant Le Cèdre
OKB agency BP 3470 Conakry
(00224) 657 20 85 08 / 664 28 91 96
harmattanguinee@yahoo.fr

L'HARMATTAN MALI
Rue 73, Porte 536, Niamakoro,
Cité Unicef, Bamako
Tél. 00 (223) 20205724 / +(223) 76378082
poudiougopaul@yahoo.fr
pp.harmattan@gmail.com

L'HARMATTAN CAMEROUN
BP 11486
Face à la SNI, immeuble Don Bosco
Yaoundé
(00237) 99 76 61 66
harmattancam@yahoo.fr

L'HARMATTAN CÔTE D'IVOIRE
Résidence Karl / cité des arts
Abidjan-Cocody 03 BP 1588 Abidjan 03
(00225) 05 77 87 31
etien_nda@yahoo.fr

L'HARMATTAN BURKINA
Penou Achille Some
Ouagadougou
(+226) 70 26 88 27

L'HARMATTAN SÉNÉGAL
10 VDN en face Mermoz, après le pont de Fann
BP 45034 Dakar Fann
33 825 98 58 / 33 860 9858
senharmattan@gmail.com / senlibraire@gmail.com
www.harmattansenegal.com

L'HARMATTAN BÉNIN
ISOR-BENIN
01 BP 359 COTONOU-RP
Quartier Gbèdjromèdè,
Rue Agbélenco, Lot 1247 I
Tél : 00 229 21 32 53 79
christian_dablaka123@yahoo.fr

Achevé d'imprimer par Corlet Numérique - 14110 Condé-sur-Noireau
N° d'Imprimeur : 123999 - Dépôt légal : décembre 2015 - *Imprimé en France*

www.ingramcontent.com/pod-product-compliance
Lightning Source LLC
LaVergne TN
LVHW011219061026
849535LV00001BA/100